Las grabaciones de Bill Clinton

Taylor Branch

LAS GRABACIONES
DE BILL CLINTON

Diario confidencial del Presidente
1993-2001

Traducción de M.ª Luisa Rodríguez Tapia

Título original: *The Clinton Tapes*
Publicado originalmente por Simon & Schuster, Nueva York

© Taylor Branch, 2009
© de la traducción: 2009, M.ª Luisa Rodríguez Tapia
© de esta edición: 2010, RBA Libros, S.A.
Pérez Galdós, 36 - 08012 Barcelona
rba-libros@rba.es / www.rbalibros.com

Primera edición: Marzo de 2010

REF.: ONFI241 / ISBN: 978-84-9867-756-0
DEPÓSITO LEGAL: B-12021-2010
Composición: Víctor Igual, S.L.
Impreso por Liberdúplex

Para mi madre, Jane Branch

Y para cinco personas que me inspiraron para escribir de historia:
Hannah Arendt, Shelby Foote, John Hope Franklin,
Garry Wills y Emmett Wright Jr.

ÍNDICE

I

DOS GRABADORAS

Primera sesión
Jueves, 14 de octubre de 1993

El presidente Clinton me encontró esperando a solas en su despacho del piso de arriba, probando mis dos pequeñas grabadoras en la esquina de una enorme pero elegante mesa de trabajo victoriana. La mesa, me contó, tenía un cajón por cada Ministerio del Gobierno de Ulysses Grant, de cuando era posible gobernar Washington desde un solo mueble. El presidente me invitó a empezar nuestro trabajo en otra habitación, y yo le di una muestra de transcripciones históricas para que las repasara mientras yo volvía a guardar todo en la cartera. Repasó los fragmentos más entretenidos. Un angustiado Lyndon B. Johnson le contaba al senador de Georgia, Richard Russell, en 1964 que la idea de enviar soldados de combate a Vietnam le hacía «sentir escalofríos en la espalda». En tono coqueto, Lyndon B. Johnson pedía a la editora Katharine Graham que le trataran mejor en su *The Washington Post*. Clinton me preguntó sobre el sistema de grabación de conversaciones telefónicas de Johnson. ¿Cómo funcionaba? ¿Cómo lo mantuvo secreto? Por un momento, pareció atreverse a lo impensable. Las grabaciones en la Casa Blanca han sido un tema tabú desde que su veracidad sin tapujos expulsó a Richard Nixon del cargo en 1974. La mayoría de las cintas de los presidentes de la Guerra Fría siguen sin conocerse o abandonadas. Cuando los estudiosos y futuros lectores se den cuenta del incomparable valor que tienen para la historia, ese acceso no filtrado al Gobierno llevará mucho tiempo extinto. Para compensar su pérdida, Clinton había decidido grabar un diario periódico con mi ayuda.

El presidente me condujo en dirección oeste a través de su residencia oficial. La majestuosa decoración acabaría resultándome familiar y confortable, pero, en ese momento, mis nervios redujeron la Sala de los Tratados a una masa informe de color burdeos alrededor de unas estanterías altas y una alfombra de Heriz gigante. Más allá, unas paredes de color amarillo intenso rodeaban una sala llena de un patriotismo cinematográfico que, para mí, chocaba con la solitaria desenvoltura de Clinton. Llevaba un pantalón informal y un libro sobre el presidente Kennedy debajo del brazo. No se mostraba nada pomposo y su forma de hablar conservaba los dejes coloquiales sureños que habíamos tenido en común cuando, de jóvenes, compartimos una campaña política en 1972, veinte años antes de reencontrarnos. Sufrí una cierta desorientación, como la de Rip van Winkle, ante el hecho de que alguien que había sido compañero mío de piso y a quien había perdido la pista era hoy presidente de Estados Unidos. Ahora, en vez de repasar las crisis del momento con los compañeros de trabajo en la cervecería Scholz de Austin, Texas, seguí a Clinton a una sala de estar adjunta al dormitorio que compartía con Hillary. Los mullidos sofás y la televisión podían haber sido los de una cómoda suite de hotel. Unas carpetas rojas guardaban ordenadas las lecturas de temas secretos para la noche, con etiquetas que indicaban la necesidad de acción o información. Los crucigramas y los naipes se mezclaban con los libros. En una pared había un retrato estilizado de su precoz hija, Chelsea, entonces de trece años, vestida como si fuera una mezcla entre Bo Peep y Bette Midler.

Nos sentamos en su mesa de jugar a las cartas. Cogí dos cosas para ayudarme a hacerle preguntas: un resumen diario de los grandes acontecimientos políticos, recopilados sobre todo de periódicos, y un cuaderno de taquígrafo con una lista de temas prioritarios para esta sesión de prueba. Con las microcasetes entre ambos, anoté la hora y el motivo de la grabación. Desde el principio, el proyecto histórico de Clinton se adaptó a unos obstáculos que no eran sólo la falta de precedentes o de orientación. Corrimos para ponernos a la altura de la formidable cantidad de asuntos pendientes de sus tumultuosos nueve primeros meses en el cargo. Él quería registrar la experiencia personal de un presidente, pero el trabajo se entrometió a los pocos minutos en forma de una llamada de su encargado de las relaciones con el Congreso, Howard Paster. Cuando me levanté para dejarle a solas, el presidente me hizo señas para que me quedara. Escribió los nombres de cinco senadores, pidió a una operadora que se los buscara y me dijo que el Senado iba a votar esa noche la enmienda del senador de Arizona, John McCain, que exigía la retirada inmediata de las tropas estadounidenses de Somalia.[1] Hacía sólo once días, las fuerzas leales al se-

---

1. El presidente Bush había enviado el año anterior 25.000 soldados estadounidenses

ñor de la guerra somalí, Mohamed Farah Aidid, habían derribado dos helicópteros Black Hawk, habían matado a diecinueve Rangers y habían arrastrado los cuerpos de los norteamericanos por las calles de Mogadiscio en un desastre que Clinton comparaba con el que Kennedy sufrió en la bahía de Cochinos. En ese momento, el presidente decía que tenía que convencer a cinco senadores indecisos o sufrir una derrota política que, en su opinión, perjudicaría al país.

Apagué las grabadoras para sopesar unas cuestiones imprevistas. ¿Por qué no grabar esa parte de las conversaciones del presidente? Eso dejaría constancia de su actuación —su forma de presionar, de intentar seducir, de ser presidente—, además de sus recuerdos personales. Al fin y al cabo, Clinton acababa de reflexionar sobre el valor de las grabaciones que sus predecesores habían registrado a los dos lados de sus llamadas de trabajo. Registrar sólo sus palabras evitaría los inconvenientes éticos de grabar a otros sin su conocimiento ni su consentimiento. Por otra parte, la posteridad no tendría más que la mitad de las conversaciones —lo que yo podía oír, sin la reacción de los senadores—, que serían difíciles de descifrar. Además, ¿podía estar seguro el presidente de que saber que le estaban grabando no iba a inhibirle? ¿Cómo podíamos garantizar un pasado vívido y preciso sin hacer daño al presente?

En conjunto, parecía prudente grabar, pero había muy poco tiempo para analizar esa decisión. En cuanto Clinton acababa con un senador, una operadora de la Casa Blanca llamaba con otro en la línea. Estaba al teléfono antes de que pudiera confirmar con él mis argumentos, y me limité a indicar las lucecitas rojas en las grabadoras cuando volví a encenderlas. Él asintió. No subrayé el gesto por miedo a romper su concentración o dar una señal de alarma cuando lo que quería era tranquilizarle. El presidente recorrió la lista durante más de media hora. «Harry Reid [demócrata de Nevada] es el hombre más infravalorado del Senado», comentó entre dos llamadas, antes de lanzarse de nuevo a solicitar apoyos. «¿Puede ayudarme con esto?», preguntaba. Les dijo que había «dado todas las vueltas» para forjar un compromiso con el senador Robert Byrd, demócrata de Virginia Occidental, que también estaba a favor de la retirada inmediata y quería obligar a la administración a dejar Somalia en el plazo de seis meses salvo que el Congreso decidiera otra cosa.

---

en una misión humanitaria de la ONU, Operación Restaurar la Esperanza, con el fin de aliviar la hambruna en una Somalia desgarrada por la guerra.

Clinton dijo que confiaba en irse antes, pero mencionó dos razones principales para que le concedieran un período de gracia flexible. La primera era que quería restablecer cierto equilibrio en el país, frágil y hambriento. Los refuerzos que Estados Unidos había enviado esa semana habían convencido al general Aidid de que «pagaría muy caros» los ataques, dijo Clinton a los senadores. Afirmó que sus jefes militares acababan de conseguir ese día la puesta en libertad del piloto de un Black Hawk sin hacer ninguna concesión. Matar a los estadounidenses había aumentado el prestigio local de Aidid, pese a que sus fuerzas habían sufrido casi un millar de bajas, y una salida demasiado precipitada de Estados Unidos obligaría a los clanes somalíes rivales a luchar para equiparar sus territorios. En segundo lugar, Clinton dijo que la retirada propuesta por McCain disminuiría las posibilidades de las misiones internacionales en todo el mundo. Japón, comentó a los senadores, había proporcionado a su pesar tropas para una fuerza de la ONU que, pese a sus pérdidas, perseveró hasta ayudar a Camboya a lograr una estabilidad histórica y poco apreciada tras las atrocidades de los jemeres rojos. Dijo que otros países estaban mirando nuestro ejemplo. Si Estados Unidos se iba de Somalia, sería todavía más difícil construir coaliciones de paz para Bosnia y Oriente Próximo.

El compromiso de Byrd se impondría por un estrecho margen a la enmienda de retirada de McCain. Con los senadores, y en mis grabaciones, el presidente Clinton destiló las lecciones de Somalia. Dijo que había dejado que Estados Unidos quedase atrapado en una obsesión vengativa. El secretario general de la ONU, Butros Butros-Ghali, «se la tenía jurada a Aidid», porque el ataque que había matado en junio a veinticuatro pakistaníes era el peor daño hecho hasta la fecha a las fuerzas de paz de la ONU. Butros-Ghali había emitido una orden de detención internacional y había pedido a las naciones participantes en la crisis de Somalia que capturasen a Aidid para someterlo a juicio. Frente a tales presiones, el primer ministro italiano, Carlo Ciampi, había objetado que una «labor de sheriff» arruinaría la misión teórica de la ONU de ofrecer ayuda política y humanitaria. Ciampi había demostrado su prudencia, dijo el presidente con un suspiro, pero nadie hacía mucho caso a los políticos italianos.

Clinton recordaba advertencias similares del general Colin Powell, el presidente saliente de la Junta de Jefes de Estado Mayor, en el sentido de que una persecución centrada en Aidid dominaría y acabaría desplazando los esfuerzos políticos fundamentales para reconciliar a las facciones en toda Somalia. Además, Powell se había mostrado escéptico ante las propuestas de operaciones concretas en el caos calcinado de Mogadiscio. Había predicho que habría escasas posibilidades de una «captura» por parte de unidades de élite a partir de datos de los servicios de inteligencia, pero el presidente se había dejado llevar por el optimismo, pese a haber oído expresar dudas más que suficientes como para justificar la cautela. Dijo que el propio Powell, en uno de sus últimos actos oficiales antes de retirarse del ejército, había respaldado la convicción de los generales estadounidenses de que podían localizar a Aidid.

En opinión del presidente, Powell era un gestor político hábil y elocuente, que dejaba a un lado sus propias opiniones para hacer de mediador entre distintos intereses y personalidades. Desempeñaba un papel que Clinton admiraba, aunque, con el tiempo, comprendería sus limitaciones a la hora de considerar a Powell un posible rival para la Casa Blanca. Después de las llamadas telefónicas sobre Somalia, remitió su caracterización de Powell a la controversia que había envuelto su presidencia desde el primer día a propósito de la promesa, ofrecida en la campaña, de levantar la prohibición para la presencia de gais y lesbianas en el ejército. Cuando la Junta de Jefes de Estado Mayor acudió al Despacho Oval la noche del 25 de enero, recordó, Powell cedió la palabra a sus cuatro jefes de servicio. El presidente me resumió cada una de las vehementes presentaciones y dijo que se oponían a los soldados homosexuales por considerarlos inmorales, provocadores y peligrosos. Powell se había limitado a hacer observaciones más neutrales sobre la necesidad de mantener la moral y la cohesión, además de manifestar el compromiso formal de que los jefes obedecerían al comandante en jefe, a pesar de sus opiniones personales. En privado, añadió Clinton, Powell le aconsejó que no tuviera en cuenta esa promesa, porque todos los jefes comunicarían sus opiniones enérgicamente al Congreso, que podía revocar y revocaría cualquier orden presidencial.

Powell tenía razón, dijo Clinton. El Congreso prevaleció. Si hubiera emitido un decreto, se habría encontrado con una gran mayoría dispuesta no sólo a restablecer la prohibición sobre los soldados homosexuales, sino también a ignorar cualquier veto presidencial. El apoyo a la decisión de acabar con la prohibición no llegaba al 25 % del Congreso. El presidente respondió a mi pregunta sobre la reunión preliminar con los senadores demócratas, el 28 de enero. Los cumplidos sobre la toma de posesión se habían mezclado con las preocupaciones sobre los gais en el ejército, dijo, hasta que el anciano senador Robert Byrd cambió el tono de la conversación con sus primeras palabras. «Suetonio, el historiador romano —citaba Clinton a Byrd—, vivió hasta el reinado del emperador Adriano, durante el siglo II.» Según Suetonio, Julio César nunca dejó atrás los rumores sobre una historia de amor juvenil con el rey Nicomedes de Bitinia (en la Turquía actual), hasta el punto de que los bromistas se atrevían a burlarse del poderoso emperador y a llamarlo «el hombre de toda mujer y la mujer de todo hombre». Byrd comentó a sus colegas y a Clinton que, al menos para un senador, esa semilla homosexual había tenido algo que ver con la caída del mayor imperio militar del mundo.

Clinton reprodujo las palabras de Byrd con gran énfasis. Byrd dijo que la homosexualidad era un pecado. Era antinatural. A Dios no le gustaba. El ejército no debería admitirla y él nunca podría aceptar semejante pacto con el diablo. Clinton contó que esa incursión en el mundo clásico conmovió a todo el mundo y desató discusiones sobre temas que iban desde la antigua Grecia hasta el ciberespacio. Algunos senadores hicieron notar que los emperadores romanos ganaron guerras brutales durante siglos al tiempo que caían en todos los vicios imaginables. (Augusto, según el cotilla de Suetonio, gozaba con los dos sexos, y suavizaba el vello de sus piernas con cáscaras de nuez calientes.) Byrd citó fragmentos de la Biblia. El presidente dijo que era verdad que esos versículos eran así, pero que, en esa misma Biblia, «la homosexualidad no estaba en la lista de los diez peores pecados». En cambio, dijo a los senadores, los Diez Mandamientos prohibían el falso testimonio y el adulterio, y todos conocían a muchos mentirosos y mujeriegos que eran buenos soldados. Me contó que la tensión era tremenda en el Despacho Oval, más aún por el asombro de que se suscitara tal debate entre los senadores y un presidente recién llegado. «No podría decir —contó Clinton— si Teddy Kennedy [demócrata de Massachusetts] iba a empezar a reírse o a saltar por la ventana.»

Sam Nunn, de Georgia, había hecho el inciso de que el adulterio era un delito castigable según el Código Uniforme de Justicia Militar. Sí, había respondido Clinton, pero los investigadores militares no lanzaban búsquedas generalizadas de esposos infieles ni hacían jurar a los reclutas que no eran adúlteros. Desde el principio, les dijo, su objetivo principal era acabar con el requisito de que los ciudadanos homosexuales tuvieran que mentir para poder servir en las fuerzas armadas. Quería que los criterios dependieran de la conducta y no de la identidad. Si los soldados homosexuales seguían la disciplina y no cometían infracciones equivalentes al acoso entre los heterosexuales, ni comportamientos procaces, pensaba que su conducta privada debía permanecer así, privada. El presidente explicó que otro demócrata, Charles Robb, tomó la palabra para mostrarse de acuerdo, a pesar de los problemas políticos que podía causarle en la conservadora Virginia. Robb, veterano de los marines, apoyó la postura de Clinton y dijo que era honorable y coherente. Los jefes de Estado Mayor, según el presidente, adoptaron prácticamente la posición contraria. Necesitaban hipocresía y exigían incoherencia. Toleraban el hecho de tener decenas de miles de homosexuales mientras permanecieran en silencio y siguieran siendo vulnerables. «Lo que les ofendía era que un soldado dijera que era gay, más que las mentiras —recordó Clinton—, y desde luego más que su conducta privada.» Los jefes militares tenían miedo de que, si se permitía a los soldados homosexuales que dijeran la verdad, explicó, hubiera disturbios provocados por una parte visceralmente homofóbica de sus tropas, que calculaban en torno a un 30 %.

Pregunté al presidente si creía que los gestos políticos a propósito de los soldados homosexuales eran más descarados que de costumbre. Las autoridades del Pentágono habían planteado la idea de unidades homosexuales «segregadas». Los críticos eludían las decisiones fundamentales alegando que Clinton no había manejado bien cierta solución sin especificar, y Sam Nunn y otros, acompañados de fotógrafos, visitaron el interior de un buque de la marina para estremecerse ante la perspectiva de soldados gais viviendo juntos. En mis entrevistas, Clinton defendió a Nunn. Lamentó que el personal de la Casa Blanca y el propio equipo de Nunn en el Senado hubieran filtrado historias sobre que éste estaba resentido por no ser presidente o secretario de Defensa. Dijo que aceptaba a Nunn como un auténtico conservador social en sintonía con su electorado de Georgia y el ejército. Aparte de eso, Clinton confesó que respetaba a Nunn como un profesional que estaba dispuesto a cooperar por encima de líneas divisorias. Fue Nunn, me reveló, el primero que le propuso el aplazamiento de seis meses para poder elaborar un compromiso apropiado, y sugirió que un desvío público sería la única cosa capaz de apartar a los soldados gais de los titulares, para que Clinton pudiera empezar a trabajar en sus prioridades.

El presidente se tomaba con filosofía la política del «no preguntes y no lo cuentes» que había empezado a fraguarse en julio. Lamentaba que fuera un ejemplo del doble criterio que pretendía hacer desaparecer. Citaba a

Hillary que, a su vez, citaba una frase de Oscar Wilde: «La hipocresía es el tributo que el vicio paga a la virtud». Con el tiempo, decía, los estadounidenses se sentirían más cómodos con la idea de que hubiera soldados gais que con una política oficial de guiños y engaños. El discurso público sobre la homosexualidad, como su connotación moderna para la palabra «gay», no tenía más de veinte años. Con arreglo a criterios históricos, lo que antes era un tabú impronunciable estaba adquiriendo legitimidad con gran rapidez. No obstante, a Clinton le desilusionaría ver que las autoridades militares iban a seguir encontrando maneras de eludir su promesa de no sacar a la luz a los soldados homosexuales para expulsarlos.

Para el presidente, las bravatas eran un elemento natural. Subrayó, por ejemplo, que no tenía ni idea de lo que el líder republicano del Senado, Bob Dole, de Kansas, pensaba sobre los gais en el ejército. «Tal vez está sinceramente en contra o a favor —dijo Clinton—. Todas nuestras discusiones han sido sobre los aspectos políticos.» Dijo que Dole le había advertido con franqueza que tenía intención de mantener viva la cuestión mientras pudiera para atrapar a Clinton en un terreno débil, en el que «sufriera un buen varapalo». Del mismo modo, el presidente dijo que Dole destacaba sin cesar que los presupuestos eran los aspectos que más separaban al Congreso y la Casa Blanca, y que Clinton podía esperar pocos o ningún voto republicano para su proyecto de ley sobre fiscalidad y gasto. Dole consideraba que la tarea de la oposición no era lograr pactos, sino hacer que el presidente fracasara, para poder sustituirlo lo más rápidamente posible. De hecho, Clinton decía que Dole empezó a hacer campaña para la presidencia a los diez días de su toma de posesión. «Cada vez que va a Kansas —comentó el presidente—, hace una parada en New Hampshire.»

Ésta fue la primera de las numerosas ocasiones en las que el presidente Clinton habló como si tal cosa de la guerra política. Nunca reprochó su instinto de supervivencia ni su ambición a un político, ni amigo ni enemigo. Es más, disfrutaba con los cálculos desde puntos de vista opuestos. Esas valoraciones humanas eran uno de los muchos factores que hacían que la política le resultara tan seductora, como las tendencias, los accidentes, la estrategia, la comunicación y los resultados electorales concretos por distrito. Amaba la política hasta tal punto que podía hablar casi con afecto de sus propias derrotas, porque se encontraba en un lugar privilegiado para examinarlas en retrospectiva.

En nuestra primera sesión, reconoció sin necesidad de preguntas que los dos grandes fracasos de su presidencia hasta entonces habían sido el resultado negativo de su paquete de estímulos económicos y su incapacidad de levantar el embargo de armas en Bosnia. Dijo que el paquete de estímulos habría sido una inversión pública en empleo y crecimiento económico de gran valor simbólico, sobre todo después de que unas cifras presupuestarias peores de lo previsto le habían obligado a postergar su promesa electoral de un amplio recorte fiscal para la clase media. Su primer error, dijo Clinton, había sido proponer el paquete de estímulos por adelantado, sin esperar a la ley de presupuestos. Si los hubiera presentado a la vez, habría quedado de manifiesto lo pequeño que era el estímulo en relación con el déficit global, mientras que la estrategia de Clinton le había puesto a merced de críticas por ser otro demócrata manirroto. Su segundo y mayor error, añadió, había sido rechazar el consejo de su jefe de gabinete, Mack McLarty, de tratar de obtener los votos necesarios ofreciendo, a cambio, recortar el paquete de estímulos en el Congreso. En vez de eso, dijo el presidente, se lanzó a por todas a instancias del senador Byrd, presidente del Comité de Gastos, que se equivocó al predecir que, al final, si había suficientes senadores que se opusieran, acabarían cediendo. El resultado había sido quedarse sin paquete de estímulos. Le pregunté si Byrd podía haberse vuelto codicioso tras largos años de desviar asignaciones hacia su propio estado, Virginia Occidental. Quizá había algo de eso, replicó Clinton, pero, añadió, la lección fundamental era que las reputaciones no saben contar votos. En ese caso, su jefe de gabinete, un novato, había mostrado más acierto que el venerado experto en la historia y los procedimientos del Senado.

Sobre Bosnia, el presidente dijo que su Gobierno, al principio, no se había puesto de acuerdo sobre las propuestas de intervención directa para detener los terribles accesos de violencia y la limpieza étnica que asolaban Yugoslavia desde el final de la Guerra Fría.[2] Contó que el general Powell y otros habían recomendado no emprender las opciones militares, porque

2. A partir de 1992, cuatro de las seis provincias yugoslavas obtuvieron el reconocimiento internacional como países independientes: Eslovenia, Macedonia, Croacia y Bosnia-Herzegovina. La República de Yugoslavia restante estaba formada por Serbia y Montenegro, con Belgrado como capital. Su presidente, Slobodan Milošević, llevó a cabo una guerra prolongada y anexionista para unirse a las poblaciones de etnia serbia de otros lugares, pero se encontró con una enorme resistencia, sobre todo, en Croacia y Bosnia-Herzegovina.

los ataques aéreos eran tentadores y seguros pero no podían forzar una tregua, y las tropas terrestres estarían expuestas a extranjeros hostiles en un terreno difícil. En el plazo de unas semanas, el nuevo Gobierno había examinado varias ideas para relajar el embargo sobre los envíos de armas a la región, con el argumento de que dicho embargo castigaba a la nación más débil y atacada, Bosnia-Herzegovina. A diferencia de sus vecinos de Serbia y Croacia, los habitantes de Bosnia, en gran parte musulmanes, estaban aislados y no tenían acceso a armas introducidas de contrabando a través de la frontera. El Gobierno bosnio quería que se levantara el embargo para que su gente pudiera defenderse y, de esa forma, hubiera una posibilidad de equilibrio militar entre los enemigos que pudiera desembocar en un acuerdo político.

Clinton contó que los aliados de Estados Unidos en Europa bloqueaban las propuestas para redefinir o eliminar el embargo. Justificaban su oposición por motivos verosímilmente humanitarios, porque aumentar el número de armas sólo serviría para aumentar el baño de sangre; sin embargo, en privado, dijo el presidente, los principales aliados alegaban que una Bosnia independiente sería algo «antinatural», la única nación musulmana en Europa. Según Clinton, estaban a favor del embargo precisamente porque garantizaba la desventaja de Bosnia. Peor aún, añadió, rechazaban numerosas alternativas porque las consideraban un peligro para los 8.000 soldados de las fuerzas de paz europeas desplegados en Bosnia con el fin de salvaguardar los envíos de alimentos y suministros médicos. Se oponían a la postura estadounidense de proponer cambios de política cuando no había soldados norteamericanos que corrieran peligro. Aunque conservaban sus fuerzas de paz como muestra de compromiso, en la práctica habían convertido esas tropas en un escudo que permitía que las fuerzas serbias desmembrasen Bosnia. Cuando expresé mi sorpresa por tanto cinismo, que me recordaba a la diplomacia de mirar hacia otro lado cuando se trataba de la suerte de los judíos europeos durante la Segunda Guerra Mundial, el presidente Clinton se limitó a encogerse de hombros. Dijo que el presidente francés François Mitterrand se había mostrado especialmente brusco cuando declaró que Bosnia no pintaba nada y que las autoridades británicas también hablaban de una restauración, dolorosa pero realista, de la Europa cristiana. En contra de Gran Bretaña y Francia, dijo, el canciller alemán Helmut Kohl y otros habían apoyado la posibilidad de dar pasos para reconsiderar el embargo de armas de la ONU, pero eso no servía de nada, en parte porque Alemania no ocupaba un puesto en el

Consejo de Seguridad. Clinton daba la impresión de tener que empezar de cero otra vez. Estaba buscando entre todas esas limitaciones tan frustrantes nuevas opciones de Gobierno para detener la violencia sectaria masiva de Bosnia.

En un tono no tan frío, el presidente analizó la temprana afición de su Gobierno a filtrar historias a la prensa. Atribuyó casi todos los episodios más problemáticos a su propio equipo en la Casa Blanca, no a los funcionarios ni a los burócratas del Gobierno, y distinguió entre quienes filtraban por determinados motivos y quienes lo hacían por carácter. Mientras los funcionarios en la mayoría de los gobiernos filtraban noticias como parte de una estrategia política o para colocarse mejor frente a sus rivales, Clinton creía que sus filtraciones eran producto de la exuberancia juvenil. Decía que parecían proceder del ego de miembros de su equipo deseosos de ver sus palabras en las noticias o demostrar que eran los primeros en saber algo. Las filtraciones eran muchas veces frívolas, caprichosas y equivocadas, dijo. Al seguirle el juego a la fanfarronería de sus jóvenes colaboradores, los periodistas publicaban historias insustanciales que beneficiaban a la oposición política. Clinton citó el escándalo que rodeó a una información ficticia de que tenía planeado un impuesto sobre artículos de lujo para impedir que los ricos comprasen pólizas de seguro de salud suplementarias. Y, según la prensa, antes de su primera reunión organizativa en la Casa Blanca, una filtración malintencionada había colocado la cuestión de los soldados gais como prioridad de la agenda nacional.[3] El presidente se quejó de que nunca había llegado a tener una «luna de miel» con la prensa. Dijo —y no sería la última vez— que era irritante tener que ocuparse de filtraciones sensacionalistas en vez de la política real, pero que, en su opinión, las cosas estaban mejorando.

Al revisar sus intentos fallidos de nombrar un fiscal general, el presidente resaltó los caprichos de la cultura política. Dijo que todavía admiraba a la que había sido su primera opción, Zoë Baird, que estaba prácticamente aprobada para el cargo tras la investigación de sus antecedentes, cuando alguien se dio cuenta de que acababa de pagar los atrasos que debía a la Seguridad Social por dos inmigrantes ilegales a los que tenía trabajando en su casa. El hecho de que hubiera pagado con retraso suscitó nuevas dudas sobre su aptitud para el cargo, puesto que el fiscal general

3. Eric Schmitt, «The Inauguration/Clinton Set to End Ban on Gay Troops», *The New York Times*, 21 de enero de 1993, pág. 1.

era responsable de hacer que se cumplieran las leyes de inmigración. Clinton dijo que el clima cambió con tal rapidez que su confirmación en el Senado quedó condenada antes de la primera sesión, y que, en vez de producirse un posible choque, se convirtió en un adiós desgarrador. Baird habló con dignidad y se comportó con nobleza, según él. Salió ante la prensa para «sacrificarse» y retiró su candidatura.

El humor de Clinton empeoró al mencionar a su siguiente elegida, la jueza de Distrito Kimba Wood. Insistió en que todavía no le había pedido que fuera fiscal general, ni siquiera tenía claro hacerlo. Pero un miembro de su equipo filtró su nombre y eso convirtió la designación en realidad. Entonces surgieron noticias de que la jueza Wood también tenía un problema de «impuestos de niñera» y, según el presidente, ella sacó a relucir diferencias entre su caso y el de Zoë Baird para defender las garantías que había dado previamente sobre lo que había pasado a ser un aspecto muy problemático. Clinton empleó la palabra «lívido» varias veces para describir su reacción. Dijo que la cerrilidad de ella sobre la política y la percepción pública hizo que se sintiera muy satisfecho al retirar una nominación que nunca había hecho.

Sentía cierto alivio, aunque teñido de dudas, a propósito de su última selección, Janet Reno. Una buena amiga de Clinton de Little Rock, la catedrática en Ciencias Políticas Diane Blair, recordaba a Reno como una compañera de facultad de enorme talento en la Universidad de Cornell. Cuando Clinton llamó al senador demócrata de Florida Bob Graham pidiendo referencias, dijo que Reno, que era de ese estado, era una fiscal modelo, con inteligencia, integridad y tenacidad. Clinton estaba de acuerdo con esas valoraciones. Dijo que Reno meditaba cuidadosamente sus opiniones, las expresaba con convicción y luchaba por ellas con todas sus fuerzas. Sin embargo, también dijo que había «algo en su forma de enfocar» el trabajo que le preocupaba. Mencionó que, al pedirle que sustituyera al criticado director del FBI William Sessions, para poder empezar de cero tal como permitía la ley, Reno había solicitado varios meses para poder hacerse una opinión independiente antes de mostrarse de acuerdo. Clinton dijo que tendía a apartarse de las consultas como jueza, algo a veces necesario, y que no se le daba muy bien entender a sus colegas del Gobierno ni ofrecer orientaciones generales. Desde el punto de vista de Clinton, eso era un impedimento para la gestión de las numerosas funciones del Departamento de Justicia, desde la lucha antidroga y la política de prisiones hasta las estrategias contra los monopolios. Su actitud distante debilitaba el control ejecutivo que corresponde al presidente. Y desde un punto de vista más personal, me pareció, estaba quejándose de que su visión cáustica de la política hacía que no tuvieran que ver mucho entre ellos.

Dos aspectos de sus problemas en el Departamento de Justicia tenían que ver con la selección de un candidato para el Tribunal Supremo. Primero, dijo que confiaba en elegir a un juez «político», si era posible, con buenos antecedentes y reputación logrados tras haber ocupado un cargo público. Sus objetivos eran restablecer la valoración del Tribunal Supremo como un brazo integrante del equilibrio del Gobierno —y no una rama técnica especializada para abogados y jueces— y remediar decenios de cinismo corrosivo sobre la política. En segundo lugar, según Clinton, cuando las circunstancias impidieron que seleccionara a quienes quería para sus principales cargos políticos, volvió a encontrar otro obstáculo relacionado con los empleados domésticos. Una investigación reveló que el juez Stephen Breyer había cometido unos fallos fiscales menores, aunque los había corregido. Luego el presidente leyó las opiniones de Breyer y le entrevistó personalmente, además de a otros finalistas, pero la cuestión de los «impuestos de niñera» volvió a aparecer, aunque de forma más sutil. El juez Breyer había escrito dos fechas en el cheque con el que quería satisfacer la cantidad debida. La primera, incluida poco después de la dimisión del juez Byron *Whizzer* White en marzo, estaba tachada y en su lugar había otra correspondiente a unas semanas más tarde, después de que el gobernador demócrata de Nueva York, Mario Cuomo, retirase públicamente su candidatura. Al verlas juntas, explicó el presidente, las dos fechas podían sugerir que el juez Breyer estaba dispuesto a pagar ese impuesto pequeño y sin importancia sólo en caso necesario, para asegurarse un puesto en el Tribunal Supremo. Podía quedar retratado como alguien que hacía caso omiso de las leyes y que además era un tacaño. Las pruebas no eran concluyentes, ni mucho menos, pero, según Clinton, fueron suficientes para derivar en una pelea pública que podía ocultar los méritos de Breyer para ser un magnífico miembro del Tribunal Supremo.

Era medianoche. El presidente Clinton dijo que estaba demasiado cansado para terminar de contar cómo había elegido a un juez para el Tribunal Supremo —un tema importante—, pero siguió hablando como si tuviera puesto el piloto automático. Mencionó numerosas controversias, como la desastrosa y mortal incursión del FBI contra el edificio lleno de armamento de David Koresh, líder de una secta, en Waco, Texas. Dejé las grabadoras encendidas para captar sus recuerdos espontáneos y luego las apagué para rebobinar, por miedo a que Clinton pensara que estas sesiones eran demasiado especulativas o agotadoras. Estábamos empezando a establecer una rutina para nuestro proyecto de historia fuera de los libros y sólo cuatro o cinco personas estaban al tanto de su logística. El único compromiso del presidente era volver a llamarme cuando tuviera tiempo.

Identifiqué con tinta cada una de las microcasetes rebobinadas y se las di a Clinton con un recordatorio de lo que habíamos hablado sobre la custodia de las cintas. Habíamos discutido varias opciones para repartir los duplicados con el fin de tener a salvo un juego de recambio si el otro se perdía, lo robaban o lo incautaban por orden judicial, pero él aceptó mi recomendación de que guardara todas las cintas personalmente, al menos por el momento. En mi opinión, la seguridad extra que podía proporcionar la confidencialidad legal o un guardián independiente, aunque fuera yo, valía menos que la posibilidad de inspirar en el presidente la confianza de que podía hablar con sinceridad para una grabación literal que él mismo iba a controlar. Yo había prometido hacer todo lo posible para mantener el proyecto en secreto. Él me dijo que tenía un buen escondite para las cintas. Tenía previsto utilizarlas primero para sus memorias y, con el tiempo, permitir la publicación de las transcripciones para su biblioteca presidencial.

Mientras atravesaba la Oficina del Ujier y los pasillos desiertos de la Casa Blanca, pasando junto al ocasional agente del Servicio Secreto, mis pasos resonaban y mi mente no lograba descansar. ¿Había hecho las preguntas adecuadas? ¿Demasiadas o muy pocas? Había tantos temas. Mi instinto me señalaba que debía intervenir lo menos posible y presentar al presidente temas neutrales para que los abordase o no, pero él parecía responder con más vigor a preguntas hechas desde un punto de vista determinado. Preguntó qué tipo de información me parecía que los futuros historiadores encontrarían más útil, sabiendo que mi trabajo, a lo largo de los años, había consistido en desbrozar pistas presidenciales de la era de la lucha por los derechos civiles. ¿Quién podía predecir lo que le interesaría a la posteridad o lo que le parecería bien o mal? En cierto sentido, la perspectiva de Clinton parecía poco llamativa, era como una charla entre amigos. Pero también era cierto que las revelaciones se encontraban en cualquier parte, a disposición tanto de los especialistas como de los ciudadanos corrientes. Un presidente de Estados Unidos estaba poniendo los asuntos en su contexto, contando historias y pensando en voz alta. Era inevitable que dejara ver lo que había advertido y lo que no dentro del búnker central del país, lo que traspasaba las paredes del Gobierno y el ruido de la opinión, y cómo influía y reaccionaba él ante lo que se iba descubriendo.

Aquí habíamos decidido proporcionar materia prima para la historia futura, y eso me llenaba de entusiasmo ante la necesidad de ofrecer mi propio testimonio, fresco pero pasajero. Metí una microcasete en una de las grabadoras. Durante más de una hora, mientras conducía de vuelta a Baltimore, y hasta llegar a la tranquila oscuridad de la entrada de nuestra casa, dicté todas las impresiones y todos los detalles que podía recordar. Aquellas inmediatas recopilaciones de recuerdos se convertirían en una costumbre y serían la base de este libro.

2

REENCUENTRO

Primer encuentro
Cena en casa de Katharine Graham
Lunes, 7 de diciembre de 1992

Primera toma de posesión
Miércoles, 20 de enero de 1993

Corazones y un pacto
Dos familias en la Casa Blanca
Martes, 28 de septiembre de 1993

Nuestra nueva aventura había comenzado con comodidad y una amistad que tuvimos que desempolvar. Desde las primeras conversaciones exploratorias, Bill Clinton y yo volvimos a conectar mediante rápidos recuerdos sobre nuestra historia como sureños blancos que habían llegado a la edad adulta durante el movimiento de los derechos civiles. Nacidos en familias apolíticas, los dos nos sentimos sucesivamente desarraigados, inspirados y cautivados por los ecos de una democracia que se había desarrollado muy profundamente. No nos habíamos visto desde 1972 porque, en el caos de aquella época, nos habíamos distanciado, pero sentíamos añoranza de aquel optimismo esencial. Veinte años después, nos encontrábamos utilizando palabras similares, como «curar» y «reparar». Pensábamos que la historia y la política moderna habían perdido el equilibrio. Su proyecto de las cintas de la Casa Blanca nació del reencuentro intermitente de dos canosos representantes del *baby boom*, uno de los cuales estaba a punto de convertirse en presidente de Estados Unidos.

El primer anuncio llegó a nuestras puertas seis días después de la elección de 1992. Como la mayoría de los periódicos, el de mi ciudad, el *Baltimore Sun*, describió al presidente en medio de un torbellino: todavía descansando pero excitado, con la voz recuperada, haciendo *jogging* por Little Rock con una tropa de agentes de seguridad y haciendo paradas ocasionales en Doe's Eat Place o McDonald's, seduciendo a viejos compañeros de clase de primer curso y charlando sobre cualquier cosa, desde su cementerio favorito hasta el presupuesto de defensa de 1,4 billones de dólares. Según un artículo de portada, Clinton aseguró a un amigo preocupado en la calle que los cigarros los llevaba sin encender, y confesó que sólo había terminado una novela negra nueva, *Detective privado* de Jonathan Kellerman, en medio de un montón de lecturas obligatorias para el traspaso de poderes. Clinton saludaba a mucha gente que iba a Little Rock a desearle buena suerte, entre ella gente de Maryland, decía el *Sun*, para destacar el punto de vista local. Le entristecía que miles de las personas que habían celebrado el éxito de la noche de las elecciones se hubieran ido de la ciudad sin que él se enterara. «Dijo, por ejemplo, que el novelista de Baltimore Taylor Branch, viejo amigo suyo, había llegado y se había ido "y no he llegado a verlo. —Concluía la noticia en una página interior—: Me da rabia. Le llamaré en algún momento de esta semana".»

El teléfono empezó a sonar. Los amigos me tomaban el pelo porque me habían ascendido a «novelista», sobre todo los pocos que conocían mi único y olvidable experimento de publicar ficción. Los extraños se atrevían a enviarme mensajes y manifiestos para que se los remitiera al nuevo presidente. Un promotor de beneficencia local me encargó que obtuviera un viejo par de zapatillas deportivas de Clinton para una subasta a beneficio de la lucha contra el VIH/sida. Las preguntas de si el presidente electo me había llamado empezaron a volverse embarazosas. Las reacciones de la gente se movían entre el escepticismo y la desilusión, tanto cuando yo negaba haber oído nada de Clinton como ante la historia, real, de que Christy —mi mujer— y yo habíamos ido a Little Rock de manera espontánea, sin invitación previa, durante la campaña de Clinton y Al Gore.

La noche de las elecciones se habían reunido unos 50.000 peregrinos ante la mansión del gobernador en Little Rock, donde, para controlar una muchedumbre sin precedentes, las autoridades habían bloqueado las calles con barricadas del Mardi Gras prestadas por Nueva Orleans. Durante el emocionante recuento de votos, ni siquiera intentamos localizar al simpático jefe de gabinete de la campaña, Eli Segal, con quien Christy y yo habíamos trabajado en tareas de reforma política al salir de la facultad, cada uno por nuestra cuenta, antes de conocernos. Sí encontramos a Judy Green, que había hecho de madre de muchos activistas contra la guerra de

Vietnam en Washington. Una generación después conservaba la misma personalidad en su empleo como responsable del cuartel general de la campaña de Clinton y Gore en Little Rock, donde su hija universitaria había trabajado en el famoso «centro de guerra» de James Carville. Judy nos llevó a través del caos hasta unos amigos comunes que se encontraban en los pasillos del hotel Excelsior (hoy Peabody), tratando de entrar en las suites reservadas por gente con poder con el argumento de que ellos sabrían más de los resultados presidenciales. Fuimos con nuestros amigos, sin dejar de pensar en el desagradable frenesí clasista de las campañas, hasta que me vi obligado a presentar a nuestros intrusos errantes a Patricia Medavoy, que donaba mucho dinero al Partido Demócrata y a la que conocía de una reciente comida de celebración después de que su entonces esposo, Mike, comprara los derechos cinematográficos de mi primer libro sobre Martin Luther King, *Parting The Waters*, para su estudio de Hollywood, Columbia-TriStar Pictures. Todavía no tenía ninguna aprensión por la posibilidad de que el proyecto fuera a fracasar, y el dinero de los derechos había hecho posible nuestra escapada a Little Rock.

En el piso de abajo vimos que la muchedumbre llegaba hasta la entrada del hotel Excelsior, emocionada ante los rumores de que Clinton iba a aparecer delante de la mansión del gobernador. Se vendían camisetas de la victoria. Hacía frío, pero una escultura de hielo de la Casa Blanca se derretía en el anticuado vestíbulo del hotel, donde unos cuantos entusiastas lanzaban el gruñido del cerdo típico de Arkansas. Fuera, la gente se subía a los árboles y salía a los balcones cubiertos con banderas para ver de lejos a Clinton, al otro lado de la calle. Estuvimos bloqueados hasta que un guía local nos llevó por el exterior durante más de cien metros, hasta un sótano cercano al río Arkansas, por donde le seguimos al trote a través de cuartos de calderas, quizá entre edificios, con el temor de llegar a un callejón sin salida pero excitados por continuar. Por fin ascendimos por la puerta de un callejón y, mientras tratábamos de hacer como si aquél fuera nuestro lugar natural, nos encontramos en medio de un grupo más reducido de gente, al lado de una esquina de la mansión. Estábamos bajo unos grandes árboles, todavía a varias zonas de seguridad de distancia, pero pudimos ver mejor en persona y no en las pantallas gigantes de televisión cómo los tres Clinton salieron a aquel caos. Recorrieron el pórtico por separado, saludando. El presidente electo estaba excitado, aunque ronco. Prometió recordar las historias de la campaña sobre todo tipo de gente, incluidos los que habían abandonado las esperanzas o no habían votado nunca hasta entonces. «Esta elección —declaró— es un toque de corneta para que nuestro país haga frente a los retos del final de la Guerra Fría y el comienzo del próximo siglo.»

En mi ciudad, por suerte, los amigos habían dejado de preguntar si Clinton me había llamado de verdad, tal como había prometido. Fue un alivio, porque las preguntas estaban volviéndose sesgadas: ¿rompía promesas con frecuencia? ¿Me parecía que el comentario que se le había atribuido sobre mí era generoso o calculado? Hasta un pequeño incidente demostró lo difícil que era ser neutral a propósito de un presidente, y la desconcertante cita de un periódico me afianzó en mi ambivalencia sobre la política. La observación personal en la noche electoral me trajo a la mente muchas peculiaridades conocidas y positivas de Bill Clinton —y de Hillary— de cuando compartíamos un apartamento, hace mucho tiempo, pero su carrera en Arkansas, sus años de presentarse sin cesar a elecciones, debían de haber añadido varias capas de control. Su eslogan de campaña, «La olvidada clase media», me daba grima porque me recordaba a la «Mayoría silenciosa» de Richard Nixon. Clinton y la política se habían procesado mutuamente para el escenario mundial, pero ¿en qué medida le convertía eso en una nueva criatura? Aunque yo esperaba lo mejor y estaba lleno de esperanzas con estas elecciones, nuestra amistad truncada hacía que Bill Clinton fuera para mí un misterio mayor que si nunca le hubiera conocido.

Poco después de Acción de Gracias, una persona de la oficina de transición me transmitió que Clinton quería verme. Christy y yo fuimos a Washington el 7 de diciembre; me acordaba de la verja exterior de la mansión que poseía en Georgetown la dueña de *The Washington Post*, Katharine Graham, de numerosas excursiones con nuestros dos hijos al parque y de la zona infantil de juegos que había al otro lado de la calle. Llenos de confusión y excitación, sólo sabíamos que entre los asistentes iban a estar también el alcalde de Baltimore, Kurt Schmoke, para quien Christy escribía discursos, y su mujer, Patricia. Parecía un poco tonto que el presidente electo fuera a hablar de trabajo con alcaldes y aficionados durante una cena, pero, si la invitación era puramente social, seguramente debíamos de ser los más trasnochados de los FOB (Friends of Bill, «Amigos de Bill») invitados. Christy no conocía a ninguno de los Clinton, y mi último contacto con ellos —aparte de un saludo puntual en 1977— había sido en

1972, mientras hacíamos las maletas después de una triste derrota como coordinadores de la campaña presidencial de George McGovern en Texas y la reciente pareja de novios que formaban Bill y Hillary tenía prisa para llegar a los exámenes de recuperación en la Facultad de Derecho de Yale.

Esto era distinto, con una atmósfera que imponía más que el sitio en sí mismo. Mientras nos acercábamos vimos coches de policía con las luces encendidas y siniestras furgonetas negras. Mucha gente llegaba en su «automóvil más discreto», comentó un observador, como adelanto de un estilo demócrata más humilde después de doce años de republicanos de limusina, pero apareció un Rolls-Royce con el embajador británico. Grupos de personas esperaban junto a la verja para echar un vistazo a Clinton, y los periodistas vigilaban la entrada porque la señora Graham se había negado a hacer pública la lista de invitados. «Sólo puedo decir que es una cena privada», dijo a sus propios reporteros antes de recibir a los recién llegados que se mezclaban con los potentados en el interior. Yo había hablado con ella una o dos veces gracias a uno de mis primeros mentores, Charlie Peters, director de *The Washington Monthly*. Vernon Jordan, jefe del equipo de transición de Clinton, me presentó como un joven y asustado estudiante de posgrado al que había contratado para inscribir a votantes negros en el verano de 1969. A Vernon le gustaba contar historias de su época sobre la lucha por los derechos civiles, antes de triunfar como abogado de grandes compañías, y yo le conocía lo bastante bien como para decirle, en broma, que todos habríamos podido sobrevivir entonces con el presupuesto para trajes y camisas inglesas e italianas que tenía ahora. Con los demás invitados —muchos de los cuales eran habituales en las noticias— tenía una relación periférica o incluso menor. Christy y yo buscamos las tarjetas que indicaban los sitios donde nos sentaríamos: estaban cuidadosamente colocadas en las habitaciones de la planta baja; encontramos la suya en la mesa para ocho del vicepresidente electo Al Gore, entre el columnista de *The New York Times* William Safire y el presidente del Comité Nacional Demócrata Ron Brown. Christy se tranquilizó mientras pasábamos a zonas más alejadas. Bajo una carpa exterior, examinamos una docena más de mesas redondas hasta el extremo del jardín, donde encontramos mi nombre colocado junto a la economista Alice Rivlin y al lado de las tarjetas que aguardaban a la señora Graham y al propio presidente electo Clinton.

¿Cómo era posible que dos personas que eran prácticamente turistas tuvieran dos sitios tan privilegiados? Seguramente había una explicación sencilla, pero Christy y yo, que no teníamos ni idea, nos animamos mutuamente a disfrutar el instante, ya que no teníamos puestos de trabajo ni nombramientos políticos en juego. Una ligera conmoción en la puerta anunció a los Clinton, que avanzaron despacio por la casa. Cuando se acercaron y se hicieron las presentaciones, él anunció con entusiasmo que hacía años que no me veía. Me llevó aparte y dos agentes del Servicio Secreto se colocaron detrás de nosotros para crear una pequeña barrera en un extremo de la carpa. Era como un baile.

«¿No te parece increíble todo esto?», me confió con una alegría infantil. Le dije que era difícil de asumir y le felicité. Mencionó un contacto reciente con un par de personas a las que habíamos conocido al mismo tiempo en Texas. No tuve más remedio que sonreír al recordar a aquellos personajes tan intensos y lamenté haberles perdido la pista. Me dijo que estaba orgulloso de mí por los años que me había costado escribir *Parting the Waters*. «Es bueno», dijo, subrayando que no sólo había leído el largo texto narrativo. Muchas de las notas a pie de página procedían de bibliotecas presidenciales, observó. Cambió de tono. Dijo que el libro le había hecho plantearse dos preguntas, o favores. Primero, ¿creía yo que los historiadores, de aquí a cincuenta años, encontrarían materia prima suficientemente buena en su futura biblioteca para capturar la dinámica interna de su presidencia, como trataba de hacer yo con los años de John Kennedy y Lyndon Johnson? Y segundo, ¿podía esbozarle algunas ideas sobre temas relacionados con el cambio generacional? No sólo el milenio que se avecinaba y el final de la Guerra Fría, sugirió, sino también qué significaba que dos hombres procedentes del sur encabezaran la candidatura ganadora de las elecciones tan poco tiempo después del estigma de la segregación.

Como es natural, le prometí enviarle algunas ideas sobre las generaciones, y salté a su pregunta sobre las bibliotecas presidenciales. Le dije que la conservación de los archivos de la Casa Blanca era un campo vital pero oscuro, que estaba cambiando a toda velocidad. Estaban abriéndose nuevas ventanas sobre el pasado pero cerrándose al futuro. Lo irónico era que conservar actas precisas de las reuniones de alto nivel del Gobierno estaba volviéndose más difícil en la era de la información. Empecé a explicar que curiosamente estábamos en deuda con la película de Oliver Stone sobre el asesinato de Kennedy y su teoría de la conspiración, porque había logrado que se dieran a conocer por primera vez las grabaciones telefónicas de Lyndon B. Johnson en lo que parecía ser un enorme tesoro oculto.

Clinton asintió. La pequeña muralla de personas que esperaban para saludarle estaba a punto de romperse. Cuando se alejó, intenté absorber las sorpresas de los dos minutos de encuentro. Al superar las barreras del tiempo y la timidez, y eso sin hablar de la distracción de los agentes del Servicio Secreto, se me había despertado la conciencia de estar con una de esas pocas personas con las que uno puede volver a relacionarse al cabo del tiempo sin importar cómo ni cuándo se produjo la separación. Fuera lo que fuese lo que nos separaba, lo que había unido a dos soñadores de veinticinco años seguía estando ahí. Por otro lado, Clinton transmitía un mensaje impersonal y cerebral de intensidad equivalente. Estaba preparándose para la historia ya antes de tomar posesión. Sin duda soñaba con construir un legado brillante desde el sillón de Abraham Lincoln y Franklin Roosevelt, pero preguntaba sobre herramientas históricas y sensores que pudieran magnificar ese legado fuera como fuese, bueno o malo. Al aproximarse a mí y mis notas, Clinton estaba enviándome con láser un mensaje sobre la relación entre su profesión y la mía. ¿Podía saber que estaba refiriéndose a algunos de los aspectos más difíciles de la historiografía presidencial? Planteó cuestiones clarividentes desde el principio sobre que la política y la historia se influyen mutuamente a través de la cultura política, en la que los antecedentes nacionales y las sensibilidades predominantes se cruzan con la vida cotidiana.

La señora Graham dedicó una serie de brindis después de la cena. Fueron agradables pero previsibles hasta que Clinton se puso en pie para responder. Habló sin notas y abordó el tema de la enorme brecha existente entre los votantes y su Gobierno nacional. Dijo que los candidatos, desde que él era adulto, habían llegado al poder enfrentándose a Washington, y eso, con el tiempo, distorsionaba y degradaba el experimento estadounidense. Invitó a los personajes de la clase dirigente presentes ante él a restaurar el equilibrio. «Washington es mejor de lo que la mayoría de la gente piensa que es», declaró. Dio las gracias personalmente a uno de los invitados más simbólicos, al revelar que Robert McNamara, secretario de Defensa con Kennedy y con Johnson y principal arquitecto de la guerra de Vietnam, le había escrito una carta expresando su desgarradora convicción de que la presidencia de Clinton podía ayudar a quienes todavía llevaban las cicatrices de la guerra a encontrar un patriotismo más elevado en la fuerza de sus discrepancias.[1] «Espero traer más país a la capital

---

1. Clinton se limitó a parafrasear la carta en la cena de Graham. Lo que empujó a Mc-

—concluyó Clinton— y llevar más capital al país.» Su brindis hizo que se pusieran en pie los escépticos. William Safire reconoció que hacía falta gran maestría para ganarse a aquel grupo de «alta tensión». Tanto partidarios como adversarios mostraron su aprobación.

La cena de Graham fue un triunfo pasajero para Clinton, que iba a encontrarse apartado de los líderes eternos de Washington. Sus efectos perduraron más en mí. Durante años, mi objetivo había sido dar vida sobre el papel a los presidentes y otras figuras históricas a base de penetrar en los mitos que los rodeaban. Pero mi propia cultura política me hacía cubrir con una capa de cera y con motivos mecanizados a alguien a quien conocía personalmente, y ahora tenía la brusca revelación de que, en esencia, seguía siendo la misma persona. ¿Debería haber sido evidente o precisamente por eso debía ponerme más en guardia ante la posibilidad de ser engañado? Ambas posibilidades eran desconcertantes. Mi propósito instintivo era revisar sin cesar las opiniones personales sobre mi amigo al tiempo que otorgaba al presidente electo todo el respeto cívico debido a su cargo.

El fax transmitió mis reflexiones sobre el cambio generacional, tal como me había pedido. («Si quieres dar vuelta a alguna de estas ideas, o que trabaje un poco la redacción, dímelo —escribí a Clinton—. Christy y yo estamos llenos de esperanza y oraciones dedicadas a ti.») No supe nada más; mientras, el presidente electo desapareció entre titulares sobre designaciones para el gabinete y su cumbre económica de dos días en Little Rock. El silencio sobre el cambio generacional fue casi un alivio, porque tenía poca cosa que añadir sobre un tema vago que invitaba a pontificar, pero su pregunta sobre las notas a pie de página y las futuras bibliotecas seguía fascinándome por la amplitud de la mente de Clinton. ¿De verdad podía estar tomando ya decisiones sobre algo tan especializado y tan poco

---

Namara a escribirle fue una noticia sobre la historia de la amistad entre Clinton y su viejo compañero de habitación en la Universidad de Oxford, Frank Aller, que se había resistido a ser reclutado para la guerra de Vietnam y se suicidó en 1971. Clinton citaría después la carta en su autobiografía publicada en 2004, *Mi vida*: «Para mí —y creo que también para el país—, la guerra de Vietnam terminó del todo el día que le eligieron a usted presidente. Con sus votos, los estadounidenses, por fin, han reconocido que los Aller y los Clinton, al poner en tela de juicio la prudencia y la moralidad de las decisiones de su gobierno en relación con Vietnam, eran tan patrióticos como quienes se vistieron de uniforme».

prioritario? Reprimí el impulso de ofrecerle voluntariamente consejo, porque pensé que la iniciativa era cosa suya.

Mi amigo y antiguo editor, Dan Okrent, me llamó para decirme que la gente de Clinton había aceptado una propuesta hecha en el último minuto y sin muchas esperanzas para un reportaje fotográfico en la revista *Life* que consistiría en ser su sombra la jornada de la toma de posesión, para la que sólo faltaban dos días. Habían escogido mi nombre de una lista de posibles escritores para el texto, si yo estaba de acuerdo. Dan me aseguró que *Life* no quería ni una crítica objetiva ni la historia personal de un amigo, y que Clinton, al parecer, confiaba en que yo era capaz de escribir un relato veraz pero descriptivo. Este encargo temporal me causó gran conmoción, porque me devolvió a las prisas del periodismo después de años de trabajar como historiador, sobre todo cuando otra persona me llamó para invitarme con urgencia a un ensayo privado del discurso de la toma de posesión, diciendo que el presidente electo quería oír mi opinión histórica.

En Blair House, la residencia oficial de invitados situada enfrente de la Casa Blanca, los autores del discurso, David Kusnet y Michael Waldman, me dieron un borrador con la cabecera «19/I/93, 4 a. m., 1.899 palabras». Eran las diez de la mañana —habían pasado seis horas—, y habían conseguido rebajar en una palabra su encargo de hacer un discurso tan breve como el famoso «No preguntes» de Kennedy en 1961. Tommy Caplan llegó poco después con una gran mancha de pintalabios en el cuello de la camisa y un memorándum a un espacio sobre cosas que, en su opinión, había que incluir en el discurso. Pensé que Caplan, al que conocía un poco porque era un colega de Baltimore, de buen carácter y excéntrico, había entendido mal nuestro papel a la hora de revisar el producto terminado, pero rápidamente me di cuenta de que él tenía una idea mucho más clara de los hábitos de trabajo de Clinton, porque era amigo suyo desde la universidad. El presidente electo estaba reescribiendo la primera mitad del discurso en su suite. Cuando entró en el cuarto de estar en el que estábamos, los colaboradores capaces de descifrar su letra se lanzaron a transcribir lo que había escrito mientras Clinton pedía la opinión al grupo. Estuvo de acuerdo con la sugerencia general de un mejor ritmo y dijo que quería que despertara más entusiasmo espiritual. George Stephanopoulos, asesor principal de Clinton en la reunión, se me presentó con un anuncio medio avergonzado: «Taylor, lo siento en el alma, pero esta sesión es *off the record*». Le dije que me parecía bien, porque mi encargo con *Life* era para el día siguiente, y eso pareció autorizarme a trabajar en un equipo ad hoc que revisó lo que denominamos la «parte de Thomas Jefferson».

Más de doce horas después, volvimos a reunirnos en la elegante biblioteca situada en el segundo piso de Blair House. Una nota que tomé en una de las breves pausas que hicimos minimizaba nuestras aportaciones hasta ese momento: «Creo que se puede resumir diciendo que, aunque todo el mundo parece simpático, se han hecho a la idea de que el discurso inaugural lo escribirá en gran parte el propio Bill en el último minuto». Los Clinton y los Gore regresaron mucho después de medianoche de un concierto de gala. Hillary se quitó los zapatos y se colocó en el atril para leer mi ejemplar del último borrador, con la cabecera «20/1/93, 12:05 a. m., 1.609 palabras». Dijo que estaba muy bien y, sensatamente, se fue a la cama. Los demás hicimos comentarios mientras Clinton leía en voz alta desde el atril. El encargado de prepararle como orador, Michael Sheehan, cronometró las sucesivas versiones con un reloj, pero no consiguió medir casi nunca una versión entera porque Clinton se detenía con frecuencia para invitar al debate sobre expresiones y palabras concretas, preguntando: «¿Cómo suena esto?». Recortó las listas programáticas por motivos políticos, puesto que, según dijo, cualquier lista le hacía a uno vulnerable frente a los que no se habían visto incluidos. El discurso se acortó, porque los añadidos sugeridos no tuvieron gran éxito. Alrededor de las cuatro, Al Gore recomendó irse a dormir para aguantar el largo día que estaba a punto de amanecer, y Clinton cedió. Destacó con ironía que no podía faltar al trabajo la primera vez que iba a ganar más que Hillary, con una gran subida respecto a su sueldo de gobernador, 35.000 dólares anuales. Cuando nos despedíamos, un joven y cansado técnico del ejército puso los ojos en blanco cuando le pregunté si sus obligaciones con el teleprompter solían durar hasta tan tarde. Los ensayos de los discursos del antecesor de Clinton, George H. W. Bush, estaban programados para breves intervalos, dijo, y nunca iban más allá de las cinco de la tarde.

El vestíbulo de Blair House vibraba por la adrenalina menos de cuatro horas más tarde. Desde su reunión de seguridad nacional, Clinton fue en coche a la iglesia metropolitana AME para una ceremonia religiosa por la toma de posesión que me despertó con la música alegre y la esperanza ecuménica características de una concentración de masas en los días históricos del movimiento de los derechos civiles. Entre los oradores estaba el imán Wallace D. Muhammad, que recitó versos del Corán en árabe e inglés. Aliado de Malcolm X en su juventud, Muhammad había acabado reformando la sectaria Nación del Islam de su padre. En una ocasión, en un libro de entrevistas, me había manifestado su ambición de que los musulmanes estadounidenses ayudaran a conciliar el islam mundial con la democracia. En mi opinión, Muhammad había sido la figura religiosa más infravalorada del país en el siglo xx, pero allí estaba, predicando con discreción a los Clinton seguido del antiguo colega de Martin Luther King, Gardner Taylor. «Es como si hubiéramos vuelto a Camelot —comenzó alegremente el reverendo Taylor—, pero esta vez, con la atmósfera de las montañas Ozark.» Sus bromas suscitaron carcajadas, y predicó en tono serio a partir del capítulo 10 de Lucas. Entre una cosa y otra, su dicción precisa le permitió hablar con un ritmo atronador sobre política. «Estamos aquí para establecer ante el mundo que es posible unir a la gente —declaró— en la empresa más elevada y más difícil conocida para la unidad de hombres y mujeres. Que la gente puede gobernarse a sí misma. Ésta es la propuesta que Estados Unidos hace a la historia.»

En la primera fila, Clinton asentía para mostrar su acuerdo mientras la congregación, que abarrotaba la iglesia, soltaba gritos de amén. Se volvió especialmente hacia Gore, y seguía la misma tónica cuando me sacó de un grupo en la acera, de vuelta en Blair House. «¿No te ha parecido que estaban pronunciando ahí mi discurso?», exclamó por encima del ruido. La gente se apiñaba en el otro lado de la avenida Pennsylvania, algunos gritando y bailando, sin prestar atención a una mujer de aspecto serio que llevaba una pancarta rudimentaria: SEÑOR CLINTON, NO SE BURLE DE DIOS. Casi un centenar de fotógrafos de prensa esperaba tras una línea amarilla en la calle, como un pelotón de fusilamiento. Clinton dijo que acababa de contarles a Al y Tipper Gore cómo había conocido a los participantes en el servicio. Gardner Taylor había sido idea de Vernon Jordan para no tener que escoger a un orador entre los obispos y las grandes confesiones rivales. «Vernon dijo: trae a Gardner y evitarás toda la política eclesiástica», explicó Clinton, y añadió que para mí debía de tener un gran significado. Le dije que sí y aventuré que el reverendo Taylor me había hecho pensar en una frase de Martin Luther King para el final del discurso de toma de posesión, justo antes de que Clinton invocara las cornetas y el cambio de guardia: «Desde lo alto de esta montaña de celebración, oímos una llamada al servicio en el valle». Clinton meditó sobre ella mientras la gente empujaba desde atrás. Stephanopoulos dijo: «Tenemos margen para soltarnos un poco si quiere». Le dije que la cita señalaba el rumbo decisivo de King contra la comodidad y sus propios asesores, desde la ceremonia del premio Nobel hasta el comienzo de su peligrosa cruzada por el derecho al voto en Selma. «Sí —dijo Clinton, dubitativo—. Vamos a escribirlo.»

Hizo una pausa para presentar al padre de Tommy Caplan, pero retuvo a nuestro grupo en la acera para decirnos que el sermón le había hecho pensar en que debíamos añadir algo sobre que nunca hay que dar por hecha la democracia. Nos pusimos de acuerdo sobre la parte en la que encajaba eso e intercambiamos ideas sobre la redacción mientras entrábamos en Blair House y subíamos al piso de arriba para refugiarnos. Después de reunir a su equipo de escritores que estaban durmiendo siestas en lugares diversos, Clinton anunció que Hillary y Chelsea se oponían rotundamente a la frase «Debemos amarnos los unos a los otros» a la hora de hacer un llamamiento al compromiso cívico. Preferían: «Debemos preocuparnos unos por otros». Stephanopoulos presentó lo que llamó «un último argumento en favor de la palabra *amar*», pero Clinton dijo que las chicas pensaban que la palabra se iba a interpretar, más que como blanda, como extraña, algo que mucha gente había achacado a Jimmy Carter. «Vale, nada de amor», cedió Stephanopoulos, y se apresuró a hacer la corrección en el teleprompter. Yo iba a ir con él, excitado, cuando Clinton me indicó que diera con la redacción exacta de dos cambios que habíamos hecho en la acera, incluida una nueva cláusula en el resumen de política exterior: «Pero nuestra mayor fuerza reside en el poder de nuestras ideas, que todavía son nuevas en muchas tierras». Varios ayudantes gritaron para corregir los textos que se iban a dar a conocer en todo el mundo, mientras otros se apiñaron en torno al atril, donde Clinton estaba comparando tres versiones de un versículo de la Biblia en el discurso.

«¡Con el debido respeto! —se oyó un vozarrón—. ¿Podemos ponernos a trabajar?» Era Al Gore desde su silla, situada en el centro de la biblioteca. Votó por la versión bíblica del rey Jacobo, que es la que prevaleció, y la cacofonía se convirtió en murmullo. El preparador Sheehan advirtió a Clinton que no debía contar con la habitual reacción del público para ayudarle a marcar el ritmo en el discurso, porque, al aire libre, la muchedumbre que iba a verle parecería estar a kilómetros de distancia del estrado en la fachada oeste del Capitolio. Gore estuvo de acuerdo con los consejos sobre la forma de hablar y le dijo a Clinton que Sheehan «necesita que prestes toda tu atención sobre este punto». El presidente debía detenerse brevemente y volver a lanzarse después de cada aplauso, como si se hubiera elevado a un plano superior. Cuando Gore dio su bendición al último ensayo —«Éste es el que vale»—, la sala se vació detrás de Clinton, que llegaba tarde a su cita con el presidente saliente, Bush, para ir juntos hasta Capitol Hill. Stephanopoulos tenía a un chófer de los marines esperando para llevarnos con las primeras copias impresas por calles vacías, que estaban cortadas para el desfile inaugural. Nos separamos en la Rotonda, el vestíbulo central del Capitolio. Él se fue a buscar la salita en la que estaban los líderes y dijo a los guardias que Clinton «iba a enloquecer en cualquier momento» sin un discurso que estudiar durante la ceremonia. Yo esperé con una copia de seguridad en lo alto de las escaleras, y la procesión inaugural me llevó hasta las primeras filas sobre el Mall.

Las circunstancias, pues, me situaron entre jueces del Tribunal Supremo y otros grandes dignatarios de Estados Unidos para el traspaso de poder, sin tener un asiento asignado, cosa poco frecuente. Cuando había que levantarse para rezar y mostrar respeto me sentía aliviado, porque el resto del tiempo me veía obligado a estar de cuclillas durante largos ratos entre dos extintores de incendios en el pasillo, haciendo como si tuviera una silla. En ese estado, mi asombro y mi fatiga se veían mitigados por ecos absurdos. Como había predicho Sheehan, el discurso parecía desvanecerse en el inmenso cielo sobre la multitud. Había poca resonancia y tampoco transmitía el impacto emocional del brindis en la cena de Katharine Graham. Después de la salida sonriente de Clinton, ya oficialmente presidente, los senadores y diplomáticos a mi alrededor empezaron a hablar sobre todo de sí mismos, y la reacción ante el discurso pareció tibia, como mucho. Quizá era inevitable sentir decepción para alguien que se había implicado tanto en el contenido, sobre todo cuando advertí mi aislamiento. Como un niño abandonado, sin un pase de prensa de *Life* ni ninguna de las llamativas credenciales que llevaban los demás en torno al cuello, me escabullí como pude y salí del Capitolio.

Me costó más de cuatro horas entrar en la Casa Blanca. En los primeros momentos de la administración de Clinton, los pocos empleados que sabían manejar los teléfonos no podían encontrar todavía a los que tenían autoridad, y viceversa. Varios operadores no acabaron de creerse que un extraño llegara tarde para ver a los Clinton, pero una joven y atribulada secretaria dejó su puesto para ayudarme a entrar por una puerta a la zona de comunicaciones del ala oeste, suponiendo que allí alguien podría ayudarme. Me acompañó cruzando controles de seguridad en pasillos abarrotados de cajas y plataformas para transportar muebles. Los instaladores de ordenadores iban de un lado a otro de cuatro en cuatro. Pasamos junto al Despacho Oval, que tenía las puertas abiertas de par en par. Yo había visitado el sanctasanctórum sólo una vez, cuando tenía diez años e hice una gira con el Coro Infantil de Atlanta para cantar ante el presidente Dwight Eisenhower y su esposa Mamie en 1957, pero aquellos vagos recuerdos no tenían nada que ver con ese enjambre de trabajadores con escalerillas, aspiradoras y botes de limpiacristales por todas partes. Me pasé gran parte de la tarde en una caótica sala de prensa. Uno de los ayudantes del equipo que escribía los discursos se prestó amablemente a intentar que me dejaran salir a ver el desfile, pero lo rechazaron porque mi pase provisional era rosa en vez de marrón. Por fin, alguien que me reconoció de Blair House consiguió amedrentar a los guardias militares anunciando sencillamente que trabajaba en la Oficina Social.

El presidente Clinton estaba de pie, aplaudiendo a una banda de la fuerzas aéreas. «He recuperado las fuerzas», dijo, mientras complacía alegremente a los políticos que pasaban para hacerse fotos con él durante el desfile. Había ya menos visitantes en la tribuna presidencial, que tenía un tejadillo, una amplia vista de la avenida Pennsylvania y calentadores ajustables para cada asiento en la primera fila. Colin Powell y la Junta de Jefes de Estado Mayor seguían levantándose cada minuto o así para honrar las banderas que pasaban con una patrulla de *boy scouts*, luego con tipos vestidos de Elvis entre unas estatuas de pingüinos, con la Sociedad 1776 de Concord, Massachusetts, y con una solemne procesión de la colcha conmemorativa del sida, que se extendía a lo largo de una manzana. Los Clinton mencionaron con tristeza los nombres de trozos de la colcha dedicados a amigos suyos, y el vicepresidente Gore dijo que una de las víctimas había sido vecino suyo. Por último pasó una carroza con Miss Arkansas, y luego el presidente se marchó. «Gran trabajo —dijo a tres mayordomos sorprendidos en la cocina provisional que había en la parte posterior—. Espero que no se hayan muerto de frío.» Corrió por una pasarela protegida de color azul brillante hacia el césped de la Casa Blanca gritando: «¡Eh, Hillary, espera!». Llegó a su altura y le cogió la mano.

El ujier jefe, Gary Walters, abrió la puerta principal como un agente inmobiliario en una visita ideal. «Gracias —dijo Clinton—. ¿Está listo?» Junto con dos ayudantes, Walters nos llevó a los tres por la gran entrada en penumbra y en la que resonaban nuestros pasos, giramos tres veces a la derecha y llegamos al ascensor privado, que estaba parado. Hubo un incómodo silencio. «Deberíamos haber subido por las escaleras —dijo el presidente—. Si alguna vez estoy en un ascensor e intento que me den un trato especial, lo más probable es que el ascensor no funcione.» Los ujieres intentaron contener la risa, pero parecieron aliviados por su jovialidad, y la caja dorada acabó subiendo al segundo piso.

Cruzamos el vestíbulo amarillo central para llegar por primera vez al dormitorio principal, y nos quedamos contemplándolo. Dos hombres menudos hicieron un saludo educado con la cabeza. «Señor, soy Angelito», dijo un camarero. Su colega, Antonio, se presentó mientras observábamos unas hendiduras curvas en la pared norte. Angelito dijo que los carpinteros iban a ajustar los estantes que faltaban teniendo en cuenta el tamaño de los libros nuevos y Hillary asintió. «Es una de las cosas que más nos preocupan, las estanterías —dijo, mientras se daba la vuelta y buscaba sus cosas para empezar a prepararse para los doce bailes inaugurales de la noche—. No sé ni por dónde empezar.» Se excusó para ir a buscar a sus padres y a Chelsea, que correteaba de un lado a otro con rulos en el pelo y una bata blanca y acompañada de cuatro amigas de Arkansas que se iban a quedar a dormir. Seguimos a Angelito a un gran vestidor en el que dos ayudas de cámara estaban ocupados colocando filas de sombreros, botas, mocasines, zapatillas deportivas, zapatos de vestir y corbatas. Al descubrir que los dos procedían de Filipinas, el presidente les dijo que su director de marketing internacional en Arkansas también procedía de allí, y eso suscitó cierta discusión sobre la geografía de Filipinas y viajes. Luego me llevó a una salita y me dijo: «Voy a enseñarte esta especie de cuarto de estar que tenemos aquí», y continuó hacia el este por el pasillo. Entre las muchas cajas amontonadas en la Sala de los Tratados, encontró varias bolsas de palos de golf y una mecedora especial que tenía desde niño, con hojas de roble esculpidas alrededor de una elaborada luna. Confirmó que acababa de jurar su cargo sobre una de las tres Biblias apiladas ya en la gran mesa. «Sí, me la regaló mi abuela —dijo, con aire reflexivo, cuando le felicité por su elección de Gálatas 6,9 en el discurso—. Sonó bien, ¿no? —preguntó, e hizo una pausa—. Cuando llegamos por fin a ello.»

El presidente dijo que quería averiguar cuál de los dormitorios de invitados era el Dormitorio Lincoln. De camino allí, comentó que Lincoln en realidad no durmió allí, y que el nombre había surgido, creía, porque su mujer había comprado la cama de palisandro, en la que más tarde murió su hijo Willie. Mientras caminábamos se dio la vuelta y dijo de pronto: «No puedes imaginarte la alegría que me ha dado volver a verte». Mi respuesta fue trillada pero sincera: «Nunca lo olvidaré». Me agradeció que me hubiera sumergido en el torbellino sin previo aviso y volvió a mencionar la colaboración cuando cruzamos del Dormitorio Lincoln al otro gran dormitorio de invitados en el segundo piso. «¿Te ha gustado trabajar con esta gente?», preguntó. Estábamos de pie ante una ventana delantera del Dormitorio de la Reina, mirando hacia Lafayette Park. Le contesté que todos los miembros del equipo parecían listos y que habíamos cooperado bien editando el discurso, pero que él mismo había hecho gran parte de la redacción. «No muchos escritores de discursos —añadí— podrían haber sido tan poco ególatras como David y Michael para aceptar a toda esa gente inmiscuyéndose a última hora en su trabajo.»

Esperé. El presidente estaba meditando algo, quizá una opinión o una solicitud, pero decidí no especular. En cambio, pasó a una sala de estar en el extremo este del pasillo central, donde en otro tiempo esperaban los visitantes que querían ver a Lincoln, y casi se chocó con un ama de llaves que salía de un vestidor. El presidente consiguió que le contara parte de su biografía. «Encantado de conocerla», dijo. «Encantada de conocerle a *usted*», replicó Annie Barrett, azorada. Él le pidió que le ayudara repitiendo su nombre durante un tiempo. Subimos a un descansillo amueblado de la escalera doble, a medio camino del tercer piso, con una gran ventana que miraba al edificio del Tesoro. Clinton dio unas vueltas y se preguntó en voz alta si era aquí donde el presidente Reagan había estado convaleciente después de que le disparasen.

«No, señor —dijo una voz desde arriba—. Éste no es ese cuarto. El que busca usted es el solárium.» Era James Selmon, uno de los mayordomos de la tribuna del desfile. Nos llevó por un pasillo más pequeño que conectaba unas veinte habitaciones en el tercer piso, entre ellas siete dormitorios de invitados remodelados a partir de los antiguos aposentos de los esclavos de Zachary Taylor en el ático. El fotógrafo de la Casa Blanca, Bob McNeely, corrió delante para guiar la subida del presidente por un pasillo inclinado, forrado con grabados de las revistas *Harper's Weekly* y *Frank Leslie's Illustrated,* pasando por delante de una cocinita, hasta el solárium rodeado de ventanales que daba al sur, encima del Balcón de Truman. Clinton se dejó caer en una silla conocida. «Ésta es otra de mis mecedoras», dijo, y todo el mundo se fue para dejarnos hablar.

Me preguntó cuánto tiempo llevaba viviendo en Baltimore y si alguna vez veía a mi ex esposa. Se acordó de políticos de Texas a los que habíamos reclutado para la campaña estatal de McGovern en 1972. «Lo extraño era que conservé el contacto con [el ex comisario de Agricultura de Texas] John White durante años, pero se portó bastante mal conmigo en la campaña —dijo el presidente—. Al principio pensé que estaba intentando meter en la carrera a su hombre, Lloyd Bentsen, pero siguió así, y nunca supe por qué.» Para los lectores de *Life,* Clinton no reconoció ningún momento de incredulidad y asombro desde el momento de la jura del cargo.[2] Sus respuestas tendían a esbozar su personalidad mezclándola con enseñanzas o preguntas que tenía en mente. Por ejemplo, describió la relación extraordinariamente cordial con el presidente Bush como un efecto secundario de la tendencia de Bush a «descargar» la política electoral en manos de ideólogos y profesionales. Clinton pensaba que Bush había mantenido una distancia afable pero costosa en su propia campaña, que había sido desagradable. «Debes tratar de integrar lo que haces, quién eres como persona, como servidor público y como candidato —dijo el nuevo presidente—. Todo el mundo trata siempre de protegerse un poco, pero, por lo menos, tiene que haber cierta coherencia interna. Si no es así, puedes acabar metido en un buen lío.»

Abajo, Hillary estaba de pie con los brazos estirados, con un vestido de gala de manga larga y color azul oscuro, rodeada de tres diseñadores, un experto en accesorios y un peluquero llamado Christophe. Huyó del barullo de las fotografías para dar un tranquilo paseo conmigo por el largo pasillo central. Hablamos sobre todo de pequeñeces propias de padres. El recuerdo común que sobresalía de nuestros años anteriores era el de una comida en Washington, no mucho después de lo de Texas, y hablamos de política y problemas amorosos hasta llegar a una pregunta que me hizo ella en tono de lamento: «¿Has estado alguna vez en Little Rock?». La primera dama sonrió pero hizo una mueca ante mi recuerdo. Pensando que a lo mejor le preocupaba un posible desprecio a su estado de adopción, le dije que me parecía una pregunta intensa y legítimamente personal. ¿Había querido a Clinton tanto como para dejar su hogar entre las luces de la gran ciudad y su trabajo soñado en el comité que encausó a Nixon, para cambiarlo por una nueva vida vinculada a la política de Arkansas?

El presidente Clinton salió de su dormitorio con el esmoquin de gala y sonrió al ver que su hija estaba siendo fotografiada con sus amigas. «Quiero participar en eso», dijo. Ni él ni Hillary consiguieron convencer a Chel-

2. «Backstage: January 20, 1993», *Life,* marzo de 1993, págs. 33-43.

sea de que no llevara unos pendientes enormes de color verde esmeralda. Los ayudantes empujaron a todo el mundo, incluidos abuelos y estilistas, abajo, para completar la inmensa caravana que ya llevaba retraso. Alguien me colocó en el segundo coche, el de «control», con el fotógrafo McNeely y un delgado comandante de la marina que llevaba los códigos de lanzamiento nuclear en una bolsa siempre presente a la que llamaban «el balón de fútbol americano», con una gruesa antena que sobresalía por arriba. Las sirenas y las luces llenaron un corto trayecto hasta las arcadas situadas bajo el hotel Capital Hilton, donde el presidente fue dando la mano a los empleados durante todo el camino hasta llegar a la habitación reservada. El vicepresidente dirigió a las dos parejas a partir de allí y sugirió que sería más espectacular que las señoras se quitaran las capas de abrigo ante toda la muchedumbre, y luego se sumergieron en la bienvenida con los himnos, «Ruffles and Flourishes» y «Hail to the Chief». Yo duré sólo dos actos más, el baile de la medalla de honor y el baile de Arkansas. Clinton bailó durante otra larga noche, hasta poco antes de una recepción matutina para iniciar su primer día de trabajo en la Casa Blanca.

La vida se reanudó fuera de la burbuja, y la salva de Clinton sobre la necesidad de preservar la historia se perdió, aunque no cayó en el olvido. Para recobrar el equilibrio, abandoné mis reservas sobre el largo paréntesis en nuestra amistad y decidí suprimir cualquier asomo de expectativa por ambas partes. «Nunca impondré mi presencia a ti ni a nadie de tu equipo», decía mi carta de agradecimiento por haberme dejado compartir la toma de posesión del cargo, en la que invitaba a cualquiera de los Clinton a llamarme si necesitaban «una caja de resonancia ad hoc y un refugio personal». Sobre un tema del que habíamos hablado en los breves momentos privados con cada uno de ellos —nuestros hijos—, les ponía al día sobre la lucha de mi hijo de nueve años, Franklin, para superar una rara enfermedad degenerativa de la cadera llamada Legg-Perthes, que le había apartado bruscamente del béisbol y le había forzado a utilizar muletas. «Se ha aficionado al ajedrez y a nadar —escribí—, y su valor infantil es una fuente de inspiración para sus angustiados padres.» La respuesta de Hillary concluía: «Ten la seguridad de que también recordamos a tu familia, especialmente a Franklin», con una posdata escrita a mano: «¡Espero verte pronto!». Me imaginaba el volumen de correspondencia que debían de tener, y me pregunté hasta qué punto le ayudaba su equipo.

En marzo, envié al presidente un par de líneas sobre el calendario que había anunciado. Le expresaba mi deseo de verle lanzar la primera pelota del partido inaugural de béisbol en el exquisito nuevo estadio de Baltimore, Camden Yards. Medio en broma, le ofrecía para el calentamiento la ayuda de Franklin, cuya recuperación nos daba esperanzas de que iba a poder volver a caminar normalmente e incluso correr. «Lleva ya diez meses con el incómodo hierro en la pierna —le decía desde mi posición de padre con un nudo en la garganta y de entrenador insoportable—, pero todavía puede tirar y coger como un profesional.» Más en serio, le contaba brevemente una velada que acababa de pasar con el presidente de Haití en el exilio Jean-Bertrand Aristide, que iba a verse con él unos días más tarde. Para mí, que nunca había tenido contacto con jefes de Estado, era una extraña coincidencia estar ahora en contacto con dos que representaban tales extremos, de la superpotencia mundial al país más pobre del hemisferio. El director de cine Jonathan Demme, un nuevo socio que encabezaba el proyecto para llevar al cine *Parting the Waters*, y devoto de la cultura haitiana, nos había presentado. Decidí no influir con ningún detalle en la primera impresión que Aristide podía causar a Clinton. «Creo que te va a gustar —predecía mi nota sencillamente—. Juntos, los dos tenéis la oportunidad de llevar a cabo algo verdaderamente histórico.»

De vez en cuando me devolvían los saludos. El primer día del campeonato de béisbol, unos emisarios nos localizaron de una u otra forma en las gradas y nos dieron una invitación confidencial para que toda la familia subiera a ver al presidente. Los cuatro les seguimos tímidamente hasta el palco de autoridades, donde Clinton, como siempre, estableció contacto inmediato con todo el mundo. La imagen que no se me olvidará es la de él y Franklin de pie, casi dándose la espalda, sin fijarse uno en otro; Franklin con su hierro en forma de A, con la barra de metal que le separaba las rodillas, fascinado con sus Orioles en el campo, mientras Clinton recibía a una muchedumbre que no paraba de acercarse a él.

Unas semanas después, la Oficina Social de la Casa Blanca inició un ritual nuevo para Christy y para mí con vistas a una gran cena en junio: normas de cómo había que ir vestidos, procedimientos de seguridad, acompañantes formales y placas caligrafiadas para todos los que se iban a sentar en los salones Azul, Verde y Rojo, donde la Orquesta de Cámara de los Marines se distribuyó entre las mesas para tocar antes de los brindis. Cuando un ujier me susurró que los Clinton querían que nos uniéramos a ellos en el piso de arriba después de la cena, supuse que nos habían seleccionado para una pequeña recepción como en la tribuna del desfile o el palco de autoridades en el estadio de béisbol, y me encantó tener la oportunidad de enseñar a Christy las históricas habitaciones del segundo piso de la residencia. Pero no apareció ningún otro invitado, y el presidente no perdió el tiempo en cuanto me tuvo a solas. Me dijo que necesitaba «un Arthur Schlesinger» para ocuparse de esos problemas históricos sobre los que habíamos hablado. Quería meter en su equipo a un historiador residente que se convirtiera en su cronista, como Schlesinger había hecho para Kennedy. ¿Qué me parecía?

Aturdido, intenté ganar tiempo felicitando al presidente por su intento de buscar una solución práctica. Los libros de Schlesinger sobre John y Robert Kennedy fueron enormemente influyentes, dije, pero quizá no fueran buenos modelos de historia política. Gran parte de su influencia radicaba en el hecho de que sus protagonistas habían muerto asesinados en una época trascendental, y los libros se habían visto como defensas de ellos incluso en una época en la que los medios eran más inocentes. No es que eso descalificara a Schlesinger como historiador objetivo, pero desde entonces había actuado más como un experto. Mientras le decía estas cosas, trataba de imaginarme abandonando mi compromiso de acabar mis historias sobre Martin Luther King, cosa que no podía hacer, y me esforcé para dar una respuesta apropiada al presidente que estaba ante mí. Clinton no me había ofrecido de forma explícita el puesto de historiador. No iban a faltar especialistas interesados, dije, pero ambas partes tendrían graves limitaciones. Un aspirante a historiador oficial, ante todo, tenía que abandonar su trabajo para pasar hasta siete años en la Casa Blanca de Clinton, peleándose para tener acceso al presidente y convirtiéndose más o menos en un blanco dentro y fuera de la administración. Pese a ello, el acceso privilegiado haría que inevitablemente se valorase menos la futura labor de biógrafo, como había ocurrido con Edmund Morris y su trabajo para Reagan. A mí se me consideraría desde el principio, con razón, parcial a favor de Clinton, porque había sido colega político suyo hacía mucho tiempo, y ninguna «historia cortesana» que escribiera nos depararía demasiado crédito a ninguno de los dos.

Debatimos brevemente. Comentó que seguramente una historia autorizada debía tener algo de valor, dependiendo de su calidad, aunque sólo fuera por presentar una serie de hechos alternativos. Su desilusión se convirtió en quejas sobre las distorsionadas noticias de prensa que se habían publicado a propósito de una serie reciente de lo que llamó falsos escándalos, como el de su corte de pelo en un aeropuerto. El presidente manifestó que quería responder a sus críticos, y su intensidad al respecto me pareció equivocada. Aunque me alivió que su objetivo fuera más amplio que el mero hecho de contar conmigo, busqué la forma de advertirle. Le dije que debía distinguir entre los problemas inmediatos y los problemas a largo plazo. Debía concentrarse en hacer la mejor historia posible. Ningún presidente puede escribir el futuro controlando los temas ni los redactores, pero todo presidente puede gobernar con la vista puesta en el mañana. Eso es lo que significa navegar por las aguas de la política, incluidas las relaciones con la prensa, y es aconsejable reunir archivos detallados con la suficiente vitalidad como para ayudar a la posteridad a diferenciar el mito de la realidad.

El presidente Clinton no pareció convencido, pero probó otra vía. ¿Estaba dispuesto a reunirme con un pequeño grupo que Hillary y él habían formado con el fin de reflexionar sobre las opciones de crear un archivo? Por supuesto que sí. La pregunta me hizo sentirme mal por haber pensado que su idea del «historiador residente» era una solución rápida y única. La creación de ese grupo indicaba más esfuerzos y resistencia interna, y eso me hizo ver qué poco sabía de las presiones de uno y otro lado que había incluso en este pequeño rincón de la presidencia. Algunas salieron a la luz unos días más tarde en la reunión en el bufete de abogados Williams & Connolly. Maggie Williams estaba presente como jefa de gabinete de Hillary, y George Stephanopoulos representaba al presidente. De repente, me encontré en el papel de vendedor que intentaba colocar algo a unos compradores escépticos. Repartí muestras de documentos de mis propias investigaciones sobre los años sesenta, que iban desde la mina de oro que significaban las transcripciones telefónicas hasta notas personales escritas por los secretarios de Lyndon B. Johnson en su agenda personal. También había diarios e historias orales, además de notas detalladas de reuniones dramáticas sobre la guerra de Vietnam, algunas tomadas por asesores muy cercanos como Jack Valenti, y otras por Tom Johnson, un joven escritor que acabó siendo presidente de la CNN.

Las muestras tuvieron un recibimiento frío. Objetaron que tener a alguien tomando notas inhibiría el debate e impediría que el presidente contase con consejos sinceros, y yo no ayudé mucho al dudar de cualquier asesor capaz de callarse por miedo a que el público lo supiera. Dado que los presidentes no habían temido reunir esos archivos durante la Guerra Fría, cuando el enfrentamiento entre Estados Unidos y la Unión Soviética amenazaba a todo el planeta, pregunté cómo podíamos justificar ahora que hubiera que ocultar las deliberaciones. El argumento del secreto no era una excusa. Además de actas escritas detalladas, había grabaciones de numerosos debates fundamentales durante las administraciones de Kennedy, Johnson y Nixon que todavía eran secretas, innecesariamente, pero que por lo menos existían. Sólo la falta de respeto hacia la gente o hacia las deliberaciones actuales podía explicar la obcecada tendencia a conservar cada vez menos cosas. Como quinta posibilidad en mi lista, propuse que la administración de Clinton reconstituyera los procedimientos de grabación para ciertas reuniones en la Casa Blanca.

«Esa sugerencia fue rechazada», anotó escuetamente Bob Barnett en su informe del 6 de julio. Barnett, un abogado de Washington especializado en relaciones con los medios de comunicación, quería representar a los dos Clinton en futuros contratos de libros, y el presidente le había pedido que presidiera nuestro grupo de trabajo con un doble propósito. Al mejorar la documentación, queríamos perfeccionar los instrumentos disponibles para futuras memorias de Clinton y la base de datos destinada al acceso público a través del sistema de bibliotecas presidenciales. Barnett reunió al grupo varias veces hasta agosto y, de vez en cuando, invitó a colegas expertos de Williams & Connolly, pero el número de asistentes disminuyó por falta de motivación. Los abogados estaban entrenados para preocuparse por los riesgos —citaciones judiciales, responsabilidades, disputas sobre intimidad— y los funcionarios del Gobierno solían inquietarse por sus límites territoriales o su control. Esos obstáculos me hicieron volver a pensar en la propuesta de Clinton de tener un historiador residente. Quizá era la única mejora posible. Tal como me había pedido, llamé a Nancy Hernreich para decirle que prácticamente nuestro grupo había terminado. No la conocía, porque había venido de Arkansas para gestionar el Despacho Oval, pero creí notar un tono de simpatía en su breve respuesta, en la que me comunicaba que el presidente había recibido los informes de Barnett y tomaría las medidas apropiadas. Hernreich era de acero pero cálida, y en años posteriores sería un modelo de discreción, mucho después de haberse granjeado mi afecto como firme partidaria de la iniciativa histórica. No dejó ver ningún propósito oculto cuando me pidió que llevara a Christy y a los niños a cenar a la Casa Blanca el 28 de septiembre.

Macy, nuestra hija de doce años, reservaba casi todo su entusiasmo para el grupo de adolescentes New Kids on the Block. Franklin, que por fin se había quitado los hierros dentales, se quedó admirado ante el perro detector de bombas que olisqueó nuestro coche en la verja, pero luego recobró la esforzada indiferencia de su hermana hacia la Casa Blanca, como previendo otra ruidosa reunión de adultos que no sabían cuán pasados de moda estaban. Soportaron nuestra fascinación por las históricas vajillas expuestas en la Sala de la Porcelana, hasta que el presidente Clinton me sacó de la visita preliminar para dar un paseo por la esponjosa pista de ejercicios en el jardín sur. Llevaba una taza de café. Su paso rápido evocaba imágenes de periodistas trotando detrás de Lyndon B. Johnson en las ruedas de prensa maratonianas de los años sesenta, y se me cayó el alma a los pies cuando empezó refiriéndose a un nuevo libro de Richard Reeves sobre el presidente Kennedy. Citó la declaración que hacía en la introducción de que los relatos presenciales de Schlesinger y Ted Sorensen todavía eran unas biografías esenciales «al cabo de todos estos años» y dijo que seguía queriendo a alguien dentro de la Casa Blanca «para encargarse de la historia». ¿Podía reconsiderar mis objeciones?

No era lo que más me gustaba, confesé, pero le ayudaría a encontrar a otra persona. Me parecía un papel comprometido. No iba a gustar que cobrara un sueldo de los contribuyentes como historiador y adoptara una actitud neutral en lugar de echar una mano. Mis motivos no encajaban con el trabajo. «Sinceramente, me siento más parte del equipo», le dije al presidente, y añadí que un puesto político para mí era estrictamente hipotético. Clinton me miró ligeramente extrañado y sonrió. «Eso estaría bien», replicó, y pareció entender mi gesto como una señal disimulada de incomodidad. Bueno, preguntó, entonces, ¿debía prever que iba a encargarse él mismo de la historia en sus memorias? Si no llevaba un escritor a la Casa Blanca, ¿qué tenía que hacer? Le dije que había sobre todo dos cosas que tener en cuenta: debía tener a gente que tomara notas en todas sus reuniones y debía empezar un diario o una historia oral sistemática. Ninguna de esas cosas iba a ser fácil. El presidente dijo que quizá Stephanopoulos podía tomar notas, pero le respondí que el grupo de Barnett me había convencido de que ninguno de sus principales asesores iba a asumir esa tarea. Me preguntó la razón; ¿era porque pensaban que no podían ser lo suficientemente precisos? No, respondí con suavidad; porque consideraban que la tarea estaba por debajo de ellos, y porque todos los protagonistas se resistirían a las notas por considerarlas una posible amenaza.

El presidente frunció el ceño. Declaró que tenía buena memoria pero poco tiempo para dictar. Y que la prueba que había hecho le había mostrado algo que no le gustaba. «No soy capaz de sentarme y hablar a una grabadora —dijo—. Necesito preguntas. Necesito a alguien que hable conmigo.» Era normal, le respondí, el diálogo en la historia oral se había desarrollado desde la Segunda Guerra Mundial como fuente de recuerdos personales en vez de las cartas. Una ventaja de escribir un diario con preguntas era que Clinton podía iniciar el proyecto prácticamente solo, y eso ayudaría a salvaguardar los resultados. No necesitaba más que a un entrevistador del que se fiara y cierta logística confidencial. Por mi experiencia, yo podría ayudarle a empezar hasta que alguien de su equipo aprendiera la mecánica, relativamente sencilla. Al presidente le gustó la idea. «Ah, eso es todavía mejor», dijo alegremente. Yo no estaba seguro de si se refería a mejor que el historiador residente o mejor que depender de alguien de su equipo, pero dijo que debíamos comenzar cuanto antes.

Estábamos acabando nuestra segunda vuelta por nuestro itinerario cuando llegó Chelsea en un coche con chófer. Venía muy contenta del colegio y la clase de ballet, hasta que el presidente le dijo que tenía que cenar con todos nosotros. A Chelsea se le cayó el alma a los pies. Dijo que no podía cenar porque tenía mucha presión y él no podía imaginar cuántos deberes tenía. Se alejaron unos pasos de mí para discutir, y Chelsea acabó acompañándonos con buenos modos en una cena breve, no con decenas ni cientos de personas, sino sólo dos familias en un comedor del segundo piso, enfrente de la sala de estar familiar. Hillary llegó tarde y suspiró cuando nadie quiso tomarse con ella una copa de vino después de su primer día de declaraciones ante dos comités de la Cámara. El presidente la felicitó por las críticas positivas. Hasta sus adversarios habían dicho que había hablado perfectamente durante horas, sin notas ni ayudantes a los que consultar. Maureen Dowd, de *The New York Times,* decía que su «impronta femenina» ponía fin a una era en Capitol Hill, donde no era más que la tercera primera dama que había declarado y la primera en presentar una ley importante. Hillary, hablando casi taquigráficamente, intercambió con Clinton historias sobre lo que había ocurrido con la sanidad y las crisis mundiales, desde Bosnia hasta Somalia.

Chelsea respondió a preguntas sobre su primer año de instituto y sobre lo que significaba ser hincha de los Cubs. Nuestros hijos revelaron cómo les había sobornado para que se aprendieran de memoria el discurso de Gettysburg en homenaje al excelente libro *Lincoln at Gettysburg,* y eso le recordó a Hillary que había realizado largas sesiones de entrevistas para un perfil que iba a escribir su autor, Garry Wills, pero que se había sentido decepcionada cuando los editores de la revista *Time* habían cancelado el artículo porque decían que lo que escribía Wills superaba la capacidad de comprensión de muchos de sus lectores. Cuando el presidente preguntó a Christy por qué su jefe, Schmoke, alcalde de Baltimore, no se presentaba a las elecciones para gobernador de Maryland, ella dijo que «había preparado el terreno» para hacerlo, políticamente y con su familia, pero que al final había decidido que no sentía ningún programa con la suficiente intensidad como para aguantar toda la campaña. Clinton dijo que ese razonamiento era paralelo a su propio instinto que le había hecho presentarse a las presidenciales en 1992 en lugar de en 1988, en ambas ocasiones contra las opiniones predominantes sobre los huecos que se abrían en el ciclo político. Para contrarrestar los temas serios, emprendió una protesta jovial sobre el menú doble: alcachofas seguidas de caldo de pescado para nosotros, mientras que los niños tenían unos celebrados barquillos fritos hechos por el cocinero de la Casa Blanca. Hillary nos invitó a adivinar los estados homenajeados en nuestros platos según las flores y aves pintadas en la vajilla de lady Bird Johnson. La respuesta estaba impresa en el reverso de cada plato.

Chelsea se marchó enseguida a hacer sus deberes. Hillary se fue a una reunión vespertina sobre la declaración que continuaba al día siguiente, y se llevó a Christy con ella. El presidente llevó a Macy y Franklin a ver el borrador manuscrito del discurso de Gettysburg en el Dormitorio Lincoln, y les contó historias que había aprendido desde enero sobre cuadros y artefactos históricos. Luego propuso una partida de cartas en la sala de estar y estaba explicando las reglas de un juego cuando volvió Christy. Siguieron una serie de partidas y una de ellas acabó en alegre confusión por unas cartas echadas cuando sólo quedaban dos jugadas. Franklin las había jugado en el orden correcto para anular una audaz jugada de Clinton, insistió el presidente, que era un purista a la hora de aceptar su propia derrota. Más tarde, me llamó a un aparte para discutir exactamente cómo iba a proceder nuestra colaboración. Llegamos rápidamente a un acuerdo sobre la necesidad de secreto y absoluta vigilancia. Le dije que su seguridad y su control ahora eran la clave para dejar una constancia sincera que después pudiera utilizar el público, y le prometí que me apartaría y me mantendría en silencio cuando quisiera. Me pidió que mandara un memorándum sobre procedimientos a Nancy Hernreich, que fijaría nuestra primera cita. Mis notas de aquella noche resumían el plan: «Voy a ayudarle a empezar un proyecto de historia oral y ver cuánto podemos abarcar y cuánto tiempo tiene para ello, y tratar de establecer una regularidad».

Era fácil pero inútil decir que deberíamos haber comenzado antes. Estábamos improvisando una rutina con confianza, con el tiempo y la sinceridad que Clinton quisiera sacar de su presidencia. La iniciativa y el control, como era natural, le pertenecían, y, aunque yo creía que confiaba en mis garantías —incluido el compromiso de no revelar este delicioso y llamativo proyecto secreto, ni siquiera a mi familia aparte de a mi mujer y mis hijos—, no necesitaba mi promesa por adelantado de dejarlo cuando lo deseara. No tenía más que dejar de llamarme. El compromiso no era estrictamente personal por ninguna de las dos partes. Sabía que yo recomendaría un diario sistemático a cualquier presidente.

Mientras íbamos hacia casa, pregunté a mi familia qué impresiones habían sacado de la Casa Blanca. Macy comentó que Chelsea había seguido toda la conversación de los adultos y, aun así, se preocupaba por sus deberes. «Después de oírla, el instituto me da miedo», dijo. Franklin preguntó con suspicacia desde el asiento trasero: «Papá, ¿estás grabando esto?». Confesé que había llevado mi aparatito para una ocasión tan especial. Christy habló de la reunión de Hillary con su equipo y elogió las fantásticas rosas frescas de los aposentos familiares, y luego preguntó de qué había hablado con el presidente en privado. Macy nos interrumpió como si fuera un futuro genio de las finanzas: «Papi, si le ayudas con esa cosa, ¿te van a pagar?». Arrugó la nariz cuando le dije que sería una experiencia maravillosa. Franklin reconoció que el presidente Clinton jugaba a cartas con una gran concentración y apoyaba mucho la cabeza en las manos. Macy dijo que las manos le temblaban. «Me ha puesto nervioso —dijo Franklin—, pero era muy bueno.»

3

EL BALCÓN DE TRUMAN

Domingo, 17 de octubre de 1993

La siguiente llamada llegó sólo tres días después de nuestra primera sesión. La secretaria de Nancy Hernreich me comunicó que el presidente tenía un hueco en su calendario si podía ir en las próximas horas, y esa invitación espontánea me pareció un signo favorable. No preveía que fuera a haber ningún problema especial con una cita a la luz del día hasta que un guardia uniformado me detuvo en la entrada suroeste del complejo de la Casa Blanca. Cualquiera con mi nombre que pudiera tener una cita, me dijo precavidamente, estaba autorizado a entrar en un Ford Bronco. Examinó mi camioneta Ranger con mirada suspicaz. Cuando le pedí que llamara a la Oficina del Ujier para aclarar la discrepancia, replicó que, de todas formas, en los terrenos de la parte sur no se podía aparcar. Sus colegas, de pronto, se pusieron nerviosos. El guardia me ordenó que diera la vuelta para entrar por una puerta del lado norte, con una urgencia que me hizo mirar hacia atrás antes de saber adónde ir. Unos agentes vestidos con trajes gesticularon y gritaron que estaba yendo todo el rato en la dirección equivocada, hasta que dejaron mi camioneta apartada junto a una verja, bajo unos árboles. Sólo entonces entraron por la puerta, detrás de mí, las primeras luces que anunciaban una larga caravana. Con gran alivio, pero sin poder ir todavía a la parte sur, rodeé toda la Casa Blanca para aparcar en la calle y me presenté en la puerta noroeste. Allí se hicieron las comprobaciones de seguridad, las inspecciones de mi maletín, una credencial temporal y me dieron paso, acompañado, haciendo varias paradas en despachos del ala oeste; en cada ocasión fui contemplado como algo curioso que se dirigía a la residencia, hasta que los ujieres, por fin, me recibieron como a un primo pródigo. Me enviaron al piso de arriba con un portero vestido de esmoquin, John Fanning, que volvió a dejarme en la Sala de los Tratados.

El presidente Clinton llegó con chándal y zapatillas. Dijo que acababa de volver de correr a lo largo del río Potomac, lo cual explicaba la caravana, y propuso que hablásemos fuera, en el Balcón de Truman. Era un día precioso, dijo, y podíamos huir de la movilización para asistir a una representación de tarde de los acróbatas del Cirque du Soleil. Después de ducharse, Clinton volvió vestido con vaqueros y una sudadera de la Universidad de Yale. Me llevó a hacer una visita a la pequeña cocina familiar, enfrente de su dormitorio, donde cogió dos cuencos de la nevera. Había algo hábilmente informal pero furtivo en su forma de calentar uno de ellos en el microondas, como si sugiriese que se había ganado el capricho con el ejercicio y se lo estaba poniendo él mismo, pero no quería anunciárselo a Hillary ni a los mayordomos. Mi propia afición a picar me hizo agradecer que el espeso puré de alubias recalentado no me apeteciera. Llevamos el bol junto con un cuenco de salsa mexicana y una gran bolsa de tortillas de maíz y pasamos por el salón oval de la residencia, entre la Sala de los Tratados y la sala de estar. Una puerta oculta en la pared sur se abría al Balcón de Truman. Nos pusimos en una mesa de cristal justo a la vuelta de su curva oriental, en dirección al Departamento del Tesoro. Más allá de los cuidados jardines del lado sur, se extendía una magnífica vista de la Elipse y el monumento a Washington, con la cúpula del monumento a Jefferson en la lejanía.

Ya con las grabadoras en marcha, el presidente Clinton confirmó que habría querido al gobernador Mario Cuomo para el Tribunal Supremo. Dijo que había propuesto la idea a Cuomo meses antes de que hubiera una vacante, y que Cuomo le había pedido que le avisara con la mayor antelación posible para pensarse una decisión que iba a influir mucho en su vida. Como consecuencia, le había llamado incluso antes de que el juez White anunciara que se iba a retirar, pero dijo que Cuomo no le había devuelto la llamada hasta días después de que estallara una tormenta informativa por el nombramiento pendiente. «No podía creérmelo», dijo Clinton. Si se hacía público, ese rechazo podía hacer daño a un presidente; sin embargo, confesó cómo y por qué pensaba seguir persiguiendo a su reacio campeón. Cuomo aunaba una profundidad intelectual con una pasión por los temas difíciles, dijo, y cuando hablaban, se veía su capacidad de grandeza y de elevar los temas del servicio público dentro de la ley. Aun así, el gobernador se resistía. Había atisbos de un Hamlet dispuesto a cambiar de opinión, pero Cuomo siempre lo rechazó por motivos que a Clinton le sonaban más bien a eslogan: que había comenzado en la política de Nueva

York y quería terminar en ella. El presidente confesó que estaba perplejo. Parecía herido. «Me sentí como Diógenes errando por Atenas —dijo— y preguntando: ¿dónde hay un hombre honrado al que pueda dar este trabajo?»

Clinton dijo que su siguiente elección fue Bruce Babbitt, de Arizona, otro colega de sus años en la Asociación Nacional de Gobernadores. Como Cuomo, Babbitt habría satisfecho el deseo de Clinton de nombrar a un magistrado político que nunca hubiera sido juez. El presidente no tenía ninguna duda sobre la capacidad de Babbitt ni sobre su voluntad de aceptar el cargo. Aquí, la indecisión fue suya, me reveló Clinton, y francamente política. Dijo que el meollo del problema era que las elecciones de 1992 habían abierto débiles caminos para una candidatura demócrata en el oeste del país. Clinton recitó los resultados de memoria, estado por estado. Gore y él habían ganado en Colorado, Nevada, Nuevo México y Montana. Perdieron en Dakota del Sur por 12.000 votos, y en Arizona por menos de un 2 %. Reconoció que había acabado tercero, por detrás de Bush y el candidato independiente Perot, en Utah, pero dijo que el único otro estado del oeste en el que había quedado mal era Idaho, donde ni siquiera hizo campaña. Después de instalar a Babbitt en el Departamento del Interior con una difícil misión política, dijo el presidente, había examinado el panorama en busca de un sustituto que pudiera sacar reformas vitales en ese contexto cultural regional distintivo —dedicado a unos derechos de pastoreo en tierras públicas por debajo del valor de mercado y a la explotación libre de la madera y los recursos minerales— sin poner en peligro lo ganado por los demócratas en las urnas. Cuando la búsqueda resultó infructuosa, el presidente dijo que decidió dejar a Babbitt en Interior y sacrificar la ambición de un subordinado por la suya propia. «Bruce, no puedo ponerte en este tribunal —recordaba que le dijo directamente—. No puedo correr el riesgo y resistir el golpe, ni personal ni políticamente.» Clinton se consolaba pensando que Babbitt comprendía lo difícil de su decisión y nunca se lamentó.

La complicada experiencia con Cuomo y Babbitt dejaba patente por qué los presidentes habían nombrado para el Tribunal Supremo a tan pocas personas que no fueran jueces. Al enumerar a los finalistas, el presidente Clinton dijo que, después de leer muchas reseñas y opiniones judiciales, fue la entrevista personal lo que le atrajo de la juez Ruth Bader Ginsburg. Le pregunté qué le había impresionado más de ella, su creatividad, alguna idea concreta o alguna otra cualidad, y destacó cómo le había contado la historia familiar que la había llevado a la carrera legal. Dijo que tenía una gran biografía. Le daba la sensación de que podía llegar a ser una juez muy distinguida. Mis preguntas obtuvieron poco más. Parecía haber visto en ella una forma de ver la vida similar a la suya, que mezclaba los toques humanos con el análisis abstracto, y reconocía la lucha personal que hay detrás de cada gran problema de la ley y la política.

Notamos movimiento alrededor de la caravana aparcada en la entrada, unos cuatro metros más abajo. Los mayordomos entraban y salían del Balcón de Truman para servir Coca-Cola Light, y varios ayudantes entraron para decir que tenían que salir hacia el circo media hora antes. Las entradas en grupo marcaban el ritmo insistente de la agenda del presidente. Avanzamos en nuestra revisión de 1993 durante el tiempo que nos quedaba, porque Clinton quería centrarse en la histórica firma palestino-israelí en la Casa Blanca el 13 de septiembre. Aseguró que no había influido en las negociaciones secretas que habían desembocado en el acuerdo sorpresa, ni tampoco había sabido gran cosa sobre el tema. Durante la transición, como presidente electo, le habían hablado de las nuevas negociaciones entre bastidores en las que estaban haciendo de mediadores los noruegos. Había aprobado las negociaciones en general, dijo, con pocas esperanzas y sin instrucciones especiales. El proceso había surgido de intelectuales y otros intermediarios casi como una actuación privada, porque el Gobierno israelí y la OLP, la Organización para la Liberación de Palestina, seguían negándose mutuamente la categoría necesaria para el diálogo incluso como partes en el conflicto. Sólo después de los avances del verano empezaron a hablar algunos altos funcionarios directamente entre sí, aunque en secreto, y dejaron caer que las conversaciones de Oslo eran un espectro que podían rechazar.

El presidente había sido erróneamente optimista respecto a Siria. «Me equivoqué», confesó. De los muchos dirigentes envejecidos en Oriente Próximo, que llevaban gran parte de sus vidas librando guerras, Clinton pensaba que el presidente sirio, Hafez al Asad, era el más dispuesto a iniciar una paz con Israel para poder recuperar los Altos del Golán, perdidos en la guerra de 1967, antes de morir. El presidente también creyó que los elementos necesarios para un acuerdo amplio entre Israel y Siria eran menos difíciles que unos posibles acuerdos de los israelíes con Jordania, Líbano y los palestinos. Por consiguiente, había alimentado su instinto sobre los posibles progresos en el frente sirio en varias conversaciones privadas, incluida su primera reunión en la Casa Blanca con el primer ministro israelí Isaac Rabin, el 15 de marzo. Cuando, por el contrario, surgió el primer avance en el frente palestino en septiembre, desde unas negociaciones desconocidas en Oslo hasta un acuerdo provisional de paz, Clinton dijo que se había enterado sólo unos días antes y estaba tan asombrado como los demás. Recordó una llamada de teléfono sobre la noticia cuando estaba a bordo del *Air Force One*, volviendo de Cleveland, en la que dijo a Rabin que estaba encantado precisamente porque los bloqueos palestinos eran muy desgarradores y complejos: Jerusalén, los refugiados, los asentamientos israelíes en Cisjordania. Y sabía lo difícil que era para un soldado como Rabin aceptar al líder de la OLP Yasser Arafat después de tantas décadas de enterrar a amigos muertos por los palestinos. «Sí, es muy difícil, señor presidente —contó Clinton que le había respondido Rabin—, pero, al fin y al cabo, no tenemos que firmar una paz con nuestros amigos.»

Esta afirmación de Rabin entró a formar parte de la sabiduría popular. Como la ceremonia del 13 de septiembre captó la atención del mundo, gran parte del relato de Clinton salió a relucir en informaciones y memorias, incluidas las suyas, para saciar el hambre de detalles sobre la diplomacia de pasillos. Por ejemplo, hicieron falta ensayos y personas capaces de manejar crisis para orquestar el espectáculo que culminó con «el apretón de manos» entre esos canosos enemigos que eran Rabin y Arafat, y hubo unas precauciones cómicas para evitar posibles besos ante la cámara, sobre todo por parte de Arafat. Clinton dijo que su consejero de Seguridad Nacional, Anthony Lake, había instruido a los participantes para que pusieran la mano izquierda en el hombro derecho de su interlocutor en un gesto de amistad que, sin ofender a nadie, sirviera también para impedir cualquier avance hacia el acostumbrado beso y abrazo de los árabes.

Los expertos en protocolo comprimieron casi todos los arreglos en unos pocos días antes de la ceremonia. Lo que dejó Clinton en las grabaciones, sobre todo, son matices sobre sus escasas intervenciones. Dijo que su Gobierno, al principio, había estado dividido sobre si debía ser anfitrión del acontecimiento o no como habían pedido todas las partes, incluido el Gobierno noruego. Los extranjeros querían dar publicidad al apoyo de Estados Unidos al proceso de paz, pero los que no estaban de acuerdo dentro de la administración advertían sobre la posibilidad de represalias terroristas y el daño político que podía hacer la vinculación a algo que probablemente iba a fracasar. Clinton dijo que, cuando se posicionó claramente a favor de hacerlo en la Casa Blanca, recibió una enorme oleada de consejos internos para que limitara la exposición pública y que, para ello, limitara la ceremonia a la categoría de los ministros de Exteriores que iban a firmar el acuerdo (llamado Declaración de Principios). De esa forma se lograría el compromiso escrito sin el espectáculo público de Arafat y Rabin, pero Clinton pensó que el simbolismo de los máximos líderes era crucial. Lo arregló diciendo que todas las partes podían enviar al representante que quisieran.

«Eso dio a Arafat un espacio lo suficientemente grande como para meter un camión por él», dijo. Arafat se apresuró a decir que iba a ir, y aprovechó la oportunidad para elevar su categoría entre los dirigentes de gobiernos establecidos. Su declaración, a su vez, presionó a Rabin para ir y ejercer de contrapeso, pese a su sincero deseo de estar en cualquier parte menos allí. El presidente Clinton contó que la política israelí, además, empujó a Rabin a ir con su ministro de Exteriores, Shimon Peres, su rival en el Partido Laborista, porque la separación podía dar la impresión de debilitar a su Gobierno y el proceso de paz. «Si Rabin no venía —dijo Clinton—, parecería que el héroe militar se limitaba a conceder algo que había organizado Peres el soñador.» Aun así, recordó, la asistencia de Rabin siguió siendo insegura, en medio de furiosas maniobras políticas. El Gobierno israelí envió señales para que Clinton invitara a Rabin pero sin que fuera de verdad, con la esperanza secreta de que no fuera, y corrieron rumores de que los votantes judíos en Estados Unidos nunca perdonarían a Clinton que sometiera a Rabin a la humillación pública de tener que comparecer junto a Yasser Arafat. Se habló de algunos ciudadanos destacados que iban a boicotear la ceremonia de la Casa Blanca porque las leyes israelíes y la política estadounidense seguían prohibiendo el contacto con representantes de la OLP por considerarlos terroristas. El presidente dijo que llamó al menos dos veces a Israel para aclarar la confusión. «Mi postura pública y mi postura privada son la misma —le dijo a Rabin—. Quiero que venga si usted quiere venir. Si lo hace, yo me ocuparé de los problemas que esto pueda causar con los norteamericanos de origen árabe y judío.» No obstante, Clinton recibió informes de lo más confuso a través del Departamento de Estado, sobre que Rabin no creía que fuera a ser bien recibido. Así que a medianoche dio instrucciones específicas de que llamaran al embajador israelí en Estados Unidos, Itamar Rabinovich. «Quiero que esperes por lo menos una hora —le dijo a Tony Lake—. Que sea lo suficientemente tarde para estar seguro de que le despiertas, porque entonces se dará cuenta de que es importante. Dile a Rabinovich que el presidente está preocupado por las informaciones sobre que el primer ministro cree que no va a ser bienvenido. Dile de la forma más enérgica posible que por supuesto que será bienvenido, y que creo que es buena idea que venga.»

Por último, el presidente contó que tuvo que rogar al presidente sirio Asad que permitiera a su embajador en Washington asistir a la ceremonia. A Asad le inquietaba quedarse fuera si Israel lograba la paz con los vecinos de Siria, y estaba decidido a no aceptar unas condiciones peores por llegar tarde. Aunque Clinton lo sabía, el grado y el detalle de esa nueva angustia le sorprendieron. «Señor presidente, ¿es idea suya —le preguntó Asad—, o es idea de Rabin, que tengamos que estar representados?» Clinton respondió que no podía hablar por Rabin y que sólo podía suponer que el primer ministro querría que Siria estuviera presente. «Pero no lo pongamos en el contexto de la política entre Israel y Siria —añadió Clinton—. Quiero que venga usted como un favor personal, porque sería una noticia importante que el embajador sirio no viniera, y eso restaría brillo a toda la ceremonia.» Dijo que Asad hizo una pausa y respondió: «De acuerdo, iré como favor personal a usted».

Antes de la ceremonia, hubo un conocido momento de incomodidad cuando los israelíes y los palestinos se reunieron por primera vez. Se agruparon en lados opuestos del Salón Azul, bajo el Salón Oval Amarillo de la residencia del presidente. No se mezclaban entre ellos, y todas las delegaciones, incluida la estadounidense, murmuraban entre sí hasta que Clinton envió al vicepresidente Gore con una propuesta elaborada a toda prisa para mandar fuera al fotógrafo de la Casa Blanca, Bob McNeely, y así los líderes pudieran saludarse de manera informal sin temor a que una imagen poco favorecedora pudiera dar la vuelta al mundo. Gore regresó rápidamente, con aire miserable y ofendido, y dijo que Rabin «no me ha hecho ni caso». El presidente y el vicepresidente estaban junto a Hillary y Tipper y el secretario de Estado Warren Christopher, y el propio presidente acabó cruzando al otro lado. Cuando trató de convocar a Rabin y Arafat a una presentación preliminar, Rabin juntó las manos firmemente a la espalda, meneó la cabeza y emitió sus primeras y tensas palabras ante los presentes: «En la ceremonia, en la ceremonia». Entonces Arafat cruzó los brazos y replicó: «Muy bien, en la ceremonia».

Esta gelidez social entre los protagonistas era un reflejo de la situación en Oriente Próximo, mientras que sus segundos discutieron por detalles políticos hasta el último minuto. Los diplomáticos israelíes amenazaron con irse si Arafat decoraba su túnica con alguna insignia militar, y más rápidamente si llevaba pistola, y los palestinos se negaron a aceptar la versión definitiva del acuerdo, porque el lugar en el que tenía que firmar Mahmud Abbas, la mano derecha de Arafat para asuntos exteriores, estaba marcado como «equipo palestino», en lugar de «Organización para la Liberación de Palestina». Sin tiempo de mecanografiar un nuevo original, los funcionarios insertaron a mano «Por la OLP» para otorgar algún tipo de reconocimiento. El documento llegó desde el ala oeste, y unos acompañantes llevaron a los dignatarios afuera para que se sentaran entre la muchedumbre reunida en el jardín sur. Sólo Clinton, Arafat y Rabin se quedaron atrás para hacer su entrada solemne desde el Salón de Recepciones Diplomáticas, justo bajo el Salón Azul y dos pisos por debajo del balcón en el que el presidente estaba grabando sus recuerdos un mes después. Cuando bajaban las escaleras, les dijo que todavía quedaba mucho camino por delante, que iban a pasar solos por la puerta que tenían delante y que deseaba que las cosas les fueran bien a los dos. Por fin llegaron unas pocas palabras de deshielo en respuesta, y el presidente las hizo públicas como señal de esperanza. «Tenemos mucho trabajo que hacer», dijo Rabin. Arafat replicó: «Sí, señor primer ministro, y yo estoy dispuesto a hacer lo que me toca».

Las imágenes de la ceremonia televisada se convirtieron en símbolos instantáneos. Clinton se colocó entre Arafat y Rabin durante el apretón de manos que no habían ensayado, con sus propias manos extendidas hacia las espaldas de los dos. Al grabar sus comentarios, Clinton comentó que no había que sacar la conclusión de que Arafat hubiera disfrutado con el contacto mientras que Rabin lo había aborrecido. Dijo que sus palabras transmitieron algo muy distinto. Rabin habló como un profeta angustiado, lleno de empeño en lograr la paz, y manifestó que «basta de sangre y lágrimas, basta». En cambio, Arafat, que hablaba un inglés excelente, pronunció un discurso en árabe en el que dijo poco y con el que inspiró todavía menos. Ni siquiera reafirmó su reciente carta sobre la paz, y pareció resentido por las concesiones que había hecho. Clinton dijo que a Arafat le consumía la preocupación por cómo iban a interpretarse sus palabras entre los suyos. Le gustaba aparecer en televisión pero vacilaba sobre su rumbo. A Rabin le ocurría casi lo contrario.

Sus dos realidades hicieron que el acuerdo fuera un frágil milagro. Con arreglo a la Declaración de Principios, las dos partes no sólo reconocían mutuamente su existencia por primera vez, sino que asumían unos objetivos comunes. El Gobierno israelí se comprometió a dejar que la OLP desarrollara numerosas funciones autónomas de gobierno, incluida la elección de representantes populares, en los territorios ocupados por Israel desde la guerra de los Seis Días de 1967. La OLP acordó garantizar el orden público en los territorios, incluida la protección para impedir los ataques violentos contra Israel. Con estas esperanzas, las dos partes enmarcaron los aspectos más difíciles de las negociaciones de paz para un «estatus definitivo» en un calendario de cinco años, con el objetivo final del mutuo reconocimiento entre Israel y la nueva nación de Palestina.

La ceremonia del 13 de septiembre del acuerdo entre Israel y la OLP puso en marcha un increíble drama internacional que iba a consumir de forma intermitente a Clinton hasta sus últimas horas en el cargo. Sin saber cuál iba a ser el resultado, en nuestra sesión, pasó a hablar de otra precaria cruzada iniciada la mañana siguiente en la Casa Blanca, con los ex presidentes Gerald Ford, Jimmy Carter y George Bush. Si Ronald Reagan hubiera estado suficientemente bien, y si Richard Nixon no hubiera estado de luto por la reciente muerte de su esposa, dijo Clinton, los cinco ex presidentes vivos habrían mostrado una unidad sin precedentes en el intento de que el Congreso aprobara el Tratado de Libre Comercio de América del Norte (TLCAN). Dijo que el TLCAN era una mezcla de buena estrategia y mala política. Aunque era beneficioso para el país, afirmó, a él le costó la apasionada oposición de los aliados tradicionales de los demócratas en los sindicatos y los grupos ecologistas.

El presidente esbozó los argumentos teóricos en favor del libre comercio y mencionó los apoyos de premios Nobel de Economía que eran abrumadoramente partidarios del TLCAN, pero su análisis se centró en dos miembros de la dirección de la Cámara. David Bonior, de Michigan, el secretario del grupo parlamentario demócrata, representaba a un Detroit cuya economía estaba diezmada por dos décadas de competencia extranjera en el sector del automóvil. Para Clinton, Bonior era un adversario elocuente, convencido de que el TLCAN iba a aportar beneficios a los ejecutivos de las empresas a costa de las familias trabajadoras desplazadas. Bonior se enzarzó con Clinton en un debate permanente y sustancial sobre su argumento de que Michigan podía ser beneficiario neto del

TLCAN. Clinton dijo que Michigan había sufrido ya lo peor y había empezado a transformarse para recibir nuevas industrias. La competencia salarial hacía que fuera real el riesgo de seguir exportando puestos de trabajo a países más baratos, pero Clinton creía que un mundo cada vez más pequeño hacía que ese riesgo fuera inevitable con o sin el TLCAN. Bonior reconoció que, por lo menos, el TLCAN abriría los mercados extranjeros a las exportaciones estadounidenses y que establecería unas normas medioambientales y laborales más estrictas en las fábricas de otros países, pero sus electores obreros no se fiaban de las proyecciones optimistas que hacían los políticos y las empresas. Se sentían traicionados, dijo Clinton. A propósito del libre comercio habían «dejado de ser racionales», y exigían proteccionismo hasta tal punto de evaluar a los candidatos políticos exclusivamente por ese aspecto. El presidente pensaba que muchos dirigentes sindicales, como algunos ecologistas, tendían a perder el tiempo, ser ineficaces y dejar que lo mejor se convirtiera en enemigo de lo bueno. Daba por perdido el voto de Bonior. Además, contaba con que Bonior encabezaría las fuerzas opositoras con energía y eficacia. Sin embargo, hablaba de él con afecto. Fuera cual fuese el resultado del TLCAN en el Congreso, dijo, Bonior pasaría a apoyar sin rencor al presidente en otra ocasión, siempre que pudiera. Clinton valoraba su forma de abordar el servicio público. Lamentaba que su ardor controlado fuera algo cada vez más infrecuente en una cultura política dada a cultivar, en vez de superar, los agravios personales.

El presidente esbozó un retrato más calculado de Richard Gephardt, el líder de la mayoría en la Cámara, procedente de Missouri. Próximo a los sindicatos, Gephardt habló con firmeza sobre la injusticia para las familias trabajadoras, pero también supo ver que el TLCAN podía producir beneficios más amplios con el tiempo. Según Clinton, Gephardt tenía dudas sobre sus ventajas, y eso ponía de relieve dos factores políticos en el alineamiento a propósito del TLCAN. En primer lugar, estaba pensando en ser candidato a presidente, y dependería enormemente de los sindicatos para poder llevar a cabo una campaña contra Clinton o Gore. Segundo, sabía que si se alineaba con Clinton en la cuestión del TLCAN, prácticamente obligaría a Bonior a montar una candidatura para la dirección que se opusiera a él o al presidente de la Cámara, Tom Foley, de Washington. Por tanto, Gephardt prefirió unirse a Bonior contra el TLCAN, pensó Clinton, aunque sólo fuera para contener una posible división entre los demócratas de la Cámara de Representantes.

Clinton, que predecía que no iba a haber problemas en el Senado, dijo que el destino del TLCAN dependía de su alianza temporal con los republicanos de la Cámara y un esfuerzo concertado para obtener el apoyo de suficientes demócratas de la dirección. Aunque las líneas entre los dos partidos estaban difuminadas, dijo, al final consistiría en una lucha tradicional por los votos, distrito por distrito. Calculó que, para empezar, le faltaban al menos veinte votos para la victoria, pero no especificó objetivos ni estrategias. En cambio, volvió a hablar de la química existente entre los presidentes durante el acto de puesta en marcha del TLCAN. Carter y Bush se habían quedado a dormir, y Clinton dijo que le había asombrado que Bush aceptara una invitación para pasar la noche en su antiguo hogar tan poco después de haber sido expulsado de él. Comentó que Barbara Bush no había ido. Dijo que Gerald Ford cenó con ellos la noche de la ceremonia de Oriente Próximo y también desayunó con ellos antes de la presentación del TLCAN. El equipo de Clinton no había encontrado antecedentes de tantos presidentes comiendo juntos en la Casa Blanca.

Los cuatro compartieron recuerdos sobre la historia de Oriente Próximo en la cena, añadió Clinton, pero a la mañana siguiente se encontraron con que no sabían de qué hablar hasta que descubrieron que tenían en común la antipatía que sentían por el multimillonario de Texas Ross Perot. Ford dijo que Perot era un fantoche que había obtenido su fortuna de los contribuyentes en contratos asignados sin concurso por el Gobierno, pero que pretendía ser un modelo de disciplina de libre mercado. Carter no soportaba el machismo de vaquero de Perot, con el que había incitado a su Gobierno a participar en la desastrosa incursión de 1980 para rescatar a los diplomáticos norteamericanos rehenes de Irán. Bush, por supuesto, se resintió del papel de Perot como tercero en discordia en las elecciones de 1992, que en su opinión le había costado la reelección, pero Clinton recordaba después que a Bush le molestaban, sobre todo, las insinuaciones de que Perot era el verdadero texano duro, mientras que Bush no era más que un trasplantado de club de campo. Clinton todavía parecía sorprendido de cómo los cuatro presidentes habían puesto verde a Perot durante todo el desayuno. Sus quejas eran bastante suaves. Hasta hacía poco, Perot le parecía un heterodoxo al que se le daban bien las frases con gancho, pero el presidente había intentado hacerle una llamada de cortesía para explicarle que el paquete presupuestario, aprobado con muchos esfuerzos, respondía al propósito central de Perot, porque iniciaba una vía para eliminar el déficit presupuestario crónico del país. Perot respondió que el paquete era un fraude y se negó a discutir sus componentes. Aunque el episodio proporcionó al presidente una anécdota que contar a sus tres colegas —que Perot era todo bravatas políticas, sin ninguna sustancia—, Clinton no fue ni mucho menos el que tenía los recuerdos más amargos. Bush, dijo, sorprendentemente distinto de aquel que con tanto aplomo y tanta elegancia había aceptado el resultado de las elecciones, fue el que soltó sin cesar los insultos más ingeniosos sobre Perot.

No hablamos de más temas con detalle. Ya era tarde y el presidente se fue para ver el circo y tratar otros asuntos, con la promesa de regresar para coger las casetes rebobinadas. Hizo algunos comentarios de refilón con la grabadora tanto encendida como apagada, y a veces me pidió que le recordara algún tema o algún acontecimiento en la siguiente sesión. Dijo que el insomnio le había hecho leer el libro de Josué antes de la ceremonia de Oriente Próximo, y reconoció los méritos del secretario del Consejo de Seguridad Nacional Jeremy Rosner, que había redactado sus líricos comentarios. Dijo algunas frases sobre la sanidad, incluido un relato increíblemente tranquilo de cómo se había encontrado sin texto cuando comenzó su discurso televisado ante el Congreso dos días antes, y se vio obligado a improvisar durante casi diez minutos hasta que sus colaboradores insertaron por fin el texto correspondiente en el teleprompter. Dijo que los costes de la atención sanitaria estaban ascendiendo a cinco veces el ritmo de la inflación y se iban a «comer vivo a este Gobierno» si no se controlaban. Contó que se estaba hablando de crear un tribunal internacional para juzgar al caudillo somalí, el general Aidid, si alguna vez lograban atraparlo. Explicó que los miembros del Congreso estaban «molestos» por la posibilidad de que las iniciativas de Al Gore para reducir la burocracia tuvieran efecto en el sistema de subcomités y perturbaran sus relaciones establecidas con la administración.

Nuestras charlas tenían algo de aleatorias. El presidente entraba a fondo en algunas historias, pero pasaba de puntillas por otras. Su énfasis variaba enormemente: pasaba del análisis personal o de conjunto a mínimos detalles estadísticos. En general, daba la impresión de tener una curiosidad innata controlada hasta convertirla en la compulsión de alguien aficionado a los puzles. A Clinton le gustaban los grandes rompecabezas con un factor humano. Quizá eso explicaba por qué había hablado tanto de los dos jueces que no había nombrado y tan poco sobre la que sí nombró.

Cuomo y Babbitt le preocupaban como misterios o errores, mientras que Ginsburg era una decisión tomada.

Esa tarde descarté varias teorías de este tipo. Eran divertidas pero prematuras, y me concentré en conservar los recuerdos personales para complementar las cintas archivadas y en posesión de Clinton. La interpretación podía esperar a que la hicieran los futuros estudiosos de la presidencia o los años de Clinton. Anoté que todavía no habíamos mencionado la Rusia postsoviética en nuestro repaso de 1993. En los cinco minutos que tardaron en rebobinarse las cintas, me maravillé ante las vistas desde el Balcón de Truman. Había inmensos contrastes. La Casa Blanca era una fortaleza, como mis propias dificultades para entrar, a causa de la seguridad, habían demostrado, pero el presidente había estado sentado a la vista de todos durante más de una hora. Estudié las figuras distantes que caminaban por la Elipse y me pregunté si podían distinguirnos a Clinton y a mí. Los días entre semana, los ciudadanos hacían cola allí para visitar la Casa Blanca, y los profesionales del Servicio Secreto debían de haber sopesado el riesgo de que alguien pudiera disparar contra el presidente en su porche. Sentí la sensación pasajera de estar expuesto, pero nadie pareció notar el balcón en absoluto.

4

CHOQUES CULTURALES:
DE BOSNIA A UN CORTE DE PELO

Miércoles, 20 de octubre de 1993

Lunes, 1 de noviembre de 1993

Jueves, 4 de noviembre de 1993

Una tercera sesión en el espacio de seis días me permitió conocer personalmente a Nancy Hernreich, que me retuvo en su cubículo decorado junto a la puerta del Despacho Oval. Era un antiguo armario para material de escritorio, que ofrecía un sitio más discreto para esperar que el recibidor principal. Toda el ala oeste era una pecera, explicó, sobre todo de día, y cualquiera que me viese me preguntaría qué iba a hacer yo tan cerca del presidente. Mi larga entrevista habría provocado un escrutinio competitivo si se apuntaba en la agenda del presidente, pero la alternativa del disimulo —en momentos sin determinar— invitaba a la interrupción por parte de cualquiera que dijera que tenía urgencia por ver un instante al presidente. Nancy me sugirió cómo debía desviar la curiosidad y me advirtió que mi hora asignada podía comprimirse o reducirse por cualquier motivo, desde una crisis hasta un capricho presidencial. Dijo que los comentarios del presidente le habían hecho superar su resistencia a incluirme en la agenda durante horas de oficina. Clinton quería ponerse al día con los grandes acontecimientos de 1993, con los que llevábamos retraso, y eso era una señal positiva para el proyecto de historia grabada, y Nancy había hecho un hueco para el arriesgado experimento de aquel día, porque el presidente tenía todas las noches de octubre comprometidas con cenas o viajes.

El secretario del gabinete John Podesta pasó brevemente con un montón de papeles para que los firmara el presidente Clinton. Preguntó qué hacía yo allí y comentó con un guiño cómplice que debía de ser muy secreto para que Nancy me escondiera antes en su pequeño despacho. El ingenio incisivo de Podesta pareció adivinar todo lo que ella acababa de decirme. Con la mayor delicadeza posible, le dije que el presidente estaba consultándome sobre la conservación de materiales históricos para su futura biblioteca. Esto no le sorprendió a Podesta, que había recibido alguna de nuestras comunicaciones con los Archivos Nacionales sobre la creación de una oficina de historia en la Casa Blanca. Añadí que era una feliz coincidencia ver al secretario del gabinete, que manejaba el tráfico de documentos, porque estábamos buscando el factor humano en los archivos de la Casa Blanca. ¿Habría en sus documentos muchas pistas sobre la dinámica personal detrás de las decisiones de Gobierno? Podesta sonrió con incredulidad. Su respuesta —«¿Quiere decir, qué pasó realmente?»— sugirió que se suponía que los archivos debían ocultar decisiones, no dejarlas al descubierto, y confirmó mis datos de que nadie tomaba notas en las reuniones presidenciales.

Cuando pedí a Podesta que sugiriera a personas que pudieran hacerlo, mencionó a Sylvia Mathews del Consejo de Política Nacional y Bruce Lindsey, el asesor del presidente procedente de Arkansas. Dijo que eran de fiar y minuciosos, pero que quizá ninguno querría el trabajo. Antes de que pudiera hacerme otra pregunta, señalé al senador John Breaux de Louisiana y pregunté a Podesta si le recordaba al actor cómico Dabney Coleman. Breaux estaba apoyado contra una mesa en la zona de recepción, masticando chicle, y Podesta le examinó con una seriedad llena de impertinencia que me pareció una señal amistosa de que no iba a presionarme para que le diera más detalles sobre mi trabajo con el presidente. Preguntó si me refería a su aspecto o también a su conducta, como el malvado que interpretaba Coleman en la película *Cómo eliminar a su jefe*. Antes de que pudiera responderle, dijo muy serio: «Un poco de las dos cosas».

En el Despacho Oval, que era espacioso y tranquilo, propuse al presidente que, dado que era posible que los que aguardaban fuera redujesen nuestro tiempo, quizá debíamos abordar un solo tema y grabar sus impresiones sobre determinados dirigentes extranjeros. Aceptó comenzar con el secretario general de la ONU, Butros Butros-Ghali, que le había visitado en febrero para mantener unas conversaciones privadas sobre la asediada capital bosnia, Sarajevo. El presidente dijo que Butros-Ghali era un hombre hablador, enérgico y ambicioso, que se había apresurado a describir todas las misiones de la ONU en el mundo, incluidas las que no tenían ninguna disputa política que resolver y sobre las que Clinton ya había sido informado. Su entusiasmo podía ser contagioso, dijo Clinton, pero a veces transmitía una irritante sensación de que todos los líderes nacionales trabajaban para él y debían superar sus preocupaciones provincianas. Clinton dijo que había hecho un esfuerzo para responder en un lenguaje equilibrado y que, por ejemplo, trabajaría con el Congreso para pagar los vergonzosos atrasos que debía Estados Unidos a la ONU, porque era la actitud responsable, independientemente de ningún deber hacia el propio Butros-Ghali.

En un solo aspecto le sorprendió Butros-Ghali: el secretario general no se mostró demasiado entusiasmado con el puente aéreo humanitario de la ONU para prevenir el hambre en las ciudades sitiadas de Bosnia. Clinton dijo que el puente aéreo, aunque había quedado ensombrecido por las atrocidades, había salvado muchos miles de vidas desde febrero, pero Butros-Ghali despreciaba ese esfuerzo. Al parecer, insistió en que los enclaves musulmanes en los Balcanes estaban condenados, porque eran ilegítimos y que Naciones Unidas no debía hacer nada más que apoyar con tibieza una propuesta de «cantones» étnicos de emergencia que no podrían sobrevivir. Butros-Ghali le dijo que había sido necesario «el puño de hierro de Tito», el antiguo hombre fuerte yugoslavo, para proteger ciudades multiétnicas como Sarajevo, recordó Clinton. Una idea que no sólo no tenía en cuenta largos períodos de coexistencia estable antes de Tito sino que se alejaba mucho de la perspectiva global del secretario general. En privado, al hablar de Bosnia, el presidente descubrió que el egipcio Butros-Ghali compartía la *Realpolitik* y la sangre fría de algunos dirigentes europeos.

Corrientes de nacionalismo autoritario amenazaban también al presidente Boris Yeltsin en Rusia, país donde poderosos elementos de la nueva Duma, el parlamento, agitaban para reconstituir el imperio soviético recién disuelto. Clinton mencionó algunos debates encendidos dentro de su Gobierno sobre la política respecto a Rusia. Muchos asesores decían que el presidente Bush había perjudicado los intereses estadounidenses al alinearse demasiado estrechamente con Mijaíl Gorbachov, e instaban a Clinton a que no cometiera el mismo error con Yeltsin. Le aconsejaron que diera su apoyo al nuevo Gobierno ruso con cuidado, por si Yeltsin perdía el poder o se convertía él mismo en un tirano, pero Clinton dijo que, en su opinión, no tenía más opción que tratar a Yeltsin como la única esperanza reconocida de reforma democrática. Reconoció que la caída de la sociedad comunista había dejado a Yeltsin en una posición vulnerable en el

Kremlin y como un mendigo orgulloso entre las grandes naciones. En conjunto, Clinton seguía creyendo que Yeltsin se resistiría a los fuertes movimientos en favor de golpear a los enemigos y a los chivos expiatorios o de volver al comunismo, y se limitaría a la temible tarea de crear una red rusa de instituciones libres: mercados, elecciones, infraestructuras, crédito y justicia pública.

Gran parte de lo que grabó Clinton sobre Yeltsin pasó a formar parte de los relatos sobre su primera cumbre, celebrada en abril en Vancouver, Canadá. Tenían mucho en común como políticos apegados a su tierra, de orígenes humildes y encanto inagotable. Yeltsin dijo a los periodistas que, aunque le había gustado reunirse con el presidente Clinton, «para pasárselo verdaderamente bien, uno debe estar en presencia de una mujer hermosa». Clinton me contó que a Yeltsin le faltaban dos dedos de su mano izquierda a causa de un accidente en una fábrica cuando era joven. Dijo que Yeltsin había anunciado por adelantado en Vancouver que iba a reprender públicamente a Clinton para vacunarse contra las reacciones nacionalistas en Rusia y, efectivamente, le criticó duramente por despreciar su país. Clinton se lo pasó por alto, porque tanto él como Rusia estaban en una situación complicada e inestable. Una cena con él en Vancouver le convenció de que el alcohol era algo más que un problema pasajero para Yeltsin, porque se pasó la velada bebiendo y no tocó la comida. Esa misma noche, Yeltsin pidió consejo sobre cómo obtener ayuda económica de otros países, además del paquete de ayuda aprobado por Clinton de 2.500 millones de dólares, y Clinton me confesó que seguramente le dijo lo que luego encontraron unos reporteros canadienses en una nota arrugada del traductor de Yeltsin: «A veces, los japoneses dicen sí cuando quieren decir no». Esto levantó una tormenta de indignación en Japón, que el presidente se vio obligado a aplacar. Clinton tuvo una mejor actuación en una rueda de prensa restringida para los periodistas rusos, en la que habló sobre su inmersión juvenil en el arte clásico del país, incluidas las novelas de Tolstói y Dostoyevski. Cuando elogió el difícil último movimiento de la Quinta Sinfonía de Shostakovich y recordó que Leonard Bernstein la había dirigido una vez en Moscú a más velocidad de lo que se atrevía nadie, los periodistas rusos le dijeron que estaba lleno de sorpresas, como Yeltsin. Después de Vancouver, dijo Clinton, trabajó mucho para conseguir que invitaran a Yeltsin a la cumbre económica del G-7 en Tokio y para que Rusia obtuviera un paquete de ayuda internacional de los países del grupo, pero se encontró inesperadamente con nuevas informaciones de que

Rusia estaba vertiendo residuos nucleares en el mar de Japón. La vida con Yeltsin, comentó, era una aventura constante.

Kiichi Miyazawa, el primer ministro japonés, había ido a Washington antes de ser el anfitrión de la reunión del G-7 en julio. El presidente Clinton dijo que era un personaje simpático y que hablaba muy bien inglés, hasta el punto de poder mostrar su sutil sentido del humor e incluso decir algo con la jerga de Arkansas. La facilidad para la conversación hizo más agradables sus difíciles negociaciones sobre el final del milagro económico que se avecinaba en Japón, que perjudicaría el crecimiento en muchos países. Miyazawa estaba de acuerdo con el diagnóstico de Clinton de que la economía japonesa estaba constreñida por barreras comerciales y crediticias, una tasa de ahorro artificialmente alta y la protección del Gobierno a los cárteles, pero el primer ministro encontraba obstáculos políticos cada vez que intentaba llevar a cabo alguna reforma. Clinton señaló una pequeña copia de la escultura *El pensador* de Rodin, y le dijo que su fotógrafo había captado a Miyazawa allí en una postura idéntica, que imitaba de manera inconsciente su mirada confusa. El Gobierno de Miyazawa estaba al borde del colapso por la corrupción crónica y a gran escala que reforzaba la parálisis estructural de Japón. Habían pillado a un funcionario con 50 millones de dólares en lingotes de oro bajo su cama. En Estados Unidos, reflexionó Clinton, el poderoso presidente demócrata del Comité de Medios y Arbitrios de la Cámara, Dan Rostenkowski, de Illinois, estaba bajo una acusación que en comparación era una minucia: se le acusaba de haberse quedado con 21.000 dólares de su asignación para sellos, mientras que en Japón hacía falta tener una fortuna bajo la cama para suscitar un escándalo.

El presidente dijo que la cumbre del G-7 había sido un éxito sorprendente, en parte, porque las expectativas habían sido demasiado bajas. Pese a todos sus problemas de imagen, desde los gais en el ejército hasta la tormenta por su corte de pelo en un aeropuerto de Los Ángeles, Clinton se veía políticamente más fuerte que otros líderes mundiales. Dijo que el francés Mitterrand tenía problemas, y también el primer ministro británico, John Major. El chino Jiang Zemin se comportaba con cautela en la estela de su poderoso predecesor, Deng Xiaoping, y el primer ministro de Canadá, Kim Campbell, era todavía más reciente que él y ya recibía ataques. Por consiguiente, las grandes potencias cedieron ante las iniciativas de Clinton sobre cooperación económica, y su equipo comercial negoció tres significativos acuerdos bilaterales. Además, el presidente pensaba que había establecido una importante conexión simbólica con los japoneses en varios actos públicos, como su sesión de preguntas con estudiantes de la Universidad de Waseda. Relató que Hillary y él podían sentir una reacción positiva cuando salían del coche para caminar por las calles de Tokio y hablar con pequeños grupos de empresarios. La prensa internacional había transmitido informaciones elogiosas a los ciudadanos extranjeros, dijo, pero hasta los periodistas nacionales más escépticos habían visto elementos prometedores en Tokio, más allá de la habitual cumbre insulsa.

No sería la última vez que Clinton describía al canciller alemán, Helmut Kohl, como su mejor nuevo amigo entre los jefes de Estado y de Gobierno. Conservador y duradero —ocupaba su cargo desde 1982—, Kohl era una excepción entre los líderes nuevos o provisionales en las reuniones del G-7. Según Clinton, sus diferencias les unían en vez de producir fricciones o distanciamiento. Ambos consideraban la política como un vehículo para realizar grandes mejoras en la vida cotidiana. Con gran riesgo político, Kohl había encabezado los esfuerzos para reunificar Alemania tras la Guerra Fría, y tenía planes todavía más amplios para integrar las economías europeas. Su experiencia en sueños prácticos encajaba a la perfección con las esperanzas de Clinton en política exterior, que eran ampliar la OTAN, promover el comercio mundial y forjar acuerdos regionales de paz. Kohl era el único político al que Clinton calificó repetidamente de inteligente en nuestras sesiones, a veces con un movimiento admirativo de cabeza. El canciller no poseía la química personal necesaria para improvisar ni brillar en los actos públicos, como Clinton en las reuniones con estudiantes extranjeros, pero, decía el presidente, encontraba otras formas de incluir las relaciones públicas en su talento para la política estratégica. El presidente contó que, antes de la cumbre de Tokio, había llamado a Alemania con tanta frecuencia que Kohl dijo en broma que él era «el viejo tío holandés» de Clinton, que le daba consejos y le tranquilizaba.

Una pregunta sobre Sudáfrica desató un torrente de recuerdos sobre los dos trascendentales dirigentes que habían visitado juntos la Casa Blanca en julio. F. W. de Klerk, el último presidente del apartheid, había puesto en libertad en 1990 al preso más famoso del mundo, Nelson Mandela. Por las negociaciones posteriores, que desmantelaron de forma pacífica el apartheid e implantaron una nueva constitución, Mandela y De Klerk iban a recibir conjuntamente el premio Nobel de la Paz, y habían viajado con Clinton a las celebraciones del 4 de julio en Filadelfia. Yo había puesto ya a prueba nuestra sinceridad al comentar que el discurso de Clinton en esa ocasión —en la cuna de la libertad estadounidense y junto a los fundadores de la milagrosa nueva esperanza en Sudáfrica— no había llegado al nivel de elocuencia del de la ceremonia con Rabin y Arafat. El presidente se encogió de hombros y dijo que pronunciaba demasiados discursos para elaborarlos todos él mismo. Estaba mucho más interesado por la complejidad del nuevo orden sudafricano y la perspectiva de que Mandela desplazara a De Klerk en las elecciones del año siguiente. Observó que tenían menos problemas entre sí que cada uno con sus respectivos partidarios. Dijo que los grupos supremacistas blancos flanqueaban a De Klerk por la derecha y amenazaban con el terrorismo para ocultar su debilidad política, y analizó los esfuerzos de Mandela para contener al jefe Mangosuthu Buthelezi y su amenaza de un boicot separatista por parte de los 7 millones de miembros de su tribu zulú. Mandela desprendía un sereno carisma en público, dijo, y en privado mantenía tal nivel de conversación construida con ironías y preguntas que varios funcionarios de la Casa Blanca, admirados, habían dicho directamente que hablaba por los codos. Cualquiera que hubiera soportado veintisiete años en la cárcel podía hablar todo lo que quisiera, dijo Clinton. Citó a De Klerk para ilustrar la prometedora sensación de comodidad entre los socios y rivales: «Nelson, puede que me ganes en las elecciones, pero quizá tenga mejores resultados de los que piensas. Tendré la única campaña multirracial, y pretendo mantenerla». El presidente confiaba en que De Klerk pudiera sobrevivir a las transformaciones venideras y encabezar una oposición constructiva.

Clinton pasó con rapidez por sus encuentros con otros colegas. Había hecho todo lo posible para ver al presidente Carlos Menem de Argentina antes de la cumbre de Tokio para destacar su empeño respecto al TLCAN con la atención a un área frecuentemente olvidada de la política exterior estadounidense. Aparte de la costa asiática, dijo el presidente, Sudamérica era la economía regional que tenía un crecimiento más rápido. Dijo que Menem era un personaje seductor que montaba a caballo, se codeaba con estrellas de cine, adoraba al antiguo hombre fuerte Juan Perón y ofrecía una astuta promesa de reforma mezclada con un compromiso dudoso con los métodos democráticos. Clinton me mencionó su visita a Corea del Sur, que llamó su último viaje trampa, pero su interés pareció pasar del presidente Kim Young Sam, que estaba distraído con sus propias batallas políticas, a las tropas estadounidenses establecidas en la zona desmilitarizada. Evocó conversaciones con varios soldados concretos, algunos de cuyos nombres recordaba, y me contó que había sonsacado a la modesta mujer del comandante que ella también había sido paracaidista. «Me encanta esa gente», dijo Clinton.

El presidente se disculpó para ir al baño. En cuanto salió del Despacho Oval por una puerta lateral, Nancy Hernreich entró para decir que tenía que irse con Mack McLarty a un acto del TLCAN. El propio McLarty entró detrás de ella, seguido del fotógrafo Bob McNeely y el joven asistente personal de Clinton Andrew Friendly. Yo traté de esconder mis grabadoras como quien no quería la cosa. Andrew, a quien había conocido durante la toma de posesión, se me acercó discretamente para decirme que, en su opinión, nuestro nuevo proyecto era muy importante. Le di las gracias vagamente, sin saber qué detalles conocía, y le dije que el presidente quizá iba a querer que estuviera presente en sesiones futuras como la persona más natural para sustituirme. Cuando el presidente volvió, le dijo a McLarty que había hablado del TLCAN con el primer legislador al que no se creía capaz de convencer sobre sus virtudes. McLarty comentó que era verdad que Clinton había parecido desanimado después de la llamada. «Ahora estamos en plena etapa de retoques con [el congresista] Joe Kennedy», añadió. El presidente estuvo de acuerdo en que el contenido del TLCAN salía perdiendo siempre ante la política pura, con las grandes presiones, sobre todo, de los sindicatos. Especuló que el TLCAN estaría al menos treinta votos más cerca de la mayoría si las votaciones en el Congreso fueran secretas. Envió a los demás por delante y me dijo que volviera a llevar las cintas la siguiente vez, porque no podía esperar a que las rebobinara y las etiquetara ahora. Al salir, reaccionó favorablemente a las sugerencias de John Podesta para tener a alguien que tomara notas sobre política nacional, y agradeció mi oferta de tantear a Tony Lake sobre la posibilidad de tomar notas habitualmente de las reuniones presidenciales de seguridad nacional. Esas recomendaciones habría que consultarlas con abogados, observó, pero al menos habíamos empezado con el diario. Y luego se fue.

. Volví a recoger mis cintas a un Despacho Oval que parecía extrañamente silencioso sin la energía que rodea a un presidente. El vacío me suscitó una ensoñación relacionada con mi trabajo diario. Estaba escribiendo sobre el Verano de la Libertad de 1964, en pleno apogeo de la era de los derechos civiles, cuando unos jóvenes llevaron a esa misma habitación un simple testimonio democrático desde Mississippi para sacudir y conmover a las autoridades. Juntos, ciudadanos y políticos, habían logrado un hito en las libertades, y las reflexiones sobre su legado realzaron mi espléndida vista de la rosaleda hasta que Nancy Hernreich me devolvió a la realidad. Me ofreció un acompañante para ir por el ala oeste hasta la zona de seguridad nacional. Esperé allí un buen rato hasta que Tony Lake apareció para decir, avergonzado, que una crisis inesperada le impedía invitarme a su despacho. Había enviado a buscarme, explicó, porque Vernon Jordan le había dicho que quizá estaba ocultando un asunto grave de importancia nacional relacionado con un veterano periodista de *The Wall Street Journal*.

Suspiré. Al menos esa extraña historia me daba la oportunidad de saludarlo, repliqué, y le entregué una carta del periodista que me había estado dando la lata desde mi artículo en *Life* para que le consiguiera una audiencia privada con Clinton, y que decía que se había enterado, por fuentes de espionaje en Moscú e Israel, de una nueva arma supersecreta que ponía en peligro a toda la humanidad. El periodista había rechazado mis sugerencias de que escribiera una historia para alertar al público o entregara su información a través de canales oficiales, e insistía en que todos los funcionarios por debajo de Clinton formaban parte de una conspiración para tapar el asunto. Afirmaba que era demasiado lo que estaba en juego. «Es como si hubiera descubierto que han robado la bomba atómica —me advertía su nota—, antes de que nadie más supiera que la habían inventado.» Le dije a Lake que no podía molestar al presidente con un asunto de alguien que parecía ser un lunático, que seguramente necesitaba ayuda, pero que estaba encantado de librarme de él.

El consejero de Seguridad Nacional se guardó la carta como una molestia acostumbrada. «Hay muchos chiflados en Washington —dijo—. A veces, yo mismo creo que estoy chiflado.» Señaló la puerta de su despacho y me confió que el director de la CIA, James Woolsey, estaba dentro con varios ayudantes tan secretos que no podía dejarme que los viera. Podía hablar en términos generales, porque la noticia ya se estaba filtrando a los medios, de que Woolsey había pasado el día en Capitol Hill difundiendo informaciones sin base de que el presidente exiliado de Haití, Aristide, era un psicótico y un drogadicto, incapaz de ejercer sus funciones. Dijo que la escabrosa publicidad inevitablemente perjudicaría el compromiso del Gobierno de restaurar a Aristide como presidente electo, pero Clinton no podía despedir ni contener fácilmente a Woolsey por dar información secreta al Congreso, aunque no se hubiera comprobado y fuera una locura. Intenté comprender la difícil situación de Lake, pero sólo puede transmitirle que mi experiencia con Aristide había sido la opuesta. ¿Sabía que había aprendido hebreo en Jerusalén cuando era un joven sacerdote? Cuando nos conocimos, tuvimos una conversación fascinante sobre la amistad de Martin Luther King con el erudito rabino Abraham Heschel, basada en la convicción común de que las doctrinas audaces de justicia profética —todas las almas son iguales ante Dios— había sentado desde antiguo las bases del concepto democrático de la igualdad de los votos. Unos temas que era poco frecuente que abordara un pobre sacerdote haitiano. Otras veladas posteriores revelaron que Aristide tenía una comprensión comprometida de la política y la teología de la no violencia, y eso me animó frente a mis preocupaciones por relacionarme con él. En la prensa, su nombre solía evocar imágenes siniestras de un brujo combinado con Robespierre, el genio perverso de la Revolución Francesa.

Lake se agitó y me miró. ¿Así que yo conocía a Aristide? Santo o demonio, las imágenes contradictorias hacían que la política respecto a Haití fuera una incómoda trampa. Dijo que tenía que volver con Woolsey. Su segundo, Sandy Berger, vino con cierta consternación a que le contara mis impresiones sobre la mentalidad práctica de Aristide. La semana anterior, la administración había retirado su primer barco lleno de tropas de paz estadounidenses para Haití por los disturbios creados en los puertos por matones, y Clinton estaba siendo criticado por su debilidad y por mostrar simpatías a quien no debía. *The Washington Post* decía que Haití era la prueba de que el Gobierno carecía de una política exterior «coherente». Acepté esbozar unos posibles pasos que podía dar la administración en relación con Aristide para salir del punto muerto.

Antes de que Lake se fuera, le pregunté en nombre del presidente qué personas podrían tomar notas en sus reuniones de seguridad nacional. No había nadie, respondió, y tendría que pensar mucho para encontrar a alguien. Lake dejó claras sus preferencias al citar un consejo esencial del legendario consejero de presidentes Clark Clifford: «No pongas nunca nada por escrito». Descartó mi argumento diciendo que la buena historia y el servicio público se reforzaban mutuamente, y destacó que su mentor, Averell Harriman, el «cocodrilo» de la diplomacia de la Guerra Fría, llevaba a cabo sus actuaciones de gobierno por teléfono para evitar dejar una pista peligrosa. Lake se mostró pícaro pero brusco, y eso me recordó que en la facultad, cuando estudiábamos para el doctorado, lo llamábamos el hippie asesino. A finales de los sesenta, de vuelta tras un duro período destinado en el servicio diplomático en Vietnam, Tony se había enzarzado en feroces competiciones incluso cuando se trataba de lanzar el *frisbee* sobre el césped de la escuela Woodrow Wilson de Princeton. Ahora, su escudo de secretismo levantaba más obstáculos burocráticos para la recogida de documentos de la Casa Blanca, y me fui con pocas esperanzas sobre la tarea asignada. Tomar notas precisas para la historia parecía tabú, al menos en lo que se refería a política exterior, en la que me pareció que había una gran necesidad de tener a alguien metido en Haití.

La cuarta y la quinta sesiones para ponernos al día cayeron en la semana del 1 de noviembre. El lunes esperé casi una hora, embebido en las obras de arte y los objetos de la Sala de los Tratados. Un óleo de George Healy colgado en la pared norte mostraba a Lincoln en su último consejo militar con los jefes de la guerra de Secesión, Ulysses S. Grant, William Tecumseh Sherman y el almirante David Porter, en el camarote de un barco. El general Sherman mueve un dedo para hacer hincapié en algo, un gesto típico suyo, pero Lincoln domina la escena escuchando con la barbilla apoyada en una mano. La sala toma su nombre del cuadro de Theobald Chartran en la pared oeste, un retrato heroico clásico del presidente William McKinley en esta habitación, presidiendo una ceremonia de firma del tratado para poner fin a la guerra entre España y Estados Unidos en 1898. El fondo muestra el paisaje del jardín sur a través de una ventana, con un marco detallado que coincide con la estructura real, a su izquierda. En la esquina suroeste había al menos una docena de palos de golf sueltos, entre ellos algunos antiguos de madera. En la mesa, impoluta, estaba dejada de cualquier forma una biografía de Mark Twain. Hojeé varios libros de las estanterías y, cuando acababa de abrir la sorprendente pero estudiada propuesta del senador Daniel Patrick Moynihan de abolir la CIA, entró el presidente Clinton, poco después de las diez de la noche.

Dijo que estaba furioso con Moynihan por criticar en público la propuesta definitiva de reforma de la sanidad. Mientras caminábamos por el pasillo central, me pidió perdón por el retraso y dijo que había estado hablando sobre el dilema de Haití con nuestro común amigo, el subsecretario de Estado, Strobe Talbott. Nos detuvimos en la cocina para coger unas Coca-Colas Light. El presidente llevaba un puro caro, que desenvolvió y recortó en la salita. Mientras hablábamos, dio vueltas al puro sin encenderlo, lo apretó y lo mordisqueó; periódicamente colocaba pedacitos desintegrados en la mesa de jugar a las cartas. Sorbía mucho, porque estaba combatiendo un resfriado. Mis preguntas obtuvieron respuestas rutinarias sobre temas diversos, desde el Proyecto de Ley Brady sobre el control de armas hasta las elecciones para la alcaldía de Nueva York y la visita de Clinton al museo de John F. Kennedy en Boston, donde dijo que Jacqueline Onassis se había apartado pronto de un silencioso e incómodo recuerdo público de su papel como primera dama.

Sus respuestas pasaban sin cesar al desagradable recibimiento de su proyecto de ley de sanidad, que Hillary y él habían entregado al Congreso el 27 de octubre. Dijo que lo habían destrozado, se habían reído de sus 1.342 páginas y lo habían caricaturizado como una muestra del ansia de poder de los progresistas empeñados en dar más control al Gobierno. El presidente estaba irritado por la desventaja política. «Las críticas funcionan —se lamentó—. Ser responsables o exhaustivos no sirve de nada, porque no vende, no crea controversia.» Más que resentimiento contra sus adversarios —decía que él emplearía una táctica similar si estuviera en el otro bando—, sentía enfado por los defectos de la prensa. Me contó un análisis que hacía Helmut Kohl en privado. Durante su larga estancia en el Gobierno, le había dicho el canciller alemán, el mayor cambio había sido un giro cualitativo en la labor informativa de la prensa occidental, que había pasado de la sustancia al entretenimiento. Según Clinton, Kohl pensaba que los periodistas estaban alejados de lo que estaba en juego para sus lectores en la política, hasta el punto de que muchos ya no se enorgullecían de su labor.

No fue la primera vez que el presidente habló de la prensa. Solía mezclar las quejas con especulaciones sobre por qué los medios le tenían tanta manía, y yo intentaba mantener un equilibrio entre llevarle a otros temas y proporcionar a futuros historiadores sus ideas tal como fluían de su mente. Mis preguntas le condujeron de nuevo a finales de abril, cuando las evaluaciones de sus primeros cien días de mandato en la prensa parecieron coincidir con su propia afirmación de que la administración estaba «desenfocada». Clinton se apresuró a hacer distinciones. «Bueno, es diferente de lo que escribió Friedman», dijo, citando frases de un artículo de *The New York Times* firmado conjuntamente por Thomas Friedman y Maureen Dowd, además de una valoración similar en *The Washington Post* escrita por Ann Devroy. Quería dar a entender que todavía no había aprendido a establecer un centro de atención público en su ambiciosa lista de prioridades, que enumeró con los dedos de las dos manos. Lo que escribían, dijo, era que vacilaba porque le faltaba convicción y quería complacer a todas las partes. Basaban las noticias en suposiciones sobre su carácter y sus motivos.

Salió a relucir más resentimiento cuando habló del furor despertado por su corte de pelo en mayo. La acusación fundamental era mentira, dijo, y los periodistas sabían que era mentira. Clinton dio su versión sobre su viaje a Los Ángeles. Su barbero era el peluquero de Hillary, Christophe, que vivía allí. El protocolo no permitía dispersar la caravana presidencial hasta que Clinton estuviera a bordo del *Air Force One*, por lo que el avión era el único sitio en el que podía cortarse el pelo sin provocar atascos prolongados para la inmensa flota. Había llamado personalmente a la Autoridad de Aviación Civil para preguntar por cualquier posible inconveniente en el tráfico aéreo, pero sólo dos periódicos —meses después— se molestaron en comprobar que su parón en la pista del aeropuerto no había retrasado otros vuelos. Todos los demás desecharon la realidad y el sentido de la proporción y publicaron titulares sensacionalistas: «¿Un hombre del pueblo u otro elitista más?». Para más escarnio a propósito de las dos caras de Clinton, los periodistas escribieron artículos sobre el propio frenesí mediático como fuerza política. Un columnista de *The New York Times*, Anthony Lewis, se preguntó si Clinton podía salvar su presidencia con una metáfora sobre su corte de pelo: «¿O nos encaminamos hacia otro fracaso que erosionará todavía más la fe de la gente en el sistema político?».

La irritación del presidente se convirtió en reflexión. Con razón o sin ella, dijo, tenía que haber previsto los problemas que iba a causar un corte de pelo de Christophe en una pista de aeropuerto. Los fallos crónicos le habían animado a contratar al asesor político David Gergen, a sugerencia de Mack McLarty, y Clinton defendió su decisión frente a las quejas internas de que Gergen había trabajado con tres presidentes republicanos. Gergen hizo lo propio en los dos partidos para aceptar el trabajo, contó, y ningún otro colaborador suyo tenía experiencia previa en la Casa Blanca. Visto con retrospectiva, Clinton pensaba que había dedicado demasiado tiempo durante la transición a los nombramientos del Gobierno y otras instancias inferiores, y demasiado poco al equipo de la Casa Blanca. Dijo que George Stephanopoulos estaba adaptándose bastante bien a su reducido papel en las relaciones públicas, que no eran lo que mejor se le daba.

Chelsea pasó para dar las buenas noches, seguida pronto por Hillary en bata. Volví a mencionarle que ella debería dictar su propia historia oral, sobre todo en ese momento, que estaba encargándose del proyecto de ley de sanidad. En broma, dijo que si escribía un diario, le daba miedo que Bob Packwood se hiciera con él. El senador republicano Packwood, de Oregón, estaba metido en un escándalo que había puesto fin a su carrera por las referencias que hacía en su propio diario a su forma de acosar y molestar a sus empleadas. El presidente intervino para decir que Hillary merecería verse en un lío si dejaba documentada una conducta como la de Packwood. Yo alegué que el diario de Packwood era importante sólo porque lo había sacado a la luz él mismo en un intento equivocado de rechazar unas acusaciones similares. Clinton estuvo de acuerdo en que la defensa de Packwood había empeorado las cosas, pero insistió en que el senador tenía que haber sabido desde el principio que no era bueno poner por escrito esos detalles. Hillary y él se mostraron desolados por el hecho de que el Senado estuviera debatiendo sobre si citar a Packwood en vez del Proyecto de Ley sobre el Crimen de Clinton. Cuando Hillary se fue, el presidente dijo que ella tenía todavía más dudas que él sobre lo del diario. Que le resultaba difícil abrirse y todavía más confiar en el valor del escrutinio futuro, pero que podía seguir insistiendo.

Era tarde. Le dije a Clinton que si se sentía con fuerzas para reanudar la grabación, debíamos pasar de los problemas con los medios a alguna de sus principales iniciativas para el primer año, como Bosnia o la resolución presupuestaria contra el déficit. Este último tema pareció reanimarle. Dijo que el paquete presupuestario era clave para todo lo que pretendía conseguir en política y economía. Los déficit crónicos no sólo hacían que aumentasen los tipos de interés y restaban dinero para invertir en la economía privada, sino que alimentaban el cinismo. El discurso público se veía coartado por la convicción de que el Estado estaba intrínsecamente en bancarrota. Más allá de las etiquetas de progresista y conservador, resignarse a soportar los déficit corroía la proposición central de la democracia de que el pueblo puede gobernarse a sí mismo. Por ese motivo, Clinton había resaltado el problema del presupuesto durante su campaña y en sus seminarios públicos sobre economía durante la transición. Revisó su dolorosa decisión de posponer los recortes fiscales a la clase media porque habían empeorado las proyecciones sobre el déficit. Esbozó los debates que iban a configurar la resolución global a cinco años: 500.000 millones de dólares de reducción del déficit, repartidos casi por igual entre recortes del gasto e incrementos fiscales. Como siempre, destacó que el 80 % de los nuevos impuestos recaería sobre ciudadanos con ingresos anuales superiores a los 200.000 dólares.

En grabaciones futuras, el presidente volvería con frecuencia sobre distintos aspectos de la decisión presupuestaria, pero primero se concentró en los votos de los miembros del Congreso indecisos. En el Senado, donde la medida había superado en dos ocasiones unos tensos empates gracias al voto decisivo del vicepresidente Gore, Clinton expresó su irritación con el demócrata Sam Nunn, de Georgia. Dijo que Nunn votó no, a pesar de que comprendía el aspecto económico, de que estaba a favor del paquete en su conjunto y de que tenía un escaño a salvo de las represalias políticas; sólo porque le molestaba que el proyecto de ley no incluyera su enmienda favorita sobre los recortes del servicio de beneficencia de Medicaid. La enmienda era ínfima, dijo el presidente, y Nunn no podía movilizar ni a veinte senadores para apoyarla. Su descripción de cómo habían negociado en privado pintaba a un Nunn petulante pero coherente y discreto, y, en realidad, criticó más al senador demócrata David Boren, de Oklahoma. Boren votó que sí, y luego que no, y el presidente contó que su cambio de opinión le dejó helado cuando otros dos congresistas de Oklahoma siguieron su ejemplo, porque se sentían demasiado expuestos sin la cobertura política de su senador. Boren no pudo explicar sus votos ni por principios ni por necesidad política, afirmó Clinton. El senador parecía disfrutar siendo un tercero en discordia caprichoso, y eso violaba el código de honor en la guerra de Clinton. Dijo que lo más parecido a una objeción racional que había ofrecido Boren era su deseo, expresado en serio, de que el histórico proyecto de ley fuera una labor de colaboración entre los dos partidos, y el presidente gruñó asombrado. Le habría encantado contar con unos cuantos votos republicanos, aunque sólo fuera para asegurarse la victoria, pero precisamente ése era el problema. Boren era plenamente consciente de lo que había dicho el líder republicano, Bob Dole: que era imposible tener un presupuesto bipartidista. Dole seguía recordando cómo los republicanos perdieron el control del Senado en 1986 porque su partido ayudó a aprobar una mínima reducción del COLA (ajuste por el aumento del coste de la vida) para apuntalar la Seguridad Social. Hasta entonces, los dos partidos se habían escudado detrás de bravatas en vez de encontrar soluciones para el déficit, y Dole seguía aplicando la disciplina de partido contra cualquier aumento de los impuestos o recorte importante del gasto.

Clinton examinó los choques y los inconvenientes que habían acompañado su decisión de llevar adelante el paquete presupuestario antidéficit sin un solo voto republicano en ninguna de las dos cámaras del Congreso. Señaló una oscura ventaja —que los recortes del gasto eran un poco más fáciles cuando la legislación sólo tenía que hacer sitio a los proyectos asignados de un solo partido—, pero los riesgos y las dificultades eran inmensos. Fue decisivo en la lucha un regalo sorpresa. En privado, el senador Dennis DeConcini de Arizona recordó a Clinton por qué la propuesta de aumentar un 4,5 % el impuesto sobre la gasolina hacía que se tratara un «voto difícil» —un eufemismo en vez de «suicidio»— en un estado del oeste, pero confesó que no podía dejar que fracasara este paso fundamental hacia la responsabilidad fiscal. DeConcini dijo al presidente que a cambio de su voto no quería nada específico, sólo que se le tuviera en cuenta para «algún puesto público» si perdía su escaño[1] y la resolución sobre el presupuesto salía derrotada. El presidente relató que el senador demócrata Bob Kerrey de Nebraska se mostró ambiguo hasta el final porque tenía la tentación de cambiar de voto como Boren —lo cual habría cambiado el resultado— y pronunció unos discursos contradictorios en los que criticaba a Clinton por exigir demasiado sacrificio público y no lo suficiente. Kerrey tenía algo de chiflado, observó Clinton. Habían sido aliados cuando los dos eran gobernadores, y luego rivales amistosos en las primarias para la presidencia, pero Clinton pensaba que Kerrey se dejaba llevar por el celo para acabar todas las batallas característico de su entrenamiento como miembro de las fuerzas especiales de la marina.

La aprobación final en la Cámara de Representantes estaba en el aire cuando sólo faltaba un puñado de miembros por votar. El presidente diseccionó los principios políticos y las personalidades detrás de cada voto y le subrayó su decepción a su compañero demócrata de Arkansas, Ray Thornton, por haber emitido el último no, pese a que su escaño estaba a salvo, gracias a su historial de servicios distinguidos, y contaba con la protección política de los dos senadores de Arkansas. En opinión de Clinton, la cobarde retirada de Thornton había obligado a realizar un acto de

---

1. DeConcini no se presentó a un cuarto mandato en 1994. Se retiró para ejercer el derecho, y el presidente Clinton le nombró para la junta de la Empresa Federal Hipotecaria de Préstamos para Viviendas.

heroísmo a la representante Marjorie Margolies-Mezvinsky, una demócrata en cuyo distrito a las afueras de Filadelfia habitaba una gran proporción de ciudadanos acomodados que no verían con buenos ojos las
subidas de impuestos. En el pleno de la Cámara, varios republicanos joco-
sos empezaron a gritar «Adiós, Margie», cuando emitió su decisivo sí para
sellar la aprobación del proyecto de ley, por 218 votos frente a 216, con el
coste indudable de su propia carrera política. Fue un momento cruel pero
instructivo, concluyó el presidente, e indicó que quería terminar la sesión.

Era pasada la medianoche, unas diez semanas después de que firmara
la Ley de Reconciliación Presupuestaria, el 10 de agosto. Clinton había
sobrevivido a un gran enfrentamiento político, que se disipó rápidamente,
pero la cuestión no se había acabado. Nadie podía estar seguro de su impacto en años venideros. Los líderes republicanos predijeron un desastre
—y déficit más altos, en lugar de más bajos— por culpa de lo que el representante Bill Archer de Texas llamó «un veneno para la economía que
va a matar el empleo», y creyeron que a los votantes les importaban más
las etiquetas políticas que los aburridos debates presupuestarios sobre una
deuda permanente. El líder de la minoría en la Cámara, Newt Gingrich, de
Georgia, anunció planes para luchar contra cualquier legislador que hubiera apoyado el proyecto de ley, con el argumento de que cualquiera de
esos demócratas podía haber impedido «el enorme aumento de impuestos» de Clinton. El presidente se negó a predecir los resultados políticos
mientras me acompañaba a su ascensor privado. Para mi sorpresa, esperó
educadamente conmigo hasta que se abrió la puerta. Seguía sorbiendo por
su roja nariz penosamente, pero se sentía bien por las pruebas de fuerza
que se le planteaban como presidente. Llegaban a toda velocidad y desde
muchos frentes, y lo prudente era no preocuparse por cosas para las que
todavía quedaba demasiado tiempo. Noviembre sería el mes del TLCAN,
dijo, y todavía no tenía los votos necesarios para salir adelante.

Tres noches más tarde, la quinta sesión duró sólo una hora aproximadamente. Encontré al presidente detrás de su mesa en la Sala de los Tratados,
hojeando papeles metidos en una docena de carpetas de colores. Estaba
mucho mejor del resfriado. Explicó que Chelsea le esperaba para que le
ayudase con sus deberes de matemáticas de noveno curso, que eran mucho
más difíciles de lo que recordaba, pero antes tenía que terminar por lo
menos con las carpetas rojas. Podesta le daba demasiado trabajo para las

noches, se lamentó, y nadie le había comunicado que iba a ir yo. Dijo que la culpa no era mía, y que sabía que me habían llamado para que fuera a toda velocidad desde Baltimore, pero que teníamos que trabajar deprisa. Escuché sus comentarios punzantes por el pasillo hasta la salita. Me dio la impresión de que estaba agobiado, a ratos se mostraba simpático y a ratos desconcertado, sobre todo con su equipo. Su humor parecía apropiado para la mayoría de los temas que teníamos que cubrir.

Sobre la controversia de Lani Guinier, por ejemplo, el presidente dijo que le parecía que los encargados de investigar a los candidatos al Departamento de Justicia no habían hecho muy buen trabajo. Los funcionarios debían de suponer que él sabía todo lo que había que saber sobre Guinier y respondía por ella, porque la había elegido personalmente para dirigir la División de Derechos Civiles. Guinier y él se conocían desde los tiempos de la Facultad de Derecho. Eran amigos. Admiraba su inteligencia y su dedicación, pero no había leído sus viejos artículos en revistas jurídicas hasta que los críticos acusaron a su nueva candidata de racismo inverso. Clinton resumió la delicada cuestión teórica que subyacía en el fondo de la disputa: ¿podían los tribunales ofrecer un remedio cuando las mayorías raciales manipulaban las reglas parlamentarias contra una minoría? Guinier defendió en una ocasión una decisión legal poco frecuente que exigía una aprobación por mayoría absoluta cuando los tribunales decidían que esa representación minoritaria se había visto constantemente privada de sus derechos. El presidente dijo que no podía respaldar la postura de Guinier, pero que tampoco creía que un solo artículo la descalificara. Al fin y al cabo, todas sus opiniones anteriores no eran política oficial. Habría defendido su designación y a Guinier si no hubiera sido por la dura política del Senado. Contó que Guinier no había salido bien parada en sus primeras entrevistas para la confirmación. Ya antes de la publicidad en contra, varios senadores clave habían advertido de que se la recibía con frialdad incluso entre sus propios partidarios, como los demócratas Barbara Mikulski, Ted Kennedy, y Carol Moseley Braun, de Illinois. Peor aún, Joe Biden, de Delaware, dudaba de poder hacer pasar la designación en su Comité Judicial. Cuando sus colaboradores en la Casa Blanca se burlaron de esas informaciones, seguros de que los progresistas del Senado acabarían apoyando a Guinier, el presidente habló directamente con el líder de la mayoría, el senador de Maine, George Mitchell, que le aconsejó seriamente que no entablase una pelea, explicó Clinton, porque la candidata había causado mala impresión entre los senadores que más tenían que haberla defendido. Después, el presidente llamó a Vernon Jordan, que conocía a la familia Guinier desde hacía muchos años («Vernon conoce a todo el mundo», dijo Clinton). Jordan confesó que Guinier era «como su padre» y que se ofendía cuando se la presionaba. Se comportaba con aires de reina, como si la designación fuera un derecho intrínseco suyo.

Efectivamente, dijo Clinton, Guinier fue al Despacho Oval en junio decidida a justificarse. Reafirmó sus opiniones, más que su deseo de representar a la administración, y dijo que podía convencer a los senadores. La fiscal general, Janet Reno, se mostró de acuerdo en que Guinier merecía por lo menos una oportunidad para obtener la confirmación, pero el presidente impuso su voluntad a las dos. Independientemente del resultado, sus comparecencias garantizarían varias semanas de mala publicidad cuando la administración estaba ya «desangrándose». Su oportunidad no merecía el precio total que iba a costar. Pidió a Guinier que retirase su candidatura, pero ella se negó. «Entonces tendré que apartarte yo», le dijo Clinton, es decir, iba a retirar su nombre, y eso caldeó el incómodo enfrentamiento. Guinier dijo al presidente que él le debía el derecho a defenderse, porque, si no, iba a arruinar su reputación con prejuicios y una derrota. Al contrario, replicó Clinton, este sacrificio público agrandaría su reputación, no la arruinaría. «Yo seré el gilipollas —le dijo— y tú puedes ser la heroína.» Clinton afirmó que el conflicto se desarrolló más o menos así. Pensó que había sido prudente y había cortado por lo sano, pero los errores de investigación de los candidatos siguieron perjudicando este cargo tan delicado. Después de delegar la selección del sustituto de Guinier en Reno y los especialistas en derechos civiles, Clinton se enteró, tarde, de que John Payton, el segundo candidato a un cargo que debía salvaguardar, entre otros, el derecho al voto, no se había molestado en acudir a votar desde hacía por lo menos diez años.

El despecho del presidente afectó a su descripción de un escándalo que estaba produciéndose en la Oficina de Viajes de la Casa Blanca, cuya tarea principal era encargarse de la logística de los periodistas acreditados en los viajes. Una auditoría interna había sacado a la luz dinero en efectivo metido en cajones, y faltaban muchos miles de dólares de cuentas de reembolso que debían los medios de comunicación al Gobierno. Clinton dijo que se había enterado tarde de esos hechos, que aumentaban los rumores de que la Oficina de Viajes se había convertido en un «chollo» para los periodistas que les hacía descuentos y favores. Para defender el despido de sus siete empleados en mayo, señaló que eran nombramientos de la Casa

Blanca que dependían de la voluntad del presidente y no funcionarios públicos, y explicó que un nuevo equipo habría podido restaurar el equilibrio respecto a los contribuyentes. Sin embargo, los medios alzaron voces de protesta y Clinton se quejó de que ninguna de las noticias reconocía que la prensa tenía un claro conflicto de intereses al hablar de una decisión administrativa menor. Los reporteros ignoraron o minimizaron las supuestas irregularidades de la Oficina de Viajes sin decir que los empleados eran muchas veces amigos suyos que les arreglaban las facturas y pasaban su equipaje por aduanas. Comentó que al periodismo le encantaban los intereses egoístas de todo el mundo menos los suyos. Peor aún, dijo enojado, la administración había perdido toda esperanza de obtener un debate público equilibrado, porque algún funcionario de la Casa Blanca había filtrado que se había pedido al FBI que pusiera en marcha una investigación criminal sobre los empleados despedidos. La investigación era oportuna, observó Clinton, pero la filtración fue perjudicial y vengativa. Ayudó a crear la sospecha de que la Casa Blanca debía de estar ocultando algún motivo corrupto para semejante purga en la Oficina de Viajes. «Debería haber despedido a alguien por ello», dijo el presidente más de una vez.

Como volvería a comprobarse, el presidente Clinton se mostraba increíblemente pasivo a propósito de la prensa. Para él, la mala publicidad era una plaga que había que sufrir y no un problema que hubiera que diseccionar y gestionar, incluso le daba un sentido positivo, cuando solía abordar las crisis mundiales y a los adversarios políticos. A diferencia del presidente Kennedy, que se había propuesto seducir a los periodistas y disfrutaba dándoles noticias, Clinton sentía un rechazo hacia ellos. Prefería detenerse sobre los errores internos de la administración, y a ellos volvió minutos después al hablar del suicidio, el 20 de julio, del letrado adjunto de la Casa Blanca, Vincent Foster. El presidente dijo que el escándalo de la Oficina de Viajes había contribuido a una misteriosa depresión, porque Foster pensó que su común amigo de Arkansas, Mack McLarty, no había sabido administrar la reacción de la Casa Blanca, sobre todo al permitir la filtración a la prensa sobre la investigación criminal del FBI. Aparte de eso, dijo Clinton, Foster estaba ya tocado por las críticas personales vertidas en *The Wall Street Journal*. Un editorial, «¿Quién es Vincent Foster?», había exigido su fotografía para ilustrar las sucesivas críticas sobre la «descuidada forma de acatar las leyes» de la administración. El presidente dijo que Foster era famoso en Arkansas por su fortaleza profesional en muchos juicios difíciles, y se le solía llamar «señor Integridad».

Toda su vida había estado acostumbrado a sufrir feroces desacuerdos, pero no las críticas sobre su hipotética falta de honradez. En una nota escrita antes de suicidarse y reconstruida a partir de pedazos, confesó que no se sentía preparado para estar bajo «el foco de la vida pública en Washington. Aquí, destrozar a la gente se considera un deporte...». Clinton sentía no haberle aconsejado que ignorase los editoriales. «*The Wall Street Journal* es un gran periódico con un consejo editorial que es frívolo e irresponsable —dijo—. Nadie lee mucho sus opiniones.»

El presidente recordó el shock que tuvo. McLarty le había sacado de una entrevista con Larry King en CNN para decirle que Foster, después de salir solo ese día de la Casa Blanca, había sido descubierto en un parque histórico de la guerra de Secesión junto al río Potomac, con el cuerpo apoyado en un cañón y una pistola histórica de su familia todavía en la mano. Dejó mujer y tres hijos pequeños; el presidente los conocía a todos por su nombre de pila. Clinton dijo que Vince y él habían sido vecinos en Hope y que habían ido juntos a la clase de la señorita Mary en preescolar, con McLarty. En muchos aspectos, siempre había admirado a Foster, que se convirtió en mentor de Hillary y su mejor amigo entre los socios del prestigioso bufete Rose Law en Little Rock. El presidente dijo que sentía una pena tan insondable como la que había sentido por Frank Aller, su compañero de beca Rhodes, que se había derrumbado bajo el peso de lealtades contradictorias a propósito de la guerra de Vietnam. «Mi compañero de piso se suicidó en septiembre de 1971 —confesó Clinton—, y lo recuerdo con tanta viveza como si hubiera sucedido ayer.» Buscando las causas de ello, habló de desequilibrios químicos y predisposiciones genéticas. Se había enterado de que la hermana de la madre de Foster se había suicidado. Luego dijo que, por informaciones de los servicios de inteligencia, sabía que los padres del beligerante líder serbio Slobodan Miloševic se habían suicidado mucho después de divorciarse, cuando vivían por separado.

El presidente hizo una pausa para aceptar una llamada de William Natcher, de Kentucky, que presidía el Comité de Créditos de la Cámara de Representantes. La conversación de Clinton mezcló buenos deseos expresados en un tono campechano con predicciones técnicas sobre los posibles efectos del TLCAN según varias hipótesis y puestos de trabajo perdidos frente a puestos de trabajo ganados. Su humor fue mejorando claramente hasta colgar el aparato. «¡Sí señor!», dijo Clinton. Inició su resumen con un afectuoso retrato de Natcher como un caballero a la antigua usanza que había escrito un diario durante sus cuarenta años en el Congreso y jamás había faltado a ninguna votación. Debía de haber historias fascinantes en él, dijo, sin morbo ni delirios de grandeza «como Packwood». Natcher se había convertido en un experto en el Comité de Créditos durante décadas y había trabajado con paciencia hasta que sus colegas se saltaron el sistema de decanato para expulsar al debilitado pero irascible presidente, el demócrata Jamie Whitten de Mississippi («De todas formas, no le caía muy bien a nadie», dijo Clinton). Ahora Whitten era una extraña reliquia en la Cámara, sin ninguna influencia interna, y Natcher presidía el proceso de créditos. Acababa de aprobar el undécimo de los trece planes de gastos necesarios para que el Gobierno funcionara, comentó el presidente, y llamaba, sobre todo, para explicar por qué no era prudente por su parte adoptar ninguna postura sobre el TLCAN antes de presentar los dos últimos planes de gastos a la Cámara. Después, prometía Natcher, vería si podía encontrar la forma de apoyar el TLCAN.

Daba la impresión de que no se comprometía a nada, pero Clinton podía ver signos positivos en varios frentes. La astucia de Natcher era un buen presagio ante un ciclo presupuestario fundamental con el nuevo régimen antidéficit, y claramente no pensaba que el TLCAN estuviera condenado a fracasar en la Cámara, como opinaban muchos. Su promesa —aunque no era un compromiso— haría que le fuese más difícil votar lo contrario. Clinton interpretó que Natcher era un voluntario provisional para apoyar el TLCAN, sobre todo si de verdad se necesitaba su voto. A propósito de las trampas de la comunicación política, el presidente confirmó y elogió un reportaje de investigación de *The Washington Post* sobre cómo la administración había introducido varios cambios en futuras normas del TLCAN para satisfacer a los legisladores hispanos y luego se había encontrado con que esos legisladores habían dicho que iban a votar contra el proyecto de ley de todas formas, con lo que Clinton se había visto obligado a hacer unos cambios para nada.

Las malas negociaciones también habían agravado conflictos recientes sobre la política de pastoreo para vacas y ovejas en tierras públicas. Las tarifas del Gobierno eran escandalosamente bajas, dijo Clinton, hasta tal punto que su proyecto de ley original contra el déficit incluía una disposición para elevar esas tarifas y acercarlas a los niveles del mercado impuestos por los particulares. Cuando cuatro o cinco senadores del oeste amenazaron con votar contra todo el paquete si no se eliminaba el aumento, McLarty cedió en lo que Clinton llamó uno de sus escasos errores hasta entonces, no por la retirada sino porque no había sabido regatear con los senadores. «Debería haber conseguido algo a cambio de eliminar la cláusula», se quejó el presidente. Poco después, añadió con desolación, el secretario del Interior, Babbitt, anunció planes para duplicar los derechos federales de pastoreo por decreto administrativo, sin consultar a gobernadores ni a legisladores del oeste por adelantado. Ese «método tan torpe» molestó a Clinton. Dijo que estaba cociéndose una revuelta de los dos partidos en los estados con tierras de pastoreo en los que las tarifas sin fijar enfurecían a los pocos demócratas electos. El senador Ben Nighthorse Campbell, demócrata de Colorado, estaba comentando ya en privado que iba a cambiar de partido,[2] según reveló el presidente, y las intrincadas disputas hacían que el plan de créditos del Departamento del Interior fuera uno de los dos que le quedaban por terminar a Natcher. Visto desde fuera, parecía difícil entender las pasiones regionales despertadas por una subvención que sólo afectaba al 2 % de la población, dijo Clinton, pero los ciudadanos de los estados del oeste insistían en que toda su forma de vida se basaba en el acceso barato a las tierras públicas. Equiparó ese apego con la actitud sureña hacia los pagos federales a las cosechas y la segregación en los viejos tiempos. Clinton manifestó que Babbitt todavía seguía peleando y continuaba siendo su mejor opción para el Departamento del Interior. Sin embargo, en un aparte irónico, dijo que el episodio había desbaratado sus duras reflexiones de primavera sobre la imposibilidad de poner a Babbitt en el Tribunal Supremo por sus habilidades políticas indispensables a la hora de tratar con el oeste.

De la política del pastoreo pasamos al cercano voto sobre el TLCAN, que para Clinton era otro hito como el del paquete presupuestario. Preocupado por la posibilidad de que la derrota le dificultara conseguir otras cosas en política exterior, explicó su decisión de dejar que fuera el vicepresidente Gore quien debatiera con Ross Perot en televisión. Perot quería celebrar el acto ante una gran multitud en una de sus concentraciones en contra del TLCAN, pero Clinton pensó que Gore podía mantenerse firme en un foro neutral. Luego me pidió que acabáramos pronto porque quería ayudar a Chelsea con sus deberes de matemáticas. Le dije que nos había-

2. Campbell se cambió al Partido Republicano quince meses después, el 3 de marzo de 1995, y estuvo en el Senado hasta 2005.

mos puesto al día en la mayoría de los grandes acontecimientos de 1993, salvo en el ataque con misiles que había ordenado el 28 de junio contra el cuartel general de los servicios secretos iraquíes en Bagdad, en represalia por el fracasado intento de Saddam Hussein de asesinar al ex presidente Bush. Clinton dijo: «Estupendo, hablemos de Irak la próxima vez».

El presidente estaba cansado y comentó que tenía más llamadas que hacer sobre el TLCAN antes de acostarse. Me apresuré a rebobinar y etiquetar las cintas. Mientras hablábamos de qué tal se había adaptado Chelsea a la Casa Blanca, expliqué por qué me sentía incómodo con respecto a las dos cintas que él se había dejado después de nuestra sesión en el Despacho Oval. Las había vuelto a traer para que pudiera controlarlas totalmente, como habíamos acordado. Antes de que pasara un año, habríamos desarrollado formas de asegurar que se quedasen bien guardadas tras sus salidas apresuradas, pero en ese momento Clinton sacó en silencio las demás cintas de un armario junto al cuarto de baño familiar. Decidí no preguntar si tenía una caja de seguridad en él. En cambio, metí dos series duplicadas de las cinco casetes de nuestras sesiones en dos cajas de cartón, se las di y me despedí, pero el presidente me acompañó hasta el pasillo central.

Dijo que Hillary y él estaban agradecidos por la colaboración general a la hora de intentar dar a Chelsea una vida relativamente normal. Un artículo de *The New York Times* había recogido comentarios sarcásticos sobre su pelo alborotado y su desgarbada fase adolescente, pero el periódico publicó después una crítica feroz a ese periodismo de «maltrato infantil» escrita por la hija de Harry Truman, Margaret. Desde entonces, dijo Clinton, había predominado en los medios una educada contención, excepto por parte de Rush Limbaugh. En el lado positivo, un artículo de una revista hablaba de cómo les había gustado a los alumnos que Chelsea, vestida de adivina, hubiera dejado de atender a la gente de su larga cola en una fiesta de su colegio, Sidwell Friends School, hasta que algunos clientes se pasaron a la cola de una compañera que estaba vacía. El presidente y Hillary, aunque estaban agradecidos por el amable artículo, habían decidido, después de discutirlo, no enseñárselo a Chelsea por miedo a despertar su sensibilidad sobre cómo la miraban sus compañeros en el colegio. Dijo que era fácil hacerse la cabeza un lío con todas esas decisiones paternales.

En el ascensor, Clinton me pidió que añadiera algún hecho desconocido a mi lista de temas futuros. Dijo que acababa de conceder una traumática entrevista a la revista *Rolling Stone*. Prometí tomar nota —no quería prolongar más su velada— pero él entró en el ascensor con algo rondándole claramente la cabeza. Explicó que el fundador de *Rolling Stone,* Jann Wenner, había ido a la Casa Blanca con el escritor William Greider, un antiguo redactor de *The Washington Post* entre cuyos libros figuraba una crítica populista del sistema bancario de la Reserva Federal. Habían acordado no hablar del TLCAN por la implacable oposición de Greider al tratado, y el presidente dijo que todo fue bien hasta que Greider sacó una fotografía de un estadounidense con aspecto de indigente para lanzar un ataque repentino y dramático. Clinton reprodujo sus palabras con elocuencia, con un ritmo acelerado que yo sólo pude evocar vagamente minutos después mientras volvía a casa. Greider se enfrentó a él y le dijo: «Éste es uno de los innumerables pobres que creían que usted iba a ser su líder, usted era su última esperanza. Ahora se sienten completamente desilusionados y abandonados. ¿Puede mirarle a la cara y decir una sola cosa que haya hecho para ayudarlo? ¿O un principio al que no esté dispuesto a renunciar? ¿Una causa que vaya a defender? ¿Una convicción por la que esté dispuesto a morir?».

El presidente dijo que le respondió de manera similar. «Perdí un poco los nervios con él», recordó. Le dijo a Greider que había hecho cosas que no había hecho ningún otro presidente. Había subido los impuestos a los ricos y se los había bajado a los trabajadores pobres. Había implantado el programa de servicio nacional AmeriCorps, que *Rolling Stone* defendía, y lo había instaurado por ley. Estaba enfrentándose al lobby armamentista y a la industria del tabaco. Había propuesto un trato justo para los soldados homosexuales. Estaba luchando por tener seguro de salud de cobertura nacional y más cosas, pero los progresistas prestaban poca atención a esas cosas porque estaban amargados y eran unos cínicos respecto a la política. Odiaban a Clinton porque respetaba los votos de los conservadores y las opiniones de los moderados. Querían que se comportase como un dictador porque en realidad no les importaban los resultados en el mundo real. El presidente se había ido calentando, gesticulando con las manos, que volvieron a parecerme increíblemente largas y huesudas pero elegantes. Me señaló y dijo que también había señalado a Greider y le había dicho: «El problema eres tú, Bill Greider. Tú eres un ciudadano imperfecto. No movilizas ni convences, porque sólo te preocupa ser doctrinario y orgulloso. Estás traicionando tus propios principios con su hipocresía».

Clinton hizo una pausa. «Lo único que no hice fue tirarme un pedo en su cara», concluyó, para añadir, pesaroso, que el estallido fue un error que iba a pagar caro. Para consolarle, le dije que quizá le viniera bien expresar algo de sincera frustración en público. Me pareció preocupado. Podría ser, respondió, pero había despotricado un montón, con palabras que un presidente no debería utilizar cuando le estaban grabando. Le pregunté si la Casa Blanca había hecho su propia grabación para garantizar la veracidad en la versión de *Rolling Stone,* y Clinton dijo que no. Esperaba que Jann Wenner se pusiera un poco de su parte y que la entrevista le pareciera quizá demasiado insultante como para publicarla. Le dije que se engañaba. ¿No publicar una entrevista con el presidente llena de pasión y controversia? Lo más probable era que acabara en la portada, lo cual hizo estremecerse a Clinton. Dejó marchar mi ascensor.

Era casi medianoche. Los monumentos y las fuentes estaban bañados en una luz suave, ignorantes de las turbulencias dentro de la Casa Blanca. Pensé por un momento que el pesado secreto de Clinton podía explicar ese tono de agravio que había mantenido durante toda nuestra sesión, pero daba la impresión de que estaba acostumbrado a compartimentar problemas mucho más graves que una entrevista de prensa.

5

FRAGMENTOS: TLCAN, CHINA, WHITEWATER

Lunes, 22 de noviembre de 1993

Lunes, 6 de diciembre de 1993

La sala de estar de arriba parecía vacía poco antes de las diez de la noche, pero la voz del presidente Clinton me llevó hasta uno de los vestidores. Estaba rebuscando entre cajas de cartón y sostenía en alto varias corbatas de Save the Children para pedirme mi opinión sobre qué regalos de agradecimiento debía enviar a unos dirigentes religiosos que le habían recibido el día anterior en las zonas del sur de California asoladas por el fuego y la recesión. Dijo que dos de ellos —un ministro presbiteriano de Pasadena y un sacerdote de origen mexicano en Los Ángeles Este— habían pronunciado sermones enteros sobre los extemporáneos comentarios de Clinton en Memphis la semana anterior. ¿Me había enterado del suceso? Le confesé que sólo había visto algunas noticias de pasada, y que añadiría Memphis a nuestra lista de temas. Comentó que, por lo visto, había tocado un tema sensible, y eso le había recordado que las palabras de un presidente pueden adquirir una fuerza simbólica duradera. Quería seguir experimentando con el lenguaje y los lugares en los que hablaba, porque uno nunca podía estar seguro de qué iba a dar vida a su mensaje. Cuando le dije que seguían pareciéndome prometedoras algunas de las cosas que había dicho sobre el «Nuevo Pacto» al hablar de construir vínculos de confianza pública entre los ciudadanos, me replicó en voz baja que ese vocabulario no había sentado muy bien durante la campaña. Quizá le fuera mejor en ese momento, añadió, porque los votantes estaban abiertos a oír expresiones más líricas de un presidente si aprobaban el contexto político. Clinton dijo que estaba buscando temas con los que ayudar a la gente a cobrar fuerza y seguridad ante unos cambios audaces.

Hillary vino a desear buenas noches, en camisón y bata, y nos hizo un resumen de su día en una conferencia sobre sanidad en Atlanta. Los médicos la habían recibido con cortesía hasta que explicó que el grupo de trabajo había llegado a la conclusión de que la política del Gobierno estaba inclinando la balanza del personal médico excesivamente hacia los especialistas y apartándola de la atención primaria. Contó que un participante, indignado, le planteó desde el público: «¿Está tratando de decirme que fue el *Gobierno* el que decidió que yo tenía que ser cirujano torácico?». No, respondió, ella, pero sí era cierto que la ayuda del Gobierno favorecía a los especialistas a través de los hospitales universitarios y los programas de retribuciones de Medicare y Medicaid. Entonces, el cirujano aseguró que el Gobierno no tenía nada que ver con Medicare, y el discurso de Hillary se disolvió en un mar de objeciones. Hillary suspiró y lamentó que, como de costumbre, estuviera nadando a contracorriente, y eso desató un intercambio de frases ingeniosas. El presidente y ella se dedicaron a quitarse la palabra en una divertida parodia de contradicciones doctrinarias sobre política médica. Los médicos eran modelos de libre empresa que aseguraban no preocuparse por el dinero. Hasta el Gobierno era quizá menos burocrático que las compañías de seguros, que sólo eran eficientes a la hora de negar cobertura o decirles a los médicos qué tenían que hacer. La asistencia sanitaria de calidad no podía negársele a ningún estadounidense, pero tampoco se le exigía a nadie que la pagara. Después de ponerse al día con su jerga familiar, el presidente la animó a seguir luchando por la reforma.

Cuando empezamos a grabar, el presidente explicó por qué habían cambiado de sitio los muebles de la sala de estar. El Servicio Secreto acababa de instalar cristales a prueba de balas, dijo, para que pudiera colocar nuestra mesa junto a la ventana sur y mirar hacia fuera mientras jugaba a las cartas. Confundido, le pregunté si al Servicio Secreto le preocupaba que se sentase durante horas al aire libre en el Balcón de Truman, sin ningún cristal que le protegiera. No, no parecía que el balcón les preocupase tanto, dijo, pero se inquietaban cuando él se sentaba en el interior junto a una ventana normal. Se encogió de hombros. Parecía sentirse aliviado por dejar pasar un caso de lógica absurda cuando tenía tantos otros que exigían su atención.

Una de mis últimas preguntas evocó recuerdos detallados sobre la muerte del padre de Hillary. Clinton contó que el derrame masivo sufrido por Hugh Rodham el 19 de marzo se había convertido en una experiencia terrible y prolongada para todos los afectados. Los médicos mostraron gráficos en los que se veía que casi no había actividad cerebral y dijeron que no existían esperanzas de recuperación, pero el paciente, comatoso, podía apretar los dedos de vez en cuando. «Seguía ahí», dijo el presidente. Pero Rodham, de ochenta y un años, no hizo ningún otro movimiento y no habló durante el tiempo en el que la familia estuvo de vigilia alrededor de su cama de hospital en Little Rock. La primera semana, hubo discusiones desesperadas sobre dos o tres afirmaciones de que había movido brevemente los ojos (Hillary reveló posteriormente que sus dos hermanos incluso intentaron despertarle cantando el tema de *Los Picapiedra*, una canción que él había odiado desde que eran niños). El presidente dijo que no había participado gran cosa en el angustioso debate sobre si había que mantener a Rodham vivo con métodos artificiales. A veces, le maravillaba pensar que acababa de poner a Hillary a cargo de la reforma sanitaria para todo el país y allí estaban ellos, paralizados como la mayoría de las familias, por decisiones sobre la vida o la muerte, aferrándose a opciones y milagros, desgarrados por aclarar quién debía decidir qué para quién, mientras gastaban un montón de dinero de otras personas que, en definitiva, no iba a servir para nada. Clinton manifestó que habían comprendido a la perfección por qué eran tan difíciles las decisiones sobre la salud.

Al cabo de nueve días, los exhaustos hermanos Rodham firmaron los documentos con los que consentían que se le desconectara el respirador y se continuara con la alimentación intravenosa y los cuidados naturales, pero su padre no murió horas después como habían predicho. «Siguió respirando por su cuenta —dijo Clinton—. Era un viejo muy duro.» La vigilia familiar duró otra larga semana más; Chelsea faltó al colegio para acompañar a su abuelo, y el presidente tuvo que irse de vez en cuando a cumplir con obligaciones oficiales, como la cumbre con Boris Yeltsin en Vancouver o las conversaciones con el presidente egipcio Hosni Mubarak en la Casa Blanca. Cuando Hugh Rodham murió finalmente el 7 de abril, Clinton regresó primero para el funeral en la iglesia metodista de Hillary en Little Rock y luego para el entierro en Scranton, Pennsylvania. «Su gente era de allí», explicó Clinton, que añadió que su suegro había mantenido sus vínculos con la ciudad cuando se fue a Chicago. Bajo su aspecto moderno, Scranton seguía teniendo lo que el presidente llamaba una «cultura de bar», dividida entre trabajadores católicos y protestantes, y los supervivientes se reunieron por encima de los límites culturales para recordar a Hugh Rodham con historias llenas de colorido. Un amigo habló de cómo el joven Rodham había entrado una vez patinando en la iglesia para ofrecerse a tocar en el órgano los himnos de los servicios, pese a que no sabía tocar el instrumento en absoluto. Áspero y cerrado, Rodham había formado a su hija para ser una «chica Goldwater» republicana, pero luego le encantaron las agallas de Hillary, pese a que la regañara por haber desertado y haberse pasado a los demócratas sensibleros y radicales. El sentido del humor y las momentos en los que acordaban darse una tregua mitigaban su conflicto político. «Hillary quería mucho a su padre —subrayó Clinton—, y yo también.»

El presidente se animó cuando le recordé su deseo de grabar alguna cosa sobre el discurso que había pronunciado en Memphis la semana anterior, el 13 de noviembre. Dijo que se había sentido desbordado por las circunstancias. Era una reunión de la Iglesia de Dios en Cristo —según él, la confesión que más rápidamente estaba creciendo en Estados Unidos, más que ninguna otra blanca o negra— en el inmenso templo masón en el que Martin Luther King pronunció un último sermón profético la noche anterior a su asesinato, en 1968. Clinton llegó a tiempo para pasar cuarenta minutos en el escenario, reflexionando sobre aquel lugar histórico mientras escuchaba los enérgicos sermones y los emocionantes cantos de los coros. Contó que le había impresionado que, antes de que aquellas personas le ayudaran a obtener la presidencia, sus antepasados le habían cambiado la vida y le habían dado el deseo de ser candidato. Repitió su teoría de que seguía existiendo una sencilla línea que separaba a la mayoría de los votantes estadounidenses entre los que consideraban los años sesenta de King, en conjunto, como buenos o como malos. Hasta ese momento, entre los sureños blancos de nuestra generación, las cifras políticas seguían muy inclinadas hacia el resentimiento respecto a aquella época, pero Clinton estaba empeñado en impulsar un legado común. «Todo aquello se me acumuló —dijo—. Pronuncié un discurso desde el fondo del corazón, prácticamente improvisado.»

El presidente no recitó gran cosa de su discurso en la grabación, porque dijo que me daría una copia. Aclaró que era un homenaje realista a la filosofía pública de Martin Luther King. Se había atrevido a imaginar cómo habría visto el mundo King desde su muerte y había elogiado las grandes franjas de libertad conquistadas por grupos, más allá del movimiento afroamericano original, que se olvidaban o se daban por descontadas. Lamentó que la desesperación urbana estuviera tan extendida, que los amos de las bandas juveniles estuvieran matándose entre sí y que niñas que aún eran preadolescentes se dedicaran a planificar sus propios funerales. Clinton pidió una renovación del concepto de servicio público de King, que ofrecía un liderazgo a todo el país. Dijo que aunaba los objetivos de la reforma política externa y el cambio interno necesario para abordar la crisis espiritual del país. El presidente disfrutó claramente con el aplauso que obtuvo por su oratoria espontánea, digno de King, pero consideró que la importancia del momento no se había limitado a su comunión sincera con un público en su mayor parte negro. Dijo que Memphis había sido su mejor discurso como presidente hasta la fecha. Pensé que su entusiasmo podría apagarse con el tiempo, sobre todo por la escasa cobertura informativa, pero Clinton repitió que el contenido y la redacción de aquel discurso eran más significativos que otros mensajes transmitidos a millones de personas, incluido el discurso sobre el Estado de la Unión. Diez años después, citaría casi quinientas palabras del discurso de Memphis en su autobiografía.

El presidente necesitó muy pocas preguntas para elaborar su propio relato sobre las últimas batallas en el Congreso a propósito del Tratado de Libre Comercio de América del Norte. Dijo con una gran sonrisa que el presidente de la Cámara de Representantes, Tom Foley, llamaba al TLCAN «la Ley de Lázaro», porque se había alzado milagrosamente de entre los muertos. Hacía menos de dos semanas, añadió, los líderes de la Cámara David Bonior y Dick Gephardt habían ido a la Casa Blanca a proponer que se retrasara la votación definitiva, prevista para el 17 de noviembre, porque no querían humillar a su presidente justo antes de la cumbre con los jedes de Estado asiáticos. Clinton dijo que agradecía el gesto, pero lo rechazó. Al proyecto de ley le faltaban todavía 40 votos el 14 de noviembre, cuando dio una cena para todos los congresistas indecisos como parte de la enorme agitación de presiones y negociaciones de última hora.

Clinton habló personalmente sobre el TLCAN con casi doscientos representantes, y contaba historias desde muchos puntos de vista. Connecticut estaba contra él casi de forma unánime, pero el demócrata Steny Hoyer había ayudado a asegurarse Maryland. Dijo que Charles Rangel, demócrata de Harlem, era uno de los muchos que le habían dicho que el TLCAN seguramente era positivo para el país pero no para su circunscripción. Un representante de la Louisiana rural votó que no cuando un nuevo empresario importante se negó a decir públicamente que nunca trasladaría su empresa a México si se aprobaba el TLCAN. («Seguramente hizo lo que debía hacer», dijo Clinton sobre el voto perdido mientras suspiraba y hablaba sobre la política en Louisiana y la cautela de los abogados corporativos.) El presidente contó cómo sus negociadores habían evitado un desastre en Florida, donde, de 23 demócratas, 21 estaban en contra del TLCAN mientras no se hicieran cambios que aplacaran a los agricultores dedicados a los cítricos. Habló de complicados «acuerdos internos» sobre las importaciones textiles, normas comerciales modificadas para las flores cortadas con el fin de ganarse al demócrata de California Norman Mineta e incluso ajustes técnicos en Aduanas para detectar las falsas etiquetas de *Made in Madagascar* en artículos transportados a través de puertos intermedios. Clinton defendió los tira y afloja entre políticos. «No es que les ofreciéramos masajes, burdeles, dinero o cosas parecidas —dijo—. Estábamos intentando hacer adaptaciones estratégicas para conseguir suficientes votos, y ellos querían proteger a la gente de sus respectivos distritos. Para eso nos eligen los votantes.»

En cuanto al frente de la opinión pública, el presidente dijo que Al Gore había dirigido sus propios preparativos para el debate televisivo sobre el TLCAN con Ross Perot. Clinton sólo había pedido que el vicepresidente discutiera la afirmación populista de Perot de que se identificaba de forma especial con los trabajadores norteamericanos, y Gore buscó la conexión emocional destacando que el comercio no era meramente un tema que interesara a premios Nobel de Economía. El TLCAN implicaba también la difícil decisión de personas que habían pasado la vida luchando por la gente amenazada de perder su empleo, y uno no puede esconderse de la economía globalizada, sino que debe adaptarse a sus oportunidades. En el debate, según Clinton, Gore sobrepasó sus expectativas al revelar que Perot había creado su propio refugio fiscal de libre comercio a lo largo de la frontera mexicana, para garantizarse los beneficios tanto si se aprobaba el TLCAN como si no, y al demoler las grandes declaraciones de Perot. Gore supo pinchar astutamente a Perot por haber predicho que en la guerra del Golfo de 1991 iban a morir 40.000 soldados estadounidenses y que, si Clinton llegaba a presidente, un centenar de bancos quebrarían en un plazo de un mes. Clinton pensaba que esas pullas habían irritado a Perot lo bastante como para hacer que se olvidara de sus chascarrillos hasta el final del debate, que Gore ganó sin lugar a dudas. Ya grabando, el presidente repartió los elogios entre todos los responsables de calcular los votos sobre el TLCAN, entre ellos los asesores de la Casa Blanca Mickey Kantor y Bill Daley, pero lamentó una visita que hizo en el último minuto la representante demócrata de Georgia, Cynthia McKinney. Consiguió reunir fotos y recuerdos presidenciales mientras exponía por qué era un error apoyar el TLCAN en su distrito. Según Clinton, McKinney se comportó de forma admirable, y él aceptó su análisis, pero luego reprochó a los encargados de su agenda que hubieran malgastado una valiosa media hora en el Despacho Oval con alguien cuyo voto estaba ya decidido en contra.

La decisiva victoria del TLCAN en la Cámara de Representantes, con un resultado de 234-200, asombró tanto a los partidarios como a los oponentes. Los críticos que habían predicho el fracaso rectificaron sus quejas sobre el estilo desordenado de la administración e insistieron en que el presidente debía haber presentado el TLCAN unos meses antes. Clinton rechazó la idea por considerar que no era más que una forma de salvar la cara. El TLCAN y su paquete de medidas contra el déficit eran una mala mezcla legislativa, dijo, y, si hubieran coincidido en el Congreso, seguramente habrían acabado mal los dos. Al salvar los obstáculos de forma sucesiva en torno a las ceremonias de Rabin y Arafat en septiembre, Clinton pensó que podía cobrar impulso político para sus otras grandes iniciativas, como la sanidad y la Ley Brady sobre el control de armas. Ya había llamado al presidente de la Federación Estadounidense del Trabajo y Congreso de Organizaciones Industriales, Lane Kirkland, para empezar a cerrar las brechas abiertas a propósito del TLCAN con muchos de sus aliados tradicionales. «Tendré que dejarles que se ceben conmigo durante un tiempo», dijo, y siempre era más fácil para un presidente reconciliarse si partía de una posición de fuerza.

Clinton comentó que todo su equipo estaba con la moral «por las nubes» por la votación del TLCAN cuando salieron al día siguiente hacia una cumbre de política exterior en Seattle. El Foro de Cooperación Económica Asia-Pacífico (APEC) tenía sólo unos años de vida pero era muy prometedor. Sus países miembros, limítrofes con el océano Pacífico, representaban más de la mitad de la producción económica mundial, y Clinton ya no era el último recién llegado entre los líderes nacionales. Desde su presentación en una reunión similar en Vancouver, habían asumido el poder nuevos primeros ministros en Japón y Canadá. El nuevo primer ministro japonés, Morihiro Hosokawa, estaba tan tocado por el estancamiento de su país que Clinton y él acordaron posponer sus conversaciones. Pasó más tiempo con el canadiense Jean Chrétien, que, como Clinton, había derrotado por poco a un conservador que ocupaba el poder y no había alcanzado una mayoría popular. Chrétien hablaba el mismo lenguaje político que Clinton, el de unos dirigentes que comprendían sus mutuas limitaciones políticas y encontraban maneras de hacer las cosas. El primer ministro canadiense confesó que tenía que actuar —o al menos hablar— con más independencia respecto a Estados Unidos que sus predecesores, que habían perdido, en parte, porque a los votantes canadienses les desagradaba su sumisión a Reagan y Bush. Clinton y Chrétien entablaron negociaciones preliminares sobre numerosos temas, incluida la restauración del Gobierno electo de Haití. El presidente contó que Canadá era uno de los pocos gobiernos de nuestro hemisferio que estaba a favor de una cooperación internacional más agresiva para conseguirlo.

Clinton dijo que había dedicado mucho tiempo a Haití, que era un nuevo objeto de atención para él. Explicó que, a la hora de examinar la opinión pública, les preocupaba a muy pocos estadounidenses mientras no aparecieran haitianos en nuestras costas. Incluso en los últimos tiempos, en los que miles de refugiados desesperados flotaban hacia Florida en barcos sobrecargados o se ahogaban por el camino, casi todos sus asesores se resistían a intervenir. El senador Sam Nunn acababa de proponer unas cuantas ideas para avanzar en el aspecto diplomático, pero quería sortear los recientes resultados de las elecciones haitianas porque no pensaba que Aristide fuera capaz de gobernar el país. El general Colin Powell había ofrecido un consejo similar antes de retirarse de la Junta de Jefes de Estado Mayor. Powell, como muchos descendientes de las colonias británicas en el Caribe, opinaba que Haití era un país turbulento de cultura francesa que debía gobernarse con mano dura. En su opinión, la democracia allí era una leve esperanza en el mejor de los casos, sobre todo con Aristide, al que Powell consideraba una especie de «visionario aficionado al vudú». Según Clinton, Powell se oponía rotundamente a cualquier intervención militar en Haití y señalaba que la última expedición estadounidense, en 1915, había permanecido allí veinte años. Era fácil derrocar el régimen, dijo Powell, pero luego sería imposible dejar el país en una buena situación. Clinton tendría que escoger entre dos males: ocupar un caldero en ebullición por tiempo indefinido —quedar atrapados— o salir de allí y ver cómo Haití volvía a su pasado autoritario.

El presidente explicó que Powell no le había acabado de convencer y que el nuevo presidente de la Junta de Jefes de Estado Mayor, el general John Shalikashvili, no había hecho todavía ninguna recomendación. Clinton pensaba que seguramente podía organizar una misión de riesgo y duración limitados para dar una oportunidad a la democracia en Haití. Dijo que Aristide seguía teniendo un apoyo público abrumador, sin precedentes entre los haitianos y que incluso sus detractores reconocían que era inteligente. El ex presidente Jimmy Carter, que tenía también sus dudas sobre Haití, le contó una vez a Clinton cómo había visto a Aristide mantener fascinada a una muchedumbre en no menos de cinco idiomas. Ahora vivía exiliado en Washington, donde estaba aprendiendo a hablar bien inglés, y al presidente le había parecido un asceta educado y con mucho sentido común para la política. Clinton afirmó que compartía las reservas de Aristide sobre el acuerdo internacional firmado el verano anterior en la isla del Gobernador del puerto de Nueva York, porque el calendario que fijaba era el contrario al que hacía falta. Permitía que los responsables del golpe en Haití pudieran dejar sus mandos militares después, y no antes, de que Aristide volviera del exilio para retomar la presidencia. A lo largo de los dos meses anteriores, los soldados habían sacado a rastras al principal empresario partidario de Aristide de su banco de la iglesia y lo habían asesinado en público, y también habían asesinado al ministro de Justicia de Aristide en las calles de Puerto Príncipe. Clinton se preguntaba si algún presidente electo podía gobernar Haití en esas condiciones. «Yo no podría gobernar este país —dijo— si tuviera que luchar contra el Pentágono y la policía en cada ciudad.»

Por los informes que le llegaban, sacaba la conclusión de que los líderes del golpe en Haití habían aceptado el acuerdo de la isla del Gobernador, en principio sólo porque no creían que Aristide fuera a otorgarles las amnistías estipuladas por delitos tanto conocidos como desconocidos. Cuando Aristide lo hizo, en un acto que sacrificó la justicia en beneficio del cambio, dijo Clinton, los altos jefes militares se atascaron. Ya no eran meros asalariados de los haitianos ricos, sino que habían asumido el control personal de las grandes empresas estatales, que sólo estaban dispuestos a abandonar si alguna fuerza externa les expulsaba. Ésa era la enorme tarea que el presidente había discutido con el primer ministro Chrétien, según explicó. Se enfrentaban a la inercia dentro de los gobiernos occidentales y entre unos y otros, alimentada por las predicciones pesimistas, la indiferencia general y una oposición que no permitía hacer nada. El senador Dole había anunciado que reinstaurar a Aristide en Haití no valía la vida de un solo soldado estadounidense. «¿Cómo salvas ese obstáculo?», preguntó Clinton sin saber qué hacer; pero añadió que todavía no estaba resignado.

Decidí no preguntar nada más sobre Haití, con la sensación de que el presidente ya se había extendido lo suficiente por lo que a mí respectaba.

Por nuestros momentos informales sin grabadoras en marcha, conocía mis contactos ocasionales con Aristide y su pequeño grupo de partidarios en Washington. El análisis de la cuestión de Haití que había hecho Clinton no parecía forzado, ni daba la impresión de que tuviera clara su trayectoria futura, pero yo quería evitar distorsiones en sus actas privadas sobre las deliberaciones. Volví a preguntarle sobre la cumbre de Seattle, y el presidente empezó por destacar qué nación paria era la que estaba ausente de APEC. «Todo el mundo está preocupado por Corea del Norte», dijo, y mencionó informes sobre uranio enriquecido y otros indicios siniestros de que había un programa para fabricar la bomba atómica. Quizá sorprendiera a algunos saber que China estaba especialmente preocupada, añadió, pero el caso era que China tenía ocho veces más intercambios económicos con Corea del Sur que con Corea del Norte, por más que este último país fuera el aliado de los chinos y el enemigo mortal de los surcoreanos. Esta realidad implícita complicaba aún más la labor diplomática a propósito de la bomba, que Clinton dijo que quería reservar para una sesión posterior, porque se iba a reunir al día siguiente con Kim Young Sam, el nuevo presidente de Corea del Sur.

Lo que más le había impresionado en Seattle fue una difícil conversación privada con el presidente chino, Jiang Zemin. Clinton dijo que Jiang y él se habían sentado uno a cada lado de una mesa como en la mesa de juego que teníamos ahora entre nosotros, con nada más que un traductor para cada uno, y que Jiang le había leído un discurso sobre la historia gloriosa de China y la locura de intentar influir en sus asuntos internos. Duró tanto que Clinton se sintió obligado a interrumpir. Hablando con frases directas y con todo el encanto que se sintió capaz de reunir, invitó al líder chino a hablar de cosas concretas. Le dijo a Jiang que no quería cambiar las instituciones políticas chinas. Que tampoco se oponía a las prisiones. De hecho, Estados Unidos tenía a mucha gente en la cárcel, y Clinton quería encerrar todavía a más personas. Ahora bien, lo que sí le importaba eran los derechos humanos esenciales que, incluso, en el caso de que a él no le importaran, a su Congreso sí le preocupaban. Para mejorar las relaciones, Jiang no tenía que hacer más que unas cuantas cosas ya permisibles dentro de las leyes y costumbres chinas. Clinton enumeró cuatro, incluida la prohibición real de la exportación de artículos fabricados por mano de obra prisionera. Sin embargo, en cuanto acabó, Jiang reanudó su discurso.

El presidente contó que Jiang y él habían hablado todo el tiempo en monólogos desconectados entre sí y que la rígida formalidad había impedido una auténtica conversación. Por ejemplo, los funcionarios de proto-colo habían advertido a Clinton que nunca sonriera en presencia de Jiang, para que no corriera la voz de que había insultado a China con una fami-liaridad excesiva. El largo e infructuoso encuentro neutralizó lo que el presidente llamaba su instinto para tratar con sus homólogos, para des-componer las posiciones retóricas y buscar algún vínculo personal que permitiera hallar soluciones comunes. Dijo claramente que su contacto con Jiang le había producido frustración. Le hice varias preguntas sobre las declaraciones de Jiang, por ejemplo, si las había arropado todas con el lenguaje marxista del Partido Comunista. Clinton dijo que no, nunca. Es más, frunció el ceño ante una idea tan pintoresca, lo cual confirmó que la ideología oficial de China, aunque no se había abandonado abiertamente, estaba pasada de moda, incluso en sus exigencias formales. Clinton dijo que Jiang había presumido del poder de la madre China como si fuera el sucesor de una de las antiguas dinastías.

Sus recuerdos de la cumbre con China se detuvieron. Pasé a temas me-nores y obtuve respuestas despreocupadas sobre escándalos que circulaban por la prensa, como la afirmación del asesor republicano Ed Rollins —de la que luego se había retractado— de que se había pagado a predicadores para suprimir el voto negro en Nueva Jersey ese año. Clinton restó impor-tancia a las noticias que aparecían últimamente sobre un trato relacionado con unas tierras en Arkansas en 1978. Dijo que el tema ya se había tratado ampliamente durante las primarias de 1992. En un rápido resumen, expli-có que Hillary y él habían perdido dinero como inversores pasivos en un proyecto de parcelación llamado Whitewater, y que Jim McDougal, su principal promotor, se había visto envuelto después en problemas legales como propietario de una entidad de ahorros y préstamos que había que-brado. Se habían alegado varias presuntas faltas que luego se había demos-trado que no eran ciertas, incluida la acusación de que Clinton, cuando era gobernador, había favorecido la entidad de su socio. Ahora surgían acusa-ciones de que McDougal había reunido cheques emitidos para las campa-ñas de Clinton para el cargo de gobernador y había reembolsado de forma ilegal a los donantes originales. El presidente opinó que no creía que se hubieran hecho esos reembolsos y que, en cualquier caso, Hillary y él no sabían nada de un plan de ese tipo; aceptaron de buena fe donaciones de personas que eran perfectamente capaces de hacerlas.

Desechó el asunto Whitewater como un problema pasajero. Mis notas dicen: «No parecía especialmente molesto ni interesado». Y yo tampoco.

Ninguno de los dos tenía ni idea de que el caso Whitewater iba a convertirse pronto en el eje de unas investigaciones que iban a marcar y agitar su presidencia. Más irónico todavía fue que, al hablar de Arkansas, se suscitó una digresión clarividente sobre ataques más personales. Clinton dijo que el nerviosismo sobre lo de Whitewater lo agitaba la misma gente que había fomentado durante las elecciones el escándalo sobre una aventura sexual con Gennifer Flowers. Cliff Jackson y Sheffield Nelson eran unos colegas suyos de toda la vida que habían pasado de ser demócratas a ser candidatos republicanos fracasados. Clinton fue a la Universidad de Oxford con Jackson, y había infligido una gran derrota a Nelson cuando los dos se presentaron a las elecciones a gobernador en 1990. Dijo que eran unos enemigos acérrimos. «No tienen en sus vidas nada más —explicó— que tratar de acabar conmigo.» Habían ido a hablar con policías del estado de Arkansas que habían formado parte de su equipo de seguridad en la mansión del gobernador, contó: «Y les dicen: "Bill Clinton se ha ido a Washington y ahora es muy importante, pero tú te has quedado aquí y no te ha dado ningún trabajo allá. Nosotros podemos conseguirte alguno"». A cambio de que les contaran historias sobre su vida privada, Clinton explicó que les ofrecían puestos de trabajo, vacaciones, dinero, «y todo lo demás», en general a través de conductos de intereses republicanos. Seguro que iban a fomentar más escándalos.

Todo eso era nuevo para mí, salvo el nombre de Gennifer Flowers. El presidente contó que Jackson y Nelson habían contribuido a hacerle ofertas similares a ella, y creía haber encontrado el origen del dinero. Dijo que Flowers le había llamado a la mansión del gobernador antes de que se hiciera nada público, cuando todavía se resistía, y que él habló con ella por teléfono desde el dormitorio, con Hillary sentada al lado. La publicidad sobre Flowers estuvo a punto de acabar con su candidatura antes de las primarias de Nuevo Hampshire y le obligó a aparecer conjuntamente con Hillary en el programa de la CBS *60 Minutes* en enero de 1992. Al describir aquella entrevista, el presidente mencionó que uno de los focos que iluminaban el plató cayó sobre el sofá en el que se sentaban. Cogió a Hillary para quitarla de en medio y la gente bromeó que el accidente era una metáfora de la campaña; estaban acosados por los fulgurantes rayos de la prensa que caían sobre ellos.

Clinton volvió a hablar de nuevo sobre los medios de comunicación. Dijo que la fiebre del escándalo procedía de una convergencia entre los tabloides y los medios importantes que pagaban por las noticias. Cuando salió a la luz la historia de Gennifer Flowers, en el último minuto Hillary y él pasaron su entrevista sobre el tema de la CNN a la CBS, con lo que multiplicaron su audiencia por diez, y entonces la gente de la CNN se propuso vengarse de Clinton por haber arruinado su exclusiva. Dijo que el presidente de la cadena, Tom Johnson, no ocultaba su empeño, y que estuvo impulsando noticias sobre escándalos y otras pullas durante varias semanas. Entonces, Jackson o Nelson —me olvidé de poner en mis notas a cuál de los dos mencionó— filtró a la CNN una lista de cinco mujeres con las que se suponía que había tenido aventuras Clinton en Arkansas. Una de ellas —una joven que pertenecía a su equipo— le dijo que un periodista de *The Washington Post* le prometía confidencialidad si confesaba haber tenido la aventura, pero que, si no, iba a denunciarla públicamente. Cuando le dije que esas tácticas me parecían agresivas pero bastante corrientes, el presidente mencionó un libro titulado *Feeding Frenzy* del profesor de la Universidad de Virginia, Larry Sabato, que afirmaba que el periodismo agresivo estaba transformando la política estadounidense. Le confesé que no conocía ese libro porque estaba completamente absorbido en mi trabajo sobre los años sesenta. Me respondió que se había publicado durante el Gobierno de Bush, es decir, que no era tan paranoico como para pensar que esas tendencias se habían inventado exclusivamente para atormentarle a él. Siempre había existido el sensacionalismo, reconoció, y necesitaba entender la nueva dinámica tanto de los reporteros como de los políticos, pero insistió en que el espectáculo lleno de altibajos era malo para el periodismo y para el país.

Después de saltar del caso Whitewater a las mujeres y las intrigas partidistas con la prensa, Clinton se calmó un poco. Respondió brevemente sobre las perspectivas de la Ley Brady sobre el control de armas, pero dijo que estaba demasiado cansado para grabar alguna cosa sobre el ataque con misiles del 26 de junio contra Bagdad. Yo también. Me fui a casa pasada la una de la mañana, y reflexioné sobre el hecho de que el presidente hubiera indicado su preocupación de dos formas sorprendentemente distintas: un discreto asombro por el fracaso de su extraordinario don de gentes con el presidente chino, Jiang Zemin, y un repaso desbocado de su vulnerabilidad personal. Las últimas revelaciones habían surgido con muy pocas preguntas por mi parte y su iniciativa me hizo preguntarme una vez más cuál era mi papel. ¿Debía entrometerme para aclarar ese asunto? «No ha dicho claramente que nunca tuviera una aventura —dicté en mis notas—, pero sí ha afirmado que muchas acusaciones son falsas.» Me dije a mí mismo que el propio presidente había conservado en las grabaciones detalles significativos sobre el origen de esas historias, con una actitud de alarma y a la defensiva. Indicaban una esperanza que había observado en amigos de Clinton nerviosos durante el asunto Flowers: que esa amenaza constante y todo lo que se jugaba le hicieran comportarse debidamente en la Casa Blanca y dejar los asuntos libidinosos en el pasado.

Nuestra sesión de dos semanas después, a principios de diciembre, sólo duró una hora. Mientras esperaba en la Sala de los Tratados, cogí unas memorias recién publicadas por la nonagenaria artista Leni Riefenstahl sobre su labor de propaganda para Adolf Hitler, con fotografías de la grandiosa concentración nazi en Núremberg, y al mismo tiempo me fijé en las luces de Navidad que ya se veían en los monumentos de Washington desde la ventana. Alrededor de las nueve y media, el presidente Clinton entró con un aspecto penoso. Tenía los ojos llorosos e hinchados, la nariz roja y caminaba con rigidez y cojeando. Me dijo que había intentado llamarme para anular la cita. «Estoy metido en un buen lío», gruñó, sobre todo con el programa nuclear de Corea del Norte, pero desechó mi oferta de volver en otro momento. Exasperado y abatido, dijo que, aunque había hecho hincapié en que no hubiera adornos naturales, las magníficas decoraciones de la Casa Blanca habían desatado su grave alergia al polen y el pino al regresar el día anterior de California, donde había empeorado una vieja lesión de espalda —el origen de su interés por las mecedoras—, mientras se inclinaba a quitarse los calcetines.

Antes de que pudiera preguntarle por esas aflicciones poco corrientes, llegaron Chelsea y Hillary que venían de inspeccionar las habitaciones oficiales del piso de abajo. Estaban entusiasmadas con las muestras de arte navideño, aunque le compadecían por todos los males que le aquejaban. Hillary iba vestida de chándal y, todo lo que él tenía de patético, ella lo tenía de buen aspecto. Después de que los tres se abrazaran y se dieran las buenas noches, Hillary me pidió que le dejara irse a dormir pronto. «Es un POTUS [«President Of The United States»] muy cansado», dijo varias veces, utilizando con tono cariñoso el acrónimo que el Servicio Secreto aplicaba al presidente de Estados Unidos. «No le tengas levantado hasta muy tarde.»

Nos quedamos grabando en la Sala de los Tratados por primera vez. Clinton, que se sentía menos incómodo si estaba de pie, anduvo cojeando un poco para asegurarse de que las guirnaldas y coronas que acaban de colocar eran artificiales, tocándolas una y otra vez con aire distraído. Comprobé que las grabadoras recogían su voz desde lejos, pero sus respuestas eran, en gran parte, mera formalidad. Sobre su primer día de Acción de Gracias en Camp David, dijo que el pavo «estaba muy bueno». No, no le había pedido a Gore que se encargase de una política exterior fracasada, como se había dicho, sino de mejorar las presentaciones públicas de su trío de «malos oradores»: el tímido consejero de Seguridad Nacional Tony Lake, el aburrido secretario de Estado Warren Christopher y el desorganizado secretario de Defensa Les Aspin. El presidente español Felipe González le había reprochado ese mismo día el embargo de treinta años contra la Cuba de Fidel Castro —lo había calificado de ilógico, contraproducente, aislado y equivocado—, pero ahora no era el momento de cambiar. Estaba muy satisfecho de haber aprobado y firmado la Ley Brady,[1] por fin, el 30 de noviembre. La política nacional fue lo único que movía al presidente a revelar mucho más de lo que aparecía en informaciones conocidas. Seguía la pista a una importante comunidad de indios sijs cerca del diminuto pueblo de Bernalillo, en Nuevo México, e incluso recordaba los porcentajes de voto sij en las circunscripciones vecinas, y describió al público que había tenido recientemente, formado por los característicos turbantes blancos mezclados con trajes de indios americanos y corbatas de lazo típicas de los vaqueros del suroeste. «Los actos demócratas en Nuevo México son un espectáculo», dijo en tono animado, y mencionó personas y conversaciones concretas, pero pronto empezó a perder fuerzas.

Clinton pidió disculpas porque tenía la cabeza espesa y se sentía demasiado mal para hablar de los ataques con misiles contra Bagdad. Quería volver a llamar a sus médicos con la esperanza de poder dormir. Mientras rebobinaba las cintas, le mencioné que sus comentarios sobre un tema poco importante, un discurso sobre la violencia en el cine, me hacía avergonzarme como autor del tono barato de las listas de best sellers de ficción. El presidente se rió y dijo que siempre era posible encontrar buenos libros. Se mostró de acuerdo en que Hollywood, a veces, trascendía su reputación de inculto y exploraba los temas más difíciles, como el sida en

---

1. La Ley Brady, de prevención de la violencia con armas de fuego de 1993 se denominó así por el secretario de prensa de la Casa Blanca James Brady, que se convirtió en defensor del control de armas después de resultar herido junto con el presidente Ronald Reagan en un atentado ocurrido en 1981.

la película *Philadelphia*, a punto de estrenarse, y el Holocausto en *La lista de Schindler*. Clinton había visto ya las dos en proyecciones especiales y resumió su opinión diciendo que *Philadelphia* era una buena película con dos interpretaciones dignas de Oscar y *La lista de Schindler* era una gran película con un mensaje asombroso. Luego, mientras nos dirigíamos al ascensor, el presidente me dio las gracias efusivamente por haber ido. «Esto está bien», decía sin parar; estaba bien dejar constancia de las cosas, estaba bien tener la disciplina necesaria. Me fui antes de que agotara sus últimas reservas.

El portero John Fanning, con su frac de trabajo, se detuvo en el primer piso para mostrarme los adornos de la Casa Blanca. Recorrimos pasillos vacíos cubiertos por láminas de caucho provisionales para proteger el suelo de los miles de visitantes que entraban a diario en aquellos años, antes de que el terrorismo interrumpiera las visitas del público. Había un árbol nacional especialmente escogido en el Salón Azul con adornos procedentes de todo Estados Unidos, además de ocho o nueve árboles en el Salón Este y, en el Comedor de Estado, una Casa Blanca gigante hecha de pan de jengibre. John me contó un cotilleo sobre la batalla de potentados a propósito de las alergias de Clinton. Había oído que el personal médico y la oficina de la primera dama querían rociar nieve falsa sobre los adornos para reducir los vapores de los pinos, pero los asesores políticos lo vetaron porque la administración de Bush lo había hecho y le habían criticado por su mal gusto.

6

LA MUERTE DE UNA MADRE Y EL FISCAL ESPECIAL

Lunes, 27 de diciembre de 1993

Viernes, 28 de enero de 1994

Sábado, 29 de enero de 1994

Nuestra octava sesión se prolongó a lo largo de un mes crucial. El 27 de diciembre, como el jardín sur estaba cerrado para que aterrizara el helicóptero presidencial, me obligaron a aparcar en la calle y entrar a través del control de seguridad del ala oeste. Allí empezaron los problemas, con dos regalos de Navidad envueltos en mi cartera que les llevaba al presidente y la primera dama. Hubo consultas. Mientras unos agentes con auriculares se los llevaban para pasarlos por rayos X o algo peor, otros me obligaron a esperar, ya que existía la hipótesis implícita de que era sospechoso de algo hasta que los regalos demostraran mi inocencia. Mis llamadas telefónicas me aportaron el ambiguo consuelo de que el presidente Clinton también llegaba tarde, después de una excursión para cazar patos en la orilla este de Maryland. Estaba retrasándose más que yo. En un momento dado se acercó a mí un soldado vestido de camuflaje y con una funda de fusil a juego. Estuvo conmigo lo suficiente para indicarme, con breves argumentos, que no era fácil trasladar a un presidente con unos invitados armados a un puesto de caza de patos al amanecer y luego devolverlo sano y salvo a casa, e insinuó que el presidente no estaba satisfecho de algunas unidades que habían participado en la misión, por los problemas de tráfico y transporte. No supe con claridad si a Clinton verdaderamente le gustaba cazar patos, cosa que me decepcionaba, o si se había armado de valor como obligación política para ganarse a los cazadores, pese a sus medidas de control de armas. Las noticias que me iban llegando me mantuvieron a la espera mientras él solventaba una serie de citas que se le habían acumulado. Nuestra sesión se cambió, se comprimió y, al final, fue anulada.

«¿Podrás perdonarme? —preguntó el presidente—. Lo siento. Te he hecho perder el día.» Daba vueltas sin parar en su pequeño estudio anexo al Despacho Oval, buscando en cajas y estantes cosas que meter en una gran bolsa que tenía sobre la mesa y que llamó su «saco de Santa Claus» para llevar a gente en Arkansas. Tenía prisa por volver a irse —esta vez con un grupo navideño que incluía a su madre enferma—, y ya tenía movilizados varios pequeños ejércitos logísticos en un programa coordinado para el *Air Force One*. Clinton estaba preocupado porque había perdido algunas cosas y no podía encontrar otras. Cuando llamó a alguien para pedir ayuda, entraron unos ayudantes personales que se encogieron de hombros antes de apresurarse con unas bolsas de viaje de última hora para dirigirse al helicóptero. Le dije que no se inquietara por la sesión perdida, pero le sugerí que no volviéramos a fijar ninguna durante el día. Él estuvo de acuerdo en que nos salía mucho mejor de noche, en la intimidad de la residencia, y que quería mantenerse al día. «Estoy deseando hablarte sobre esa mierda de los agentes», dijo ansioso.

El comentario me dejó confuso. Sabía, por varias informaciones curiosas aparecidas en la prensa, que una pequeña revista conservadora llamada *The American Spectator* acababa de publicar unas declaraciones hechas por unos agentes de la policía de Arkansas de que había tenido locas aventuras con unas mujeres a las que no nombraban. La historia ponía a prueba los límites del apetito nacional por los culebrones en el mundo de la política, y yo suponía que Clinton rehuiría el tema, por embarazoso y procaz. Sin embargo, fue él quien lo suscitó más de una vez. «Hay cosas muy buenas aquí —dijo—, y tenemos que grabarlas.» Hablamos de quedar pronto para una nueva sesión, sobre todo porque su alergia había acortado la anterior. Mientras terminaba de hacer su bolsa, le informé de que habían incluido a nuestro hijo en la categoría de diez años del torneo de ajedrez de Maryland, y él pareció muy contento de que Franklin hubiera encontrado algún tipo de deporte compatible con su enfermedad de cadera. «Es fantástico —dijo—, tengo que escribirle una nota.» Rebuscó entre pequeños montones de regalos y preguntó en voz alta dónde estaban sus bolígrafos. Mi orgullo de padre superó cualquier resistencia a abusar, pero, cuando le ofrecí mi propio bolígrafo, él lo miró sin comprender. Se refería a otro tipo, y por fin localizó varias cajas de insignias con el logotipo presidencial para añadir al montón de regalos variados. Desanimado, comprendí que su mente había pasado a tanta velocidad sobre la idea de escribir una nota a Franklin que no se había dado cuenta de que había habido un malentendido entre *pen* («bolígrafo») y *pin* («insignia»).

Su secretaria, Betty Currie, entró corriendo con un montón de regalos idénticos, muy bien envueltos, y me dio un abrazo (yo la había conocido cuando trabajaba en el Peace Corps durante el Gobierno de Carter). El presidente me firmó uno de los regalos —una nueva colección de sus discursos favoritos del primer año de mandato— y yo le entregué, a mi vez, los paquetes que habían sobrevivido a los miembros de seguridad del Servicio Secreto. Pasados uno o dos minutos, al verlos debajo de un montón de cosas que iba a dejar allí, le dije que podía abrir mi regalo. Hizo una pausa y sonrió. «¿De verdad?», bromeó. Su rostro se iluminó cuando examinó el viejo pergamino que había dentro. «¿Dónde has encontrado esto?», exclamó. Era una edición original de 1826 del homenaje de Daniel Webster a John Adams y Thomas Jefferson después de que, por coincidencia, murieran los dos el mismo día, el 4 de julio de ese año, cuando se cumplía el 50º aniversario de la aprobación en el Congreso Continental de 1776 de la Declaración de Independencia redactada por el comité encargado. Clinton mencionó las elecciones de 1800 como uno de los dramas trascendentales que salpicaron la tempestuosa relación entre esos dos padres fundadores. Le dije que Webster trataba esos temas en su clásico discurso pronunciado en el Faneuil Hall de Boston el 2 de agosto de 1826, fecha que, a su vez, era el 50º aniversario del día en que Jefferson, Adams, John Hancock y casi todos los demás delegados volvieron a reunirse para firmar la declaración terminada.

Sonriente, Clinton cogió mi otro regalo, cerró la cremallera de la bolsa y pasó corriendo junto a los mayordomos que se acercaron a coger sus cosas. Nos paramos en el Despacho Oval el tiempo de desearnos felices fiestas con el ruido del helicóptero *Marine One* de fondo, que se encontraba en la pista de allí delante. Le dije que el regalo para Hillary era un dictáfono como los dos que estábamos usando nosotros, y le animé a que apoyara mi petición de que ella también dejara documentada su propia historia oral, aunque nunca se la mostrase a nadie. Asintió. «Te pido perdón de nuevo por haberte dado plantón», dijo.

Clinton comenzó la tarea de forma solemne y directa cuando la reanudamos en la residencia a primera hora de la noche del viernes, 28 de enero, en el nuevo año de 1994. Dijo que teníamos mucho que hacer. El mes transcurrido desde nuestra última sesión había sido un período importante y traumático en su vida, con la muerte de su madre, un largo viaje a Europa, el nombramiento de un fiscal especial para el caso Whitewater y su discurso sobre el Estado de la Unión, entre otros muchos acontecimientos menos importantes. Quería disponer de dos o tres horas para dejar claros los puntos más importantes, pero esa noche teníamos poco tiempo. Sus primeras respuestas se refirieron a transiciones clave en el equipo, empezando por el nuevo jefe de gabinete adjunto. Harold Ickes, hijo del secretario del Interior de Franklin Delano Roosevelt, era precisamente el tipo de administrador dinámico necesario para que el Gobierno funcionara bien, observó Clinton, pero su nombramiento había estado estancado durante meses por una investigación complicada en el bufete de Nueva York al que pertenecía Ickes. Luego, una vez eliminados los obstáculos, Ickes perdió, sin saberse por qué, su actitud desenvuelta y segura, y les dijo al presidente y a Hillary que tenía miedo de asumir el cargo. Se quedaron estupefactos. Ickes se lo pensó, volvió a rechazarlo y las cosas se quedaron en una especie de limbo. El presidente contó que había costado mucho convencerle para que fuera a la Casa Blanca y recuperara su confianza para las grandes tareas que le aguardaban: la sanidad, la ley sobre el crimen, la reforma del sistema de bienestar. «Ahora está muy bien —añadió Clinton—, pero esto me demuestra lo difícil que puede ser comprender el carácter de la gente en Washington, incluso el de personas a las que conoces desde hace tiempo.»

Hizo unos comentarios apenados sobre su segundo fracaso a la hora de designar al responsable de la División de Derechos Civiles en el Departamento de Justicia. Los patrocinadores de los círculos de derechos civiles, sobre todo el Grupo Negro del Congreso, tenían opiniones enfrentadas después de que se supiera que John Payton llevaba diez años sin votar; seguramente, especuló Clinton, porque los patrocinadores no querían reconocer que se les había pasado por alto algo tan grave. Peor aún, añadió, se habían vuelto en contra de su candidato por motivos equivocados; sólo cuando algunos legisladores importantes decidieron que Payton quizá no iba a estar suficientemente alerta sobre la necesidad de proteger sus ventajas como congresistas en las elecciones con la elaboración de circunscripciones especialmente diseñadas. Clinton dijo que las objeciones se basaban en una tergiversación egoísta de la Ley del Derecho a Voto de 1965. Su propósito fundamental era garantizar la representación general para los votantes, explicó, no para los que ya ocupaban los cargos. No estaba de acuerdo con una opinión muy extendida de que hablar de justicia en las elecciones equivalía a hablar de escaños «seguros» en distritos con gran presencia de una minoría. Dijo que era fácil dar por descontados a los votantes de esos distritos y criticó a los demócratas de minorías étnicas por ponerse de acuerdo con los republicanos para crear sinecuras en ambos partidos. Era más justo para los votantes que se encontrara alguna forma imparcial de maximizar las circunscripciones más competidas, en vez de minimizarlas. Sin embargo, Clinton estaba de acuerdo con el aspecto puramente político de los defectos aparecidos en las credenciales de Payton. De hecho, dijo que seguía tan dolido por la controversia de Lani Guinier que iba a dejar esa difícil selección en manos de Janet Reno y que se iba a hacer a través de los cauces regulares.

También había conflictos a propósito de algunas transiciones más importantes en el Pentágono. Clinton recordó las discretas discusiones con Tony Lake y otros sobre la necesidad de sustituir al secretario de Defensa, Les Aspin, ya antes de la pérdida de helicópteros Black Hawk en Somalia. Comentó que Aspin nunca había causado buena impresión en el Consejo de Seguridad Nacional, donde sus presentaciones llenas de circunloquios tenían un aire desorientado que oscurecía cualquier talento o impulso gestor. Algunos incluso dudaban de que Aspin sintiera gran apego por su puesto, pero el presidente descubrió que sí lo tenía cuando, en privado, le pidió que dimitiera el 15 de diciembre. Aspin reaccionó con lo que Clinton llamó un «trasplante de carácter», con argumentos enérgicos y convincentes sobre por qué debía permanecer en el cargo. Le recordó a Clinton que había renunciado a una presidencia de comité en la Cámara de Representantes para ayudarle a adaptar la actitud de los militares después de la Guerra Fría, con lo que había aceptado un reto que muy bien podía ayudar a decidir el resultado de las siguientes elecciones. El presidente reconoció algunas de las virtudes que se atribuía Aspin, pero le dijo claramente que sus reacciones en momentos de crisis habían inspirado confusión y duda en vez de determinación, y que creía que iba a volver a ocurrir si seguía. Hizo falta más de una conversación insistente y dolorosa para conseguir un cese limpio.

La elección anunciada por el presidente para reemplazar a Aspin duró todo un curioso mes. Dijo que el almirante retirado Bobby Ray Inman había suscitado el entusiasmo unánime del aparato de política exterior, incluidos miembros del Congreso de los dos partidos. Republicano de

Texas, Inman había dirigido la supersecreta Agencia de Seguridad Nacional con Reagan, había sido director adjunto de la CIA y tenía la reputación de que sus administraciones eran limpias y eficientes. Clinton dijo que entre los fervientes partidarios de Inman se encontraban desde contratistas especializados y oficiales militares de cuatro estrellas hasta asesores de política general como David Gergen y Strobe Talbott, el nuevo vicesecretario de Estado. Hizo una pequeña digresión para indicar que la reciente promoción de Talbott —viejo compañero suyo de universidad en Inglaterra y antiguo conocido mío en el mundo del periodismo— se debía exclusivamente a la iniciativa del secretario de Estado, Christopher, en contra de las reservas de Clinton para ascender a Talbott por encima de su demostrada capacidad como solucionador de problemas de la administración en todo lo que tuviera que ver con Rusia. Clinton volvió al nombramiento del Pentágono antes de que yo pudiera averiguar si le preocupaban las posibles acusaciones de amiguismo o verdaderamente tenía miedo de que hubiera algún fallo por no tener a Talbott centrado en la vasta y vital transformación de Rusia. Clinton dijo que Mack McLarty era el único que había manifestado dudas sobre las entrevistas preliminares con Inman, porque le había parecido extrañamente desinteresado —«como distraído», dijo Clinton—, pero el fuerte consenso de los expertos en seguridad nacional pudo más que sus vagos instintos.

La nominación de Inman siguió adelante entre el aplauso general, aunque a Clinton le irritó que, en el anuncio conjunto, el almirante se declarase satisfecho y convencido de que al presidente se le podía confiar la seguridad del país, como si Inman ocupase algún puesto superior que le autorizase a emitir ese juicio. Y hacía diez días, el 18 de enero, Inman había renunciado de pronto a su nombramiento con una diatriba contra el «maccarthismo moderno», en la que había incluido al senador Dole y al columnista de *The New York Times*, William Safire, entre los conspiradores que pretendían arruinarle. El exabrupto de Inman asombró a los observadores. Ningún senador se había opuesto a su confirmación, y las escasas objeciones en la prensa se habían perdido en un mar de alabanzas públicas, pero mientras tanto, sin que se vieran, se habían producido cambios trascendentales. El presidente contó que Inman cambió desde el momento en el que Dole decidió permitir preguntas de los senadores republicanos, y se puso tan nervioso que los investigadores del Gobierno le preguntaron varias veces al almirante sobre los rumores que decían que era gay. Él lo negó de manera convincente, dijo Clinton, pero reconoció que tenía a un pariente cuya madre no sabía que lo era y que le trastornaba el miedo a que las revelaciones durante el proceso de confirmación destruyeran a su familia. Numerosos secretos, tanto reales como falsos, se desvanecieron con él bajo una avalancha de informaciones que expresaron la satisfacción por haberse librado de su misteriosa e irritante paranoia.

El presidente Clinton no mostró sentir grandes remordimientos por la marcha de Inman. Parecía muy aliviado por haber nombrado ya a un sucesor, William Perry, al que elogiaba. El nuevo secretario de Defensa no sólo era una opción segura —fiable y experimentado, porque era el actual número dos del Pentágono—, sino que además era un innovador con quien al presidente le gustaba hablar de estrategia militar. Aunque Clinton estaba contento de que Inman hubiera esquivado un escándalo prolongado para él y para la administración, no podía dejar de reflexionar sobre el hecho de que los cambios políticos se precipitaban por fervores y caprichos. No había ninguna disciplina ni ningún equilibrio que orientaran la atención a los temas fundamentales que implicaban la historia de Inman, como el hecho de que, durante décadas, un personaje tan frágil hubiera controlado los organismos de espionaje más delicados. Era casi inevitable que el presidente relacionara ese breve asunto con sus propios problemas en el caso Whitewater. Dijo que, aunque la prensa nunca alimentó las acusaciones contra Inman en público, los periodistas habían creado una fuerza política soterrada al hacer circular los rumores de homosexualidad. No era tan omnipresente ni tan siniestro como el maccarthismo, dijo, pero el sensacionalismo promovía unos intereses ocultos descontrolados. En ese sentido, simpatizaba con Inman.

Se notaba una amargura especial esa noche en las lamentaciones sobre el caso Whitewater, que consumieron casi una hora. El presidente se había visto obligado a consentir que la fiscal general, Janet Reno, nombrara un fiscal especial —Robert Fiske—, hacía ocho días, el 20 de enero. Ni siquiera Clinton, con sus quejas sin fin, podía prever una investigación que iba a durar siete años e iba a prolongarse más allá de su presidencia, pero estaba muy molesto. Fiske tenía que contratar a un nuevo equipo y volver a empezar con las preguntas de 1978 sobre los contratos inmobiliarios, además de otras nuevas que sin duda surgirían, y Clinton estaba furioso al pensar que Hillary y él iban a gastar la mayor parte de su patrimonio defendiéndose contra unos cargos todavía por concretar, porque no había nada. Propuso muchas teorías sobre las causas y combinaciones que estaban detrás de la última exigencia de que se estableciese un fiscal especial. Se rió de la razón convencional —que era necesaria alguna autoridad que aclarara las cosas, y que sería inocua, porque el caso Whitewater era incomprensible— y expuso la teoría de que la demanda se había aprovechado del runrún creado por los rumores sobre aventuras sexuales. No había una relación lógica entre las dos cosas, pero eso era lo que quería decir precisamente. Lo único que tenían en común eran unos intereses enfervorizados y ocultos que le recordaban la caída de Inman y se apoyaban en lo que el presidente llamaba un paternalismo generalizado respecto a los habitantes de Arkansas a los que se los veía como paletos enraizados en el atraso, promiscuos y corruptos, y simbolizados por Clinton.

El coro sobre el caso Whitewater se había intensificado por encima del pulso furtivo de las revelaciones de los policías del estado de Arkansas, y Clinton se detuvo en los descubrimientos que había mencionado la última vez que habíamos hablado. Explicó que las primeras advertencias habían aparecido en un informe de su director político en Arkansas, que le decía que Danny Ferguson, un agente de la policía del estado que había formado parte del destacamento de seguridad en la mansión del gobernador, había dejado un mensaje en la Casa Blanca en el que decía que quería hablar sobre algo urgente sin especificar. Clinton devolvió la llamada, creyendo que se trataría de alguna petición personal o familiar, y se encontró con la angustiada confesión y advertencia de Ferguson de que él y otros tres agentes se habían entrevistado clandestinamente con Cliff Jackson y varios periodistas. Ferguson le dijo que Jackson estaba vinculado a una red política bien organizada y financiada, que ofrecía puestos de trabajo de ensueño, contratos para publicar libros e incluso contratos de cine a los agentes, y hasta 300.000 dólares a las mujeres que declararan en público que se habían acostado con Clinton. El presidente dijo que había confirmado algunos de estos elementos y que Ferguson —vencido por la tentación, la presión de sus colegas, la culpa y el miedo— se había negado a dar su nombre como fuente en el reportaje de *The American Spectator,* pero otros dos agentes denunciaron de todas formas que estaba compinchado con ellos.

Ferguson, continuó Clinton, le confesó que habían animado a los agentes a contar especulaciones y cotilleos sin corroborar siempre que se pusieran de acuerdo en los detalles. El objetivo fundamental era sacar las historias sexuales a la luz en los medios de comunicación, y para eso era preciso que fueran provocadoras y coherentes, pero no necesariamente ciertas. Este punto hizo que Clinton volviera a soltar una diatriba contra la prensa. «Los reporteros salían corriendo y publicaban cualquier cosa», dijo. Una historia jugosa que había pasado del *Spectator* a muchos otros medios era la que alegaba que el presidente electo se había escabullido con la esposa de un juez de su fiesta de despedida en Little Rock con tanto descaro que Hillary había llamado puta a la mujer. Clinton dijo que todo eso era ridículo. La fiesta de despedida había juntado a varios cientos de parejas en un hangar de aviación que era un solo espacio. Chelsea estaba allí. El juez y su esposa fueron en avión alquilado a Washington para la toma de posesión. La mujer, como las demás mujeres descritas de forma indirecta por el *Spectator* —pero con mucho cuidado de no dar nombres—, negó rotundamente haber tenido una aventura con él. Llegó incluso a advertir a la CNN que la acusación era una calumnia adornada con detalles, pero Tom Johnson, presidente de CNN News, le dio una respuesta lacónica, algo así como «Bueno, supongo que eso significa que no nos va a dejar utilizar su nombre». El presidente matizó esta supuesta frase diciendo que la había oído de segunda mano, pero que el fondo debía de ser verdadero por la prisa que se había dado la CNN en airear la historia.

Las peroratas de Clinton contra la prensa tenían bastante de desilusión. Estaba acostumbrado a que le hicieran la guerra sus enemigos políticos, pero daba la impresión de que había considerado a los grandes periódicos guardianes de la verdad y más refinados. *The Washington Post* y *The New York Times* habían tratado «un poco mejor» las historias sexuales, comentó. No las aireaban en primera página con titulares escabrosos como los tabloides y mostraban sus reservas sobre la veracidad de los agentes de policía. Sin embargo, se quejaba de que esos grandes periódicos hubieran encabezado la demanda de un fiscal especial para el caso Whitewater llenos de entusiasmo e indignación, como si necesitaran emprender una cruzada más respetable para mostrarse a la altura de los demás. En cuanto al caso Whitewater, Clinton confiaba en recibir un trato más justo por parte de Fiske.

El presidente se levantó; llegaba tarde a otros compromisos. Había muchos temas, dijo mientras paseaba y yo rebobinaba las cintas, pero sobre todo quería hablar de su madre. Dijo que él la solía llamar todos los domingos por la noche, pero como el funeral se llevó a cabo en medio de una nube de crisis con la OTAN y Rusia y los escándalos, no se dio cuenta hasta volver de Europa, a última hora de un domingo, de lo muchísimo que la echaba de menos cuando vio que no tenía a nadie a quien llamar.

¿Podía volver yo unas horas más tarde, y tal vez quedarme a dormir? Podía hacerlo, porque tenía que pronunciar una conferencia en Washington esa misma noche, y habíamos fijado nuestra cita teniéndolo en cuenta, así que quedamos rápidamente. Fui a una sinagoga cercana para asistir a los servicios de *yortzheit* en honor del rabino Abraham Heschel en el aniversario de su muerte. A mi vuelta, un ujier me dijo que el presidente Clinton estaba demasiado cansado para trabajar y que se había ido a la cama mientras sus invitados veían la película *Dos viejos gruñones*. Me llevó al Dormitorio de la Reina, que no había visto desde nuestra apresurada inspección el día de la toma de posesión.

A primera hora de la mañana siguiente, me dirigí al otro extremo del largo corredor amarillo en busca de café. En la pequeña cocina del piso de arriba, enfrente del dormitorio principal, me encontré con dos mayordomos de pie cerca de Clinton, que estaba sentado en la mesa del desayuno vestido con pantalón corto y una sudadera con capucha. Me saludó con una voz afónica prácticamente indescifrable, diciendo que había perdido la voz y que había estado despierto toda la noche porque su medicina para el resfriado no le había hecho efecto y Hillary había llegado a casa a las cinco de la mañana de un viaje relacionado con la reforma sanitaria. Comentó que esperaba poder grabar algo, pero que se encontraba muy mal. No me cupo la menor duda. Sin decir nada, los mayordomos me miraron con aire de reproche, como indicando que me había entrometido en el cuidado de la vulnerable condición íntima del presidente. Me retiré a toda prisa, apartándome de la imagen de sus pies descalzos sobre el frío suelo, de sus piernas asombrosamente pálidas y lampiñas —piernas de anciano—, que parecían demasiado delgadas para el cuerpo que sostenían, que era mayor que el mío, y de su cabeza leonina y resfriada. Le dije que aguardaría sus instrucciones en el Dormitorio de la Reina y, para mi sorpresa, una hora más tarde apareció allí un presidente transformado, vestido como correspondía a su cargo. Me pidió que colocáramos las grabadoras en un vestíbulo próximo, donde podíamos refugiarnos hasta que fueran a buscarlo sus colaboradores para su intervención de todos los sábados por la mañana en la radio.

El presidente habló de la enfermedad de su madre. Virginia Kelley se había sometido a una mastectomía cuando le diagnosticaron cáncer de pecho en 1990, y nuevos síntomas revelaron que la enfermedad se había extendido a los huesos. Clinton me contó que estaba muy enferma cuando fue a Washington a la toma de posesión, un año antes. El cáncer estaba atacando la capacidad de su médula ósea de sustituir los glóbulos rojos, y eso la habría matado a toda velocidad si los médicos no le hubieran hecho transfusiones. Cada una de esas transfusiones era un auténtico tónico por los glóbulos que adquiría, y Clinton sabía que el tratamiento estaba enmascarando su enfermedad. Se encontraba en un estado muy frágil y se le había caído el cabello a causa de la quimioterapia. Pero estaba orgullosa de su peluca y parecía estar disfrutando tanto —volando por todo el país— que Clinton creyó que quizá iba a durar unos cuantos años más. Además, era su madre, y él siempre fue optimista hasta un encuentro inesperado en las reuniones de APEC celebradas en noviembre en Seattle. Un médico de Arkansas al que conocía, y que asistía como miembro de una de las muchas delegaciones estatales que buscaban contratos comerciales con países asiáticos, rechazó enérgicamente el favorable panorama que le pintó Clinton sobre la salud de su madre. Acababa de ver los gráficos de Virginia Kelley. La médula prácticamente ya no funcionaba y, si no ocurría un milagro con la lotería de los fármacos experimentales, era improbable que sobreviviera más de tres meses. El médico pensaba que era importante que la familia lo supiera.

«Me dejó helado», dijo el presidente. Intentó discutir el pronóstico con su madre, pero ella no le hizo caso. Cuando estaban en Camp David celebrando Acción de Gracias, ella restó importancia al hecho de que estaban ya haciéndole dos transfusiones al día. Cuando volaron juntos a su ciudad después de Navidad, se unió a ellos en una bulliciosa cena con pizzas, como de costumbre, pero después le dijo que se fuera a jugar a los bolos con sus viejos amigos del instituto. Por fin madre e hijo estuvieron juntos tres horas a la mañana siguiente, en la casa de ella, en Hot Springs. «Hablamos de todo menos de que estaba muriéndose», recordó Clinton con pesar. Ella quería vivir el tiempo que le quedaba con normalidad, y para su hijo fue un consuelo pensar en su viaje de despedida a Las Vegas para ver los conciertos de Año Nuevo de Barbra Streisand. El presidente contó que, aunque a la prensa le era fácil despreciar la amistad con Streisand como un golpe de efecto publicitario propio de Hollywood, su madre y ella tenían una relación de extraña pareja. Habían hablado constantemente durante un año. Lo mismo ocurría, dijo, con el otro único famoso presente en el funeral de su madre, el propietario del equipo de fútbol americano de los Buffalo Bills, Ralph Wilson. En el segundo cuarto de la desastrosa Super Bowl XXVII, en la que el equipo de Wilson perdió de manera aplastante frente a los Dallas Cowboys, el propietario se sorprendió al saber que su invitada de Arkansas, la madre de Clinton, no sólo era una hincha empedernida de los Bills, sino que estaba ya «bastante borracha» por sus idas al bar, y tenía una forma parecida a la suya de afrontar las dificultades de la vida.

La noticia de su muerte le llegó a Clinton el 6 de enero después de medianoche. Pasó un rato en casa consolando a su hermano, que se había apoyado enormemente en su madre cuando tuvo sus graves problemas con el consumo de drogas y estuvo en la cárcel. «Roger odiaba a nuestro padre mucho más que yo», dijo Clinton, que explicó que los violentos arrebatos alcohólicos de su padre habían sido muy difíciles de soportar para su hermano menor. El presidente contó que le rogó encarecidamente, antes del funeral, que se controlase. «Este día es de nuestra madre —le explicó a Roger—, pero, si discutimos, o gritamos, o nos desmoronamos, todo girará en torno a nosotros.» Elogió a su padrastro, Richard Kelley —el cuarto marido de Virginia— por haber sabido encauzar un momento de duda y emoción sobre si su tumba debía estar entre los Clinton en Hot Springs o en otro sitio. Kelley llevó a Clinton aparte y le dijo que debía ser enterrada en Hope, junto al padre biológico y tocayo del presidente, William Jefferson Blythe, que murió en un accidente de coche antes de que naciera su hijo. «Fue el primer amor, el gran amor de su vida —le dijo Kelley con magnanimidad—. Lo lógico es que lo decidas tú, y ya nos preocuparemos más adelante por dónde hay que enterrarme a mí.» Con eso acordado, la familia reunió fuerzas para el funeral, y Clinton describió el gozoso homenaje que fueron los oficios. Un predicador dijo que Virginia Kelley le había visto una vez en las carreras cuando se suponía que estaba en una convención de sacerdotes. Janice Sjostrand cantó el himno pentecostal «Tierra Santa», repitiendo su interpretación durante los servicios del día de la toma de posesión en la iglesia metropolitana AME, y Streisand se conmovió y mostró su admiración por el hecho de que un ser humano pudiera reproducir una música tan hermosa. Después hubo una recepción en el asador Western Sizzlin.

A la vuelta de Arkansas, el *Air Force One* paró en Washington justo el tiempo suficiente para un intercambio de pasajeros, mientras Clinton reunía algunas cosas para su gira diplomática por Europa. El séquito presidencial volvió a despegar a las pocas horas, en medio de un crescendo de exigencias de que se formalizase la investigación sobre el caso Whitewater.

En nuestra cinta, el presidente se quejó de que los líderes republicanos —Jim Leach, de Iowa, y Newt Gingrich, de Georgia, en la Cámara, y Bob Dole en el Senado— «mantuvieran sus ataques» y sus exigencias de un fiscal especial en programas de entrevistas incluso durante el funeral. «No fue capaz ni de dejarme enterrar a mi madre», se lamentó respecto a Dole. Dijo que Al Gore, seguramente para calmarle, comentó irónicamente que, por los años que habían estado juntos en el Senado, sabía que Dole tenía «una faceta simpática». Gore detectaba chispas de generosidad en la actitud de piedra de Dole, lo cual divirtió a Clinton. «Quizá nadie ha regalado nada a Dole este año —bromeó Clinton—. Ha estado verdaderamente antipático desde Navidades. Ojalá le hubiera regalado algo yo mismo.»

El presidente caminó por la cuerda floja en su misión en el extranjero. Había intentado convencer a las autoridades de la OTAN en Bruselas sobre un delicado calendario para incorporar a nuevos miembros procedentes del antiguo imperio soviético, que debía aplicarse con la rapidez suficiente para aplacar sus temores a verse aislados o reabsorbidos y con la lentitud suficiente para no contribuir a la caída de Yeltsin bajo el renacimiento ultranacionalista ruso alimentado por Vladimir Zhirinovski. En Moscú, tranquilizó a Yeltsin al tiempo que le instaba a que retirase sus tropas de los tres pequeños estados bálticos ocupados por Rusia durante casi cincuenta años. En Kiev, cerró un trato para que Ucrania entregara las reservas de armas nucleares soviéticas. En Minsk pronunció un discurso ante los dirigentes de la recién independizada Bielorrusia. En Ginebra, su presentación personal al presidente sirio Asad consistió en cinco horas de intensas conversaciones sobre Oriente Próximo.

Mientras tanto, Clinton había llevado consigo las tribulaciones políticas y personales de casa. Dijo que la muerte de su madre le había dejado muy nostálgico. El domingo, durante un paseo por Bruselas, se detuvo ante una juguetería que reconoció de una visita realizada más de dos décadas antes. Estaba cerrada, pero la conmoción hizo que los dueños bajaran de su apartamento para abrírsela. El presidente dijo que todavía recordaba la decoración interior y compró algo para responder a la cortesía de los propietarios. Apreció el oportuno regalo que le hicieron de dos saxofones de Dinant, Bélgica, donde se inventó el instrumento. Observó que su suave tono era casi tan rico como el de los magníficos Yamaha y añadió que, en los últimos tiempos, la mayoría de los saxofones se fabricaban en París o en un pequeño pueblo de Indiana, donde, por oscuras razones que él conocía, los fabricantes de saxos estaban afiliados al sindicato de trabajadores del automóvil. Clinton contó que había sacado tiempo para tocar el saxo en la República Checa, mientras visitaba unos cafés con el presidente checo Václav Havel. Su propósito oficial allí era convencer a los presidentes de Polonia, Hungría y Eslovaquia de que aceptaran una incorporación cuidadosamente prolongada a la OTAN, pero en lo que se detuvo fue en recordar un paseo que había dado desde el castillo de Praga, cruzando el histórico puente de Carlos, con la embajadora ante la ONU, Madeleine Albright. Albright hablaba checo muy bien pese a que hacía más de cincuenta años que había huido de los nazis cuando era niña, y estaba claramente abrumada por el regreso a su país natal liberado del yugo soviético y acompañada por el presidente de su país de adopción y por Havel, el poeta disidente convertido en arquitecto de la nueva democracia. Albright contó historias de una odisea similar que había vivido el general Shalikashvili, originario de Polonia y refugiado desde que era niño. Clinton dijo que recordaba otra peregrinación que había hecho de joven a esa romántica ciudad en 1970, cuando Praga era comunista y su madre estaba viva.

La política estadounidense no dejó tranquilo al presidente en Praga. El incesante clamor sobre el caso Whitewater le obligó a mantener una conferencia telefónica con sus principales asesores el 11 de enero, una conversación que Clinton describió como una acalorada continuación del punto muerto sobre cómo responder a las historias de los agentes de Arkansas. La mitad de su círculo más próximo consideraba que debía ignorar la batalla y negarse a descender al nivel de sus detractores, y la otra mitad decía que sólo podía ganar si refutaba cada acusación. Clinton dijo que era imposible hacer ambas cosas. En este feroz debate, añadió, Hillary era la que más firmemente se oponía a que hubiera un fiscal especial para el caso Whitewater, más incluso que sus abogados. Había trabajado en el equipo de la acusación contra Nixon y, por ese motivo, insistía en que a los presidentes había que investigarlos, y procesarlos llegado el caso, por abusar de sus poderes en el cargo. Las vagas alegaciones sobre el caso Whitewater no cumplían ni mucho menos ese requisito, puesto que hablaban de acciones muy anteriores al mandato de Clinton, y Hillary decía que un fiscal especial en esas condiciones no sólo era una estupidez sino que estaba mal. Invitaría a una persecución sin fin y alteraría el equilibrio constitucional. Por otro lado, los asesores políticos de Clinton preveían un declive imparable mientras los rivales y críticos pudieran seguir clamando que él debía de estar ocultando algo. Los aliados demócratas estaban adhiriéndose a las exigencias republicanas de que desmintiera las sospechas, y el caso Whitewater dominaba las ruedas de prensa incluso en Europa. El presidente confesó que se había limitado a atender vagamente durante la conferencia telefónica. Estaba sonámbulo la mitad del tiempo y prefirió convocar una investigación especial, pese a que estaba de acuerdo con Hillary. Creía que el fiscal especial del caso Whitewater «sienta un precedente terrible», pero era la única forma de calmar los ánimos. Había cedido para aliviar la situación.

El presidente me preguntó si había leído un artículo de E. J. Dionne de finales de diciembre en el que se preguntaba por qué los republicanos le odiaban tanto. Estaba de acuerdo con su tesis de que los republicanos se centraban en el carácter de Clinton porque se sentían amenazados por su agenda. Clinton estaba tratando de restaurar la confianza de los ciudadanos en la política y los asuntos de Gobierno que eran importantes para ellos, y los republicanos sentían que podían hacer poco en ese terreno, sobre todo porque lo que querían verdaderamente era disminuir las atribuciones públicas y dejarlas en los elementos básicos de la guerra y la ceremonia. Por tanto, decía Dionne, cualquier éxito de Clinton les incitaba a atacarle con más dureza en un terreno más firme, que para ellos era el personal. Clinton asintió. Por eso tenía que contar con que hubiera algún escándalo reciclado cuando subían sus índices de aprobación, pero ahí reconocía que su decisión sobre el caso Whitewater tenía un inconveniente. La investigación especial premiaba la política del carácter. Reforzaría la división entre sustancia y distracción.

Se oyó movimiento al otro extremo del corredor amarillo. Unos ayudantes esperaban con su texto —seguramente todavía a medio revisar—, ansiosos por llevarle al Despacho Oval para la emisión de radio en directo (que comenzó con la confesión de que todavía estaba ronco por el discurso sobre el Estado de la Unión del martes). El presidente dijo que debíamos terminar y reservar varios temas para más adelante. Entre ellos, el Estado de la Unión —con su famoso gesto del bolígrafo en alto, retando al Congreso a que no le hiciera tener que vetar una ley sobre sanidad porque no proporcionase cobertura universal— y, sobre todo, su penosa conversación con el presidente sirio Asad, pero Clinton quería comentar algo que no figuraba en mi lista. Aseguró que había captado un sentimiento incómodo durante el viaje a Rusia. Lo llamó un sexto sentido de mal agüero. «Lo tuve yo y lo tuvo Hillary», dijo. Les preocupaban las perspectivas a largo plazo de Rusia y varias partes de Europa central. «Puede que la democracia salga adelante —reflexionó—, pero uno puede empezar a comprender por qué se repiten las pautas de la historia.» Dijo que debíamos recordar que esos países habían sido invadidos muchas veces, a diferencia de Estados Unidos, y que a Rusia le era difícil superar el choque de tener que establecer mercados y un Gobierno transparente, en vez de juzgarse por las amenazas militares y el dominio sobre los países a su alrededor. «Creo que éste va a ser el problema central del siglo XXI —concluyó—. Cómo sobrevivirá la libertad ante todas esas presiones en lugares en los que nunca se ha probado.»

Esos presentimientos históricos me recordaron el pesimismo de Clinton sobre China en una sesión anterior. Dijo que sus reacciones habían sido parecidas pero distintas. Frente a los peligros internos para Rusia y en Rusia, lo que le preocupaba más en el caso de China eran las proyecciones de su poder hacia fuera. Cuando le pregunté si podía especificar algo que hubiera dicho Jiang Zemin en ese sentido, el presidente recordó claramente su entrevista privada. Dijo que Jiang era muy consciente de que su dimensión gigantesca y su rápido crecimiento iban a convertir su economía en la más grande del mundo. La retórica de Jiang en Seattle había invocado ese futuro con tanta lucidez que Clinton le reconoció la posibilidad de tener una cumbre muy diferente dentro de cincuenta años, en la que algún líder intentase convencer a un presidente estadounidense de «reformar» *nuestra* constitución y *nuestras* leyes con arreglo a las de China. Jiang declaró que las autoridades chinas creían en la disciplina para su pueblo, no a partir de él, y restó importancia al autogobierno de los norteamericanos como un mero accidente dudoso en el calendario chino, no un monumento de la historia mundial. En mis notas, dictadas mientras volvía a casa, dije que no podía reproducir por completo la elocuencia y la fuerza de la cita que me había transmitido el presidente Clinton. «Mire —le dijo Jiang—. Está muy bien que ustedes tengan toda esa libertad y todo ese dinero, pero ¿qué hacen con ello? Tienen 33.000 homicidios por armas de fuego. Sus ciudades son inhabitables. Sus escuelas no funcionan. Consumen drogas desenfrenadamente y no pueden controlar su población. ¿Quién puede decir que su libertad merece la pena a cambio de todo eso?»

7

CLINTON Y LA PRENSA

Miércoles, 16 de febrero de 1994

Miércoles, 16 de marzo de 1994

Los deportes retrasaron la sesión del 16 de febrero. Encontré al presidente en la sala de estar con Jim Blair, de cuya mujer, Diane, sabía que era profesora y confidente de los dos Clinton. Los dos hombres estaban hablando, dirigiéndose al televisor, profundamente inmersos en un partido de baloncesto entre Arkansas y Alabama. Gritaban como hinchas —«¡Cuando avancéis, tenéis que avanzar a lo bestia!»— y se contradecían uno al otro sobre las sutilezas de la defensa en zona y el control de las posesiones. El presidente Clinton parecía mucho más apasionado y experto hablando sobre baloncesto universitario que, por ejemplo, sobre béisbol, en el que sus comentarios tenían poco más del nivel habitual de un político. Blair y él contaron historias sobre los jugadores de Arkansas: sus familias, en qué institutos habían estudiado, cómo les habían fichado y los momentos más destacados de sus carreras hasta entonces. El dorsal 3 había trabajado años en un supermercado con el fin de ahorrar dinero para la universidad, había conseguido convencer al equipo para que le probara y ahora tenía luz verde para encargarse de los lanzamientos de tres puntos. Dijeron que el entrenador Nolan Richardson había ganado el 74 % de sus partidos a pesar de haber tenido malas temporadas sus dos primeros años, en los que no sólo había soportado insultos venenosos por ser el primer entrenador negro de la Universidad de Arkansas, sino que había sufrido la lenta muerte de una hija de la edad de Chelsea, de leucemia.

Durante los anuncios, el presidente Clinton utilizaba el mando a distancia para pasar a los Juegos Olímpicos de invierno que se celebraban en Lillehammer, Noruega. Admiraba a los atletas, en especial a los que se habían sobrepuesto a lesiones, y criticó una prueba en la que los esquiadores bajaban por la pendiente saltando sin parar promontorios; dijo que aquello no era un deporte sino una tortura. Cuando le confesé que no sabía que Arkansas había cambiado de liga y había pasado de la Conferencia Suroeste a la Sureste, Blair atribuyó este cambio a una palabra: «Dinero». Dijo que había sido presidente del Consejo Rector de Arkansas cuando universidades del Suroeste como la de Rice y la SMU [Universidad Metodista Sureña] dieron menos importancia al fútbol americano porque no podían competir con los equipos locales de la liga profesional en venta de entradas. Arkansas se había salido en el momento apropiado de una conferencia que tenía cada vez menos ingresos, mientras que la incorporación simultánea de Carolina del Sur a la Conferencia Sureste le daba suficientes equipos para celebrar un campeonato con dos divisiones y, por consiguiente, muchos más réditos económicos para cada universidad. Recitó las cifras exactas con un énfasis que me pareció vagamente inadecuado para la enseñanza superior. Luego explicó que los jugadores de Arkansas llevaban brazaletes negros como gesto de duelo por Virginia Kelley, cosa que sorprendió al presidente. «¿Estaba anunciado? —preguntó Clinton—. No lo sabía.»

Blair se fue al terminar el partido —una victoria desigual para Arkansas—, y el presidente me pidió que le mirara un ojo. Decía que se encontraba incómodo y lagrimeaba. No vi nada dentro, pero decidió llamar a un médico porque notaba algo duro arañándole el globo ocular. Después de disculparse porque no acabábamos de empezar, dijo que febrero había sido caótico y difícil. La iniciativa sobre sanidad estaba «desintegrándose» y la oposición había conseguido sacar a la luz a «una nueva *barbie*» a la que decía ni reconocer. (Era Paula Jones, a la que Cliff Jackson había presentado a los periodistas en la conferencia anual del NCPAC, el Comité Conservador Nacional de Acción Política. Se había identificado como la «Paula» mencionada en *The American Spectator*, la que había aceptado una invitación a una cita organizada por los policías de Arkansas en un hotel con el gobernador Clinton, y aseguraba que era víctima de difamaciones.) Además, dijo Clinton, la crisis de Corea del Norte había empeorado durante varios días, y un proyectil de la artillería serbia había matado el 5 de febrero a 68 civiles y herido a 200, en su mayoría musulmanes, en el mercado de Markale de Sarajevo; con mucho, la atrocidad más espantosa en los dos años de sangriento asedio de la capital de Bosnia. La indignación estaba haciendo que, por fin, las naciones occidentales se decidieran a actuar, dijo el presidente. En cambio, Boris Yeltsin amenazaba con emprender una «guerra abierta» si la OTAN llevaba a cabo ataques aéreos contra las posiciones de la artillería serbia en torno a Sarajevo, pero Clinton consideraba que, en parte, no eran más que bravatas políticas. Dijo que Yeltsin tenía que reaccionar con enfado porque su oposición nacionalista apoyaba casi ciegamente a los serbios, aliados tradicionales de Rusia, pese a su responsabilidad en la limpieza étnica genocida de las guerras de los Balcanes desde 1992.

Llegó una médica militar, simpática y eficiente, con un uniforme que no reconocí, una blusa blanca con rayas azules y rojas bordadas a lo largo de la fila de botones. Bañó el ojo del presidente rociándole una solución con una jeringa de aspecto temible que sacó de su bolsa. Mi trabajo consistió en sostener una toalla para evitar las salpicaduras. Prometió volver, y recordó a Clinton que el objetivo principal era eliminar las secreciones antes de que se secaran bajo el párpado. Le pregunté si se sabía públicamente que tenía esa infección. Dijo que seguramente sí. Con la grabadora en marcha, dijo que sus recientes conversaciones telefónicas con el rey Fahd de Arabia Saudí estaban relacionadas con el anuncio, hecho ese día, de un contrato por el que los saudíes iban a comprar aviones comerciales a Estados Unidos. Había habido luchas internas durante meses. El presidente Mitterrand había rivalizado con una oferta de la empresa europea Airbus, dijo Clinton, y los franceses habían pagado grandes incentivos a los intermediarios saudíes. Ahora que las empresas estadounidenses se habían quedado con el contrato, dijo, los franceses seguramente iban a criticar un acuerdo independiente para que el Gobierno estadounidense renegociara la deuda saudí por compras anteriores de aparatos militares y lo llamarían un soborno indirecto. El presidente dijo que nuestra estrategia era más inteligente y legal.

Me contó nuevas anécdotas de su viaje a Europa en enero, con descripciones de los chapiteles blancos de Moscú y su entrada solemne en el Salón Georgy del Kremlin, con Yeltsin al otro lado del vasto espacio, pasando entre las paredes decoradas con incrustaciones doradas que mostraban los nombres de héroes militares rusos, desde el general Mijaíl Kutuzov, que derrotó a Napoleón, hasta Pedro el Grande. Dijo que el orgullo de la Madre Rusia hacía que su penosa situación actual fuera más dolorosa. La guerra de Bosnia estaba complicando una transición militar y de mercado que ya de por sí era difícil, y Yeltsin se debatía entre arduas reformas y su frustración por el hecho de que las instituciones libres no surgieran ya prefabricadas por decreto. La política le obligaba a rugir contra la OTAN, pero Clinton opinaba que Yeltsin quería un papel más importante para

Rusia que el de mero defensor de los serbobosnios, algo paralelo a la
OTAN pero no supeditado a ella. Como consecuencia, las negociaciones
eran delicadas, casi quijotescas.

El presidente destacó la atmósfera volátil de su viaje a través de una
Europa en pleno cambio. Había insistido en ver al patriarca de la Iglesia
Ortodoxa rusa, pese a las críticas que aseguraban que las autoridades ecle-
siásticas habían colaborado con el KGB soviético bajo el comunismo. En
un lugar en el que Stalin había destruido una catedral para construir unos
aseos públicos, Clinton vio las obras de restauración y dijo que sentía
cómo volvía a la vida la Iglesia rusa. Visitó Bielorrusia para recompensar
su iniciativa de entregar las armas nucleares soviéticas que había en su territorio, y se detuvo en una fosa común en un bosque de pinos que conme-
moraba a unos 250.000 bielorrusos asesinados por Stalin. Hubo controversia en Minsk sobre si debería haber rendido tributo antes a las víctimas
de los nazis, dijo Clinton, quien añadió que era una lástima que la cobertura informativa de ese tipo de viajes omitiera tantos detalles tan enrique-
cedores. «O tal vez sólo le importaría a alguien como yo», reflexionó, y
añadió que Bielorrusia era «una zona en la que ha habido muchas guerras», situada en la ruta histórica de invasión hacia Moscú. Castigado por
Stalin por ser un bastión del Ejército Blanco durante la Revolución Rusa,
el país perdió la cuarta parte de su población en la Segunda Guerra Mundial. A medida que Clinton se adentraba en el Este de Europa, eran más
visibles las cicatrices del sufrimiento y las penalidades, pero la calidad y la
cohesión de las bandas de música que actuaban en las ceremonias públicas
era cada vez mayor, a pesar de haber sufrido tantos problemas. Era un
dato mínimo e inesperado que le resultó reconfortante.

Sobre su cumbre privada del 16 de enero en Ginebra, Clinton dijo que
el presidente sirio Hafez al Asad le había parecido tan implacable y directo como se decía. A pesar de su mala salud, Asad había hablado sin parar
durante casi cinco horas sin tomar nada ni levantarse para ir al cuarto de
baño. El terrorismo fue un tema fundamental. Asad exigió la exoneración
en las investigaciones sobre el atentado de 1988 en Lockerbie, Escocia,[1]
cuyos principales sospechosos eran ahora unos agentes de Libia. Aunque

---

1. El 21 de diciembre de 1988, una bomba destruyó el vuelo 103 de Pan Am poco
después de que despegase de Londres con destino a Nueva York, y mató a los 259 pasajeros
que había a bordo y a once personas en tierra. Para Estados Unidos, fue el atentado terrorista más letal hasta el 11 de septiembre de 2001.

desautorizaba el uso de terroristas en el extranjero, Asad dijo sin reparos que tenía derecho a acoger a Hezbolá, la Yihad Islámica y otros grupos islámicos radicales en Siria, e insistió en que no podía decir a otros cómo librar sus batallas. El presidente contó que, con el pulso al que habían llegado en ese sentido —que Estados Unidos nunca normalizaría las relaciones mientras Siria albergase a terroristas—, avanzaron muy poco en cuanto a la situación de guerra entre Siria e Israel. En opinión de Clinton, Asad quería verdaderamente la paz, pero su obsesión con las conspiraciones le hacía temer que las recientes negociaciones de Israel con los palestinos dejaran a Siria aislada entre los países árabes de Oriente Próximo. De hecho, Asad insinuó la posibilidad de sabotear el proceso de paz entre palestinos e israelíes para conservar la influencia de Siria, y lo hizo a conciencia, dijo Clinton, porque despreciaba a Yasser Arafat y le consideraba un nómada torpe. El presidente sirio recordó con agrado que Arafat había estado preso en una cárcel siria, y se preguntó por qué le había dejado marchar. Clinton dijo que había tratado de convencer a Asad de que a Siria le interesaba el éxito palestino, porque el fracaso acabaría con partidarios de la paz como Isaac Rabin en Israel y entonces no quedaría nadie con quien negociar el asunto de los Altos del Golán.

Clinton examinó más matices sirios de los que me sentía capaz de recordar, y luego lamentó que todo se hubiera venido abajo una semana más tarde con la muerte repentina, en un accidente de coche, del hijo mayor y sucesor cuidadosamente designado de Asad, Basil. El presidente sirio, conmocionado y de luto, le llamó a la Casa Blanca inquieto y bajo las presiones que impone la política de las dictaduras. Ante la necesidad familiar de celebrar el funeral, se vio obligado a readmitir en Siria a su hermano exiliado, Rifaat, el despiadado ex espía que había intentado derrocarle mediante un golpe en 1984. Asad le confesó a Clinton que detestaba a Rifaat pero que le tenía miedo. Le preocupaba constantemente que Rifaat se hiciera con el poder, que se lo arrebatara a él o, pronto, a su hijo menor, Bashar, el sobrino de Rifaat, que estudiaba en Londres para ser oftalmólogo. Con su feroz fuerza de voluntad, Asad se había propuesto vivir lo suficiente para poder endurecer a Bashar y prepararle para su nuevo destino.[2] Por su parte, Clinton volvió a evaluar al presidente de Siria: un go-

2. Asad sobrevivió seis años más, hasta el 10 de junio de 2000. Su hijo Bashar, que tras la muerte de Basil pasó de la oftalmología al ejército y ascendió hasta el rango de coronel, le sucedió efectivamente en la presidencia.

bernante absoluto pero inseguro y distraído. Se preguntaba cómo y cuándo podría poner en peligro la paz con Israel por el sueño de la integridad de su país.

Mis preguntas cambiaron de tema. Para mi sorpresa, el presidente elogió una serie de reportajes de *The Washington Post* sobre la desastrosa incursión militar del año anterior en Mogadiscio, la capital de Somalia. Le parecía que, en general, las informaciones eran veraces y las críticas, justas. Por otra parte, Clinton describió el colapso de las negociaciones comerciales con Japón, que predijo que podían significar la caída de un nuevo Gobierno japonés.[3] «Ha hablado sobre Motorola —decían mis notas—. Ha hablado de teléfonos móviles», que entonces eran un nuevo invento. El presidente dijo que lo único que podía salir aprobado en la Dieta japonesa [el Parlamento] de entonces era una serie de reformas mínimas y sin garra, porque sus miembros calificaban de «cuotas» cualquier intento más específico de avanzar hacia el libre comercio. Comparó la situación de estancamiento con las disputas raciales sobre la discriminación positiva en la política nacional.

Con respecto a otro asunto de Gobierno, Clinton describió su actuación en la retaguardia para atajar una enmienda que pretendía introducir la obligatoriedad del presupuesto equilibrado en la Constitución. «Va a estar muy igualado», dijo. Si la propuesta resultaba aprobada en el Congreso, los estados la ratificarían de forma abrumadora y ese resultado fomentaría el escepticismo y sometería a la propia Constitución al ridículo cuando esos mismos congresistas ingeniaran inevitablemente maneras de evitar su cumplimiento. Al fin y al cabo, casi todos los que proponían la enmienda habían eludido todas las leyes presupuestarias de Clinton o se habían opuesto a ellas, las cuales ya habían reducido el déficit anual en un 40 %. Tenían un presupuesto equilibrado ante ellos pero, en lugar de trabajar y asumir responsabilidades, optaban por adoptar una postura retórica.

Le pregunté si era posible cambiar la opinión pública sobre la enmienda del presupuesto equilibrado con un gran discurso presidencial, igual que su reciente mensaje sobre el Estado de la Unión había aumentado los apoyos al proyecto de sanidad de Hillary en más de veinte puntos. Clinton meneó la cabeza como un maestro decepcionado. No tenía pensado hacer

---

3. Morihiro Hosokawa, que era primer ministro desde el 9 de agosto de 1993, cayó pronto, el 28 de abril de 1994. Su sucesor, Tsutomu Hata, duró dos meses.

ningún discurso sobre el tema por varios motivos. En primer lugar, la opinión pública sobre el déficit no cambiaba con rapidez porque tres décadas de debates de campaña habían consolidado el lenguaje en torno a las actitudes más que al comportamiento. Dijo que había más posibilidades de prevenir la enmienda del presupuesto equilibrado mediante una coalición con sus adversarios políticos, a quienes importaban más los temas y los eslóganes que el éxito en sí, del mismo modo que los políticos antiabortistas siempre sabían cuándo detenerse antes de llegar a una legislación penal que de verdad enviara a las madres o a las enfermeras a la cárcel. Segundo, el presidente me comunicó que el impulso obtenido con el discurso sobre el Estado de la Unión estaba desvaneciéndose en las encuestas. El apoyo se debilitaba rápidamente porque la propuesta sobre sanidad era compleja, es decir, difícil de recordar y fácil de criticar. Clinton dijo que las compañías de seguros habían invertido 100 millones de dólares en atacar el proyecto de ley y decir que era medicina socializada. Con frases cortas y sonoras, sus anuncios protagonizados por personas corrientes, «Harry y Louise», fomentaban la misma actitud temerosa que la política distorsionada en contra del déficit —un desprecio habitual por el papel central del Gobierno—, y la administración no podía competir eficazmente utilizando palabras solemnes como «integral» y «universal». En retrospectiva, dijo el presidente, quizá debería haber empezado con pequeñas reformas que generasen opiniones favorables a una cobertura más segura y mejor para más gente. Estaba a punto de emprender una labor de meses para salvar la iniciativa, pero era pesimista. «Si no se ha hecho en sesenta años, es por algo», dijo.

Tenía los ojos peor que antes. Le dije que tenía algo amarillento en una pestaña y que me preocupaba que se despertase con los párpados pegados. Decidió volver a llamar al equipo médico y luego habló brevemente sobre su arriesgada decisión de colocar a 300 soldados estadounidenses en la antigua provincia yugoslava de Macedonia para evitar la guerra con Grecia por unas reivindicaciones independentistas y unos símbolos y banderas que habían conseguido indignar incluso a su comedido amigo Andreas Papandreu, el anciano primer ministro griego. También mencionó las conversaciones con el responsable de la Reserva Federal, Alan Greenspan. Como a todos los presidentes, la subida de los tipos de interés le resultaba dolorosa. Retrasaría una economía preparada para un crecimiento sostenido, y el propio Greenspan había dicho que no veía signos de inflación. Por lo visto, le había explicado que sufría muchas presiones por los valores inflados en el mercado —y la subida reciente de los tipos había restado 100 puntos al máximo de 3.900 alcanzado por el Dow Jones—, pero Clinton sospechaba que el verdadero motivo era recordar a todo el mundo que la Reserva Federal era importante. No obstante, no iba a protestar mucho. La Reserva Federal se portaba bien con él en general y Greenspan había respaldado el proyecto de ley sobre los presupuestos de Clinton.

En el cuarto de baño, mientras le examinaban los ojos y se rebobinaban las cintas, hablamos de Haití. Yo reservaba este tema para momentos sueltos y le pedí disculpas por mi interés personal, pero, en esa ocasión, Clinton se mostró muy preocupado. Dijo que iba a pasar gran parte del día siguiente dedicado a la crisis de los refugiados haitianos, y que las pocas personas de su Gobierno a las que les preocupaba solían echar la culpa al presidente en el exilio, Aristide, por no haber negociado su vuelta al poder. Respondí que esa acusación, omnipresente en todas las noticias que aparecían en los medios, disminuía cualquier posibilidad de que los gobernantes militares de aquel país pensaran que nos tomábamos en serio la necesidad de restablecer a Aristide. Tal vez, replicó el presidente, pero unas negociaciones con tantas restricciones no le dejaban más que dos alternativas, a cual peor: invadir el país para expulsar a los generales o doblegar al pobre Haití a base de sanciones. Aristide, antiguo sacerdote y pacifista, «quiere que invada su país sin que él tenga que pedírmelo», refunfuñó Clinton. Aunque estuviera dispuesto a enviar tropas, añadió, «no puedo limitarme a invadir y luego retirarlas y dejar a la gente de allí en medio de un baño de sangre del que yo sería responsable». Reconocí que nadie quería eso. El presidente me preguntó qué decía Aristide de estos obstáculos en privado. ¿Tenía alguna perspectiva convincente de que unas sanciones más estrictas de Estados Unidos pudieran obligar a los generales haitianos a dimitir? Le contesté que iba a averiguarlo.

Volví a Washington el domingo por la tarde. Dos agentes del Servicio Secreto vigilaban la entrada al apartamento del exiliado Aristide en el centro de la ciudad y otros estaban en su interior; curiosamente, la protección resultaba más visible que en la Casa Blanca. La presencia de estadounidenses armados contribuía a las sospechas de espionaje y la desconfianza de los emisarios haitianos, muchos de los cuales creían que ponían en peligro la vida de sus familiares si visitaban al presidente derrocado. Aristide estaba tranquilo, como de costumbre. Esbozó una carta con respuestas inmediatas a las preguntas que le llevaba de parte de Clinton y escribí un borrador dictado por su joven abogada, Mildred Trouillot. Me pidió que le sugiriera qué puntos podían preocupar más a Clinton. Tuve que pelearme con un teclado diseñado para el francés. Aristide hizo algunos cambios sin importancia y subrayó que la mayor esperanza de evitar la violencia era hablar con una sola voz decidida sobre un plan de restauración que tuviera unas definiciones claras y un amplio respaldo internacional. Mientras redactaban el texto definitivo, me invitó a ver una cosa en su biblioteca. Abrió un libro de historia y recorrió con el dedo la larga lista de sus predecesores desde 1804, todos expulsados del poder, y cada caso documentado en una cadena ininterrumpida de términos franceses que significaban «asesinado», «derrocado» o «enviado al exilio». Dijo que tenía razones especiales para utilizar eufemismos al hablar con Clinton de que Haití dependía del poder estadounidense, al formularlo como «otras medidas sin especificar en caso necesario». Era difícil crear una democracia nueva por la fuerza, sobre todo con el ejército de otro país, y Aristide había prometido a los votantes haitianos una guerra no violenta por la independencia de la tiranía. La lucha contra el ejército haitiano no serviría más que para prolongar el derramamiento de sangre, aunque al final pudiera ganar el pueblo. «Pero con Estados Unidos —dijo—, tenemos una oportunidad de romper la espiral de estos dos siglos.»

Desde el piso de Aristide, llamé a la centralita de la Casa Blanca y pedí hablar con el presidente Clinton. Un escéptico interrogatorio de la telefonista se convirtió en una larga espera durante la que confesé a Mildred Trouillot que quizá aquello no iba a salir bien, porque todos los contactos anteriores habían sido a iniciativa del presidente, no mía. Por fin, una voz anunció a la primera dama, y se puso al teléfono Hillary para decir que Clinton estaba durmiendo, cansado después de haber estado trabajando en asuntos relacionados con Bosnia. Cuando le hablé de la carta y me ofrecí a enviársela a través de Tony Lake, ella me dijo que me pasara por allí y que ella la cogería si Bill no estaba despierto. Su autorización me permitió acercarme a la entrada suroeste y aparcar bajo el Balcón de Truman, para subir a través del Oficina del Ujier hasta el pasillo amarillo, que estaba en silencio y con las puertas cerradas. John el portero paseaba inseguro arriba y abajo, diciendo que le habían dado instrucciones de no molestar, pero oyó que corría el agua en el cuarto de baño y llamó a la puerta. El presidente salió y pidió disculpas por no darme la mano, ya que tenía conjuntivitis. Tenía los ojos peor que el miércoles. Dijo que estaba esperanzado porque los serbobosnios habían desmontado casi todas sus posiciones de artillería alrededor de Sarajevo. Le respondí que había oído en la radio hacía unos minutos que se esperaba que los serbios cedieran por completo antes de que acabara el plazo límite dado por la OTAN para llevar a cabo ataques aéreos. «¿Han dicho eso?», preguntó, en tono complacido. Levantó la carta de Aristide. «La leeré esta noche —dijo—. ¿Vas a volver esta semana para otra sesión? Tenemos mucho que hacer sobre este asunto de Bosnia.» Prometí que le preguntaría a Nancy Hernreich sobre su agenda.

No pudo hacerme hueco en la agenda hasta casi un mes después. Volví a ver al presidente Clinton poco antes de las diez de la noche del miércoles 16 de marzo; estaba de pie en el corredor amarillo y tenía bajo el brazo un libro titulado *Executive Privilege, de* Mark Rozell, mientras examinaba una lista de intérpretes de jazz con la secretaria social de la Casa Blanca, Capricia Marshall. Quería seleccionar, para una cena que iba a celebrar, artistas cuya música no confundiera ni repeliera a gente no aficionada al jazz, algo no demasiado exquisito. Marshall tomaba notas sobre sus opiniones. Yo tuve que encogerme de hombros cuando él me miró, pero, cuando íbamos hacia la salita de estar, le dije que no me gustaba nada verle leyendo un libro sobre la doctrina empleada por los presidentes para resistirse a las investigaciones. Él se rió. No era como los libros sobre el Watergate, dijo. Era un libro de historia legal «apasionante», aunque algunos de los casos habían surgido a partir de asuntos triviales. Habló de los años de cómica disputa sobre un espejo de 40 dólares que le habían regalado al presidente James Monroe. Pero toda esa trivialidad y esa perspectiva desaparecieron pronto de nuestra sesión. Esa noche, el presidente tuvo largos arrebatos de ira y tristeza a causa de las investigaciones constantes a las que estaba sometido, y se desahogó, sobre todo, contra la prensa.

Hillary entró cuando estábamos empezando, todavía con abrigo y bufanda, acalorada después de un acto agotador. Nos pusimos de pie y me puse un poco nervioso al ver el abrazo misteriosamente largo que se dieron. Cuando Clinton le preguntó qué tal había ido la velada, ella dijo que había llorado durante todo el programa, que había sido maravilloso. El colegio de Sidwell Friends había organizado su banquete de madres e hijas, me explicó, con bromas e imitaciones sobre las madres y sus hijas, que estaban a punto de enfrentarse al mundo al salir del colegio. Estaba ya angustiada por la separación, pese a que a Chelsea le quedaban todavía tres años. Hillary sonrió con asombro y dijo que no podía creer que estuviera tan nerviosa con tanto tiempo por delante. Faltaban tres años, repitió. Clinton intervino con su propia queja irónica de que el colegio organizaba tres banquetes separados, madres e hijas, padres e hijos, y madres e hijos, todas las combinaciones excepto una: padres e hijas. Dijo que la discriminación sexual le impedía tener su única oportunidad, y se comprometió a organizar algo antes de que Chelsea acabara.

Con la grabadora en marcha, el presidente reanudó su relato sobre los frágiles progresos en Bosnia. Se sentía aliviado y afortunado después de superar dos pruebas cruciales. Primero, al retirar su artillería alrededor de Sarajevo, los serbobosnios habían evitado que la OTAN tuviera que hacer efectivo su ultimátum de lanzar ataques aéreos contra los cañones que mantenían el asedio. Clinton dijo que el bombardeo habría tenido graves consecuencias en las relaciones dentro de la OTAN, porque el ultimátum era en parte un farol lanzado pese a las enérgicas objeciones de los países con soldados desplegados como tropas de paz en Bosnia, vulnerables a las represalias, sobre todo Gran Bretaña y Francia. En segundo lugar, la intervención militar de la OTAN había comenzado después con una victoria en el aire. Cuando los serbobosnios violaron la zona de vuelo restringido de la ONU en sus bombardeos contra objetivos musulmanes —seguramente para mostrarse desafiantes tras haber cedido en lo de la artillería y para exhibir su superioridad armamentística—, los aviones de combate estadounidenses bajo el mando de la OTAN derribaron rápidamente cuatro aparatos serbios, el 28 de febrero. Era el primer combate real en los cuarenta y cinco años de historia de la Alianza.

El presidente estaba satisfecho por esos resultados. Eran decisivos, porque demostraban a los serbobosnios que la OTAN hablaba en serio. Habían sido unos golpes relativamente limpios y ausentes de controversia, que ayudaron a enderezar el vertiginoso baile de Clinton con el irascible Boris Yeltsin. Explicó que Yeltsin, al principio, había querido traspasar el mando militar internacional en Bosnia de la ONU a la OTAN, en la que Rusia no tenía ninguna responsabilidad, para poder estar en situación de protestar contra los excesos de los viejos enemigos de la Guerra Fría. Luego, cuando el mundo aplaudió la actuación de la OTAN para impedir la limpieza étnica, Yeltsin cambió de opinión y pidió intervenir en el control y que se le atribuyera parte de la gloria. Clinton y sus aliados se negaron.

Ya había sido suficientemente difícil movilizar a la OTAN y no podían entregar a Yeltsin el poder de veto que tendría si la estrategia en relación con Bosnia dependía del Consejo de Seguridad de la ONU, sobre todo dada su fluctuante necesidad de pacificar a los votantes proserbios en su país. Esa exclusión indignó a Yeltsin y le hizo agitar las aguas desde Jerusalén hasta Washington. Clinton explicó que una de sus tareas fundamentales seguía siendo calmar a Yeltsin a propósito de Bosnia, para que Rusia pudiera adquirir un interés en el proceso de paz de allí y de otros lugares. Confiaba en dar con alguna fórmula no humillante para que Rusia pudiera enviar tropas de paz junto a los soldados de la OTAN. Por ahora, dijo, Rusia aguantaba mientras la coalición trataba de poner en marcha algo mejor que unas medidas paliativas para detener la carnicería en Bosnia. Yeltsin no se había opuesto al tratado que se iba a firmar en Washington dentro de dos días entre los musulmanes y los croatas, y eso aumentaba las esperanzas de que hubiera un acuerdo de paz con los serbobosnios.

Expresé mi sorpresa por el inminente tratado entre musulmanes y croatas. Aunque era verdad que estaba ocupado con mi propio trabajo, me parecía extraño no haber oído hablar de él, y sugerí que quizá su equipo de política exterior debería haber dado más publicidad al hecho. Ese comentario desató una diatriba contra la prensa. Su gente lo había intentado, dijo Clinton, pero no le interesaba a nadie porque los medios estaban obsesionados ese mes con lo de Whitewater. Los titulares se centraban en el desfile de colaboradores de Hillary que iban a prestar testimonio ante el gran jurado reunido por el fiscal especial Robert Fiske, y otras noticias resaltaban el escándalo y el morbo. Dijo que periódicos respetables como *The Washington Post* estaban publicando siniestras teorías de que los Clinton quizá habían asesinado a Vince Foster y lo habían hecho pasar por un suicidio. (El *Post* afirmó que había viejos aficionados a las teorías de la conspiración que, después de años dedicados al asesinato de Kennedy, estaban pasando a interesarse por el caso Whitewater, y una noticia en su sección de «Negocios» comenzaba: «El caso Whitewater ha salpicado hoy a todo Wall Street y ha sacudido los valores, los bonos y el dólar».) Hasta un reciente cambio de los cocineros de la Casa Blanca se presentaba como algo relacionado con el caso Whitewater, como prueba del carácter dictatorial de Hillary, se quejó el presidente, que dijo que él sólo sabía que los empleados de la cocina se pasaban el tiempo amenazándose unos a otros con querellas. Y además de todo eso, el ex socio del bufete de Hillary, Webb Hubbell, había tenido que dimitir de su alto cargo en el Departamento de Justicia.

La exasperación del presidente se suavizó cuando empezó a hablar de Hubbell, sobre cuyos defectos, recién revelados, prometió ser objetivo. Dijo que Hubbell, como Vince Foster, había sido una estrella en su estado: el alcalde más joven de Little Rock y el presidente del Tribunal Supremo del estado de Arkansas más joven de la historia. En retrospectiva, dijo Clinton, el mayor error de Hubbell fue mezclar los asuntos familiares con el trabajo al representar al adinerado padre de su mujer, Seth Ward, que poseía una de las dos empresas de parquímetros del país, en una importante querella con pacto de *quota litis*.* Cuando Hubbell perdió el caso, Ward se negó a pagar ni siquiera los gastos del bufete, y los socios de Hubbell le exigieron que pagara en nombre de su suegro. Por lo que respectaba a esta parte de la historia, Clinton consideraba que Hubbell era un hombre honrado que se había visto atrapado en medio de una situación desagradable. Dijo que Ward era irascible y prácticamente estaba loco, y que el bufete de Rose Law tenía problemas de dinero porque no sólo había perdido sus honorarios en el caso de Ward, sino que había perdido a tres de los principales socios cuando se fueron Hillary, Hubbell y Vince Foster a Washington. Le había dado pena ver esa situación, dijo el presidente, pero su simpatía se convirtió en asombro cuando se enteró de que las auditorías del bufete habían revelado fraudes en otros casos de Hubbell. Clinton no podía imaginar que él hubiera cometido un delito así.[4] Dijo que Hubbell seguía siendo un modelo para muchos en el Departamento de Justicia, donde, el lunes, había recibido una ovación en pie de diez minutos tras presentar su dimisión. La caída en desgracia de Hubbell no tenía nada que ver con el caso Whitewater, insistió el presidente, pero Fiske estaba iniciando una investigación paralela y las informaciones de prensa enlazaban el caso de Hubbell con las sospechas generales sobre los Clinton. Los sondeos realizados por la Casa Blanca mostraban que la mayoría de la gente se dejaba influir por la prensa incluso aunque no le gustara. La gente decía que el caso Whitewater era un asunto confuso y que estaba exagerándose, pero también que Clinton tenía que haber hecho algo malo o no sería tan importante. Los escándalos dispersos ya

---

* Un acuerdo por el que el cliente sólo paga al abogado en función del resultado de la querella. *(N. de la t.)*

4. Hubbell se declaró culpable de fraude postal y evasión de impuestos sobre casi medio millón de dólares en facturas del bufete Rose Law. En junio de 1995, fue condenado a veintiún meses de cárcel.

habían disminuido su índice de popularidad entre las mujeres trabajadoras, dijo Clinton, y habían dañado la reputación de Hillary.

A propósito del caso de espionaje de Aldrich Ames, que tanta sensación estaba causando, el presidente manifestó que le tenían al tanto de lo que ocurría en la tensa persecución del peor agente doble, o topo, en la historia de la CIA. Desde 1985, el KGB había pagado a Ames alrededor de 5 millones de dólares a cambio de revelar los nombres de todos los ciudadanos soviéticos que espiaban para Estados Unidos. El KGB había matado a muchos de ellos —considerados «activos» por la CIA y traidores por Rusia— antes de la caída de la Unión Soviética en 1991. Clinton explicó que Ames había superado pruebas con detector de mentiras cuando la CIA sospechaba de él, lo cual demostraba que la «caja» era un instrumento con fallos a la hora de averiguar la verdad en una situación de alta tensión. El interrogatorio a Ames tras su detención, el 21 de febrero, podría haber sido una escena de una película, dijo el presidente; un equipo especial de la CIA y el FBI se enfrentó a su colega en una habitación cerrada llena de fotos tomadas durante su vigilancia y ampliadas. Un decorado que, aunque resultaba espectacular, camuflaba el problema de fondo, que era que el grupo encargado de vigilar a Ames nunca había conseguido pillarle con las manos en la masa, entregando material a sus responsables soviéticos. Si no, no habrían necesitado abordar al sospechoso con bravatas e intimidaciones. No obstante, dijo Clinton, había felicitado al equipo y confiaba en que fuera posible condenar a Ames siguiendo el rastro del dinero.[5]

El presidente tuvo además el deber de informar a Boris Yeltsin, en el último minuto y de forma delicada, sobre la detención; Yeltsin pidió que el caso Ames se llevara con discreción para reducir al mínimo el bochorno de Rusia. Cuando Clinton trató de explicar que ni estaba en su poder hacerlo ni se sentía inclinado a ello, y por qué era inevitable que la captura de un traidor del KGB en la CIA se convirtiera en noticia de portada, Yeltsin adoptó un tono beligerante. Ames no era más que un espía, dijo Yeltsin con desprecio, y los espías eran asunto de rutina para todos los gobiernos. Invitó a Clinton a que hiciera con Ames lo que quisiera, que le ejecutara o le encerrara, mientras se hiciera de forma discreta. En nuestras cintas, el

5. Ames se declaró culpable de espionaje el 28 de abril de 1994 y fue condenado a cadena perpetua. Su caso inspiró varios libros y la película hollywoodiense *Aldrich Ames: Traitor Within*, protagonizada por Timothy Hutton (1998).

presidente utilizó el caso Ames como ejemplo de la batalla constante entre la faceta autocrática de Yeltsin y su valor reformista, que había mostrado al enfrentarse a los carros de combate soviéticos al principio de la democracia rusa. Yeltsin personificaba la transición desde el pasado autoritario de Rusia y, dado que el resultado histórico no estaba, ni mucho menos, garantizado, su imagen inestable constituía un reto formidable para la política exterior de Estados Unidos. Si los estadounidenses llegaban a pensar que Yeltsin era un pequeño tirano, explicó Clinton, no comprenderían ni aprobarían la cooperación internacional necesaria para construir las instituciones democráticas en Rusia.

La preocupación por Yeltsin afectaba a otros acontecimientos relacionados. Con la aprobación en privado de Clinton, el ex presidente Richard Nixon acababa de viajar por varios países recién nacidos de la desintegración de la Unión Soviética. Clinton dijo que Nixon, aunque era un sólido partidario de Yeltsin, como ciudadano particular podía entrevistarse con líderes y disidentes de todo el espectro político, incluido Alexander Rutskoi, un ex vicepresidente que se había vuelto en contra de Yeltsin y había colaborado en un golpe abortado en la Duma. La entrevista había enfurecido a Yeltsin tanto que se negó a ver a Nixon, lo cual, a su vez, irritó a éste, y ahora Clinton estaba preocupado por la posibilidad de que Nixon volviera a casa diciendo que Yeltsin era un fraude, un zar retrógrado en el fondo, disfrazado de demócrata. Pensaba que Nixon podía obtener el apoyo de los republicanos del Congreso, y eso inclinaría la balanza en relación con Rusia, porque sus acusaciones tendrían una base real. Respecto a Oriente Próximo, por ejemplo, dijo que la manera que tenía Yeltsin de reafirmar la influencia rusa en la zona era alimentar la ira de los gobiernos árabes por la reciente matanza junto a la tumba de Abraham en Hebrón, un lugar sagrado tanto para judíos como para musulmanes. El 25 de febrero, Baruch Goldstein, colono y médico israelí, había entrado en la mezquita solo y con armas escondidas, había interrumpido los rezos y había matado a 29 fieles musulmanes y herido a otros 150. El presidente dijo que había pasado gran parte del día junto con el primer ministro israelí, Isaac Rabin, tratando de calmar la indignación de ambas partes y salvar lo que se pudiera de los protocolos palestino-israelíes firmados en septiembre. Habló de una peligrosa votación que aguardaba en Naciones Unidas, donde los países no alineados, espoleados por Rusia, estaban intentando introducir en una resolución de consenso sobre la matanza un preámbulo enmendado que denominaba Jerusalén la capital de la «Palestina ocupada». Clinton estaba haciendo todo lo posible para lograr un lenguaje menos enardecer. Con su carnicería, opinó, Goldstein quizá había conseguido su objetivo, desbaratar el proceso de paz.

Más tarde, hablando de los nuevos obstáculos surgidos a propósito de China y Corea del Norte, mencioné que daba la impresión de que estaban amontonándose los problemas; ese comentario descuidado desató otra lamentación sobre la prensa. Clinton dijo que los periodistas descartaban asuntos importantes y sustanciales para dedicarse a perseguir jugosas distracciones del pasado y atribuir oscuros motivos personales a Hillary y él, sin pararse a pensárselo mucho. Cuando los ejecutivos de los periódicos recibieron garantías detalladas de que los Clinton nunca se habían inmiscuido en cómo gestionaba Jim McDougal las inversiones de Whitewater, se celebró una reunión privada en la que el redactor jefe de *The Washington Post*, Len Downie, dijo claramente a Hillary que no la creía. El presidente se encogió de hombros y se preguntó cómo podía defenderse contra eso. No le importaban los rivales políticos en busca de escándalos, como los senadores republicanos Alfonse D'Amato de Nueva York y Phil Gramm de Texas, porque reconocía su derecho profesional a buscar votos utilizando cualquier estrategia, pero en cambio reprochaba a la prensa que se rebajara y se dejara manipular, y sobre todo a *The Washington Post* y *The New York Times* que dieran un aire de respetabilidad a la atmósfera sensacionalista. Reveló que el *Times* había vuelto a enviar al reportero original de la historia del caso Whitewater, Jeff Gerth, a Arkansas, para investigar unas inversiones hechas hacía quince años. Relató de memoria una historia extraña, según la cual Hillary, siguiendo consejos de su amigo Jim Blair —que había ganado y perdido fortunas en el traicionero mercado de las materias primas en futuros agrarios—, ganó unos 100.000 dólares de beneficios hasta que lo arriesgado de las inversiones empezaron a ponerla nerviosa. Clinton dijo que el *Times* tenía dos motivos para estar decidido a encontrar algo delictivo en esas ganancias. En primer lugar, fueran ciertas o no, las acusaciones de escándalo serían una exclusiva dentro de la marea informativa del caso Whitewater. Y segundo, el *Times* se basaba en fuentes políticas que fomentaban las interpretaciones de que había corrupción en todos los niveles. La historia de las inversiones todavía no había aparecido, dijo Clinton furioso, y Cliff Jackson ya presumía de que manejaba a Gerth a su antojo.[6]

6. *The New York Times* publicó las informaciones de Gerth dos días más tarde, el

El presidente repitió que toda su vida había admirado al *Times* y el *Post*. Dijo que estaba desilusionado. Seguramente no tenían un interés político determinado, opinó, pero habían caído en las garras de otros. O se habían dejado pisotear. O se habían vuelto cínicos. Estaba abrumado y buscaba palabras para comprender sus motivos y expresar su desolación. «¿Sabes? —dijo—, nunca he hecho nada remotamente parecido a lo que hizo Phil Gramm, que logró que un promotor le subvencionara su casa y se las arregló para salir bien librado.» La prensa había dejado caer ese tema porque sí, se quejó. Nadie lo mencionaba, ni siquiera cuando Gramm se levantaba en el Senado para decir que Clinton era tan corrupto y falso que no podía seguir en su cargo lo que le quedaba de mandato.

El presidente alzó las manos, se puso de pie y se alejó para tranquilizarse. Yo solté algún consejo sobre que no debía abandonarse a la amargura. Le dije que, aunque no podía hablar en nombre del periodismo, los periodistas seguían siendo individuos de muchas clases y variados grados de talento, que sufrían presiones y no siempre tenían curiosidad. Sin una teoría adecuada para explicar lo que verdaderamente parecía una actitud bastante corrosiva hacia Clinton, pensé que su preocupación por la prensa era más perjudicial que beneficiosa. Todos los presidentes se sentían maltratados por los medios, pero los que se obsesionaban con ello sólo se hacían daño a sí mismos. Era mejor ganarse a los reporteros con cierta capacidad de seducción aplicada de forma estratégica y material constante para buenas noticias. Hay que cuidarlos o pagar las consecuencias, bromeé. El presidente volvió a sentarse. «Estoy furioso con este asunto —dijo con un suspiro—. No puedo ocultarlo.»

Pasaron unos momentos incómodos hasta que aparcó el tema. «Bueno, hago mi trabajo cada día —dijo, como despertándose de un estado de hipnosis—. Tenemos todas estas otras cosas. Hemos tenido algo bueno en los últimos días con la reunión del G-7 en Detroit.» La cumbre había tratado del empleo en la economía globalizada, y Clinton comentó que los líderes de los países ricos reunidos sentían algo muy similar al pánico ante la constante pérdida de puestos de trabajo que iban a parar a los países pobres. Sus colegas se resistían incluso a reconocer el problema por miedo a provocar que sus propios empresarios tomaran la iniciativa en esa ten-

---

18 de marzo, bajo el titular de portada «Top Arkansas Lawyer Helped Hillary Clinton Turn Big Profit» («Un importante abogado de Arkansas ayudó a Hillary Clinton a obtener enormes beneficios»).

dencia. Pero, al menos, estaban de acuerdo en que ocultarlo no era la solución, y Clinton reconoció algunas pequeñas señales de progreso.

Antes de medianoche, cuando la fatiga interrumpió nuestra sesión,
mencionó también Irlanda del Norte en relación con una visita del primer
ministro británico. John Major seguía enojado por la reciente decisión de
Clinton de conceder un visado estadounidense a Gerry Adams, líder del
Sinn Féin, el ala política del Ejército Republicano Irlandés, el IRA, y el
presidente dijo que la mayoría de su Gobierno también se había opuesto
al visado, porque coincidía con Gran Bretaña en que la normalización de
los viajes sería una «recompensa» para Adams por los crímenes terroristas
cometidos por el IRA contra soldados británicos y protestantes en Irlanda
del Norte. Para su sorpresa, quien convenció a Clinton fue Nancy Soderberg, miembro del equipo de Tony Lake, que dijo que el terror y la represión seguirían en un callejón sin salida mientras alguien no asumiera algún
riesgo para llegar a un acuerdo. Soderberg pensaba que el propio Adams
iba a asumir unos riesgos y que merecía la pena hacer lo mismo, pero no
era habitual que un presidente desafiara a los expertos en política exterior
por la intuición de una funcionaria media. Clinton dijo que se había atrevido a hacerlo, en parte, para huir del tradicional apoyo incondicional a
una política británica sin salida; y que luego recibió a Major, que fue el
primer jefe de Gobierno extranjero que durmió en la Casa Blanca. Dijo
que los dos habían hecho las paces a pesar de que la prensa a ambos lados
del Atlántico decía que iban a tener unas relaciones gélidas en el mejor de
los casos. Era ridículo sugerir que la relación bilateral más importante
de los dos países iba a derrumbarse por un desacuerdo o por diferencias
partidistas, y Clinton afirmó que, en realidad, Major le caía bien. El primer ministro le parecía una persona peculiar e impredecible, con una historia familiar extraña. Hijo de un artista de circo que vendía adornos de
jardín, y que había vivido de la Seguridad Social en Pittsburgh, Major
había ascendido en la política británica y, desde entonces, según Clinton,
era el chivo expiatorio de las maquinaciones de sus compañeros en el Partido Conservador fieles a su antecesora, Margaret Thatcher, empeñados
en demostrar que ningún mortal era digno de sucederla. El presidente
mencionó una controversia sobre un collar que, decía, se había orquestado para hacer quedar mal a Major.

Al salir de la sala de estar momentos después, el presidente dijo que le
estaban llegando rumores extraños sobre Haití. Al parecer, Aristide sí quería que invadiera en caso necesario, pero los expertos decían que quizá no

estaba dispuesto a volver al país, y, de ser así, no tendría sentido toda la maniobra pensada para restaurar un Gobierno elegido. Ante esos comentarios, me apresuré a entregar las cintas rebobinadas a Clinton. Estaba en el vestidor, colgando unas corbatas que le habían regalado en el hospital infantil Johns Hopkins. Le dije que estaba seguro de la determinación de Aristide y resumí la historia de cómo había recorrido con el dedo la lista de presidentes depuestos. Parecía que todo el mundo juzgaba a Aristide como le convenía a cada uno. El presidente me hizo una serie de preguntas relacionadas con la confianza y los cauces de comunicación. Aunque la complejidad de las relaciones entre gobiernos estaba completamente fuera de mi alcance, me ofrecí para explicar a Tony Lake mis observaciones de primera mano sobre unos cuantos puntos polémicos pero sencillos. El presidente mencionó varios de ellos. «Me gustaría que lo hicieras», dijo.

8

MISILES EN BAGDAD

Miércoles, 20 de abril de 1994

Martes, 26 de abril de 1994

Diversas crisis sacudieron las dos sesiones de abril. El presidente Clinton llegó a la salita de estar a las nueve y veinte todavía con el traje de trabajo, royendo un cigarro apagado para mantenerse despierto. Dijo que había estado en pie tres noches seguidas. Las milicias serbias estaban a punto de invadir Gorazde, en Bosnia. Su proyecto de ley sobre el crimen se estaba tratando de aprobar en una cámara, el de educación en la otra, y unos pilotos estadounidenses habían derribado por error dos helicópteros Black Hawk en Irak y habían matado a 26 soldados aliados. El presidente había tratado de anular su cita conmigo en el último minuto, cuando yo ya estaba de camino y era imposible decírmelo. Ahora me instó a que pasara rápidamente por los puntos más destacados hasta que se cayera de sueño o necesitara irse.

Le pregunté por su segundo candidato al Tribunal Supremo, que al final sería el último. Clinton, en vez de hablar de la histórica elección que le esperaba, lamentó la dimisión del juez Harry Blackmun, que había sido su único amigo en el Tribunal. Dijo que Blackmun era un republicano progresista de viejo cuño, testarudo y simpático, y recordó las conversaciones que habían mantenido tiempo atrás en seminarios y actos sociales. El juez había empezado a hablar de dimitir el año anterior, pero ahora estaba ya decidido, y Clinton había tenido que negociar con el líder de la mayoría en el Senado, George Mitchell, de Maine. El presidente dijo que había utilizado una estrategia directa pero quizá injustamente vaga. Le dijo a Mitchell «por las buenas» que él era su preferido —era el candidato perfecto porque era un ex juez respetado que además cumplía el objetivo de Clinton de poblar el Tribunal Supremo con magistrados que tuvieran experiencia política—, a menos que el hecho de sacar a Mitchell del Senado pudiera suponer el fracaso del proyecto de ley de sanidad nacional. Lo primero que hicieron fue sopesar juntos esa situación y sus posibles ramificaciones, y luego Mitchell se fue para reflexionar a solas. Tenía la tarea increíblemente difícil de hacer proyecciones de resultados objetivas a partir de hipótesis en las que él siguiera como líder en el Senado y otras en las que no, pero, según Clinton, regresó con un análisis exhaustivo. Aunque no podía decir que su marcha del Senado fuera a ser decisiva para el proyecto de ley de sanidad, sí predecía que el paso al Tribunal Supremo perjudicaría las posibilidades de reelección del presidente en 1996. Por consiguiente, Mitchell llegó a la conclusión de que era mejor no aceptar el puesto, aunque deseaba estar en el Tribunal. Su generosa decisión fue enérgica, convincente y propia de un hombre de Estado, dijo Clinton, y mucho más desgarradora porque dejaba claro que Mitchell encarnaba todo lo que Clinton buscaba en un magistrado del Tribunal Supremo.

Cuando le pregunté por sus últimos esfuerzos para impulsar el proyecto de ley de sanidad, el presidente se tomó una pausa mayor de lo que me esperaba o deseaba. Al mencionar un foro en Deerfield Beach, Florida, recordó un partido de golf que había jugado aquel día con el golfista profesional Raymond Floyd, incluida una vívida descripción del recorrido y las jugadas para hacer uno de los hoyos, golpe a golpe. Era un corto par −4 de 205 o 210 metros sobre un estanque y hasta una calle que hacía una curva pronunciada rodeando unos árboles. La mayoría de los jugadores utilizó un hierro desde el *tee* para cruzar al estanque sin problemas, y luego dando un segundo golpe hasta el *green*, pero él había emulado el audaz golpe largo de Floyd sobre el agua y los árboles, para alcanzar el *green* a la primera. Mientras recordaba la selección de palos y la trayectoria de su golpe y del de Floyd, yo, como de costumbre, dudaba sobre mi papel. ¿Debía hacer que volviera a un tema más presidencial, sobre todo dada la premura de tiempo? ¿O a los futuros historiadores les parecería revelador que la mente del presidente pasara de un punto muerto entre la sanidad y un candidato para el Tribunal Supremo al golf? ¿Era un reflejo de su pesimismo sobre el proyecto de ley, o sólo de su entusiasmo por el golf? ¿Debía preguntarle si lamentaba no designar al senador Mitchell sin condiciones, lo que implicaría que Clinton debía aceptar desde el principio la derrota en su principal iniciativa del año? Al final, mientras recreaba su largo *putt* de *eagle*, le interrumpí sólo para sugerirle que volviéramos a los candidatos para el Tribunal Supremo. (La historia del golf quedaría inacabada hasta una futura sesión, cuando el presidente dijo que había hecho tres *putts* por par y Floyd un *birdie*. Clinton estaba satisfecho con cuatro, dado el complicado paisaje, y afirmó con convicción más de una vez que sus tres *putts* no disminuían la emoción del *green*.)

Después de Mitchell, Clinton había valorado al juez de distrito José Cabranes, de Connecticut. Pensaba que nombrar al primer magistrado hispano sería un avance, pero su magnífica valoración de la carrera de Cabranes y sus opiniones legales quedaban algo oscurecidas por algunos puntos dudosos. Mencionó rumores de que se había dado al chalaneo político, aunque subrayó que se trataba de rumores. Dejándome llevar por un impulso, comenté que el tono de Clinton parecía negar sus palabras de elogio, como si estuviera haciendo un informe sin entusiasmo. ¿Estaba tratando de convencerse a sí mismo sobre Cabranes? Me arrepentí en cuanto aquel comentario impertinente calló al presidente. Después de haber decidido momentos antes que mi principal misión era estimular la fluidez y la sinceridad de sus recuerdos, ahora estaba influyendo en el resultado.

Después de una incómoda pausa, subrayé la importancia de conservar sus reflexiones sobre la selección de magistrados para el Tribunal Supremo y el presidente se centró en eso durante una media hora. Describió los procedimientos de investigación de los candidatos, las reuniones periódicas con su equipo encargado del tema y, sobre todo, su propio examen de varios candidatos. Seguía buscando un magistrado político, y dijo que había estudiado al presidente de la Cámara, Tom Foley, y al ex gobernador demócrata de Virginia, Gerald Baliles. Del Senado, examinó a Pat Leahy de Vermont y Paul Sarbanes de Maryland, los dos demócratas. Había pensado en el procurador general, Drew Days, porque admiraba su inteligencia y no le desagradaba tener dos magistrados afroamericanos al mismo tiempo, pero luego decidió que algunas argumentaciones recientes que había presentado Days ante el Tribunal Supremo iban a hacer difícil su confirmación en el Senado. De los que ejercían como jueces, el presidente habló de una mujer negra de Nueva York, pero su preferido era claramente el juez del octavo circuito del Tribunal de Apelaciones, Richard Arnold. Arnold era «con mucho, el mejor abogado y el mejor juez del país», pero tenía dos inconvenientes. Primero, padecía una forma latente pero peligrosa de linfoma que ponía en duda su futuro. Segundo, Arnold era de Arkansas. *The Washington Post* había dicho que Arnold era su favorito y había quitado importancia a las posibles acusaciones de amiguismo, pero el presidente no estaba seguro de que esa absolución por adelantado se sostuviera. Dijo que todavía se debatía con los diversos problemas.

Recordamos la cuasielección de Bruce Babbitt, el año anterior, para ocupar el puesto de Byron White en el Tribunal Supremo. Como en el caso de George Mitchell y otros, el objetivo de Clinton de tener un magistrado político se había topado con el coste político de la designación. Dijo que Babbitt seguía siendo demasiado valioso en el Departamento del Interior, pese a que su supuesta magia no había podido evitar las revueltas por los derechos de pastoreo y la política maderera. Clinton pensaba que era prácticamente imposible para un demócrata ecologista nombrar a cualquier secretario del Interior sin perder puntos en el oeste del país. «He decidido que los derechos de pastoreo son como Bosnia —dijo con un suspiro—. Nadie puede con ellos.»

Pasamos a hablar de la lucha a muerte en los alrededores de la ciudad musulmana de Gorazde, en el este de Bosnia. Después de más de una semana de consultas de urgencia, Clinton había celebrado ese día una conferencia de prensa para obtener el apoyo de los países occidentales a una mayor intervención de la OTAN. Lo irónico, dijo el presidente, era que el reciente tratado parcial había intensificado los combates en muchas otras áreas, porque los ejércitos musulmán y croata, al dejar de luchar entre sí, se habían dedicado a intentar recuperar de forma agresiva los territorios perdidos a manos de los serbios desde 1991. Y los serbios, que controlaban ya más del 70 % de Bosnia, habían reforzado sus defensas. Ese mismo mes, unos cazas estadounidenses habían atacado las posiciones de artillería situadas alrededor de Gorazde con la autorización de la OTAN. Fue un ataque suave, dijo Clinton. Los bombardeos acabaron espectacularmente con un carro de combate serbio, pero hubo tres bombas que no estallaron. Se trataba, sobre todo, de demostrar que la OTAN podía actuar, y los serbios ejercieron las represalias que se temían y capturaron a soldados de las tropas de paz de la ONU. Ahora, a pesar de esos rehenes, la OTAN acababa de dar a los serbios un ultimátum bajo la amenaza de nuevos ataques aéreos si no retiraban las posiciones de artillería en un plazo de cuarenta y ocho horas. Clinton dijo que estaban intentando salvar Gorazde con bravatas y un poco de alambre.

A propósito de otras cuestiones, el presidente habló de las feroces presiones por ambas partes sobre su reciente decisión de no conceder el indulto al encarcelado Jonathan Pollard.[1] Se mostró filosófico sobre las tres subidas de los tipos de interés nacionales desde nuestra última reunión —un hecho sin precedentes— y dijo que la Reserva Federal sin duda había tomado medidas drásticas sobre la economía después de que las cifras mostraran un crecimiento del 7 % del PIB durante el cuarto trimestre. Sobre la matanza de tutsis que estaba produciéndose en Ruanda, en África central, Clinton elogió al embajador estadounidense por la labor que había hecho en la evacuación de ciudadanos norteamericanos. No era una misión muy positiva, añadió, pero era lo máximo que se podía hacer en medio de la caótica guerra tribal. El presidente creía que habían muerto más personas desde el levantamiento del 6 de abril en Ruanda que en cualquiera de las largas guerras de Somalia y Angola. Añadió que, como la CNN no solía mostrar imágenes de los cuerpos en televisión, a la gente le importaba menos.

Sus digresiones sobre la prensa fueron más breves y más cerebrales. Suponía que la información sobre el caso Whitewater, que se había calmado desde hacía unas semanas, volvería a aumentar después del verano. Dijo que Floyd Brown, quien había elaborado los famosos anuncios sobre Willie Horton para la campaña de Bush en 1988, había incorporado en Washington un equipo de 26 personas al formidable abanico de publicistas, comités de expertos y abogados que impulsaban el escándalo. Con un resumen de un libro sobre la vulgarización de la cultura periodística,[2] Clinton improvisó muestras de noticias contradictorias, una «clásica» sobre hechos que tenían un impacto en el mundo y una versión «manipulada» del mismo suceso: «En un intento desesperado de rescatar su tambaleante campaña, el senador Kennedy acusó al vicepresidente Nixon...». Diseccionó la tesis del libro de que las informaciones actuales tendían a satisfacer a los consumidores más que a informar a los ciudadanos, con elementos de espectáculo y una astucia subjetiva. Clinton citó al respecto una frase del presentador de radio Garrison Keillor en su reciente discurso ante la Sociedad Americana de Editores de Periódicos, en la que lamentaba que los miembros de la generación del *baby boom*, como nosotros, eran «gente que se para en un pasillo del super-

---

1. Pollard, un analista civil del Servicio de Investigaciones Criminales de la Marina, se declaró en 1987 culpable de la acusación de espionaje, por vender secretos militares de Estados Unidos a Israel, y fue condenado a cadena perpetua.

2. Thomas E. Patterson, *Out of Order*, Nueva York, Alfred A. Knopf, 1993.

mercado a debatir sobre los méritos de dos marcas diferentes de aceite de oliva».

Con cierta vergüenza, el presidente reconoció que había hecho mal en contestar la pregunta televisada del día anterior sobre el tipo de calzoncillos que llevaba. Tenía que haberla eludido. Tenía que haber dicho que era demasiado viejo para hablar de calzoncillos, pero la verdad es que él no se consideraba viejo. Para él, cualquiera que fuera incluso sólo un año más joven que él era joven, y los viejos eran la gente de la generación de sus padres. Hizo un gesto y sonrió. Ahora había desatado un pequeño frenesí periodístico y había impedido cualquier posibilidad de diálogo serio sobre el público juvenil de la MTV. Dijo que eran verdaderamente distintos. Parecían rodeados de incertidumbre y decadencia. Su actitud despreocupada tenía una parte de nihilismo que no tenía nada que ver con la juventud que había tenido él.

Se detuvo en el desastre del fuego amigo sobre el cielo de Irak. Todavía no se conocían todos los datos del incidente en el que dos F-15 estadounidenses habían derribado dos helicópteros Black Hawk, también estadounidenses, hacía menos de una semana, el 14 de abril. Clinton dijo que había tenido que llamar personalmente al presidente Mitterrand, porque varios de los 26 fallecidos eran soldados franceses. La mayoría (15) eran norteamericanos, pero también había británicos, turcos y algunos civiles kurdos. El presidente estaba reunido con la primera ministra turca Tansu Ciller cuando llegaron unos telegramas que confirmaron la tragedia. Había prometido a los líderes extranjeros que tendrían representantes en una comisión internacional de investigación. En ese momento, su propósito era asegurarse de que la comisión y las investigaciones paralelas de Estados Unidos sacaran a la luz todos los posibles errores para evitar que volviera a suceder. Dijo que había muchos aspectos confusos. ¿Por qué tuvieron los aviones tanta prisa por derribar unos helicópteros que no estaban haciendo ninguna maniobra hostil? ¿Tenían los helicópteros depósitos extra que los hacía parecerse a los Hind-24 rusos que empleaba Irak? ¿Por qué no respondieron a las peticiones de una señal amistosa? ¿No estaban los helicópteros pintados con las insignias habituales de Estados Unidos? ¿Hicieron paradas imprevistas en el desierto en una misión para impedir los ataques de Saddam Hussein contra puestos avanzados kurdos? Reconoció que estaban en juego muchas cosas además de la justicia para las víctimas y sus familiares, incluida la confianza en las operaciones militares multinacionales. Clinton opinaba que los pilotos siempre llevarían esas muertes sobre su conciencia. Se mostró circunspecto, pero sus propias preguntas sugerían que el secretismo quizá había contribuido al error fatal.[3]

El presidente, en tono cansado, me pidió que detuviera las grabadoras. Tenía que acabar algo de trabajo antes de· acostarse, y no creía que Richard Nixon llegara vivo a la mañana. Mientras yo recogía, me contó que el ex presidente había sufrido un edema semejante al que había acabado con la vida del padre de Hillary. Ese tipo de ataques era engañoso, explicó, porque podía dejar gran parte del cerebro intacta y suscitar esperanzas de recuperación. Sin embargo, la presión se iba acumulando lentamente a medida que la sangre presionaba contra el cerebro y las funciones corporales se iban apagando una por una. Clinton dijo que su muerte le entristecería, porque se llevaba bastante bien con nuestro antiguo adversario de la era de Vietnam. Hacía un mes había recibido una carta de Nixon sobre Rusia que, según Clinton, era el informe de política exterior más brillante que había leído desde que era presidente. No había nada parecido a él, dijo. Hablaba de la necesidad de planear una «era posterior a Yeltsin», con penetrantes análisis sobre personajes políticos y nuevos países. Nixon preveía que los movimientos nacionalistas pretenderían descomponer la antigua Unión Soviética todavía más, y Clinton deseaba haber podido hablar más con él sobre sus recomendaciones. Dijo que sólo le había enseñado la carta a Al Gore. Para prevenir tergiversaciones y filtraciones, de momento no se la había enseñado ni a su propio equipo de política exterior; ni siquiera a Tony Lake.

Desde el cuarto de baño me dijo una última cosa. Por desgracia, reflexionó, Nixon quería tanto a Pat que había parecido entrar en rápido declive desde que murió ella, el año anterior. Cuando le entregué las cintas rebobinadas, Clinton explicó que Nixon siempre había tenido una relación difícil con sus emociones. «Era uno de esos maridos —dijo— que no podía vivir con su mujer ni sin ella.»

---

3. Los familiares exigieron responsabilidades a través de numerosas investigaciones, pero el Pentágono bloqueó el testimonio de los testigos esenciales. Un miembro de la tripulación de un avión de comunicaciones AWAC que guiaba los F-15 fue juzgado por negligencia y absuelto en un consejo de guerra en 1995. Varios donantes particulares construyeron en la base aérea de Giebelstadt, Alemania, un monumento en memoria de las 26 víctimas que luego trasladaron a Fort Rucker, Alabama, en 2006.

El presidente Clinton parecía distraído en nuestra breve sesión de seis noches después. Volvimos a las bajas por fuego amigo en Irak y por fin examinamos su decisión, del 26 de junio del año anterior, de ordenar un ataque con misiles contra el cuartel general de los servicios iraquíes de inteligencia en Bagdad. Explicó los antecedentes: que las autoridades kuwaitíes habían detenido casi a una docena de iraquíes y seis kuwaitíes hacía un año, justo antes de que el predecesor de Clinton, George Bush padre, hiciera una visita a la región. Dos meses después, unos informes secretos revelaron que los materiales para fabricar bombas en posesión de los detenidos coincidían con otras pruebas de que Saddam Hussein tenía un plan en marcha para matar a Bush. Cuando mencioné las dudas que había planteado posteriormente el periodista Seymour Hersh, en *The New Yorker*, afirmando que los sospechosos eran demasiado poco profesionales para resultar convincentes como asesinos, y que sus conexiones oficiales eran demasiado débiles, el presidente respondió, que al principio él también había tenido esa reacción. Le parecía ridículo que Saddam Hussein confiara la misión de espionaje definitiva a un grupo variopinto de camioneros y dueños de bares. Seguramente, pensó, el dictador iraquí debía de contar con una reserva de asesinos más auténticos, pero sus investigadores le dijeron que el terrorismo en Irak estaba limitado casi por completo a la represión militar de su propio pueblo. A diferencia de Siria e Irán, Saddam no mantenía una red de civiles bien entrenados para llevar a cabo actividades terroristas en el extranjero, así que, por consiguiente, no tenía mejor alternativa si no quería enviar a oficiales de su propio ejército, muy visibles y fáciles de localizar.

Tres de los veintitrés misiles Tomahawk estadounidenses se habían desviado con sus cabezas de media tonelada y habían matado, al menos, a ocho civiles iraquíes que vivían cerca del objetivo. «Lamento la pérdida de vidas», dijo el presidente Clinton, con un tono envarado y mecánico. Parecía una declaración oficial para dejar constancia, casi sin sentimientos, pero la repitió varias veces. Yo no sabía si todavía estaba intentando endurecerse para afrontar el peso del poder presidencial. Por un momento me pareció menos familiar, como si la distancia entre nosotros fuera inabarcable. Las informaciones habían sido unánimes, subrayó. Incluso la CIA y el FBI habían dejado de lado sus disputas habituales para mostrarse de acuerdo en que el caso en cuestión equivalía a un acto de guerra contra Estados Unidos y exigía una respuesta. La única queja de Clinton era el exasperante desapego mostrado por los miembros de la Junta de Jefes de

Estado Mayor, quienes, por más que les presionaron para que hicieran una recomendación, se limitaron a repetir sin cesar todas las opciones disponibles. El presidente dijo con cautela que, aunque no podía afirmar que el general Powell —que todavía era presidente de la Junta en aquel entonces— estuviera tratando de protegerse a posteriori, el caso es que no consiguieron sacarles una opinión franca y directa, así que Clinton tuvo que organizar por sí solo un ataque de represalia contra la sede del control operativo. Hacer menos que eso habría invitado a nuevos ataques, decidió, y hacer más sería beligerante y estaría mal, sobre todo porque el plan no había tenido éxito. Pensaba que su decisión había sido prudente. «Por lo menos sigue pareciéndomelo tras los nueve meses transcurridos —concluyó—. No sabemos qué parecerá después.»

Chelsea entró un poco agitada y preguntó cuándo volvía su madre. Clinton le dijo que Hillary regresaría de California al día siguiente, después de un viaje de tres días para promover el proyecto de ley de sanidad (esta información, junto con los naipes y los crucigramas esparcidos entre sus carpetas de documentos, me hizo pensar que Clinton estaba nervioso y me había convocado para que le hiciera compañía). En su ausencia, Chelsea confesó que se había dejado los libros de biología en el colegio y que eso significaba que tenía que levantarse antes de que amaneciera para estar allí en cuanto abrieran las puertas, ya que era el único momento en el que podía estudiar para un examen de recuperación que iban a tener, porque su clase había sacado la nota media más baja —67 sobre 100— en la historia de la asignatura en Sidwell Friends. El presidente le preguntó qué nota había sacado ella y Chelsea replicó con una mueca que 82. Con bastante sentido común, en mi opinión, Clinton la consoló diciendo que su situación no era tan mala, puesto que estaba quince puntos por encima de la media, pero Chelsea hizo un gesto. Su mirada de desprecio dio a entender claramente que él no sabía comprender la dimensión de la crisis. «Te quiero, papi —dijo—. Buenas noches.» Él y yo nos miramos un poco confusos cuando salió.

Volviendo a la grabación, el presidente no contó ningún gran avance en su búsqueda de un nuevo juez para el Tribunal Supremo. Pasó rápidamente por varios temas antes de que una pregunta de rutina diera paso a una línea de pensamiento sostenida. Se escribió a sí mismo una nota para acordarse de que Strobe Talbott le debía un informe sobre su reciente viaje al sur de Asia. Dijo que era la única región del mundo que estaba bajo una amenaza seria de guerra nuclear entre dos naciones, India y Pakistán. Su enemistad era una constante histórica y, al mismo tiempo, una cosa esca-lofriantemente errática. En privado, reveló, los dirigentes indios decían que sabían más o menos cuántas bombas nucleares tenían los pakistaníes y que, por tanto, calculaban que una guerra nuclear podría matar entre 300 y 500 millones de indios y aniquilar a los 120 millones de pakistaníes. Los indios proclamarían su «victoria» por los varios cientos de millones de personas que seguramente quedarían con vida. Pero, en el otro bando, los pakistaníes insistían en que su terreno escarpado y montañoso permi-tiría que hubiera más supervivientes que en las expuestas llanuras de In-dia. «Hablan ya en esos términos», suspiró Clinton.

«Tenemos malas relaciones con ambos», continuó. Estaban encerra-dos en su carrera armamentística y, mientras que India estaba furiosa por-que Estados Unidos había aceptado vender aviones F-16 a Pakistán, Pa-kistán estaba igualmente furioso porque Estados Unidos se negaba a entregar los aparatos pese a que hacía años que había recibido el dinero. Las transferencias de ese tipo estaban bloqueadas desde 1990, en virtud de la Enmienda Pressler, que prohibía realizar ventas de material militar a cualquier país del que se supiera que estaba fabricando armas nucleares y violando el Tratado de No Proliferación Nuclear. Peor aún para los pakis-taníes, dijo Clinton, era que las leyes estadounidenses obligaran a su Go-bierno a cobrar dinero a Pakistán por el almacenamiento de los F-16 no entregados y que estaban acumulando polvo en hangares norteamerica-nos. El presidente confiaba en pensar una manera de efectuar un reembol-so o de compensar esos pagos tan injustos, que le parecían un insulto di-plomático, pero, en general, no veía remedio a largo plazo para el estancamiento estratégico en el sur de Asia. Dijo que Estados Unidos esta-ba tratando de mantenerse fiel a un tratado que alimentaba la hostilidad y el oportunismo. Si no intentábamos hacer respetar la prohibición de proliferación nuclear, serían muchos los países que se apresurarían a ven-der las tecnologías necesarias siguiendo nuestro ejemplo. Ahora bien, mientras lo intentásemos, acabaríamos recibiendo parte de la extraordina-ria animosidad entre India y Pakistán. Clinton dijo que era una cuestión que exigía persistencia. Su impresión era que el viaje de Talbott había re-sultado poco prometedor, pero quería conocer los detalles.

Cuando le pregunté a Clinton si prestaba mucha atención al tráfico mundial de armas convencionales, no nucleares, su respuesta pareció re-signada. Había enviado representantes a una meritoria conferencia cele-brada el año pasado en París a la que nadie había hecho mucho caso. «Todo el mundo vende armas —reconoció—. Intentamos restringirlas a nuestros aliados, pero el mercado inundado de ellas hace posible el contrabando a través de cualquier restricción y cualquier barrera. Y, aunque fuera posible eliminarlas por completo con las nuevas transacciones, quienes hacen mal uso de las armas suelen tener ya muchas.» Antes de hablar de Bosnia como posible excepción, el presidente vinculó Pakistán a la cuestión general de los países musulmanes amenazados por los movimientos fundamentalistas. Comentó que el objetivo de la reciente visita de la primera ministra turca Tansu Ciller era pedir ayuda a Estados Unidos para su país, pero de tal manera que no inflamase a la oposición fundamentalista a su Gobierno, sino que la neutralizase.

«Me gusta mucho Ciller», dijo Clinton varias veces. Como siempre, alternó entre las relaciones personales y el análisis abstracto, y examinó la política turca a través de historias sobre la primera ministra. Trazó su trayectoria como pionera de la educación occidental unida a sus raíces musulmanas en Estambul y mencionó sus recuerdos comunes de Yale, donde Ciller había sido profesora de economía, y los nombres de sus principales socios en el progresista Partido del Camino Verdadero de Turquía. Dijo que en su país la adoraban y también la odiaban grandes facciones rivales, porque su necesidad de ayuda de Estados Unidos, su sexo y su belleza provocaban las dos reacciones en la opinión pública. Ello le daba a Clinton un arma para poder insistir en que su Gobierno mejorara el trato que daba a la minoría kurda situada en la frontera turca con Irak, pero también la hacía más vulnerable a los partidos musulmanes fundamentalistas. El presidente especificó cuántos escaños habían ganado hacía poco dichos partidos en el Parlamento turco, gracias a su promesa de campaña de luchar más eficazmente que Ciller contra los disidentes kurdos. Para proteger la democracia turca de los teócratas, dijo Clinton, estaba obligado a establecer un equilibrio entre los intereses de Estados Unidos y las necesidades políticas de Ciller, incluida su política exterior. Dado que Turquía estaba deseando pertenecer a la Unión Europea, una cuestión en la que se enfrentaban a una oposición feroz encabezada por Grecia, Clinton estaba haciendo de mediador en su disputa crónica por la isla mediterránea de Chipre. Mencionó conversaciones con más líderes grecochipriotas y turcochipriotas de los que pude recordar para mis notas. Y confesó que había revelado sin querer al griego Papandreu que Turquía iba a desactivar sus vuelos de vigilancia sobre la isla, antes de que Ciller hubiera comunicado de manera oficial su gesto de buena voluntad.

Los quebraderos de cabeza merecían la pena, confesó, porque Turquía era un lugar de importancia estratégica. Dijo que era el quinto o sexto país más importante del mundo. Junto con Egipto, Indonesia y, en menor medida, Pakistán, Turquía ofrecía a Estados Unidos una posibilidad de reconciliar las sociedades islámicas con la democracia moderna, y eso, reconoció, aumentaba las esperanzas de poder superar el lastre retrógrado de los fundamentalistas tiránicos. Para Clinton, Bosnia era importante, en parte, por las repercusiones en las naciones musulmanas más fundamentalistas. Le pregunté si Ciller estaba intentando convertir Bosnia en un factor que condicionara sus negociaciones. No, replicó, pero sí era cierto que estaba presente en todas sus conversaciones. Dijo que a Ciller le afectaba en lo personal y en lo político, y mencionó informaciones contrastadas de que había paseado a cara descubierta por las calles destruidas de Sarajevo mientras bombardeaban la ciudad, en compañía de la primera ministra de Pakistán, Benazir Bhutto. Para esas dos valerosas mujeres, dijo el presidente, Bosnia era importante no sólo por la afinidad religiosa. Bosnia ponía a prueba sus programas reformistas contra la propaganda fundamentalista de que la democracia occidental era una fachada que ocultaba el dominio corrupto y poscolonial de los países musulmanes.

En Bosnia, los artilleros serbios acababan de retirarse de la asediada Gorazde por el ultimátum de la OTAN. El presidente se estremeció cuando le dije que el senador de Nueva York, Pat Moynihan, estaba exigiendo que Estados Unidos levantara unilateralmente el embargo internacional de armas para que los bosnios pudieran defenderse. «No le cuesta nada decirlo —soltó Clinton—, y él lo sabe.» Moynihan estaba ocupando los titulares con sus comentarios de que el tenue y esforzado respiro de Gorazde no era para tanto, y estaba haciendo política al defender unas medidas que parecían duras pero, en el fondo, no arriesgaban ni conseguían nada. El presidente dijo que Moynihan conocía todas las razones por las que lo que él recomendaba sería un error. En primer lugar, «levantamiento unilateral» era un eufemismo que quería decir violar el embargo. Si se hiciera, Rusia y otros países se verían obligados a enviar armas a los serbios para compensar, y eso perjudicaría los pactos internacionales en todo el mundo. Clinton opinó que la manera adecuada de levantar el embargo era con una revocación en Naciones Unidas, de donde había salido. Era posible conseguirlo, añadió, porque Rusia y Serbia estaban empezando a lamentar la sed de matar y la codicia de sus aliados serbobosnios (y habían ayudado a forzar la retirada de las posiciones artilleras de alrededor de

Gorazde). No obstante, Clinton manifestó nuevas dudas sobre cualquier levantamiento «responsable» del embargo. Si se lograba revocarlo, la OTAN y la ONU sacarían rápidamente a sus tropas de paz de los combates, y las fuerzas serbias aprovecharían su ventaja antes de que los bosnios pudieran adquirir las armas necesarias para defenderse. En la práctica, el mundo abandonaría a Bosnia y dejaría que los tres ejércitos étnicos se la disputaran. Clinton predecía que ése sería un precedente siniestro que nos perseguiría posteriormente allí y en otros lugares.

Pensaba que el astuto exabrupto de Moynihan delataba cierta angustia anticipada ante las elecciones de 1994. Varios senadores demócratas habían expresado su inquietud política a Clinton en un retiro reciente celebrado en la ciudad colonial de Williamsburg. Se quejaban de que les llovían las críticas por su relación con el presidente, de cuyo mayor triunfo —el paquete de medidas para frenar el déficit— decían que no era más que una subida de impuestos. Lamentaban que la Asociación Nacional del Rifle (NRA) les estaba machacando a propósito de la Ley Brady y la campaña para prohibir las armas de asalto. Clinton recitó las cifras que tenían los demócratas, estado por estado, sobre la capacidad de represalias de la NRA. Dijo que Harris Wofford, de Pennsylvania, estaba en una situación delicada. Lo mismo que Frank Lautenberg, de Nueva Jersey, y en Virginia, Chuck Robb confesaba que quizá no era capaz de vencer en unas primarias demócratas.

El presidente recurrió al humor negro para superar esos problemas políticos. Durante el retiro, dijo, los demás senadores habían murmurado admirados por la extraña decisión de Robb, al oír que *The Washington Post* estaba investigando su vida privada, de hacer pública una confesión preventiva de los delitos que había cometido durante su mandato como gobernador: dónde y por qué había tenido que ver con drogas ilegales en fiestas salvajes, qué actos sexuales concretos consideraba claramente adulterio y no pecados veniales como las caricias, y cómo había confesado todo a su mujer, Lynda, hija del difunto presidente Lyndon Johnson. Clinton explicó que atribuyeron el error político a la espartana reserva de Robb, que había sido marine y era rígido, formal e incapaz de perdonarse a sí mismo. En un campo de golf de Williamsburg, recordó, dos grupos de cuatro senadores cada uno fueron apresuradamente a unos aseos públicos. Cedieron el paso al presidente, que entró solo, pero el senador Robb estaba tan agobiado que gritó para averiguar si había alguna mujer utilizando el otro servicio. Justo entonces, tratando de ayudar, Clinton gritó

«¡Aquí hay dos!», y Robb se ruborizó hasta que se dio cuenta de que el presidente quería decir urinarios, y no mujeres. Clinton contó que, al salir, se encontró con todos los senadores, incluido Robb, muertos de risa.

Carolyn Huber entró mientras Clinton hablaba de Haití. Había sido la encargada de dirigir la mansión del gobernador para los Clinton en Little Rock, y ahora le mostró su selección preliminar de unas 1.400 fotografías de la reciente boda de su hermano Roger Clinton en el Arborétum de Dallas, con el presidente como padrino y la radiante novia embarazada de siete meses. Mientras hojeaba el gigantesco álbum, guiado por Huber, Clinton dijo que en los últimos tiempos le habían irritado «mis diplomáticos». Habían propuesto boicotear un paquete de sanciones más estrictas contra el régimen militar de Haití y le dijeron a Clinton que el presidente Aristide no merecía toda esa ayuda porque sus partidarios criticaban la política de refugiados de Estados Unidos que, según ellos, beneficiaba a los cubanos blancos por encima de los haitianos negros. El presidente respondió duramente a los diplomáticos. Pero, por otro lado, se negaba a dejarse intimidar por la huelga de hambre que había anunciado el activista anti-apartheid Randall Robinson, que llevaba casi tres semanas sin comer y había prometido no volverlo a hacer hasta que Clinton ayudase a Aristide. Al parecer, la situación médica de Robinson iba empeorando poco a poco, pero Clinton mencionó varias medidas, aparte de las sanciones, que podían darle motivos para no morir de hambre. Si, de todas formas, Robinson quería suicidarse, añadió el presidente con frialdad, entonces eso era asunto suyo.

En una conversación paralela, Huber iba señalando fotografías de la boda, e indicó unas de una adorable niña de cuatro años con feas heridas en la cabeza. El presidente, muy afectado, comentó que se había olvidado de escribir a su familia. Escribió una nota y me dijo que la niña tenía mi mismo nombre pero escrito de forma distinta —Huber y él creían que era algo así como «Talour»— y que sufría una enfermedad que la hacía arrancarse grandes mechones de cabello. Clinton se levantó y se puso a buscar en las estanterías de su dormitorio. Mientras tanto, yo intenté animarle a propósito de Haití, donde los refugiados, desesperados, estaban volviendo a huir en frágiles balsas, pero él respondió que los políticos estadounidenses, en general, no tenían esperanzas sobre la restauración de Aristide. Querían deshacerse de él, pese a que su victoria electoral era la única credencial que tenía Haití para el nacimiento de la democracia. El senador John Kerry, demócrata de Massachusetts, había instado a Clinton una noche hacía poco a que obtuviese la dimisión de Aristide a cambio de que la junta militar prometiera nuevas elecciones. Antes de que yo pudiera decir nada respecto a eso, el presidente regresó de su dormitorio con un libro sobre la lepra. Dijo que la única leprosería de Estados Unidos estaba en Carville, Louisiana, el pueblo natal de su asesor político James Carville, y que el británico que había escrito aquel libro había estudiado la lepra allí durante veinticinco años. Sólo el 5 % de la población carecía de inmunidad natural contra la enfermedad. Ante el contagio, el 80 % de los nuevos leprosos se recuperaban, pero era crucial que los pocos que sí corrían peligro reaccionaran ante la mínima sensación de dolor que notaran. Si no, se rascaban sin sentirlo y se iban arrancando la carne de unos muñones cada vez más pequeños.

«El dolor es nuestro amigo», sentenció el presidente. La pequeña Talour no tenía lepra, pero él quería decir a sus familiares que sus gritos desgarradores eran un sistema de alarma contra las heridas y las infecciones que ella misma se causaba. Su explicación me enmudeció aún más. ¿Podía o debía intentar ver alguna analogía entre esos horribles síntomas y Haití, con sus ejecuciones callejeras y sus espantosas mutilaciones, la huelga de hambre de Robinson y nuestro impulso de evitar todo el asunto? ¿Había un análisis conciso que permitiera convertir el dolor político de Haití en algo positivo e incluso histórico? Si era así, yo no fui capaz de encontrar las palabras necesarias mientras Clinton y Huber terminaban de revisar el álbum de la boda, y nos fuimos poco después. El presidente tenía que elaborar el panegírico de Richard Nixon que iba a pronunciar al día siguiente. Las dos hijas del ex presidente le habían llamado y le habían pedido que hablase, pese a que no era un funeral de Estado. Clinton quería hablar de la vida de Nixon en su conjunto y dijo que sus errores más duraderos eran las afrentas cometidas contra la Constitución, no las diferencias políticas que pudieran tener, ni siquiera sobre Vietnam.

El presidente me acompañó por el pasillo hasta el ascensor, con el brazo sobre mis hombros. Dijo que la sesión de esa noche había estado muy bien, había sido muy valiosa y que nos habíamos puesto prácticamente al día. Sus comentarios parecían mitad preguntas, mitad afirmaciones, como si buscara tranquilizarnos a los dos. Sentí que ya estaba pensando en otra cosa.

9

CANDIDATOS PARA EL TRIBUNAL SUPREMO

Martes, 31 de mayo de 1994

A principios de mayo, tres de las personas que escribían los discursos del presidente —Don Baer, Carolyn Curiel y Carter Wilkie— llevaron a cabo un pequeño seminario en la Casa Blanca sobre temas teóricos de la época de la lucha por los derechos civiles, y esa visita en horas de trabajo me permitió ir a ver a Nancy Hernreich. Nancy, que era mi contacto oficial, quería que le contara cómo iba el proyecto de historia oral, y yo agradecí la oportunidad de hablar con libertad. Intercambiamos ideas sobre cómo iba hasta entonces la experiencia de las sesiones de grabación: la frecuencia y la logística, el equilibrio entre seguridad y detalle, la enloquecida actividad mental del presidente frente a su desesperada necesidad de descansar. Nancy se disculpó, en tono tenso, por las excesivas interrupciones. Dijo que toda el ala oeste era un manicomio porque, en medio de una nueva tormenta mediática, Bruce Lindsey, antiguo asesor de Clinton, había pedido donaciones públicas para combatir la querella por acoso sexual que acababa de presentar Paula Jones contra el presidente. La calma forzada de Hernreich me hizo simpatizar con ella, pero tartamudeé con vaguedad sobre la demanda, que alegaba que Clinton se había exhibido ante Jones durante una cita en una habitación de hotel. Me sentí tan escrupuloso como el senador Robb. Cuando conseguí transmitir mis reservas, Hernreich me pidió que se las repitiera. Es más, unos minutos después hizo que me acompañaran a ver al nuevo abogado de la Casa Blanca, Lloyd Cutler. Él y yo nos conocíamos lo suficientemente bien como para examinar las diferencias entre la historia y el derecho. Él también estaba preocupado por los fondos que Lindsey quería recaudar para la defensa.

«Por cierto —dijo Cutler—, ¿es usted el encargado del diario del presidente?» Su pregunta me dejó estupefacto. Ya asentía mientras me la hacía, como para decirme que no me molestara en mentir. Cutler explicó que el fiscal especial del caso Whitewater había exigido que se presentaran ante el juzgado numerosos materiales sobre temas concretos, y que él tenía el deber profesional de pedir que salieran a la luz todos los artículos relacionados en conocimiento o posesión del presidente. Temí que el proyecto fuera a quedar al descubierto y se fuera al traste. El presidente y yo hablábamos de vez en cuando, respondí de forma evasiva. Le dije a Cutler que debía hacerle la pregunta directamente al presidente, pero que sería una gran pérdida para la historia si las amenazas legales impidiesen recopilar las notas presidenciales.

Cutler me llevó de nuevo a la querella de Paula Jones. Por lo que había oído en el Departamento de Justicia, parecía que lo máximo a lo que podía aspirar Clinton era a un aplazamiento. Muy bien, dije, todavía sin reponerme: el ciudadano Clinton no estaba por encima de la ley, y debía responder ante los tribunales, pero un presidente en ejercicio debía responder por el desempeño de sus funciones constitucionales. Los fundadores, al diseñar un Estado con tres poderes coordinados, habían asignado facultades ejecutivas excepcionales a una persona, el presidente, y sería una violación del equilibrio constitucional que los tribunales enredaran a quien ocupaba el cargo en una querella —o, llegado el caso, diez querellas— por un comportamiento privado. En otras palabras, las investigaciones legítimas sobre el presidente debían tender hacia el extremo lógico del procesamiento por abuso de poder, y todo lo demás podía esperar. Cutler contestó que estaba bastante de acuerdo. Fuera cual fuese la verdad, el caso Jones estaba relacionado con una conducta personal y anterior a la presidencia, pero el problema era que tenía costes políticos. Buscar un aplazamiento hasta después de abandonar el cargo daría la impresión de que Clinton estaba tratando de esconderse de Paula Jones. Convertiría unas sórdidas acusaciones en un juicio al derecho constitucional. El presidente quería reafirmar su inocencia inmediatamente, dijo Cutler, y, de todas formas, era posible que no le concedieran el aplazamiento. No obstante, yo subrayé la obligación inequívoca de defender el cargo. El bochorno no era excusa para emplear subterfugios sobre la separación de poderes.

Al salir del despacho de Cutler, me pareció que me iba a estallar la cabeza. ¿Qué había hecho? Me reproché haberme inmiscuido en un terreno lleno de expertos. Ahora que mis argumentos voluntariosos y no solicitados habían puesto en peligro el secreto que se suponía que debía guardar, me consolaba muy poco pensar que una citación del fiscal especial habría condenado el proyecto de historia oral de todas formas. Llamé a Nancy Hernreich para contarle la horrible sorpresa y esperando la explosión: una indignada cancelación de nuestro trabajo, la noticia de que habían reclamado todas las cintas de Clinton, tal vez incluso una citación para mí. Pero ella me instó a que estuviera tranquilo. No había sucedido nada todavía y no sucedió nada durante tres semanas. Justo cuando mi angustia estaba disipándose, el 31 de mayo, la secretaria de Hernreich me convocó con sólo unas horas de antelación. Si la sesión tenía algo de extraordinario, ella no pudo o no quiso decírmelo, y el presidente Clinton dejó entrever que no pasaba nada. Cuando entré en la sala de estar él estaba ocupado con los preparativos de un viaje a Europa, que iba a comenzar con una visita suya y de Hillary al papa Juan Pablo II. Desconcertado, intenté recordarle indirectamente la crisis legal y le pregunté, por una vez, sobre el caso Whitewater, pero la respuesta fue una de sus típicas peroratas sobre el cinismo de las noticias de prensa. El presidente dijo que le llegaban de todas partes teorías de la conspiración sobre la muerte de Vince Foster que eran para poner los pelos de punta, y yo revelé mi entrevista con el abogado de la Casa Blanca.

Clinton se quedó lívido. «Mierda», dijo. ¿Cómo se había enterado Cutler? ¿Creía yo que Nancy se lo había contado? ¿Qué le había dicho exactamente antes de que empleara la palabra «diario»? Mientras me interrogaba, me pregunté por qué no le había informado nadie. ¿Era una forma de evitar los problemas o simplemente era por el agobio de cosas más importantes? Coincidimos en que varios miembros del equipo nos habían visto hablar a los dos, pero no se nos ocurría quién había podido filtrar a Cutler un término tan preciso y cargado de significado. Y nuestras especulaciones tampoco servían de nada. El presidente absorbió todo lo que quiso y luego me dijo que comenzáramos con la grabación de la noche. Yo vacilé. Ahora que nuestras cintas estaban en peligro —seguramente acabarían yendo a parar al fiscal especial, y de allí prácticamente a cualquier parte—, pensé que iba a dejarse llevar por el pánico o, al menos, limitar mucho nuestras conversaciones. Él desechó esas ideas y decidió no dar nada por supuesto, ver lo que ocurría y arreglar lo que fuera posible. Aquello me dio cierta idea de a qué se refería cuando hablaba de seguir adelante bajo las bombas.

El presidente se animó con los recuerdos de principios de mayo. Gracias a que habían perseverado, tanto en medio del trauma del terrorismo como entre todo tipo de detalles técnicos de las negociaciones, israelíes y palestinos habían cumplido milagrosamente un plazo fijado en su trascendental acuerdo del otoño anterior. El acuerdo provisional, firmado en Egipto, establecía unas zonas de seguridad israelíes en Cisjordania y creaba una estructura de administración civil palestina que debía conducir hacia el autogobierno. Mediante un mutuo reconocimiento, la nueva Autoridad Palestina otorgaba un cargo y un título formales al presidente Yasser Arafat, que volvió a la antigua Jericó después de dos decenios de exilio en Túnez.

Casi al mismo tiempo, la Cámara de Representantes había superado un obstáculo histórico para prohibir 19 clases de armas de asalto. Clinton, sonriente, afirmó que, cuando comenzó la votación en el pleno de la Cámara el 5 de mayo, no pensaba que podía ganar. Un angustiado Andy Jacobs, demócrata de Indiana, llamó para decir que iba a cambiar su voto e iba a apoyar el proyecto de ley, porque creía que existía una campaña histérica de vilipendios contra Clinton como las que se habían librado contra nuestros mejores presidentes, Lincoln y Franklin D. Roosevelt. Al mencionar ese elogio exagerado, aunque de doble sentido, el presidente habló sobre algunas noticias de prensa desagradables, y de ahí pasó a revivir el dramatismo de su ajustada victoria en la Cámara: 216–214. Dijo que nuestro viejo amigo de Texas, el representante demócrata Jack Brooks, nunca había pensado que el lobby armamentista pudiera perder. «Adoro a Jack Brooks —dijo Clinton entre risas—, pero está muy próximo a la NRA y está anonadado.» Con más cautela, predijo que Brooks iba a actuar en connivencia con varios senadores para conseguir que, en la Ley sobre el Crimen, finalmente no se incluyera la prohibición de las armas de asalto. La NRA estaba agitando a los aficionados a las armas para asustar a la enorme mayoría de la población —un 80 %, dijo Clinton, con el respaldo de casi todos los sheriffs y jefes de policía— que quería poner freno a esas armas asesinas.

Se deshizo en elogios sobre un punto menor de mi orden del día: la recepción que había dado durante todo el día el 20 de abril a los representantes de 547 tribus de indios norteamericanos. Nunca se había celebrado un acto así, y sólo los preparativos fueron una aventura para el Gobierno federal. Teóricamente, el encargado era el Departamento del Interior, pero, según Clinton, sus funcionarios habían demostrado estar perdidos en lo que se refería a los aspectos culturales y habían sido incapaces de hacer nada más que procesar sus programas y trámites habituales. Por una vez, dijo que el resultado había dependido de la burocracia. Explicó que las invitaciones las habían orquestado miembros del equipo de la Casa Blanca, que establecieron todo un protocolo nuevo para presentaciones y ceremonias: costumbres tribales, jerarquías, planos de cómo sentar a los invitados, traductores, derechos a hablar en el «consejo» y qué lenguas había que utilizar. Asistieron todos los miembros del Gobierno menos el secretario de Estado, Christopher, que estaba entrevistándose con el presidente sirio Asad para tratar el tema de los Altos del Golán. La mayoría de los invitados utilizaba los nombres tribales, recordó Clinton, y preferían el término «indio» a «americano nativo». Hubo discursos superficiales y reflexivos a favor y en contra del estatus legal «soberano» de las tribus —sus inconvenientes además de la ruptura de promesa—, pero las discusiones, en general, fueron frescas y meditadas. Los oradores examinaron la paradoja de desear la ciudadanía y, al mismo tiempo, intentar conservar su identidad india. El presidente dijo que esos temas, así como la jornada, se ignoraban, pero que esperaba que los estadounidenses los conocieran cada vez mejor. Explicó que el acto había sido emocionante y provocador, como una ceremonia de nacionalización con un toque de algo más. Además, dijo, había sido inteligente desde el punto de vista político, y enumeró circunscripciones, desde Florida hasta Montana, en las que los indios, sorprendentemente, podían constituir un voto decisivo.

El presidente se puso serio de nuevo al hablar de China. Cinco días antes, había abandonado su intento de condicionar los privilegios comerciales chinos a una mejora satisfactoria en el tratamiento de los derechos humanos. En jerga política, su proclamación del 26 de mayo había «desvinculado» el comercio de la revisión anual de los derechos humanos que hacía el Gobierno, de modo que China podía optar a un acuerdo permanente de nación más favorecida con Estados Unidos, y eso abría las puertas a la plena participación de China en el comercio mundial. Para Clinton, desde el punto de vista político, esa proclamación le escocía porque era una forma de retractarse. Había criticado al presidente Bush en la campaña de 1992 por su débil respuesta a la infame represión de las vigilias por parte de la democracia en Pekín.[1] Después de prometer honrar a

---

1. El movimiento democrático de 1989 se vio estimulado por las reformas de la *glasnost* del líder soviético Mijaíl Gorbachov, y los estudiantes chinos emplearon tácticas de sentadas no violentas adaptadas del movimiento de los derechos civiles desarrollado en Estados Unidos a principios de la década de 1960. Las manifestaciones se extendieron por toda China entre abril y principios de junio, cuando el Gobierno emprendió su represión.

los mártires de Tiananmén y defender los derechos humanos, Clinton declaró que había luchado desesperadamente para mantener esa autoridad moral.

Después examinó la situación que desde su choque con Jiang Zemin en Seattle había llegado a un punto muerto. Había un atisbo de progreso. El Gobierno chino estaba de acuerdo en adherirse a las normas de la Corte Internacional de Justicia sobre derechos humanos, pero Clinton dijo que eso, en la práctica, era poco más que palabrería —«con la que golpearle en la cabeza»— sobre unas reformas posteriores y sin especificar. Los demás avances eran marginales, en el mejor de los casos. Aunque su administración estaba ayudando a negociar la liberación de numerosos presos políticos, incluidos algunos importantes, los chinos estaban deteniendo a muchos más activistas de los que ponían en libertad. El ejército chino había prometido reducir los trabajos forzados en las cárceles militares, pero los malos tratos, en su conjunto, parecían peores de lo que se había pensado en un principio. El resultado, en general, despertaba dudas, y Clinton se resistía a reconocer que había sido positivo por miedo a llamar la atención. Para ser sinceros, dijo, los derechos humanos habían retrocedido en varias zonas, entre ellas el Tíbet. Clinton había hablado en secreto con el Dalai Lama, que quería abrir como fuera un diálogo con China. Cuando el Dalai Lama aceptó una condición fundamental tras una negociación en la que había sido mediador el Gobierno estadounidense —que no proclamara públicamente el derecho del Tíbet a la independencia—, el Gobierno chino se echó atrás. «Empezaron a exigir más cosas», dijo el presidente con un suspiro. En ese momento, China se negaba a reunirse hasta que el Dalai Lama anunciase que el Tíbet era y debía ser una provincia leal y subordinada. La situación estaba cada vez más estancada. Los chinos habían intensificado la persecución de los tibetanos y las órdenes religiosas seguidoras del Dalai Lama.

El Gobierno de Jiang Zemin se negaba a ceder en materia de derechos humanos. Clinton dijo que tanto sus asesores de seguridad como él mismo habían subestimado varios factores psicológicos que figuraban detrás de esa resistencia. Uno era la muerte inminente de Deng Xiaoping, el líder central de China desde la muerte de Mao Zedong. Deng había sobrevivido

---

Las gráficas fotografías tomadas allí suscitaron indignación en todo el mundo, sobre todo por lo ocurrido en la plaza de Tiananmén, donde unidades de infantería y carros de combate mataron al menos a doscientos manifestantes.

a guerras, intentos de asesinato y al menos a tres sangrientas purgas en las que se le consideró un «compañero de ruta capitalista» desleal a Mao (su hijo, que era parapléjico, fue torturado y arrojado desde la ventana de un cuarto piso por celosos guardias rojos durante la Revolución Cultural de Mao). Tras recobrar el poder en la década de 1980, Deng Xiaoping lanzó su «economía socialista de mercado» y aceleró un desarrollo nacional que, al mismo tiempo, contenía muestras despiadadas de intimidación política, como la matanza de la plaza de Tiananmén. El presidente Clinton dijo que todos los líderes chinos estaban sobre ascuas por las feroces luchas internas que se preveían cuando muriera Deng Xiaoping.[2] Los partidarios de la línea dura criticarían a cualquier aspirante al poder que apoyara las concesiones en materia de derechos humanos y, peor aún, lo considerarían una marioneta de Estados Unidos. China no podía esperar reacciones positivas ni dentro ni fuera del país, porque la línea dura diría que todas las reformas eran capitulaciones. La relación que establecían los estadounidenses entre comercio y libertad era un desafío muy público. Además, contradecía la premisa fundamental de Deng Xiaoping de que el Gobierno autoritario era indispensable para vivir con orden y prosperidad.

Clinton destacó el consejo del secretario del Tesoro, Lloyd Bentsen, que le sugirió que sopesara cada alternativa frente a cuál sería probablemente el resultado si todo lo que esperaba salía mal. Según esa hipótesis, la desvinculación causaría retrocesos en materia de derechos humanos y cada nuevo acuerdo comercial suscitaría protestas porque estábamos jugando con la democracia. Por otra parte, si seguían vinculándose ambas cosas, podía salir perjudicada la relación estratégica con China, incluidos los delicados esfuerzos multilaterales para contener el programa nuclear de Corea del Norte. Esto último sería aun peor, y tal vez irreversible. Ninguno de los numerosos aliados involucrados en las negociaciones con China a propósito de Corea del Norte estaba a favor de la vinculación defendida por Clinton. Jimmy Carter le había aconsejado que acabara con ella, y Richard Nixon también.

El presidente acabó de describir su pesimista panorama. Había decidido hacía semanas desvincularse pero en ese momento estaba presionando para obtener gestos de buena voluntad a cambio. El Gobierno chino seguía mostrándose reacio. Un enviado secreto de Clinton, el ex embajador

2. Deng Xiaoping vivió casi tres años más, hasta el 19 de febrero de 1997.

Michael Armacost, había ofrecido a Pekín un «surtido» de incentivos sin resultado alguno. Los chinos aseguraban que ansiaban tener el honor de una visita de Estado del presidente norteamericano, pero no lo deseaban lo suficiente como para poner en libertad a ningún preso político, lo cual hacía recapacitar sobre el valor relativo que le daban a Clinton. También hubo irritación cuando empezó a preparar sanciones contra China para compensar la proclamación sobre la desvinculación. La representante demócrata de California Nancy Pelosi y otros defensores de los derechos humanos exigieron medidas estrictas, y Tony Lake recomendó un paquete arancelario lo suficientemente fuerte, como para al menos dar credibilidad a las sanciones estadounidenses en otros lugares del mundo. Sin embargo, Clinton sucumbió a la lógica de la derrota limpia. Con cualquier medida que fuera más allá de unas muestras de enfado (prohibir la importación de armas chinas) se corría el riesgo de que China tomara represalias. Podía acabar encontrándose con lo peor en cada país: una guerra comercial sin final feliz posible y ninguna mejora en los derechos humanos, además de críticas por intentar contentar a todos y no conseguirlo en ningún caso. Así que decidió llevarse los palos por cambiar de opinión y fracasar, y asumir las críticas de unos adversarios encantados que habían despreciado sus esfuerzos constantemente. El ex secretario de Estado, Alexander Haig, había asegurado a sus clientes de negocios en China que los derechos humanos no eran una verdadera preocupación de la política exterior. Clinton dijo que sólo podía maniobrar para tener otra oportunidad y confiar en que el comercio y los cambios internos propiciaran un punto de apoyo para los derechos humanos.

En comparación, se sintió aliviado al hablarme de la elección de un nuevo magistrado para el Tribunal Supremo, y la grabadora registró su relato de las fases finales de selección. Había llegado a la conclusión de que, en conciencia, no podía recomendar al juez José Cabranes. Y tampoco podía encontrar a otro juez hispano que cumpliera los estrictos requisitos. De modo que se concentró en tres finalistas de selecciones anteriores. Babbitt, Arnold y Breyer. Reafirmó su decisión de mantener a Babbitt en Interior, en parte para conservar su fortaleza política. La controvertida gestión de las tierras que había hecho Babbitt en el oeste del país podía provocar una batalla por su confirmación en el Senado y desviar la atención y el apoyo que necesitaba el precario proyecto de ley de sanidad.

Habló sobre su preferido desde un punto de vista sentimental, Richard Arnold, de Arkansas. Por méritos, Clinton pensaba que una votación entre los jueces en activo elegiría a Arnold como mejor candidato entre todos ellos para acceder al Supremo. Aunque siempre le había admirado, no tenían una estrecha relación personal ni política. Habría seguido adelante con el nombramiento y afrontado las inevitables acusaciones de amiguismo, si no fuera por la incertidumbre que despertaba su linfoma. Arnold había recibido otra ronda de radioterapia en 1993. Decían que la enfermedad estaba en remisión, pero Clinton pidió y se le concedió permiso para que un equipo de especialistas independientes revisara el historial médico de Arnold. Cuando se supo la noticia, hubo una oleada de entusiasmo en su estado. Los rumores convirtieron al juez en una celebridad en Arkansas, ninguno de cuyos ciudadanos había trabajado jamás en el Tribunal Supremo. Incluso los peores enemigos del presidente le rogaron que escogiera a Arnold, y una de las voces más activas fue la de *The Arkansas Democrat-Gazette*. Clinton subrayó que ese periódico había sido su principal torturador durante décadas, y dijo que sus propietarios, con una código de conducta lleno de petulancia y heredero de su ardiente defensa de la segregación racial, habían librado también una vergonzosa cruzada contra el entrenador de baloncesto Nolan Richardson. Publicaban titulares en que se reían de él («Nolan lo hace todo mal») y artículos en que se burlaban de su aspecto, su dicción y su estilo de entrenar, que el periódico llamaba «juego de ratas», «balón-gueto» y «carnaval de los Globetrotters». «Hicieron de todo menos llamarlo *negrata*», dijo Clinton, que añadió que una de las mayores satisfacciones para él —y para Hillary—, consecuencia de que el mes anterior Arkansas hubiera obtenido su primer campeonato nacional de baloncesto universitario,[3] había sido ver cómo *The Arkansas Democrat-Gazette* se había tenido que tragar todas las cosas repugnantes que había escrito sobre el entrenador triunfador.

El periódico irritaba a Clinton también por otras razones. Al principio, le había divertido que su némesis hiciera causa común con él en unos editoriales favorables al juez Arnold. Dijo que el editor, Walter Hussman, estaba presionando a amigos suyos en la prensa de derechas. Hussman llamó a los responsables de *The Wall Street Journal* para decir que la opción Clinton-Arnold era buena para el país y por su punto de vista común, y había apelado a sus relaciones familiares. La hermana de Hussman había sido la primera esposa de Richard Arnold y era la madre de sus dos hijas.

3. La Universidad de Arkansas derrotó a Duke 76-72 en la final, el 4 de abril de 1994.

Todo eso estaba muy bien, dijo el presidente, pero los periodistas eran ciegamente selectivos sobre las consecuencias personales de sus actuaciones políticas. Contó que los redactores de *The Wall Street Journal* habían acosado maliciosamente a Vince Foster hasta la muerte, y que esto era igual de malo. Confundido, le pregunté en qué sentido lo decía. Mack McLarty estaba al tanto de todo, dijo Clinton. Como jefe de gabinete de la Casa Blanca, estaba horrorizado, con razón, por que el presidente quisiera enfrentarse a Hussman. Pero el presidente llamó a Hussman de todos modos, decidido a reprenderle por enredar tantas vidas en tramas dignas de Faulkner.

La esposa actual del juez Arnold, explicó Clinton en tono serio, era la mujer que, según las alegaciones de los policías de Arkansas —que sólo habían dejado fuera su nombre—, había tenido el lío con él cuando era presidente electo en su fiesta de despedida en Little Rock. Era la que había llamado a la CNN muy agitada para negarlo. Eso quería decir que Hussman había estado dispuesto a fomentar un escándalo que implicase a antiguos familiares suyos. Clinton le dijo a Hussman por teléfono que quería colocar al juez Arnold en el Tribunal Supremo y que sus posibilidades dependían sobre todo de la opinión de los médicos, pero que ahora, además, había un veneno que estaba extendiéndose por todas partes. «Si nombro a Richard Arnold —dijo que le explicó a Hussman—, la prensa llegará ahí a manadas y sacará a la luz que fue su mujer, la mujer de tu ex cuñado, a la que involucraste tú en la historia de los policías. Es imposible que no se descubra.»

Clinton reprodujo la descarada respuesta de Hussman: «Bueno, señor presidente, no se preocupe. Los policías dicen que en las primeras versiones se identificó a Kay Arnold por error». El presidente hizo una pausa; parecía nervioso. Luego contó que le preguntó a Hussman si se daba cuenta de lo que estaba diciendo. Que eso era lo importante. «Vosotros —le dijo— tenéis a esos policías que afirman y niegan cosas a vuestra conveniencia, y tu *vendetta* contra mí ha empezado a dañar a nuestro estado y a los intereses a largo plazo de Estados Unidos.» Afirmó que le había hablado a Hussman con mucha claridad. Habló de connivencia, asalariados políticos y completo desprecio por la verdad. La grabación que dicté momentos después sobre la sesión concluía de forma sucinta: «Clinton se agitó mucho al contar esta historia».

Más tranquilo, dijo que los informes médicos habían sido contradictorios. El juez Arnold podía sobrevivir varios años más, o podía vencer el linfoma con tratamientos agresivos que, de todas formas, le dificultarían su trabajo en los tribunales.[4] Clinton llamó a los dos senadores de Arkansas para decirles que lo lamentaba mucho. Dijo que se habían quedado muy decepcionados, sobre todo Dale Bumpers, en cuyo equipo había trabajado Arnold. Ambos le instaron a designar a su colega en el Senado, Paul Sarbanes, de Maryland, como sustituto sorpresa. Sarbanes era un abogado de primera categoría y un político modelo. Además, pensaban, tenía la ventaja de que el gobernador de Maryland, Donald Schaefer, nombraría a un amigo de Clinton, el alcalde de Baltimore, Kurt Schmoke, para sustituir a Sarbanes en el Senado. El presidente confesó que le dio vueltas brevemente a la sugerencia, pero Hillary le advirtió que el proceso estaba ya demasiado avanzado para introducir un nombre nuevo. Y que dudaba de que el gobernador Schaefer fuera a designar a Schmoke. Schaefer era un famoso cascarrabias, y podía incluso designar a un republicano.

El presidente se replegó un poco; dijo que los colegas del juez Stephen Breyer consideraban que sólo Arnold podía superarle en temperamento y talento legal. Expresó su admiración por el elegante comportamiento de Breyer cuando le descartó para el puesto de la juez Ginsburg. De las innumerables peticiones que pasaban por su mesa, a Clinton le había impresionado una recomendación de Breyer escrita por una amiga y colega de Hillary, Marian Wright Edelman, directora del Fondo de Defensa de los Niños. También había conservado una elocuente carta manuscrita de otro ex alumno de las becas Rhodes, Rick Stearns, que había contribuido de forma importante a enviarnos a Clinton y a mí a Texas hacía muchos años. Irónicamente, uno de los factores decisivos acabó siendo lo fácil que se predecía que iba a ser la confirmación de Breyer en el Senado. Sus problemas fiscales con la niñera del año anterior parecían olvidados o, al menos, ensombrecidos por el aprecio que se le tenía en ambos partidos como antiguo abogado jefe del Comité Judicial del Senado. Estaba decidido, dijo el presidente Clinton. Anunció su candidato el 13 de mayo; el Senado lo confirmaría el 29 de julio en una votación de 87-9.

Clinton se detuvo de nuevo en Vince Foster y *The Arkansas Democrat-Gazette*. Dijo que era humillante que la gente le acusara de haber asesinado a su amigo y tener que endeudarse personalmente para defenderse ante un fiscal especial sacado de su propio Gobierno y sufragado por los con-

---

4. El juez Arnold se retiró en 2001. Murió el 23 de septiembre de 2004, a los sesenta y ocho años.

tribuyentes. En tono más filosófico, concluyó que no había más que dos posibles nimiedades en todas las acusaciones: la primera, que había recibido a sabiendas dinero político canalizado a través del banco de Whitewater, y la segunda, que había usado indebidamente la influencia oficial para beneficiar a dicho banco. No había hecho ninguna de las dos cosas, dijo, y al final lo demostraría, pero predecía que su vindicación se quedaría obsoleta. Aunque le exoneraran, sería un espejismo, porque no importaba que hubiera o no algo sustancial. Sus críticos sólo querían rebuscar más acusaciones. El motor de todo el asunto era una mezcla de estrategia partidista y de satisfacción morbosa, sostenida por personas que se sentían superiores o indiferentes a los verdaderos problemas políticos del país. Clinton confesó que la máquina del escándalo le había quitado mucha alegría al hecho de ser presidente.

Chelsea pasó, muy arreglada, hablando de un examen de verbos españoles. Dio las buenas noches y se despidió de forma preliminar antes del largo viaje que iba a hacer Clinton. Cuando se fue, el presidente dijo que el ex presidente Bush le había animado a pasar más tiempo en Camp David. Bush se había enterado de que su amplio y atento personal estaba con la moral baja porque estaba aislado y sin nada que hacer, dado que los Clinton no iban casi nunca. Clinton dijo que, aunque comprendía esas preocupaciones, no veía muchas posibilidades de que la situación cambiase pronto. Chelsea tenía catorce años. Lo que menos le apetecía era un fin de semana en Camp David, que para ella era un sitio en medio de la nada. Prefería quedarse en casa y sus padres querían separarse de ella lo menos posible. Así que Camp David tenía que esperar.

Habló un poco de sus dos funerales del mes anterior. Había quejas persistentes de que su panegírico de Richard Nixon había sido demasiado blando, sobre todo en relación con la guerra de Vietnam, pero el presidente dijo que había querido enmarcar a Nixon como el último liberal en un ciclo histórico más amplio, destacando sus propuestas innovadoras para el medio ambiente, el mantenimiento de las rentas y una cobertura del seguro de salud más extensa. En cuanto a Jacqueline Onassis, que había muerto de linfoma a los sesenta y cuatro años, el presidente confesó que para él era sobre todo un icono, puesto que sólo la había conocido de vista durante las vacaciones del verano anterior. En cambio, dijo que Hillary y Jackie se habían hecho amigas. Hablaban con frecuencia por teléfono sobre la vida en la Casa Blanca, y él lo agradecía.

Hillary entró desde el dormitorio y se quedó paralizada. Iba en bata y llevaba una toalla en la cabeza y una máscara de crema grisácea con unos grumos blancos en la cara. Ni ella ni el presidente pronunciaron palabra, pero yo dije «Perdón» mientras se marchaba. Me disculpé por quedarme hasta tan tarde la noche antes de su viaje para asistir al 50° aniversario del Día D. El presidente había rematado sus preparativos con una cena en la Casa Blanca para importantes especialistas en la Segunda Guerra Mundial, y había disfrutado con la velada. Explicó que todos los expertos estaban de acuerdo con la rotunda opinión del historiador Stephen Ambrose de que el propósito principal de la sangrienta invasión de Italia en 1943 fue mantener contento a Winston Churchill. Decían que ese objetivo —por extraño que pudiera parecer ahora— era una política aceptable en los tiempos en los que los dirigentes, con todos sus defectos, eran unas figuras más preeminentes en el escenario mundial. Percibí un aire de nostalgia en la voz de Clinton. Iba a hablar en nombre de Estados Unidos en ceremonias en toda Europa para conmemorar uno de los sucesos más trascendentales del siglo XX.

Contó que Sam Gibbons, de Florida, había llamado ese día desde Francia con noticias sobre su elección, por fin, para presidir el Comité de Medios y Arbitrios de la Cámara. Gibbons, que había sido capitán y se había tirado en paracaídas en Carentan, después de la invasión del Día D, había vuelto a Francia para reencontrarse con sus compañeros supervivientes de la 101ª División Aerotransportada. En homenaje a ellos, había prometido aprobar las leyes sobre sanidad. El presidente dijo que Gibbons era un viejo combatiente al estilo de Harry Truman, y muy inteligente, pero los profesionales de la política dudaban que fuera a tener tanto poder como su predecesor (Dan Rostenkowski acababa de dimitir para defenderse de una acusación de corrupción que al final le llevaría a la cárcel). Clinton esperaba que el ego sin compromisos de Gibbons le ayudara a aprobar el proyecto de ley y demostrar a todos que se equivocaban. Se imaginaba al viejo soldado saltando de nuevo por una causa noble y desesperada. Esta imagen se me quedó grabada entre otros cientos de una sesión que temía que fuera la última. Mientras volvía a casa, pensé que me gustaría que hubiéramos hablado de más cosas.

10

VIAJES AL EXTRANJERO

Jueves, 30 de junio de 1994

Jueves, 21 de julio de 1994

La última noche de junio trabajamos en la Sala de los Tratados, porque Chelsea estaba viendo una película en la sala de estar familiar. Con mis grabadoras y mis cuadernos esparcidos por la mesita delante de mí, me senté en un sofá bajo el cuadro que da nombre a la sala, y que muestra las ceremonias de firma del tratado que puso fin a la guerra de 1898 entre Estados Unidos y España. El presidente Clinton llegó con vaqueros, zapatillas deportivas y su cigarro sin encender. Se sentó en un gran sillón frente a mí y puso los pies sobre la mesa, claramente de buen humor. Ese mismo día, Sam Gibbons había logrado que el Comité de Medios y Arbitrios que presidía aprobase el enorme proyecto de ley de sanidad en una votación en la que se aplicó estrictamente la disciplina de partido, 20-18. Era un gran obstáculo, dijo el presidente, pero las cosas se iban a poner más difíciles.

¿Me había dicho algo David Kendall? La pregunta me sobresaltó. Kendall había aparecido en todos los periódicos como abogado contratado personalmente por los Clinton para las investigaciones del caso Whitewater. Le dije al presidente que, por casualidad, me había encontrado con él la semana anterior en el 30º aniversario del Verano de la Libertad en Mississippi, una movilización estudiantil existente durante el apogeo del movimiento de los derechos civiles. Clinton comprendía que tuviera que acudir para recoger material para mi trabajo, pero pareció confundido. «¿Y qué hacía él allí?», preguntó. Yo vacilé, sin tener muy claro cuánto sabía o quería saber el presidente sobre su defensor. Cuando era estudiante en la pequeña Escuela Superior de Wabash, Kendall fue uno de los intrépidos voluntarios que recibieron palizas y fueron encarcelados aquel verano de 1964 por ser testigos de la primitiva segregación de Mississippi.[1] El presidente Clinton asintió. Había conocido a Kendall durante su curso con la beca Rhodes y parecía impresionado al enterarse de que un abogado de Washington, ahora conocido por su aspecto de maestro de escuela y su discreta tenacidad, hubiera tenido esa pasión juvenil. Inició una triste digresión sobre las tendencias racistas que estaban aflorando últimamente en los datos de sondeos de los que disponía. Luego dijo que Kendall, de alguna manera, se había enterado de nuestras grabaciones históricas —seguramente a través de Lloyd Cutler— y me iba a llamar sobre la citación del fiscal especial. ¿Indicaban mis notas qué cintas tenían comentarios «de peso» sobre el caso Whitewater o la muerte de Vince Foster? Dijo que Kendall quizá insistiría en oír algunas de ellas. Nos planteamos una docena de preguntas que pintaban un negro panorama. Clinton temía que el Congreso exigiera todas las cintas. Ensayó una justificación: que él, a diferencia del senador Packwood, no renunciaba a su derecho a la intimidad por una revelación voluntaria. Kendall era un abogado excelente, repitió varias veces. Quizá podía evitar ese combate.

Decidimos abandonar esos peligros hipotéticos. Y pasó a decir que Sam Gibbons no conseguía que el proyecto de ley de sanidad pasara pronto al pleno de la Cámara. Los miembros de la Cámara Baja, aquejados de una manía persecutoria que Clinton consideraba justificada en parte, querían que el Senado lo debatiera antes. Se habían arriesgado demasiadas veces a «votaciones peligrosas» sobre algún proyecto de ley controvertido para que luego las *primas donnas* del Senado eludieran su aprobación definitiva, con lo que los representantes quedaban políticamente al descubierto para nada. El proyecto de ley de sanidad estaba atascado en el Comité de Finanzas del Senado, presidido por el senador de Nueva York, Pat Moynihan, que no encontraba la mayoría necesaria para ninguna versión del texto. Clinton analizó la actuación de Moynihan con simpatía y observó que tenía muy mala suerte. En el bando demócrata, su comité estaba formado en gran parte por miembros procedentes de pequeños estados rurales —Max Baucus de Montana, Kent Conrad de Dakota del Norte,

---

1. Andrew Goodman, compañero de habitación de Kendall durante las sesiones de entrenamiento para la no violencia en Ohio, fue uno de los tres jóvenes activistas de derechos civiles atacados la primera noche de ese verano, el 21 de junio de 1964. En el grupo del Ku Klux Klan que perpetró la paliza había policías de Mississippi que luego simularon investigar su propio crimen.

David Boren de Oklahoma y, en cierta medida, John Breaux de Louisiana—, que eran vulnerables a las campañas de la oposición bien financiadas por compañías de seguros. Además, los senadores de los estados pequeños se enfrentaban a una resistencia desproporcionada a la cobertura sanitaria organizada por los empresarios, porque eso representaba menos compañías grandes para compartir la carga de las pequeñas empresas.

El senador Boren, dijo Clinton, representaba para Moynihan todavía más quebraderos de cabeza, porque era un heterodoxo temperamental. Boren insistía en que hubiera una ley aprobada por los dos partidos, independientemente de su contenido, y no estaba dispuesto a apoyar ninguna medida que no atrajera a unos cuantos senadores republicanos. Su postura equivalía a un veto en nombre de la oposición, cuyo objetivo era bloquear la ley, no participar en su elaboración. Newt Gingrich, líder republicano en la Cámara, había declarado abiertamente que iba a aplicar la disciplina de partido para que la ley fuera «imposible de aprobar». El día anterior, Bob Dole había introducido por fin su propio proyecto alternativo de sanidad en el Senado, pero Clinton dijo que era un gesto populista. Lo que importaba era que se había asegurado la lealtad de prácticamente todos los senadores republicanos. Y Dole contaba además con una ventaja extra para detener el proyecto de Clinton con su falange partidista. El presidente dijo, en tono irónico, que los republicanos más veteranos en el Comité de Finanzas de Moynihan estaban «políticamente incapacitados». Dole había advertido al senador Packwood de Oregón que la investigación ética del Senado por acoso sexual se intensificaría —y justo durante una campaña para la reelección que tenía muy difícil— si Packwood cooperaba con los demócratas en el Comité de Finanzas. El siguiente republicano, David Durenberger de Minnesota, no iba a presentarse a la reelección, porque le habían quitado la licencia para ejercer como abogado y había recibido una moción de censura del Senado por mal uso de fondos públicos. No obstante, Clinton dijo que Durenberger se había vendido previamente a Dole —y por tanto no le servía de nada a Moynihan— a cambio de su ayuda para encontrar trabajo al salir del Senado y que testificara sobre su carácter en el juicio al que iba a verse sometido.

La cruda política hacía que el presidente fuera pesimista sobre las posibilidades de su ley. Aunque una gran mayoría de la población seguía estando a favor de los principios fundamentales de la reforma sanitaria, dijo que el inconveniente de una oposición intensa y distorsionada estaba convirtiendo la victoria en derrota. Comparó la dinámica con las batallas por el control de armas, en las que las arcas y las listas de correo de la NRA hacían aguas en una masa de apoyo extensa pero delgada. Clinton se centró en el reto de la presentación pública. No había muchos defensores del proyecto de ley que entendieran sus complejidades, explicó, y eran pocos los que eran capaces de destacar con claridad sus méritos: cobertura universal, contención de los costes, elección del paciente y simplificación de los pagos. Más de una vez, durante nuestra sesión, el presidente se sumió en sus propios ensayos de discurso. Dijo que Hillary y él estaban experimentando con foros nuevos. Elogió la viva respuesta del senador Robb en un debate reciente cuando su rival para el Senado, Oliver North, le llamó vasallo y le acusó de votar siempre lo que viniera de Clinton. Robb replicó que también había votado la mayoría de las veces lo que decía el presidente Bush porque su deber era ayudar a los presidentes en lo que pudiera, no derribarlos. Clinton y él estaban trabajando para crear empleo para los virginianos, disminuir la burocracia y garantizar a todos una asistencia sanitaria de calidad. Robb luchó como debía. No vaciló ni se ahorró palabras, dijo Clinton, que predijo que iba a ganar.[2]

El entusiasmo del presidente aumentó con los recuerdos de su viaje a Europa para celebrar el aniversario del Día D. Habló con detenimiento de varias reuniones privadas, como el debate espontáneo que se había organizado con varios centenares de seminaristas en el Vaticano. Había sido una audiencia con Juan Pablo II que no fue tan íntima ni abarcó tantos temas como otras que seguirían en años posteriores. El Papa se había roto la pierna hacía poco y Clinton pensaba que era una lesión grave, porque, tanto al entrar Clinton como al salir, el Papa, que se había empeñado en levantarse pese a las protestas del presidente, tuvo que esforzarse mucho para hacerlo. El resto del tiempo no se movió, y el presidente creía que seguramente le habían llevado hasta su sillón. Intercambiaron cortesías y discutieron muchos temas, entre ellos Bosnia, pero la incursión de Clinton en las cuestiones del aborto y los métodos anticonceptivos no tuvieron respuesta. Clinton intentó aclarar que, aunque apoyaba y pensaba hacer respetar el derecho de las mujeres a recurrir a un aborto legal y seguro, estaba deseando reducir drásticamente su número de forma voluntaria.

---

2. El senador Robb, efectivamente, derrotó a North en las elecciones de 1994, una cita en la que apenas la mitad de los senadores demócratas conservaron su puesto. Los republicanos ganaron en el Senado ocho escaños que eran de los demócratas y no perdieron ninguno.

Estaba seguro de que la mayoría de las mujeres estaba de acuerdo, y por eso confiaba en que Juan Pablo II pensara en relajar las doctrinas de la Iglesia sobre el control de natalidad, para poder buscar formas comunes de evitar los embarazos no deseados. Ante esa propuesta, dijo Clinton, el Papa frunció el ceño en silencio. Juan Pablo II hablaba inglés muy bien, pero Clinton no estaba seguro de si el Papa estaba meditando sobre su oferta de compromiso o sólo valorando su dominio del lenguaje, y la respuesta que acabó dando se convirtió en una crítica a la conferencia de la ONU sobre el control de natalidad que iba a celebrarse en El Cairo, en Egipto. El Papa se agitó al hablar de las afrentas feministas contra la autoridad de la Iglesia. Y luego le aclaró a Clinton que sólo podía bendecir una nueva forma de anticonceptivo, el alivio de la pobreza mundial, que haría que la gente limitara el tamaño de sus familias de forma natural. No explicó cómo iban a hacerlo sin métodos anticonceptivos.

En Roma, el presidente se entrevistó con el nuevo líder italiano, Silvio Berlusconi, que desprendía cierta ingenuidad y se preguntaba por qué la política no podía ser tan sencilla como los negocios. Era dueño de tres cadenas de televisión italianas, además de una villa en las Bahamas, cerca de la de Ross Perot. Clinton pensaba que hasta Perot era más sofisticado que Berlusconi. Después, el presidente recordó unas visitas a la campiña italiana con soldados de la Segunda Guerra Mundial. Dijo que los veteranos de la campaña de Italia se sentían un poco menospreciados, como los rusos en el escenario oriental de la guerra. Habían expulsado a los soldados nazis de Roma dos días antes del desembarco en Francia. Clinton recordó un paseo por el cementerio de Nettuno con un puñado de veteranos. Un soldado encontró la tumba de su sargento: contó que, incapaz de dormir, el mencionado sargento le había pedido que le cambiara el turno de patrulla. Si no hubiera aceptado, dijo el soldado, su sargento quizá aún estaría paseando por allí. El presidente describió también paseos similares por las playas francesas de Normandía, lejos de los periodistas, escuchando las historias de los veteranos sobre lo que ocurrió al desembarcar bajo el fuego mortal del enemigo. Durante las pausas, se iban inclinando con aire ausente para formar lo que acabó siendo una pequeña cruz hecha de piedras. En lo alto de un acantilado, donde los veteranos le contaron cómo habían desarmado las posiciones artilleras de los alemanes, un soldado, de quien Clinton recordaba incluso su nombre, describió cómo se había despertado en un hospital del ejército en pleno delirio, con heridas horribles, y había visto a su hermano a su lado, entre los médicos; sin embargo, luego se volvió a despertar sin ninguna herida y se dio cuenta de que su hermano había muerto a su lado en la playa. Era un sueño recurrente desde hacía cincuenta años y del que el soldado esperaba curarse en esa visita.

El presidente explicó, por encima, una noche a bordo del yate real de la reina Isabel con Carlos y Diana, que estaban separados, así como su propio discurso en las ceremonias oficiales del Día D («Cuando eran jóvenes, estos hombres salvaron el mundo»). Se animó más al hablar del viaje posterior a Oxford para recibir un título honorífico, que le hizo recordar la vida en el campus y las costumbres británicas. Dos estudiantes de Singapur le criticaron y le acusaron de imperialismo cultural, lo que suscitó un encendido debate. Un antiguo amigo de su época en Oxford, asombrado de que el presidente aún recordara su nombre, le felicitó por estar realizando una magnífica labor en todos los aspectos menos en uno. Odiaba su política respecto a Irlanda, y dijo que Clinton nunca debería haber dejado entrar al «terrorista» de Sinn Féin, Gerry Adams, en Estados Unidos. Ése fue el punto de partida de otra de las muchas discusiones políticas hasta altas horas de la noche. Clinton reconoció que las discusiones le rejuvenecían, y pareció que le volvía a rejuvenecer el mero hecho de esbozar los elementos de la discusión. Los estudiantes supieron mantenerse firmes en muchos temas, y él agotó a la masa de periodistas que trataban de seguirle el paso. Lo mismo ocurrió en las ruedas de prensa maratonianas de Francia. Unos reporteros exhaustos dijeron que creían que la política estadounidense era más superficial.

Nos interrumpió una llamada de Tokio. El presidente me dejó en la Sala de los Tratados, escondido para que no me vieran el consejero adjunto de Seguridad Nacional, Sandy Berger, ni otros miembros del equipo que esperaban asistir a la conferencia de presentación de Tomiichi Murayama, elegido el día anterior para ser el cuarto primer ministro en un año. Clinton volvió quince minutos después sonriendo. Por las fotografías que figuraban en su informe, dijo que Murayama tenía grandes cejas pobladas, como el viejo jefe sindical John L. Lewis. El primer contacto había ido bastante bien, aunque el presidente se preguntaba por qué un socialista como Murayama encabezaba un Gobierno de coalición con tantos partidos conservadores. Murayama no dejó de asegurar lo importante que era hablar con el presidente norteamericano sobre varios temas básicos, y eso recordó a Clinton que incluso los países fuertes seguían considerando Estados Unidos un baluarte. A pesar de nuestra imagen tambaleante y torpe, teníamos constantemente mejores resultados económicos que los demás países desarrollados. El año anterior, dijo Clinton, Estados Unidos había representado el 40 % de la producción acumulada y todo el crecimiento neto de puestos de trabajo entre las naciones del G-7, y todo ello con el menor índice de inflación.

Cuando pasó por allí Chelsea, el presidente intentó quedar con ella para jugar a las cartas o simplemente para hablar. Le dijo que hacía tiempo que no la veía, pero ella se disculpó diciendo que tenía que levantarse temprano. Clinton pareció quedarse chafado y me comentó que su hija tenía un trabajo de verano en el Instituto Nacional de Salud. Volvimos a la grabación y al gran cambio de personal de la Casa Blanca anunciado el 27 de junio. El elemento central era la designación del director de presupuestos, Leon Panetta, para sustituir a Mack McLarty como jefe de gabinete. Clinton reveló que había pedido consejo antes de su viaje del Día D y que había pedido a la jefa de gabinete de Hillary, Maggie Williams, que reuniera unas cuantas sugerencias confidenciales. Panetta era idea de ella. Cuando le pregunté si no era raro que la oficina de la primera dama interviniera, contestó que no había un modelo sencillo para reorganizar a los organizadores. Williams era astuta, discreta y eficiente. Recomendó a Panetta por su constante buen humor y una política estricta a la hora de reducir el déficit presupuestario. McLarty, pese a sus antecedentes como directivo, era más un embajador del mundo de la empresa que un gestor estricto. Harold Ickes era suficientemente duro, pero demasiado centrado en cada proyecto para ejercer un mando de conjunto. McLarty nunca había querido ser jefe de gabinete, concluyó el presidente con un suspiro.

Clinton dijo que debía haber hecho ese cambio hacía ocho meses. Era culpa suya. También estaba de acuerdo con los especialistas en gestión que decían que la Casa Blanca tenía demasiados asesores generales. En esa ocasión, el que se había quedado fuera era David Gergen, que había pasado de la Casa Blanca al Departamento de Estado. El presidente parecía sentirlo por él. Con poca convicción, explicó que Gergen estaba mostrando un gran interés por los asuntos exteriores. Los dos pensaban de la misma manera y trabajaban bien en estrecha relación, pero Gergen había tenido conflictos crónicos con otros asesores del equipo. Ahora Bruce Lindsey iba a concentrarse en asuntos de personal y trabajaría desde la oficina jurídica de la Casa Blanca. George Stephanopoulos, que ya había perdido su puesto como portavoz público, iba a depender de Panetta. El presidente expresó su confianza en que Panetta endurecería las responsabilidades, pero pareció que le incomodaba hablar de despidos y fricciones y contento de haber dejado atrás esa situación. Se mostró más expansivo sobre las cualidades de la economista Alice Rivlin, que iba a sustituir a Panetta en la Oficina de Gestión y Presupuestos.

El presidente empezó a dar respuestas más breves, señal de que estaba fatigado. Dijo que había mucha más gente preocupada por la reforma del Estado de bienestar que por la reforma de la financiación de las campañas. Su proyecto de ley sobre el crimen estaba atascado en las enmiendas sobre justicia racial a las partes sobre la pena capital. Estaba trabajando para desatascar al menos uno de esos proyectos de ley en el Congreso, cosa que, según él, «me reviviría para la lucha» para volver a centrar la atención del país sobre la política. A propósito de Corea del Norte, explicó que Jimmy Carter había iniciado su reciente viaje con una llamada a Al Gore, y Clinton había aprovechado la misión, que era voluntaria, para romper el extremo aislamiento de aquel país. Dijo que la administración estaba recibiendo mensajes privados —curiosamente, del evangelista Billy Graham— de que Corea del Norte temía marchitarse como «otra Alemania Democrática». Por supuesto, Carter consiguió hablar con el dictador norcoreano Kim Il Sung, que propuso permitir la inspección de las instalaciones nucleares de su país a cambio de suavizar las duras sanciones económicas. La única pega era que Carter anunció las condiciones a la CNN antes de que fueran oficiales, y añadió de forma gratuita que él nunca había estado de acuerdo con las sanciones. La noticia enfureció a la Casa Blanca, pero Clinton le restó importancia. Aclaró que el pacto se había ratificado mediante un intercambio de cartas y que no creía que Carter hubiera criticado la política oficial «si la situación todavía fuera dudosa».

En un aparte informal, contó que había jugado al golf hacía poco en San Diego con O. J. Simpson, el actor y antigua estrella de fútbol americano, y que quizá podríamos hablar de ello en la próxima ocasión (no lo hicimos). Era su reacción a un fenómeno cultural discordante que se produjo mientras Carter estaba en Corea del Norte. Los medios de comunicación —incluida la CNN— dejaron en suspenso todas las demás noticias mundiales durante toda una tarde para mostrar un Ford Bronco de color blanco perseguido por un ejército de vehículos de la policía de Los Ángeles, corriendo por autopistas hasta que Simpson se rindió, acusado de haber matado a su esposa y a un amigo de ella con un cuchillo.

Empecé a enumerar una serie de visitas de Estado pero Clinton me interrumpió para contar que había compartido un momento emotivo en el

Despacho Oval con el presidente de Chile, Eduardo Frei. Frei le había contado que, en la década de 1960, cuando la constitución chilena exigía que los presidentes obtuvieran la autorización del Parlamento para cualquier viaje al extranjero, un grupo de socialistas y militares conservadores había impedido que el presidente Frei padre aceptara invitaciones de la Casa Blanca. Frei hijo, recién elegido, se lamentaba de que su padre no hubiera vivido lo suficiente para poder acompañarle ahora. Respecto a otro detalle, Clinton se estremeció al preguntarle yo sobre su testimonio formal ante el fiscal especial del caso Whitewater. Se habían entrevistado allí, en la Sala de los Tratados, el 13 de junio, dijo, e indicó las sillas en que se sentaron. Robert Fiske llevó a dos miembros de su equipo y le hizo prestar juramento. Él respondió a todas las preguntas y Hillary también. Otros presidentes antes que él habían tenido que someterse a esos interrogatorios, destacó; Carter, cuatro veces, por algo de una investigación sobre cacahuetes. El presidente parecía incómodo, deseoso de pasar a otra cosa. Me fui poco después de medianoche.

Tres semanas más tarde, varios retrasos impidieron que siguiéramos nuestra rutina en la sesión de julio. Una fila de coches ocupaba la zona en la que solía aparcar yo, bajo el Balcón de Truman, y no me esperaba ningún portero dentro para acompañarme al piso de arriba. En su lugar había agentes del Servicio Secreto situados en la entrada diplomática que me dijeron que los ujieres estaban con el presidente y la primera dama al lado, en la Sala de los Mapas. De vez en cuando se oían a través de la pared risas procedentes del lugar en el que Franklin D. Roosevelt había seguido la Segunda Guerra Mundial con grandes gráficos y maquetas de las batallas. Esperé con los agentes en el pasillo inferior. Llegaron unos nuevos como relevo, algunos con cara de piedra y otros más charlatanes. Uno dijo que trabajar en la Casa Blanca podía ser bueno para hacer carrera, pero que las operaciones contra los falsificadores eran más divertidas. Otro bromeó diciendo que sus turnos de ocho horas estaban sincronizados con los de las enfermeras de hospital, y que el turno de noche estaba a punto de empezar. Empezaron a salir de la Sala de los Mapas cada pocos minutos miembros del Congreso, seguidos del ujier de la Casa Blanca, Dennis Freemyer. Anunció que la reunión estaba a punto de terminar y me acompañó a su despacho para poder irse corriendo al piso de abajo a encargarse del ascensor del presidente. George Hannie, uno de los mayordomos, apareció cuando el ruido de abajo estaba aumentando. «La señora Clinton me ha pedido que le lleve a la cocina», murmuró.

En la funcional cocina situada enfrente de su dormitorio había silencio. Hillary llegó poco después, hambrienta, pidiendo disculpas porque la sesión de estrategia sobre la sanidad se había prolongado demasiado, como siempre. Nos sentamos en una pequeña mesa de desayuno junto al frigorífico. Dijo que Chelsea volvía al día siguiente de un viaje de verano por Europa. Nos pusimos al día sobre los hijos y los colegios, y luego pasamos a una larga disputa sobre la liga de béisbol profesional. Los dueños de los equipos habían propuesto aplicar un tope salarial, que los jugadores habían rechazado, y estaban a punto de votar ir a la huelga. Hillary estaba apenada porque era hincha de los Cubs desde siempre y todavía estaba molesta por su experiencia el día del partido inaugural. Después de la emoción de tirar el primer lanzamiento en Wrigley Field,* en los vestuarios no había oído hablar más que de impuestos. Unos jugadores veinteañeros y multimillonarios la abordaron: «¡Su marido me ha subido los impuestos! ¿Qué vamos a hacer?». En su mayoría eran unos insensatos malcriados, opinó. Se negaban a tener en cuenta las necesidades públicas del país que hacía que les resultara tan lucrativo jugar con una pelota.

El presidente llegó dispuesto a comer. Dijo que a él también le habían abordado los jugadores a propósito de los impuestos, pero que no se los había tomado muy en serio. El país se las arreglaba muy bien en los años dorados antes de que Kennedy bajara la tasa impositiva máxima al 70 %, y ahora estaba por debajo del 40 %. «Si los jugadores quieren bajar sus impuestos —sentenció—, deberían hacer más donaciones a sus iglesias.» Le llegaban informaciones de que iba a haber una huelga devastadora que arruinaría la emocionante temporada de béisbol. Hasta la noche anterior no se había dado cuenta de que Tony Gwynn, del equipo de los Padres, de San Diego, estaba golpeando un promedio superior a .390, ni de que los modestos Expos de Montreal tenían el mejor historial con la segunda nómina más barata de todos los equipos. Nuestra conversación pasó de libros a cotilleos de cine mientras los Clinton comían unos platos de pescado recalentados. Hannie colocó un cubierto para mí e insistió en que sería de mala educación rechazar el postre. El repostero envió una elaborada tarta *chiffon* recubierta de enormes moras —sin lácteos, por las alergias de

* Wrigley Field es el campo de los Cubs, uno de los dos equipos de béisbol de Chicago. (*N. de la t.*)

Clinton— que por dentro se derretía. Comimos un poco. El presidente pidió un yogur de vainilla, pero Hannie no pudo encontrar más que de sabores exóticos. Los dos parecían tomarse la comida improvisada con estoicismo y hablaron lo mismo de su salud personal que de la sanidad nacional. Nos encaminábamos en la dirección equivocada. Dijeron que, hacía diez años, los seguros protegían al 88 % de la gente y la sanidad absorbía el 9 % del PIB, mientras que ahora la sanidad absorbía el 14 % del PIB y sólo protegía al 83 %. Ese día, Clinton había conocido a un anciano que seguía pesando lo mismo que cuando era adolescente, setenta kilos, a base de renunciar a todas las cosas de picar en la cocina, hasta una manzana. Hillary frunció el ceño mientras meditábamos la idea. «Parece demasiado aburrido —dijo—. No tener comida en casa.»

En la sala de estar, mientras preparaba mis grabadoras en la mesa de jugar a las cartas, me puse serio y le sugerí que, si quería, estaba dispuesto a dimitir de mi labor voluntaria. David Kendall me había llamado varias veces en relación con las cintas que había que revisar. Parte del material le parecía «claramente revelable», lo cual ponía los recuerdos confidenciales del presidente en peligro, y yo me sentía muy mal como participante en el proyecto. Aunque subrayé que no había hablado con ninguna persona no autorizada sobre el diario oral, por convicción personal y profesional, reconocí que, por mucho que se lo asegurase, eso no importaba. Lo que importaba era su confianza. En una ocasión me había dicho que quería encontrar a alguien que se encargara del diario interno de la Casa Blanca y, si quería hacer ahora ese cambio, o cualquier otro, estaba dispuesto a apartarme con discreción. El silencio cayó entre los dos. «Comprendido», fue todo lo que dijo.

Nos sentamos para continuar. El presidente hizo unas observaciones sorprendentes sobre sus reuniones económicas con los europeos a principios de julio. Le había encantado el recibimiento público en los países bálticos que acababan de obtener la independencia —sobre todo en Riga, la capital de Letonia—, donde unas multitudes bien informadas le habían vitoreado por sus persistentes esfuerzos para obtener la retirada de las tropas rusas que aún seguían como ocupantes, pero descubrió que en algunos sitios le eclipsaba un subordinado relativamente nuevo. Todos le preguntaban por el director del FBI, Louis Freeh. No era broma, dijo Clinton. En Polonia y en todos los países del antiguo bloque soviético, la gente hablaba de Freeh como si fuera una estrella de rock. Clinton dijo que era el reflejo de unos profundos temores sociales a que el nacimiento de la libertad trajera desorden, es decir, la libertad de robar o de que te robaran, y la gente clamaba por el FBI porque el crimen organizado causaba estragos en sus frágiles instituciones. Sin dar por descontada ninguna transacción pública ni privada —que un conductor de autobús no exigiera un soborno, que un banco hiciera efectivos los cheques a la persona correspondiente—, se aferraban a la esperanza de que Freeh pudiera ayudarles.

En Varsovia, Clinton vio que las dificultades habían marchitado la primera floración de la liberación polaca. Los mercados todavía no funcionaban. El desempleo estaba superando el 15 % en los lugares en los que se podía calcular y el presidente Lech Walesa, que había pasado de ser el héroe del movimiento democrático Solidaridad a tener unos índices de aprobación inferiores al 5 %, asaeteó a Clinton en privado pidiéndole protección para su país dentro de la OTAN. Durante los dos siglos anteriores, a excepción de veintiséis años, Polonia había vivido conquistada en su totalidad o dividida entre potencias extranjeras, y Walesa insistió en que la Rusia imperial iba a intentarlo de nuevo si Polonia no se desintegraba antes. En su cena oficial, Clinton estuvo sentado entre la mujer de Walesa, Danuta, y el presidente de la Cámara Baja del Parlamento polaco, el Sejm, y éste comentó con amargura que Polonia estaba mejor bajo el comunismo. Danuta se levantó de su silla y se dirigió furiosa al parlamentario. Le llamó ignorante por no conocer las profundas heridas que el comunismo había infligido al pueblo polaco.

«Creí que iba a pegarle», dijo el presidente, que tuvo que intervenir para imponer una tregua inestable. Al enterarse de que el Sjem era un cultivador de patatas, Clinton le recordó que el sistema soviético había permitido a los polacos ser dueños de sus propias granjas, y eso les había ahorrado lo peor del colectivismo totalitario. El Estado había comprado todas sus cosechas a un precio garantizado, pero Polonia no necesitaba una dictadura comunista para restablecer esos beneficios. Todos los países del mundo en los que los agricultores no eran pobres de solemnidad habían creado algún tipo de sistema comercial estabilizado para la agricultura, y los milagros de la libre competencia sólo podían surgir cuando se instituyeran unas normas para los sectores básicos de la economía. Para ello era necesario trabajar mucho. Aunque Polonia estaba pasándolo mal con la transición, Clinton trató de asegurar al parlamentario que la prosperidad y la libertad política eran socios necesarios a largo plazo.

El presidente tenía la vista puesta en el nuevo libro de Bob Woodward, *The Agenda*, que estaba entre mis papeles sobre la mesa de juego. Estaba claro que le habían hablado de él. Cuando me pidió mi opinión, eludí dar una respuesta para oír qué pensaba él. Clinton dijo que era una suerte que un reportero de la categoría de Woodward desenterrase las batallas ocultas por su proyecto de ley en contra del déficit de 1993, que era un tema muy árido para los lectores normales. También estaba de acuerdo en que las principales fuentes de Woodward habían sido seguramente los asesores recompensados con apariciones elogiosas en el texto: Stephanopoulos, el asesor político Paul Begala y, sobre todo, el presidente de la Reserva Federal Alan Greenspan, que figuraba como el paciente maestro que enseñaba economía a Clinton. No parecía que nada de aquello preocupase mucho al presidente. Creía que su asesor de finanzas, Robert Rubin, había hablado muy poco con Woodward («Es demasiado listo») y que Mack McLarty quizá no le había dicho nada en absoluto, porque era el que aparecía con una imagen menos favorable.

Lo que le molestaba era la obsesión por el estilo en lugar de la sustancia, sobre todo cuando se hablaba del libro en los medios de comunicación. Se hacían parodias de los debates dentro de su administración, como si fueran concursos de ineficacia y vaivenes propios de un jardín de infancia, con rabietas y enfrentamientos aterrorizados entre los «verdaderos demócratas» y banqueros despiadados o realistas y progresistas doctrinarios. El presidente rechazaba, ante todo, la exageración. Dijo que las discusiones animadas eran saludables para un Gobierno libre y las luchas internas una parte intrínseca de él, incluso por asuntos menores. «Forma parte de su esencia», aclaró. En comparación con los peones de muchas administraciones, o incluso los brillantes traidores que había en torno a Lincoln y Roosevelt, Clinton dijo que sus asesores presupuestarios eran auténticos modelos de decoro y servicio público. Su victoria en el Congreso suponía beneficios trascendentales para todos los ciudadanos. ¿El paquete podía verdaderamente controlar nuestro déficit? ¿Podíamos atrevernos a equilibrar el presupuesto nacional por primera vez en dos generaciones? ¿Con qué coste? ¿Cómo afectaría a nuestros nietos que nos ahorrásemos billones en deuda pública? Clinton lamentaba que las reseñas del libro de Woodward ignorasen esas preguntas fundamentales. Enterraban el problema fundamental bajo una montaña de acusaciones y el empeño en pedirse cuentas entre facciones.

Intenté que reanudara el relato de su viaje a Europa con la cumbre del G-7 en Nápoles, pero Clinton desvió la conversación hacia las excursiones que había hecho con Hillary y Chelsea. Visitaron Caserta, el palacio construido en el siglo XVIII para el rey Carlos VII, con unas 1.200 lujosas habitaciones, al que se llega pasando por una hilera de fuentes, que comparó con el estanque reflectante frente al monumento a Lincoln —salvo por sus doce kilómetros de largo—, y, antes de que me diera tiempo a absorber esas enormes dimensiones, describió las ruinas de la antigua Pompeya. No había lava. Una lluvia de bolas ardientes lo había matado todo, seguida de una riada de ceniza que conservó los instantes de la muerte con una precisión sobrecogedora, a veces moldeando una textura grisácea sobre los esqueletos en sustitución de la carne arrancada. Clinton recordaba decenas de detalles arqueológicos. Explicó que los excavadores habían deducido que una tienda era una especie de sitio de comida rápida, porque habían reconstituido su mostrador junto a una acera pública preparado para exponer cuencos que cogía la gente. El único edificio de dos pisos era un burdel, y había capas de carteles políticos cubiertas de cal a lo largo de las calles. A Clinton parecía fascinarle que los científicos fueran capaces de descifrar los lemas de campaña de las elecciones municipales que se celebraron en Pompeya en su último año de existencia, el 79 después de Cristo. Expresó su satisfacción, por una vez, por los medios para viajar utilizados en viajes presidenciales, al recordar un vuelo en helicóptero sobre el río Rin para ir a casa de Helmut Kohl en Ludwigshafen, sobrevolando «castillo tras castillo» como si fueran escenas aéreas de un libro de cuentos. Clinton dijo que el canciller Kohl y su mujer Hannelore parecían ser una pareja consistente y bien avenida, todavía muy enamorada después de veintinueve años. Ella estaba llena de curiosidad y energía, a pesar de padecer una misteriosa enfermedad de la piel.[3]

Kohl, a diferencia de la mayoría de los dirigentes europeos, respaldaba la solicitud de Polonia para entrar con rapidez en la OTAN. Clinton explicó que la razón era sencilla: a Kohl no le agradaba estar expuesto en el extremo oriental de la Alianza occidental mientras se encontraba en plena reunificación de Alemania. Desde el punto de vista estratégico y político, Kohl estaba muy pendiente de las tendencias autoritarias de los países que no eran de la OTAN. Todos los demás aspectos de la Alianza eran complicados, por supuesto, y el presidente pasó gran parte de la cumbre del G-7 danzando entre la ansiedad de Yeltsin por una posible ampliación de la

---

3. Hannelore Kohl sufría fotodermatitis, una sensibilidad aguda a la luz del sol que se considera causada por una reacción a la penicilina. Se suicidó en Ludwigshafen el 5 de julio de 2001, a los sesenta y ocho años.

OTAN y la ansiedad de la OTAN por el resurgimiento de Rusia. Un pequeño gesto que se llevó a cabo en Nápoles para aplacar a Yeltsin fue la reconfiguración del G-7 en G-8, con la incorporación permanente de Rusia. Clinton mencionó otra ramificación de la OTAN: que, mientras Polonia miraba hacia Occidente, Ucrania estaba cada vez más aislada en el sureste con sus 60 millones de habitantes, y tal vez se vería empujada a buscar la alianza y la protección de Rusia. Contó su llamada telefónica ese mismo día para establecer una buena relación con Leonid Kuchma, el recién elegido presidente de la Ucrania independiente. Por tamaño, demografía y situación estratégica, gran parte de la diplomacia europea se centraba en esos momentos en dos países: Turquía y Ucrania. Cada decisión que afectara a cualquiera de los dos parecía afectar desde Londres hasta La Meca.

Los líderes del G-8 elaboraron varios acuerdos económicos para estabilizar y cortejar a Ucrania. Aunque, añadió, las deliberaciones de Nápoles quedaron ensombrecidas por los acontecimientos externos. El líder fundador de Corea del Norte, Kim Il Sung, aunque constitucionalmente inmutable y declarado «presidente eterno de la República», había puesto fin a cuarenta y seis años de poder terrenal con su muerte repentina el 8 de julio. Clinton dijo que seguía pensando que merecía la pena aguantar la inmodestia de Jimmy Carter con tal de garantizar el pacto independiente en junio. En ese momento le habían asegurado que Corea del Norte no iba a violar sus acuerdos nucleares hasta que se enterrase a Kim. Por otro lado, los informes de inteligencia hasta entonces no habían hecho más que tantear el terreno y afirmaban que el hijo y heredero, Kim Jong-il, era o un vividor débil o un asesino despiadado que estaba compensando con creces su juventud malcriada. Al mismo tiempo se estaba produciendo una hemorragia de refugiados caribeños tan enorme que los líderes del G-8 habían interrumpido su cargada agenda para hablar del diminuto Haití. Algo terrible estaba empujando una marea humana a las balsas todos los días del año; el 4 de julio se habían ahogado 140 haitianos y el 7 de julio habían recogido del mar a unos 16.000.

Desde Europa, Clinton había ordenado a su nuevo enviado especial a Haití, el ex congresista demócrata de Pennsylvania William Gray, que anunciase que Estados Unidos ya no iba a aceptar a más haitianos a la deriva. Estaban enviándoles de forma provisional a la base naval estadounidense de Guantánamo, en Cuba. Clinton repasó una discusión que había tenido por teléfono con el presidente saliente de Panamá, Guillermo

Endara, que se había retractado de su promesa pública de conceder asilo a 10.000 haitianos, y había unas cuantas lecciones sutiles que extraer del callado esfuerzo de la administración para dispersar a los refugiados haitianos entre varios países latinoamericanos. El presidente dijo que casi todos los dirigentes expresaban sus reservas sobre la intervención de Estados Unidos en cualquier parte del hemisferio y apelaban al resentimiento popular por invasiones anteriores llevadas a cabo con arreglo a la Doctrina Monroe. Sin embargo, esos mismos líderes manifestaban una preocupación en sentido contrario sobre el hecho de que el ejército de Haití consiguiera que un Gobierno elegido sufriera un desplazamiento permanente. Casi todas las democracias latinoamericanas habían sido derrocadas por lo menos una vez en los últimos decenios, y los civiles elegidos estaban muy pendientes de cualquier atmósfera recurrente que pudiera dar indicios de golpes de Estado en la región. Hablaban constantemente entre ellos para compartir sus valoraciones sobre el aparato militar de cada país, y los ejércitos de sus países estaban vigilando Haití también. Clinton dijo que no se había dado cuenta de hasta qué punto la crisis haitiana podía afectar a las relaciones entre civiles y militares.

Ese mismo día, dijo el presidente, la embajadora Madeleine Albright había presentado en el Consejo de Seguridad de Naciones Unidas una resolución en dos partes que autorizaría el uso de la fuerza para restaurar el Gobierno de Aristide, seguido de un despliegue multinacional para mantener la paz. Clinton pensaba que era poco probable que se aprobara. Al día siguiente iba a anunciar el envío de 4.000 soldados estadounidenses para contribuir a las labores de auxilio en Ruanda. El Pentágono no sentía ningún entusiasmo por una misión ni en Haití ni en Ruanda, sobre todo teniendo en cuenta los planes de contingencia, en cambio constante, para hacer realidad algún tipo de acuerdo de paz en Bosnia. No obstante, los principales generales y almirantes estaban cooperando. Estaban trabajando con personas del equipo de Seguridad Nacional para definir unas tareas claras con una duración y unos riesgos aceptables, y Clinton quería que distinguieran sus responsabilidades militares de los objetivos políticos. Dijo que estaba deseando celebrar una serie de reuniones con la Junta de Jefes de Estado Mayor. Su relación había mejorado mucho desde los roces iniciales por los soldados homosexuales. El presidente meneó la cabeza lamentándose. «Me llevo mucho mejor con los militares que con la prensa.»

Había recibido informaciones espantosas sobre las atrocidades en Ruanda. A pesar del caos, ya se había identificado de forma bastante fiable a unos 500 líderes ruandeses sobre los que había pruebas de crímenes de guerra importantes o incluso de genocidio, casi siempre perpetrados por los hutus contra la minoría tutsi. Clinton confiaba en que hubiera allí unos juicios, así como en Bosnia, y observó que los cargos y la jurisdicción serían distintos del proceso que la ONU esperaba poder organizar contra el general Aidid, el señor de la guerra somalí. Hizo una pausa y confesó, perplejo: «Me da vergüenza, no puedo recordar exactamente bajo qué auspicios se juzgaría a Aidid».

Cuando le pregunté por el preocupante informe de la Oficina del Censo sobre la familia estadounidense, soltó unos cuantos datos estadísticos de memoria. ¿Me refería al aumento del 70 %, desde 1983, del número de niños que vivían con un solo progenitor que nunca había estado casado? Había ya 63 millones de niños en esa situación, frente a 250.000 en 1960. El presidente observaba una cultura aislada de pobreza que se deterioraba bajo su propio peso y privaba a las familias de varones adecuados. Relacionaba ese deterioro, que era proporcional a los índices de pobreza en función de los grupos étnicos, con el inamovible índice de abortos, el 27 % de todos los embarazos. Ya habíamos hablado de eso con anterioridad, dijo, así que pasó rápidamente a los atascos en la reforma sanitaria. Esta vez parecía menos dispuesto a perdonar al Comité de Finanzas del Senado. Haciéndose eco de unos comentarios de Hillary durante la cena, culpó al senador Moynihan por unas sesiones que no habían tenido objetivo, estrategia ni tema. Sólo Ted Kennedy, Tom Daschle de Dakota del Sur y Jay Rockefeller de Virginia Occidental sabían lo suficiente sobre el tema como para aguantar un debate en el pleno, mientras que Moynihan contaba a todo el mundo sus dudas sobre el proyecto de ley. Últimamente, también rechazaba las peticiones de Clinton de aprobar una versión minimalista del proyecto de ley en el comité. *Cualquier* proyecto de ley, dijo el presidente, insinuando la posibilidad de opciones de recambio, como un plan experimental sólo para niños, con un período de introducción gradual que durase varios años.

Clinton dudaba de que fuera a tener la oportunidad de aprobar la reforma sanitaria en el siguiente Congreso. Mostró tanto pesimismo que le di un amago de condolencias y predije que se le reconocería el mérito de haber sentado unas enormes bases políticas. Rechazó ese comentario por considerarlo prematuro o condescendiente. Quizá estaba cansado, pero se animó con una sorpresa procedente de Jordania. Pensaba que era inminente algún avance, pese a que reconocía no haber tenido ninguna sensación de ello durante la discreta visita del rey Hussein hacía menos de un mes. Se habían retirado para almorzar como dos parejas —los Clinton con el rey y su esposa, la reina Noor— en el comedor familiar al otro lado del pasillo, junto a la cocina pequeña. El orden del día fue una carrera contra reloj entre la delicada salud de Hussein y su deseo de hacer las paces con Israel. El presidente relató cómo Hillary y él enumeraron los síntomas de distanciamiento entre los dos países: fronteras cerradas, disputas por el agua, obstáculos para viajar, resentimientos derivados de la guerra, espacio aéreo en disputa, redes eléctricas selladas, etcétera. Hussein les ofreció un festín de buena voluntad sin comprometerse a nada.

Clinton se preguntaba qué había cambiado entre entonces y seis días más tarde, cuando Hussein organizó, por fin, una entrevista con un primer ministro de Israel en persona. Algo cedió, o encajó, pero el caso es que el presidente estaba de acuerdo con todos sus expertos en que la cosa iba en serio. Lo sabían porque el rey, debilitado, estaba volviendo a atravesar a toda prisa el océano Atlántico, e Isaac Rabin estaba viajando desde Israel para reunirse con él en la Casa Blanca. Clinton, por su parte, sentía una reacción por parte del presidente sirio Asad. Por alguna razón —simplemente por evitarlo, o por temor a no resolver nada—, el rey Hussein no había notificado al gobernante de su país vecino la trascendental decisión de estudiar la paz con Israel, y la desagradable tarea recayó sobre Clinton. La ira inundó la línea telefónica cuando Asad, hablando con Clinton, le reprochó a Hussein que hubiera traicionado a un hermano árabe. El mayor miedo de Asad era que Jordania y los palestinos siguieran el ejemplo de Egipto y firmaran la paz, lo cual le aislaría a él, y que Israel, entonces, endureciera sus condiciones lo suficiente como para retener los preciados Altos del Golán sirios. El presidente dijo que había hecho malabarismos durante la tempestuosa llamada. Primero advirtió a Asad de que no iba a escatimar esfuerzos para promover la repentina cumbre Israel-Jordania. Rabin y el rey Hussein iban a dirigir unas palabras conjuntas al Congreso. Clinton reuniría apoyos a Rabin entre los judíos norteamericanos y ayudaría a Hussein a obtener el alivio de la deuda y otros alicientes legislativos a cambio del pacto. El secretario de Estado, Christopher, iba a mediar para elaborar un acuerdo que pusiera fin de forma oficial a la beligerancia, al que pronto seguiría un tratado de paz con todas las de la ley.[4] Esta-

4. Cuatro días después de esta sesión, Hussein, Rabin y Clinton firmaron la Declaración de Washington para acabar con el perpetuo estado de guerra entre Israel y Jordania. Se

dos Unidos patrocinaría y presenciaría como testigo todas esas cosas, que resultarían amargas para Siria, pero Asad tenía que ser consciente de cuál era la realidad. Por otro lado, Clinton le aseguró que ninguna paz en la región podía ser total sin Siria. Prometió que seguiría trabajando en ese frente, independientemente de otros acuerdos.

Minutos después, el presidente salió de su vestidor descalzo, con pantalones de vestir y camiseta. Había estado desvistiéndose mientras yo rebobinaba y etiquetaba las dos cintas. «Espera aquí un minuto», ordenó, mientras se alejaba por el pasillo. Volvió enseguida con una de las dos cajas que le había dado para guardar las casetes de historia oral. Puse una de las cintas de esa noche dentro, y conté rápidamente las demás para asegurarme de que el juego estaba completo. Él cogió la otra casete. Unas noches antes, explicó Clinton, había llevado a David Kendall al Dormitorio Lincoln para que el abogado pudiera escuchar algunas cintas escogidas. Kendall trabajaba allí a solas, haciendo sus propias transcripciones, que iba incorporando a la respuesta de Clinton a la citación del fiscal especial Fiske. Estaba nervioso por tener que sacar esos documentos a la luz, pero coincidimos en que la puntillosa tarea de Kendall era prudente. Sin ella, las cintas estarían contaminadas desde el punto de vista legal. Nunca habría podido utilizarlas para investigaciones históricas sin suscitar acusaciones de que debería haber entregado los comentarios sobre el caso Whitewater a los tribunales. Su elusión o su supresión anularían todos nuestros esfuerzos. Así que teníamos que arriesgarnos a entregarlos.

El presidente le había dicho a Kendall dónde esconder las cintas cuando acabara. Mi visita le recordó que las había olvidado temporalmente, de modo que guardó las dos cajas en un armario. Las palabras tranquilizadoras de Clinton no encajaban mucho con mi conciencia de que yo estaba a su disposición y de que el proyecto podía estallar en cualquier momento. Cuando volvía a casa, me imaginé a Kendall trabajando sobre una grabadora en el Dormitorio Lincoln, Hillary discutiendo sobre impuestos con los jugadores de los Cubs y Jimmy Carter en un corrillo con un recluso moribundo y deificado en Corea del Norte. ¿Acaso la presidencia era algo más que la nube difusa de acontecimientos que ocurrían en torno a Clinton?

---

reunieron sesenta días después en la frontera de Wadi Araba, cerca del mar Muerto, donde ambos países firmaron el tratado de paz el 26 de octubre de 1994.

11

EL SUEÑO DE HILLARY

Viernes, 26 de agosto de 1994

Pícnic en la Casa Blanca
Sábado, 10 de septiembre de 1994

Pasó más de un mes. Nancy Hernreich dijo que el presidente estaba encerrado en reuniones de crisis casi cada noche. Para evitar retrasarlo otros doce días más, propuso encajar una sesión antes de que los Clinton se fueran de vacaciones a Martha's Vineyard. Aunque habíamos decidido reunirnos siempre de noche, Nancy dijo que el único hueco disponible era por la tarde antes de que se fueran. Vi que el helicóptero presidencial *Marine One* estaba esperando en el jardín sur y llamaba la atención de varios cientos de turistas que miraban a través de la verja para atisbar la salida de la familia presidencial. Desde la residencia de la Casa Blanca, donde varios ayudantes llevaban mensajes y bolsas, el presidente me llevó, a través del Salón Oval Amarillo, a grabar nuestra sesión en privado fuera, en medio del calor, en el Balcón de Truman.

El juez Breyer estaba confirmado, el acuerdo entre Jordania e Israel era, hasta el momento, un éxito, y en la base naval de la bahía de Guantánamo se habían aplacado los disturbios con los refugiados, así que Clinton reanudó su relato con una sorprendente derrota sufrida el 11 de agosto. Cincuenta y ocho demócratas se habían opuesto a su proyecto de ley sobre el crimen en el pleno de la Cámara, y sólo once republicanos habían votado a favor. El resultado, 210-225, unido a una situación de punto muerto en la reforma sanitaria, había hecho que Clinton emprendiera una operación de urgencia para salvar todo lo posible. Se resistía a volver a presentar el proyecto de ley sobre el crimen suprimiendo la prohibición de las armas de asalto. El presidente de la Cámara, Foley, y el líder de la mayoría, Gephardt, eran partidarios de esta opción, como la mayoría del equipo de la Casa Blanca. Al concentrarse en los elementos más populares —100.000 nuevos policías locales, más prisiones, programas de prevención y tratamiento, y penas más duras para los actos terroristas—, pretendían recuperar a miembros de los distritos rurales más vulnerables al lobby armamentista. Confiaban en aprobar la parte esencial de su proyecto de ley apelando a la disciplina de partido, sin tener que negociar con los republicanos, y arriesgarse a presentar de forma independiente la prohibición de las armas de asalto.

Quizá ésa era la única forma de sacar la ley adelante en la Cámara, pero a Clinton le preocupaba el Senado. En él necesitaba 60 votos para superar una posible maniobra de obstrucción parlamentaria, y a un proyecto de ley demócrata aprobado en la Cámara por un margen muy estrecho le iba a ser prácticamente imposible atraer a los senadores republicanos necesarios. Suprimir la prohibición de las armas de asalto podía no servir más que para obtener una victoria pírrica, opinó el presidente, que se sumergió en un complejo cálculo de personalidades y tácticas. Lo lógico, dijo, era que la prohibición estuviera incluida en el proyecto de ley en general. Desde el punto de vista simbólico, sabía que eliminarla crearía un escándalo entre los convencidos de que había cedido ante el lobby armamentista, incluso entre algunos que no habían querido enfrentarse a la NRA. Desde el punto de vista político, le habían llegado informaciones que no dejaban lugar a dudas de que el líder republicano Newt Gingrich iba a aplicar la disciplina de partido contra cualquier proyecto de ley relacionado con el crimen que volviera a presentarse, con o sin la prohibición de las armas de asalto. Y, aun así, Gingrich había predicho: «Quizá podría negociar con algunos republicanos». A Clinton le preocupaba que Gingrich le hiciera creerse el espejismo de que podía obtener votos de su partido y le alejase así de los demócratas, pero decidió cortejar a los dos grupos. Revisó algunos éxitos y las negociaciones fracasadas con el republicano John Kasich de Ohio. Contó conversaciones angustiosas con demócratas del ala izquierda que habían votado contra el proyecto de ley por sus nuevas disposiciones sobre la pena de muerte. Algunos se oponían por completo a la pena capital. Otros creían que las condenas a muerte discriminaban en función de la raza. Algunos creían las dos cosas, como el representante John Lewis de Georgia. Lewis y otros, al final, no pudieron soportar la idea de estar en el mismo bando que el lobby armamentista, en contra la ley, sobre todo cuando Clinton se mantuvo firme en la decisión de incluir la prohibición de las armas de asalto. Diez días de negociaciones y conciencias desgarradas habían conducido a un cambio de 25 votos y una espectacular victoria el domingo anterior en la Cámara, de 235 votos frente a 195.

Ahora, el Senado debía darse prisa antes de su pausa del Labor Day. Clinton dijo que la política en la Cámara Alta era bastante cruda, desprovista de todo hasta quedarse en un mínimo pretexto de preocupación por el contenido o la sustancia. El Senado había aprobado el proyecto de ley sobre el crimen de forma abrumadora el año anterior, en el curso 1993-1994, y sólo se habían opuesto dos republicanos, pero Dole y el texano Phil Gramm, dijo Clinton, rivalizaban en ser cada uno más negativo que el otro, porque tenían la vista puesta en la nominación presidencial republicana de 1996. Criticaban todo lo que defendía Clinton porque partían de la hipótesis de que cualquier iniciativa del Gobierno era fraudulenta y una maldición, y habían conseguido que los 42 republicanos que habían apoyado el proyecto de ley de 1993 dijeran después que estaba lleno de partidas de gastos pensadas para ganar votos. Dole aseguró que tenía compromisos firmados de todo su grupo de que no iban a permitir que se votara en el pleno, y exigió que antes se estudiaran diez enmiendas contra dichas partidas de gastos. Su ultimátum causó el caos en la administración, porque, sólo con que lograra salir adelante una enmienda, habría que enviar el proyecto entero a la Cámara para recomponerlo. Y ése era un peligro terrible. La ley podía venirse abajo entre un Senado terco y partidista y una Cámara que ahora estaba herida y dividida, pero el senador George Mitchell, el acosado líder demócrata, no veía más perspectiva que sacar como fuera los cinco votos republicanos necesarios para evitar una maniobra de obstrucción parlamentaria. Con grandes reservas, Clinton y él acordaron someter a la votación del pleno las diez enmiendas republicanas al proyecto de ley.

Y entonces Dole cambió de estrategia. Se opuso a las votaciones sobre sus propias enmiendas. Los programas de prevención del crimen y tratamiento de la drogadicción eran populares y no tenían muchos costes, así que las enmiendas de Dole para eliminarlos iban a fracasar. Peor aún, iban a fracasar de tal modo que a Mitchell le iban a sobrar votos. Mitchell podría permitir a unos cuantos demócratas escogidos —los que tenían reelecciones difíciles por delante— votar a favor de algunas de las enmiendas sin poner en peligro la ley. Por tanto, Dole decidió recurrir a su compromiso de bloqueo para impedir la votación, dijo el presidente, pero su giro dejó al descubierto a una docena de republicanos moderados que aseguraban apoyar el proyecto de ley en general si se sometían a votación las enmiendas. Clinton había rogado desesperadamente a esos senadores que no bloquearan la medida por pura política partidista, y en ese momento estaba furioso por no haber podido convencer a William Cohen, de Maine, de que desafiara a la dirección de su partido. Dijo que Bob Packwood era un caso inútil, porque hacía todo lo que decía Dole. Reconocía que Mark Hatfield, de Oregón, estaba sinceramente en contra de la pena de muerte. Su equipo había acorralado a William Roth, de Delaware, que se presentaba a las elecciones contra un fiscal demócrata. Arlen Specter, un ex fiscal de Pennsylvania, rompió con Dole, y se le unieron John Chafee de Rhode Island y Jim Jeffords de Vermont. La ley avanzó a trompicones a través del debate del Senado.

Clinton elogió a los que habían resistido las presiones, cada vez menores, del lobby armamentista. Reconoció que su popularidad era «casi nula» en Alabama y reprodujo un valiente discurso de uno de los demócratas que lo tenían difícil en el sur. Howell Heflin había dicho a sus colegas que le gustaban las armas. Le desagradaba tener que prohibirlas. Cuando examinó la lista de 600 armas que específicamente no estaban prohibidas por la ley, Heflin veía nombres conocidos. Eran armas de fiar. Pero, al examinar las 19 armas de asalto que se pretendían prohibir, le parecían extraterrestres. Reconoció que en Alabama nadie cazaba ciervos con una Tec-9 que disparaba munición lo bastante pesada como para pulverizar un chaleco antibalas, y que esas armas no eran más que artillería para cometer «crímenes atroces». Clinton imitó alegremente su forma de pronunciar «aaa-trooo-ceees» con un dramático temblor de mejillas. Contó que Heflin se había enfrentado a la NRA y que el proyecto de ley sobre el crimen había obtenido por fin la victoria definitiva el día anterior, por 61 votos frente a 38. Cuando el presidente llamó para dar las gracias a la senadora de Kansas, Nancy Kassebaum, la última de los seis republicanos que le habían dado el margen necesario, ella le dijo que no paraba de recibir llamadas de electores suyos indignados que insistían en que la nueva ley era una farsa. La gente negaba que fuera a haber más policía o más cárceles. Dijo que había mucho odio y se habían tergiversado muchas cosas. «Bueno, Nancy —replicó Clinton—, ya sabes de dónde sale todo eso, ¿verdad?»

El presidente pensaba que la nueva ley reduciría de forma significativa el crimen en todo Estados Unidos en el plazo de uno o dos años. Pero parecía resignado a considerar que se habían limitado a evitar lo peor, y no que habían logrado un triunfo o habían cumplido una promesa. Dijo que la cultura política no tenía en cuenta los beneficios empíricos. La ley de la reforma sanitaria era un proyecto más importante y estaba derrumbándose, y eso hacía que se prestara más atención a sus dificultades. Él confiaba en que su estrategia de trabajar con los dos partidos para sacar adelante la ley sobre el crimen le sirviera como una práctica en caso de que los republicanos ganaran más escaños en las elecciones parciales que se avecinaban. Estaba preocupado por Fidel Castro, que, de pronto, estaba despachando flotillas diarias de balsas ocupadas por cientos de criminales, marginados y desahuciados cubanos en dirección a Florida. Dijo, con orgullo, que habían bastado tres días de las miserables expulsiones de Castro —en medio del empujón final para sacar la ley sobre el crimen— para cambiar la política de inmigración de Estados Unidos que aceptaba de forma automática a los cubanos rescatados en alta mar. En cambio, se había tardado más de un año en cambiar la política opuesta de rechazo automático de los haitianos. Ahora, los guardacostas desviaban tanto a cubanos como haitianos a Guantánamo para examinar su posible entrada, caso por caso.

Esa nueva política, por lo menos, proporcionaba un cierto filtro para identificar a los refugiados políticos legítimos, pero la disuasión no bastaba por sí sola para acabar con el éxodo masivo. Hacía sólo dos días habían llegado a Guantánamo 7.000 cubanos que habían abarrotado sus instalaciones. Frustrado, el presidente reveló que había creado su propio método de comunicación a través del muro silencioso de falta de reconocimiento entre Estados Unidos y Cuba. Había llamado a Carlos Salinas, el presidente saliente de México, y le había transmitido unas preguntas confidenciales para Castro sobre su iniciativa hostil. Salinas era «íntimo de Castro», dijo. La respuesta fue que Castro consideraba que el embargo de Estados Unidos estaba arruinando su economía. Clinton replicó, a través de Salinas, que Cuba tenía acceso al comercio y las inversiones de todos los demás países del mundo. Los verdaderos problemas de Castro eran un sistema económico disfuncional y la pérdida de los subsidios soviéticos. Cuba sería pobre con o sin el embargo estadounidense, insistió Clinton, pero Salinas explicó que Castro reivindicaba una doble victoria por haber expulsado a los desechos de Cuba para castigar a Estados Unidos. Clinton dijo, como respuesta final, que no «tenía manía a Castro». No quería una pelea. Estaba abierto a iniciar conversaciones exploratorias de forma marginal, pero protestaba por las expulsiones. Aconsejó a Castro que empleara el mal tiempo del fin de semana como excusa para detener las flotillas, porque se negaba a que él dictase la política de inmigración de Estados Unidos. «No me importa tener que meter a 50.000 cubanos en Guantánamo», dijo.

El presidente era muy sensible al asunto de los refugiados cubanos. Hablamos de sus vívidos recuerdos del éxodo de Mariel, de 1980, cuando Clinton era gobernador. Dijo que, si no había sido reelegido, se debía probablemente más a otros factores, pero que no había ayudado que muchos presos y enfermos mentales de origen cubano se hubieran amotinado en las cárceles de Arkansas. Pasando a otro asunto, le pregunté si había tenido la tentación de dejar que los republicanos impidieran la aprobación de la ley sobre el crimen y de volver a presentarse acusándoles de obstruccionistas. Había estado a punto, respondió, pero eran ellos los que actuaban así, no él. Como presidente, su deber era perseverar y producir cosas tangibles. Además, después de haber ganado con la ley del crimen, estaba en mejor situación para pasar a la ofensiva contra la negatividad y el obstruccionismo en las elecciones parciales.

Nancy Hernreich salió sigilosamente al balcón para recordarle que tenía que grabar el discurso radiofónico del día siguiente antes de irse. Iban ya con retraso. Clinton me dijo que le dejara echar un vistazo a mis notas mientras entrábamos y se lamentó de que hubiera muchos temas, grandes y pequeños, que no habíamos abordado: Bosnia, el nuevo escándalo de Mike Espy, sus cuarenta y ocho años recién cumplidos y el trigésimo aniversario de su salida del instituto, y la quinta subida del año de los tipos de interés ordenada por la Reserva Federal. Y, sobre todo, Haití. El Consejo de Seguridad de la ONU había aprobado una resolución que autorizaba el uso de la fuerza, y a él se le estaba acabando el tiempo. Confesó que el Congreso se oponía enérgicamente a cualquier intervención para restaurar a Aristide, y eso podía obligarle a actuar en contra de la voluntad democrática de su propio país para instaurarla en otro. Si los republicanos estaban maniobrando para atacarle a propósito del crimen, una cuestión en la que tenían posiciones cercanas, dijo Clinton, debía de imaginarme lo que podían hacer con Haití. Desde el punto de vista militar, la restauración sería cosa fácil, pero las consecuencias estarían llenas de peligros. «Tenemos que hacer algo —dijo—, pero podría significar el final de toda la administración.»

Me pidió que dejara las cintas rebobinadas de esa noche junto a su bolsa de viaje, pero vi que la sala de estar ya estaba vacía. Chelsea entró cantando canciones de musicales con una amiga del colegio. Emocionadas con la perspectiva de pasar las vacaciones juntas, seleccionaron unos CD de musicales de Broadway para el viaje hasta Martha's Vineyard. Después pasó Hillary, sin nada que hacer y preparada para salir, y nuestra conversación vagó sin rumbo mientras esperábamos a que su marido volviese del ala oeste. Hablamos de la precoz afición de Chelsea a los musicales y de la colección de estatuas de ranas que la primera dama tenía expuestas en esa habitación, en estantes: ranas de cristal, plata y cerámica, saltando o en reposo, solemnes y ridículas, algunas en parejas, muchas acompañadas de recuerdos absurdos de cómo las había adquirido. Sabía mucho de ranas.

Cuando me preguntó por el libro que tenía junto a la cartera, se lo recomendé: los meticulosos recuerdos de H. R., o Bob, Haldeman sobre sus años de servicio como jefe de gabinete en la Casa Blanca de Nixon.[1] En su diario de estilo telegráfico había muchas cosas que apoyaban su imagen de funcionario robótico que escribía memorandos sobre las dimensiones exactas de las pastillas de jabón para Camp David, pero su distanciamiento aséptico me parecía sorprendentemente delicioso. Sus anécdotas, narradas con un estilo lacónico pero llenas de esbozos de personajes, revelaban las mezquinas obsesiones de la guerra burocrática, y a Hillary le gustaron algunas anécdotas sobre el gigantesco ego de Henry Kissinger. Contó que había oído decir que Kissinger, al notar que le miraban con sobrecogimiento cuando su convoy aéreo aterrizaba en Egipto, ofreció como si nada un magnífico helicóptero del Gobierno al presidente Anuar el Sadat y le dijo: «Tenga, puede quedárselo». La historia quizá era apócrifa, pero era muy verosímil para alguien que se disponía a afrontar la ineludible presencia de Kissinger en Martha's Vineyard. El año anterior, durante una cena, él se le había inclinado para susurrarle con tristeza que, si la reforma sanitaria del Gobierno se convertía en ley, él no podría volver a ir nunca a su médico de cabecera. Al principio, Hillary hizo un gesto de escepticismo y le contestó que ésa era una idea paranoica, pero Kissinger se limitó a gruñir tras una máscara de alguien que conocía secretos impenetrables.

El proyecto de ley estancado la tenía obsesionada. Comentó que era curioso que hubiera soñado con Kissinger unas noches antes. De pronto se le aparecía su rostro efervescente en un banquete para anunciarle, encantado, que sus preocupaciones se habían disipado porque la ley sobre sani-

---

1. H. R. Haldeman, *The Haldeman Diaries: Inside the Nixon White House,* prólogo de Stephen E. Ambrose, Nueva York, Penguin, 1994.

dad de Clinton estaba moribunda. «Oh, no, doctor Kissinger —respondía ella con frialdad—. No esté tan seguro de que esté muerta. Vamos a seguir luchando, y siempre hay una luz al final del túnel.» Dijo que, en el sueño, Kissinger palidecía y se quedaba sin habla ante su hábil recordatorio de la guerra de Vietnam. Como era sabido, él había visto señales inexistentes de victoria tanto para los halcones como para las palomas. Ahora, por fin, en el sueño de Hillary, quedaba claro que sus decisiones estratégicas habían causado muerte y rencor durante siete años innecesarios. El eslogan de la luz al final del túnel dejó un Vietnam tan comunista —y tan poco amenazador para los estadounidenses— como si Nixon y Kissinger se hubieran atrevido a retirarse para cumplir su supuesto plan de paz de 1968.

«Eso es lo que soñé —repitió Hillary, abstraída—. ¿Sabes qué? En mis sueños siempre consigo vengarme, pero en la vida real, jamás.» Disipó ese lastre generacional con un recuerdo más liviano de Kissinger antes de que ocupara un alto cargo del Gobierno. Cuando Hillary era estudiante en Wellesley, a mediados de los sesenta, se atrevió una vez a ir a Harvard para asistir a una conferencia titulada «The Future of Europe» («El futuro de Europa») y, después, hizo cola para hablar un momento en privado con él. Me lo contó con los ojos muy abiertos, consciente de que la anécdota revelaba una seriedad propia de una *girl scout* con retraso, a una edad a la que sus coetáneos se rebelaban. En cualquier caso, cuando le tocó el turno, dijo que Kissinger no había mencionado ninguna de las dos Alemanias, y ella preguntó cómo podían influir esos países tan importantes en el futuro de Europa. El profesor la miró con solemnidad. «Lo siento —respondió—, pero todas mis ideas sobre Alemania son secretas.»

Me reí a carcajadas. Era una historia como las pequeñas sorpresas que soltaba Haldeman sobre Kissinger, salvo que además permitía un atisbo de los primeros tiempos de dos figuras históricas a la vez. La primera dama, sonriente, levantó la mano para prometer que era verdad, por su honor de *scout*, pero también apretó los dientes como si todavía le irritara la respuesta. Yo no me sentía capaz de desentrañar las capas de Vietnam y la sanidad, la vida y la muerte, la realidad y el sueño. Lo que hice fue contarle mis inquietudes sobre el proyecto de las grabaciones presidenciales. Que yo supiera, sólo ella y Nancy Hernreich estaban al tanto de que David Kendall debía presentarlas ante el fiscal. Hillary me corrigió. Dijo que Nancy sabía todo lo relativo a nuestras sesiones, por supuesto, pero no lo de Kendall. Me quedé pensativo. Entonces, el círculo era aún menor. Le dije que, aunque estábamos empezando a aceptar que la presentación de las cintas era inevitable, alguien en la Casa Blanca —no yo— había filtrado algo a Lloyd Cutler. Las sospechas eran nocivas, añadí, y subrayé mi esperanza de que el presidente y ella confiaran en mi compromiso de respetarlos a ellos y sus secretos con el objetivo de garantizar un buen material histórico.

Discutimos sobre los conflictos entre el deber y la amistad. Ella pensaba que era muy peligroso para Bill seguir adelante con las grabaciones. Yo le dije que Kendall me había recomendado que evitara hablar sobre Whitewater con la grabadora encendida, para que no pudieran reclamar legalmente más cintas. Es decir, una citación indefinida estaba obligando al presidente de Estados Unidos a guardar silencio en su propio diario. Eso quería decir, por ejemplo, que no podía preguntarle por dos hechos significativos que habían ocurrido ese mes: el cese repentino del fiscal especial Robert Fiske y la rápida decisión de su sustituto de investigar las elecciones a gobernador de Arkansas de 1990. Si hablábamos de esos temas sin grabar nada, perdíamos un tiempo que no nos sobraba en que el presidente comentaría unas cosas que los futuros historiadores no iban a poder oír. Y si nos lo saltábamos, estábamos truncando la plasmación documental de unos temas que afectaban a la presidencia. Me sentí acorralado y le confesé a Hillary que era un alivio poder hablar con libertad. Ella conocía los secretos del diario y dominaba la teoría constitucional. Dos cosas que parecían sufrir una peligrosa amenaza por parte de una investigación que había perdido las amarras.

«¡Por supuesto! —exclamó—. Por eso estaba yo en contra de que hubiera un fiscal especial.» Repasó los debates internos de enero y confirmó la versión del presidente de que había sido la que más que se había opuesto a la petición de que hubiera un fiscal especial para el caso Whitewater. Dijo que había instado a Bill a resistirse a las presiones políticas. Tanto antes como en ese momento, basaba su opinión en su experiencia en el Comité Judicial de la Cámara durante la crisis constitucional de 1974, cuando su equipo de abogados redactó las normas preliminares para la investigación y el posible procesamiento de Nixon. Dijo que muchas de las pruebas permanecían selladas todavía, veinte años más tarde. El comité había restringido su alcance a las alegaciones concretas de que Nixon había abusado de los poderes presidenciales, había adoptado unas normas cuidadosas para reducir las disputas partidistas y, lo más importante, para limitar los peligros inherentes a la lucha entre los distintos poderes del Estado. También dijo que su marido sabía a la perfección que Whitewater carecía de un contexto similar, pero que no había cedido a su argumento de que aceptar un fiscal especial perjudicaría a futuros presidentes. Aparte de cualquier posible daño para él mismo, añadió Hillary, si cedía estaría cometiendo una negligencia. Sin embargo, Clinton no sólo cedió sino que además firmó la Ley de Reautorización de Fiscales Independientes de 1994. Era una ley que transfería la responsabilidad de los fiscales especiales, incluido Fiske, del fiscal general a un equipo de jueces nombrados por el presidente del Tribunal Supremo, William Rehnquist. Hillary dijo que había advertido que los jueces iban a deshacerse de Fiske para perpetuar el caso Whitewater.

Yo parpadeé, confuso. El análisis de fondo de Hillary parecía astuto y consolador, pero su apasionante monólogo sobre la política judicial me resultaba extraño. ¿De verdad predecía que los jueces iban a despedir a Fiske? Dijo que sí. «Es más —añadió—, si tú y yo hubiéramos estado grabando conversaciones como pensamos hace un tiempo, me tendrías en una cinta diciendo que iban a despedir a Fiske en cuanto empezara a cerrar cosas. Cuando lo dije, todos pensaron que estaba loca.» Como es natural, Fiske cesó poco después de hacer pública una conclusión provisional de que Vince Foster se había suicidado. Hillary observó que Fiske era demasiado profesional para el papel que le habían asignado. Era un fiscal tenaz, experimentado, republicano, entrenado para investigar y desechar acusaciones rápidamente en función de las pruebas. Su sustituto, Kenneth Starr, no había llevado jamás un solo caso, pero era un ideólogo que iba a reciclar las teorías de la conspiración de Foster y mantener abierto el caso Whitewater. Hillary añadió que, cuando había tratado de advertir sobre ese peligro en la Ley de Reautorización de Fiscales Independientes, el abogado de la Casa Blanca le había respondido que estaba dispuesto a «meterse a cura» si los jueces federales actuaban basándose en un partidismo tan evidente.[2] Pero, cuando lo hicieron, el asombro de Cutler no tuvo más resultado práctico que unas críticas públicas muy extendidas.

2. El presidente Clinton firmó la Ley de Reautorización de Fiscales Independientes, que es su nombre oficial, el 30 de junio de 1994. Al hacerlo, escribió en su autobiografía diez años después, clavó «otro clavo en mi propio ataúd». El 5 de agosto de 1994, el equipo de jueces encabezado por David Sentelle, de Carolina del Norte, despidió a Fiske y nombró a Starr, que ocupó el cargo más de cinco años, hasta el 18 de octubre de 1999. Lloyd Cutler dimitió el 11 de agosto de 1994. No se metió a cura.

Hillary dijo que el diseño esencial del sistema de controles y equilibrios estaba inevitablemente desviado, para empezar, por la ausencia de un mandato como era debido. Como nunca se había pretendido definir el caso Whitewater como supuestos abusos del poder presidencial, podía convertirse en cualquier cosa. Como los jueces que tenían la autoridad para despedir a Fiske ocupaban sus cargos de por vida, no tenían que someterse a ninguna restricción legal ni política. Y como el objetivo de la investigación era el propio presidente, el brazo ejecutivo del Gobierno quedaba descalificado para participar en el proceso y la única orientación aceptable por parte de los Clinton era una muestra de cooperación incondicional. Todos estos fallos depositaban sobre el Congreso la enorme responsabilidad de garantizar supervisión y equilibrio o, por lo menos, perspectiva, pero, según Hillary, los legisladores estaban fracasando por completo. Criticaba especialmente a los demócratas, y mencionó a unos cuantos. El senador Moynihan, por ejemplo, decía en público que los Clinton eran buena gente y que estaba seguro de que no tenían nada que ocultar. «¿Por qué no hacer una investigación?», preguntaba a menudo. Hillary dijo que Moynihan se quedaba siempre en la superficie de las cosas, nunca producía resultados en el Congreso y no habría podido resistir ni cinco minutos un escrutinio semejante de su persona, porque vivía en un piso que había obtenido gracias a presidir la Corporación Urbanística de la avenida Pennsylvania. Se quejó de que los demócratas del Congreso se hubieran desentendido de todo y, con su debilidad, estuvieran dejando en la picota a Clinton. Un presidente que se había enfrentado al lobby armamentista cuatro veces en sus dos primeros años, además de afrontar otros temas, como el «imposible» déficit, Oriente Próximo, sus propios aliados en el TLCAN, los magnates del tabaco y todos los intereses especiales de la sanidad. ¿Cómo podían tener tan poco carácter?

Hillary enumeró estos puntos de forma metódica, con más énfasis en la lógica que en la personalidad. Su comentario sobre las cintas sugería que Clinton había tenido razón sobre que ella se resistía a registrar un diario en la Casa Blanca. Hizo una pausa llena de fatiga y miró por la ventana. «Lo siento —dijo—. El helicóptero está calentando motores.» Abajo, donde se había reunido una flota de vehículos de emergencia como medida de precaución para el despegue presidencial, tuve que maniobrar alrededor de uno de los camiones de bomberos, el número 13, para salir.

Los Clinton regresaron de sus vacaciones para acoger la proyección de preestreno de *Baseball*, una nueva serie documental de Ken Burns, el sábado, 10 de septiembre. Entraron en un National Theatre abarrotado, entre vítores y las fanfarrias de recibimiento al presidente, con ciertos tonos de tensión bajo sus acordes festivos. Una absurda coincidencia hizo que esta serie que recogía la historia del béisbol se presentara (y luego se emitiera) durante una histórica huelga de los jugadores que había anulado todos los partidos desde hacía un mes y en la que no se veían perspectivas de solución. Las primeras escenas trazaban los orígenes del béisbol en las imágenes de color sepia de la época de la guerra de Secesión, cuando dispararon contra Lincoln en un teatro que estaba sólo a cuatro manzanas de allí. Estaba presente Dan Okrent, que me había encargado el artículo sobre la toma de posesión de Clinton para *Life*, y que ahora aparecía en la pantalla, muerto de vergüenza, para hacer de narrador del documental. Mi mujer, Christy, Becky Okrent y yo nos juntamos con el consejero de Seguridad Nacional, Tony Lake, en lo que podía haber sido una reunión amistosa entre familias, si la mujer de Lake no se hubiera retirado a la parte rural de Massachusetts. Ella pensaba que Lake estaba demasiado casado con su trabajo, dijo él con una pizca de melancolía. Luego, recuperó el control para llamar a la Sala de Crisis de la Casa Blanca, y utilizó la jerga militar, con aire muy serio, para pedir que le tuvieran al tanto sobre el partido de fútbol americano entre Michigan y Notre Dame.

Hubo una pregunta sobre Haití en una tarde que, por lo demás, fue un puro acontecimiento social. Muchos expertos y numerosas fuentes de información del Gobierno estaban prediciendo que el presidente Aristide, si recuperaba el poder, iba a exigir que se prolongara su mandato al menos los tres años que había perdido en el exilio. Algunos estaban seguros de que nunca lo dejaría de forma voluntaria. Lake se animó cuando recordé dos o tres ocasiones en las que Aristide me había dicho que era mucho más importante para una democracia incipiente que un presidente cediera el poder que no que éste se aferrase a él. ¿Estaba dispuesto Aristide a ponerlo por escrito? Vacilé, temeroso de que Lake me estuviera tomando el pelo. Tenía una forma curiosa de fingir que hacía caso a los aficionados para luego derrumbarles sus ilusiones, pero en este caso hablaba en serio de una misión que pronto me llevó de vuelta al apartamento en el exilio, con su teclado de ordenador en francés. Días después, Aristide repitió su decisión de abandonar su cargo de presidente de Haití en la fecha marcada por la Constitución, 1996, aunque hubiera recuperado su cargo el día anterior, y Lake comunicó que ese compromiso, enviado por fax, ayudó a aplacar a la oposición. Sin embargo, muchos comentaristas despreciaron o ignoraron esa promesa y se limitaron a suponer que era una concesión arrancada a su carácter dictatorial por el poder supremo de Estados Unidos.

Fuimos andando a un pícnic que se celebraba en honor de *Baseball* en el jardín sur de la Casa Blanca, donde más de mil invitados se mezclaron bajo un tranquilo cielo de atardecer. La Dodworth Saxhorn Band, una banda en la que los músicos tenían patillas e iban vestidos de militares, tocó viejas melodías con instrumentos de metal. El presidente Clinton se apartó de la larga fila de quienes iban a saludarle para recibirnos, y eso me incomodó por varios motivos. ¿Estaríamos ofendiendo a quienes aguardaban, o íbamos a hablar con demasiada libertad sobre el diario? Hizo algunos comentarios sobre política y sobre trivialidades: que había logrado terminar un largo par 5 en dos golpes o que había sido más astuto que el Papa a la hora de maniobrar en la conferencia de El Cairo sobre el control de la natalidad. Antes de volver, muy rápido, se inclinó hacia nosotros con una tensa sonrisa. «Christy —susurró—, estás viendo a la mitad de los hombres blancos de Washington que nos apoyan en este asunto de Haití.»

HAITÍ: AL BORDE DE LA GUERRA

Miércoles, 14 de septiembre de 1994

Una extraña noticia en la radio me distrajo mientras me dirigía hacia la siguiente sesión. Los expertos insinuaban que unos misiles tierra-aire deberían haber derribado una avioneta Cessna 150 que se había estrellado contra la Casa Blanca. Estaban revisándose los procedimientos de seguridad. Mientras tanto, los analistas diseccionaban el anuncio hecho ese día de la cancelación oficial de lo que quedaba de la temporada de béisbol. Debido a la huelga, no iba a haber Serie Mundial, las finales de la liga de béisbol norteamericana, por primera vez en noventa años.

Ahora sé que ésos eran malos augurios, pero no lo vi entonces. Siempre bajaba a Washington con un sentimiento de excitación. Las llamadas repentinas me arrancaban de mi obsesión solitaria con el pasado para llevarme a unas reuniones cargadas de interés en la Casa Blanca, en las que almacenaba recuerdos para la futura historia. Tener esas dos tareas me hacía sentirme un viajero en el tiempo. Era imposible decir cómo iban a evolucionar o evaluarse las grabaciones, y nunca sabía qué esperar. Las reacciones del presidente solían dar vida casi a cualquier tema. ¿Se atribuiría Clinton algún papel en la huelga del béisbol?

Mientras aparcaba cerca del Balcón de Truman, el vuelo suicida del lunes dejó de ser una noticia incorpórea para convertirse en unos restos muy claros. Una cinta amarilla impedía el paso a una zona con el césped destrozado, las ramas rotas de un magnolio y unos boquetes hechos por el fuego en el muro de la Casa Blanca, bajo la sala de estar familiar. Frank Corder, un camionero de treinta y ocho años deshecho porque su mujer había muerto de cáncer, había encontrado las llaves de una Cessna estacionada en un aeródromo y se había suicidado «a lo grande», volando sin licencia de piloto pero después de haberse metido unas dosis de crack y recorriendo un espacio aéreo restringido hasta estrellarse a toda velocidad. Al parecer, no tenía nada contra los Clinton, pero ¿qué consuelo era ése?

Todas esas preguntas se desvanecieron rápidamente. El presidente, rompiendo nuestra rutina vespertina, me indicó con gestos que entrara en la Sala de los Tratados. Tenía al otro lado del teléfono al líder de la mayoría en el Senado, George Mitchell, para pedirle más tiempo. ¿Podía aguantar seis días más? Clinton dijo que 15.000 soldados estadounidenses se dirigían a Haití con órdenes definitivas y que cualquier contraorden, en ese momento, inevitablemente tenía que filtrarse. ¿Hasta qué punto era vinculante la resolución desaprobatoria? ¿Podía suavizarse con la promesa de un rápido informe sobre seguridad nacional? A media charla con Mitchell, Clinton cambió de línea para dar las gracias al senador Chris Dodd por su valiente defensa en el pleno del Senado, por «recibir una paliza cada día» pese a contar con escasos aliados, además de Tom Harkin, de Iowa, y Bob Graham, de Florida. Se permitió un poco de humor negro al comparar su situación con la de Davy Crockett en El Álamo. Durante casi una hora estuvo saltando entre conversaciones telefónicas con Mitchell y otros senadores. Sin ninguna pausa a la vista, coloqué mis grabadoras sobre la gran mesa en la que las había probado antes de nuestra primera sesión. Seguramente grabé nuestra presentación habitual con la fecha y el número de sesión, pero mi lista de temas seguía intacta. Iba a haber pocas historias y pocas reflexiones esa noche, con una crisis que tenía prioridad sobre el proyecto de historia oral.

«Nadie quiere esto —se quejó el presidente—. Nadie.» Sus enemigos estaban encantados, y sus aliados, furiosos o desolados. Dijo que los amigos prácticamente le llamaban «chiflado» y preguntaban por qué prestaba tanta atención a Haití antes de las elecciones parciales. Si tenía tantas ganas de invadir, afirmaban, debería haberlo hecho hacía meses y estar ya fuera. Quizá tenían razón, dijo el presidente, pero había buenos motivos para el retraso. Reprodujo debates que había tenido consigo mismo, enumerando los puntos con sus largos dedos. Primero, no quería entrar solo, en plan «norteamericano arrogante». Segundo, hacían falta meses para encontrar el apoyo necesario entre los pequeños países desconfiados de nuestro hemisferio. Dijo que el viernes se iban a reunir en Washington representantes de diecisiete países de CARICOM (Comunidad del Caribe) para aprobar la intervención en Haití. Tercero, hacía falta todavía más tiempo para ganar los doce votos que permitieran obtener el difícil mandato del Consejo de Seguridad de la ONU, con envío de tropas de cinco países, entre ellos Canadá y Francia. Cuarto, uno de los inconvenientes de crear una coalición internacional era la infinita necesidad de coordinación. Quinto, su propio Gobierno estaba dividido a propósito de Haití. Sexto, él ejercía todas las presiones diplomáticas posibles para tener una nueva política que permitiera expulsar a los dictadores de Haití, pero eso producía en la opinión pública una oposición abrumadora, en vez de apoyo. «Es todo una mierda», concluyó con indignación. No había calibrado las repercusiones políticas. No tenía la cabeza en su sitio.

Su única posibilidad de alterar el equilibrio político era un discurso televisado que iba a pronunciar al día siguiente por la noche. Yo no lo sabía. El presidente recordó algunos comentarios que había hecho yo después de nuestras sesiones anteriores, durante momentos personales mientras recogía las grabadoras. «¿Qué dijiste de que no había duda de quién era haitiano y quién no?», preguntó. ¿Por qué no era Haití como Somalia? ¿En qué se diferenciaba de invadir Cuba para liberarla? Sus preguntas me dejaron repentinamente chafado. Cambiaban la perspectiva y nuestros papeles y me colocaban en el estrado de los testigos, con la vista al frente. Intenté aclararme. En Haití, no había fronteras ni tribus en disputa. A diferencia de Cuba, Haití había conseguido una expresión justa y abierta de la voluntad popular en sus primeras elecciones nacionales, certificadas por los observadores internacionales. Nuestro propósito no era crear, imponer ni garantizar la democracia. La misión se limitaba exclusivamente a eliminar el obstáculo de un régimen militar débil pero intimidatorio. Sólo queríamos dar un primer respiro a los haitianos, concederles la oportunidad de construir unas instituciones políticas libres.

Clinton asintió a lo que yo decía pero luego se mostró desilusionado, como si hubiera esperado oír algo nuevo. Este tema, comentó, ya le había costado cualquier posibilidad de que Colin Powell le apoyara para la reelección de 1996. Powell le aseguró que Haití era un país indigno y miserable que sólo podía gobernarse con el ejército, que Aristide estaba loco y que sería desorbitado poner en peligro a soldados estadounidenses por él. Clinton dijo que el senador Dale Bumpers, su mejor aliado político, acababa de advertirle de la posibilidad de una moción de censura e incluso un procesamiento. Bumpers pensaba que Clinton podría considerarse afortunado si conseguía que hubiera 15 senadores dispuestos a oponerse a una resolución de censura. Las mismas cifras manejaba Mitchell, y en la Cámara había un margen similar; todo ello indicaba que Clinton se exponía a sufrir un revés político más duro aún que el desastre de los soldados homosexuales del año anterior. Bumpers, en un intento de ser cortés, le había comunicado que los congresistas demócratas no estaban simplemente huyendo de una cuestión impopular. «Me ha dicho que, esta vez, están furiosos —dijo el presidente—. Tienen la sensación de que estoy haciéndoles esto a ellos. Nadie, en Dakota del Norte ni en ningún otro lugar, quiere defender la pérdida de vidas estadounidenses por un país pequeño e insignificante como Haití.» Los candidatos demócratas ya estaban asustados por la posibilidad de que, a causa del caso Whitewater, la Casa Blanca fuera perjudicial en lugar de una ayuda, y ahora Clinton les venía con lo de Haití justo antes de las elecciones.

Hizo una pausa. Yo debía de tener un aspecto pálido y agitado. «Voy a hacerlo de todas formas —dijo con voz tranquila—. Es lo que hay que hacer. Sigo creyendo en ello, pero he dejado que los aspectos políticos se me fueran de las manos.» Buscó las palabras adecuadas para expresar su situación: el máximo riesgo para una ganancia mínima, con menos del 10 % de apoyo en algunas encuestas. La campaña de Haití era mucho más que una aventura imprudente, era imposible de medir. Era una locura y un galimatías, incomprensible para colegas suyos de toda la vida como Bumpers. Y esa recepción tan distante era humillante para Clinton, que apreciaba mucho su prestigio entre los profesionales de la política.

Repasó la sucesión de los acontecimientos desde el punto de vista de la administración y dijo que Tony Lake llevaba tiempo siendo partidario de invadir Haití. Sandy Berger y Strobe Talbott habían acabado por estar de acuerdo, en parte para detener la irritación crónica con respecto a dicho país. Christopher, del Departamento de Estado, se había sumado a ello. En el Pentágono, el secretario Perry pensaba que las consecuencias políticas eran terribles para Clinton, pero su gente estaba dispuesta a cumplir con su deber y veía con optimismo unos planes que incluían la rápida sustitución del ejército estadounidense por una fuerza de paz internacional. El presidente dijo que se había ido creando un consenso académico sobre una serie de contingencias hasta una semana antes, a su regreso de las vacaciones. De pronto, la dinámica interna se había convertido en presión. El Congreso amenazaba con aprobar una resolución que atara de pies y manos a Clinton antes de la pausa prevista para las campañas electorales de otoño, y, en ese caso, la coalición internacional destinada a Haití se vendría abajo. El equipo de Seguridad Nacional aseguraba que el momento para la invasión era ahora o nunca, y Clinton se resistía a las prisas más que a la estrategia. Reconoció que sabía que era un error dejar que sus asesores le obligaran a entrar en una situación en la que se apresurase a invadir Haití antes de una votación en el Congreso. No había margen para elaborar un juicio, especialmente un juicio político. «No he estado nunca en nada parecido —dijo—. Ya te digo, nadie quiere esto.»

Le pregunté qué opinaba Hillary de todo eso. Explicó que a ella las prisas por invadir le parecían una locura. Que, ante las presiones, la falta de alternativas y la sensación que tenía él de estar atrapado, Hillary reconocía que su equipo de política exterior no estaba ayudándole gran cosa. Y que se había fijado, con cierta suspicacia, en que los principales partidarios de la invasión —Lake, Berger y Talbott— eran los mismos que habían impulsado el malhadado nombramiento de Bobby Ray Inman como secretario de Defensa.

En un tono más positivo, Clinton dijo que la comunicación política con Aristide estaba mejorando. Agradecía el mensaje de que Aristide consideraba que más importantes todavía que las primeras elecciones libres en Haití eran las segundas. Algunos de los que dudaban en Estados Unidos quizá se tranquilizarían con su compromiso de realizar un traspaso pacífico de poder, en su debido momento, y su afirmación pública de que ése era un paso crucial para institucionalizar el respeto al voto. El propio Clinton agradecía las señales privadas que indicaban que Aristide era capaz de mezclar la astucia con los principios, como un verdadero político. Por ejemplo, aunque no podía estar de acuerdo abiertamente con la invasión de su país, estaba reuniéndose de forma discreta con el presidente de la Junta de Jefes de Estado Mayor, el general John Shalikashvili, entre otros, para hablar de logística militar. Asimismo, Aristide se resistía a las presiones de los periodistas para que contara sus planes respecto a los generales haitianos que le habían derrocado, pero, en secreto, había pedido a las autoridades estadounidenses que los enviaran al exilio antes de que él regresara a Haití. «Entre usted y yo, señor presidente —le confesó a Clinton—, no quiero tener bajo mi custodia a esa gente.» Si decía que quería encerrarlos daría a entender que buscaba la venganza, pero si afirmaba lo contrario, haría pública la temible y cruda fragilidad de Haití, donde los tribunales eran disfuncionales y no existía aún nada parecido a un proceso de investigación criminal imparcial. Clinton dijo que tenía informaciones de que unos tres mil funcionarios civiles, entre ellos el alcalde de Puerto Príncipe, permanecían escondidos de los escuadrones de la policía militar en el país. Yo le conté que las atrocidades estaban tan extendidas que Aristide estaba rebajando sus expectativas de obtener castigo y justicia. Aspiraba a crear unos foros públicos en los que pudiera revelarse la verdad y se avanzara hacia una amnistía, siguiendo el modelo de las comisiones de la reconciliación en la Sudáfrica posterior al apartheid. Clinton estaba de acuerdo con esta perspectiva modesta. Esperaba poner en contacto a Aristide con Nelson Mandela.

Traté de estimular un poco de optimismo por el discurso que iba a dirigir a la nación al día siguiente sobre Haití. Tal vez la gente era indiferente a la intervención porque Clinton todavía no había expuesto sus argumentos. Podía abordar todas las críticas. Podía explicar por qué tener un caso de opresión y pobreza absoluta tan cerca de nuestras fronteras convertía a Haití en nuestro problema. Podía afrontar los dos miedos de Vietnam —la derrota desconcertante y sangrienta, y el terreno moral movedizo— con la promesa de una rápida acción multinacional. Quizá incluso podía tratar de cultivar la simpatía y la afinidad hacia los haitianos. Mencioné nuestra historia común. Haití había sido el segundo mayor socio comercial de Estados Unidos antes de la revolución que produjo la independencia de Estados Unidos. Napoleón, que quería fortificar sus posesiones al oeste del río Mississippi, envió previamente una gran expedición para someter la revuelta de los esclavos en la colonia más rica de Francia, que producía entonces el 40 % del azúcar mundial; pero en el conflicto con los guerrilleros haitianos murieron 50.000 de los 80.000 soldados franceses. En 1803, Napoleón, anonadado, abandonó sus planes de crear un imperio occidental y vendió el vasto territorio de la Louisiana a Thomas Jefferson. A cambio de este regalo histórico, nuestro agradecimiento a Haití había sido ponerlo en una asfixiante cuarentena para proteger la esclavitud en el sur de Estados Unidos. Hubo que esperar a 1863, tras la Proclamación de la Emancipación, para que Lincoln reconociera la primera república negra del mundo. Y Francia fue aún peor. Impuso un acuerdo de reparaciones que reclamaba a Haití casi el doble de lo que había costado Louisiana como pago por las propiedades coloniales perdidas, incluido el valor de los antiguos esclavos. Para cobrar esa deuda nacida del resentimiento, Francia expropió más de la mitad de los ingresos del Gobierno haitiano durante el siguiente siglo.

El presidente estaba nervioso. En estos casos, solía decir que me convenía más dedicarme sólo a escribir, que la política era otra cosa. Yo me apresuré a decir que su discurso podía apelar al optimismo de los estadounidenses. Haití era el perdedor por excelencia. Si la democracia podía echar raíces allí, aumentarían las esperanzas en todas partes, desde Arabia

Saudí hasta China. Era comprensible que la gente se retrajera ante los desposeídos y no tomara en serio sus perspectivas, pero el movimiento de los derechos civiles había asombrado al mundo con las nuevas libertades conseguidas. Aristide, como Martin Luther King, era un apóstol de la no violencia que se enfrentaba a un poder arraigado. Haití aspiraba a vivir otro milagro nacido de la parte más luminosa de nuestro patrimonio.

Clinton aclaró que se me escapaba lo fundamental. Llevaba meses ofreciendo esos argumentos, y volvería a hacerlo, pero la opinión pública estadounidense era una nave enorme. Ningún discurso presidencial podía darle la vuelta de la noche a la mañana. Si hablaba de forma lo suficientemente enérgica como para convertir a cinco senadores, todavía seguiría teniendo a ochenta en contra. Eso quería decir que Haití tenía la partida perdida de antemano en la política estadounidense, y él estaba intentando limitar los daños. Sintió un gran alivio cuando el senador Mitchell le llamó para decirle que quizá podía posponer la votación sobre la resolución hostil. Clinton se lo agradeció enormemente. «Es lo máximo que puedo pedir —dijo—. Que consigas aguantar hasta el martes.» Se estaban tomando medidas para estar fuera de Haití para entonces. Y antes de colgar, le confesó que había aprendido una lección: «Nunca deberíamos haber parado a los refugiados», le dijo a Mitchell.

Me explicó que en verano, durante un breve período, los sondeos nacionales se habían mostrado favorables a que Estados Unidos invadiera Haití; era cuando estaban llegando miles de haitianos desesperados a las costas de Florida. La gente, desde Maine hasta California, estaba asustada y furiosa. Pero entonces Clinton había cambiado la política de inmigración con el fin de ganar tiempo para las sanciones y la coalición internacional. Los guardacostas empezaron a desviar a los refugiados hacia Guantánamo. «Ahora tenemos allí a 16.000 haitianos —dijo el presidente—, y nadie quiere ir a vivir a esos campos.» Así que el éxodo se interrumpió y la inquietud pública en Estados Unidos se desvaneció. La gente no quería saber nada más de Haití. Clinton contó que, ese mismo día, un congresista le había reprochado que hubiera arruinado tres días de noticias positivas para la campaña y le había preguntado: «¿Es que no puede pensar en nada más?». A la gente le habían interesado los refugiados porque eran negros, y ahora habían dejado de interesarles porque Haití era negro. «El racismo está desfavoreciéndonos, en lugar de favorecernos», dijo Clinton. La raza había logrado una transformación que sobrepasaba su poder. «Si sólo hubiera querido invadir —añadió—, lo más inteligente hubiera sido fomentar una gran marea de refugiados y luego entrar sin pedir permiso al Congreso, diciendo que era una amenaza contra la seguridad nacional.»

En un intento de alegrar la conversación, le pregunté por el tema más superficial de mi lista: su viaje, el 23 de julio, a Hot Springs, para celebrar el trigésimo aniversario de su promoción del instituto. El presidente dijo que había estado firmando fotografías y cartas sobre el acto justo antes de que yo llegara. Recordó nombres. Quince de sus 325 compañeros de curso habían muerto, incluidos cuatro que cayeron en Vietnam. Habló de quién había ido, quién le había dicho en broma que necesitaba una siesta y dónde habían ido unos cuantos a hacer una barbacoa a las dos de la mañana. Contó que no había bailado porque le daba vergüenza y tenía miedo de que alguna cámara pudiera proporcionar carnaza para historias poco dignas sobre *Bubba*. Sobre todo, había charlado. Durante tres o cuatro minutos, Clinton recordó anécdotas joviales de forma muy detallada. Dijo que varias de las cartas que había recibido expresaban su sorpresa por lo normal que era, porque era alguien que había compartido viejas historias y cotilleos con ellos, en lugar de creerse superior. Le escribían que le habían demonizado. Que casi no le habían identificado con el que salía en las noticias.

De pronto se le ocurrió una idea y empezó a darle vueltas. Quizá era demasiado normal, demasiado él mismo. Quizá la prensa le demonizaba porque no se comportaba de forma solemne en la Casa Blanca. Aplicó esa teoría al libro de Bob Woodward, que le calificaba de caótico e indeciso porque luchaba con el déficit. Puede que Clinton hubiera hecho mejor en ocultar el proceso de toma de decisiones hasta que llegara el momento de hacer algún pronunciamiento desde las alturas. Tampoco había pretendido nunca que hubiera seguridad de progresar en Haití. No quitaba importancia a los riesgos de la intervención militar ni a la dificultad intrínseca de utilizar la fuerza para incubar una democracia. Tal vez debería esconderse durante el proceso de gobernar. Que otros tuvieran los debates visibles. Entonces podía llegar él, de repente, dar alguna orden decisiva y cabalgar hacia el atardecer. «Mi problema es que no soy lo bastante buen actor —declaró el presidente—. No soy John Wayne.» En una era llena de cinismo, dijo, la prensa destrozaría a cualquier presidente que no les intimidara como un héroe militar.

Mis preguntas sobre otros temas no prendieron. Por una vez, el famoso talento de Clinton para compartimentar las cosas le había abandonado y parecía demasiado cansado o desanimado para saltar de un mundo complejo a otro. El pesimismo nos arrastró hasta que decidió dar por terminada la velada. Mientras recogía mi equipo y buscaba algo que sirviera de alivio, me ofrecí para ayudarle con su discurso televisado sobre Haití. Dado que ya estaba decidido a la invasión, dije encogiéndome de hombros, ¿por qué no intentaba pronunciar un discurso combativo al estilo de Harry Truman, por tardías o poco prácticas que fueran mis sugerencias? El presidente sonrió con benevolencia. Cómo no, dijo. Debía hablar con Lake y David Gergen, o enviarles unos faxes a través de Nancy Hernreich. Quiso satisfacer mis ansiosas esperanzas sin mostrar mucho interés. La retórica le importaba de forma marginal, porque iban a morir estadounidenses incluso aunque la operación fuera prácticamente perfecta. «En cuanto muera el primer soldado —sentenció—, estoy acabado.» Me acompañó a la salida mientras me daba las gracias, como de costumbre, y me pidió perdón por los pocos temas que habíamos cubierto. Nada de lo que yo decía le levantaba el ánimo. «Lo superaré —me dijo en la puerta—. No te preocupes. Siempre puedo encontrar otra cosa de la que vivir.»

Abajo, todo estaba en silencio. Todavía había cinta amarilla protegiendo el escenario del choque bajo la noche serena, y me sentí atontado antes de dictar mis notas. «Son las once y ocho minutos del 14 de septiembre —comencé—. Estoy saliendo del jardín sur con un dolor de cabeza espantoso.»

En casa, me lancé a hacer llamadas de teléfono y enviar faxes con sucesivos borradores para el discurso del presidente. Mi amigo John Shattuck, secretario adjunto de Estado encargado de los derechos humanos, me habló de la reacción visceral de Clinton a un desagradable reportaje fotográfico de los asesinatos políticos cometidos por la policía haitiana, en general con machetes. Dijo que el presidente estaba resistiendo en medio de toda la angustia política y seguía decidido a actuar. Por fortuna para mí, todo el mundo quería que el discurso fuera muy breve y sencillo. Uno de los borradores parecía difuminarse en frases de tipo general sobre la democracia, como «Nuestro Gobierno ha promovido y apoyado esa tendencia». A última hora de la mañana, escribí a Gergen, Lake y Berger que el discurso necesitaba «concretarse en torno a cuatro palabras clave: CLARO, CERCANO, SENCILLO, QUERIDO». Las tres primeras justificaban la misión reduciéndola a sus términos. La cuarta abordaba unas esperanzas vitales pero escurridizas de nueva libertad, algo en lo que nunca existen las respuestas fáciles.

Envié varias revisiones a la Casa Blanca, normalmente sin respuesta. A mí, la propia actividad me ayudó a contener la tensión durante todo el jueves, mientras las probabilidades de invasión empezaban a proliferar en los medios de comunicación. Esa noche apareció la imagen del presidente Clinton en televisión desde el Despacho Oval. Intentó calmar a los estadounidenses ante el enfrentamiento y prometió que los soldados norteamericanos no iban a convertirse en los policías del mundo ni a quedarse atrancados en la reconstrucción de la economía de Haití. Anunció que el presidente Aristide, si volvía al poder, se había comprometido a dejarlo cuando acabase su mandato. Al tiempo que subrayaba los objetivos limitados y el apoyo internacional, denunció a los responsables del golpe por suprimir las elecciones libres con «una horrible campaña de intimidación, llena de violaciones, torturas y mutilaciones». Su discurso fue racional y directo. «El mensaje de Estados Unidos a los dictadores haitianos está claro —dijo—. Se os ha acabado el tiempo. Marchaos ahora, si no queréis que os expulsemos del poder.»

Miramos nuestro televisor mientras los comentaristas absorbían las temibles perspectivas de Haití. El presidente estaba arriesgando vidas de estadounidenses por una brizna de libertad en una tierra de tiranía perpetua y vudú, el país más pobre de nuestro hemisferio, si no del mundo. Mi primer impulso fue intentar llegar hasta el propio Clinton. Sus presagios solitarios debían de haberse intensificado desde nuestra charla, pero la idea de que podía consolarle me resultó ridícula. Cualquier intento de impartir sabiduría sería absurdo o egocéntrico. El resultado estaba en el aire, y lo que estaba en juego era mucho más que lo que yo, un novicio, podía saber de Haití. Sentí el deseo de hacer algo frívolo y personal, con la esperanza de transmitirle mi sincero respeto por su salto hacia lo desconocido. Llamé esa noche a Nancy Hernreich para enviar al presidente un fax manuscrito en su línea privada: «¡Bravo! Si le echan de aquí, prometo tenerle abastecido de pelotas de golf».

La agitación política y militar ocupó los días sucesivos. No tuve noticias del presidente, pero hablé por teléfono con varios de los personajes implicados, entre ellos el presidente Aristide y Tony Lake. Aristide estaba refugiado en Washington mientras los estadounidenses negociaban con el régimen militar de Haití. Miembros de los dos partidos en el Congreso le calificaron de ingrato por no haber dicho unas palabras a los soldados que iban a invadir en su nombre. Algunos pidieron que se hiciera borrón y cuenta nueva, que se quitara tanto a Aristide como a los dictadores y se instalara a unos regentes nuevos, según un modelo histórico muy trillado. Una noticia de primera página en *The New York Times* le llamaba, al mismo tiempo, tirano y desventurado visionario: «Aristide adopta un nuevo papel: de Robespierre a Gandhi».

La abogada de Aristide, Mildred Trouillot, me llamó una noche, alterada. Lake había aparecido pidiendo paciencia y una declaración de apoyo a la operación militar. Estaba en la habitación de al lado, hablando. Trouillot dijo que Aristide se inclinaba por confiar en él y, en cualquier caso, estaba completamente en deuda con Estados Unidos. Sin embargo, resultaba difícil elogiar una invasión extranjera de tu propio país, sobre todo corriendo por ahí muchos rumores de pactos, y Aristide se sentía obligado, ante todo, a representar a los haitianos sin rostro que le habían dado sus votos. Lo único que pude recomendarle fue un precavido optimismo público y la sinceridad en privado. Nadie podía saber qué choque de fuerzas iba a producirse, pero yo respondía de la integridad de Lake. Cuando le conocí, acababa de dimitir de la Casa Blanca para protestar por la escalada de la guerra de Vietnam. Como observador ajeno al Gobierno, estaba convencido de que dimitiría en ese mismo momento si le obligaban a romper su palabra.

«Qué interesante —observó Trouillot—. El señor Lake acaba de decir eso dos veces en media hora. Le ha dicho al presidente Aristide que está dispuesto a dimitir antes que a dejarle colgado.»

13

YELTSIN Y LA REVOLUCIÓN DE GINGRICH

Martes, 18 de octubre de 1994

Jueves, 10 de noviembre de 1994

John, el portero, me llevó rápidamente al piso de arriba, al solárium, donde los Clinton estaban terminando de cenar con varias parejas de Arkansas. La atención estaba centrada en un anciano de aspecto amable. El presidente dijo que, durante el vuelo de vuelta a casa que había hecho ese día, había permitido a su viejo piloto durante la campaña que tomara los mandos del *Air Force One*, y eso desató chistes groseros entre el grupo sobre momentos de peligro a manos de un jubilado que ya la máxima altura que alcanzaba era la que conseguía cuando saltaba charcos. Al parecer, el hombre tenía fama de bromista y de hacer cosas como presentar planes de vuelo falsos para engañar a los arrolladores rivales de Clinton. El piloto sonreía al oír las historias que contaban sobre él. Luego, Clinton me explicó que los amigos estaban rindiéndole homenaje a él y su esposa porque se encontraba en fase terminal de la enfermedad de Lou Gehrig.

El presidente me presentó como un viejo amigo que acababa de regresar de Haití, y yo hice lo que pude cuando me invitaron a relatar lo más destacado de la misión para restaurar a Aristide como presidente electo. Todo había sido una novedad para mí: mi primer viaje a la base aérea de Andrews, mi primer vuelo en un avión oficial, mi primer aterrizaje en Haití, con el secretario de Estado Christopher, Aristide y un grupo de dignatarios, en un aeródromo lleno de soldados estadounidenses atrincherados. En la pista, Aristide recibió flores de bienvenida de dos niños que vivían en un orfanato que él había fundado cuando era sacerdote. Debido a los problemas de seguridad, nuestra caravana se convirtió en un convoy de diez helicópteros estadounidenses Black Hawk —también era la primera vez que volaba en uno de ellos—, que sobrevolaron una espeluznante extensión de chabolas, basuras y ganado en Cité Soleil («la Ciudad del Sol») para dirigirse a las ceremonias de reinstauración de Aristide en la amplia explanada del palacio presidencial. Seis horas después, masas de haitianos seguían vitoreando en los alrededores, gritando «Aristide c'est bon... Democratie c'est bon... America c'est bon!», y tendiendo las manos a través de la verja para tocar a quien fuera, llenos de júbilo. Desde la liberación de París en 1944, dijo un historiador militar agregado a la 82ª División Aerotransportada, no había visto su compañía nada parecido a esa bienvenida que duró un mes.

Los invitados en el solárium asintieron cortésmente y dijeron que la estrategia de Clinton, después de todo, había salido bien. Haití les resultaba demasiado extranjero y exótico. Estuvieron bastante callados hasta que mencioné que el funcionario de protocolo del Departamento de Estado había lamentado que nuestra delegación del Congreso fuera la primera que iba a una ceremonia en el extranjero con representantes de un solo partido, porque los líderes republicanos se habían opuesto a todas las peticiones de que asistieran sus miembros. Este dato excitó a los de Arkansas. Despotricaron contra los republicanos por su mala educación, y la conversación pasó a tratar de la soberbia de las compañías de seguros hasta que el presidente Clinton se excusó en su nombre y en el mío poco después de las diez.

Abajo, en la sala de estar familiar, ya grabando, hizo unas tristes observaciones sobre la reciente caída de su secretario de Agricultura, Mike Espy. Leon Panetta había recomendado que se prescindiera de Espy, y Clinton estaba de acuerdo. Espy había aceptado favores de empresas que quizá eran cuestión de rutina cuando estaba en el Congreso, y tal vez nunca había intercambiado influencias por entradas de fútbol y una noche de hotel, pero la apariencia de conflicto de intereses era demoledora para un miembro del Gobierno. Clinton dijo que la revelación que había puesto la guinda era una beca de doctorado de 1.200 dólares concedida a la novia de Espy por Tyson Foods, en una época en la que los inspectores del sector de los pollos a las órdenes de Espy podían decidir el futuro del negocio de dicha compañía. Los pollos de Tyson procedían de Arkansas, como bien sabía el presidente por su amigo Jim Blair, y todas sus becas iban a parar a gente de aquel estado, salvo ésta, que habían concedido a la novia de Espy, de Maryland («Maryland es tierra de Perdue»,* dijo Clinton con

---

* Tyson Foods y Perdue son dos empresas avícolas rivales. (*N. de la t.*)

un suspiro). Este regalo a distancia no sólo era un asunto sucio, sino que había tirado por la borda una carrera muy prometedora. Espy había sido el primer negro de Mississippi elegido para el Congreso desde la guerra de Secesión. Después del censo de 1990, era el único miembro del Grupo Negro del Congreso que había pedido un porcentaje menor de votantes negros en su distrito, el Quinto. A Clinton le había impresionado que Espy, al preguntarle el porqué de esa solicitud, había dicho que, si contaba con un equilibrio étnico en su distrito, sería mejor político. Dos años después, como secretario de Agricultura más joven de la historia y primer líder negro de un departamento adormecido y con una cultura de plantación, Espy había eliminado 7.500 puestos de trabajo innecesarios y había impulsado unas reformas cruciales en las normativas agrarias y alimentarias. El presidente aseguró que seguía admirándole y que lamentaba su pérdida.

A finales de septiembre, Clinton había acogido al presidente ruso Boris Yeltsin durante dos días. Era su quinta reunión, y dijo que Yeltsin había aprendido a enmarcar sus objetivos como requisitos para la supervivencia política, sabiendo que Clinton respetaba la sinceridad entre profesionales. Para contrarrestar a los partidarios de la línea dura que añoraban el imperio soviético perdido, Yeltsin había expresado la necesidad de reafirmar su «influencia especial» sobre los países de su entorno. Era lo que Clinton bautizó como la «Doctrina Monroesky», una copia de la histórica proclamación de James Monroe sobre el predominio de Estados Unidos en Occidente. Yeltsin defendía, aunque resultara paradójico, que para proteger la incipiente democracia rusa, debía hablar y actuar como un emperador. Durante su visita se comportó de manera oscilante entre las actitudes teatrales y las demandas razonables.

Clinton dijo que había hecho todo lo posible para satisfacer las pretensiones de Yeltsin y, al mismo tiempo, promover fines pacíficos. Por ejemplo, toleraba las reivindicaciones públicas de protección benévola en los países bálticos, pero había conseguido que Yeltsin sacara a las últimas tropas rusas de ocupación de allí. Soportó los pronunciamientos sobre el derecho de Rusia a intervenir más allá de sus fronteras en conflictos que pudieran poner en peligro su seguridad, pero había insistido en la necesidad de que hubiera observadores internacionales para garantizar que la presencia militar rusa era benigna. Clinton se oponía a la venta encubierta de armas rusas a los fundamentalistas islámicos en Irán y discutió la postura de Yeltsin de que debía cumplir los contratos negociados por su predecesor, Mijaíl Gorbachov. Clinton trató de reducir la campaña de Yeltsin para la participación equitativa en Bosnia y aplacó los temores rusos a una expansión de la OTAN con insinuaciones de una posible incorporación llegado el momento.

El presidente contó que en todos los temas, desde la seguridad para las armas nucleares hasta el desarrollo de instituciones comerciales, había presionado a Yeltsin para que desmantelase el viejo aparato soviético. Ya en teoría, era una labor difícil. Clinton dijo que todavía no teníamos un nombre para nuestro período en la historia. Todavía definíamos nuestra «era posterior a la Guerra Fría» en función de lo que había terminado, y él estaba pidiendo a académicos y diplomáticos que le ayudaran a acuñar un término para los retos que nos aguardaban. Explicó que las grandes etiquetas podían ser una herramienta útil en política. Con la vista puesta en algo así como la era de la democracia mundial, dijo que no había surgido ninguna claridad estratégica. Mientras tanto, Yeltsin y él tenían que conducir una peligrosa transición a base de agallas e instinto. Avanzaban a base de pactos y sumergían sus diferencias en una relación personal. Yeltsin era el puente entre la poderosa imagen soviética y la frágil realidad de la Rusia democrática, con una bravuconería impredecible que hacía que a sus ruedas de prensa conjuntas las denominaran «El show de Bill y Boris». (El presidente ruso entretuvo a los periodistas de la Casa Blanca con su versión de la cumbre que acababan de celebrar: «Miramos hacia el futuro e intentamos no flotar sobre esta tierra de pecado».)

Yeltsin no siempre soportaba las presiones. El presidente Clinton comentó que su afición crónica al alcohol era algo muy serio, no sólo una actitud deliberada de ruso jovial. Era preocupante para su estabilidad política, porque había sido pura suerte que no hubiera habido un escándalo o algo peor en las dos noches de su reciente visita. Clinton había recibido el informe de una alarma de seguridad que se había producido de madrugada, cuando unos agentes del Servicio Secreto descubrieron a Yeltsin en la avenida Pennsylvania, solo, completamente borracho, en camiseta y calzoncillos, pidiendo a gritos un taxi. Asombrados, entablaron una discusión en la que él intervino arrastrando las palabras. No quería volver a Blair House, donde estaba alojado. Quería un taxi para ir a comprar pizza. Le pregunté a Clinton en qué había terminado la cosa. «Bueno —dijo, encogiéndose de hombros—. Consiguió su pizza.»

Lo asombroso, añadió, es que Yeltsin consiguió volver a escaparse la segunda noche. Eludió la seguridad y bajó por las escaleras de atrás hasta el sótano de Blair House, donde un guardia le confundió con un intruso borracho. Hubo algún momento de peligro para él hasta que varios agentes rusos y estadounidenses comprobaron los datos de todo el mundo. Clinton pensaba que este incidente, aunque sucedido dentro de la residencia de invitados, era aún más peligroso que la excursión en busca de pizza. Cuando le pregunté si le parecía apropiado aconsejar personalmente a Yeltsin sobre el alcohol, dijo que no. No estaba seguro de si era su papel ni de las consecuencias. Le pregunté sobre la posibilidad de hablar con la esposa de Yeltsin y la respuesta fue cuidadosamente indirecta. Clinton aclaró que era una persona muy enérgica. Cuando era una empresaria en la sombra en la antigua Unión Soviética, había levantado un negocio de contratas que oficialmente no existía. Naina Yeltsin estaba angustiada por su marido, dijo Clinton, pero le era profundamente leal.

Sobre Haití, Clinton declaró que estaba demasiado cansado para revisar la cronología detallada desde nuestra sesión de septiembre, la noche antes de su discurso sobre la invasión. Sí recordó que Jimmy Carter había llamado varias veces aquel día y se había ofrecido como emisario especial voluntario para intentar una tregua de última hora. El vicepresidente Gore se opuso a gritos a aceptar la oferta y opinó que Carter había sobrepasado sus límites en las negociaciones nucleares con Corea del Norte, y el secretario de Estado, Christopher, se mostró de acuerdo con Gore. Dijo que no debían confiar otra vez en Carter. Éste, seguramente previendo esa oposición, se aseguró el apoyo del general Colin Powell y el senador Sam Nunn, así que Clinton tuvo que imponerse a sus propios consejeros de Seguridad Nacional. Llamó a los tres diplomáticos independientes para mantener unas conversaciones apresuradas. Les dijo que las críticas que habían expresado previamente sobre su estrategia en relación con Haití reforzaban la posición de Estados Unidos a la hora de negociar, siempre que aceptasen los términos de la misión que se proponía. El objetivo era obtener la abdicación de la junta ilegal de Haití. Estaba preparándose una expedición militar internacional, encabezada por Estados Unidos, para conseguirlo por la fuerza en caso necesario, y los gobernantes haitianos habían declarado que iban a llevar a cabo una defensa suicida de su patria. Si el equipo de Carter podía conseguir que los tres generales supremos de la junta ordenaran la deposición de las armas, a cambio de una garantía de salir a salvo hacia el exilio, Clinton aceptaría ese acuerdo para reducir el riesgo de bajas.

El grupo de Carter voló hacia Haití por delante de los transportes de tropas para emprender unas frenéticas negociaciones el fin de semana del 17 y 18 de septiembre. Sus informaciones fueron que los generales haitianos estaban convencidos de que Estados Unidos estaba tirándose un farol, que no había respaldo para la invasión ni en el Congreso ni en la prensa, por lo que era una locura apoyar a Aristide, al que calificaban de verdadero tirano, frente a una junta que protegía la esperanza de un Haití libre. Según Clinton, Powell desempeñó el papel antipático y le dijo a los generales que quizá tenían razón desde el punto de vista político, pero que también conocía a Clinton y la estructura de mando de Estados Unidos, por lo que les advertía de cuánto poder de fuego estaba a punto de aniquilar al pequeño ejército haitiano y el cuartel general en el que se encontraban. El domingo por la tarde, un fax de Carter a la Casa Blanca apoyaba la oferta definitiva de la junta, que era dimitir cuando las autoridades políticas reconstituidas de Haití se lo ordenaran. Clinton dijo que había rechazado esas condiciones, porque eran la misma cortina de humo que llevaban utilizando desde hacía dos años. Empleó la palabra *clientitis* para decir que Carter simpatizaba con los generales haitianos y estaba presionando en su nombre a Estados Unidos, es decir, que había invertido su papel. Clinton pensaba que Carter estaba cautivado por Yannick Cedras, la influyente esposa de Raoul Cedras, el general de Haití con más poder, hasta el punto de insistir en que aquellas personas tan agradables no podían estar gobernando a base de asesinatos y mutilaciones como había dicho Clinton en su discurso. Carter, al parecer, rechazó las órdenes de romper las negociaciones y abandonar Haití. Clinton le comunicó que corría peligro de ser capturado. La fricción aumentó hasta tal punto que amenazó con evacuar a Carter contra su voluntad. Le pidió que saliera inmediatamente.

Entonces cedieron los generales. Aceptaron deponer las armas, respetar a la fuerza multinacional cuando llegara y salir de Haití, de forma permanente, en el plazo de un mes. Clinton dijo que los servicios de inteligencia estadounidenses se habían equivocado al predecir que los haitianos iban a exigir grandes sobornos. Lo que hicieron fue buscar un barniz de legalidad pretendiendo esperar las órdenes del civil que habían instalado como hombre de paja en lugar de Aristide. Esa pantomima consumió más tiempo, así que Carter pidió quedarse para dar la bienvenida a los soldados que iban a llegar sin oposición. Clinton se negó. Si el pacto fracasaba, Carter sería un objetivo. Si se sostenía, sería un procónsul que serviría como elemento de distracción. Los tres negociadores volaron de vuelta a Washington a última hora del domingo, y Carter, que estaba invitado a dormir en la Casa Blanca, llamó a Judy Woodruff, de la CNN, pasada la medianoche, incluso antes de informar a Clinton, para quedar para una entrevista a la mañana siguiente. Eso, dijo en tono tenso el presidente, no había estado bien.

Pasamos rápidamente por el mes de ocupación transcurrido desde entonces, durante el que se confiscaron poco a poco las escasas y oxidadas armas de artillería pesada del ejército haitiano y los líderes del golpe por fin se fueron. Le conté a Clinton que había conocido al administrador de la Agencia para el Desarrollo Internacional (AID), Brian Atwood, en el memorable viaje a Puerto Príncipe. Atwood, que fue uno de los observadores internacionales en las primeras elecciones de Haití en 1987, tuvo que ser rescatado de las multitudes aterrorizadas cuando los tristemente famosos Tonton Macoutes abortaron aquellos comicios matando a machetazos como mínimo a 34 personas que pretendían votar en las urnas. Atwood me contó que nunca había tenido tanto miedo como en aquel momento y que, en los siete años transcurridos desde entonces, había crecido su admiración por la tenacidad no violenta de los pobres haitianos que buscaban la democracia en medio de todo ese terror. Desde el punto de vista profesional, veía una tierra de gran potencial humano atrapada en la miseria por falta de las infraestructuras básicas —agua, carreteras, alcantarillas, electricidad—, despojada de árboles y de gran parte de su suelo cultivable. Esperaba que una ayuda internacional cuidadosa pudiera poner en marcha la evolución hacia el modesto objetivo de Aristide de la «pobreza con dignidad», partiendo del pequeño milagro de que se hubiera llevado a cabo una operación militar multinacional sin ninguna baja hasta ese momento.

Ninguna baja. Clinton frunció el ceño cuando le pregunté si ese éxito empírico —ya que no existía la tradicional simpatía de Estados Unidos por el perdedor— podía convertir su apuesta por Haití en un triunfo. Me dijo que estaba subestimando la resistencia política. La prensa estaba llena de noticias retrospectivas sobre fricciones entre él y sus tres principales negociadores, con insinuaciones de que había sido una aventura innecesaria o equivocada. Explicó que los semanarios estaban reflejando las críticas que hacía Carter como una forma de sacarle los colores a él, y que todo eso le hacía sentirse irónico y filosófico. Había dado una mala imagen pero se consideraba afortunado. Haber evitado el desastre en Haití era un alivio inmenso, y era una locura esperar resultados más positivos.

Muchos de sus asesores se quejaban de que Jimmy Carter seguía creyéndose presidente, pero Clinton pensaba que esa crítica era demasiado negativa. Carter había hablado con contención en la rueda de prensa conjunta, dijo, y había hecho gala de un agudo sentido político («La clave de nuestro éxito —declaró Carter a los corresponsales en la Casa Blanca—, en la medida en que hemos tenido éxito, ha sido la inexorable entrada de las fuerzas en Haití»). Según Clinton, Carter pensaba sencillamente que se había ganado el derecho a decir lo que pensaba como estadista internacional, incluso a propósito de una misión que había aceptado en nombre del Gobierno de Estados Unidos, con un avión de las fuerzas aéreas y todo. Ese sentimiento podía hacer que fuera insoportable, pero, a juicio de Clinton, era lo suficientemente valioso como para compensar las molestias políticas que ocasionaba. Clinton pensaba que Carter era un ex presidente modélico. Y respecto a Haití, en concreto, el equipo de Carter había conseguido que los soldados estadounidenses pudieran aterrizar sanos y salvos en un país extranjero. Sólo eso ya justificaba la misión, y, si además tenían éxito, mejor que mejor. Clinton manifestó que volvería a tomar la misma decisión. No tenía ninguna duda.

El presidente reflexionó sobre una cuestión más amplia. Dijo que todavía cometía muchos errores y que no acertaba a asumir el liderazgo como debería, pero que no dudaba en promover a otros líderes o hacerles quedar bien. Era una lección dura, porque a la mayoría de los políticos no les gusta que brillen los rivales y los subordinados. Los presidentes tienden a querer acaparar todo el mérito, pero Clinton pensaba que era inteligente asignar a Al Gore determinadas tareas. Y no le había importado enviar a Colin Powell a Haití, a pesar de saber de antemano que la misión iba a elevar el prestigio de Powell como posible candidato presidencial contra él en 1996. Era lo que había ocurrido, reconoció, y citó datos de encuestas. No veía una fórmula sencilla ante ese tipo de decisiones. Valoraba la lealtad como fundamento esencial de la política. Pero, en los conflictos entre personas y problemas, se decía a sí mismo sin cesar que la verdadera medida del éxito la proporcionaban unos resultados que fueran positivos para el país.

Hablamos de algunos asuntos personales y de la reciente cena de Estado con el nuevo presidente de Sudáfrica, Nelson Mandela, quien había deleitado a Clinton con historias de su admiración infantil por el boxeador norteamericano Joe Louis. El presidente acabó con un resumen mordaz de lo que había sido la 103ª legislatura del Congreso. Ambas cámaras habían dado por concluido el período de sesiones en una situación de punto muerto, poco después de que el senador George Mitchell reconociera la derrota tras dos años de lucha para aprobar la reforma sanitaria. Según Clinton, la dinámica política había sido irritante pero sencilla. Los republicanos, después de perder en la ley sobre el crimen en agosto, habían decidido no dejar que se aprobase nada más. Habían resuelto comportarse como una minoría unida que bloquease confirmaciones de rutina, retrasara votaciones y se opusiera a los atajos parlamentarios. Organizaron maniobras de obstrucción contra dieciséis proyectos de ley y se volvieron repentinamente en contra de sus propias propuestas de leyes. El «día del atasco», el 5 de octubre, interrumpieron todo. Pospusieron la popular reforma del Superfondo para reclamaciones ambientales y, en el Senado, consiguieron acabar con un proyecto de ley de información pública que había sido aprobado por 94 a 6 en una votación preliminar. Clinton contó que los representantes de los *lobbies* habían vitoreado al senador Jesse Helms, de Carolina del Norte, cuando salió del Senado con aire triunfante, después de haber elogiado de forma descarada la influencia secreta que ejercían dichos grupos y haber dicho que eran un escudo defensivo contra la intervención excesiva del Gobierno.

Por desgracia, concluyó el presidente, las encuestas de que disponía daban la razón por el momento a los republicanos. La mayoría estaba a favor de las leyes que ellos estaban obstruyendo, pero su táctica de dejar atrás tierra quemada conseguía que fuera Washington en general lo que despertara antipatía. Clinton opinaba que los republicanos iban a intentar que los votantes responsabilizaran a los demócratas de las disputas, la angustia y las esperanzas frustradas. («Los estadounidenses, en su mayoría, quieren que nos vayamos —declaró el senador John McCain—. Piensan que ya hemos hecho suficiente daño.») El líder de la Cámara de Representantes, Newt Gingrich, había reunido a unos 350 candidatos republicanos a escaños en torno a un «Contrato con América» con diez puntos para la campaña de otoño, en el que prometían poner fin al atasco legislativo con recortes fiscales, límites a los mandatos y otras restricciones a los políticos profesionales. Clinton dijo que tenía tres semanas para convencer a los votantes de que ese contrato, que explotaba el escepticismo, sólo serviría para producir más cinismo todavía.

Pero antes, tenía que ir a Jordania para dar el paso definitivo hacia la paz. Cuando terminábamos nuestra sesión, sus palabras de despedida se vieron inundadas de una extraña nota de fatalismo. Reconoció que había abordado muchos puntos de su ambiciosa agenda para su primer mandato. Si podía revivir unos cuantos proyectos de ley dejados de lado al final de esta legislatura, quizá no se sentiría obligado a fijar una agenda com-

parable para 1996. En ese caso, declaró, importaría menos que fuera reelegido o no.

Mi siguiente convocatoria, el 10 de noviembre, llegó sólo dos días después
de un rechazo histórico al Gobierno del presidente Clinton. En las elecciones de 1994 no hubo un solo republicano saliente que perdiera su puesto,
ni en el Congreso ni entre los gobernadores, mientras que los demócratas
perdieron ocho senadores, ocho gobernadores y 54 representantes. Los
republicanos obtuvieron el control de las dos cámaras en el mayor vuelco
de mitad de mandato desde 1946, el año en el que nació Clinton. En la
Casa Blanca, el ujier Skip Allen nos planteó un incómodo dilema a mí y a
un sastre de los almacenes Saks Fifth Avenue. Dijo que nuestras respectivas citas iban con retraso porque el presidente se había quedado dormido
en la silla del barbero y nadie lograba despertarle.

Los tres subimos al pequeño salón de belleza situado junto al comedor,
enfrente de la sala de estar familiar. Nos turnamos para intentar despertarle suavemente y saber qué quería hacer, al tiempo que nos ofrecíamos a
dejarle dormir. Reunió fuerzas para cruzar el pasillo y dirigirse a un gran
montón de trajes en su vestidor, diciendo que algunos necesitaban arreglos
a toda velocidad, antes de que saliera de viaje a Filipinas. El sastre, un
hombre menudo, asintió y empezó a tomar medidas. Sus hábiles tirones y
pliegues despedían polvo de tiza mientras el presidente se ponía y se quitaba pantalones y chaquetas. Sin saber cómo, se le había encogido el pecho, por lo que las chaquetas le estaban demasiado sueltas, pero en cambio necesitaba más margen en la cintura porque llevaba semanas sin hacer
ejercicio. Clinton se quejó de que todo estaba saliendo mal, y dio algunas
muestras de humor negro al decir que habían sido unas elecciones dignas
de su maltrecho cuerpo. Qué gran comienzo había tenido su presidencia
—con 5 millones de nuevos puestos de trabajo, iniciativas de paz en todo
el mundo y camino de un tercer año de reducción del déficit sin precedentes—, hasta el choque de las elecciones del martes anterior. Había tratado
de sonreír durante un discurso que había pronunciado en su alma máter,
la Universidad de Georgetown. Newt Gingrich le había dado una buena
paliza, comentó. No hacía falta ser muy inteligente para darse cuenta. Los
votantes le habían atizado con un palo en la cabeza.

Ya grabando, su energía le permitió recordar sus viajes recientes a
Oriente Próximo. Antes de la ceremonia de paz en Jordania, el 26 de oc-

tubre, el presidente se había detenido en Egipto para animar a los palesti-nos en su vía paralela de negociación con Israel. Sin demasiado éxito, in-tentó que el presidente egipcio Hosni Mubarak presionara a su invitado, el líder de la OLP Yasser Arafat, para asumir más responsabilidad admi-nistrativa en los territorios palestinos. Clinton pensaba que Mubarak y Arafat eran temperamentalmente opuestos. Mubarak reprimía de forma implacable el fundamentalismo islámico pero daba poca importancia al peligro que representaba, y decía que el Estado egipcio, apoyado en tres mil años de burocracia y cultura, era inmune al terrorismo y a la teocracia. En opinión de Clinton, Mubarak pecaba de exceso de confianza. Por el contrario, Arafat estaba obsesionado por la amenaza de los fanáticos reli-giosos en Palestina. Decía que, si reprimía con demasiada fuerza a Hamás,[1] que propugnaba la guerra de religión contra Israel, perdería el poder. Clin-ton contó que Arafat se resistía a hablar de cuestiones prácticas de Gobier-no en los territorios, fundamentales para establecer su nación, porque se sentía como pez fuera del agua. Arafat prefería hablar de tramas, pactos y, sobre todo, dinero. De hecho, se rió Clinton, Arafat estaba enojado úl-timamente porque la ayuda internacional llegaba a la Autoridad Palestina a través de cauces oficiales, con auditores y contables. Le satisfacían mu-cho más los viejos métodos de espías, cuando se discutía por un puñado de dinero.

De Egipto, el presidente Clinton había volado a Wadi Araba, en el gran valle del Rift, para la firma del tratado en la frontera entre Eilat (Israel) y Aqaba (Jordania). Dijo que Estados Unidos, sobre todo a través del secre-tario de Estado, Christopher, había intervenido más en los detalles de este acuerdo de paz que en las negociaciones entre israelíes y palestinos. Éra-mos los garantes de los acuerdos de seguridad y las complejas transferen-cias de 390 kilómetros cuadrados de tierra y 65 millones de metros cúbicos de agua. La plataforma de la ceremonia, situada al aire libre junto a uno de los palacios de verano del rey Hussein, dominaba las montañas que se ele-vaban desde el mar Rojo hasta Arabia Saudí y Egipto. Para Clinton, el único inconveniente del espectacular escenario había sido el ardiente sol del desierto que cayó durante los discursos preliminares. El primer minis-tro Rabin llevaba una gorra de béisbol para protegerse. El presidente, aconsejado por sus ayudantes, intentó soportarlo con crema solar hasta que el sudor le irritó los ojos. Pero fue todavía peor, ya que el brillo del

---

1. Un grupo creado en Palestina a partir de la Intifada de 1987 con apoyo extranjero.

pergamino del tratado le cegó y le mareó, y acabó teniendo que pedir unas gafas de sol. «No quería parecer un mafioso —dijo—, pero estaba a punto de arruinar la ceremonia.»

El tratado ponía fin oficialmente a cuarenta y seis años de estado de guerra y no reconocimiento entre los dos países, desde la fundación de Israel en 1948. Entre otras consecuencias, abrió las fronteras que habían estado permanentemente cerradas con campos de minas y grandes alambradas, todavía visibles en Wadi Araba. Una vez firmados los documentos, contó Clinton, y después de que se apagaran los vítores y los aplausos, se oyeron extraños sonidos en la distancia. Eran los gritos rituales. El rey Hussein saludó a las figuras en la lejanía, y Clinton se inclinó hacia Rabin. «Isaac, ¿quiénes son esa gente?», preguntó, y Rabin respondió: «Son los beduinos. Algunos son de los nuestros, algunos son de los suyos. Viven a ambos lados de la frontera y muchos son de la misma familia. Llevan años reuniéndose sólo de noche. Ahora van a poder ir y venir como quieran, y están muy contentos». Clinton imitó afectuosamente su fuerte acento.

El presidente Clinton se dirigió al Parlamento jordano y la Knesset israelí para hablarles de la histórica importancia de este segundo tratado de paz de Israel con sus vecinos árabes, después del de Egipto. («Respetamos el islam», dijo a los legisladores jordanos entre aplausos atronadores, y añadió que esa misma mañana, en todo Estados Unidos, «millones de nuestros ciudadanos responden a la llamada al rezo musulmana».) Luego emprendió negociaciones en otro frente con el presidente Asad de Siria. Según contó Clinton, en Damasco, mientras visitaba un palacio construido por un multimillonario libanés para Asad, sintió el extraordinario dominio del presidente sirio. Asad controlaba todo y había impuesto hacía mucho tiempo su voluntad a un país de diferencias étnicas latentes. Siria tenía uno de los índices de criminalidad más bajos del mundo, y ese orden minucioso ayudaba a explicar por qué Asad era tan impaciente con las democracias turbulentas y cambiantes de Israel y Estados Unidos. Pensaba que el difícil tratado con Israel iba a consistir simplemente en un intercambio de tierras por paz en los Altos del Golán, y que tardaría tres minutos en firmarse. No podía entender las restricciones políticas de los dirigentes israelíes, ni por qué sus antepasados bíblicos, guiados por Moisés, habían discutido y peleado durante cuarenta años en el desierto.

Las negociaciones entre Siria e Israel, dijo Clinton, estaban atascadas entre esos tres minutos y unos cuarenta años. En su conversación privada, cuando le pidió a Asad que condenase el terrorismo, éste respondió que se oponía a la matanza de civiles inocentes en cualquier lugar y cualquier momento, y ensayaron respuestas para el enorme contingente de periodistas internacionales que viajaba con Clinton. En una rueda de prensa conjunta, Asad sólo consiguió mantener la calma hasta la segunda pregunta, que le hizo Rita Braver, de CBS News. Según me relató Clinton, le preguntó, con otras palabras: «¿Es usted un terrorista?».[2] Asad estalló de ira y negó incluso que Clinton y él hubieran hablado de terrorismo, un tema que calificó de pretexto para difamar a Siria. Su exabrupto obligó a Clinton a hilar muy fino entre la verdad y una reprimenda pública, de modo que se apresuró a explicar que Asad quería decir que no habían hablado de acusaciones específicas de terrorismo contra el régimen sirio. Después mencionó todo lo que estaba en juego para Oriente Próximo y rogó a los periodistas que no hicieran hincapié en esa contradicción. El presidente se arrepintió de no haber preparado mejor a Asad de antemano. Debería haberle prevenido de que iba a haber preguntas directas, insolentes y hostiles, porque el presidente sirio estaba acostumbrado a la adulación y la complacencia. «Sus ruedas de prensa son como las de Castro.»

A pesar de su tormentoso final, el presidente consideraba que la cumbre de Damasco había sido un paso adelante. Asad seguía dispuesto a firmar la paz con Israel antes de morir. Ni él ni su mujer, Anisah, parecían confiar demasiado en que su hijo Bashar, el oculista recién designado heredero, fuera a tener la suficiente fuerza para hacerlo. Clinton, por su parte, subrayó la urgente necesidad de que hubiera un tratado entre Israel y Siria para construir una estructura estable en Oriente Próximo antes de que Irak o Irán atacasen toda la región. Estos dos grandes países eran endebles bajo la superficie y estaban amenazados por la pobreza, las divisiones sectarias y el conflicto entre los modernizadores y los mulás, pero el presidente opinaba que Irán era el que tenía más probabilidades de desbordarse o desintegrarse.

Un mes antes, el 7 de octubre, el presidente de Irak, Saddam Hussein, había enviado de pronto tropas a la frontera con Kuwait en una réplica casi exacta de la guerra del Golfo; los observadores se habían quedado asombrados al ver que parecía estar dispuesto a desafiar al mundo pese a

2. La transcripción oficial reproduce literalmente las preguntas de Braver al presidente Asad: «¿Ha prometido usted en esta discusión no seguir patrocinando el terrorismo? ¿Ha reconocido que lo hace? Y ¿puede decirnos cuál es la opinión que tiene Siria de las actividades terroristas?».

tener a los miembros de su ejército, en su mayor parte, muertos o incapacitados. Los iraquíes se retiraron al cabo de unos días, en cuanto Estados Unidos desplegó una fuerza de intervención rápida formada por marines, misiles y 350 nuevos aviones de combate con el grupo de ataque del portaaviones *George Washington*. Los analistas de los servicios de inteligencia seguían discutiendo la misteriosa e inútil maniobra de Saddam, y algunos decían que había interpretado, sin razón, la estrategia de Estados Unidos en Haití como una muestra de aversión a los conflictos militares de la que era posible aprovecharse. Esta idea divirtió al presidente. «Supongo —comentó— que pensó que, si llevaba a cabo una provocación, yo enviaría a Jimmy Carter allí para llegar a un acuerdo, y que podría sacarnos algo.»

Para mi sorpresa, el presidente volvió a quedarse dormido, a mitad de la frase, hablando de un tema que le interesaba. Alarmado y confuso, propuse terminar la sesión. No estaba claro si Clinton me había oído o no, pero se despertó de golpe y continuó tenazmente con su análisis post mórtem de las elecciones legislativas.

A su regreso de Oriente Próximo se encontró con un negro presagio. El sábado 29 de octubre por la tarde, un perturbado sacó un fusil chino SKS de su gabardina y disparó 27 tiros a través de la verja de la avenida Pennsylvania. Siete de los disparos alcanzaron la Casa Blanca antes de que unos ciudadanos y los agentes sometieran a Francisco Durán, un hombre de veintiséis años, originario de Nuevo México. Durán, que al parecer pretendía castigar a Clinton por prohibir las armas de asalto, había viajado desde Colorado con su fusil, libros de un movimiento de milicias antigubernamentales y una pegatina en el coche que parodiaba la visión de la paz del profeta Isaías: «Quienes transformen sus armas en arados ararán por quienes no lo hagan».[3]

El presidente dijo que estaba en la sala de estar cuando sonaron los disparos, y que oyó el sonido apagado de por lo menos dos balas contra el estuco —o lo que fuera el material del que estaba hecha la pared norte de la Casa Blanca— antes de que entraran unos agentes que le rodearon mientras hablaban por radio. Le daba pena el Servicio Secreto, que había soportado una avalancha de críticas por este atentado después del avión suicida que se había estrellado. Clinton nunca se había sentido en peligro

---

3. En 1995, un jurado condenó a Durán por múltiples cargos, incluido el intento de asesinato del presidente de Estados Unidos. Fue sentenciado a cuarenta y cinco años.

físico, pero, irónicamente, se sentía muy amenazado políticamente por fanáticos de las armas como Durán. En las elecciones del martes, la Asociación Nacional del Rifle se había deshecho al menos de 20 candidatos que se presentaban a la reelección sólo en función de su postura sobre las armas. Era una hazaña aterradora. El presidente dijo que la Asociación Nacional del Rifle se las arreglaba para cosechar los votos de la paranoia. «Si no los denunciamos y nos enfrentamos a ellos —observó en tono quejoso—, acabarán con nosotros.»

Clinton asumía su parte de responsabilidad por el histórico desastre de las elecciones. Había demasiados escándalos. La reforma sanitaria había fracasado. Dijo varias veces que había impulsado cambios demasiado rápidos para que los votantes los digirieran, y confesó que acababa de cometer un error básico al no hablar por televisión a su regreso del extranjero. Había otras noticias importantes además del tratado de paz entre Israel y Jordania y el enfrentamiento con Saddam Hussein. Corea del Norte acababa de firmar un acuerdo para ceder 8.000 barras de combustible atómico y aceptar la inspección internacional de sus instalaciones nucleares. Estos éxitos en el extranjero hacían que los índices de aceptación de Clinton estuvieran por encima de los de los dos partidos en el Congreso. Y eran unos éxitos complejos. No había duda de que explicarlos ofrecía una oportunidad política y era un deber, pero el presidente había decidido que tenía que escoger entre ser un hombre de Estado y hacer campaña. Intentar hacer las dos cosas habría sido de mal gusto. Quedaban sólo diez días para las elecciones, y pronunciar un discurso presidencial para luego hacer campaña por su partido podía ser contraproducente. De modo que Clinton había prescindido de su discurso para dedicarse a sus candidatos.

Pero en ese momento, el presidente reconocía que había sido un craso error. La emoción de los éxitos de política exterior se había desvanecido rápidamente por falta de atención. ¿Por qué iban a apreciar los votantes lo que se jugaba en Corea del Norte o en Oriente Próximo cuando el propio presidente prefería hablar de un escaño en disputa en Ohio? Peor aún, dijo, los candidatos demócratas se habían negado a unirse con un mismo mensaje de campaña. Le echaban a él la culpa de su impopularidad y habían exigido tener unas campañas individualizadas, pero el resultado había sido que sus diferentes eslóganes habían quedado empequeñecidos por el llamamiento unificado de Gingrich a una menor intervención del Gobierno y una reducción de impuestos. Clinton se lamentó de que nunca debería haber dejado que el Comité Nacional Demócrata dedicara el dinero que recaudaba él a candidatos concretos. La mayoría de ellos lo había desperdiciado en ideas mal concebidas, y, hacia el final de la campaña, se había perdido fuerza. Si la campaña hubiera durado más tiempo, dijo, los republicanos habrían obtenido todavía más escaños.

Volvió a quedarse dormido varias veces mientras hablaba. Ponía los ojos en blanco con los párpados cerrados y se quedaba traspuesto durante diez o quince segundos. Yo detuve las grabadoras por iniciativa propia y comenté que necesitaba descansar, pero él volvía a despertarse con más teorías sobre la catástrofe. Los demócratas no tenían un mensaje centralizado para hacer frente a los republicanos. El lema pensado por el asesor de campaña, Paul Begala —que el país debía ir hacia adelante, y no hacia atrás—, no había cuajado. Gingrich tenía obsesión por el poder e iba a cometer muchos errores. Los votantes estaban dolidos y querían que su Gobierno también sufriera («Bueno, pues ahora estoy sufriendo», dijo). Los republicanos canalizaban la angustia generalizada en un resentimiento hacia las minorías, las ciudades y el Gobierno. Clinton iba a tener que contrarrestar el golpe desde el centro.

El presidente me preguntó qué me parecían sus apariciones en la prensa desde las elecciones. Tenía un tono quejoso de incertidumbre mezclado con pesimismo político. Siguió hablando mientras me iba.

De camino a casa, empecé a dictar mis notas diciendo que daba miedo verle caer de pronto en trances, como si estuviera hipnotizado o padeciera narcolepsia. «Todavía combate —dicté—. Todavía trata de averiguar qué ha pasado en las elecciones, dónde han estado los errores. Pero creo que es frágil y vulnerable de puro exhausto.»

14

DIATRIBAS: «LES PUSE VERDES»

Miércoles, 30 de noviembre de 1994

Cine de Navidad
Domingo, 25 de diciembre de 1994

Domingo, 1 de enero de 1995

Estos oscuros temas políticos continuaron tres semanas después. El presidente Clinton, acompañado de nuestro mutuo amigo Eli Segal, entró en el Salón Oval Amarillo, en el que me habían dicho que esperara. Eli, fundador y director del programa de servicio nacional para jóvenes de Clinton, AmeriCorps, le recordó que nosotros nos habíamos conocido nada más terminar nuestros estudios de posgrado durante una partida amistosa de póquer entre varios activistas políticos con más ambición que dinero. De mutuo acuerdo, ninguno mencionó nuestros respectivos asuntos con el presidente. Hablamos con efusión de los viejos tiempos y de nuestros hijos. Transmití un mensaje de Chelsea: quería ver a su padre cuando tuviera un momento. El presidente resumió las características de los objetos históricos y la arquitectura como un amistoso guía turístico y le dijo a Eli que ésa era la habitación favorita del presidente Franklin D. Roosevelt en la Casa Blanca. Por la fila de ventanas curvas se podía ver, a través del Mall, la orilla del río Potomac, donde Roosevelt había construido el monumento a Jefferson para poder contemplarlo desde ahí.

Clinton fue a ver a Chelsea y se cambió para ponerse unos vaqueros antes de sentarnos a trabajar en la sala de estar. Muy enfadado, dijo que el Comité Nacional Demócrata había gastado más de los 80 millones de dólares que tenía en sus arcas de guerra para perder todos los escaños en las elecciones de mitad de mandato. Había descubierto además que sus líderes tenían unas deudas sustanciales, por lo que ahora, si quería arreglar el partido para las elecciones de 1996, tenía que pedirle a Eli Segal, especialista en recaudar fondos, que dejara su magnífico trabajo al menos con seis meses de antelación. Y añadió que sus finanzas personales no estaban mucho mejor. Los republicanos habían anunciado que tenían planes para llevar a cabo sesiones sobre el caso Whitewater en cuanto tomaran posesión de los comités del Congreso en enero, así que suponía que las facturas legales de la familia pronto sobrepasarían los 2 millones de dólares. Lo increíble, exclamó, era que el nuevo fiscal especial quería volver a investigar el suicidio de Vince Foster mientras rebuscaba en la historia de una entidad de ahorro que había quebrado, propiedad de Jim y Susan McDougal, sus antiguos socios en el desarrollo urbanístico de Whitewater. Ken Starr iba a ofrecerle la inmunidad a Susan McDougal, que se había quedado sin dinero, y estaba presionándola para que hiciera acusaciones si quería librarse de la cárcel.

El presidente calificó las tácticas de Starr de distracción mientras buscaba un delito. Dijo que los republicanos estaban haciendo lo mismo con Mike Espy. No satisfechos con haberle echado del Gobierno, habían creado otro fiscal especial que había contratado nada menos que a 33 ayudantes para requerir por medio de citaciones la lista de demandantes por motivos laborales en Tyson Foods. Era evidente, explicó Clinton, que estaban buscando a gente lo suficientemente enfadada con la compañía como para decir algo malo de Espy. Era una operación digna de Joe McCarthy, construida a partir de una minucia de una beca, que respondía más al cinismo que al miedo. Y concluyó que no iban a parar hasta que encontraran algo.

Esta diatriba pareció más calmada que la de otras sesiones anteriores. Tenía menos de perorata, un aire resignado y momentos de reflexión inestable. El presidente dijo que el caso Whitewater trivializaba aspectos fundamentales que aún estaban pendientes del derrumbe de las entidades de ahorro en la década de 1980. Los gobiernos de Reagan y Bush, al desregularizar las empresas financieras y dejar intactas las garantías públicas, habían dejado que los banqueros apostaran libremente varios cientos de miles de millones de dólares de los contribuyentes. Dijo que la compañía de los McDougal no representaba más que el 8 % de las bancarrotas del estado de Arkansas, que, a su vez, era menos del 1 % de las pérdidas sufragadas por el dinero público en todo el país. Le pregunté qué quería decir. ¿Estaba desviando la pregunta de la culpabilidad para centrarse en un asunto de proporciones, diciendo que lo de Whitewater se había exagerado? No, contestó, lo que quería decir era que el caso Whitewater era una cacería al azar; estábamos persiguiendo a unos cuantos paletos para ensuciar a un presidente demócrata.

Ya grabando, consiguió destacar aspectos positivos y personales de sus recientes viajes por el Pacífico. Había llevado a sus dos mayordomos de la Casa Blanca para que pudieran ver a sus familias en Filipinas por primera vez en años. Después de que su avión descendiera sobre la isla de Corregidor hasta la bahía de Manila, se alojó en una suite de hotel ornamentada con las medallas y condecoraciones concedidas al general Douglas MacArthur, donadas por su viuda. En Yakarta, visitó la mayor mezquita musulmana del mundo, con cinco pisos de oración bajo una inmensa cúpula de 45 metros de diámetro. Contó historias sobre la procedencia y las tradiciones de muchos de los regalos de Estado que le habían hecho y que nos rodeaban en la salita, entre ellos una máscara de madera esculpida de Indonesia. Aunque su cumbre con el presidente chino Jiang Zemin acabó en otro oscuro punto muerto, parecía menos agitado al examinar las aperturas en materia de comercio y derechos humanos. Sus recuerdos de Suharto, el famoso líder autoritario de Indonesia, delataban una pizca de añoranza por la facilidad con la que el viejo general era capaz de eludir las preguntas molestas de la prensa, sobre todo a propósito de la violenta represión en Timor Oriental. Clinton explicó que, tras la muerte de Suharto, Indonesia sería una encrucijada estratégica, como Turquía en Occidente. De vuelta a casa, había conversado alegremente con los soldados de la base aérea de Elmendorf en Alaska, entre ellos uno que llevaba una camiseta de una escuela que había fundado Clinton en Arkansas. El presidente destacó el efecto llamada de las instalaciones militares para los desarrollos urbanísticos en Alaska y recreó su cena en un restaurante de Anchorage propiedad del nuevo gobernador, Tony Knowles, un demócrata con aspiraciones y conocedor de una receta excelente de guiso de ciervo.

Su energía se apagaba según el contenido de sus historias. Contó que, el primer día de sus vacaciones en Hawaii, había hecho veintisiete hoyos de golf como un zombi, agotado, con una ampolla bajo el guante. El segundo día hizo dieciocho hoyos y luego se derrumbó en el tercero, mientras Hillary le observaba desde el porche de su villa y soplaban unos vientos de galerna procedentes del Pacífico. De vuelta en Washington, Clinton regresó a las consultas con expertos sobre lo que había ido mal en las elecciones legislativas. Mencionó montañas de estadísticas y que había una base empírica para definir el fenómeno político del «varón blanco enfadado». Los ingresos de los cabezas de familia sin formación universitaria habían descendido un 14 % durante los diez años anteriores. Sólo en el último año, la media de los salarios había caído un 1 %, pese a que el promedio estaba subiendo. Eso se debía, explicó, a que los ricos, que eran un número escaso, hacían subir el promedio con sus enormes ganancias. En 1970, un consejero delegado ganaba el salario de 35 empleados; en 1994 hacían falta 150 trabajadores para igualar el sueldo de un jefe. Si examinábamos el siglo XX en su conjunto —desde las guerras mundiales y la depresión hasta la actualidad, pasando por el movimiento de los derechos civiles—, los índices de salud y seguridad de la clase media habían mejorado enormemente, pero la gente había dejado de sentir una conexión personal con su Gobierno. El plan de recuperación económica de Clinton, con los 5 millones de nuevos puestos de trabajo ya creados, parecía una cosa abstracta. Hasta los ejecutivos se sentían inseguros en una economía cambiante.

Clinton no creía que los republicanos fueran a durar como mayoría, porque su «Contrato con América» era negativo y contradictorio. Muchos republicanos no apoyaban las leyes prometidas, dijo, pero se habían aprendido el discurso. Gingrich disponía de eslóganes rápidos que uno podía decir en diez segundos, y el presidente me preguntó si había intentado escribir alguna idea que le permitiera competir a su altura. Le respondí afirmativamente y cogí mi cartera, halagado de que se hubiera acordado. Tuvo una reacción favorable a una de las cinco o seis ideas rápidas que le propuse —que los estadounidenses necesitaban un Gobierno federal que fuera «austero pero no tacaño»— y sopesó las ventajas y los inconvenientes en voz alta. Luego preguntó si pensaba que el senador de Pennsylvania, Harris Wofford, un demócrata que había sido víctima de las recientes elecciones, podía ser un buen sustituto de Eli Segal en AmeriCorps. Por supuesto, repliqué. La dedicación de Wofford le hacía un candidato ideal, aunque no sabía si tenía la capacidad gestora de Eli. Clinton asintió. ¿Qué opinaba de la doctora Joycelyn Elders, su responsable de Sanidad, que era de Arkansas? Había sido como una madre para todo el mundo hasta que comentó que, para los adolescentes, la masturbación era más segura que el coito y más realista que la abstinencia. ¿Tenía que sustituirla? Me estremecí; seguramente sí.

¿Debía despedir al director de la CIA, James Woolsey? Todavía dudoso, dije que sí. ¿Quién debía sustituirle? No supe qué contestar, y el presidente sonrió. Conocía mi opinión de que habíamos corrompido la palabra «inteligencia» con nuestra devoción de posguerra por los espías. «No es tu campo, ¿eh?», dijo suavemente. Pasó a hablar de las divisiones en el Gobierno por un plan del secretario de Trabajo, Robert Reich, para atacar el «bienestar corporativo». El secretario del Tesoro, Lloyd Bentsen, aunque apoyaba la mayor parte de sus cláusulas, se oponía a enfatizar la división y el castigo. Prefería un lenguaje que hablara de oportunidades y quería iniciar un debate nacional sobre el equilibrio correcto entre necesidades públicas y privadas. Reich decía que la política exigía que alguno hiciera el papel de malo. Los republicanos iban a ridiculizar cualquier necesidad pública salvo el gasto militar, afirmó, e iban a destrozar el enfoque equitativo de Bentsen. Yo, en general, estaba bastante de acuerdo con este último.

Clinton me sometió a un interrogatorio sobre los cambios. Un matiz que le complicaba las cosas era que Bentsen estaba a punto de dejar el Gobierno, mientras que Reich quería quedarse.[1] Para mí, el halago dejó paso a la preocupación por una posible alteración de mi papel. ¿Considerarían los futuros historiadores que mis opiniones eran entrometidas e impertinentes? ¿O les resultaría instructivo que el presidente buscara respuestas de su historiador oral? ¿Eran estas pistas sobre su estado de ánimo más importantes que la grabación de los recuerdos?

Cuando le reconduje a nuestra agenda, con preguntas sobre la sexta subida anual de los tipos de interés, el presidente dijo que Alan Greenspan, de la Reserva Federal, ajustaba los tipos para mantener un índice «natural» de desempleo del 6 %. Habló de la competencia mundial de precios y el declive de los sindicatos para explicar que el desempleo podía descender sin desatar una inflación. En su opinión, una teoría económica rancia estaba castigando a los trabajadores con salario mínimo, que en un 40 % de los casos eran los únicos que ganaban un salario en sus familias, pero tenía que presionar a Greenspan con cuidado debido al poder protegido de la Reserva Federal. Por distintos motivos, dijo, había suavizado su respuesta a un ataque en televisión del senador Jesse Helms, que había

---

1. El 6 de diciembre de 1994, una semana después de nuestra sesión, se filtró la noticia de que el presidente Clinton había escogido a Robert Rubin, antiguo directivo de Goldman Sachs, para suceder a Bentsen como secretario del Tesoro. Tres días después, la Casa Blanca anunció la dimisión de la responsable de Sanidad, Elders. El director de la CIA, Woolsey, dimitió el 28 de diciembre. Harris Wofford sustituyó a Eli Segal en AmeriCorps en julio de 1995.

dicho que Clinton era «indigno» de mandar a las fuerzas armadas. Helms era un personaje nacional importante —y el nuevo presidente del Comité de Relaciones Exteriores—, y denunciarle desde la Casa Blanca daría excesiva importancia a un comportamiento más propio de una república bananera.

Clinton me confesó que agradecía las manifestaciones de apoyo que había recibido del general Shalikashvili, de la Junta de Jefes de Estado Mayor, y de muchos periódicos destacados, pero que Helms estaba intensificando de forma desafiante el ataque verbal. Había declarado que el presidente Clinton no estaría a salvo en ninguna base militar de Carolina del Norte.[2] El presidente minimizó el siniestro comentario, e incluso aseguró tener cierto afecto por «el viejo Jesse». Sin dar crédito a lo que oía, le insistí en que no eran bravatas. Sí, Helms estaba violando algún tabú sobre las relaciones entre civiles y militares, e incluso el decoro básico. Su amenaza velada, opiné, pronunciada el día del aniversario del asesinato de Kennedy, podía considerarse una incitación a que actuase algún loco o incluso a una revuelta militar. Clinton insistió en que no era peor que lo de Whitewater, una muestra de desprecio personal que ignoraba el equilibrio político y las normas constitucionales. Dijo que el insulto formaba parte del programa de los republicanos, y que Helms, simplemente, era más sincero que sus colegas.

Clinton sonrió al acordarse de un hoyo de golf particular en Hawaii. En el *tee*, un anfitrión le dijo que no se preocupara por un gran barranco que había a un centenar de metros de distancia porque nadie llegaba hasta allí. Pero Clinton llegó, para su inmensa satisfacción. Como cualquier golfista mediocre y bravucón —se rió—, prefería golpear la bola hasta muy lejos, incluso meterla en un canal, que jugar con inteligencia y contención. Estaba encantado antes de que su lanzamiento desde el barranco, no se sabe cómo, aterrizara en el *green*, lo que le permitió hacer un *birdie* de veinticinco metros. Esas tres maravillas seguidas le hicieron delirar de alegría. Admitió que pensaba contar la historia durante meses. Mientras relataba cómo había abordado cada golpe y describía con viveza la topografía, me encontré sin saber qué hacer. La digresión de Clinton nos impedía hablar de temas importantes en un momento de crisis en su presidencia, y los historiadores quizá nos censurarían por esta travesura infantil. Por

2. «El señor Clinton debe andarse con cuidado si viene aquí —declaró Helms al *Raleigh News & Observer*—. Más le vale que se busque un guardaespaldas».

otro lado, sus aficiones y diversiones también formaban parte de la historia. Se mantenía de puro nervio, estaba claramente exhausto, y yo mismo le estaba recomendándole que descansara. Teníamos unos papeles complicados. ¿Por qué no iba a hablar de golf?

El presidente regresó brevemente a mi lista de temas. Sobre los presupuestos, dijo que los líderes republicanos, con su nuevo poder, habían advertido que iban a intentar eliminar no sólo programas como AmeriCorps, sino departamentos enteros, como el de Educación. Sobre Bosnia, observó que la tregua precaria que se había establecido parecía estar viniéndose abajo tras la semana transcurrida desde su vuelta de Asia. Los ejércitos serbios separatistas estaban convergiendo en la ciudad musulmana de Bihac, una zona designada para servir de hospital al oeste de Sarajevo, y los países encargados de mantener la paz parecían haberse quedado paralizados. Las disputas logísticas impedían realizar incursiones aéreas de protección. Los rusos exigían la paridad. Para justificar la inacción, algunos jefes de la ONU admitieron que los bosnios estaban bombardeando sus propias ciudades para ganarse las simpatías internacionales. Clinton pensaba que la guerra de los Balcanes se juzgaría como un fracaso crucial de Naciones Unidas y una prueba de transición para la OTAN. Dijo que lo peor, en ese momento, era tener que soportar la hipocresía de los británicos y los franceses, que utilizaban sus tropas sobre el terreno como escudo para contemplar el lento desmembramiento de Bosnia. Sus dirigentes, en general, fingían preocuparse por la supervivencia de una nación musulmana. El principal interés estratégico de Estados Unidos era impedir que la guerra se extendiera.

Era evidente que el tema le agotaba. «Lo siento, me estoy muriendo de cansancio», dijo, haciendo una pausa. Mientras rebobinaba las cintas, él volvió a reflexionar sobre un Gobierno que fuera «austero pero no tacaño». Me pidió quedarse con mi hoja de sugerencias.

Mi familia discutió bastante sobre si llevar o no el comedero para pájaros a Washington la noche de Navidad. ¿Podríamos pasarlo por el control de seguridad en la parte trasera de nuestra camioneta? Y si podíamos, entonces ¿qué? ¿Qué peligro teníamos de que se estropeara o de pasar vergüenza? ¿Tendría alguno de los Clinton la menor oportunidad o el menos deseo de verlo? Nuestros dos hijos, Macy y Franklin, votaron por ir a la aventura en los asientos plegables. Yo decidí que al presidente le vendría bien algo de frivolidad. Christy me hizo prometer que no iba a esperar gran cosa, porque sabía lo orgulloso que estaba de las habilidades de mi padre como carpintero. Le había costado muchos meses construir una Casa Blanca con unos detalles arquitectónicos impresionantes y unas perchas para comer alrededor de un comedero bajo el pórtico norte.

Fuimos con otros veinte invitados al cine familiar para ver una nueva película, *Mujercitas*, con Winona Ryder y una actriz infantil llamada Kirsten Dunst. Por casualidad, cuando nos dirigíamos después a una recepción, el presidente nos saludó a los cuatro mientras pasábamos junto a la entrada diplomática, y aceptó salir un momento para ver la sorpresa que estaba aparcada fuera, bajo en Balcón de Truman; hizo grandes elogios del comedero de pájaros, dio unas palmaditas a la camioneta y posó para fotos, todo en el espacio de uno o dos minutos. Al volver adentro, Hillary le preguntó a Macy por su nuevo instituto. Cuando los Clinton dijeron que Franklin, que tenía once años, parecía estar andando con normalidad, les dijimos que, por fortuna, estaba recuperándose, casi tres años después de haberle descubierto la enfermedad de la cadera, hasta el punto de que estaba volviendo a practicar deportes, siempre que no fueran de contacto. Anhelaba enseñarle a jugar al golf y lamenté jugar sólo una vez al año y que mi golpe con efecto no tuviera remedio; el comentario generó una lección espontánea. Clinton me mostró la postura, la forma de agarrar el palo y de acercarme a la bola, y me recomendó que girara mi mano derecha, con un palo imaginario, un cuarto de vuelta en el sentido de las agujas del reloj, y que luego echara la cabeza lentamente hacia atrás y por abajo por el suelo del pasillo al lado de la Sala de la Porcelana. Ignorando el ruido que le rodeaba, me hizo dar varios golpes de práctica. Christy me confesó después que, aunque ella se había sentido un poco incómoda, Franklin nos había observado con una admiración sin límites.

El reciente desastre electoral volvió con fuerza una semana después, la noche del día de Año Nuevo de 1995. La mitad de nuestra sesión de tres horas se desarrolló sin las grabadoras en marcha, porque el presidente quería desahogarse sobre lo de Whitewater y la persecución del fiscal, cosa que sus abogados nos habían prohibido grabar, mientras se esforzaba en voz alta por aclararse la cabeza. Una vez más, como hacía últimamente, invirtió nuestra rutina y empezó a hacerme preguntas sobre varios dilemas políticos. Yo creí que mi deber como ciudadano era responder sin reservas a cualquier presidente y, además, me sentía cada vez más comprometido con él, pero la situación tenía inconvenientes. Si apagaba la grabadora, me convertía en una caja de resonancia, un consejero o, simplemente, un acompañante. El cambio, a veces, resultaba atractivo, pero a mí me producía curiosidad —y preocupación— ver a un presidente tan inteligente buscando opiniones de aficionados, entre ellos yo. Como mínimo, nuestras consultas con las grabadoras apagadas nos quitaban tiempo de elaborar el documento sonoro que pretendíamos hacer en la propia voz del presidente. Y exponían nuestro proyecto de historia a las fricciones de la política presidencial. Esa noche, mis reacciones provocaron o liberaron un ataque de ira de Clinton que me dejó temblando mientras, a la 1:43 de la madrugada del 2 de enero, terminaba de dictar mis notas en la entrada de mi casa. «No ha sido divertido», concluí.

Empezamos de forma bastante inocente, con las transiciones antes de que se reuniera el nuevo Congreso en enero. Describió con cierto detalle su decisión de sustituir a Lloyd Bentsen en el Tesoro, con sus opiniones expertas y la confianza personal que representaba, por el prestigio y el talento de Robert Rubin, que venía de Wall Street. Su elección del representante Dan Glickman para reemplazar a Espy en Agricultura me resultaba más esotérica y abstracta, porque era una cuestión de geografía. Glickman era un demócrata de Kansas, estado natal del nuevo presidente republicano del Departamento de Agricultura, y sus vínculos quizá podían salvar el proyecto de ley de gastos agrarios («De todas formas, nunca voy a ganar en Kansas», dijo Clinton). El presidente hizo una valoración ambigua de la secretaria de prensa saliente de la Casa Blanca, Dee Dee Myers. Tenía talento y era leal y discreta, sin la tendencia inmadura a las filtraciones que abundaba en el equipo de asesores. No obstante, Clinton había decidido que una mujer joven y moderna proyectaba una imagen que no era la que él quería dar, y negó los rumores de que le había rogado que se quedara. Le había ofrecido cambiar de puesto de trabajo pero ella no quiso, y decidieron romper del todo. Clinton dijo que hasta el momento estaba contento con el tono, más gris, de su nuevo portavoz, Mike McCurry.

McCurry le recordó una cuestión que le irritaba. ¿Debía conceder una entrevista de última hora al periodista de *The Washington Post*, David Maraniss, para la biografía de él que iba a publicar, *First in His Class*? Parecía enfadado con sus asesores. Stephanopoulos y Mark Gearan, en especial, habían rechazado la petición, pero Clinton dijo que no podían darle una buena razón. Pensaban que debía reservarse algo para cuando escribiera su autobiografía, y le habían dicho que la única forma de adelantarse de un periodista era arrojar mierda sobre el presidente. Clinton creía que esto último era un callejón sin salida, que se aprovechaba de su paranoia. ¿Conocía yo a Maraniss? No bien, respondí, aunque había hablado con él varias veces sobre mis recuerdos de Clinton en la campaña de 1972, y me había parecido bastante imparcial. Me molestaba haberme olvidado de dónde estaba exactamente nuestro apartamento en Austin. Podía ver el sitio pero no la dirección. Clinton dijo que Hillary lo sabría. Intercambiamos algunos recuerdos de Texas y me preguntó si podía llamar a Maraniss en su nombre en caso necesario. Por supuesto. Explicó que estaba consultándolo con McCurry, y descolgó el teléfono para pedir a una operadora de la Casa Blanca que lo localizara.

El presidente repasó la victoria sorprendentemente abrumadora en el Senado, 76–24, que le había servido para agrupar unos acuerdos comerciales ad hoc en una nueva gran Organización Mundial de Comercio. Dejó claro que este proyecto era más importante para la economía que el TLCAN, que había sido objeto de una lucha más dura. Sobre su rápida visita a Budapest, contó que Yeltsin había vuelto a «montar un número» a propósito de la OTAN en un mal momento, cuando Europa estaba en un estado caótico debido a las discrepancias sobre Bosnia. «Tuve que emplear toda mi disciplina para no reaccionar», confesó, y para poder manejar a Yeltsin en cosas más importantes, como el desarme nuclear en Ucrania. Dijo que ese capítulo de las crónicas de Yeltsin había sido como una visita al dentista.

En tono más positivo, el presidente esbozó las celebraciones del primer aniversario de las reparaciones del telescopio espacial Hubble. Parecía conocer todos los términos técnicos para explicar sus exasperantes fallos —giroscopios que temblaban, lentes con un espesor varios micrones demasiado finas— y dijo que el éxito alcanzado ya estaba revolucionando nuestra base de datos para estudiar el cosmos, con fotografías nítidas, sin impedimentos atmosféricos y que alcanzaban distancias espaciales de miles de años luz. Sobre las recientes noticias relacionadas con armas, Clinton recordó vagamente que le habían despertado antes del amanecer el 18 de diciembre porque otra bala había alcanzado la Casa Blanca; en esta ocasión, una de 9 milímetros, disparada, al parecer, junto con otras tres desde el Mall. Reaccionó de forma más airada al hablar del hombre que, armado con un fusil, había ido de una clínica abortista de Boston a otra el

30 de diciembre y había matado a dos recepcionistas y herido a otras cinco personas, para luego desaparecer.[3] Clinton dijo que Rush Limbaugh y otros periodistas que demonizaban a sus adversarios estaban justificando e incluso animando a sus fanáticos. Me preparé para otro circunloquio sobre la prensa conservadora, pero pasó a hablar de otra cosa. Apuntó que muchos opositores sinceros y no violentos al aborto —pentecostalistas y católicos, entre otros, que alegaban motivos de conciencia— iban a verse injustamente relacionados con el loco del fusil, del mismo modo que el otro bando decía que todos los abortos eran obra de asesinos. Se explayó contra los que cultivaban el odio y dijo que era la esencia y, al mismo tiempo, la negación de la política, una cuestión no resuelta. Más tarde, al dictar mis notas, lamenté que mi memoria no fuera lo suficientemente buena como para reproducir su elocuente lenguaje al hablar de estos temas.

Se puso de peor humor al hablar de sus dos grandes discursos en respuesta a las elecciones legislativas. Dijo que el autor de ellos, Don Baer, había escrito varios borradores para una intervención televisada que iba a titularse «La declaración de derechos de la clase media», pero que a él no le había gustado ninguno y acabó escribiendo la mayor parte de esos discursos personalmente. Había «discrepancias significativas» entre sus asesores sobre las propuestas principales de recortes fiscales, centradas en la educación. Algunos se oponían a todas, comentó. Decían que la iniciativa equivalía a repudiar su compromiso de responsabilidad fiscal, y tuvo que hacer caso omiso de ellos.

Pasamos a su segundo discurso, una intervención claramente política y de partido en el Consejo de Dirección Demócrata, que era un grupo centrista que Clinton había ayudado a crear. Sus líderes eran sus mejores aliados, tan conocidos para él que me perdí varias referencias telegráficas a sus luchas internas. El discurso en sí estaba lleno de humor campechano. Sin embargo, había mucha tensión sobre la responsabilidad por la derrota electoral. El presidente dijo que entendía por qué estaba enfadado el líder del Consejo de Dirección Demócrata, Dave McCurdy. Hacía menos de cuatro años, muchos pensaban que el popular congresista de Oklahoma era quien debía ser candidato a presidente, y no Clinton, y ahora McCurdy estaba acabado, aplastado en una elección al Senado. La impopularidad de Clinton en Oklahoma había contribuido a ello, pero McCurdy

---

3. John Salvi III fue capturado, declarado culpable y condenado a dos cadenas perpetuas. Se suicidó en la cárcel el 29 de noviembre de 1996.

nunca le había pedido consejo sobre si presentarse y nunca había plantado cara en ningún tema. Había perdido sin luchar ante una campaña primitiva llevada a cabo por James Inhofe y basada en lo que Clinton llamó «Dios, los gais y las armas». Ahora, McCurdy echaba a Clinton la culpa de tal forma que éste no podía darle ningún cargo que le sirviera como premio de consolación. Lo único que podía hacer con McCurdy era «colgarlo», como decía Vernon Jordan. Los demócratas tenían tendencia a resolver sus disputas en público, se lamentó Clinton, y había echado un rapapolvo a los líderes del Consejo de Dirección Demócrata después del acto. Les había recordado que ya había puesto en práctica la mayor parte del programa del Consejo —desde la reducción del déficit hasta la ley del «conductor votante»—* mientras que ellos se limitaban a estar amargados. Les llamó ingratos y patriotas de pacotilla. Dijo que escondían sus ideas porque tenían miedo de que les llamasen progresistas. «Les puse verdes», dijo Clinton.

Se había animado y me pidió que detuviera las grabadoras. Una larga parrafada para ponerme al día de las nuevas citaciones sobre el caso Whitewater y la operación contra Espy y Tyson Foods dio paso a las difíciles decisiones que le aguardaban. ¿Quién debía suceder a Warren Christopher, tan capaz pero tan cansado, en el Departamento de Estado? Antes de que dijera nada, me pidió que ni pensara en recomendarle a Colin Powell. Clinton sabía que Powell lo rechazaría para conservar su opción de presentarse contra él en 1996, seguramente como candidato independiente. Le confesé que no conocía verdaderamente a los posibles sucesores, pero que me gustaba Madeleine Albright por su capacidad de hablar con elocuencia en público. Podía elevar el perfil de la política exterior, con lo que compensaría una deficiencia entre los asesores de Seguridad Nacional. Clinton asintió. ¿Y qué opinaba del Comité Nacional Demócrata? Titubeando, recomendé al senador Chris Dodd por la misma razón. Era un luchador imparcial y elocuente, con la capacidad de enfrentarse a desbandadas irracionales como la de Whitewater. Cuando el presidente preguntó si tenía alguna idea sobre temas públicos generales, como habíamos hablado la vez anterior, le di un memorándum de media página basado en tres palabras —«simplificar, fijar, afirmar»— para aplicarlas tanto al Go-

---

* Una ley que permite inscribirse para votar al mismo tiempo que se presenta una solicitud para obtener o renovar el permiso de conducir y para beneficiarse de los servicios sociales. (N. de la t.)

bierno como a los principios democráticos. La receta, desde luego, había servido para la reparación del telescopio Hubble, dijo mientras jugueteaba con las ideas antes de dejar de lado el papel. Le conté alguna cosa sobre béisbol que sabía por mis contactos en Baltimore y le advertí que el inicio de la temporada estaba en peligro porque las dos partes estaban bloqueadas en el mismo punto muerto que había arruinado la Serie Mundial de 1994. Los propietarios acababan de implantar un tope salarial unilateral y los jugadores decían que estaban dispuestos a hacer huelga una vez más por la libertad de negociar. Las ciudades de Florida y Arizona en las que se llevaban a cabo los entrenamientos de primavera ya estaban registrando pérdidas catastróficas por la caída del turismo. El presidente tenía pocas opciones, le dije, pero nadie más parecía capaz de impedir que los adversarios se destruyeran mutuamente.

En medio de estas conversaciones, sonó el teléfono. Mientras escuchaba, su rostro adoptó una calma exagerada. «No, el señor McCurry *era* el portavoz del Departamento de Estado —corrigió—. Ahora es secretario de prensa de la Casa Blanca.» Colgó enfadado por la desafortunada búsqueda, y se burló de las leyendas sobre operadoras de la Casa Blanca dotadas de una velocidad mágica que les permitía localizar una pulga en un desierto. «Es todo un hatajo de mentiras», dijo.

El presidente volvió a su declaración de derechos de la clase media. Se había dado cuenta de que yo tenía dudas, y me pidió que le dijera lo que pensaba. Le contesté, para utilizar un eufemismo, que no me parecía uno de sus mejores trabajos. Resultaba efectista y dirigido a la política a corto plazo. Cuando insistió, señalé que el discurso parecía imitar de manera transparente a los republicanos, al regalar unos recortes fiscales. En vez de recordar a los votantes que debían asegurarse el futuro, les invitaba a olvidar su histórico triunfo contra el déficit y a desplumar un poco más a sus herederos. El presidente me pinchó: ¿quería decir que estaba cediendo a presiones? Le contesté que era un discurso propio de viejo ricachón. Trataba de seducir a los votantes para sentirse a gusto al reducir el papel del Gobierno.

Estalló negándolo todo. Si a los votantes les preocupaba tanto el futuro, ¿por qué habían echado a los primeros que se habían atrevido a abordar verdaderamente el déficit? ¿Por qué habían elegido a una serie de republicanos ricachones? Los votantes eran soberanos, declaró. Eran los que mandaban. Él iba a darles lo que querían, aunque fuera estúpido.

Luego se calmó y empezó a reflexionar, como tenía por costumbre.

Dijo que el duro rechazo de noviembre en las urnas le había proporcionado un nuevo punto de vista sobre sus errores políticos. Debería haber pospuesto la campaña de la reforma sanitaria hasta haberse asegurado la valoración pública del paquete de reformas presupuestarias de 1993, diciéndole a la gente sin parar que reducía los impuestos para la mayoría de los ciudadanos y sólo los aumentaba para el 1 % más rico con el fin de apuntalar la fortaleza fiscal del país a largo plazo. Clinton observó que, al olvidarse de llevar a cabo esa labor educativa durante el año de campaña para la reforma sanitaria, había permitido que los republicanos agruparan las dos iniciativas como nada más que aumentos fiscales propios de un «Gobierno intervencionista». Sus tergiversaciones habían impedido que la opinión pública le reconociera el mérito del logro presupuestario y habían torpedeado su ley de sanidad por debajo de la línea de flotación. Analizó estas dos lecciones y, de pronto, cambió de rumbo y se mostró dispuesto a adoptar la propaganda. Iba a imitar las tácticas vendedoras de los republicanos y a dar a los votantes un regalo prestado. Para ello, iba a hacer de los recortes fiscales a la clase media el centro de su programa legislativo en el inminente discurso sobre el Estado de la Unión.

Aturdido, intenté mediar entre Clinton y los votantes. Reconocí que tenía derecho a protestar por el rechazo y considerarlo imprudente o injusto, pero que los ciudadanos tenían derecho a equivocarse. Ningún axioma democrático afirmaba que un electorado fuera infalible; sólo que había que respetarlo mediante correcciones y ajustes. El presidente quiso saber por qué insinuaba que su declaración de derechos de la clase media violaba los principios democráticos. Yo respondí que una declaración de derechos es una cosa fundamental. No podía ser para una sola clase social, con exclusión de las demás. Y, aunque lo fuera, no podía consistir en una serie de recortes fiscales.

Me contestó que no tenía razón. «Yo puedo pagar mis recortes fiscales —dijo—. Los republicanos no pueden pagar los suyos. A ellos no les importa. A mí, sí.» Su furia estaba más dirigida contra el destino que contra mí. «Yo creo en la declaración de derechos de la clase media —declaró—, y te aseguro que voy a sacarla adelante.»

15

RESCATE, BOMBAS Y RECUPERACIÓN

Jueves, 2 de febrero de 1995

Lunes, 6 de marzo de 1995

Lunes, 27 de marzo de 1995

Miércoles, 19 de abril de 1995

El presidente Clinton me envió a la Sala de los Tratados mientras hablaba por teléfono, eran unas llamadas sobre un préstamo de emergencia a México y sobre la biografía que iba a publicar el periodista de *The Washington Post*, David Maraniss. Dijo que el *Post* del día siguiente iba a publicar en primera página que había intentado suprimir las revelaciones del libro sobre «chicas» en Arkansas. Los miembros del equipo de la Casa Blanca seguían buscando otras posibles minas explosivas, y el ejemplar que le habían dado por adelantado a Clinton tenía unas treinta o cuarenta páginas señaladas. Cuando le pregunté si todas contenían posibles fragmentos polémicos, el presidente dijo que no, que eran trozos que le habían gustado. Leyó algunos con un arrebato de nostalgia, como si estuviera redescubriendo su juventud. «Dios mío, me pregunto de dónde ha sacado esa cita», musitó. El relato de cómo se libró del servicio militar obligatorio estaba ligeramente sesgado, pero no creía que la culpa fuera de Maraniss. El autor no había podido hablar con dos amigos que eran los que más al tanto estaban de los problemas morales y de conciencia patriótica que había sufrido Clinton a propósito de Vietnam, porque estaban muertos.

El presidente lamentó su decisión de no conceder a Maraniss una entrevista, que le había obligado a valorarlo desde lejos. Clinton pensaba que el *Post*, como de costumbre, estaba tratando de poner en marcha un escándalo lleno de morbo, pero consideraba que el libro, en sí mismo, era más que imparcial. De hecho, curiosamente se preguntaba si no debía pedir a Maraniss que fuera el historiador oficial de su administración. No se conocían personalmente. En público, parecería que había roces a propósito del libro, y quizá eso era positivo. ¿Había alguna posibilidad de que aceptara esa oferta? Confuso, volví a elogiar a Maraniss sin comentar directamente las posibilidades. Clinton, desde luego, se acordaba de que yo le había desaconsejado la idea de reclutar a un historiador de la Casa Blanca, y su pregunta me dio la impresión de que seguía descontento. No sólo había rechazado yo la tarea, prefiriendo el proyecto de las grabaciones, sino que, la vez anterior, habíamos discutido abiertamente sobre su declaración de derechos de la clase media. Sentí que había tensión entre nosotros. Un presidente merece una relación sincera y un diario objetivo, pero a mí me resultaba difícil suministrar ambas cosas.

Con las grabadoras en marcha, seguimos adelante por encima de estas tensiones. Clinton describió con detalle los preparativos para el discurso sobre el Estado de la Unión que había pronunciado el martes anterior ante el primer Congreso de mayoría republicana en cuarenta años. Dijo que había sido una prueba trascendental después de la derrota legislativa. Sin hacerlo explícito, había restado importancia a su propuesta de declaración de derechos y sus recortes fiscales para centrarse en una declaración de valores fundamentales. Experimentó con el texto a lo largo de todo enero, sobre todo en la Escuela Universitaria Carl Sandburg de Illinois. Clinton dijo que las escuelas universitarias públicas eran una señal incipiente del coraje y la capacidad de adaptación del país, por lo que constituían un buen barómetro político. Intentó reírse de sí mismo para quitarse la espina de las elecciones. (Ser presidente es como dirigir un cementerio, dijo a los estudiantes de Sandburg: «Uno tiene a mucha gente por debajo, y nadie le escucha».) Retomó temas de la campaña de 1992 sobre un «Nuevo Pacto» entre los votantes y el Gobierno, e hizo hincapié en la responsabilidad, la economía y la esperanza. Dijo que había trabajado febrilmente en varios borradores de Don Baer, el jefe del equipo encargado de escribir los discursos, para reconocer la existencia de la «revolución de Gingrich» y, al mismo tiempo, defender su programa de cambio. Se comprometió a cooperar siempre que ambas partes respetaran unos principios básicos.

Clinton opinaba que el discurso ante el Congreso había iniciado su recuperación política. Le pregunté si alguno de los líderes se lo había dicho en privado esa noche, y contestó que no, que esas conversaciones eran casi por completo pura ceremonia, pero que recordaba alguna mirada significativa con uno de los dos nuevos senadores republicanos de Tennessee. Fred Thompson era un político de talento y un buen actor de teatro, dijo Clinton. Y pareció sonreírle cuando llevaba unos treinta minutos de discurso, vagamente sorprendido de que Clinton pudiera resultar un adversario digno después de todo, que ni maldijera a la suerte ni se rindiera por completo. Casi todos los expertos criticaron el discurso por considerarlo una lista demasiado larga (ochenta minutos) de un presidente repudiado, pero Clinton señaló que los votantes estaban de acuerdo con Thompson en que el discurso había tocado alguna tecla. Sus sondeos habían subido a más del 50 % de aprobación por primera vez en meses. Durante todo enero, sus cifras habían subido al tiempo que las de Newt Gingrich bajaban. Aunque lo extraño era, dijo, que también subían cuando Gingrich recuperaba el favor. Los votantes parecían pensar que Clinton era más razonable que el exuberante nuevo presidente de la Cámara, o que estaba cooperando con él para superar el bloqueo político. El vicepresidente Gore le había comentado que, por fin, la opinión pública estaba «puntuándonos hacia arriba» respecto a los republicanos que dirigían ahora el Congreso.

Tras su triunfo, Gingrich se había despojado del barniz de campaña. Había prometido rehacer la historia de Estados Unidos y retroceder en los aspectos la década de 1960 que personificaban Bill y Hillary Clinton, a quienes llamaba «McGoverniks de la contracultura». Su madre, Kathleen Gingrich, dijo en una entrevista en la cadena de televisión CBS que Newt consideraba que Hillary era una «arpía», tras lo que los Clinton obtuvieron la simpatía general cuando invitaron a madre e hijo a visitar la residencia de la Casa Blanca. El presidente se identificaba con los antecedentes familiares llenos de penurias de Gingrich: de padres adolescentes, fue adoptado y toda su niñez fue de un lado a otro por ser hijo de militar. Los periodistas, dijo Clinton, ya habían desenterrado detalles morbosos sobre el primer matrimonio de Gingrich con su antigua profesora de geometría, y decían que le había pedido el divorcio en el hospital mientras ella estaba sometida a tratamiento por cáncer, con el argumento de que estaba demasiado gorda para sus ambiciones políticas. Otras noticias habían obligado a Gingrich a renunciar a un contrato de 4,5 millones de dólares por un libro que le había ofrecido el magnate mediático Rupert Murdoch —debido a un posible conflicto de intereses con las peticiones legislativas de Murdoch ante el Congreso— y a deshacerse del historiador que había escogido para la Cámara de Representantes porque se había publicado que era escéptico sobre el Holocausto. Su constante presencia bajo los focos le obligaría a moderar su soberbia y su extremismo, concluyó el presidente, y ver cómo despotricaba contra los medios le había enseñado algo a él también. No podía seguir dejándose llevar emocionalmente por la prensa. Caer en eso no era un simple defecto o un error contraproducente. Era pura negligencia. Clinton dijo que estaba decidido a centrarse en trabajar para la gente y levantarse cada día dispuesto a cumplir su deber.

La crisis financiera en México consumió la mayor parte de enero. El presidente, aunque cansado, consiguió resumir cómo era posible que una economía nacional esencialmente sólida pudiera enfrentarse a una ruina repentina por la gestión de la deuda pública. Los déficit presupuestarios crónicos llevaban años debilitando el peso mexicano. Los dirigentes habían retrasado la inevitable devaluación de la moneda hasta después de sus elecciones de 1994, y luego habían corregido el error con celo excesivo. El resultado había sido una oleada especuladora contra el peso, cuyo valor descendió de golpe, y eso, a su vez, hacía que fuera increíblemente caro pagar las deudas de México, calculadas en unos dólares cada vez más caros. La quiebra nacional se avecinaba a toda velocidad. Ello significaría el contagio de derrumbe financiero para los países vecinos, despidos masivos y, quizá, que se multiplicaran por cinco los extranjeros desesperados dispuestos a cruzar la frontera a Estados Unidos. Robert Rubin, el nuevo secretario del Tesoro, explicó maravillosamente a los líderes del Congreso cómo podía evitarse un desastre si Estados Unidos concedía garantías de préstamos temporales por valor de 40.000 millones de dólares. Gingrich y el senador Dole aceptaron apoyar unas leyes de emergencia, y se les unieron sus homólogos en la minoría demócrata, el representante Dick Gephardt y el senador Tom Daschle. A todos les parecía que el paquete de medidas asustaba pero era racional e imperativo.

A partir de ahí, dijo Clinton, la prueba que había supuesto esa crisis de Gobierno bipartidista se había ido al garete. Ninguno de los líderes consiguió convencer a sus filas, que se dejaron llevar por sus reacciones viscerales. Gingrich se enfrentaba a una revuelta de unos 70 republicanos recién llegados, casi todos ideólogos conservadores, que habían ido a Washington dispuestos a acabar con el «gran Gobierno». ¿Cómo podían explicar que su primer voto importante fuera una enorme operación de rescate de los mexicanos? Exigieron enmiendas superfluas, como una garantía de que no hubiera ningún beneficio indirecto capaz de reconfortar a Fidel Castro, y, según el presidente, los demócratas tampoco fueron mucho mejores. «La verdad es que no querían hacer nada —me dijo Clinton—. Así que no dejaban de pensar en nuevas preguntas.»

El estancamiento se prolongó hasta casi la medianoche del 30 de enero, sólo tres días antes de esa sesión. El secretario Rubin advirtió a los líderes del Congreso que México iba a empezar a derrumbarse en un plazo de cuarenta y ocho horas, y que las presiones colaterales ya habían debilitado al Gobierno de Argentina. Con el Congreso paralizado, el único remedio concebible era que el presidente Clinton obtuviera las garantías de préstamo autorizándolas él mismo, mediante el recurso al Fondo de Estabilización de Divisas de Estados Unidos. Esas reservas estaban destinadas a apuntalar el dólar en caso de pánico o de una caída producida por la especulación. (Clinton hizo notar que una crisis similar, con una devaluación equivalente, en la inmensa economía estadounidense —aproximadamente veinte veces la de México—, necesitaría casi un billón de dólares para estabilizarse.) Rubin dijo que la garantía de Clinton seguramente tranquilizaría los mercados, aseguraría el peso y reviviría el crédito de México sin llegar a utilizar verdaderamente las finanzas de Estados Unidos. La mayoría de los economistas y los expertos en seguridad nacional apoyaron el riesgo. También lo hicieron los gobernadores estatales, entre ellos Bill Weld de Massachusetts y George W. Bush de Texas. Sin embargo, los votantes estadounidenses no sabían valorar todavía su propia vulnerabilidad en una economía global interdependiente. En los sondeos, se oponían a la garantía mexicana por unos márgenes de más de cuatro a uno.

La reunión de medianoche había sido rápida. Aprobó el paquete entero mediante un decreto ley, y el debate pasó a tratar las consecuencias políticas de todo esto cuando los líderes del Congreso se reunieran para hacer un anuncio público el día siguiente. ¿Cómo debían responder a las quejas de sus partidos ante la marginación a la que Clinton había relegado al Congreso y ante la falta de respeto por sus prerrogativas constitucionales? Tanto a los demócratas como a los republicanos les preocupaba la posible revuelta, hasta que Gephardt estalló. «Entonces les decimos —rugió—, entonces les decimos: "¡Que tengan buen día!". Les decimos que el presidente ha levantado esta roca enorme del suelo y que no tenemos que votar sobre ella.» Clinton contó que la frase de Gephardt había producido gran hilaridad. Ahora, con las primeras angustias sobre los resultados que sa-

lieran de México, los observadores se guardaban las espaldas en sus valoraciones. *The Washington Post*, que aseguraba que la garantía era algo
fundamental y con visión de futuro, proclamaba, pese a ello, que su ejecución unilateral era «otro revés político para Clinton [que] sigue dejando
un nubarrón económico sobre México y, en menor medida, sobre la economía mundial». Aunque el rescate tuviera éxito, decía el *Post*, la «torpe
gestión» del asunto merecía ser censurada, porque no había incluido al
Congreso. Esta crítica caprichosa era el tipo de distracción que Clinton
había decidido ignorar en la prensa.

Habló de la dolorosa reacción a los dos atentados suicidas ocurridos en
Israel el 22 de enero. En Beit Lid, un intercambiador de autobuses entre
Tel Aviv y Haifa, un viajero se había fingido enfermo para atraer a una
multitud y luego se había hecho volar por los aires, y luego un segundo
terrorista detonó otra bomba entre los transeúntes que acudían a atender
a los heridos. Para subrayar su nueva alianza política, Hamás y la Yihad
Islámica habían reivindicado la responsabilidad conjunta de la carnicería,
que había causado la muerte de 20 soldados israelíes que volvían a sus
puestos tras un permiso de fin de semana (una tercera bomba falló un día
después, cuando el primer ministro israelí Rabin visitaba el lugar de la
explosión).

El presidente Clinton había pasado la mayor parte de la semana anterior tratando de salvar el incipiente proceso de paz. Dijo que Rabin había
hablado valerosamente contra la tentación de ceder al programa de odio
de los terroristas. Conmocionado, había conseguido mantener un pretexto de contacto civil con Arafat. Clinton había escrito una carta al presidente egipcio Mubarak en la que le rogaba que fuera con él a Jerusalén y
auspiciara un nuevo relanzamiento de las negociaciones. Mubarak nunca
había estado en Israel. Lo llamativo de su primera visita quizá ayudaría a
conservar el marco acordado para avanzar hacia un tratado palestino-israelí; pero Mubarak se negó categóricamente a ir. Como débil sustitutivo,
volvió a invitar a los negociadores a El Cairo. El temor secreto de Mubarak, creía Clinton, era que en Israel le dieran una bienvenida menos tumultuosa que a su predecesor, Anuar el Sadat, en 1977, con lo que su figura se vería empequeñecida. Por otro lado, Clinton estaba pidiendo al
sirio Asad que restableciera las comunicaciones con Israel, que se habían
roto por las recriminaciones a propósito de Beit Lid. Asad sabía que le
quedaba poco tiempo para recuperar los Altos del Golán, y Clinton le recordó que cada espasmo de terror hacía que Rabin fuera cada vez más

débil. «No sé cuánto tiempo va a seguir en su puesto —le comunicó a Asad, y añadió que, ya puestos, tampoco sabía cuánto tiempo le quedaba a él en el suyo—. Pero le aseguro que tendrá un acuerdo mucho mejor con nosotros que con quienquiera que venga después de nosotros.» Dijo que Asad seguía sin comprometerse, que seguía siendo ladino y difícil de entender.

El presidente estaba cansado y lamentó que hubiéramos empezado tan tarde esa noche. Repasó rápidamente los titulares políticos y expresó su alivio por que el ex secretario de Defensa Dick Cheney se hubiera retirado como posible candidato republicano para las presidenciales de 1996. Pensaba que Cheney habría sido un rival temible. Nos saltamos varios hechos importantes de mi lista, como un terremoto que había matado a 3.000 personas en Japón, y no tuvimos tiempo de mencionar la creciente obsesión nacional con el juicio de O. J. Simpson por asesinato, cuyas exposiciones iniciales habían concluido justo antes del discurso sobre el Estado de la Unión. Sólo hubo un tema —el béisbol— sobre el que el presidente manifestó nerviosismo. Preguntó si propietarios y jugadores iban a llegar a un acuerdo antes del 6 de febrero, a tiempo para los entrenamientos de primavera. Yo creía que no. ¿Debía imponer los términos recomendados por su mediador? No, había demasiada codicia y demasiado poca autoridad para que un presidente pudiera imponer nada. Me pidió que le enviase por fax otro memorándum con sugerencias a través de Nancy Hernreich, y le envié un versículo de la Biblia para que lo usara en sus exhortaciones públicas: «No existe árbitro entre nosotros que pueda poner la mano sobre los dos».[1]

Nuestras consultas sobre el béisbol continuaron de forma esporádica durante dos sesiones más, la primera el 6 de marzo. A instancias del presidente, busqué soluciones informalmente con Donald Fehr, jefe del sindicato de jugadores de béisbol, y Peter Angelos, dueño de los Orioles de Baltimore. Fehr creía que el mediador de Clinton, William Usery, estaba muy en contra de los jugadores por una supuesta conspiración antisindicatos cuyo origen estaba, según él, en Wal-Mart, en Arkansas, a través del dueño de los Royals de Kansas City. Angelos afirmaba que la mayoría de sus colegas estaban dispuestos a prescindir de toda la temporada de 1995

1. Job, 9, 33.

para romper el sindicato. El presidente me llamó en una ocasión para que le pusiera al día por radio desde su caravana de coches en San Francisco, y me pasó a su asesor Bruce Lindsey para que me explicara por qué no era práctico amenazar sutilmente a los propietarios de los equipos con arrebatarles su exención de la ley antitrust. Lindsey dijo que Anne Bingaman, la principal abogada antimonopolios de la administración, no iba seguramente a ceder después de haberse opuesto al *draft* de no profesionales, que era una de las restricciones especiales del béisbol. En otra llamada, el vicepresidente Gore me regañó por alentar al presidente a que arriesgase su prestigio en una lucha de escorpiones. Dijo que las esperanzas de que hubiera un acuerdo eran desmesuradamente optimistas incluso antes de que los equipos contrataran a viejos y desechos para los entrenamientos de primavera. A finales de marzo, las disputas internas dentro del béisbol amenazaban una temporada en la que ya no estaba previsto que jugara ninguno de los grandes de primera división. Sparky Anderson, de los Tigers de Detroit, se negó a ser agente de jugadores que rompieran la huelga. Los Blue Jays de Toronto se apresuraron a decir que sus partidos en casa los iban a jugar en Florida porque las leyes laborales en Canadá les eran desfavorables. Angelos anunció que los Orioles no iban a poner a un equipo sustituto, en parte para evitar a su estrella, el *short stop* Cal Ripken, el dilema de tener que elegir entre la lealtad a sus compañeros huelguistas y la posibilidad de batir el récord histórico de partidos consecutivos de Lou Gehrig.

En la Casa Blanca, el presidente preguntó cuál era el récord de Gehrig. No pretendía ser ningún experto en béisbol, y yo oculté mi sorpresa al ver que no era más que un aficionado superficial. A Clinton le impresionó saber que Gehrig había jugado 2.130 partidos consecutivos con los Yankees de Nueva York, sin faltar ni un solo día a pesar de que se le rompieran más de una docena de huesos, sufriera numerosos pelotazos en una época anterior a los cascos protectores y padeciera los primeros estragos de la enfermedad mortal que después recibiría su nombre. La legendaria hazaña del «hombre de hierro» había sido inalcanzable durante décadas, pero Ripken tenía posibilidades de romper la marca si ocurría algún milagro capaz de resucitar la temporada de 1995. El presidente, aunque no dominaba el tema con su habitual detallismo omnisciente, comprendió claramente lo que estaba en juego desde el punto de vista del carácter nacional. Una pelea complaciente entre millonarios estaba a punto de arruinar un ejemplo modélico de esforzado trabajo.

Las perspectivas también eran malas en México. Clinton dijo que todo el país se había convertido en un culebrón en plena crisis financiera. Raúl Salinas, hermano del ex presidente, había sido detenido por asesinar al jefe de un partido político, un importante personaje que se había divorciado de la hermana de Salinas en medio de un escándalo. El fiscal del caso era hermano de la víctima, lo cual causó habladurías incluso antes de que Raúl Salinas huyera bajo sospechas de blanquear millones de pesos del dinero de un cártel de la droga; había sido capturado en Nueva Jersey el 3 de marzo. Desde entonces, el ex presidente Carlos Salinas había emprendido una huelga de hambre contra su sucesor, Ernesto Zedillo, para reclamar la restitución del honor de su familia, pero abandonó la huelga después de renunciar a una sola comida. Con todo esto, Salinas se había convertido en objeto de burlas, además de ver acusado a su Gobierno de corrupción de la administración de Justicia y la economía nacional. Clinton dijo que, aunque Salinas le caía bien personalmente, su conducta había puesto en peligro la precaria confianza existente en las divisas internacionales y en los mercados de capitales. Como México, a diferencia de muchos países asiáticos, no financiaba su economía con el ahorro, todo el país estaba a merced de los comerciantes. El programa de estabilización estaba volviendo a caer, dijo Clinton, y sus préstamos garantizados quizá no iban a resistir.

Dentro de nuestro país, dijo que era posible medir lo complicado de la situación política por el número de republicanos que estaban apuntándose a la carrera presidencial casi dos años antes de las elecciones. El senador Phil Gramm, de Texas, ya había anunciado su candidatura, seguido del ex gobernador de Tennessee Lamar Alexander, el senador Richard Lugar de Indiana, y el antiabortista Alan Keyes. Pete Wilson, el nuevo gobernador de California, había declarado sus ambiciones después de un publicitado discurso de toma de posesión en el que había proclamado que su estado era soberano «y no una colonia de Washington». Wilson había apelado al resentimiento en un lenguaje en clave iniciado por el gobernador segregacionista de Alabama, George Wallace. Destacaba su objetivo de acabar con la discriminación positiva para las minorías, y el senador Dole, el favorito entre los candidatos republicanos, había planteado el mismo tema a escala nacional en algunos discursos que tanteaban el terreno. («El sistema de cuotas raciales —decía Dole— ha ido demasiado lejos.») Clinton dijo que la discriminación positiva estaba siendo una cuestión que provocaba muchas divisiones. Al retroceder y ponerse a la defensiva ante cualquier acusación de progresismo, los demócratas ofrecían a sus adversarios, básicamente, un flanco vulnerable. El presidente describió la situación con otro de sus localismos sureños que se me habían escapado durante mi niñez en Georgia. Para los candidatos republicanos, dijo, la discriminación positiva era como encontrar «un nido de pájaro en el suelo».

Sus oponentes se multiplicaban por razones evidentes. Todos consideraban que ser el candidato republicano equivalía a ser elegido presidente. «Están todos convencidos de que pueden derrotarme —dijo—. Me han debilitado con la sanidad y las legislativas, así que van a darme el golpe de gracia en 1996.» La idea estaba presente en toda la política, pero Clinton tenía sus dudas. Me contó, utilizando un tono irónico, el diálogo privado que había tenido cuando el senador Ben Nighthorse Campbell se había cambiado de partido, a principios de marzo. Campbell le aseguró que seguía admirándole profundamente, y que no había que interpretar su paso al Partido Republicano como un abandono político del presidente. Clinton le explicó que la prensa lo iba a ver así, pero Campbell insistió en que seguiría apoyando al presidente al menos en el 80 % de las votaciones en el Senado. Sus pocas discrepancias, salvo en asuntos típicos del oeste, como las armas y las tarifas de pastoreo, solían producirse cuando Campbell pensaba que el presidente estaba siendo demasiado conservador en temas como el comercio y los presupuestos. Precisamente, replicó Clinton. Los republicanos habían seducido a Campbell con elogios, bromeó, y el único nativo americano del Senado iba a sentirse incómodo entre los que siempre decían que no al otro lado del pasillo. Cuando Campbell comentó que le habían prometido una bienvenida fraternal como republicano «de conciencia», igual que el senador de Oregon Mark Hatfield, Clinton señaló, sin éxito, que Hatfield era una reliquia aislada en su partido. «Me gusta Ben —me dijo Clinton—, pero no logro entenderle.» Sólo se le ocurría que Campbell —que tenía un rancho en Colorado— estuviera sucumbiendo a la tentación de disfrutar de derechos particulares de los grandes estados del medio oeste, que tenían un exceso de representación en el Congreso y subsidios procedentes de las tierras públicas.

El presidente acababa de someterse a su chequeo anual en el hospital naval de Bethesda. Dijo que su tensión arterial era de 113/78 y su pulso 55, que estaba bien. Los médicos le habían reprochado un poco que hubiera engordado tres kilos y pesara 97, pero Clinton aseguró que, a cambio, estaba mejorando su cintura a base de flexiones en una nueva sala de pesas en el tercer piso. Tenía varias cicatrices en la cara de unas lesiones cutáneas que le habían quitado y que, según dijo, eran inocuas. Dijo que se encontraba muy bien. Desde cerca, al otro lado de la mesa de juego, noté que tenía las manos especialmente pálidas y amarillentas, en contraste con su rostro sonrosado, pero, en conjunto, parecía que tenía menos manchas y estaba menos fatigado que en ocasiones anteriores. El cargo estaba acabando con su juventud.

Clinton explicó que Boris Yeltsin estaba volviendo a beber mucho desde que sus tropas se habían quedado estancadas en el ataque contra los rebeldes separatistas en la provincia rusa de Chechenia, que había incluido luchas brutales en la capital chechena, Grozni. También contó que había pedido varias veces al senador Dole que no convirtiera a Yeltsin en un tema partidista en Estados Unidos. Le había preguntado cómo podía creer que iba a enfrentarse al primer presidente electo de Rusia. ¿Para qué? Reconoció que existía el impulso político de cultivar hostilidades residuales de la Guerra Fría, aprovechar para calificar a Yeltsin de tirano sanguinario y exigir la libertad para Chechenia. Sin embargo, le dijo a Dole que las cosas no eran tan sencillas. A diferencia de Hungría y otras conquistas de la Guerra Fría, e incluso las repúblicas soviéticas añadidas desde 1917, Chechenia formaba parte de Rusia desde hacía más de doscientos años. Su guerra de independencia era más como si Hawaii o Alaska, o los estados confederados, quisieran escindirse de Estados Unidos. ¿No luchábamos para proteger nuestro propio país del desmembramiento? Clinton afirmó que estaba presionando a Yeltsin para que emprendiera negociaciones y practicara la contención, y que, al mismo tiempo, estaba intentando convencer a Dole de que no siempre los secesionistas tenían razón. Se quejó de las corrientes que quedaban sin examinar en la cultura política. Los impulsos sectarios, aprovechando la simpatía de los medios hacia los rebeldes chechenos, tentaban a los políticos a explotar cualquier cosa que fuera mala para Rusia.

Las tensiones separatistas habían sido también el centro de su reciente visita a Canadá, donde el primer ministro Jean Chrétien y él habían hablado sobre unos cuantos desequilibrios comerciales y presupuestarios serios. Los problemas económicos de Canadá estaban haciendo empeorar el comportamiento del TLCAN, quizá tanto como los de México, pero eran mucho menos conocidos. Complicaba aún más la situación el hecho de que existía una división entre los canadienses de habla francesa y los de habla inglesa, y Clinton dijo que su discurso ante el Parlamento había sido un ejercicio de equilibrio en la política de la identidad. Aunque había ido un poco más allá que la mayoría de los presidentes estadounidenses a la hora de promover la unidad canadiense, no había querido llegar a inflamar a los separatistas francófonos de la provincia de Quebec. Para ello había tenido que tener en cuenta todos los matices posibles de pronunciación y reacción en una cámara dividida, recordó con una sonrisa. Según la inflexión, cuando uno decía «larga vida a Canadá», algunos podían percibir un rechazo a los separatistas franceses, pero a otros podía molestarles que no se especificara un «Canadá *unido*».

El presidente se extendió sobre esta idea a finales de marzo. Dijo que llevaba varios meses pensando en las tendencias generales de la política mundial. Precisamente ese día, ante una asamblea de fiscales generales de los estados invitados a la Casa Blanca, había puesto a prueba la teoría que estaba desarrollando de que el problema fundamental de los próximos cincuenta años iba a ser cómo manejar las fuerzas contradictorias de la integración y la desintegración. El mundo era un lugar cada vez más pequeño que estaba uniéndose y separándose al mismo tiempo. Esbozó docenas de ejemplos de cada una de esas tendencias. Como dato positivo, la tecnología y el comercio unían a personas desconocidas en un nuevo parentesco masivo, sacaba a continentes enteros de la pobreza, generaba negocios y creaba millonarios. Estados Unidos había creado 6 millones de nuevos puestos de trabajo desde que era presidente, en general con buenos salarios, y la inflación y el desempleo mostraban una tendencia descendente; sin embargo, la gente se sentía cada vez más insegura. Parecidas tendencias se veían en China y Rusia: unos milagros económicos acompañados de enorme angustia. Los mismos mercados mundiales que creaban oportunidades podían acabar con industrias y países, y eso hacía que la gente se sintiera vulnerable y desligada.

Clinton conseguía hacer un asombroso número de cosas a la vez. Cuando llegué, a las diez en punto, estaba tomando una cena tardía a solas en la cocina del piso de arriba: un filete, anunció encantado, que le habían colado aprovechando que Hillary y Chelsea estaban de gira por el sur de Asia. Estaba haciendo solitarios rápidos, de tres cartas a la vez, y tenía la vista puesta en la retransmisión sin sonido de la gala de los Oscar, dándole al mando a distancia cuando parecía que había que oír algo interesante, y todo eso mientras repasaba diferentes temas, desde los más tontos hasta los más serios. *Forrest Gump* estaba llevándose todos los grandes premios, comentó, y su explicación se convirtió en una especie de disculpa porque no le había gustado *Pulp Fiction,* aunque fuera la película de moda. Para él, su vulgaridad podía más que lo que quizá tenía de divertido y cualquier mensaje sutil de redención. Cuando un mayordomo despejó la mesa que teníamos delante, intenté enseñarle varias fotografías del último comedero de pájaros patriótico de mi padre, dudando de que ni siquiera se acordara del vistazo que había echado a su predecesor, pero se fijó cuidadosamente en la reproducción del monumento a Lincoln como si fuera un invitado al que tenía que saludar en una fiesta. Notó los detalles arquitectónicos, como la guirnalda con los nombres de los estados sobre el friso. Había 12 en cada lado, en total los 48 que existían antes de la inauguración del monumento en 1922, sobre 36 columnas dóricas que representaban a los estados que Lincoln había mantenido en la Unión. Clinton afirmó que le parecía que esta réplica era mejor que el comedero que representaba la Casa Blanca, y explicó la razón. Después de decir que las superficies redondas eran las más difíciles para un carpintero, se preguntó si mi padre se atrevería alguna vez a intentar la cúpula del monumento a Jefferson. Si lo hacía, le gustaría colocarla en el jardín sur, enfrente del original. Le contesté que me encantaría preguntárselo, siempre que entendiera que mi padre votaba a los republicanos. El presidente se rió. Mejor aún, dijo. Mi padre podía contarles a sus amigos que Clinton era un defensor de los pájaros.

Chelsea y Hillary habían llamado la noche anterior desde Pakistán, y lo primero que le habían pedido era saber qué había pasado en la NCAA, la liga de baloncesto universitaria. El presidente les dijo alegremente que Arkansas había vuelto a pasar a las semifinales nacionales, en contra de mi alma máter, Carolina del Norte. Luego les había enumerado, y me lo repitió después a mí, los partidos que quedaban con toda la sofisticación que no tenía para el béisbol. Dijo que el viaje de Hillary era doblemente importante. En primer lugar, podía empezar a reparar las malas relaciones de Estados Unidos con una región inestable del mundo: Pakistán, India, Sri Lanka, Nepal y Bangladesh. Chelsea había estado estudiando religiones asiáticas en Sidwell Friends, dijo, leyendo el Corán cada noche. Personalmente, Clinton creía que el viaje ayudaría a reanimar a Hillary después de la gran decepción de la derrota de la reforma sanitaria. Su calendario no era meramente ceremonial, sino bastante exigente, dedicado a fomentar la resolución de conflictos y la rehabilitación cívica de mujeres oprimidas. Tenía pensado escribir un libro, y Clinton me preguntó si este último tema sería apropiado. Yo pensaba que debería escribir un libro más general sobre la responsabilidad cívica respecto a los niños. Podía hablar de muchos de esos mismos temas sin que la caricaturizaran con tanta facilidad como feminista, si escribía para los adultos sobre las obligaciones de una sociedad democrática para con los niños. Podía enlazar sus temas presentándolos como una prueba fundamental de los principios democráticos, una manera de medir cómo cuida una sociedad autónoma de aquellos a los que les niega el voto, porque todavía no son autónomos. Los estadounidenses, al tiempo que profesan una devoción sin límites hacia nuestros jóvenes, son injustos con ellos en todos los ámbitos públicos, desde la educación y la sanidad hasta las montañas de deuda intergeneracional.

Mientras rebuscábamos ideas para el libro de Hillary, el presidente relacionaba prácticamente todo con su tesis general sobre los trastornos en un mundo cada vez más pequeño. Con las grabadoras apagadas, se enfadó al mencionar yo al banquero de Arkansas Neil Ainley, que había cobrado cheques por valor de unos 50.000 dólares que estaban destinados a la campaña de Clinton para gobernador en 1990. Todo el dinero se gastó de forma legal, y estaba desglosado en las informaciones públicas de la campaña, pero el fiscal independiente, Ken Starr, había acusado a Ainley de no haber notificado al IRS [la Hacienda estadounidense] las transacciones de dinero en virtud de un estatuto utilizado para seguir la pista del dinero del narcotráfico. Era el primer procesamiento de la historia por esa infracción técnica, sin ningún cargo de pertenencia a crimen organizado ni conspiración, y Clinton pensaba que era una operación desmesurada. «No me hagas hablar de Whitewater —dijo—. ¿Has oído lo que le han hecho a Chris Wade?» Wade, antiguo vendedor de las parcelas de Whitewater, había quebrado hacía años y había satisfecho sus deudas, pero Starr le acusaba de haber declarado falsos activos en la solicitud de bancarrota que luego había retirado. Era una locura, exclamó Clinton, y Wade se había declarado culpable de un par de delitos menores sólo porque Starr amenazó con procesar a su mujer. Ni el caso de Ainley ni el de Wade tenían nada que ver con el encargo de investigar el caso Whitewater, por vago que fuera.

Estos intentos de procesamientos eran draconianos, dijo Clinton. Horrendos. Y, sin embargo, *The Washington Post* y *The New York Times* se negaban a manifestarlo. «Creo que estos periódicos se han pervertido con esto del caso Whitewater —dijo. Estaba temblando—. No me hagas hablar», repitió, y su furia se apagó. Había reflexionado mucho sobre la prensa. Durante dos años, había interpretado las informaciones hostiles como maliciosas u oportunistas. Querían pillarle o querían vender periódicos. Pero ahora sospechaba que los medios de comunicación estaban atrapados en las mismas inseguridades que aquejaban a un mundo cambiante. Sus mercados estaban dividiéndose. Se obsesionaban diariamente con el juicio a O. J. Simpson. Como Japón, que había miniaturizado los circuitos mundiales y había comprado Nueva York para recaer después en la parálisis, los medios eran presa de las recompensas de la alta tecnología. Y empezaba a pensar que eran también víctimas de una gran colisión entre la integración mundial y el desplazamiento. En vez de manipular las noticias, quizá funcionaban movidos por la ansiedad y la estimulaban. No estaban seguros de cuál era su situación ni sus criterios objetivos y proyectaban sus preocupaciones hacia fuera en oleadas febriles.

El presidente prosiguió con su teoría sobre la tensión en una era de rápidos cambios, sobre todo desde el final de la Guerra Fría, aplicándola a un abanico de cosas, desde la prensa hasta la discriminación positiva, e incluso el presupuesto. Cuando los republicanos, con el presidente Nixon, habían introducido amplios programas de discriminación positiva, dijo, se habían imaginado el futuro como una escalera hacia arriba que acomodara a las mujeres y las minorías en unos márgenes cada vez más amplios de prosperidad. En cambio, en ese momento se preveían que se apiñaran en unos escalones cada vez más estrechos. Dijo que gran parte de la reducción de puestos de trabajo directivos en las empresas se disfrazaba de discriminación positiva para desviar la responsabilidad. Por el contrario, el presidente había ordenado un estudio interdepartamental de la discriminación positiva, desde todos los ángulos: la historia, la justificación, las normas, la claridad, la justicia, la competitividad, la controversia y los resultados. Había docenas de programas de discriminación positiva para diferentes sectores y grupos de empleo. Hasta ahora, había anulado algunos, renovado otros y modificado muchos. Dio varios ejemplos de todo el Gobierno, y declaró que el proceso estaba casi terminado. Cuando manifesté mi sorpresa por que estuviera tan dispuesto a hablar de la discriminación positiva con detalle, me respondió que eso era lo importante. Le encantaba contar su historia. Estaba orgulloso de la progresión que había realizado. La gente reaccionaba a los datos sobre la exclusión por razón de raza o de sexo desde la época de la segregación, y había que celebrar cada ocasión en la que una evaluación honrada mostraba suficientes avances como para interrumpir la discriminación positiva. Dijo que los enemigos de ésta evitaban las evaluaciones y la apreciación cuando reducían la discriminación positiva a una panacea para las campañas políticas. Preferían evitar el pasado, pasar rápidamente por encima de los hechos y buscar algo que justificara el resentimiento.

Del mismo modo, dijo Clinton, el «Contrato con América» de los republicanos tenía más que ver con una actitud que con una forma de gobernar. La mayor parte de su alboroto estaba perdiendo fuerza en el nuevo Congreso. Después de haber prometido que iban a castigar a Washington e iban a imponer límites a los mandatos, ahora estaban divididos sobre la prudencia y la constitucionalidad de salirse ellos de sus cargos. Habían hecho de todo, menos aprobar una enmienda constitucional que, en caso de ser ratificada, les exigiría equilibrar los presupuestos futuros, mientras esquivaban el deber que tenía el partido dominante de presentar unas directrices del Congreso para los presupuestos en vigor. El presidente creía que había brechas traicioneras entre lo que prometían y lo que hacían. Resumió un erudito artículo del senador Moynihan sobre la conducta fiscal a lo largo de la historia de Estados Unidos, que llegaba a conclusión de que los déficit crónicos no habían aparecido hasta la década de 1970 y los «déficit estructurales» hasta la década de 1980. Dos siglos indicaban que la deuda nacía de malas decisiones y no de un defecto constitucional, y Clinton dijo que él había cumplido el plazo para presentar un presupuesto nacional sólo veintisiete días después de tomar posesión del cargo. Luego había conseguido colocar el proyecto de ley sobre presupuestos[2] sin un solo voto republicano. «Hice que todos los demócratas se arriesgaran —dijo—, y los republicanos nos arrebataron el Congreso.»

Ese mismo día, destacó, Gingrich había reconocido en privado que se había equivocado al decir que ese proyecto de ley era una muestra de las ansias de poder de Clinton y que iba a arruinar la economía nacional. Los resultados habían demostrado lo contrario en ambos aspectos y el déficit anual habría caído aún más si no hubiera sido por las subidas de los tipos de interés de la Reserva Federal (cada vez que el presidente de la Reserva, Alan Greenspan, endurecía los créditos, se lamentó el presidente, había que cerrar unos cuantos programas de educación y salud para familias con bajos ingresos y costaba miles de millones de dólares más financiar la deuda acumulada). Clinton quería que el Congreso estableciera las direc-

2. Oficialmente denominada Ley de Reconciliación Presupuestaria de 1993.

trices presupuestarias necesarias, con lo que compartiría la responsabilidad de las decisiones difíciles. Lo único que habían hecho hasta el momento era hacer correr rumores de grandes recortes en los programas de comedor de los colegios, para agradar a su bases más duras, y aplazar cualquier compromiso tras una máscara de conflictos entre la Cámara y el Senado. El presidente citó un rumor de que la estrategia republicana sobre recortes presupuestarios daba un nuevo y cruel giro a la frase «Las mujeres y los niños, primero». Prometió que iba a ponerles entre la espada y la pared. «Les he dicho que tienen que presentar su presupuesto —declaró con firmeza—. Tienen que ponerse a trabajar. Tienen que dejarse de palabrería. Lo único que saben hacer son maniobras políticas.»

Este análisis pareció reanimar a Clinton para abordar otros temas, entre ellos el proceso de paz para Irlanda del Norte. Restó importancia a algunas acusaciones histéricas de que había perjudicado la crucial alianza entre estadounidenses y británicos al permitir al líder del Sinn Féin, Gerry Adams, que solicitara donaciones en su segunda visita a Estados Unidos. Legalmente, dijo, Adams podía recaudar fondos en la propia Inglaterra, porque tenía derechos de ciudadanía en ese mismo Estado británico al que se oponía su partido; sin embargo, Londres quería que Estados Unidos sometiera a Adams a restricciones por ser un terrorista irlandés. El Sinn Féin, el ala política histórica del misterioso Ejército Republicano Irlandés Provisional (IRA), llevaba siete meses respetando su propio alto el fuego, desde agosto. Para promover las conversaciones de paz, Adams había aceptado discutir una completa entrega de las armas del IRA, pero el Gobierno británico insistía en que el desarme debía ser anterior a cualquier negociación. En opinión de Clinton, la postura británica era ilógica y tenía como objetivo congelar las hostilidades arriesgando poco. Comentó que el primer ministro John Major se había negado durante una semana a aceptar su llamada para explicarle por qué había dejado que Adams viajara sin restricciones. Clinton se encogió de hombros. Major estaba dando salida a sus frustraciones por debilidad política, dijo, y las presiones públicas procedentes de todas partes acabarían impulsando las negociaciones. Habló de las manifestaciones espontáneas de esperanza que se habían producido cuando Adams y el primer ministro irlandés, el *taoiseach* John Bruton, visitaron Washington con motivo del Día de San Patricio.

El presidente defendió también su decisión de reafirmarse en la candidatura del doctor Henry Foster para sustituir a Joycelyn Elders como responsable de Sanidad, a pesar de la maniobra de obstrucción de Phil Gramm contra la confirmación en el Senado. Gramm decía que Foster era un abortista despiadado. Erskine Bowles, jefe de gabinete adjunto de Clinton, había llegado a la conclusión, tras un minucioso segundo examen, de que Foster era un tocólogo honrado y de gran nivel, admirado por sus colegas y adorado por los padres, que nunca había ocultado que había llevado a cabo unos cuarenta abortos y esterilizaciones, mientras que había traído al mundo a miles de bebés desde los años cincuenta. Bowles, antiguo banquero en Carolina del Norte, respondía que Foster era una persona ejemplar, y eso selló el compromiso de Clinton. «Tengo una fe enorme en la opinión de Erskine», confesó, en un elogio poco frecuente y sin reparos a su equipo. Mientras el doctor Foster siguiera dispuesto, dijo Clinton, iba a intentar ganar la votación. Creía que Gramm sólo podía impedir que la mayoría del Senado lo confirmara con una firme maniobra de filibusterismo, y eso le perjudicaría como posible candidato.[3] Los votantes, en general, pensaban que el filibusterismo representaba una obstrucción injusta, y por eso los demócratas, en ocasiones anteriores, habían preferido luchar contra los candidatos al Tribunal Supremo, Robert Bork y Clarence Thomas, mediante el voto.

El presidente repasó sus dificultades para sustituir al director de la CIA James Woolsey. Volvía sin cesar a su primera elección, el subsecretario de Defensa John Deutch, que no quería el puesto. A Deutch, ingeniero químico y antiguo rector del Instituto de Tecnología de Massachusetts, le apasionaban los retos científicos, los sistemas energéticos de vanguardia y el diseño de armas a gran escala. Pensaba que la CIA era un «trabajo de seguridad» glorificado, lleno de exageraciones y viejos mitos. Sabía que las opiniones de la CIA sobre los asuntos mundiales no eran, ni mucho menos, la principal prioridad de Clinton. Por tanto, Deutch había rechazado sin dudarlo una oferta que la mayoría de los expertos en seguridad nacional codiciaban. El presidente, a su pesar, admiraba sus agallas. Por cierto, señaló, la CIA acababa de informarle sobre el viaje que iba a hacer a Haití; Clinton iba a ser el segundo presidente estadounidense que visitase la isla, sesenta años después de que Franklin D. Roosevelt fuera a prometer la retirada de los marines, y los funcionarios de la CIA no podían soportar

3. Gramm consiguió impedir la votación del Senado sobre la designación de Foster, pero se retiró de la campaña republicana para la presidencia antes de las primarias de New Hampshire en 1996. Pasaron casi tres años antes de que se pudiera confirmar a un nuevo encargado del área de Sanidad, el almirante David Satcher, en febrero de 1998.

que el presidente Aristide estuviera gobernando bien a pesar de todas sus predicciones y estuviera impulsando la reconciliación dentro de la ley.

Con Deutch, Clinton se enfrentaba a un empollón atípico que podía presentarle una retahíla de argumentos equiparable a la suya. Así que redujo la cuestión a un problema de voluntad personal. «Le dije: "Éste es tu país y yo te necesito ahí"», recordó. Le contó que la CIA era un desastre. Con la desaparición de la Unión Soviética, se había desvanecido el propósito que la había definido desde el nacimiento del espionaje institucional en Estados Unidos después de la Segunda Guerra Mundial. Clinton insistió en que Deutch era indispensable para hacer grandes reformas. «Te sacaré de ahí en cuanto pueda —le prometió—, pero no creo que le quieras decir que no a tu presidente.» Al final, Deutch cedió. Clinton, un poco avergonzado, confesó que le había costado cierto tiempo desarrollar una versión eficaz del «tratamiento» implacable, intrusivo y presidencial de Lyndon Johnson.

Su tono me hizo preguntarle de pronto si pensaba que iba a seguir en la Casa Blanca en el plazo de dos años. El presidente hizo una pausa. «Sí, creo que sí —replicó—. Ciertamente sí.» Al principio creía que no, pero había cambiado de idea en el último mes. Dijo que todavía había millones de personas indecisas. Quizá no les gustaba personalmente, pero estaban de acuerdo con sus posturas, o al revés. En definitiva, pensaba que podía ganar.

Antes de nuestra siguiente sesión, vi al presidente Clinton de lejos en Haití. A primera hora del 31 de marzo, nuestra delegación, compuesta sobre todo por diplomáticos y políticos, salió de la base aérea de Andrews con destino a Puerto Príncipe, cuya pista de aterrizaje estaba ya limpia de hoyos y alambradas desde los aterrizajes militares de seis meses antes. Esta vez, una mejor situación de seguridad nos permitió ir en autobuses hasta la ciudad, y en el camino vimos a familias cocinando en hogueras de carbón a lo largo de las calles mientras ponían a la venta filas de tapacubos variados y pequeños frascos de aceite en medio de una muchedumbre que llegaba hasta donde alcanzaba la vista. «Muchos cerdos, pollos y cabras —anoté—. Varios burros, algunos con una cuerda. Vacas en medio de la ciudad. Vi una gran cerda en la calle, revolcándose en los montones de basura.» Tres de cada cuatro haitianos que veíamos de cerca interrumpían su ensimismamiento para sonreírnos y saludarnos.

Clinton llegó aparte, en el *Air Force One*, procedente de un acto en Florida, y todos coincidimos en el palacio presidencial de Haití. Lo habían arreglado desde octubre, pero unos letreros en varios idiomas seguían aconsejando no beber agua del grifo. El imponente cuartel de enfrente, en el que Jimmy Carter había negociado con los generales haitianos, estaba pintado de blanco y era ahora el Ministerio Nacional de las Mujeres. Aristide iba a abolir el ejército. La primera promoción de cadetes de la policía estaba en formación en la explanada y recibía aplausos del otro lado de la verja. Con una ceremonia de homenaje a la bandera, los jefes estadounidenses transfirieron la autoridad del mantenimiento de la paz a las fuerzas de la ONU mientras la guardia de honor de las treinta naciones que las componían —especialmente India y Pakistán, Bangladesh y Grecia, Trinidad y Tobago y Senegal, además de Estados Unidos y Canadá— desfilaba junto al estrado situado al aire libre con sus uniformes y sus estilos peculiares. Una de las muchas palomas lanzadas para simbolizar la democracia pacífica se posó sobre la cabeza de un músico que tocaba la tuba. Dentro del palacio, el secretario general de Naciones Unidas, Butros Butros-Ghali, me sorprendió con un brindis de alegre elocuencia que superó a los de Clinton y Aristide y en el que mencionó una canción de moda en Francia sobre los haitianos que habían recuperado su música. El consejero de Seguridad Nacional, Tony Lake, se me acercó por detrás de los grupos políticos y empresariales a los que Clinton estaba exhortando a construir Haití desde cero. Su mujer se había ido, me susurró con tristeza. Su esposa había vuelto a Massachusetts. Lamentamos juntos la ruptura de su matrimonio hasta que Bruce Lindsey apareció con noticias más alegres: una juez federal, Sonia Sotomayor, había puesto fin a la huelga del béisbol después de doscientos treinta días. De vuelta en el aeropuerto, el presidente Clinton dio las gracias a una unidad de soldados estadounidenses, y, detrás de él, Carrie Meek, representante demócrata de Florida, se lanzó a darles abrazos maternales, mientras les preguntaba: «¿De quién sois hijos?».

Semanas después, el 19 de abril, mientras me dirigía a Washington, las noticias de la destrucción en Oklahoma City eclipsaron estos vívidos recuerdos. Se decía que había cientos de personas atrapadas en el edificio federal Alfred P. Murrah, y varios expertos decían en la radio que, a juzgar por los daños de la estructura y el humo, se había tratado de una bomba potentísima. Afirmaron que había muchos indicios de que había sido un atentado terrorista, mientras los locutores se mostraban consternados por un acontecimiento de tal trascendencia y pedían perdón por la confusión. Las noticias eran contradictorias; algunas hablaban de una veintena muertos hasta ese momento, incluidos entre seis y diecisiete hijos de empleados federales que habían muerto aplastados en una guardería. El presidente Clinton había pedido a todos los estadounidenses que rezaran por las víctimas.

Llegué a la Casa Blanca convencido de que me iban a enviar de vuelta a casa, pero al final Clinton me recibió. Para mi sorpresa, el ujier de guardia no me acompañó como de costumbre y se limitó a indicarme la escalera. Con la situación de emergencia, parecía que el protocolo había quedado olvidado, o quizá era que mis visitas nocturnas se habían convertido ya en un asunto rutinario. En el piso de arriba dominaba el silencio. Las puertas estaban casi cerradas en el corredor amarillo, y vi al presidente al teléfono, sentado junto a Hillary en un sofá justo fuera de las habitaciones familiares; asintió cuando le indiqué que iba a esperar un poco más allá. Durante una espera larga y solitaria entré dos o tres veces en cada una de las grandiosas habitaciones del ala este. En el Dormitorio Lincoln estudié el mudo debate entre una placa situada en la chimenea que decía que allí había firmado Lincoln la proclamación que puso fin a la esclavitud y el anuncio, colocado en una mesilla cercana, de que su proclamación sólo dejó en libertad a los esclavos en los estados confederados. Había además mesas con recientes regalos de Estado expuestos, entre ellos una cerámica de época romana del alcalde de Jerusalén y varios tesoros todavía sin etiquetar, cuatro o cinco iconos griegos pintados sobre madera y una espada repujada con una hoja ondulada y una daga a juego.

De los cuadros, el que más me llamó la atención fue un campamento de los indios Flathead pintado a mediados del siglo XIX por George Catlin, colgado en la pared exterior de la Sala de los Tratados. El artista estadounidense había captado el realismo y la dignidad de los Flathead incluso mientras sus compatriotas les subyugaban, y una tensión entre el conflicto y los ideales serenos me evocó la conmoción de lo que acababa de ocurrir en Oklahoma City. De un modo u otro, nuestra historia había pulido, a partir de unos choques espantosos, una libertad atenuada y simbolizada en esos elegantes corredores por los que habían caminado todos los presidentes desde John Adams. Esos pasillos, que lo habían presenciado y absorbido todo, permanecían inmutables y silenciosos incluso esa noche. Después grabé una nota en la que decía que ese lugar me hacía estremecerme más que la gente, y me pregunté cómo era posible que estuviera más tranquilo ante la perspectiva de pasar horas a solas con el presidente Clinton.

El presidente entró en la Sala de los Tratados murmurando algo sobre lo terrible que había sido el día. Sin embargo, en nuestra charla preliminar, apenas mencionó Oklahoma City, tal vez para descansar un poco. Al abordar otros temas, la primera noticia que le empujó a hablar ya con la grabadora en marcha fue la de sus discursos recientes sobre la tendencia administrativa a las subvenciones en bloque a los estados. Dijo que el presidente Nixon había creado una estratagema política al dar publicidad a la hostilidad al control federal de Washington y convertir los programas federales en pagos únicos para los estados y las ciudades. A Clinton le había encantado la libertad de gastar las subvenciones en bloque cuando era gobernador de Arkansas. Comentó que habían abierto la puerta a muchas innovaciones útiles, junto con juguetes absurdos como los espectáculos luminosos que habían sustituido a las simples luces en el techo de los coches de policía. En un discurso ante la asamblea de Florida, había advertido que las subvenciones en bloque eran sesgadas. Las fórmulas para su asignación se inclinaban en favor de las áreas rurales en detrimento de las ciudades y en favor de las poblaciones pequeñas y estables en detrimento de los estados que estaban creciendo a toda velocidad. Explicó que las subvenciones en bloque violaban los principios conservadores de Gobierno, porque las autoridades de una jurisdicción gastaban, sin dar cuentas, dólares recaudados en otros lugares con los impuestos.

Clinton dijo que las subvenciones en bloque se habían vuelto a poner de moda en el nuevo Congreso republicano. A su pesar, reconoció el mérito a Newt Gingrich, que había convencido a las cadenas de televisión de que transmitieran por primera vez un discurso en solitario desde el Congreso en el que presentó su informe sobre sus cien primeros días. El presidente de la Cámara afirmó que había tenido un comienzo triunfante en su labor de «rehacer por completo el Gobierno federal», con unas agresivas técnicas de marketing político que Clinton reconoció que eran más astutas que las suyas. Dijo que Gingrich había disimulado las diferencias entre los republicanos de la Cámara para obtener una obediencia del 97 % en las votaciones sobre su «Contrato con América», con el argumento de que era fundamental acumular un gran número de proyectos de ley independientemente de su destino posterior. De los pocos que habían conseguido superar el Senado, Clinton mencionó una modesta pero complicada medida de recortes fiscales con una serie de trampas que beneficiaban, entre otros, al magnate australiano de los medios Rupert Murdoch, al grupo empresarial Viacom y al empresario musical Quincy Jones. Aunque Clinton le tenía afecto, Quincy Jones no necesitaba ningún recorte fiscal, y el presidente dijo que él habría eliminado esas trampas por las bravas si hubiera podido ejercer un derecho a veto, artículo por artículo. Pero los demócratas le habían rogado apasionadamente que vetara el proyecto de ley completo. Su principal argumento era una disposición en la ley actual sobre expatriados que permitía a millonarios y multimillonarios evadir impuestos si renunciaban a su nacionalidad estadounidense. Se había aprobado en las dos cámaras una enmienda demócrata que rechazaba ese caso, pero un comité la había eliminado a instancias de dos destacados partidarios de los lobbies y ex congresistas republicanos, Steve Symms y Guy Vander Jagt, que trabajaban para uno de los mayores contribuyentes a las arcas del Comité Nacional Republicano. Clinton estaba de acuerdo en que la eliminación de la enmienda en secreto era un escándalo, pero no tenía sentido vetar un proyecto de ley por lo que no incluía. No obstante, se arrepentía hasta cierto punto de haber firmado la ley, y estaba pensando en denunciar políticamente los oscuros tratos que se habían hecho en su elaboración.

Más republicanos se habían apuntado ya al tren presidencial de 1996. Clinton pasó rápidamente por el anuncio del senador de Pennsylvania Arlen Specter; del representante de California Robert Dornan, dijo solamente que se le había olvidado vacunarse de la rabia antes de acusar a otros posibles candidatos de los dos partidos de huir del servicio militar obligatorio y ser unos blanditos de club de campo. El presidente habló con mucho más detalle de la dolorosa derrota de Arkansas ante UCLA en la final del campeonato de baloncesto de la NCAA. «Nunca pensé que iba a ver a Arkansas forzar veinte pérdidas de balón y, aun así, caer derrotada», dijo con un suspiro. Describió su rápida visita de Estado a Haití y comentó que un viaje que había hecho veinte años antes allí con Hillary le había preparado para la pobreza desgarradora, pero que le había sorprendido la vista aérea de un país desnudo. Aunque 50.000 obreros se dedicaran a plantar árboles durante un año, apenas empezarían a subsanar la erosión del paisaje. Las empresas extranjeras todavía se mostraban reacias a volver y Clinton temía que la gente, muerta de hambre, formara grupos parapoliciales que acabaran destrozando el país. Estaba tratando de encontrar a un especialista que pudiera «controlar» la economía y el medio ambiente de Haití del mismo modo que su emisario especial Bill Gray había trabajado para restablecer la política.

El británico John Major acababa de venir de visita. Como de costumbre, en su descripción Clinton mezcló política y su fascinación por el personaje. «Me gusta el viejo John —reconoció—, aunque a mucha gente, no.» El primer ministro era un hombre grandote y torpe, con una imagen de inanidad tan sólida que parecía un funcionario mediocre. En privado, habían dejado de lado los roces por Irlanda del Norte y Gerry Adams para concentrarse en Yeltsin y pensar en maneras de impedir que Rusia vendiera tecnología nuclear a Irán. Clinton explicó que Gran Bretaña y Alemania estaban colaborando en esta tarea fundamental con la señalada exclusión de Francia, y pronto empezó a extenderse sobre los problemas en Pakistán. La invitada que había tenido en Washington la semana anterior, la primera ministra Benazir Bhutto, había interrumpido sus conversaciones para elogiar a Chelsea y Hillary. Le había dicho que el conocimiento que tenía Chelsea del islam había causado una impresión positiva en todo el sur de Asia, sobre todo en Pakistán. En contraposición con la superficial prensa estadounidense, que presentaba a Hillary como una turista recatada sin ninguna importancia política en la exótica Asia, Bhutto dijo que, con sus palabras de ánimo, había conectado de forma crucial a los grupos de ciudadanos y el desarrollo económico a pequeña escala.[4] Clinton dijo que Pakistán era una pelea muy difícil. Era un país musulmán pobre, enraizado en la cultura patriarcal pero gobernado de forma precaria por una mujer, y lo mismo ocurría con Bangladesh, Sri Lanka y Turquía. El gran avance de las mujeres fomentaría el progreso democrático y la estabilidad en esos países, pero la estrategia política de Estados Unidos estaba en manos de los señores de la guerra.

Pakistán estaba pagando todavía un gran precio por su firme apoyo a nuestra guerra contra los soviéticos en Afganistán en la década de 1980. Primero se había visto inundado de refugiados y luego de narcotraficantes, hasta que el desvío del tráfico de *adormidera* había acabado creando unos 3 millones de heroinómanos en el país. El Gobierno de Bhutto aca-

---

4. *The New York Times* utilizó un tono paternalista en su resumen de la gira por el sur de Asia el 6 de abril: «En una parada detrás de otra, ha desempeñado el papel tradicional de primera dama como esposa y madre y ha subrayado la importancia de educar a las niñas y las mujeres, con su hija de quince años, Chelsea, casi constantemente a su lado».

baba de extraditar a Estados Unidos al fugitivo capturado Ramzi Yousef, presunto cerebro del atentado con camión bomba que en 1993 había matado a seis personas y herido a un millar en el World Trade Center de Nueva York.[5] Clinton mencionó detalles importantes de cooperación que deberían agradecerse a los pakistaníes. Por otro lado, dijo que sentían que «se ha jugado con ellos en Cachemira», porque Estados Unidos había cedido desde hacía tiempo a la anexión por parte de India en contra del deseo mayoritario de los cachemiros. Además, era injusto que la Enmienda Pressler estadounidense castigara a Pakistán y no a India por el desarrollo de armas nucleares. Pakistán seguía ofreciendo un sur de Asia desnuclearizado y sujeto a inspecciones internacionales, mientras que India insistía en que necesitaba las armas nucleares para disuadir a China. El principal propósito de Benazir Bhutto en Washington era buscar ayuda respecto a los F-16 pakistaníes confiscados en virtud de la mencionada enmienda después de que se hubieran pagado los 1.000 millones de dólares de la compra a Lockheed Martin. Bhutto, desesperada por obtener divisas extranjeras, en realidad prefería que le devolvieran el dinero a que le dieran los aviones, pero las leyes estadounidenses en vigor impedían cualquiera de las dos cosas. «Si no pude conseguir una excepción a la Enmienda Pressler con un Congreso demócrata —lamentó el presidente—, mucho menos ahora.» A los congresistas les encantaba presumir de haber dado un golpe a la proliferación nuclear, dijo, hasta el punto de cometer un robo descarado. Lo único que podía hacer por Bhutto era desguazar sus aviones oxidados e intentar darles una miseria a cambio de su valor como chatarra.

En un tono más alegre, Clinton aguardaba con ansias el regreso de la liga de béisbol después del paréntesis más largo de la historia. Preguntó si debía hacer el primer lanzamiento ritual el 25 de abril, en el primer partido atrasado de una temporada que iba a ser más breve. Le aconsejé que no.

---

5. Yousef, declarado culpable por dos jurados, en 1996 y 1997, fue condenado a cadena perpetua sin posibilidad de remisión y encarcelado en la prisión de máxima seguridad de Florence, Colorado. El tío de Yousef, Khalid Sheikh Mohammed, fue capturado por agentes pakistaníes y traspasado a poder de los estadounidenses en marzo de 2003. El informe de la Comisión del 11-S dijo que Mohammed había sido «el principal arquitecto de los atentados del 11-S» en 2001.

Las hostilidades latentes en ambas partes amenazaban con un nuevo paro. Los aficionados estaban muy enfadados por las dos temporadas arruinadas, y el presidente seguramente tendría que atravesar los piquetes porque los propietarios todavía estaban bloqueando a los árbitros para romper su sindicato. Con tantas connotaciones negativas, le recomendé que esperase a que mejorara el ambiente. Clinton no estaba de acuerdo. Un presidente no debía basar las decisiones oficiales en la fragilidad ni en los errores. Aparte de la política, su deber era representar la esperanza continuada. Quería dar la bienvenida al béisbol a su regreso, ocurriese lo que ocurriese después.

Chelsea entró preocupada por sus deberes. En un ejercicio para mejorar la capacidad de redactar con concisión, estaba escribiendo una redacción de no más de una página sobre las virtudes y los defectos del legendario personaje del doctor Frankenstein, con fragmentos de la novela de Mary Shelley que lo ejemplificaran. Chelsea dijo que su borrador se empeñaba en extenderse hasta una segunda página, lo cual era inaceptable, y expresó sus dudas sobre las citas que había escogido. El presidente se detuvo para aconsejarla y yo dejé las grabadoras en marcha mientras leía el ensayo de su hija en voz alta. Le gustaron las imágenes que citaba a propósito de la pasión de Frankenstein por aprender, absorto en su laboratorio, con las mejillas hundidas de emoción por su descubrimientos, pero le dijo a Chelsea que se mostraba ligeramente ambigua sobre si su mejor cualidad era la curiosidad o la ambición. En el lado negativo, ella, sabiamente, decía que su mayor defecto era un orgullo desmesurado y que podía encontrar citas más breves y precisas. Los dos la felicitamos por su forma de expresar la progresiva ceguera del celo de Frankenstein. En vez de crear vida, concluía Chelsea, el doctor loco se enfrentaba a un «monstruo que se había convertido en su azote». Se fue a corregir algunas cosas y Clinton prometió volver a decirle algo antes de darle las buenas noches.

De repente, el presidente se preguntó si estas sesiones servían de algo. Su brusca pregunta me puso nervioso, en parte porque no estaba seguro de qué quería decir. ¿Se refería sobre todo a *estas* sesiones, indicando que debían ser mejores, o a *cualquier* sesión, sugiriendo que todo nuestro proyecto era una pérdida de tiempo? Si era esto último, sospechaba, por su tono, que quizá estaba dudando de que le fueran útiles a él ahora, en su trabajo, como si hubiera esperado obtener alguna orientación concreta de nuestra perspectiva a largo plazo. La idea era inquietante. ¿Debía yo intentar proteger el proyecto de historia desempeñando más el papel de una especie de asesor aficionado una vez al mes? Suponía que no. Nuestras sesiones le robaban energía y fuerzas que necesitaba para llevar a cabo su trabajo, y eso ya me preocupaba. Mi papel era suscitar unos recuerdos cómodos y sinceros. Después de reflexionar, le dije que pensaba que las cintas conservarían algo tangible de historia presidencial, y que los futuros lectores encontrarían muchas revelaciones expresadas con su propia voz. Pasó a otra cosa; probablemente había sido un comentario casual.

Clinton se tomó con filosofía la falta de interés informativo en su última rueda de prensa televisada, que había tenido una escasa audiencia en la única cadena que la había emitido. El desayuno que había celebrado ese día con donantes económicos le había inspirado optimismo, señaló, y después había mantenido una reunión oficial con la primera ministra turca, Tansu Ciller. Estaba a punto de aceptar retirar las tropas turcas de Irak, donde habían ido en persecución de los ejércitos rebeldes kurdos del PKK, el Partido de los Trabajadores del Kurdistán —que quería instaurar una nación kurda independiente con territorios de Turquía, Irak, Siria e Irán—, cuando de pronto Leon Panetta se puso de pie junto a Clinton y salió de la sala. Alguien había hablado de una bomba cuando entraban, recordó el presidente, pero se dio cuenta de que había pasado algo horrible en cuanto Panetta abandonó una tensa negociación sin pedir permiso ni excusarse. El programa se vino abajo. Las primeras fotografías del edificio Murrah le revolvieron el estómago. Parecía una ruina de la batalla de Stalingrado en la Segunda Guerra Mundial, llena de equipos de rescate. Clinton repitió una y otra vez que Estados Unidos era una de las pocas anclas de estabilidad en el mundo. Algunas fuerzas airadas nos odiaban por nuestro papel en negociaciones de paz desde Bosnia hasta Oriente Próximo, pasando por Argelia. Por las noticias de las primeras horas, temía que el caso tuviera conexiones en el extranjero. Afirmó que tenían algunas pistas, y luego se calló. Si era obra de un grupo terrorista, dijo con cautela, confiaba fervientemente en que no fuera un grupo asociado a ningún Gobierno extranjero. La mano de un Gobierno convertiría el atentado en un acto de guerra, no sólo un crimen odioso, y eso desencadenaría la obligación de tomar represalias. Aclaró que esa distinción tenía profundas repercusiones, porque una guerra podía desgarrar un mundo con una economía y un orden frágiles.

Hasta el momento, en el escenario del horror, Clinton sólo había hablado por teléfono con el gobernador de Oklahoma, Frank Keating. Sabía que era un republicano muy conservador, porque habían coincidido en Georgetown hacía veinticinco años. Tenían poco en común, y mínimos contactos desde entonces. Keating era duro de pelar, pero esta tragedia hacía que las diferencias no importaran. Le aguardaban numerosas llamadas de miembros del Congreso, añadió, que pensaba empezar a devolver cuando yo me fuera.

16

OKLAHOMA CITY

Lunes, 22 de mayo de 1995

Martes, 13 de junio de 1995

Lunes, 24 de julio de 1995

Oklahoma City no tuvo vínculos con el extranjero como temía el presidente Clinton, pero el terrorismo nacional suscitó confusión e incredulidad. Las víctimas se dispararon durante la noche: 853 personas heridas, muchas gravemente, 168 muertes confirmadas y una pierna sin identificar de otra persona más. Los medios de comunicación de todo el mundo hicieron circular la fotografía de un fornido bombero llevando en brazos a la niña Baylee Almon, uno de los 19 cadáveres infantiles sacados de las ruinas del edificio Murrah. La indignación general se agrupó en torno a lo que el ex representante de Oklahoma, Dave McCurdy, calificó de «pruebas muy claras» de un perverso plan musulmán —hubo mezquitas saqueadas por multitudes, y una mujer americana de origen iraquí, una de los 2.700 inmigrantes árabes en Oklahoma City, sufrió un aborto cuando arrojaron piedras por las ventanas de su casa—, hasta que el primer sospechoso detenido resultó ser Timothy McVeigh, un veterano del ejército, de veintiséis años, con aspecto de campesino de Iowa. Aun así, el director de *The New York Times*, Abe Rosenthal, escribió que los estadounidenses sufrirían hasta que Occidente se involucrara por completo en la guerra contra los terroristas de Oriente Próximo y declaró que «la era del perdón se ha terminado».

Después de una revisión de seguridad del posible alcance letal de los camiones bomba, nuestra siguiente sesión se celebró el día en el que unas nuevas normas permanentes alejaron el tráfico de vehículos de la Casa Blanca. Los críticos debatieron la pérdida de acceso de los ciudadanos a causa de las exigencias de la seguridad moderna, pero dos filas de bloques de cemento completamente estalinistas cerraron la avenida Pennsylvania. Tras una serie de desvíos y controles añadidos, pude llegar, por fin, a la sala de estar del piso de arriba, a la que Clinton llegó vestido con vaqueros y una camiseta de algún grupo musical que soy incapaz de recordar. Describió la compleja reacción a Oklahoma City en diversas ramas del Gobierno y luego emprendió una perorata sobre la raquítica reacción popular a la detención de McVeigh.

Cuando el principal sospechoso resultó ser un norteamericano rubio en vez de un extranjero barbudo, y un derechista resentido contra el Gobierno federal, dijo el presidente, muchos expertos y políticos perdieron interés por el atentado. Cambiaron de tema. Parecía emplear un tono extrañamente benévolo para ser una queja tan grave. No pude decir si estaba siendo precavido o verdaderamente estaba asombrado, pero la situación le recordaba al invitado que tenía en ese momento viendo la televisión en el solárium, que era un demócrata tan recalcitrante que se negaba a dormir en el Dormitorio Lincoln. El viejo bonachón había acabado reconociendo que Lincoln era lo mejor que podían ofrecer los republicanos, se rió Clinton, pero que, aun así, no era lo suficientemente bueno como para dormir en su habitación. Así que tuvieron que encontrarle otro cuarto. La terquedad humana hacía que Arkansas fuera el único estado que nunca hubiera elegido a un republicano para el Senado, declaró el presidente, aunque mencionó que Ken Starr podía ayudar a los republicanos a romper esa tradición al conjurar alguna forma de procesar a los mejores candidatos demócratas en su investigación sobre el caso Whitewater.[1]

Clinton reconoció que había esperado que continuara la colaboración entre los dos partidos por la tragedia. El sábado posterior al atentado, Hillary y él se reunieron en la Casa Blanca con hijos de empleados federales como los que habían muerto en Oklahoma City y escucharon sus reacciones de temor a las imágenes que habían visto en televisión; les aseguraron que en el mundo abundaba más la gente buena que la mala. Después fueron los dos a la Sala de los Tratados para someterse a interrogatorios separados bajo juramento sobre el caso Whitewater, con preguntas que, sorprendentemente, seguían haciendo hincapié en las alegaciones de cons-

---

1. Efectivamente, Starr procesó al gobernador Jim Guy Tucker en 1995 y, en 1996, el vicegobernador Tim Hutchinson se convirtió en el primer republicano de Arkansas elegido para el Senado.

piración a propósito de la muerte de Vince Foster. Al acabar las tensas entrevistas, el presidente invitó a Starr y sus fiscales a ver el Dormitorio Lincoln. A pesar de las vagas quejas de Hillary, dijo Clinton, él quería conservar la cortesía en medio de la guerra, pero, con todo, se mostró asombrado ante el desinterés por los motivos políticos de Timothy McVeigh. Los primeros perfiles revelaron que el sospechoso era una persona obsesionada con sobrevivir a las catástrofes, que pertenecía al movimiento miliciano que consideraba que Washington era un nido de demonios y el tiránico promotor del secularismo, los judíos y las minorías raciales. Entre los papeles que se le encontraron en el momento de capturarlo había páginas especialmente significativas de *Los diarios de Turner*, una novela escrita por un supremacista blanco sobre una guerra santa encabezada por una milicia contra el FBI y el Pentágono que culminaba en la triunfante matanza de todos los que no eran «patriotas arios» en el país. La bomba de Oklahoma City estalló en el segundo aniversario del ataque de Waco, Texas, en el que habían perecido 80 miembros de la secta davidiana dentro de una fortaleza sitiada por el FBI. Como en el edificio Murrah trabajaban algunos de los agentes federales que habían intervenido en Waco, la destrucción masiva de sus colegas y los niños de la guardería parecía ser un llamamiento a la rebelión apocalíptica del libro.

Por supuesto, lo que desencadenó la bomba fue horror y repugnancia. Los estadounidenses estaban horrorizados por la matanza terrorista y confusos ante McVeigh, pero los comentaristas reaccionaban con estridencia a las preguntas razonables y criticaban a Clinton incluso cuando pedía que se hablara de forma razonable sobre ello. Dijeron que era un error identificar o amonestar a grupos arraigados en el odio, porque el escrutinio de ese tipo restringiría la libertad de criticar al Gobierno. Rush Limbaugh declaró a sus oyentes, indignado, que «los progresistas tienen intención de utilizar esta tragedia», y el columnista conservador Charles Krauthammer acusó al presidente de sacar un provecho siniestro: «Clinton ha encontrado su arma: los muertos de Oklahoma». Tergiversando las preguntas sobre los orígenes y los motivos del atentado y afirmando que querían explotarlos, el coro de la opinión pública había impedido la investigación de un crimen claramente político.

El presidente vaticinó que esto no era más que el comienzo. Al cabo de una semana de descubrir que Oklahoma City era obra de fanáticos que odiaban el Gobierno, sus oponentes habían decidido que el problema real era Waco, y emprendieron una campaña para ampliar las investigaciones sobre la desastrosa operación de 1993. Un dirigente de la Asociación Nacional del Rifle calificó a los agentes federales de «matones del Gobierno con botas, cascos nazis y uniformes negros de tropas de asalto», que se cebaban con los civiles inocentes. Fue una crítica tan extrema que, en protesta, George Bush padre se dio de baja en la Asociación Nacional del Rifle, cosa que Clinton le agradeció, pero el clamor a propósito de Waco se convirtió en acusaciones de que el propio presidente había autorizado el asesinato. Con un «descaro sin límites», dijo, los líderes republicanos fijaron nuevas sesiones del Congreso sobre Waco, no sobre Oklahoma City. Desde el punto de vista político, reconoció Clinton, tenía que admirar esa capacidad de dar la vuelta con tanta audacia a las simpatías y las sospechas. Habían desviado la atención de McVeigh y de un millar de víctimas de Oklahoma que eran empleados públicos con vecinos y familias. Con las diatribas habituales contra los funcionarios, las acusaciones de que eran parásitos y opresores, estaban dando una aprobación implícita a la furia de McVeigh. Asombrado, Clinton decidió no volver a hacer jamás ningún comentario casual sobre los «burócratas federales».

Dijo que ocho o nueve vistas anteriores sobre Waco habían encontrado fallos en todas partes. La crisis había comenzado con cuatro agentes del Tesoro* muertos por disparos cuando intentaban presentar una orden de registro en busca de armas militares ilegales en el complejo de los davidianos. Entonces, el equipo federal formado para la ocasión esperó siete semanas a que los miembros de la secta salieran de forma pacífica; y deberían haber esperado más. Clinton opinó que las informaciones de maltratos infantiles que tenía el FBI resultaron ser una débil excusa para la impaciencia por poner fin a la situación, pero que el ataque con gas lacrimógeno no fue el causante del desastre. El líder de la secta estaba verdaderamente loco y las pruebas demostraron que sus obedientes seguidores habían prendido fuego para inmolarse en el complejo. Unas nuevas sesiones de investigación en el Congreso no iban a servir para hacer más balance ni tener un conocimiento más exacto, pero se trataba precisamente de eso, dijo. Sus adversarios odiaban el balance y adoraban la retórica. Maldecían la intervención excesiva del Gobierno en vez de discutir su dimensión, o su funcionamiento, o cómo estaban cambiando las necesidades públicas y privadas. Dijo que la obsesión con Waco por encima de Oklaho-

---

* La oficina encargada de controlar las armas de fuego depende del Departamento del Tesoro. (*N. de la t.*)

ma City revelaba que tenían un gran empeño en agitar el resentimiento y el miedo y en demostrar que el Gobierno civil era una amenaza, sin tener en cuenta en absoluto sus objetivos constitucionales ni su gloriosa historia.

Se avecinaba una lucha curiosamente similar en política exterior. Clinton contó que China se oponía con vehemencia a un viaje que iba a hacer en junio el presidente de Taiwán, Lee Teng-hui, a Nueva York. Recibir a Lee implicaría que Estados Unidos simpatizaba con la independencia taiwanesa, afirmaban las autoridades chinas, y eso rompería el valioso compromiso de Estados Unidos —desde la época de Nixon— de una estricta política de reconocer sólo «una China». Pekín consideraba que Taiwán era una provincia rebelde, y los gobiernos estadounidenses habían mantenido un precario equilibrio entre respetar sus reivindicaciones y proteger a Taiwán contra el sometimiento por la fuerza. Clinton afirmó que los chinos no habían hecho caso de las garantías de que Lee no iba a tener un recibimiento diplomático. No iba a ir a Washington, y no iba a reunirse con ninguna autoridad, ni mucho menos con el presidente Clinton. Estaba estudiándose concederle nada más un visado de tres días para que recibiera un título honorífico de la Universidad de Cornell, en la que había cursado un doctorado. No obstante, el carácter privado de la visita no satisfacía tampoco a los chinos. Con ocasión de un vuelo de Lee a otro país, habían insistido en que no saliera del avión durante una escala en Hawaii, y seguían pensando que su presencia en territorio norteamericano podía infringir el acuerdo de «una China». Querían que se le prohibiera entrar. Estaban indignados con que Clinton pudiera incluso pensar en aprobar su visita pese a los deseos chinos, y los expertos en política exterior, dijo el presidente, eran partidarios de ceder. Opinaban que por el viaje de placer de un hombre no valía la pena arriesgarse a represalias de un país enorme y de una importancia estratégica.

En contra de sus asesores, Clinton simpatizaba con una muestra de apoyo poco frecuente de los dos partidos en el Congreso que se le daba a Lee. Seguía reflexionando sobre el escándalo que había causado su decisión de dejar entrar a Gerry Adams en el país. «El pobre Lee no ha hecho ninguna de las cosas terribles que ha hecho el IRA —afirmó en nuestra grabación—. Sólo quiere venir a que le den su título honorífico, y ellos dicen que no puede hacerlo.» Señaló que los chinos eran especialmente hipersensibles respecto a Lee. Durante casi cuarenta años, los gobiernos rivales de la China continental y el Taiwán anticomunista habían mandado a base de decretos autoritarios, pero ahora Lee estaba impulsando reformas que iban a desembocar en las primeras elecciones presidenciales del país en 1996. Encarnaba la postura estadounidense de que la libre empresa y las libertades democráticas se fortalecían mutuamente, y eso le convertía en anatema para Pekín. Clinton dijo que había sentido un frío desdén cuando estaba junto al presidente chino Jiang Zemin en Moscú durante las celebraciones del 50º aniversario de la victoria en la Segunda Guerra Mundial. Jiang no quería ni oír el nombre de Lee, y había considerado los comentarios de Clinton sobre muchos temas como una cosa superficial. Era duro y arrogante, suspiró el presidente, que recordó con ironía una serena valoración de la Revolución Francesa que había hecho el primer ministro maoísta chino Zhou Enlai: «Es demasiado pronto para hablar de ello».

La visita de Lee podía ser un asunto personal, y concederle el visado podía ser una postura agresiva. A diferencia del visado para Gerry Adams, no iba a impulsar ninguna visión estratégica, como el proceso de paz en Irlanda del Norte. No obstante, el estancamiento simbólico afectaba a los valores democráticos esenciales de la libertad de viajar y la libertad de expresión. Para bien o para mal, era una decisión de derechos humanos que llamaría la atención en Pekín. Así que Clinton había ordenado a Tony Lake que informara al embajador chino de que Estados Unidos iba a conceder el visado. Los chinos estaban furiosos y el presidente dijo que no sabía hasta dónde podían llegar las represalias.

En tono más positivo, contó historias sentimentales sobre las conmemoraciones de la Segunda Guerra Mundial. Entre los homenajeados a título póstumo en el Día de la Victoria en Europa, en el cementerio de Arlington, estaba un soldado norteamericano llamado Ellington, hijo de un esclavo, que había rescatado a un superviviente de Dachau subiéndole a un carro de combate. Clinton mencionó a descendientes de los dos protagonistas de esa historia, incluido uno que trabajaba en la administración. Describió un desfile interminable de veteranos soviéticos por delante de la Tumba del Soldado Desconocido en la Plaza Roja de Moscú, con unidades de hombres y unidades de mujeres, todos de setenta y tantos años o más. Le había llamado la atención que los hombres, sobre todo, desfilaban en formación cerrada, apiñados, cogidos de las manos. «Muchos lloramos al verlos», dijo. Comentó que la prensa estadounidense transmitía muy poco del poder emocional que seguía teniendo la guerra entre los europeos. Quizá debido a la larga atmósfera envenenada de la Guerra Fría posterior, teníamos escasos sentimientos sobre lo que representaban los 27 millones de muertos de la Unión Soviética en la guerra en comparación con nuestros 280.000, y una guerra lejana, al otro lado del océano, no había dejado recuerdos visuales de batallas y atrocidades entre nosotros.

En el monumento de Babi Yar, el 12 de mayo, Clinton había visto restos del barranco al que soldados alemanes habían arrojado cuerpos desnudos de presos civiles —más de 30.000 exterminados en los tres primeros días— hasta crear una fosa común de judíos y gitanos. Dijo que ahora era un lugar tranquilo en un hermoso bosque cerca de Kiev, en Ucrania, que, explicó, tenía más proporción de árboles por kilómetro cuadrado que cualquier otra capital del mundo excepto Washington. Los estudiantes de la Universidad de Kiev se habían reunido bajo la lluvia para vitorear al presidente de Estados Unidos con tanto entusiasmo que los policías se pusieron nerviosos y los maltrataron y golpearon, pese a las protestas de Clinton. Los expertos ucranianos le informaron que los norteamericanos no comprendían los rigores de la seguridad local, y el presidente tuvo que interrumpir su discurso y bajar a la plaza para pedir calma a las dos partes.

Todo el viaje había sido tenso, con momentos de armonía en medio del peligro. En su séptima ronda de reuniones de trabajo, Clinton suavizó las diferencias con Yeltsin sobre la OTAN e Irán. Yeltsin, a regañadientes, suspendió el contrato ruso con Irán para suministrarle una centrifugadora nuclear, pero no el de un reactor de agua ligera. Cualquier paso más allá podía ser políticamente contraproducente para él en Rusia y condenarle a que le considerasen una marioneta de Estados Unidos. Mientras tanto, en nuestro país, el senador Dole criticaba a Clinton por ser una marioneta de Yeltsin. El presidente dijo que Dole estaba molesto porque había aspirado a representar él a Estados Unidos en las ceremonias de Moscú. «Últimamente siempre está amargado por algo», comentó Clinton. Dole quería que hubiera más sesiones sobre Waco, y estaba «pinchando en el proceso de paz de Oriente Próximo» con un proyecto de ley que ordenaba el traslado de la embajada de Estados Unidos en Israel a Jerusalén. Esto último no era más que una medida para lucirse y recaudar fondos, pero Dole había estado a punto de conseguir que se aprobara su ley para reformar los daños y perjuicios gracias a las contribuciones del sector de las aseguradoras. Los demócratas lo habían impedido etiquetándola como «la ley de protección del conductor borracho».

Ese período que Clinton calificó como de relaciones desagradables con Dole le estimulaba para la pelea política. «Así es como lo veo el 22 de mayo de 1995», dijo, mientras pensaba en la campaña para la reelección, para la que faltaba más de un año. Había conseguido vencer en tres frentes al ataque coordinado por la estrategia republicana para la victoria: el conservadurismo fiscal, el crimen y una defensa nacional fuerte. A la hora de equilibrar el presupuesto, les había superado con unos márgenes históricos, que quedaban claros en los presupuestos que estaba elaborando a toda prisa el Congreso de mayoría republicana. Nadie había revocado su trascendental paquete de reconciliación de 1993, pese a que no había un solo republicano que hubiera votado por él, porque cualquier plan para acabar con el déficit se convertiría en un hazmerreír si lo hacían.

Sobre los temas sociales, dijo que los demócratas estaban aprendiendo a defenderse. Seguían luchando contra la maniobra de obstrucción del senador Gramm para impedir la designación del doctor Henry Foster como responsable de Sanidad. Era un caso de filibusterismo que políticamente ayudaba a los demócratas, porque volvía a los votantes poco a poco en contra de los republicanos por sus actitudes insultantes y extremistas sobre el aborto. Clinton explicó que Gramm no se hacía daño más que a sí mismo, y confiaba —aunque, al final, no fue así— en obtener la confirmación de Foster. Clinton pensaba que los gais en el ejército seguían constituyendo su punto más vulnerable entre los conservadores sociales, pero mencionó un indicio de que el daño causado en 1993 quizá estaba empezando a repararse. El gobernador Lawton Chiles, demócrata, acababa de consultar con uno de sus líderes agrarios en Florida, que siempre había jurado no votar a Clinton por los «maricones en el ejército» pero que ahora podía cambiar de opinión si Clinton seguía enfrentándose a «esos cabrones japoneses» en materia comercial. El presidente dijo que Chiles era famoso por su habilidad para tomar el pulso al votante medio. Muy divertido, describió las negociaciones a brazo partido del representante de Comercio, Mickey Kantor, para tratar de abrir los cerrados mercados japoneses mientras los aliados europeos animaban desde la retaguardia, en voz baja, para no ofender a Japón.

Su punto de vista sobre sus problemas en el Partido Demócrata era positivo. «Si te fijas en los logros objetivos —dijo—, ya he hecho lo suficiente para justificar la reelección.» Enumeró una lista de cosas que había hecho para conseguir una economía sólida y de amplia base —el crédito fiscal por salario, la reforma del permiso familiar, la reducción del Gobierno, las inversiones educativas y ambientales— y aseguró que había tenido un comienzo honrado y saludable en su empeño de cumplir su promesa de adaptar Estados Unidos a un nuevo siglo. Preveía dos grandes obstáculos para ese mensaje en 1996: que a los medios no les interesaba su programa tanto como a sus votantes, y que los republicanos estaban más unidos que los demócratas cuando hablaban. No había más que ver cómo se habían puesto de acuerdo para desviar la atención pública de Oklahoma City a Waco.

Otros temas sobre los que hablamos abarcaron desde Cuba hasta el aumento de la violencia con armas de fuego entre los niños. Sus respuestas, a veces, eran elaboradas, pero sus pensamientos nunca se alejaban demasiado de la reelección. La primera fase iba a ser una disputa con el Congreso por las asignaciones y los presupuestos. Cada lado tenía la tentación de la demagogia y de calificar al otro de progresistas derrochadores o de reaccionarios tacaños para después esconderse en la niebla del bloqueo político. Los líderes republicanos no se ponían de acuerdo —o fingían no hacerlo— sobre sus propuestas iniciales, y retaban a Clinton a dar el primer paso. El presidente dijo que debía mantener una mayoría constante y a prueba de vetos, o sea, asegurarse de no perder a demasiados republicanos por recortar muy poco ni a demasiados demócratas por recortar en exceso. Si los republicanos insistían en perjudicar a la educación y el medio ambiente para financiar los recortes fiscales a sus benefactores, Clinton se proponía ejercer el veto y ganar. «Por lo demás —añadió—, estoy dispuesto a negociar.»

De pronto pareció cansado. «Hemos hablado demasiado tiempo esta noche», dijo.

La siguiente vez, grabamos en la cocina del piso de arriba. Uno de los temas de la sesión de junio fue la euforia mitigada por los malos presagios en todos los frentes. El presidente estaba cenando tarde, a solas, y estaba hambriento, comentó, porque había ayunado para mantenerse en forma durante su discurso de cinco minutos a la nación a las nueve de la noche. Dijo que había dado el salto. Pese a la feroz resistencia de su propio equipo, acababa de anunciar la publicación de un plan detallado para equilibrar el presupuesto federal en diez años o menos, según proyecciones precavidas, sin nuevos impuestos ni recortes en educación, sanidad y medio ambiente. Casi todos los asesores políticos pensaban que estaba jugándose una oportunidad de oro para vengar el desastre electoral de 1994. Si hubiera seguido ganando tiempo hasta que el Congreso aprobara su propio presupuesto como debía, los demócratas habrían podido criticar a los republicanos por sus inevitables decisiones difíciles, destacando los recortes que hubieran propuesto para Medicare o para los comedores escolares. Al volver a ser él quien daba el primer paso, Clinton había convertido a los demócratas en blanco de nuevos ataques demagógicos.

Quizá, dijo el presidente. Pero había un límite de lo que uno podía eludir cuando estaba queriendo ser un líder y exigiendo responsabilidad a los demás. Las evasiones sobre el presupuesto le hacían difícil celebrar ruedas de prensa. Alimentaban el cinismo y la parálisis. A partir de ese momento, cualquier candidato presidencial serio tendría que presentar un historial fiscal honrado, lo que él llamó «el ticket de entrada». Aunque las encuestas mostraban que a los votantes no les gustaban las medidas individuales, hacía falta un historial creíble. Los progresistas debían demostrar que podían financiar sus programas y los conservadores debían responder a su propia llamada a la disciplina fiscal. Orgulloso del plan, Clinton elogió a su directora de presupuestos, Alice Rivlin, por haber trabajado de manera incansable sin que se hubiera producido una sola filtración.

Aunque quitaba importancia al discurso en el que Dole le había llevado la contraria por considerarlo una tergiversación partidista, el desprecio de algunos demócratas en privado claramente le dolía. El senador de Louisiana, John Breaux, era el único que le había llamado para apoyar su iniciativa. Todos los gobernadores demócratas, menos dos, se oponían a ella. Decían que estaba renunciando a la revancha para situarse en la línea de fuego. El gobernador Chiles le manifestó a Clinton que debería haber esperado, porque perder la capacidad de maniobrar políticamente no servía de nada, y los demócratas del Congreso estaban furiosos con él por ponerles gratuitamente en peligro. Por primera vez, reconoció el presidente, pensaba que podía haber otros candidatos rivales en las primarias del año siguiente: Jesse Jackson y el representante Dick Gephardt. Dijo que no le importaba. Presentar su plan presupuestario era lo que tenía que hacer. Su tono de aislamiento desafiante me recordó lo miserable que se sentía antes de invadir Haití.

Unas preguntas sobre Bosnia suscitaron el recuerdo de un mes que había estado lleno de altibajos. El 2 de junio, unos artilleros serbios habían derribado un avión de combate F-16 que patrullaba la zona de vuelo restringido de Bosnia, y Clinton explicó que se había visto obligado a defender su política durante días de tremendas tensiones, porque se desconocía el destino de su piloto, el capitán Scott O'Grady. Sería la primera baja estadounidense hasta el momento, en unos 69.000 vuelos del mando conjunto de la ONU y la OTAN para impedir que los aparatos serbios bombardearan pueblos musulmanes y croatas. Habían ayudado a reducir el número de caídos en combate de unos 130.000 en 1992 a 3.000 en 1994, pero no se veía el final del brutal conflicto, y la endeble coalición de fuerzas de paz se tambaleaba con los rumores de que los serbios pretendían montar un espectáculo con el cuerpo de O'Grady o, peor aún, entregarlo con vida a las viudas de guerra serbias para que lo torturasen en público. Milagrosamente, el 8 de junio, una débil señal de radio del localizador de O'Grady permitió a un escuadrón de rescate sacarle, sano y salvo, del bosque. El presidente Clinton y Tony Lake lo celebraron con cigarros en el Balcón de Truman.

Justo el día anterior, Clinton le había dado una bienvenida de héroe en la Casa Blanca. Cuando se vio que los familiares y amigos de O'Grady no cabían en el comedor familiar, dijo, los mayordomos dispusieron mesas para un almuerzo privado en el Salón Oval Amarillo, al otro lado del pasillo. Allí, el capitán había recordado que vio a soldados serbios sobre su paracaídas tres minutos después de tocar tierra, lo cual significaba que sabían que estaba vivo y cerca de allí desde el primer momento de una frenética cacería que había durado seis días. O'Grady había comido bayas y unas cuantas hormigas. El presidente contó alegremente que los periodistas, al oír ese detalle, habían enloquecido con imágenes primitivas y heroicas, pero el relato de O'Grady había sido más prosaico.[2] Tal como le habían entrenado, se puso guantes y se pasó horas abrazado a un árbol, quieto y callado, mientras le buscaban en los alrededores. Se deshidrató hasta tal punto que no podía tragar algunas de las cosas que encontraba para comer. Su arma le había parecido un peligro, y su experiencia había sido más espiritual que militar.

O'Grady se mostró reflexivo, dijo Clinton, y sorprendentemente sincero. Mientras caminaban juntos después del almuerzo hacia el ala oeste,

2. En *Tras la línea enemiga*, una película de 2001 protagonizada por Owen Wilson y Gene Hackman, el personaje basado más o menos en O'Grady mata a sus perseguidores en plan *Rambo* por toda Bosnia mientras malvados políticos y burócratas internacionales obstaculizan los esfuerzos para rescatarle. En realidad, O'Grady permaneció en el bosque, nunca tuvo contacto con nadie y fue liberado a las pocas horas de que la 24ª Unidad Expedicionaria de los marines captara su señal de radio. Presentó una demanda contra los productores del film por difamación.

consultó discretamente a Clinton sobre los fotógrafos que les aguardaban. No quería tener un aspecto descuidado en la Casa Blanca. Todavía se sentía débil y estaba preocupado por su barba mal afeitada y su grueso entrecejo. El presidente, entre risas, contó que le había aconsejado a O'Grady que se relajara y disfrutara de ser en ese momento el estadounidense más popular: «Les parecería que tienes buen aspecto incluso con barba de diez días». A solas con Clinton en el Despacho Oval, después de pedirle permiso para hablar con franqueza, O'Grady le confesó que, aunque apoyaba el objetivo de guerra de proteger Bosnia, le preocupaba que cualquier tropa de combate estadounidense que se enviara allí acabara empantanada en un terreno terrible.

Al presidente también le preocupaba Bosnia. Me puso al día sobre el grave punto muerto en el que se encontraba la situación con mucho más detalle del que fui capaz de recordar al dictar mis notas esa noche. Habló de ironías y de un engaño exasperante. En general, dijo que la última crisis había surgido de un giro positivo en el equilibrio militar. Los croatas y los musulmanes parecían haber tocado fondo después de ceder más del 70 % del territorio bosnio a los serbobosnios que les atacaban. Ahora estaban recuperando fuerzas poco a poco, a pesar del embargo internacional de armas. Concentrados en varios bastiones, habían acordado dejar de luchar entre sí e incluso estaban pensando en llevar adelante una contraofensiva. Los serbios, en cambio, habían llegado al límite de sus fuerzas con su conquista. En mayo, frustrados por la imposibilidad de acabar con sus enemigos, habían violado la tregua internacional, que tanto había costado alcanzar, con nuevos ataques de artillería contra Sarajevo y otros enclaves musulmanes. Cuando las fuerzas de la OTAN y la ONU llevaron a cabo ataques aéreos para detenerles, las milicias serbias capturaron a más de 300 miembros de las fuerzas de paz europeas y los encadenaron a los blancos sobre el terreno —puestos de artillería y arsenales— para desafiar a la OTAN a que se atreviera a bombardear a sus aliados. En medio de ese caos, habían derribado al capitán O'Grady.

Ahora los europeos amenazaban con retirar por completo sus fuerzas de paz, y estaban negociando para obtener ayuda técnica de Estados Unidos. El presidente dijo que esa retirada podía tener ventajas imprevistas, porque las fuerzas de paz —con sus órdenes estrictas de no resistir ante un ataque— eran, muchas veces, más un obstáculo que una ayuda. Eran además un centro de intrigas políticas, con informaciones creíbles de que los comandantes de la ONU habían prometido en secreto a los serbobosnios inmunidad ante futuras incursiones aéreas si dejaban en paz a sus fuerzas. Por otro lado, Clinton afirmó que los serbios organizarían un ataque en toda regla en cuanto se fueran las fuerzas de paz, sobre todo si se levantaba o se rompía el embargo de armas, y que era posible que en Bosnia no sobreviviera al final nadie que no fuera serbio. Jimmy Carter y otros estaban presionándole para entablar negociaciones directas con los serbobosnios —que ya habían conseguido la mayoría de sus demandas territoriales— con el fin de lograr el mejor acuerdo posible para los musulmanes. Carter reflejaba una fuerte corriente de realismo o fatalismo sobre la causa musulmana en el país. («Me importa un pimiento Bosnia —había escrito el columnista de *The New York Times*, Thomas Friedman—. Un pimiento. Ellos mismos se han causado sus problemas.») Clinton dijo que Carter quizá tenía razón. Era muy arriesgado esperar a que los musulmanes bosnios se hicieran más fuertes, pero no podía buscar todavía la paz con los serbobosnios. Añadió que eran unos «matones» y, sin duda, los principales instigadores de la limpieza étnica. Los congresistas judíos, atentos a los paralelismos con el Holocausto de la Segunda Guerra Mundial, se habían convertido en ardientes e irónicos defensores de la Bosnia musulmana en la Cámara. Dadas las hostilidades que irradiaban de Oriente Próximo, Clinton pensaba que se sentían aliviados por poder defender a los musulmanes en algún otro lugar del mundo.

Sobre Oriente Próximo, dijo que había llamado al presidente Asad hacía una semana para revivir las conversaciones de paz estancadas desde diciembre. Le había instado a aprovechar una breve ventana política que se avecinaba. El primer ministro israelí, Rabin, tenía grandes posibilidades de ser reelegido en diciembre, así se lo había comunicado a Asad, y, a pesar de los rumores y los sondeos que pudieran llegar a Siria, Clinton creía que él también iba a ganar la reelección. Ello ofrecía a Asad dos interlocutores estables para la difícil tarea de elaborar un tratado de paz. Sin embargo, debían actuar con decisión para acabar antes del verano de 1996. Para entonces, Clinton estaría pendiente de su campaña electoral y Rabin podría afrontar nuevos impedimentos serios a cualquier tratado con Siria. El adversario de Rabin, Benjamin Netanyahu, del partido del Likud, estaba construyendo un movimiento para exigir que cualquier instrumento de paz que incluyera los Altos del Golán tuviera que ser aprobado o por 70 votos en la Knesset —que Rabin no tenía— o por un referéndum especial. Clinton me explicó que el procedimiento para el proyecto de Netanyahu era el equivalente al de la enmienda del presupuesto equilibrado, ingeniosamente diseñado para que fuera imposible lograr su supuesto objetivo. A Asad le había explicado que disponía de poco tiempo. Rabin se había arriesgado a anunciar que iba a considerar unas retiradas simbólicas de fuerzas israelíes de los Altos del Golán como catalizador. Después de su llamada, Clinton había enviado al secretario de Estado, Christopher, a Damasco para hablar en persona con Asad, y éste además acababa de aceptar reanudar las negociaciones con Israel.

Hillary entró en la cocinita cuando el presidente estaba hablando de política nacional. Predecía que Dole iba a conseguir la nominación republicana en marzo, porque sus rivales no habían pensado en ninguna forma de vencerle, aparte de vagas afirmaciones de que eran mejores republicanos. Mientras tanto, Dole estaba acumulando unas bonitas reservas para la batalla. Mientras regañaba a Hollywood por su falta de moral, dijo Clinton, Dole amasaba contribuciones de las televisiones por cable, los estudios de cine y las grandes cadenas de televisión. Hillary parecía muy enterada sobre las operaciones para recaudar fondos. Comentó que cualquier idiota sin escrúpulos podía sacar dinero a la vulnerable industria de las comunicaciones y mencionó todo lo que había sacado el nuevo presidente de un comité del Senado, Larry Pressler, de Dakota del Sur, rellenando un proyecto de ley de telecomunicaciones con lucrativos subsidios a Time Warner y otras compañías: licencias por diez años, tarifas más generosas y menos restricciones a los monopolios locales.

Pasaron dos llamadas para el presidente. Uno de los encargados de los sondeos le notificó que sus cifras habían vuelto a subir y estaban casi a la altura de las de los republicanos en la lucha contra el déficit. El senador Chris Dodd quería felicitarle por el discurso que había pronunciado sobre el presupuesto. Clinton dijo que no era más que la segunda llamada positiva. Hillary afirmó, con un suspiro, que iban a recibir muchos palos, porque los demócratas tenían miedo de plantar cara. El presidente aseguró que no le había llamado nadie de la Cámara de Representantes. De hecho, añadió, Gephardt estaba tan furioso que se había negado a aceptar la llamada que le había hecho para explicarle las razones del discurso. «Gephardt es un gilipollas», comentó Hillary. El presidente, señalando mis grabadoras, le dijo suavemente que estaban en funcionamiento. Ella hizo un gesto pero se encogió de hombros con una sonrisa. «Bueno, es que lo es», insistió. Tras un incómodo silencio, rebobiné las dos máquinas para borrar el calificativo de la primera dama. Pasamos a otra cosa, a hablar de la actriz Anna Deavere Smith, por algún motivo, y de los experimentos de Gobierno comparativo en Oregon. Hillary quería saber si Kurt Schmoke, con quienes los Clinton habían coincidido en Yale, tenía probabilidades de ser reelegido como alcalde de Baltimore.

El presidente analizó las dos últimas medidas de la Reserva Federal para elevar los tipos de interés. Le parecían excesivas frente a una amenaza inexistente de inflación. El crecimiento económico se encontraba ya a sólo 1,5 %, un 5,1 % más bajo que a finales de 1994, por lo que las subidas de los tipos habían asfixiado los encargos a fábricas antes de que hubiera dos meses seguidos de pérdida nacional de empleo. En mayo habían desaparecido más de 100.000 puestos de trabajo, una inversión de la tendencia hacia arriba que había creado 6,7 millones de empleos y se había estado aproximando al enorme objetivo de Clinton para su primer mandato, 8 millones. El presidente contó que había llamado al presidente de la Reserva Federal, Alan Greenspan. Mientras repasaban el discurso que iba a pronunciar esa noche, le había sugerido por qué era fundamental fijar tipos de interés más bajos para atacar el déficit. Evidentemente, eran útiles porque tenían menores costes de financiación para la deuda nacional. Y además, una cuestión más delicada: unos tipos más bajos le daban a Clinton margen político para llevar a cabo nuevos recortes presupuestarios, porque generaban un crecimiento económico que compensaba a los ciudadanos por la rebaja del gasto oficial. En ambos aspectos, la política de la Reserva Federal podía reforzar los cálculos presupuestarios. Juntos, los recortes presupuestarios y los tipos de interés bajos habían reducido el déficit anual en un tercio —al principio, lentamente—, y una coordinación continuada podía invertir la tendencia de los déficit perpetuos. Clinton dijo que le parecía que Greenspan estaba de acuerdo.

Mencionó una anécdota extraña que le había ocurrido con Gingrich. Su origen había sido una pregunta casual en una entrevista de prensa; le habían preguntado a Clinton qué consejo podía dar a Gingrich para su visita a Nuevo Hampshire para tantear el terreno. El presidente se había puesto nostálgico y había respondido que, ante todo, debía buscar la sabiduría popular en la tienda de ultramarinos de Mary Hill en Concord, y el presidente de la Cámara, al leerlo, le había llamado para proponer que aparecieran juntos por allí. Clinton dijo que esta idea había provocado una revuelta entre su equipo de la Casa Blanca. Casi todos sospechaban que se trataba de una emboscada y que Gingrich iba a ingeniárselas para dar categoría a sus ambiciones presidenciales a costa de Clinton, pero éste no había tenido en cuenta sus objeciones. Después de pronunciar el discurso de fin de curso en la Escuela Universitaria de Dartmouth, había asistido a un pícnic de jubilados en los bosques próximos a Claremont y se había sentado con Gingrich para responder a preguntas sobre todo tipo de cosas, desde Medicare hasta el veto, partida por partida. Hubo claras discrepancias en una atmósfera de debate festivo. Al público le encantó, dijo Clinton, pero los periodistas escribieron artículos decepcionados sobre «las muestras de amor». Cada partido criticó a su bando por ser demasiado amistoso. El presidente había advertido que los expertos y los asesores políticos se angustiaban por las mismas cosas y había decidido tenerlos menos en cuenta que a los votantes. Dijo que esta idea le había dado fuerzas para anunciar el plan de esa noche sobre el presupuesto, pese a las firmes objeciones de los profesionales de la política.

Cuando ya había superado buena parte de su primer mandato, Clinton vetó su primer proyecto de ley aprobado en el Congreso. Se trataba de una prueba bipartidista para hacer recortes simbólicos, de unos 16.000 millones de dólares —aproximadamente un 1 %— en las asignaciones de gastos actuales. En respuesta a mis preguntas, dijo que habían descubierto ahorros que eran mutuamente aceptables cuando el Congreso propuso añadir nuevos gastos muy concentrados en los distritos y los estados de los líderes republicanos. Era pura política, aclaró, pero querían financiar sus proyectos favoritos eliminando el servicio juvenil de AmeriCorps y su programa de ayuda para pagar las matrículas universitarias, y que él se negara también era política. Clinton contó que había negociado con ellos hasta conseguir que bajaran a unos 700 millones de dólares en proyectos patrocinados —sobre todo juzgados y nuevas carreteras—, pero después los líderes no habían logrado ponerse de acuerdo sobre qué proyectos concretos había que eliminar. Así que había decidido vetar el proyecto de ley. Entonces, los líderes, que trataban de revivirlo, habían vuelto hacía dos días a pedirle que reclamara menos para educación, de forma que ellos pudieran ajustar sus necesidades. Para pacificar a sus bases, querían también que figurase un lenguaje antiecologista que intentaron hacer pasar como algo sin importancia. El presidente se había negado y le había dicho a Gingrich que en la Cámara había demasiados republicanos dispuestos a creerse su retórica de enfrentamiento con los malvados demócratas. Iba a haber muchos motivos de lucha con Gingrich.

Poco antes de la sesión de julio hubo dos sorpresas. En primer lugar, Tommy Caplan, amigo de la universidad de Clinton, nos invitó a mi mujer Christy y a mí a cenar en el Jockey Club de Washington un lunes por la noche. Lo que Bill y Hillary necesitaban de verdad, dijo, era una velada tranquila fuera de la Casa Blanca, sin protocolos. No iba a ser fácil, porque el presidente Clinton llevaba pegada una caravana de coches y su equipo de guardaespaldas, por no hablar de los códigos nucleares, pero Caplan restó importancia a mis reparos. Venid, nos dijo, y así llegamos a un pequeño reservado, separado de la sala principal del restaurante, con una docena de sitios preparados alrededor de una mesa ovalada. Los camareros revoloteaban antes de que llegaran los Clinton. Yo estaba sentado al lado de Nancy Hernreich, y nuestra colaboración secreta en el proyecto de historia oral hizo que me agradara especialmente conocerla mejor. Entre los demás invitados estaban, cerca de mí, la novelista Susan Shreve y el jefe del Instituto Nacional de Salud, el doctor Harold Varmus, que habló de la base científica para regular el tabaco.

Durante la cena, el presidente se me acercó por detrás. «¿Has visto eso?», susurró, inclinándose. Le respondí que no. Emmett Tyrrell, editor de *The American Spectator*, había entrado un momento para preguntar a Clinton si había leído su nuevo artículo, «The Arkansas Drug Shuttle» [«El transbordador de la droga de Arkansas»], en el que el ex agente de la policía del estado, L. D. Brown, avalaba convenientemente las fantasías más siniestras que circulaban sobre el presidente, por ejemplo, cómo, cuando era gobernador, había ayudado a una banda dedicada a las drogas y el asesinato dentro de la CIA desde el aeropuerto de Mena, Arkansas. Clinton dijo que no le hacía falta leerlo, porque Brown era un mentiroso que había hecho daño a la gente toda su vida, incluida su familia, pero Tyrrell, al parecer, había presumido de que los grandes periódicos estaban ya haciéndose eco de su información. Si eso era verdad, le contestó Clinton, se debía a un fallo de los medios de comunicación, y no a los méritos del artículo de Tyrrell. Casi sin respiración, dijo que Tyrrell había llevado a dos chicas jóvenes con él para utilizarlas como escudos, y que por eso le había sido difícil deshacerse de él. La intromisión estropeó el deseo de normalidad y de un respiro que había expresado Caplan, pero el presidente y él se recuperaron lo suficiente como para intercambiar chistes y brindis sobre su larga relación desde que eran dos bichos raros que habían coincidido en la Universidad de Georgetown.

Ese viernes, 21 de julio, comencé una extraña aventura con el Gobierno de Clinton, cuando me llegó una llamada oficial del subsecretario de

Estado, Strobe Talbott, seguida rápidamente de otras del administrador de la Agencia para el Desarrollo Internacional (AID) Brian Atwood, el embajador James Dobbins, Sandy Berger y el responsable de AID en Haití, Mark Schneider. Todos ellos me llamaron por primera vez a mi casa, molestos por una información aparecida en *The New York Times*. Decía que Robert Pastor, un especialista en política exterior que ahora trabajaba en el Carter Center de Atlanta, había criticado las elecciones parlamentarias celebradas en junio en Haití por caóticas y llenas de defectos, y eso había dado a los republicanos del Congreso una excusa no partidista para afirmar que la estrategia de Clinton en Haití había fracasado. ¿Podría hacer una visita al presidente Aristide para hablar del problema? Asombrado, pedí que me excusaran. Era una misión para un embajador, y ni siquiera tenía pasaporte. El embajador Bill Swing me llamó por teléfono desde Haití para decirme que agradecería cualquier ayuda, y unos cuantos faxes pronto me evitaron varias salas de interrogatorios en aeropuertos y me permitieron subirme a un vuelo internacional sin documentos de viaje de ningún tipo. El sábado por la noche, en casa de Aristide, a las afueras de Puerto Príncipe, el presidente y su abogada Mildred Trouillot me informaron sobre las irregularidades que habían estallado en las elecciones del pobre país, con 11.000 candidatos de 27 partidos para unos 2.000 cargos.

Toda la mañana del domingo, varios funcionarios políticos y de seguridad revisaron las principales disputas desde el punto de vista de nuestra embajada. Dijeron que los grandes partidos querían repetir las elecciones en algunos distritos y amenazaban con boicotear la segunda vuelta, y que Aristide necesitaba llegar a acuerdos con sus rivales políticos para dar legitimidad a los resultados electorales. Abouja, un «sacerdote callejero» que me había recomendado el director de cine Jonathan Demme, me ayudó a localizar a varios de esos dirigentes políticos mediante señales que recordaban una novela de espías de Graham Greene. Evans Paul, el alcalde de Puerto Príncipe, parecía haberse escondido con sus colaboradores después de no recibir más que el 18 % de los votos para su reelección. Paul era un activista demócrata conocido por muchos extranjeros, porque los dictadores le habían metido en la cárcel y después había dirigido la campaña presidencial de Aristide y había colocado a su propio partido como posible sucesor. Su aplastante derrota frente a un cantante itinerante preocupaba a Bob Pastor porque le parecía que demostraba que había habido fraude, pero Paul no quería que se hiciera una nueva votación. Durante tres sudorosas horas afirmó que el cantante había embrujado a los votantes y se dedicó a pensar en ajustes políticos mediante algún tipo de consejo ejecutivo ad hoc.

El embajador Swing confirmó en la cena del domingo que el cantante seguramente había arrasado, incluso sin el apoyo de Aristide, porque las masas pobres de la ciudad se habían vuelto en contra de Paul y le habían considerado un ingrato. Dijo que Haití tenía un grave «problema de George Washington»: cómo hacer asimilar unas reglas democráticas cuando al héroe fundador se le reverenciaba como a un monarca. Swing habló de los paralelismos con Sudáfrica, donde había iniciado su carrera diplomática en pleno apartheid, durante el juicio de Nelson Mandela en 1964, y a donde había vuelto décadas después como embajador estadounidense cuando Mandela salió de la cárcel para lanzar su milagro de la democracia birracial. Después de haber asesorado a ambos líderes, Swing pensaba que Mandela había tenido la paradójica ventaja de contar con más oposición popular que Aristide. En Haití, las elecciones habían dejado al descubierto un fallo crucial en el papel de sus dirigentes tradicionales: no contaban prácticamente con ningún apoyo público. Swing apoyó una propuesta de compromiso que había atraído a Evans Paul, y me la explicó de camino al aeropuerto; a todo esto, yo seguía sin pasaporte. Aristide no podía limitarse a despedir al arrogante e incompetente responsable de la junta electoral nacional, porque ésta era legalmente independiente. Si lo hacía, debilitaría cualquier incipiente respeto por las elecciones, al reforzar la terca costumbre haitiana del «reparto de votos». Por el contrario, Aristide tenía que convencer a otros miembros de la junta electoral de que dimitieran de forma voluntaria junto con su jefe. De esa forma se respetaría la legalidad y se protegerían los intereses políticos, al tiempo que se ofrecería a los partidos descontentos un chivo expiatorio por el fracaso electoral.

Después de una serie de consultas, Sandy Berger y Jim Dobbins me encargaron que le comunicara a Aristide que la comunidad internacional iba a anunciar su apoyo a los cambios deseados en la junta electoral. Luego, Nancy Hernreich hizo que me acompañaran a un dormitorio en el tercer piso de la Casa Blanca, donde iba a pasar la noche del lunes antes de regresar a mi casa de Baltimore. Horas después, el presidente Clinton me llamó cuando estaba un poco adormilado pero esperando con mis grabadoras. Bajamos y él se cambió de ropa: unos vaqueros y una camiseta de Special Olympics. «¿De verdad crees que debemos deshacernos del jefe de la junta electoral de allí?», preguntó. Sí, respondí, pero era complicado. Asintió y, con eso, prácticamente acabamos con Haití en esa sesión. Dijo que las cosas se estaban poniendo muy feas en Bosnia.

El presidente estaba muy preocupado esa noche por una ofensiva repentina contra tres enclaves musulmanes que quedaban en el este de Bosnia, cerca de su frontera con Serbia. Los ejércitos serbobosnios habían invadido la «zona de seguridad» de la ONU en Srebrenica hacía dos semanas y habían capturado a soldados holandeses de las fuerzas de paz como rehenes para impedir represalias; a pesar del bloqueo informativo, estaban filtrándose historias espantosas, aunque no corroboradas, sobre el destino de los campesinos musulmanes. Ahora, los serbobosnios estaban acercándose a Zepa y estrechando su cerco sobre Gorazde. Para detenerlos, el nuevo presidente francés, Jacques Chirac, se había ofrecido públicamente a quitarles los cascos azules de la ONU a un millar de soldados franceses para que pudieran presentar combate, siempre que Estados Unidos pudiera llevarles en avión a Gorazde. Clinton, por su parte, quería simplificar la pesada estructura de mando de «dos llaves» que exigía la aprobación tanto de la OTAN como de la ONU para cualquier incursión aérea. Quería que la OTAN controlara los bombardeos con arreglo a la lógica militar. Sus líderes eran más agresivos y sabían que los serbobosnios se resistirían a hacer daño a los rehenes de la ONU mientras creyeran que la Alianza podría pulverizar su mando y sus centros de abastecimiento en la retaguardia.

Justo en ese momento, recibimos una llamada de teléfono sobre Bosnia del secretario de Estado, Christopher. Dejé las grabadoras en marcha para registrar lo que decía el presidente. No, decía todo el rato, *no* estaba de acuerdo en restablecer la autorización de la ONU para los ataques aéreos. ¿Quién había dicho que sí? ¿Por qué iba a querer que volviera allí Boutros-Ghali? Clinton le aseguró varias veces a Christopher que no había renunciado a eliminar el acuerdo de las dos llaves. Dijo que quien estaba saboteándole debía de ser Chirac. Era una forma de ponerse duro para luego escaparse con alguna excusa. Durante las pausas, mientras Christopher, al parecer, trataba de encontrar sus fuentes, Clinton mordisqueaba un cigarro sin encender y miraba su crucigrama de *The New York Times,* hasta que lo terminó y lo puso a un lado. Entonces hizo solitarios en la mesa mientras intercambiaba con Christopher ideas sobre cómo acabar con los rumores de retroceso. Propuso motivos por los que se estaban equivocando con los datos, la sustancia y los intereses políticos, porque si la ONU tenía un papel más fuerte en Bosnia, el Congreso se sentiría justificado para cuestionar su estrategia. El presidente colgó, con las cartas en la mano, y yo pensé que estaba haciendo demasiadas cosas a la vez, incluso para lo que era habitual en él. «Así está la situación —dijo refiriéndose a Bosnia—. Terrible e interminable.»

¿Debía ir, después de todo, a Naciones Unidas, declarar que las fuerzas de paz no hacían más que dificultar esta crisis bélica y buscar el levantamiento del embargo internacional de armas para dejar que los bosnios se defendieran? Eso sería más honrado, dijo Clinton, pero no necesariamente más eficaz aunque pudiera lograrse. Si se levantaba el embargo, los serbobosnios serían los primeros en recibir armas de los arsenales de sus aliados en la vecina Serbia. Tal como estaban los intereses políticos y el calendario, Clinton soñaba con algo parecido al Programa de Préstamo y Arriendo con el que Franklin D. Roosevelt había suministrado material militar a Gran Bretaña antes de la Segunda Guerra Mundial, alguna forma de poder ayudar a los bosnios sin romper abiertamente el embargo, pero ahora era más difícil violar impunemente la neutralidad. «Me acuerdo todo el tiempo de Roosevelt», dijo con envidia.

Habló de los enfrentamientos con China. El Gobierno había llamado a su embajador en Washington cuando Clinton dejó entrar en Estados Unidos al presidente Lee de Taiwán. Clinton dijo que Pekín había reaccionado de forma histérica y desproporcionada. Después de amenazar públicamente con represalias, China había detenido al activista demócrata Harry Wu, que había estado en la cárcel diecinueve años en tiempos de Mao. En plena infracción del protocolo diplomático, los guardias de la prisión habían maltratado a los cónsules estadounidenses que intentaron visitar a Wu, que tenía la ciudadanía estadounidense. El embajador chino, al volver a Washington, había dicho que los cargos de traición contra Wu eran insignificantes y había expresado la furia oficial con Clinton por «el renegado» de Taiwán. Las declaraciones de principios democráticos hechas por Lee en Cornell[3] habían resultado especialmente insolentes a oídos de

---

3. «Mis años en Cornell, de 1965 a 1968, dejaron una huella indeleble en mí —declaró el presidente Lee en su conferencia del 9 de junio de 1995 en la universidad—. Era una época de turbulencias sociales en Estados Unidos, con el movimiento de los derechos civiles y las protestas contra la guerra de Vietnam. Sin embargo, a pesar de esas turbulencias, el sistema democrático norteamericano prevaleció. Fue también el momento en el que comprendí que la plena democracia podía engendrar el cambio pacífico y que la falta de democracia debía afrontarse con métodos democráticos y la falta de libertad con la idea de libertad.»

Pekín, y Clinton contó que había discutido con el embajador hasta llegar a un preocupante punto muerto. Cuando los estadounidenses exponían alguna crítica en materia de derechos humanos, le dijo Clinton, las autoridades chinas respondían que debíamos respetar sus prerrogativas internas e intentar entender que su cultura veneraba el control social por encima de las libertades individuales. Del mismo modo, los chinos debían intentar entender cuánto valoraban los estadounidenses la libertad de expresión y el derecho a viajar. Clinton contó que al embajador no le había gustado su explicación.

En cambio, el presidente había sufrido muy pocas protestas por su decisión de establecer el pleno reconocimiento diplomático con Vietnam, veinte años después de que su Gobierno comunista consolidara una victoria épica contra enemigos entre los que estaba Estados Unidos. Los veteranos de guerra de ambos partidos habían elogiado la medida en la ceremonia de la Casa Blanca, con el senador John McCain flanqueado por los senadores John Kerry y Chuck Robb, y Clinton dijo que la mayoría de los estadounidenses parecían aprobarla, discretamente y con la sensación de que había llegado el momento de tomarla, sin detenerse en recuerdos de una guerra cuyas cicatrices aún estaban abiertas en nuestra generación. Preguntó por qué, sin embargo, había tanta controversia sobre las confesiones de Robert McNamara —«Nos equivocamos, nos equivocamos terriblemente»— y sus recuerdos sobre su papel crucial en la guerra de Vietnam. Yo le dije que pensaba que era porque McNamara había reconocido haber engañado al público, lo cual ya era bastante malo, a propósito de si Estados Unidos podía o no ganar la guerra, cosa que seguía siendo un tema político delicado. Además, McNamara no había entrado en un análisis más profundo de los objetivos, cuándo y cómo puede justificarse el hecho de buscar unos objetivos estructurales para otro país mediante la guerra, se pueda ganar o no. El presidente confesó que no había leído lo suficiente del libro como para comprender las críticas contra McNamara. La mayoría de los arquitectos de las grandes guerras no se planteaba dudas en público, dijo, y las pasiones profundas, aunque a veces estaban sumergidas, seguían impidiendo una reflexión reparadora sobre esa guerra. Las veía en la tenaz búsqueda de los 2.200 desaparecidos en combate norteamericanos que aún permanecían en el Sureste Asiático. Por comparación, los vietnamitas victoriosos ignoraban a sus 300.000 desaparecidos, como nosotros habíamos pasado por alto a nuestros 79.000 desaparecidos de la Segunda Guerra Mundial, mientras que cavaban y rastreaban su tierra en busca de placas de identificación estadounidenses o trozos de huesos. Con todas las faltas que pudiera tener, el Gobierno vietnamita había hecho pacientemente lo que le habíamos pedido, pese a las probabilidades cada vez menores de encontrar algo. «Nunca ha habido nada parecido en la historia de las guerras», dijo Clinton.

La pelea política dominaba varios temas. Las sesiones de investigación en la Cámara sobre Waco acababan de empezar con una declaración del presidente del comité, William Zeliff, de Nuevo Hampshire, de que «todas estas muertes fueron resultado directo de las acciones del Gobierno federal». Por otra parte, Clinton reconoció su derrota en la designación del doctor Henry Foster para ser responsable de Sanidad, y dijo que la maniobra de obstrucción parlamentaria en el Senado que no había sido posible romper tenía como blanco, en realidad, la nominación presidencial republicana. Dole no podía consentir que hubiera una votación clara, que pudiera dañar sus posibilidades con la base republicana antiabortista. El único consuelo del presidente fue el fin de semana de despedida que pasó en Arkansas con el amable doctor Foster, que «no jugaba nada mal al golf». Sobre el tema del aborto, lamentó no haber podido superar el rígido pulso ideológico. No había conseguido nada felicitando a la Iglesia Pentecostal Unida por su campaña para adoptar a bebés no deseados sin discriminaciones ni estigmas. Contó que había repasado los debates sobre las leyes originales del aborto tanto en Estados Unidos como en el extranjero y que había encontrado en toda Europa unas leyes claras que prohibían el aborto después de la décima o duodécima semana de embarazo, mientras que en Estados Unidos los estados lo permitían hasta el tercer trimestre, o la semana número 25. Después de describir los retorcidos obstáculos con los que se encontraba su objetivo de que la interrupción del embarazo fuera «segura, legal e infrecuente», Clinton observó que «quitaría la espina clavada del aborto» si pudiera, pero que todavía no había averiguado cómo.

El presidente se reprochó a sí mismo su ingenuidad a la hora de cerrar instalaciones militares que habían quedado obsoletas por el final de la Guerra Fría. Al escoger a un analista de defensa independiente para supervisar la elaboración de la «lista de objetivos», había obtenido lo peor en todos los frentes: ninguna influencia y acusaciones hipócritas en la prensa de que sus sugerencias públicas corrompían una zona neutral cuidadosamente protegida de la política egoísta. Lo que había ocurrido en realidad era muy desagradable. Cuando perdieron el Congreso, los principales demócratas y sus colaboradores directos habían acudido corriendo a la Comisión de Cierre de las Bases para proteger sus intereses. Según Clinton, Connecticut había salido perdiendo porque no contaba con demócratas ni republicanos en Defensa. Le habían hecho una faena a California asignándole nada menos que la mitad de las bases que había que cerrar. Clinton dijo que no necesitaba esas bases para ganar en el estado, pero que nadie más había señalado el gran impacto económico que eso podía tener, con una tasa de desempleo en California que ya estaba un 40 % por encima de la media nacional. También lamentó el destrozo que había causado la comisión en Texas —un estado en el que no tenía posibilidad de vencer—, porque los recortes propuestos allí se centraban en áreas pobres en los alrededores de San Antonio, donde vivían casi la mitad de los soldados hispanos. Clinton gruñó: «Me metí en un lío político. Debería haber nombrado a alguien que me hubiera sido leal».

La campaña para la reelección había empezado discretamente, y contó detalles sobre actos para recaudar fondos. Dijo que había pensado mucho en la forma y la estructura pero que todavía no había tomado ninguna decisión. La única forma de fijar un rumbo político era contratar a gente, dijo, y eso era demasiado caro para hacerlo tan pronto. Los asesores pululaban alrededor. Mencionó a Paul Begala, Stanley Greenberg, James Carville y Frank Greer, entre otros, y señaló que le gustaba mucho Greer porque había sugerido el tema de «el terreno común». No, Dick Morris no era su asesor político «favorito», como decían con mala idea algunos colegas que más o menos le habían hecho el vacío. Morris era irascible y caústico, pero no le temía a nada. Era el único experto que había advertido sin miedo que el Senado iba a pasar a manos republicanas y que la única oportunidad que tenía Clinton de conservar la Cámara era ignorar a los patéticos candidatos demócratas y aprovechar la buena imagen presidencial obtenida con el tratado de paz entre Israel y Jordania. Clinton no había tenido en cuenta ese consejo, lo cual seguramente había sido un error, pero los rivales de Morris habían dicho a los periodistas lo que estaban deseando oír sobre su influencia digna de Svengali. La verdad, dijo el presidente, era que Morris sabía cuál era su sitio, y lo único que había que hacer era decirle no cuando se pasaba con sus recomendaciones.

Se rió de las informaciones de que Morris le escribía los discursos. Era el momento de poner a prueba posibles temas antes del año electoral, y

Clinton aclaró que la mayoría los estaba escribiendo él mismo. Su discurso del 12 de julio sobre la libertad religiosa en el Instituto James Madison de Virginia había presentado las dos caras de la moneda de un equilibrio típicamente estadounidense, que salvaguardaba la libertad para practicar cualquier religión y, al mismo tiempo, prohibía establecerlas como oficiales. La constitución no hablaba de un país sin religión, como querían creer algunos, ni daba prioridad a ninguna creencia ni teología. Clinton lamentaba la falta de preparación para distinguir entre la religión patrocinada por el Estado y la iniciativa religiosa individual dentro de un contexto estatal como la escuela. Explicó que había demasiados directores de centros que confiscaban biblias o quizá estaban asustados de que les acusaran de favorecer la religión, así como muchos profesores que distorsionaban la historia omitiendo sus poderosas corrientes religiosas. Hablamos de Martin Luther King y de lo maravillosamente que había representado el extremo opuesto. Había invocado la democracia y la religión a diario en las controversias más explosivas, y había cosechado odio, aplausos y reacciones de todo tipo, pero, milagrosamente, ninguna crítica por mezclar la Iglesia y el Estado. Mi opinión era que se debía a que la ingeniosa oratoria de King nunca subordinaba una cosa a la otra. Clinton dijo que la opinión pública estaba más cómoda con el pluralismo religioso que la prensa, que seguía siendo voluble, sensacionalista y paternalista sobre los asuntos de fe.

A propósito de su gran discurso sobre la raza y la discriminación positiva, el presidente comentó que había reescrito el borrador definitivo antes de interrogar a Deval Patrick y Chris Edley, entre otros expertos legales, sobre los ciento treinta programas de discriminación positiva. No sabía que existían tantos, pero había decidido juzgar cada uno según sus propios méritos. En general merecían continuar con unos cuantos cambios, y había ofrecido todo su apoyo al programa en general. («Que quede una cosa clara —declaró en los Archivos Nacionales—: la discriminación positiva ha sido buena para Estados Unidos.») En nuestra grabación, Clinton dijo que sabía que esta estrategia de conjunto quizá no iba a elevar sus cifras en relación con la discriminación positiva mucho más allá de un 30 %. Qué se le iba a hacer, opinó. Quería advertir que, si los republicanos le atacaban al año siguiente, estaría listo para responder de frente y con detalle, después de haber expuesto la historia y las cifras por cada sector económico para las mujeres, los asiáticos y los hispanos, además de los afroamericanos. Los varones blancos seguían ocupando el 95 % de los altos cargos directivos en las empresas. El desempleo entre los negros era el doble que entre los blancos, y las mujeres ganaban aproximadamente un tercio menos que los hombres por trabajos del mismo tipo. El propósito limitado de Clinton era cercar a la oposición en los estallidos que lanzaban desde dos polos claramente contradictorios: que la discriminación estaba resuelta o que era irresoluble. Elogió un comentario de prensa sobre los inconvenientes de la discriminación a la inversa. Visto desde cerca, había escrito el columnista de *The Washington Post*, Jonathan Yardley, cada caso de discriminación positiva desplazaba a una persona cualificada. Por consiguiente, la lógica perjudicaba la justa causa de la discriminación positiva, y el único argumento a su favor era la experiencia instintiva o una perspectiva más amplia.

El presidente estaba irritado por las informaciones que insinuaban que estaba interesado en el proyecto de ley sobre el crimen por motivos políticos superficiales, para parecerse más a los republicanos. Ningún presidente republicano había roto jamás con la Asociación Nacional del Rifle, dijo, por lo menos, no mientras ocupaba el cargo. Él lo había hecho para poder aprobar la Ley Brady y luego la prohibición de las armas de asalto, y había decidido desde muy temprano mantenerse a la ofensiva contra la famosa fuerza política de la Asociación Nacional del Rifle para las elecciones de 1996. Había propuesto ilegalizar las balas «matapolicías» con un proyecto de ley que seguramente fracasaría en el Congreso, pero quería que la gente supiera exactamente por qué lo defendía. Recordó que había presentado la idea el 30 de junio en una concentración en memoria de un policía de Chicago muerto por disparos que habían atravesado su chaleco antibalas, producidos por un arma de asalto Tec-9. Su discurso para la ocasión había llamado la atención con lo que denominó una frase calculada para tranquilizar a los cazadores asustados ante la propaganda de la Asociación Nacional del Rifle: «Tengo casi cincuenta años —declaró— y no he visto jamás un ciervo, un pato ni un pavo silvestre que lleven chaleco antibalas. No se necesitan estas balas». La broma surtió efecto en la prensa, pero reconoció que sus comentarios habían empalidecido al lado de la presentación de un capitán de policía negro pero con nombre irlandés, que había hablado de cómo había sobrevivido al servicio militar en Vietnam y, veinte años después, a la Operación Tormenta del Desierto en Irak, en la que respondió a una llamada a una manzana de distancia de la comisaría del Distrito 15 y «en diez segundos, tenía once balas en mi cuerpo, y mi compañero, ese que está ahí, tenía cuatro». El presidente citó su relato de superviviente, su homenaje a los compañeros caídos y su confesión de que nunca había imaginado pronunciar un discurso político hasta que le había invadido la vergüenza por el deseo histérico y equivocado de proteger esas armas de asalto. La presentación había conquistado al público, reconoció Clinton, antes de que él pronunciara una sola palabra.

17

PREPARÁNDOSE PARA EL ENFRENTAMIENTO

Lunes, 14 de agosto de 1995

El 14 de agosto, el ujier Skip Allen, que se entretenía tejiendo una alfombra, me acompañó al piso de arriba, a la Sala de los Tratados, pero el presidente trasladó nuestra sesión al ala oeste porque tenía que acabar algo de trabajo allí. Mientras íbamos desde la residencia, me tranquilizó ante mi inquietud por tener que trabajar en la pecera. Era la noche antes de comenzar sus vacaciones familiares en Wyoming, y todo el mundo se había ido, incluso Nancy Hernreich. En el desierto Despacho Oval, Clinton acercó una silla de respaldo alto, porque dijo que le dolía demasiado la espalda como para usar los sillones o los sofás en torno a la chimenea. Se sentó en una postura rígida y empezó a masticar su cigarro sin encender. Mientras colocaba mis grabadoras en la mesa, vio mis gafas nuevas, que había comprado en una farmacia, y me pidió que le dejara probárselas. Le expliqué que la visión de cerca había sucumbido a la edad y a muchos años de leer de cerca papeles en máquinas de escribir y pantallas de ordenador. Él frunció los ojos y parpadeó, y descubrió que podía leer por una lente pero no por la otra. Su vista, que era mejor que la mía, estaba empeorando de forma desigual, suspiró, y ahora necesitaba gafas bajo prescripción del oculista para corregir la visión de cada ojo.

La principal preocupación de esa noche era Bosnia. En julio, mientras el Tribunal Internacional de La Haya acusaba al líder serbobosnio Radovan Karadžic de crímenes de guerra cometidos años antes, las milicias de este último habían entrado en el protectorado de la ONU en Zepa después de un terrible sitio. El presidente dijo que los investigadores estaban reuniendo datos creíbles sobre los asesinatos y violaciones de miles de civiles musulmanes que las milicias habían cometido allí y en Srebrenica.[1] Ya se

---

1. Al final, la Cruz Roja y otros organismos verificaron la existencia de más de 7.000

sabía que había sido un desastre suficiente como para empujar a las fuerzas internacionales de paz a una crisis humillante, y una bruma de complejidad impregnaba todo tipo de gestos populistas. Clinton dijo que se había visto obligado a mostrarse «completamente irritado» con el presidente francés Jacques Chirac, que no dejaba de airear su oferta pública de enviar a soldados franceses de élite para salvar Gorazde, el último de los tres enclaves musulmanes del este de Bosnia. En privado, Chirac reconocía que sus propios generales consideraban que su plan era una insensatez desde el punto de vista militar. Mil soldados no eran suficientes, ni mucho menos, y sólo podían llegar a Gorazde atravesando las montañas en helicópteros estadounidenses que serían blancos fáciles para los artilleros serbios. Chirac nunca iba a poner en práctica el plan, aunque pudiera, pero le encantaba parecer más valiente que nadie. Le apodaban *Le Bulldozer*. Acababa de escandalizar al mundo al programar unas pruebas nucleares en las islas del Pacífico pertenecientes a Francia. Su primer ministro había anunciado que la guerra en Bosnia podía estar ya ganada «si los norteamericanos hubieran movido el dedo meñique». La decadente prensa estadounidense se regodeaba con las críticas francesas, dijo Clinton, y a la derecha le encantaba decir que Clinton quedaba como un blandengue hasta en comparación con los franceses.

El presidente de la Cámara, Gingrich, había declarado que se le ocurrían veinte formas de arreglar Bosnia sin poner en peligro ni un solo soldado estadounidense. El senador Dole y él ignoraron las peticiones de Clinton y presentaron en el Congreso un proyecto de ley para romper unilateralmente el embargo de armas a Bosnia. El presidente había vuelto a explicar por qué se oponía a él y lo había vetado. Entre sus preocupaciones menores estaba el deseo de Francia de responder rompiendo el embargo de armas de la ONU a Irak, en vigor desde la guerra del Golfo, para poder ganar dinero con Saddam Hussein. Yeltsin no podía ayudar desde Rusia, donde su propio parlamento estaba aprobando resoluciones llenas de bravuconería para garantizar la victoria de los serbios. Sólo el senador Dick Lugar de Indiana, el republicano que presidía el Comité de Relaciones Exteriores, había propuesto una vía coherente y lógica para resolver la guerra religiosa en Bosnia. Clinton contó que Lugar quería sustituir las

---

víctimas en fosas excavadas sólo cerca de Srebrenica; el mayor asesinato en masa sucedido en Europa desde la Segunda Guerra Mundial. En 2007, el Tribunal Internacional calificó las ejecuciones de genocidio.

fuerzas de paz de la ONU por tropas de combate estadounidenses, una propuesta lo bastante realista como para dejarle aislado e ignorarlo.

El presidente utilizó una extraña metáfora para caracterizar el embrollo internacional en general. Después me costó recordar cómo la había llamado. Algo así como una especie de ruleta rusa pero aplicada a la danza, quizá un duelo húngaro. Muchas ideas malas que eran cautivas unas de otras. Mientras tanto, 100.000 soldados croatas habían lanzado una ofensiva en la región de Krajina para recuperar el territorio perdido para Bosnia, y el propio Gobierno bosnio había acumulado suficientes armas para equipar a más soldados que los serbobosnios. Los británicos y los franceses presionaban intensamente a Estados Unidos para que detuviera esas contraofensivas, con el argumento de que podían incitar a la gran Serbia a invadir desde el otro lado, pero Clinton dijo que se había negado. Por debajo de los crímenes escandalosos en torno a Srebrenica, el sorprendente éxito militar de los croatas y el Gobierno bosnio estaban devolviendo a Bosnia poco a poco a su forma original. Había enviado a Tony Lake a Europa con firmes demandas de que los ataques aéreos de la OTAN fueran más agresivos para evitar las amenazas mortales contra Gorazde, Sarajevo y otras zonas musulmanas sitiadas por los serbobosnios. En casa, el presidente se enfrentaba al peligro diario de que el Congreso levantara unilateralmente el embargo de armas y anulara su veto. Era una medida que parecía vigorosa y sencilla, pero creía que los republicanos no iban a atreverse a una victoria que les haría responsables de unas consecuencias que, en su mayor parte, iban a ser seguramente negativas. Clinton concluyó que Bosnia seguía siendo un tema delicado, letal y lleno de tensiones. Conseguir alguna cosa iba a ser tan difícil como enhebrar una aguja.

Respondió a preguntas sobre las batallas nacionales a propósito del tabaco, que ahora coincidían con sus negociaciones con Dole y Gingrich en relación con Bosnia. Habían comenzado en julio con unos feroces debates políticos dentro de la Casa Blanca. Por casualidad, el Departamento de Justicia estaba investigando a unos ejecutivos de empresas tabaqueras por perjurio justo cuando el comisario responsable de la Administración de Alimentos y Fármacos, David Kessler, había propuesto unas normas federales que restringieran la publicidad de cigarrillos dirigida a los niños. Clinton comentó que las cifras eran desalentadoras. El consumo de tabaco entre la juventud seguía siendo una epidemia de la que no se hablaba. Aunque todos los estados tenían leyes penales contra la venta de cigarrillos a menores, cada día empezaban a fumar 3.000 nuevos adolescentes, con lo que se ponían en marcha adicciones que acabarían matando a un tercio de esos nuevos fumadores diarios. De los 2 millones de estadounidenses que morían al año, 400.000 morían por causas relacionadas con el tabaco, y, dado que prácticamente ningún fumador iniciaba el hábito de adulto, sólo los jóvenes podían llenar el ancho río de pulmones oscurecidos y vidas abreviadas. Ese mercado completamente ilegal, indispensable para las tabaqueras, perpetuaba el mayor desastre sanitario evitable de la historia.

El presidente dijo que Al Gore se había excusado por no participar en los debates internos, porque su hermana Nancy había muerto de cáncer de pulmón. Antes de marcharse, Gore subrayó las dificultades económicas que había visto desde pequeño en la plantación de tabaco de su familia en Tennessee. El tabaco seguía siendo un cultivo lucrativo y estable para los pequeños agricultores, aunque los agricultores recibían menos de cinco centavos por cada paquete de cigarrillos que se vendía. Esta dura combinación estropeaba todas las ideas innovadoras para dedicar las explotaciones familiares a otros cultivos, mediante subsidios o subvenciones de transición. El presidente indicó algunos de esos programas que habían fracasado. Dijo que lo cruel era que los plantadores de tabaco estaban concentrados en varios estados muy disputados después de un siglo de «sólida hegemonía sureña» para los demócratas: Kentucky, Tennessee, Virginia y Carolina del Norte. Numerosos demócratas que tenían vínculos con el tabaco en esos estados habían pedido a la Casa Blanca que se olvidara de la cuestión, y, según Clinton, la mayor parte de su equipo estaba de acuerdo. Afirmaban que las normas propuestas eran un suicidio político, por muy digno que fuera el propósito. Las grandes tabaqueras eran como el lobby de las armas. Movilizaban montañas de dinero para atraer votantes que se fijaban en una sola cuestión, un tipo de electores mucho más intensos que los tibios reformistas con múltiples prioridades.

Le pregunté hasta qué punto influía en su decisión la formación partidista de nuestra generación. Los dos habíamos crecido en el sur cuando los demócratas locales eran tan abundantes que la palabra «republicano» era casi un sinónimo de «yanqui»; los republicanos no ocupaban ningún cargo, presentaban pocos candidatos y a los de base se les consideraba excéntricos. Sin embargo, desde la época de la lucha por los derechos civiles, los republicanos habían empezado a extenderse por el sur y habían pasado de no ser nada a ser el partido habitual de los votantes blancos, hasta el punto de que, francamente, un presidente demócrata tenía poco que perder allí. Clinton contestó que sí, que era verdad que los costes eran escasos, pero que no podía dar por perdido todo el sur tabaquero, con las inevitables repercusiones en Florida y Missouri. Ni tampoco podía ahuyentar a la gente de bien de esos estados que quería seguir siendo demócrata, como el senador Wendell Ford de Kentucky y el gobernador Jim Hunt de Carolina del Norte.

Había intentado minimizar el riesgo político convirtiendo las reformas sobre el tabaco en ley, que necesitaría contar con el apoyo republicano, y esa medida había desatado las disputas entre bastidores. El comisario Kessler era el único que se mostraba generosamente pragmático, dijo Clinton, ya que se había ofrecido a ceder la futura jurisdicción de la Administración de Alimentos y Fármacos a cambio de un estatuto que entrara en vigor de forma inmediata y con una base política más firme. Las compañías tabaqueras estaban peleándose entre ellas. Philip Morris, la más rica, estaba a favor de la ley antitabaco como una retirada estratégica para evitar sentar el precedente de empezar a estar bajo la jurisdicción de la Administración de Alimentos y Fármacos. Su miedo era que el control de este organismo acabara extendiéndose inexorablemente de los niños a los adultos y eliminara un día los productos de las estanterías como una fruta cubierta de plaga o un fármaco defectuoso. Las compañías pequeñas preferían luchar en todos los frentes, contra la Administración de Alimentos y Fármacos en los tribunales y contra la ley en el Congreso. Según el presidente, sus grupos de presión estaban estableciendo alianzas con los republicanos recién aparecidos en los estados del tabaco. Eran las tropas de choque de la revolución de Gingrich, que quería que Clinton promulgara las nuevas normas de la Administración de Alimentos y Fármacos por sí solo para que sus aliados pudieran acusar a los demócratas de ser el partido antitabaquero y obtener así más escaños. A medida que discutían con más republicanos establecidos, muchos de los cuales estaban a favor de la ley para proteger a los niños, Clinton dijo que había algo indudable: Gingrich y Dole no iban a dejar que su partido se dividiera por un tema con tanta fuerza. Invocarían la disciplina de partido para aprobar una ley bipartidista que neutralizara la pelea política del tabaco o descartarían el proyecto de ley sin permitir ninguna votación formal.

Las tropas de choque habían conseguido aparcar la ley por un estrecho margen, y Clinton, superando un último brote de protestas de su equipo en la Casa Blanca, había autorizado públicamente a Kessler para poner en marcha normas de la Administración de Alimentos y Fármacos sobre la comercialización del tabaco a los menores. Las tabaqueras habían presentado inmediatamente una demanda para impedirlo. Los republicanos habían denunciado la «intromisión del Gobierno» y el paisaje político había tenido que ajustarse. En las cuarenta y ocho horas anteriores, todas las partes habían presionado a Clinton para que reviviera el proyecto de ley. Estaba lo bastante preocupado como para pedir ayuda a uno de sus mayores críticos, Ralph Reed, de la Coalición Cristiana, pero los conservadores religiosos no habían querido intervenir en esta causa. El presidente había dicho que las normas, si se respetaban, permitirían por lo menos una modesta reducción del consumo de tabaco entre los jóvenes. Prohibirían las máquinas expendedoras de cigarrillos, las vallas publicitarias y los anuncios dirigidos a los menores como el simbólico Joe Camel, una figura representativa del tabaco y más conocida por los niños de seis años que Mickey Mouse.[2] Desde el punto de vista político, Clinton confiaba en ganarse el favor de los votantes por ser capaz de abordar los problemas difíciles tanto en casa como en el extranjero. Asombrosamente, dijo, muchos de los problemas nacionales afectaban a los niños —«los más pequeños»—, desde la sanidad hasta el pago de la deuda. Cada dos horas moría un joven estadounidense por disparos de arma de fuego, y cada minuto empezaban a fumar dos niños.

El Congreso estaba funcionando en previsión del año electoral, y el presidente analizó una serie de proyectos de ley pendientes que intentaban defender la competencia y que él calificó de anticompetitivos. Sobre la reforma de las telecomunicaciones, por ejemplo, una verdadera avalancha de dinero político había permitido que las compañías de teléfonos regionales Bell consiguieran ventajas decisivas sobre las compañías de larga distancia. «Las han aplastado», dijo, y habían situado al consorcio de Bell en condiciones de adquirir más monopolios locales. Recordó que se había reunido en un acto reciente para recaudar fondos con varios ejecutivos de las compañías de larga distancia, todos ellos republicanos de toda la vida, y se habían lamentado de que habían perdido, a pesar de contratar a Marlin Fitzwater, el antiguo portavoz del presidente Reagan, y al famoso líder

2. Después de dos años de litigios en la retaguardia para salvar a Joe Camel, la compañía de tabaco R. J. Reynolds eliminó la imagen de los anuncios públicos el 12 de julio de 1997.

republicano Howard Baker para dirigir su lobby. Los directivos manifestaron su sorpresa cuando Clinton recitó numerosos detalles del proyecto de ley que consideraba injustos para ellos y apoyó su punto de vista, y se mostraron incrédulos cuando se comprometió a intentar arreglar las cosas desde el bando político contrario, sin nada a cambio. No habían esperado ninguna reparación. En pocas palabras, dijo el presidente, la diferencia entre los dos partidos políticos era que los demócratas vendían el acceso y los republicanos vendían el control. «Los hombres de negocios saben reconocer una ganga —observó Clinton—. Prefieren tener control, y están dispuestos a pagar más por él.»

El presidente predecía un enfrentamiento con el Congreso a propósito del objetivo fundamental del Gobierno. Sólo seis semanas antes de que acabara el año fiscal, los trece proyectos de ley de partidas presupuestarias que hacían falta para mantener en funcionamiento los organismos federales seguían languideciendo entre la Cámara y en Senado, dominados por los republicanos. En vista de las tensiones, pregunté qué sentía al jugar al golf con un negociador crucial del otro bando como era el representante de Louisiana, Bob Livingston, presidente del Comité de Gastos de la Cámara. Mi pregunta, quizá inoportuna, provocó un animado recuerdo del partido de golf en TPC Sawgrass, en Florida, empezando por su diseño y su belleza. Recordó que Livingston no jugaba demasiado bien. Había intentado enseñarle alguna forma de mejorar su *swing*, pero su propio juego le había estado fallando todo el día. Ningún golpe salía derecho, y el nuevo campo, por muy famoso que fuera en televisión, le resultaba desconocido como jugador. Su único consuelo era que claramente había impresionado a Livingston con unos *drives* largos en unos cuantos hoyos.

En cuanto al punto muerto sobre las partidas presupuestarias, Clinton dijo que la figura fundamental era Gingrich, que había ejercido una firme presión sobre un proyecto de ley de educación y había rechazado todas las peticiones de los escasos republicanos moderados que querían suavizar los recortes en préstamos a estudiantes y otros programas populares. Gingrich había presionado e impuesto la unidad recordando la victoria aplastante de 1994, hasta que había alcanzado la cifra mágica de 218 necesaria para ganar la votación. Cuando uno tenía la mayoría, dijo Clinton, normalmente podía ganar las votaciones ajustadas si se mantenía firme, y ese resultado abría el camino para una debacle amplia e histórica. Gingrich y Dole estaban reteniendo los proyectos de ley de asignaciones para emprender una versión política del juego de «gallina el último», como en los míticos duelos de adolescentes en los que dos coches se lanzaban uno contra otro hasta ver quién se desviaba primero. Clinton predijo que iban a enviarle un proyecto de ley sobre Medicare justo antes de que expirasen los fondos anuales, con lo que le obligarían a firmar sus recortes draconianos o dejar que Medicare se viniera abajo. También se apresurarían a enviar asignaciones punitivas de última hora para los organismos reguladores y los departamentos civiles, con lo que obligarían a Clinton a capitular o a ejercer su derecho a veto. En su opinión, sólo iban a dejar fuera de la refriega sus propios presupuestos para el Congreso y los aspectos militares del Gobierno.

Pero quizá ni siquiera estas funciones fundamentales iban a estar a salvo, advirtió. Dijo que había pocos republicanos en el Congreso que hubieran votado alguna vez para elevar el techo legal de la deuda pública, como era necesario hacer periódicamente para financiar nuevos déficit, además de los viejos que se reciclaban. Ése había sido, a su pesar, el deber de los demócratas durante la mayor parte de los sesenta años anteriores, en los que habían tenido la mayoría, mientras que los republicanos habían podido permanecer inocentemente al margen. Y en ese momento, un grupo muy sólido despreciaba la idea de gobernar de forma responsable. Por costumbre y por el renovado celo ideológico, se mantenía ferozmente al margen mientras el techo de la deuda coincidía con el final del año fiscal, y se proponía ignorar la tarjeta de crédito del Tío Sam, aunque ello sumiera a Estados Unidos en el incumplimiento de todas sus obligaciones. Si no conseguían convencer a Gingrich de que calmara a su grupo de nuevos congresistas de derechas, temía Clinton, tendrían que cerrar un montón de oficinas federales, literalmente, desde el Tesoro hasta Fort Greely, Alaska.

Reconoció que le hacían verdaderamente falta unas vacaciones antes de enfrascarse en esas batallas. El calor de agosto era insoportable, y estaba dedicando mucho tiempo a pensar en el año electoral que le aguardaba. Le pregunté si se estaba centrando en las grandes estrategias o en los sondeos diarios y los estados uno por uno. «En todo ello —replicó—. Pienso en todo ello.» Dijo que había sorteado bastante bien, hasta ese momento, las últimas sesiones del Congreso sobre los asuntos de Whitewater y Waco. Pensaba que Dole sería más temible, sobre todo, si se presentaba junto con Colin Powell, pero que Powell lo iba a tener difícil por su apoyo al aborto y la discriminación positiva. De hecho, comentó, muchos de los gobernadores republicanos estaban molestos con el partido por agitar cuestiones que provocaban divisiones y que ellos habían llevado bastante bien en sus respectivos estados. Kirk Fordice de Mississippi, George W. Bush de Texas y Pete Wilson de California eran los únicos que apoyaban la iniciativa de Dole de revocar todas las leyes de discriminación positiva. La vez anterior, señaló Clinton, había vencido en los cinco estados del río Mississippi, desde Minnesota hasta Louisiana, pero ahora pensaba que iba a perder en Louisiana y Missouri. Las contrariedades políticas en los estados con tierras de pastoreo le impedían ganar en Montana y Colorado por segunda vez. Las perspectivas eran buenas en la costa oeste y en Nueva Inglaterra excepto Nuevo Hampshire, donde sólo veía una posibilidad si Ross Perot se presentaba con su tercer partido y quitaba votos a los republicanos. Pensaba que tenía posibilidades en Florida, un aviso para Pennsylvania y Nueva Jersey y una ocasión de rescatar Kentucky y Tennessee en el sur profundo. Fue animándose a medida que iba enumerando casi todos los estados, recordando los resultados totales y los distritos indecisos, y acabó con la predicción de que la elección iba a depender de Ohio.[3] Aunque Bosnia había hecho que hubiera insatisfacción con él en los últimos sondeos, Clinton explicó que una campaña enérgica podía convertirle en el primer demócrata desde Franklin D. Roosevelt que ganara dos mandatos consecutivos. Contando a Roosevelt y a Woodrow Wilson, añadió en tono reflexivo, no sería más que el cuarto desde 1832, desde Andrew Jackson.

Después de unos cuantos temas más, el presidente se disculpó y se dirigió a su mesa, con un recuerdo sacado de mis carpetas. La primera página del 17 de diciembre de 1964 de *The New York Times* mostraba al senador Ted Kennedy caminando sin ayuda por primera vez desde que se había roto la espalda en un accidente de avión. Junto a la fotografía, de treinta años antes, figuraba una noticia de que las compañías tabaqueras iban a adoptar un código para eliminar eslóganes publicitarios dirigidos a los jóvenes, entre ellos las afirmaciones de que fumar mejoraba la forma y facilitaba el éxito en la vida y en el amor. El presidente, irónico, destacó el aspecto juvenil que tenía Kennedy la primera vez que las tabaqueras habían prometido reformas.

Instantes después, cuando me acerqué a darle las cintas, le pregunté con cautela si estaba dispuesto a recibir consejo sobre sus más recientes mensajes públicos. Absorbido en otra cosa, me contestó que sí con un gesto que significaba que me diera prisa. Le dije que sus discursos de prue-

---

3. Sus corazonadas sobre 1996 acabaron siendo demasiado precavidas. El presidente Clinton ganó en todos los estados mencionados menos Colorado y Montana.

ba sobre el «terreno común» estaban siendo tachados de superficiales y una forma cómoda de buscar un punto intermedio en el que todo el mundo pudiera coincidir. Cuando hablaba de sus principales objetivos, desde Bosnia hasta las balas matapolicías, debía subrayar que encontrar un terreno común exigía mucho esfuerzo por parte de los adversarios sólo para sentarse en la misma habitación y crear un criterio de política constructiva. El presidente dijo que estaba de acuerdo. Su mirada insinuó que era más fácil decirlo que hacerse oír. Bajó la vista hacia sus papeles mientras yo salía, y me dio las gracias, como siempre, por mi dedicación en este proyecto.

La secretaria de Hillary, Capricia Marshall, me detuvo cuando salía por la residencia. Me llevó aparte con discreción, para que ninguno de los ujieres la oyera pedirme un consejo histórico sobre la marcha. Habían llegado, por fin, los retratos oficiales de los Bush, y ahora tenían el complejo problema de dónde colocarlos, que Hillary quería resolver antes de irse de vacaciones con su familia a Wyoming. Sorprendido, la seguí por el pasillo que cruzaba por delante del Salón Azul y el Salón Verde, por delante de los retratos de Jimmy Carter, Lyndon Johnson y Gerald Ford. Capricia dijo que esos tres tenían que quedarse donde estaban, pese a que eran de inferior calidad, porque eran los únicos de los modernos lo suficientemente pequeños como para caber en esa pared. En el grandioso Salón Este, estaban los dos nuevos de los Bush, solitarios, en unos caballetes. Barbara Bush se había quejado de que el artista la había hecho parecer gorda, dijo Capricia, e hizo una pausa como para que yo diera una opinión objetiva. Quizá, repliqué, vacilante, pero también parecía más seria e incluso más sabia que su marido, que tenía aspecto de suficiencia. Me enteré de que estaba previsto que el presidente Bush ocupara el lugar de Harry Truman en el vestíbulo de entrada, y que Kennedy sustituyera a Franklin D. Roosevelt en el otro lado, entrando desde el pórtico norte. Capricia dijo que Kennedy necesitaba un lugar destacado porque muchos turistas preguntaban por la famosa pose meditabunda de Kennedy poco antes de su asesinato.

Nuestros pasos resonaban en el silencio de la noche cuando volvimos hacia la escalera que subía desde el vestíbulo de entrada. Truman iba a echar a Ronald Reagan de su nicho, me informó Capricia. Eisenhower iba a retirar a Herbert Hoover de uno de los dos arcos sobre el descansillo, pero había alguna duda sobre la situación de Woodrow Wilson en el otro. Yo confesé que no lo tenía claro. Históricamente, el idealismo de Wilson había quedado gravemente comprometido, dentro de nuestras fronteras, por su segregación de Washington y el Gobierno federal, y en el extranjero, por su papel a la hora de imponer unos límites coloniales artificiales que todavía asolaban al mundo. Sin embargo, desde mi punto de vista de aficionado, su retrato destacaba dentro de la serie de los presidentes porque evocaba su profundidad de carácter. Wilson quizá se iba a quedar, dijo Capricia, pero seguía habiendo un problema con Nixon, que ahora estaba frente a Kennedy en el pasillo transversal que iba hacia el oeste, hacia el Comedor de Estado. Reagan iba a pasar al lugar dejado por Kennedy y Hillary pensaba poner a Franklin D. Roosevelt para compensar, pero quería saber qué me parecía que escondiera a Nixon en algún lugar del piso de arriba, fuera de la zona pública. Titubeamos sobre varios factores, desde la etiqueta hasta los piques partidistas. Para proponer un compromiso, fui con Capricia al pasillo de la planta baja, más allá del cine de la Casa Blanca, donde había un segundo Roosevelt colgado junto a Andrew Johnson. Nixon podía sustituir a cualquiera de los dos, sugerí. Capricia vaciló. Al final, llegamos a la conclusión de que todos los presidentes acababan siendo un retrato plano y móvil de discutible fidelidad.

18

EL PAPA JUAN PABLO II:
«DÍGAME CÓMO VE EL MUNDO»

Miércoles, 4 de octubre de 1995

Martes, 31 de octubre de 1995

Siete semanas más tarde, después de una sesión anulada en septiembre, sonó el rugido de un helicóptero hacia las nueve de la noche, mucho más tarde de lo previsto, seguido de otros ruidos mientras el séquito presidencial recién llegado se dispersaba cerca de la Sala de Mapas de la Casa Blanca, donde me había encerrado a organizar mis preguntas. El barullo se evaporó antes de que nos subiéramos a la cocinita de arriba a hacer una cena para uno. El presidente sacó una Coca-Cola y dos botellas de agua para bebérselas con su plato recalentado. Lleno aún de energía, acababa de volver de su tercer encuentro con el papa Juan Pablo II, en Newark, Nueva Jersey. Dijo que por fin habían coincidido en muchas cuestiones, incluido el aborto. Habían hecho las paces, explicó, y empezó a contar dos o tres anécdotas sobre el Papa pero se interrumpió. Le pedí que esperase hasta que encendiera las grabadoras sobre la mesa del desayuno, y él no estaba seguro de querer que se le oyera cortar y masticar comida en las cintas que iban a quedar para la posteridad. Hicimos tiempo mientras se apresuraba a ingerir medio pollo asado con una buena ración de guisantes ingleses tiernos. El portero John Fanning trajo algo de pan. A invitación del presidente, le conté mi última expedición de conciliación a Haití, enviado por el subsecretario de Estado, Strobe Talbott.

Era un retraso delicado. No quería distraer a Clinton del Papa, ni distorsionar su historia oral con mi interés particular. Él sabía ya que su estrategia para Haití era un embrollo político, aunque pareciera increíble, relacionado con el FBI, porque el Congreso, en virtud de una cosa llamada la Enmienda Dole, había decidido restringir la ayuda estadounidense hasta que Haití cumpliera ciertos criterios de gobierno. Como muestra de buena fe, el presidente Aristide había invitado al FBI a que ayudara a investigar los asesinatos políticos cometidos en su país, pero el FBI exigía llevar a cabo los interrogatorios por su cuenta y trataba al propio Gobierno haitiano como sospechoso.

Las pruebas en esos casos eran delicadas y complejas, pero vagas. Talbott me había hecho pasar por los exámenes obligatorios para que me concedieran la autorización de seguridad necesaria para examinar material secreto con Richard Clarke, del Consejo Nacional de Seguridad, y otros expertos estadounidenses, pero le dije a Clinton que toda la disputa parecía centrarse en dos pobres agentes del FBI encerrados en una caravana en Camp Democracy, a las afueras de Puerto Príncipe. Me contaron que nunca les visitaba nadie de la embajada. Les habían enviado desde Miami; tenían órdenes de trabajar exclusivamente en el asesinato de un destacado conservador que había respaldado el golpe de 1991 contra Aristide y de exigir el control exclusivo del FBI —«con arreglo al manual»—, pese a que no hablaban francés ni criollo. El presidente reconoció que entendía por qué Aristide no podía destacar un asesinato por encima de los demás, sobre todo cuando su propio ministro de Justicia estaba entre las miles de víctimas de casos sin resolver. Si las circunstancias hubieran sido las contrarias, los estadounidenses nunca habrían pensado en conceder jurisdicción a un país extranjero sobre ningún asunto criminal, con o sin trasfondo político. Respondí que había elogiado la discreción mediante una analogía con el Watergate, cuando el FBI había preparado primero sus argumentos contra los ladrones para, después, ir acumulando metódicamente argumentos objetivos contra sus superiores, hasta llegar al presidente Nixon. Esa estrategia era prudente, replicaron los agentes, pero sus jefes habían decidido que, si el FBI tenía verdaderamente las prerrogativas exigidas, debía ser capaz de interrogar a todos los posibles conspiradores desde el primer momento. El pulso resultante era idóneo para cualquiera que prefiriese ignorar Haití. Contribuía a bloquear la ayuda de Estados Unidos en virtud de la Enmienda Dole, incluida la ayuda canalizada a través de organismos multinacionales, como hacían las continuas disputas por el Parlamento haitiano. Desde que Aristide había puesto en práctica los cambios negociados por Estados Unidos en la junta electoral, los partidos pequeños habían descubierto nuevos motivos para boicotear las urnas.

Intenté transmitir al presidente las impresiones que seguramente no iba a obtener a través de los cauces oficiales; por ejemplo, la atmósfera valiente y solemne que había observado en la Comisión de la Verdad y la Reconciliación de Haití, creada según el modelo de los tribunales de Sudáfrica. En una especie de sótano de una iglesia, unas voluntarias con aspecto de matronas reunían declaraciones juradas de víctimas mutiladas y testigos aterrados por la violencia política —5.000 hasta la fecha—, con un presupuesto mínimo y sin recibir un centavo de Estados Unidos. El mero hecho de hablar abiertamente de esos crímenes era un paso adelante que contribuía a curar la herida de un país en el que no se pagaba a los maestros desde hacía dieciocho meses. El propio Aristide había confesado que la justicia nacional seguía siendo primitiva y corrupta. La lealtad aún se ofrecía más a las personas que a las instituciones, y los nuevos reclutas se esforzaban para utilizar métodos policiales más objetivos que la detención de quien el jefe dijera que era culpable. Los culpables eran todos y nadie, y algunos de los mismos asesores de Clinton que habían temido que Aristide fuera un tirano pretendían ahora, irónicamente, que prolongara su mandato porque consideraban que era un factor de estabilidad. Aquellos globos sonda estaban alarmando al embajador Swing, opiné, y Aristide estaba decidido a dejar su cargo en cuanto llegara su momento, en enero. El embajador de Juan Pablo II en Haití, el nuncio papal, había aplazado su presentación de credenciales hasta que el sucesor tomara posesión del cargo, con lo que el Vaticano era el único Gobierno del mundo que había reconocido a la junta golpista de Haití, pero no al sacerdote católico elegido como presidente. Dado el nuevo entusiasmo de Clinton por el Papa, decidí no mencionar esa absurda muestra de desprecio, pero sí le conté una anécdota surrealista. El día anterior, mientras partía de Camp Democracy, un joven marine con un auricular había predicho el caos cuando llegáramos a Washington porque un jurado acababa de declarar a O. J. Simpson inocente del cargo de asesinato.

Ya con las grabadoras en marcha y con los platos fregados, el presidente Clinton comentó que el Sumo Pontífice había cambiado mucho y había dejado de ser el débil anciano de la audiencia privada celebrada el año anterior. Su oído parecía fallarle en ocasiones, pero había mostrado un gran vigor mental desde las primeras palabras que había pronunciado en cuanto se quedaron a solas: «Dígame cómo ve el mundo». Clinton apuntó que aquello era una novedad por varios motivos. Casi todos sus interlocutores en las cumbres tenían una petición para el Gobierno de Estados Unidos, y por eso solían hablar, por lo menos, durante las dos terceras partes del tiempo. A Clinton le parecía de mala educación cortarles la palabra para todo lo que no fuera alguna aclaración. Sin embargo, el papa Juan Pablo II le había pedido que hablara él y que hiciera un repaso detallado región por región, empezando por Europa.

El presidente había respondido encantado esbozando comentarios sobre Yeltsin y Rusia, la OTAN, el alemán Kohl y las negociaciones preliminares en Irlanda del Norte. Dijo que el Papa le había interrogado sobre los personajes del IRA y el Sinn Féin involucrados, y secundó su opinión de que el anhelo de paz de la calle iba por delante de los dirigentes. Sobre Bosnia, Clinton había resumido un mes crucial. Dos conmociones vividas en agosto —la muerte de tres enviados de Estados Unidos que trataban de llegar a la sitiada Sarajevo y un mortero serbobosnio que había matado a 37 civiles en un mercado de la ciudad— habían acabado por empujar a Naciones Unidas a ocultar o proteger a sus soldados para que la OTAN pudiera lanzar ataques aéreos contra la artillería pesada de los agresores serbobosnios. Los pilotos estadounidenses habían dirigido la mayor operación militar de la historia de la Alianza, y, según el presidente, Juan Pablo II no se había inmutado ante su justificación por los sucesivos golpes durante todo septiembre, incluidos los ataques de la OTAN con misiles de crucero Tomahawk contra bastiones próximos a Bania Luka. Mientras tanto, unas rápidas ofensivas terrestres de soldados croatas y bosnios habían hecho posible recuperar 3.300 kilómetros cuadrados que habían perdido a manos de los serbios en 1992, aproximadamente el 20 % del territorio bosnio. A medida que el mapa de la guerra restaurara la vieja mezcla de los tres grupos religiosos del país, había dicho Clinton, quizá sería necesaria la influencia del Papa para sacar a los católicos involucrados en el conflicto —los croatas— del fragor de la batalla y encaminarlos hacia un acuerdo de paz.[1] Juan Pablo II había prometido hacer todo lo que pudiera. El mundo no podía permitir que el siglo XX terminara como había empezado, le dijo a Clinton, con otra conflagración de tablero de ajedrez alrededor de Sarajevo.

1. Las diferencias étnicas en Bosnia, donde las tres principales poblaciones comparten lengua y herencia genética, se basan en la religión. Casi todos sus croatas, como en Croacia, con la que limita por el oeste, son católicos. Los serbios, como en Serbia, con la que limita por el este, pertenecen a la Iglesia Ortodoxa. Los musulmanes no tienen una nación vecina en la que haya correligionarios, pero son más numerosos en el país que los croatas y los serbios.

El informe mundial de Clinton había continuado con los dramáticos acontecimientos de los últimos tiempos en Oriente Próximo y las repercusiones para Irak. Al hablar de África, el Papa le había interrumpido con la preocupación de que las antiguas potencias coloniales abandonaran el continente por completo en manos de la pobreza, las guerras tribales y las enfermedades. Clinton contó que el Papa había elogiado el discurso pronunciado por Hillary el 5 de septiembre en Pekín, durante la 4ª Conferencia de Naciones Unidas sobre las Mujeres. Juan Pablo II dijo que había tocado todos los puntos importantes con su audaz declaración de que las familias florecerían a medida que las mujeres se liberasen de la ignorancia, la opresión y todas las formas de violencia.

Aquí, el presidente se desvió hacia la controversia anterior sobre si Hillary debía visitar China o no. Dole y Gingrich habían pedido públicamente que se quedara en casa y habían dicho que la presencia de la primera dama iba a ser una recompensa para el terrible comportamiento de China en materia de derechos humanos. Los asesores de la Casa Blanca le habían planteado un argumento que Clinton llamó de pinza. Hillary iba a legitimar a China, y cualquier crítica sobre la cuestión de los derechos humanos enfurecería al Gobierno chino, en detrimento de los cruciales avances en materia comercial. El presidente había pospuesto su decisión sobre el viaje hasta las vacaciones en Wyoming, donde Hillary le había dicho que su perspectiva no debía limitarse a China. Estaba encantada de hacerle caso y pronunciar un discurso equilibrado que ni eludiera los abortos forzosos de China ni se detuviera de forma excesiva en sus defectos. Estaba acostumbrada a hablar de la cruda realidad en todas partes, desde la mutilación genital en África hasta la violencia doméstica en Estados Unidos. Los analfabetos, los enfermos y los pobres eran en un 70 % mujeres. Mientras preparaba su discurso, contó Clinton, el Gobierno chino había refinado astutamente las presiones políticas, declarando a Harry Wu culpable de espionaje pero luego expulsándole a Estados Unidos. Con ello, al presidente le había sido más fácil capear el temporal de críticas al viaje de Hillary por la derecha y por la izquierda. Dijo que su discurso había obtenido buenos índices de aprobación, sobre todo entre las mujeres, porque las cifras de Hillary reflejaban más la diferencia de sexos que las suyas.

El Papa, después de asimilar un repaso completo de la política mundial, respondió animando sin reparos a Clinton sobre sus batallas de política nacional con el Congreso. Criticó los esfuerzos republicanos para revocar o recortar los programas de bienestar social en general: comedores escolares, clases de educación para niños de familias con pocos recursos, Medicare, Medicaid, cupones de comida y créditos fiscales para los trabajadores pobres. Sus obispos y cardenales no podían decir a los estadounidenses qué votar, había reconocido el Papa, pero iban a hacer declaraciones en las que instaran a los países ricos a dar ejemplo de fortaleza y compasión. Sus gobiernos debían cuidar de los vulnerables, sostener a los débiles y elevarse por encima de la violencia. Eso les convertiría en modelos tanto de fe como de democracia, había dicho, y por eso le había parecido tan bien el discurso de Hillary en Pekín.

A Clinton claramente le encantó que le respaldara de forma tan general y tan intensa. Citó frases de la Biblia como prueba de que el Papa era sincero de corazón, pero también parecía emocionado por la coincidencia política. Dijo que el papa Juan Pablo II ejemplificaba un arte fundamental que faltaba en la política moderna. Sin negar las discrepancias profundas con él, miraba más allá de ellas para buscar formas de cambiar el mundo. El Papa era la cabeza de una Iglesia que excluía de forma sistemática a las mujeres de los puestos de autoridad, pero suscribía el llamamiento de Hillary en favor de sus derechos humanos en el mundo. Se oponía a Clinton en relación con el aborto y la homosexualidad, pero cultivaba su causa común como promotores de la paz. El presidente dijo que había intentado corresponder entendiendo que la Iglesia tenía como objetivo coherente el valor de cada alma. «Por eso la vida de los pobres es más importante que los lujos de los ricos —razonó—, y por eso la vida del niño no nacido es más importante que la comodidad de los padres.» Clinton incluso se atrevió a predecir un renacimiento del catolicismo. En todas las épocas turbulentas, dijo, la gente se volvía burdamente materialista pero acababa anhelando algo más profundo.

Por desgracia, pronto les habían interrumpido su sesión cara a cara para que Juan Pablo II pudiera presidir las vísperas en la catedral de Newark, la basílica del Sagrado Corazón. Era la festividad de San Francisco, que coincidía con la fiesta judía de la expiación, el Yom Kippur, y el Papa había pronunciado una homilía religiosa, pero el calor y el olor a incienso le habían provocado a Clinton un ataque de alergia. Había empezado a toser y a ahogarse y se había agarrado firmemente a Hillary en el banco. Dijo que le había costado respirar. Horas después, aún seguía hinchado y enrojecido. Recordó el contacto del Papa con las multitudes al salir, incluidas unas monjas carmelitas que, a pesar de ser de clausura, habían obtenido una dispensa especial y habían dejado el claustro por primera vez en décadas para ver, extasiadas, a su pontífice. Fuera, bajo la lluvia, Juan Pablo II había subido al papamóvil y había lanzado una mirada de despedida a Clinton que pareció estimular oleadas de afecto entre los dos. Valorando el espectáculo con visión de político, Clinton dijo: «Desde luego, no me gustaría nada tener que competir con él para la alcaldía de ningún sitio».

El presidente aceptó que le preguntase sobre el acuerdo provisional del 28 de septiembre entre Israel y la Autoridad Palestina. Había decidido celebrar la ceremonia formal en el Salón Este, con la esperanza de disminuir las comparaciones con el espectáculo al aire libre del apretón de manos entre el presidente Arafat y el primer ministro Rabin, dos años antes. Al fin y al cabo, ése no era más que un pequeño paso hacia un tratado de paz, aunque Clinton aclaró que era un paso fundamental. Los negociadores habían dividido cada centímetro de los territorios ocupados por Israel en Gaza y Cisjordania en zonas con tres niveles diferentes de Gobierno autónomo. Los palestinos asumirían plenos poderes, incluida la actuación policial, en algunas áreas, sobre todo en las grandes ciudades. Los israelíes conservarían el control de las regiones despobladas y se reservarían la potestad de anular la jurisdicción de seguridad en muchos pueblos pequeños, en los que los palestinos se harían cargo de las funciones civiles: carreteras, servicios públicos y escuelas. Estos acuerdos estaban plasmados en no menos de veintiséis mapas detalladísimos, en los que figuraba hasta cada puente, y tenían que contar, todos ellos, con la firma de Rabin y Arafat. Los mapas habían representado mucho trabajo, añadió Clinton, porque eran resultado de miles de conversaciones sobre las costumbres concretas y los lugares particulares de cada población. Como mínimo, el proceso había creado un sentimiento mutuo de competencia administrativa. Clinton pensaba que eso era especialmente importante para Rabin, que se había preocupado al principio por la posibilidad de que los palestinos no fueran capaces de desempeñar las obligaciones necesarias para una coexistencia estable, porque nunca habían gobernado nada de las dimensiones de una nación.

Dos años de discusiones habían creado también relaciones personales entre las dos delegaciones, incluso entre Arafat y Rabin. Ya no eran los desconocidos deshumanizados de la guerra permanente, para quienes la mera proximidad del otro era una situación combustible. De hecho, dijo el presidente, eran la pareja que más cómoda se sentía entre los cuatro líderes de Oriente Próximo que se habían encerrado con él en el Despacho Oval antes de la ceremonia. Estaba seguro de que era un cuarteto que no se había reunido nunca antes. El rey Hussein de Jordania era amable pero reservado por naturaleza, sobre todo en torno a Arafat, y el presidente egipcio Hosni Mubarak era brusco y quería ir al grano. En un aparte, Mubarak no dejó de prometer que iba a «ocuparse» de los conspiradores anónimos que habían intentado asesinarle hacía poco en Etiopía; no dejaba lugar a dudas de que su castigo sería sangriento. Clinton dejó entrever que, según varios informes de inteligencia, Mubarak era increíblemente duro. Los demás también, pero Rabin y Arafat habían convertido el Despacho Oval en una especie de sesión de chulerías. Arafat bromeó diciendo que un día quería ser vecino de Rabin, recordó el presidente, porque sabía que sería un barrio seguro. Rabin había respondido que se sentía, más que vecino de Arafat, su primo, porque en Israel eso quería decir una relación próxima pero llena de peleas. Bueno, había dicho Arafat, quizá eran primos lejanos, a través de Moisés o Abraham. Clinton dijo que esta idea había desatado una discusión sobre el linaje común según las respectivas escrituras y sobre quién tenía una línea familiar legítima o ilegítima.

El presidente resaltó la llamativa ausencia de Siria. No había habido ningún cargo sirio junto a los dignatarios extranjeros que habían presenciado la firma entre israelíes y palestinos. Ese mismo día, contó, había pasado otra hora al teléfono con el presidente Asad, tratando de convencerle para que acabara con los atentados terroristas en Cisjordania. Los atentados suicidas de Hezbolá y otros grupos les convertían, a su pesar, en aliados de los israelíes partidarios de la línea dura, desesperados por interrumpir el proceso de paz. Sin un enemigo, dijo Clinton, «estarían todos compuestos y sin novia». Asad había reconocido entre dientes que debía enfrentarse a ellos con una idea mejor, que era inevitable, pero que ése no era el momento. En el Despacho Oval, recordó el presidente, Mubarak se había ofrecido para ir a ver a Asad y presionarle, pero Rabin se había confesado impotente en el asunto de la relación con Siria. A duras penas estaba sobreviviendo a los avances con los palestinos, pese a los elogios de todo el mundo, y estaba seguro de que podría superar una iniciativa parlamentaria contra el acuerdo actual por no más de tres votos. Clinton dijo que había provocado más muestras de humor negro al confiarme que los expertos estadounidenses pensaban que el margen de Rabin había pasado de esos tres votos a uno.[2]

Inesperadamente, había llegado al Despacho Oval un alboroto desde la Sala de Gobierno; el ministro israelí de Exteriores, Shimon Peres, había pedido disculpas porque los negociadores estaban creando más problemas de los que resolvían para los jefes de Estado. Clinton se excusó y pasó a su pequeño comedor privado junto al Despacho Oval sólo con Rabin y Arafat, donde empezaron a discutir sobre la letra pequeña en uno de los anexos a los mapas. La disputa tenía algo que ver con si la policía palestina debía pedir permiso a los israelíes, o sólo notificarles, cuando se trasladara de una zona a otra en caso de emergencia. El quid del problema, ya conocido, era la tensión que podía estallar en cualquier momento por una cuestión de estatus, si Rabin iba a recurrir al lenguaje de conquistador o Arafat iba a desatar su ira contra la humillación en su propia tierra, y Clinton tomó la súbita decisión de marcharse. «Voy a dejarles que lo arreglen entre ustedes», les dijo. Pocos y angustiosos minutos después, salieron llenos de sonrisas y con un compromiso. Después de un debate agradablemente superficial sobre los criterios israelíes a la hora de vestir, Rabin le pidió prestada a Clinton una pajarita y las delegaciones se dispusieron a enfrentarse a las cámaras en el Salón Este.

Al hablar de las reuniones que había tenido al día siguiente, el presidente destacó una consulta privada con el rey Hussein de Jordania. Dijo que habían examinado la concesión que había hecho de la condición de exiliados a dos destacados desertores de Irak, casados con hijas del dictador Saddam Hussein, una concesión que se había hecho por el procedimiento de urgencia. A pesar de tener nombres similares, los gobernantes de Jordania e Irak no eran amigos ni familiares. El Hussein jordano representaba la antigua realeza musulmana procedente de La Meca, con un linaje hachemita que se remontaba al profeta Mahoma. Saddam Hussein, en cambio, era un político laico que había ascendido al poder tras un salvaje golpe de Estado, en 1958, contra el último rey de Irak, que era primo hermano y amigo de infancia del rey de Jordania y que había acabado asesinado con gran parte de su familia. Cuando eran compañeros de colegio en la selecta Escuela Harrow de Londres, después de la Segunda Gue-

---

2. El 5 de octubre, al día siguiente de esta sesión de historia oral, el Gobierno de Rabin superó una moción de confianza de los 120 miembros de la Knesset israelí por el estrecho margen de 61-59.

rra Mundial, los dos jóvenes príncipes habían soñado con unir los dos países adyacentes de su familia. Ahora, cincuenta años después, el presidente Clinton dijo que se sentía obligado a mencionar unos informes de los servicios de espionaje que desvelaban que el objetivo oculto del rey Hussein era derrocar a Saddam. La aceptación de esos desertores iraquíes —quizá incluso su reclutamiento— tenía a todos los servicios secretos del mundo haciendo mucho ruido, y no sólo por los vínculos familiares. Uno de los yernos rebeldes de Saddam era un general del ejército que había dirigido las industrias de guerra de Irak desde 1987, incluida toda la producción de armas químicas y biológicas. Con este golpe, el rey Hussein podía confiar en vengar a su primo e incluso restaurar el poder hachemita en Bagdad.

El rey Hussein había negado que tuviera tales ambiciones, recordó el presidente, pero sí confesó sentimientos muy complicados hacia Irak. Había dicho que los países árabes de la región querían que Irak siguiera siendo débil. En privado, habían aplaudido las sanciones militares y económicas de la ONU desde la guerra del Golfo, porque servían para contener una amenaza probada, y a los líderes árabes no les importaba verdaderamente lo que le pasara a Saddam mientras Irak conservara esa debilidad. Por otro lado, eran conscientes de que un Irak debilitado siempre sería inestable, vulnerable a la desintegración y las conspiraciones externas. Hussein había dicho que, si Saddam moría o caía derrocado, Siria avanzaría desde el oeste y los kurdos reavivarían su intento crónico de escindirse. La mayoría chií de Irak se alinearía con sus correligionarios en el vecino Irán, y los musulmanes suníes, en minoría, gravitarían hacia Jordania y Arabia Saudí. El rey Hussein había recordado a Clinton que Irak no era un país natural. Después de la Primera Guerra Mundial, cuando las potencias aliadas victoriosas habían dividido el mundo con nuevas fronteras, Gran Bretaña había instalado a un príncipe extranjero que le sobraba —el tío abuelo de Hussein— como monarca fundador de las provincias mesopotámicas, reunidas por sus yacimientos de petróleo. Hussein lamentaba que los designios arbitrarios de los gobernantes todavía pudieran causar tanta miseria a los ciudadanos corrientes, sobre todo en Irak.

Unas preguntas sobre Cuba iniciaron una transición irregular a los asuntos nacionales. El presidente explicó por qué, después de treinta años, había relajado ligeramente el embargo económico contra el régimen de

Fidel Castro, al permitir que Western Union abriera oficinas en La Habana. La medida facilitaría la comunicación entre familias separadas, dijo, además de transferencias de dinero que podrían crear un ambiente de buena voluntad en la isla, pero esos beneficios eran precisamente los que indignaban a los líderes cubano-norteamericanos en Estados Unidos. El representante Bob Menéndez de Nueva Jersey, que era demócrata, acababa de llamar para protestar, reveló Clinton, pero aquello no era nada nuevo. Se llevaban muy bien en todos los demás temas, pero Menéndez «me da la paliza cada dos o tres días, como un reloj, para que sea más duro con Castro, independientemente de lo que haga». Ante Menéndez, Clinton siempre defendía su política para Cuba afirmando que era más dura que las de Reagan y Bush, pero en nuestra grabación confesó que el embargo era una estupidez que se había hecho por razones de política nacional y que había fracasado. Había permitido que Castro demonizara a Estados Unidos durante décadas y justificara su política con una excusa magnífica para tener un Gobierno unipartidista. El presidente dijo que cualquiera «con medio cerebro» podía ver que el embargo era contraproducente. Desafiaba políticas de diálogo más prudentes que habíamos mantenido con algunos países comunistas incluso en los peores momentos de la Guerra Fría. No ayudaba a nadie, no hacía nada por abrir Cuba ni preparar al país para la vida después de Castro, y dejaba a Clinton con lo peor de ambos mundos. Su estrategia sin salida estaba en manos de los exiliados cubanos en dos circunscripciones indecisas —Florida y Nueva Jersey—, que votaban en función de ese motivo, y en las que, de todos modos, nunca conseguía ganar porque los republicanos siempre encontraban formas de adoptar posturas más hostiles que él. Haciendo gestos con los brazos, recordó haber preguntado ese mismo día si Juan Pablo II pretendía verdaderamente hacer una visita llamativa a la isla sitiada, pero el Papa había respondido que Castro no quería tener nada que ver con él.

Las amarguras políticas derivaron en la sorprendente retirada anunciada por el senador demócrata de Nueva Jersey, Bill Bradley. El presidente confesó que estaba enfadado con él por irse, con los discursos en los que Bradley había proclamado que se sentía alejado de los dos partidos políticos y, sin embargo, extrañamente cercano al pueblo norteamericano. Era echar leña al fuego, dijo Clinton. Aunque Bradley y él estaban de acuerdo prácticamente en todos los temas que separaban a los partidos, Bradley carecía de la capacidad de lucha que le permitiera concretarlos para los electores. En opinión de Clinton, Bradley se arrepentía de su decisión de no presentarse como candidato a las presidenciales de 1988 y 1992, y ahora, ante una batalla difícil para la simple reelección en Nueva Jersey, estaba situándose al margen como candidato nacional íntegro y heterodoxo, que se guiaba por otros principios. Bradley había hablado en privado con Colin Powell sobre la posibilidad de formar una candidatura progresista independiente en 1996. El presidente dijo que lo sabía por sus conversaciones periódicas con el propio Powell sobre las perspectivas presidenciales. Con el brío y la frialdad que le caracterizaban, Clinton resumió las posibilidades de Powell de vencerle que se habían explorado en esas conversaciones. Bradley no podía ayudar a Powell, le había dicho, ni siquiera con su política populista. Si la masa de votantes quería verdaderamente un candidato independiente, preferirían sin duda la impresionante autoridad de Powell que la mente más o menos pura de Bradley.

Clinton habló mucho más de lo que me esperaba sobre la repentina dimisión del senador de Oregon, Bob Packwood. El senador Mitch McConnell de Kentucky, presidente del Comité de Ética, había estado dispuesto a declararse vencido en el asunto de los diarios de Packwood, dijo, cuando unos nuevos escritos del senador revelaron sus contactos no deseados con una chica de dieciséis años. Entonces, en un brusco cambio de dirección, McConnell había organizado una moción para expulsar a Packwood y sacrificarle por las buenas. Ambos extremos ahorraban a los republicanos tener que llevar a cabo una investigación real sobre un colega y compañero de partido, acusó Clinton, que dijo que no respetaba a McConnell en absoluto. Curiosamente, el presidente añadió que él mismo había leído los diarios de Packwood y pensaba que confirmaban la opinión particular del sabio colega y ex profesor de Packwood, Mark Hatfield, quien le había dicho a Clinton que Packwood siempre había combinado una inteligencia poderosa y precoz con una personalidad atrofiada.

En los diarios se podía detectar, comentó Clinton. Muchos fragmentos tenían un tono infantil, como si Packwood estuviera pavoneándose para parecer un libertino. Con descripciones gráficas pero torpes, Packwood había registrado meticulosamente los esfuerzos para someter a amantes y jóvenes colaboradoras. Se había metido en la política muy joven y había proseguido su carrera con tal intensidad y determinación, que sus instintos personales nunca se habían desarrollado ni madurado al mismo nivel. Ése era en esencia el diagnóstico de Hatfield, y Clinton dijo que, en ese aspecto, se identificaba con Packwood. Él también había encontrado un refugio obsesivo y un don en la política, recién salido de su difícil infancia en Arkansas. En el diario de Packwood podía ver una naturaleza tímida soterrada. Muchas de las anotaciones transmitían un carácter dominante y maltratador, señaló, pero daba la sensación de que Packwood habría hecho caso a las mujeres si le hubieran dicho que parase. Su agresividad parecía en gran parte un farol, observó Clinton, que añadió que el senador no tenía la bravuconería y el descontrol de su colega John Breaux. Breaux ridiculizaba con frecuencia a Packwood, le gastaba bromas, decía de él que era un fracaso con las mujeres, y el presidente opinaba que todo ello tenía algo de patético. Nervioso, intenté aclarar cuándo estaba refiriéndose a Packwood y cuándo a Breaux, pero mis preguntas rompieron el hechizo en el que se había sumergido para reflexionar. No obstante, las meditaciones de Clinton sobre el diario me parecieron los comentarios más personales que había grabado hasta el momento.

Durante la cena había mencionado a O. J. Simpson y se había mostrado preocupado por si el juicio exacerbaba el conflicto racial sobre los criterios de la justicia estadounidense. Ya grabando, sonriente, el presidente dijo que últimamente había invocado a O. J. para impedir que el senador San Nunn de Georgia se jubilara antes de tiempo. A diferencia de Bill Bradley, Nunn tenía muy fácil la reelección, con un índice de aprobación en su estado del 78 %, pero empezaba a decir que no estaba seguro de querer hacerlo. Los demócratas eran los únicos dispuestos a rechazar las cargas del poder, gruñó Clinton, y eso le hacía apreciar más a los tercos derechistas como Jesse Helms que habían soportado décadas y más décadas con estoicismo en los escaños de arriba. El presidente dijo que Nunn había reconocido el error de la promesa impulsiva que había hecho de no recaudar más dinero si no tenía la firme decisión de presentarse, porque suponía eliminar opciones con unas limitaciones innecesarias. Su empeño profesional se había debilitado, había confesado Nunn, desde el vago intento de ser secretario de Estado de Clinton. Después, los dos habían mantenido una discusión semántica entre el ofrecimiento de presentarse para ser senador y la promesa de un puesto en el gabinete. El presidente había enumerado las razones por las que sería imprudente hacer un trato explícito cuando todavía faltaba tanto tiempo para las elecciones. Para compensar, había elogiado el prestigio de Nunn en el Senado y le había animado a la continuidad para que, llegado el momento, pudieran abrírsele puertas. Como eso no había servido de nada, se había desesperado. «Dile a Sam que no anuncie que se retira —pidió al principal patrocinador de Nunn en Georgia—. No sólo le necesito, sino que el veredicto sobre

Simpson se va a dar a conocer un día de éstos. Sería una vergüenza acabar una de las grandes carreras legislativas del país sin que nadie se entere, sólo porque todo el mundo está obsesionado con O. J.»

En ese momento, el principal patrocinador estaba dándole a Nunn la interpretación de que el veredicto sobre Simpson era «una señal de Dios» de que debía volver a presentarse. Clinton dijo que él no estaba de acuerdo con tamaña afirmación, pero que tampoco había tratado de acallarle. La pérdida de Nunn costaría mucho más que un escaño demócrata, porque era uno de los pocos hombres de Estado que había en el Senado. Mencionó una acalorada reunión sobre Bosnia que se había celebrado la semana anterior con los líderes del Congreso, en la que Nunn había dicho más cosas sensatas en cinco minutos que todos los demás oradores juntos. Mientras los colegas seguían intentando separar o explotar sus discrepancias, Nunn había buscado formas de estabilizar la situación sobre el terreno. Clinton opinaba que el senador era especialmente bueno cuando trabajaba con el Gobierno y bajo máxima presión, y Bosnia estaba sacando lo mejor de él. Hasta hacía poco, dijo, la guerra de los Balcanes habían sido como una fiebre de baja intensidad para la Casa Blanca, salpicada por caricaturas ocasionales en la prensa para criticar la impotencia de Clinton en una situación caótica. Pero más tarde, un verano de terribles matanzas y bombardeos de la OTAN había empujado Bosnia al borde de la claridad o el desastre. La artillería de los sitiadores ya no mataba a peatones en Sarajevo, pero las milicias serbias seguían bloqueando las principales carreteras y la red eléctrica de una ciudad que llevaba tres años enteros a oscuras. La ventaja militar se tambaleaba en el mapa, y el emisario especial de Estados Unidos, Richard Holbrooke, estaba en Belgrado para entrevistarse por primera vez con presuntos criminales de guerra, entre ellos el presidente serbio Slobodan Miloševic. Clinton dijo que confiaba en poder anunciar un alto el fuego por la mañana.

Simultáneamente habían surgido nuevos choques en casa. Nada más amanecer un nuevo año fiscal, el 1 de octubre, Gingrich y Dole habían retenido los trece proyectos de ley de financiación anuales necesarios para que la administración federal funcionara. Clinton dijo que habían decidido arriesgar más con su confesión de que querían acabar con el Gobierno intervencionista o, al menos, un Gobierno intervencionista que fuera civil. Dos días después, con la firma del presidente, el Pentágono había obtenido por fin las asignaciones legales necesarias para pagar a sus soldados y empleados, pero todos los demás departamentos, incluida la Casa Blanca, se limitaban a funcionar al día con resoluciones provisionales. Se avecinaban cierres y despidos. Las negociaciones para llevar a cabo grandes recortes en las partidas destinadas a Medicare y Medicaid eran tan delicadas que el presidente había ordenado que no las discutieran nadie más que Gore y Leon Panetta, ni siquiera dentro de la administración. Acababa de recibir y vetar un proyecto de ley aparte para financiar el Congreso. Clinton no se oponía a las cifras que le presentaban, pero le parecía intolerable que los líderes del legislativo protegieran sus bolsillos mientras hacían daño a millones de ciudadanos. El presidente declaró que estaba dispuesto a luchar. Si Dole y Gingrich querían jugar a ver quién era más gallina, tendrían que quedarse en el coche.

Los conflictos relacionados con Bosnia y el presupuesto se fueron intensificando hasta la noche de Halloween. Clinton entró en la Sala de los Tratados vestido con vaqueros y una camiseta de colores vivos que anunciaba una cantina llamada La Sierra. Se dejó caer en una silla bajo el cuadro de la firma, ligeramente vuelto hacia mis grabadoras sobre la mesa. Su postura acentuaba una barriga considerable. Le dije que Christy me había encargado que le aconsejara descansar más. Estaba alarmada por el aspecto tan fatigado que se le había visto ese día en la ceremonia de despedida al secretario Christopher y al embajador Holbrooke, que iban a reunirse con las principales partes beligerantes en Bosnia para unas amplias conversaciones de paz que iban a comenzar al día siguiente en Dayton, Ohio. La Cámara acababa de exagerar los riesgos políticos que representaba para Estados Unidos patrocinar el proceso de paz con una resolución que prohibía el despliegue de tropas norteamericanas para ayudar a la OTAN a garantizar cualquier futuro acuerdo. Gingrich, desde su cargo de presidente de la Cámara, había explicado que la restricción daba la medida de la desconfianza generalizada respecto a Clinton, y éste había acusado a Gingrich y Dole de chantaje, como demostraban sus medidas para sumir el Tesoro en una bancarrota histórica si él no cedía ante ellos en los proyectos de ley de asignaciones presupuestarias estancados. La política estaba muy desagradable, dijo Clinton, pero lo que Christy había notado era seguramente su penosa reacción al polen. Estaba preparado para sufrir ataques hasta que llegara el invierno. Le pregunté si quería decir hasta que terminara, recordando que los adornos de Navidad le habían provocado una congestión. No, ésas eran alergias distintas, y normalmente tenía un pequeño respiro entre las primeras heladas y las fiestas. «Soy alérgico a todo», se quejó con un suspiro.

Le pregunté sobre las crípticas informaciones de una «gresca» con el senador Moynihan de Nueva York. Las noticias eran vagas y se limitaban a especular sobre el contenido de la discusión, pero Clinton tenía cierto resentimiento que le hizo contarme detalles de forma intermitente durante el resto de la noche. La cosa había comenzado a bordo de un helicóptero en el que se dirigían a Nueva York para unas ceremonias en Naciones Unidas. El presidente dijo que no había levantado la voz en ningún momento, pero que había reprendido al senador por haber hecho de catalizador en otra racha de problemas con la prensa. El origen estaba en el discurso que había pronunciado Clinton en Texas, en un acto para recaudar fondos, sobre las decisiones difíciles e impopulares que había tenido que tomar hasta el momento, desde el TLCAN hasta la Ley Brady, pasando por el hecho de que nadie quería invadir Haití y a nadie le gustaba subir los impuestos. De hecho, había dicho Clinton a los donantes, habría tenido que subir menos los impuestos, en el gran paquete presupuestario de 1993, si por lo menos unos cuantos republicanos del Congreso le hubieran permitido realizar más recortes en el gasto. Ese comentario extemporáneo era literalmente cierto, dijo el presidente mientras grabábamos, pero había sido un error hacerlo. Ningún presidente debía plantear sus deseos hipotéticos sobre decisiones controvertidas ya pasadas.

Contó que los críticos y los columnistas se habían lanzado al ataque como locos. Habían inflado su mención de un deseo hasta convertirla en una declaración fundamental sobre las cosas que lamentaba. Habían asegurado que estaba repudiando su propia receta para la economía y el Gobierno responsable. Comentaristas que nunca habían estado a favor del paquete de medidas para contrarrestar el déficit se apresuraron a declarar que Clinton había abandonado su autoridad moral y había demostrado ser un indeciso. «No entiende —había declarado Moynihan a los periodistas— que está renunciando a sus principios.» El presidente dijo que le había pedido cuentas por cómo había ignorado tanto la sustancia de lo que había dicho como el contexto. Moynihan sabía exactamente lo que hacía, acusó. Estaba alimentando a la bestia de las hipótesis hostiles sobre los motivos del presidente. Clinton le había revelado que esos ataques personales envenenaban todo el clima político. El senador de Nebraska, Bob Kerrey, que estaba de acuerdo con el análisis de Moynihan sobre el discurso de Texas, había sido el voto decisivo contra la subida del salario mínimo, pero Clinton dijo que nunca le había atribuido una intención maligna o egoísta. Ni tampoco le reprochaba a Moynihan que hubiera anunciado, justo el día anterior, que las propuestas republicanas para Medicaid no serían tan perjudiciales para los pobres. Clinton opinaba que estaba completamente equivocado, pero se reservaba las invectivas personales para decírselas a Moynihan en privado.

Por supuesto, dijo el presidente, era malo que ese escándalo estallara cuando se aproximaba el momento culminante de su duelo con el Congreso por esas mismas cuestiones. Ambas partes aseguraban que habían avanzado hacia un presupuesto equilibrado sin nuevos impuestos para la clase media, pero los republicanos estaban tratando de imponer un recorte fiscal de 245.000 millones de dólares cuando tenían una discrepancia de 580.000 millones de dólares en el gasto. Siempre que se acercaban a una tanda de negociaciones serias, dijo, Gingrich se enfrentaba a la revuelta de un sector importante de su partido que no quería alcanzar un acuerdo con Clinton sobre ningún tema. Creían que acabaría cediendo en los presupuestos, y no les importaba que el Gobierno tuviera que cerrar sus oficinas por falta de fondos o de crédito público. Su objetivo esencial era castigar a todo el mundo menos a las jerarquías militares, y muchos, de todas formas, consideraban que los organismos civiles no tenían ningún papel legítimo, hasta el punto de que verdaderamente pensaban que el país se rejuvenecería si se prescindía de ellos. Dijo que el orgullo y la ideología les cegaban respecto al bien común, incluida su propia dependencia de los servicios públicos, desde los inspectores de carnes y mercados hasta el alcantarillado.

Exasperado, Clinton dijo que había intentado avisar a Gingrich utilizando el punto de vista de los intereses republicanos. Para justificar unos recortes masivos, el Partido Republicano estaba proyectando una inflación disparada de los costes de sanidad y prácticamente nada de crecimiento económico. ¿Cómo iba a hacer campaña Gingrich con ese mensaje? Si Dole y él persistían, el presidente se comprometía a vetar sus proyectos de ley de asignaciones presupuestarias con o sin un nuevo techo para la deuda. Estaba seguro de la reacción que tendría la opinión pública cuando los agentes del FBI y los controladores aéreos tuvieran que irse a casa, por no hablar de cuando dejaran de recibirse los cheques de la Seguridad Social. La Constitución exigía, con gran prudencia, no sólo controles sino también equilibrios, y él estaba preparado para ello. «Creo que, desde el punto de vista político, les estoy machacando», aseguró.

A pesar de su confianza, el presidente reflexionó sobre dos factores que podían costarle la reelección en 1996. Uno era el resentimiento latente por su postura sobre los gais en el ejército en 1993. El otro su imagen pública, que era negativa. Comentó que estaba convirtiéndose en un elemento fijo de la cultura política, sostenida sobre las acusaciones a propósito del caso Whitewater y cultivada a diario por los grandes medios de comunicación. La gente lo consideraba un personaje irresponsable, de convicciones flexibles, como una caricatura satírica de la década de 1960, mientras que el general Colin Powell encarnaba la imagen más sólida de aquella misma época, moderna y familiar, pero fuerte. Powell sería un candidato temible si se presentaba como una versión más amable de Gingrich y Dole. Quizá habría una tercera candidatura independiente más hacia la derecha, pero Clinton pensaba que Ross Perot se retiraría en favor de Powell, porque, por instinto, era promilitar. Era evidente que los sondeos privados no eran nada optimistas. Mientras calculaba las probabilidades de que Powell, efectivamente, se presentara, y calibraba la resistencia conservadora a negarle la candidatura republicana, el pesimismo de Clinton le hacía prever una elección muy difícil en unas elecciones muy competidas. «Si el pueblo norteamericano verdaderamente quiere a alguien que presida un suave y amable desmantelamiento del Gobierno federal —dijo—, necesita otro presidente.» Que lo hiciera Powell. Clinton manifestó que no estaba dispuesto a competir en esos términos. Demasiadas personas convertían la política en un juego de observadores en el que se quedaba olvidado todo lo que estaba o podía estar en juego para millones de vidas. Se indignó y dijo repetidamente que eso era un error.

El presidente nunca reconoció sentirse aislado o abandonado. Al contrario, elogió a los demócratas del Congreso por estar dispuestos a apoyar sus vetos. El problema emocional para él parecía ser su imagen. Disfrutaba pensando en los choques sin precedentes que le aguardaban por el cierre de todo el Gobierno, pese a sus terribles consecuencias, pero la perspectiva de que los medios le comparasen con Powell le hacía soltar una retahíla de quejas y protestar contra las imágenes arraigadas e injustas, incluso opuestas a la realidad. ¿Cómo podían decir que el iniciador de una controversia duradera era una persona cambiante? ¿Cómo podían decir que alguien que asumía tantas posiciones impopulares, sin embargo, no estaba a favor de nada? Más bien, estaba a favor de demasiadas cosas.

Al llegar ahí, intenté llevarle de vuelta hacia la aritmética política preguntándole sobre la Ley de no Discriminación en el Empleo. El presidente acababa de respaldar el proyecto de ley de Ted Kennedy que prohibiría el despido de empleados, exclusivamente por su orientación sexual, de instituciones públicas y privadas por encima de determinadas dimensiones, excluido el ejército. Dicha ley no tenía ninguna posibilidad de ser aprobada en ese Congreso, porque los líderes republicanos se negaban directamente incluso a examinarla en comité. ¿Había pensado Clinton en retirar su apoyo hasta que Kennedy obtuviera más votos? ¿Debía decir alguna vez: «Demuéstrame que este proyecto de ley tiene alguna probabilidad y lucharé por él, pero no voy a recibir unos daños importantes por mantener una posición puramente simbólica»? Clinton reconoció inmediatamente el precedente histórico de este dilema. Era Franklin D. Roosevelt diciendo «Obligadme a hacerlo» durante la Segunda Guerra Mundial, retando a los líderes del movimiento de derechos civiles a provocar un movimiento cívico en favor de la integración de los puestos de trabajo en las industrias de la defensa. Clinton estaba de acuerdo con Roosevelt en que había momentos en los que asumir un objetivo de largo alcance podía ser un error, incluso en principio, porque la reacción podía debilitar la fuerza de un dirigente para muchas otras causas. Dijo que el proyecto de ley de Kennedy, desde luego, no le favorecía nada desde el punto de vista político. Si se hubiera negado a apoyarlo, los grupos defensores de la igualdad le habrían acusado de falta de valor, pero él quería creer que no era por eso por lo que sí lo había respaldado.

De forma imprevista, el presidente se puso a contar anécdotas de su difunto suegro. Hugh Rodham había sido tan de derechas que ni siquiera le gustaban los católicos, «los papistas», dijo Clinton, por no hablar de los judíos, los negros y los homosexuales, pero había cambiado con el tiempo, como había quedado claro, sobre todo, con la relación que tuvo con sus cuidadores durante su enfermedad terminal. Se había hecho amigo de todos, desde los celadores hasta una enfermera con una condecoración Corazón Púrpura. Incluso el viejo Hugh había aprendido a juzgar a la gente por su conducta y su espíritu, y no por las etiquetas. Y ése era el criterio correcto, insistió Clinton. Iba a defender el proyecto de ley de Kennedy, y que la gente le criticara todo lo que quisiera. Contó más anécdotas de Rodham. Si lo hizo para ilustrar su sentimiento de sentirse indefenso por seguir sus principios, no lo verbalizó. No fui capaz de averiguar si los recuerdos familiares le agudizaban el sentimiento de ser perseguido por la prensa o viceversa, pero el caso es que se mostró casi sensiblero. Mi intento de reanimarle intelectualmente había sido contraproducente.

Pronto pasó a otros temas. El presidente mexicano Ernesto Zedillo acababa de venir de visita, con un primer pago de 700 millones de dólares de los préstamos de estabilización concedidos al país vecino. Clinton analizó la investigación de un tren de la empresa nacional de ferrocarriles Amtrak saboteado en Arizona, y dijo que, en su opinión, el jefe de Christy, Schmoke, alcalde de Baltimore, había hecho bien en asistir a la marcha de un millón de hombres que habían organizado los negros ese mes en el Mall de Washington. Había sido un acontecimiento extraordinario que había desmentido las profecías de insultos y disturbios. El presidente se preguntó por qué tantos pastores cristianos habían renunciado a ocuparse de asuntos cruciales de responsabilidad y expiación, y los habían dejado en manos del sectario líder musulmán Louis Farrakhan. Pasamos a toda prisa sobre la decisión definitiva de Sam Nunn de dejar el Senado («Lo siento —dijo con sequedad—, me gusta), pero una pregunta sobre el cumpleaños de Hillary inspiró una auténtica rapsodia sobre los brindis y las decoraciones. Hillary había llegado tocada con una increíble peluca de Dolly Parton, dijo, ante lo que él había comentado en broma que su verdadero sueño desde niño no era ser presidente, sino exactamente eso, estar con una chica de rodeo. Describió sus regalos. Algunos se me olvidaron antes de dictar mis notas de medianoche, pero me acordé de una copia impresa del discurso «Meditation on the Divine Willa» de Lincoln y de un silbato en forma de una mujer que sostenía el mundo. Dijo que le recordaba a Hillary.

Terminamos hablando de su viaje a Nueva York la semana anterior. Recordó momentos divertidos en medio del serio trabajo, simbolizados en una gran sesión fotográfica para conmemorar el 50º aniversario de Naciones Unidas. Con no menos de 189 jefes de Estado reunidos en una sala, el famoso fotógrafo Paul Skipworth movía sus brazos, frenético, para alejar a un ejército de ayudantes y agentes de seguridad y se dirigía a los líderes del mundo, que le miraban asombrados, a gritos, «como si fueran sus primos o sus tíos». Clinton, de pie junto al presidente de China, Jiang Zemin, descubrió que el inglés de Jiang era lo bastante bueno como para valorar los comentarios sobre el encuentro entre la cultura de la ONU y las tradiciones humorísticas del retrato familiar estadounidense. Skipworth hacía gestos para conseguir que los jefes de Estado sonrieran. Cada vez que recolocaba a alguien para que se le viera mejor, porque era demasiado delgado o demasiado bajo, los jefes de protocolo se estremecían. El presidente francés Jacques Chirac parecía incómodo, le susurró Clinton a Jiang, por la amplia condena de sus pruebas nucleares en el Pacífico. Gracias a esta apertura informal, dijo el presidente, casi —aunque no del todo— había conseguido convencer a China a que accediera, junto con Rusia y una Francia escarmentada, a aplicar una estricta moratoria sobre las explosiones nucleares.

Clinton había hecho un paréntesis para ir en helicóptero a entrevistarse con Boris Yeltsin en la finca de Hyde Park de Franklin D. Roosevelt. Con su gusto por los recuerdos históricos, había mostrado a Yeltsin una carta de la biblioteca en la que Roosevelt notificaba a Josef Stalin la fecha fijada como Día D para abrir un frente occidental contra Hitler, y había señalado los cambios que Roosevelt había hecho a mano en el borrador escrito a máquina. Durante los preparativos de la reunión, explicó el presidente, sus asesores habían propuesto exhibir las auténticas sillas en las que Roosevelt trazaba la estrategia de guerra con Winston Churchill, y Clinton había estipulado que las sillas fueran sólidas. Si Yeltsin las veía, querría sentarse en ellas. Así que, en un espectacular día de otoño, habían colocado las dos sillas en un lugar muy pintoresco que dominaba el río Hudson. Clinton contó que, cuando se acercaba a ellas, se había sentido casi como Julie Andrews en la escena de la montaña que abre *Sonrisas y lágrimas*, salvo por la repentina mala cara de Yeltsin. El presidente le ofreció el brazo, temiendo que estuviera dándole un ataque al corazón o un derrame, pero no pidió ayuda a los asesores que les seguían a distancia.

Sus conversaciones ante aquellas vistas trataron de los proyectos para mantener Rusia a flote tras la caída de la Unión Soviética, y el presidente dijo que había sentido lástima por Yeltsin en muchos aspectos. Sabía cuánto daño le hacía que se le reconociera tan poco el mérito de poner en marcha una democracia pese a lo que Clinton llamaba los «espantosos problemas» de la economía, las infraestructuras y el orden político básico de su país. Uno de ellos era el nacionalismo que lamentaba la pérdida del imperio eslavo, y eso espoleaba y, al mismo tiempo, bloqueaba el deseo de Yeltsin de reivindicar un sitio entre las grandes naciones. Quería a toda costa participar en cualquier consorcio internacional que pudiera crearse para garantizar un acuerdo en los Balcanes. A pesar de la enorme oposición, le había dicho a Clinton, las tropas rusas se unirían a las fuerzas de paz desplegadas en Bosnia, pero en ninguna circunstancia obedecerían las órdenes de la OTAN. Para los rusos, la OTAN era un antiguo enemigo que ahora les excluía, y esa humillación sería fatal para la carrera de Yeltsin. Clinton lo comprendía, pero había respondido con obstáculos igualmente sólidos en el otro sentido. La OTAN era su única esperanza. El peor día de su presidencia, le dijo a Yeltsin, había sido cuando vio cómo arrastraban por las calles de Mogadiscio a unos soldados estadounidenses muertos en la misión de la ONU en Somalia. Ahora, incluso a la cabeza de la OTAN, tenía que pelear con el Congreso para enviar soldados estadounidenses a Bosnia, y cualquier otro mando era completamente impracticable. Yeltsin y él no estaban consiguiendo ponerse de acuerdo y casi habían agotado su imaginación, cuando lograron tapar el problema con una solución consistente en un mando de la OTAN con algún tipo de prohibición de dar órdenes a las brigadas eslavas. Los rusos se limitarían a limpiar minas, realizar tareas logísticas o lo que se les ocurriera a los generales subordinados. Manteniendo entre ellos esa tenue esperanza, los dos dirigentes habían aparecido ante los periodistas que aguardaban en Hyde Park, y Yeltsin, con su típico tono bravucón, había refutado las predicciones de una cumbre desastrosa. «Vosotros sois el desastre», les dijo, claramente borracho.

De vuelta en Nueva York, Clinton había intentado animar a dos de los presidentes en guerra que se encaminaban a las conversaciones de paz de Dayton. El croata Franjo Tudjman y el bosnio Alija Izetbegovic, tenían mucho en común. Ambos habían estado dos veces en la cárcel por actividades nacionalistas contra el régimen comunista del mariscal Tito en la gran Yugoslavia. Los serbobosnios habían matado a sus compatriotas juntos y por separado en las guerras de limpieza étnica, y eso les convertía en aliados. No obstante, dijo Clinton, a duras penas podían soportarse el uno al otro, lo cual daba fuerza a los malos presagios ante la reunión que iban a mantener en Ohio con sus enemigos serbios para unas amplias negociaciones. Sarajevo había recobrado la electricidad, pero Bosnia estaba al borde de vivir una guerra crónica. El presidente explicó que le había pedido un gran favor diplomático a Tudjman e Izetbegovic, y que se lo habían concedido. Habían aceptado volar a Dayton pasando por Moscú para poder reunirse con Yeltsin y rendirle homenaje. Habría sido una forma de compensar la marginación de Yeltsin tanto en las conversaciones de Dayton como en la OTAN, dijo Clinton, pero Yeltsin había vuelto a enfermar al volver a su país. Por consiguiente, esa noche los dos líderes iban a volar directamente a Ohio para comenzar las negociaciones allí mientras Gingrich y Dole regateaban en la Casa Blanca con el cierre del Gobierno federal.

El presidente terminó con un recuerdo privado sobre Jiang Zemin, del mismo día en el que se había entrevistado con los presidentes balcánicos en Nueva York. Una vez más, no había conseguido hacer ningún avance en materia de derechos humanos. Jiang desviaba la conversación. Clinton dijo que había renovado su profesión de amistad y había hecho una distinción entre las cuestiones en disputa y la hostilidad. Había enumerado muchas cosas que era preciso mejorar en la relación, desde la piratería de música y películas hasta la persecución en el Tíbet, pero había insistido en que Estados Unidos quería ser amigo de China. Queríamos que China estuviera en la Organización Mundial de Comercio. Si fuéramos hostiles, bromeó, no habríamos consentido ese enorme déficit comercial, y no había más que un ámbito en el que Clinton consideraba que China era una amenaza para la seguridad nacional de Estados Unidos. Afirmó que ese comentario había sorprendido al presidente chino, que se apresuró a preguntar cuál era. La mirada de Jiang se había suavizado. Clinton dijo que era la primera vez que había sentido el contacto humano en medio de los asuntos de Estado, quizá gracias a su charla informal durante la sesión fotográfica. «Están convirtiendo China en una economía muy sana —le dijo a Jiang—. No es culpa suya, pero, si no encuentran forma de hacerlo mejor que los países ricos antes que ustedes, arruinarán el planeta.»

19

EL ASESINATO DE RABIN

Lunes, 20 de noviembre de 1995

Rebecca Cameron, la ayudante de Nancy Hernreich, volvió a disculparse por avisarme con tan poco tiempo. Dijo que la semana en la que la administración había tenido que estar cerrada había desbaratado un calendario ya precario. El acuerdo provisional del día anterior con el Congreso había permitido que 800.000 empleados federales volvieran al trabajo durante un día de caótica recuperación, hasta la medianoche, pero las negociaciones estaban siendo muy espinosas y amenazaban con enviarlos a todos de vuelta a casa, incluida ella misma. Por imperativo legal, el vacío de autoridad volvería a desalojar muchas oficinas y a dejar una Casa Blanca callada y paralizada. No habría nadie para darme paso en la verja o acompañarme hasta la residencia. Nuestro proyecto confidencial podía convertirse en una víctima colateral del bloqueo, comentó Cameron, y el presidente Clinton confiaba en colar una sesión antes de que se cumpliera el plazo esa noche.

Clinton entró en la Sala de los Tratados con paso rápido, todavía vestido con traje, claramente concentrado en el trabajo, y tomó notas en su mesa mientras yo esperaba con mis grabadoras en el sofá bajo un cuadro de Chartran. Las cosas iban mal en Dayton, comentó. Después de tres semanas intensas, quizá iba a tener que interrumpir las negociaciones al día siguiente sin haber conseguido nada. Bosnia, casi con certeza, volvería a sumirse en la guerra. Le parecía que ese resultado significaría el final de la OTAN como alianza con un propósito creíble en el mundo, desde luego bajo el liderazgo de Estados Unidos. Al fin y al cabo, explicó, no dejaba de repetir a los miembros del Congreso que había intentado mantener a los estadounidenses al margen de la guerra de los Balcanes, y había tratado de lograr que los europeos elaborasen un acuerdo, pero no había ocurrido nada positivo hasta que envió a Tony Lake a conseguir que la OTAN bombardeara a los matones serbios y ordenó a Richard Holbrooke que pusiera juntos a todos para iniciar unas negociaciones. Ahora, dijo con aspereza, los pocos miembros del Congreso que habían defendido a los bosnios se resistían a un acuerdo para salvar el país. Muchos, al sufrir presiones, no veían más que lo peor. Se oponían a que los soldados estadounidenses se convirtieran en presas fáciles bajo un fuego cruzado entre etnias, en una misión para proteger a los bosnios, a los que, en privado, a pesar de ser las víctimas, no tenían en cuenta por considerarlos unos musulmanes inadaptados, poco fiables y «probablemente compinchados con Irán». Lo irónico de eso, dijo el presidente, era que los bosnios habían constituido el obstáculo final en Dayton. El presidente Alija Izetbegovic estaba demasiado resentido para aceptar su rescate. Ésa era la triste verdad.

Se acercó a una silla situada a mi derecha y yo decidí no preguntarle más sobre Bosnia por el momento. Ya con las grabadoras en marcha, empezamos con el asesinato de Isaac Rabin, el 4 de noviembre. Hacía dos fines de semana, después de pronunciar su discurso de los sábados en la radio, le habían llegado noticias fragmentadas al Despacho Oval. Tres disparos en un acto al aire libre en Tel Aviv. El primer ministro hospitalizado, luchando por su vida. La conmoción y el suspense habían trastornado a Clinton de tal forma que sus pasos agitados le habían llevado a la parcela de jardín en la que solía practicar golf, donde, poco después, el rostro de Tony Lake al aproximarse le dejó claro que Rabin había muerto. El presidente se desmoronó antes de que Lake pronunciara una palabra. Según dijo, lloró abiertamente por Rabin. Comentó que Isaac era un viejo soldado que había asumido enormes riesgos por alcanzar la paz. Recordó momentos emotivos, como Rabin diciendo «Todo saldrá bien» antes de la última ceremonia de firma de un acuerdo, pidiéndole prestada una corbata, bromeando con Arafat, presionando para seguir adelante. En cambio, dijo Clinton, el presidente Izetbegovic seguía sentado, paralizado, detrás de todos los búnkers imaginarios sobre el disputado mapa de Bosnia, esperando a que los serbios abrieran fuego.

Se habían hecho públicos algunos detalles del duelo oficial. El presidente y Hillary, que se habían apresurado a firmar en un libro de condolencias colocado en la embajada israelí en Washington, habían pedido a unos amigos que les dijeran alguna palabra en hebreo que transmitiera sus sentimientos, y se habían decidido por *haver,* que significa «amigo» o «camarada», con unas connotaciones de relación mucho más estrecha que la expresada por cualquier término en inglés. La breve declaración de Clinton —que terminaba diciendo «*shalom, haver*, adiós, amigo»— había conmovido tanto que en Israel habían aparecido letreros de «*shalom, haver*» en paredes, vallas publicitarias e incluso pegatinas de coche; los Clinton habían recibido una de estas últimas con unas palabras muy sentidas de la viuda de Rabin, Leah, un recuerdo que el presidente atesoraba y que dijo que quería enseñarme. Estaba en la sala de estar familiar. Pasando a otra cosa, recordó la llamada que había hecho para exigir con firmeza a Mubarak que asistiera al funeral, consciente de que el presidente egipcio no había puesto nunca el pie en Israel y de que su predecesor, Anuar el Sadat, había sido asesinado por unos compatriotas enfurecidos por su viaje de paz a Jerusalén.

En todos los bandos, dijo Clinton, los hombres de paz se enfrentaban a la violencia de sus propios extremistas. El asesino de Rabin no era un terrorista árabe, sino un judío israelí ortodoxo, que había afirmado que tenía el mandato religioso de impedir un compromiso con los enemigos de Dios, y el rey Hussein de Jordania, cuando era adolescente, en 1951, había sobrevivido a una emboscada callejera en la que unos nacionalistas palestinos habían tiroteado a su abuelo porque éste había reconocido la reivindicación del joven Estado de Israel de una parte del territorio palestino. En el funeral de Rabin, Hussein le había dicho a Clinton que era una situación desgarradora para él por muchos motivos. No había estado en Jerusalén desde la guerra de los Seis Días, en 1967. Cerca de ellos, dijo Clinton, la esposa de Hussein, la reina Noor, había llorado calladamente durante toda la ceremonia. En su opinión, la emocionante reunión de 5.000 dignatarios extranjeros había tranquilizado visiblemente a los asustados habitantes del pequeño y aislado Israel.

De pronto, hubo una llamada desde Dayton. Era el secretario de Estado, Christopher y, por la parte de la conversación que yo podía oír, quedó claro que el punto muerto en las negociaciones sobre Bosnia se había estancado. «Creía que había aceptado un reparto del 51-49 hace un año —le dijo a Christopher, evidentemente molesto—. Es así, ¿no?» Estaban hablando de las fronteras propuestas para las milicias étnicas, que separarían el Gobierno central de la federación musulmana-croata de los rebeldes serbobosnios. Esas líneas determinarían el crucial punto de partida del control militar, a partir del cual Bosnia confiaba en reconstituir la moneda común y las infraestructuras de una nación única. Anteriormente, cuando el presidente Izetbegovic y sus aliados croatas no tenían más que el 30 % de su territorio, habían aceptado el 51 % como un objetivo más o menos

tolerable, pero las contraofensivas que habían llevado a cabo desde entonces les habían colocado en el 55-56 %, por encima de esa meta. En Dayton, a miles de kilómetros del baño de sangre, tres semanas de canjes de
tierras y reflexiones conjuntas no habían conseguido resolver la diferencia. «No me puedo creer que no vaya a firmar la paz por una cantidad tan
pequeña», dijo el presidente a Christopher. Izetbegovic necesitaba aprender de Isaac Rabin lo que era el valor de asumir riesgos. «Los líderes dignos de tal nombre —sentenció Clinton— saben cuándo se producen estos
momentos.» Le dijo a Christopher que dejara claro a Izetbegovic que el
acuerdo sobre la mesa era efímero y que todas las partes podían echarse
atrás. «Si rechaza estas condiciones ahora —dijo—, quizá no las recupere
jamás.»

Mientras Christopher consultaba con sus diplomáticos, Clinton me
puso al día sobre lo que se había hecho hasta el momento. Dijo que su
papel era limitado. Aunque estaba al tanto de lo que se hablaba en Dayton, había intervenido en contadas ocasiones para resolver atolladeros con
los otros jefes de Estado. Precisamente ese día, por ejemplo, con una llamada, había logrado que el croata Franjo Tudjman aceptara, a regañadientes, abandonar 2.000 kilómetros cuadrados de montañas casi despobladas que sus soldados habían conquistado en Bosnia. El presidente dijo
que Tudjman era un viejo zorro. Ocurriera lo que ocurriera en Dayton,
comentó, Tudjman sería seguramente el malo en las eventuales negociaciones sobre sus conquistas marginales en la vecina Eslovenia. Por el momento, sin embargo, el hecho de que Tudjman hubiera cedido una tierra «sin
valor» colocaba a las tres partes en conflicto angustiosamente cerca unas
de otras. Estaban a menos de un 1 % de distancia de un acuerdo, y las
transferencias definitivas no tenían por qué incluir centros de población ni
lugares simbólicos. Pese a ello, Izetbegovic se resistía a ceder ni un milíme-
tro. Según Clinton, era una persona traumatizada, honrada y de fuertes
convicciones morales. Había pasado nueve años en cárceles yugoslavas
bajo el comunismo. Ahora, próximo a la muerte, le costaba imaginar una
restauración que no iba a ver. Su Gobierno estaba lleno de divisiones internas precisamente cuando estaban a punto de alcanzar la paz. Para Izetbegovic, Miloševic y los serbobosnios habían usurpado su nación a base de
carnicerías, y no conseguía hacerse a la idea de participar en ese resultado.
Clinton reconoció que, en el fondo, compartía su opinión, pero que repartir las culpas no era suficiente. La parálisis y los agravios no ofrecían realismo ni esperanza, y había que lograr que Izetbegovic lo comprendiera.

¿Iba a intentar convencerle Clinton personalmente, como había hecho con Tudjman? No, respondió, revisando la opción con detalle. Estaba satisfecho con que Christopher y Holbrooke hubieran asaltado a Izetbegovic con todos los argumentos objetivos. No sólo el acuerdo en perspectiva iba a evitar el exterminio probable de la sitiada Gorazde, sino que Miloševic había ofrecido una concesión asombrosa, la de sacar a sus tropas de los enclaves serbios dentro del área metropolitana de Sarajevo. Clinton pensaba que la resistencia de Izetbegovic era psicológica. Dijo que cualquier medida diplomática presidencial directa se filtraría y, si tenía éxito, se interpretaría como un intento de intimidación por parte de Clinton para imponer un acuerdo. Eso endurecería la oposición en el Congreso, que ya era feroz. Algunos demócratas se habían unido a los republicanos para acusarle de unas ambiciones desmesuradas que le habían llevado a exponer a 20.000 soldados estadounidenses al peligro en un insensato esfuerzo de «construcción nacional». Su propio equipo en la Casa Blanca hacía hincapié en que los sondeos mostraban la enorme oposición al despliegue de tropas en Bosnia. En conjunto, concluyó el presidente, su intervención directa podía obtener una victoria pírrica en el mejor de los casos. Así que había decidido no participar.

La presión pública también iba a ser contraproducente. Clinton dijo que no podía permitirse revelar que Izetbegovic era el problema final en Dayton porque ese sorprendente dato reavivaría las sospechas populares de que los bosnios habían contribuido a su propia derrota. Los prejuicios extendidos reforzarían la tentación de permanecer al margen mientras el único Estado musulmán de Europa sucumbía lamentablemente a los «antiguos odios de los Balcanes». Clinton dijo que esta imagen del pasado era equivocada pero resultaba muy cómoda de utilizar y tenía la suficiente fuerza como para destruir la coalición de paz. Nadie sería capaz de transformar las naciones europeas en otras; desde luego, no los rusos. Por tanto, razonó, era preciso ocultar la angustiosa resistencia de Izetbegovic hasta el final, mientras existiera la mínima posibilidad de acuerdo.

La historia daba a Clinton una pizca de ventaja. Aseguró que Izetbegovic debía saber que su protección expiraría cuando fracasaran las conversaciones de Dayton. «Si no acepta esta paz —dijo el presidente a Christopher—, quiero que sepa que tarde o temprano tendré que contar al mundo quién es el responsable de ello.» Con la imagen de unas consecuencias tan poco optimistas, Clinton fue alterándose cada vez más al teléfono. A nadie le importaba verdaderamente Bosnia en ese período de calma, dijo, pero el mundo entero estallaría si la guerra se reanudaba. Los mismos que se resistían a intervenir se pondrían furiosos y repartirían culpas. «Cuando empiecen las matanzas, será malo para mi Gobierno», afirmó. Le dijo a Christopher que habían arriesgado demasiado, habían hecho demasiado por conseguir la paz y habían conseguido para Bosnia más de lo que nadie creía posible. «No estoy dispuesto a permanecer sentado y dejar que me hagan pedazos por esto», aseguró. Enumeró una lista de preguntas sobre el ultimátum de esa noche. ¿Podíamos asegurarnos de que Izetbegovic comprendiera que no estábamos tirándonos un farol? ¿Le crujirían los dientes por las consecuencias del fracaso? ¿Le consideraban todos los aliados el principal obstáculo? ¿Estaban de acuerdo en que había algo profundo en su naturaleza que le impedía asentir?

El presidente escuchó lo que le decía Christopher, asintiendo. Sólo hizo una ligera pausa. «Bueno, Chris, adelante, hazlo —dijo—. Vete. Confío en ti. Yo te respaldo. Al final, tendrás que dar la reunión por terminada si no quieren aceptar esta paz.» Tenía un tono mezcla de alivio y resignación.

Yo estaba deseando detenerme en estas decisiones sobre Bosnia, que habían quedado grabadas, pero había demasiados temas en mi lista. Nuestra atención comprimida debía vagar de forma errática, como su trabajo.

Volvimos al funeral de Rabin. Clinton se rió de una rabieta de la prensa sobre si había ninguneado a Dole y Gingrich al obligarles a utilizar la puerta trasera del *Air Force One*. Dijo que la gente de protocolo era la que se encargaba de esas cosas. Tal como él lo recordaba, sólo los que iban en el helicóptero habían pasado directamente a su compartimento, y los demás miembros de la inmensa delegación, incluidos los ex presidentes Carter y Bush, habían entrado por otras puertas. Sin embargo, no despreció tanto las quejas de que había ignorado a Gingrich y Dole en el largo vuelo de regreso desde Israel. Dijo que estaba cansado. Recordó una larga conversación telefónica con Yasser Arafat justo después de despegar. Había estado jugando a las cartas, y dijo que había sido un error no hablar con ninguno de los dos. Por otro lado, quería transmitirles un mensaje sobre el punto muerto en la cuestión del presupuesto. Confesó que estaba harto de las historias que hablaban de un enfrentamiento entre los decididos conservadores y un presidente vacilante. La verdad era que Gingrich y Dole no habían hecho su trabajo fundamental. Estaban estancados en las asignaciones de gastos anuales cuando llevaban ya seis semanas del nuevo año fiscal, y él no estaba, ni mucho menos, desesperado por llegar a un acuerdo. Parecía incluso contento de que su silencio les sacara de sus casillas. Cualquier posible remordimiento estaba poco claro y sin resolver, como el propio cierre de la administración.

El presidente confirmó que las negociaciones estaban siendo duras. Dijo que Gingrich y Al Gore habían estado a punto de llegar a las manos. Mientras se intercambiaban comentarios sarcásticos sobre extremismos, Gore había dicho que, por lo menos, ningún demócrata había acusado nunca al presidente de la Cámara de ahogar a recién nacidos en Carolina del Sur, y Gingrich había estallado ante el recuerdo de su metedura de pata sobre el caso de Susan Smith. (Smith había matado a sus hijos, dos niños pequeños, y luego había echado la culpa a un ficticio afroamericano que, según aseguró ella, le había robado el coche con ellos dentro. Días antes de las elecciones de 1994, Gingrich atribuyó su horrible crimen a la permisividad de los años sesenta, y pidió el voto para los republicanos como remedio ideal.) Clinton dijo que había rogado que se calmaran y que el enfrentamiento decisivo, después de eso, había sido engañosamente tranquilo. Hacía una semana, había susurrado a Gingrich y Dole sus razones para vetar las últimas resoluciones para mantener el Gobierno a flote que le habían presentado, cargadas de cláusulas adicionales. «Ustedes no son los únicos que tienen convicciones», les había dicho. Sus palabras habían reconocido a la otra parte su sinceridad. Todos querían equilibrar los presupuestos, pero podían conseguirlo sin cláusulas adicionales que dejaran a 380.000 niños fuera del programa de educación para familias con pocos recursos, ni tampoco otras que recortaran drásticamente los préstamos para universitarios y Medicaid. Si tenía que parar la administración para defender los valores opuestos, estaba dispuesto a hacerlo. Había prometido a Gingrich y Dole que iban a tener claras cuáles eran sus prioridades antes de que todo esto se resolviera.

Sobre todo Gingrich había parecido afectado por el ultimátum. Se iban a arrojar por el precipicio, después de todo, y él se había reconocido sorprendido. En sus cálculos preveía que Clinton iba a hacer concesiones o a doblegarse. Clinton dijo que, en su opinión, Gingrich y su grupo se habían dejado engañar por su propia propaganda sobre la fuerza moral de su supuesta cruzada. En la semana que llevábamos de conmoción y cierre de oficinas, mientras los índices de aprobación del presidente se disparaban y los del Congreso se venían abajo, ellos se habían aferrado a la esperanza de que esa reacción fuera un ataque de pánico temporal. El presidente pensaba además que la prensa nacional alimentaba su engaño, porque atribuía los éxitos que lograba él a su bravuconería y sus cualidades de vendedor, a cualquier cosa menos a una firmeza de principios. Esta teoría derivó en un agudo circunloquio sobre los medios de comunicación. Dijo que *The New York Times,* después de patrocinar una marea inicial de críticas con las alegaciones sobre el caso Whitewater, estaba dando señales de mayor imparcialidad en sus informaciones, por ejemplo, al hablar de hasta qué punto la pelea presupuestaria tenía sus raíces en las previsiones económicas. Desde la década de 1980, los gobiernos republicanos habían proyectado un crecimiento absurdamente elevado y una inflación absurdamente baja para ocultar su enorme acumulación de deuda pública, y ahora, en cambio, el Congreso republicano predecía años de bajo crecimiento e inflación alta para justificar sus grandes recortes en los programas no militares. Clinton veía menos imparcialidad sobre el verdadero impacto de estos debates en *The Washington Post.* Suponía que no debía de haber muchos redactores que conocieran a familias con niños en los programas de educación para niños de familias con pocos recursos. «Después de haber sido gobernador durante muchos años en un estado muy pobre —dijo—, sé mucho más sobre Medicare y sobre los programas de bienestar que ellos.»

Estaba muy satisfecho con los resultados hasta el momento. La hostilidad pública ante el cierre de la administración refutaba décadas de mitos orquestados sobre los daños que causaba el Gobierno. Los ciudadanos estaban presionando a sus representantes para que volvieran a abrir sus oficinas de pasaportes, el cementerio de Arlington y Yellowstone. ¿Quién iba a enviar por correo los próximos cheques a los veteranos? ¿Qué iba a pasar con los juzgados y con los satélites meteorológicos? Ese mismo día, los republicanos se habían apresurado a conceder una tregua a los empleados federales mientras se comprometían a volver a imponer un cierre por defenderlos. Si se celebraran elecciones en ese mismo instante, dijo Clinton, Gingrich no sería presidente de la Cámara, los republicanos perderían su mayoría en ella y quizá incluso en el Senado. Sus encuestas habían mejorado hasta casi un 70 % de aprobación entre los votantes con más probabilidades de acudir a las urnas, de cincuenta y cinco años para arriba, pese a que todavía no había vetado los proyectos de asignaciones que reducían las de Medicare y Medicaid. Señaló que los vetos relacionados con el cierre de la administración eran unos magníficos instrumentos educativos. Estaba deseando vetar el proyecto de ley de gastos medioambientales para extender su mensaje de que los conservadores no estaban cumpliendo su primer deber, que era conservar. Si la siguiente resolución permanente incluía más cláusulas adicionales envenenadas como precio para volver a poner en marcha la administración, también la vetaría, y conseguiría un programa que explicar. «Hay cosas horribles ahí —dijo—, la gente no tiene ni idea.» Dejé caer la idea de un hipotético veto por partidas individuales y sugerí que quizá podía mencionar las disposiciones que él habría eliminado si pudiera. Hizo una pausa y sonrió. Creía que yo me oponía al veto por partidas por motivos constitucionales, mientras que él estaba a su favor. Era verdad, repliqué, pero me fascinaban las posibilidades que ofrecía esa crisis.

Su optimismo político también se debía al reciente anuncio de Colin Powell de no presentarse como candidato en 1996. El presidente no le había llamado desde ese momento, porque le daba miedo que alguna filtración dejara patente su alivio. Había supuesto, equivocadamente, que Powell iba a enfrentársele, mientras que Hillary y Al Gore habían opinado lo contrario. Pensaban que Powell se iba a dar cuenta tarde o temprano de que, en realidad, no era un animal político ni estaba cómodo entre los republicanos, que desgastarían el brillo de su reputación si se presentaba como candidato. En su opinión, Powell era un hombre muy estructurado, devoto de las apariencias y el decoro, al que podría preocupar ser el primer general que se presentaba contra su antiguo comandante en jefe desde que George McClellan tratara de vencer a Abraham Lincoln en 1864, un hecho que selló el lugar de McClellan entre los perdedores más envanecidos de la historia. La errónea predicción sobre Powell parecía atormentar a Clinton. Quería volver a leer la biografía de Truman escrita por David McCullough, que desvelaba la decisión del general Eisenhower de permanecer en la Universidad de Columbia en 1948. Tal vez Eisenhower no había querido politizar el ejército moderno presentándose contra Truman, algo que quizá habría hecho que los presidentes posteriores vacilaran al nombrar a los jefes de Estado Mayor. Clinton dudaba que Powell fuera tan escrupuloso. Es más, criticó a Powell porque en su autobiografía, que tanto éxito había tenido, revelaba confidencias presidenciales de la época en la que había estado en la Junta de Jefes de Estado Mayor, unos detalles que no debería haber hecho públicos, por lo menos, hasta que Clinton hubiera terminado su mandato. Su actividad mental dio con una nueva pista. Cada paso ascendente que había dado Powell había estado impulsado por el patrocinio y los nombramientos, observó, incluido su puesto en la Casa Blanca de Reagan. En el fondo, Powell era un oficial de Estado Mayor, tal vez poco preparado para dar el salto a la soledad que requería una candidatura a la presidencia.

La salida de Powell dio a Dole un empujón en las encuestas para la nominación republicana, pero sólo duró tres o cuatro días. Sus índices de popularidad frente a Clinton subieron y luego bajaron, y Dole había ganado por los pelos el reciente simulacro de primarias en Florida frente a un grupo de candidatos débiles encabezado por el senador Phil Gramm. El presidente dijo que los votantes estaban haciendo pagar a Dole su papel como segundón pasivo de Newt Gingrich en la crisis presupuestaria. Dole aparecía sin cesar en televisión, de pie, mientras el presidente de la Cámara explicaba su repliegue en el conflicto del cierre de la administración en tono agresivo y sentando cátedra. Ese papel de segundón no le permitía parecer muy presidencial, sobre todo porque los votantes estaban cansándose de Gingrich. Clinton creía que esa imagen le iba a perseguir durante la campaña y que la solidaridad con Gingrich era un error político. Dole debería haber roto con los agitadores y haber establecido un terreno intermedio para «adultos». Con eso habría demostrado tener independencia, capacidad de liderazgo y la facultad de gestionar las diferencias para conseguir cosas. Irónicamente, dijo el presidente, si Dole se hubiera atrevido a cooperar con Clinton en ese momento, eso habría podido ayudarle a derrotarle al año siguiente.

Pasamos rápidamente por los temas restantes del mes. Un coche bomba había matado a cinco soldados estadounidenses en una base de entrenamiento cerca de Riad, en Arabia Saudí. A propósito del anuncio de que a la fiscal general, Janet Reno, le habían diagnosticado Parkinson, Clinton destacó que el senador Alan Simpson, que tenía un talento especial para saltarse las líneas entre partidos, se dedicaba a consolarla contándole historias sobre las tres activas décadas que había vivido su padre con la enfermedad. Por otro lado, había habido un intento internacional fallido de impedir que el dictador nigeriano Sani Abacha ahorcase a nueve activistas políticos y ecologistas del pueblo ogoni, entre ellos el escritor Ken Saro-Wiwa. Con cierto disgusto, el presidente describió la llamada telefónica que había hecho espontáneamente para hablar de *Values Matter Most*, un nuevo libro del estratega político neoconservador Ben Wattenberg, que había desembocado en cierta agitación en los medios por la afirmación de

Wattenberg de que Clinton había confesado ser un relativista de convicciones cambiantes. Lo extraño, dijo el presidente, era que Wattenberg le caía bien a pesar de esa previsible tergiversación y el clamor subsiguiente. Yo sugerí que quizá compartían la misma fascinación por las estadísticas de campaña. Clinton respondió que no; Wattenberg le parecía interesante y no un malicioso como la mayoría de los expertos. Además, creía que había aprendido algo. Wattenberg negaba que hubiera nada de valor en las grandes iniciativas de Clinton, desde el TLCAN y Bosnia hasta la prohibición de las armas de asalto, y las había calificado de maniobras políticas. Mientras que Clinton abordaba los valores desde el punto de vista de los criterios cívicos de una república, pensados para proteger y administrar la controversia, Wattenberg, en su opinión, los limitaba a los criterios de la comunidad para la conducta privada, como en una congregación de un pueblo, pensados para condenar las diferencias como algo tabú.

De una respuesta sobre un tema nacional pasó a hablar primero de Japón y luego de una discusión familiar sobre Chelsea. *The Wall Street Journal* había organizado una campaña para forzar la dimisión de la secretaria de Energía, Hazel O'Leary, por lo que Clinton llamaba «una tempestad en un vaso de agua». Dijo que había encargado la investigación interna a Al Gore y le había autorizado a hablar en su nombre, y que el vicepresidente había decidido apoyar a O'Leary; eso le recordó a Clinton que había enviado a Gore como sustituto suyo a la cumbre económica de la semana anterior en Japón, y Gore había vuelto con unos informes muy desagradables. Los jefes de Estado le habían mostrado una hostilidad manifiesta y estaban ofendidos por el hecho de que Clinton se hubiera quedado en su país durante la situación de emergencia creada por el cierre de la administración. Habían afirmado que todo el mundo tenía problemas políticos. El primer ministro australiano, Paul Keating, le había echado en cara a Gore que él había ido a Osaka a pesar de tener una huelga de estibadores y la economía paralizada en su país. ¿Dónde estaba Clinton? El anfitrión, el primer ministro japonés Tomiichi Murayama, se enfrentaba a un estancamiento económico crónico, escándalos de corrupción y la indignación con Estados Unidos porque se había pillado a unos agentes de la CIA espiando en unas negociaciones comerciales y por el resentimiento por la violación de una niña japonesa de doce años a manos de tres soldados norteamericanos. El caso de la violación era feo, suspiró Clinton. Los soldados habían seguido a la víctima, la habían golpeado y habían ahogado sus gritos con una cinta adhesiva que habían llevado para taparle la boca. El almirante al mando había sido destituido pocas horas después de su frívolo comentario de que les habría salido más barato contratar a una prostituta de Okinawa.

Murayama estaba furioso por la probable caída de su Gobierno, y Gore había advertido a Clinton que las superpotencias olvidaban con demasiada facilidad el impacto que tenían sus gestos. Su ausencia había sido un insulto para todo Japón, donde la cultura otorga gran importancia a las formas simbólicas de respeto. Una herida enconada podía dañar las delicadas relaciones entre los dos países durante años, había dicho Gore. Clinton debía visitar Japón rápidamente para hacer las paces. Precisamente ese día, me dijo el presidente, Gore y él habían examinado un calendario abarrotado. Diciembre no podía ser porque todas las noches había fiestas de Navidad, y así con otras fechas, hasta que Clinton llegó a abril. Horrorizado, Gore había asegurado que sería demasiado tarde, sobre todo porque la Casa Blanca estaba anunciando un viaje de paz a Europa para la próxima semana. ¿Por qué no sustituir Irlanda del Norte por Japón? Si no, Gore se había fijado en tres días de enero con escasos compromisos, pero el presidente había afirmado que eran vitales para los estudios de Chelsea. Gore había pestañeado. ¿Y qué? Había seguido la explicación entrecortada de Clinton de que ésa sería una mala época porque Hillary tenía que ir con él a Japón y los exámenes parciales del penúltimo año eran los que más angustia causaban en todo el bachillerato. Ambos se habían sentido exasperados con la posición del otro. «Al —le había explicado Clinton—, no voy a irme a Japón y dejar sola a Chelsea cuando tiene que hacer esos exámenes.» Gore estalló. Acusó a Clinton de haber perdido la cabeza. Habían tenido una gran pelea, contó el presidente, y todavía no tenían fechas para Japón.

Claramente consternado, examinó las repercusiones de eso como un estudioso medieval. Se trataba de elegir entre el deber público a gran escala y la devoción más personal, con posibilidad de que todas las partes acabaran con sentimientos heridos. Había algunas ocasiones en las que ningún profesor ni ningún teléfono podían reemplazar la presencia de un padre. Durante esta reflexión, el portero John Fanning apareció con su frac de trabajo. Explicó tímidamente que le habían ordenado que interrumpiera al presidente porque tenía que firmar la resolución permanente antes de medianoche. Sacó de un gran sobre los documentos oficiales, que puso sobre una gran cartulina. Un memorándum de la Casa Blanca certificaba que la legislación adjunta no contenía ninguna trampa. El Congreso de Estados Unidos autorizaba al Gobierno federal a permanecer abierto en los niveles actuales hasta el 15 de diciembre, a la espera de nuevas negociaciones sobre las asignaciones de gastos aplazadas. Clinton no miró bajo la página de la firma, y me fijé en las distintas caligrafías mientras dejaba constancia de su aprobación. En la parte superior, en nombre de la Cámara de Representantes, Gingrich había dejado un garabato caricaturesco digno del doctor Seuss, entre su largo y angular «Newt» y un diminuto y embarullado «Gingrich». Debajo de él, en nombre del Senado, le seguía «James Strom Thurmond» en la letra infantil y temblorosa de un patriarca de noventa y dos años, el antiguo león de la supremacía blanca. Por un instante, con los trazos rápidos, verticales y zurdos de Clinton, el poder instrumental para hacer funcionar todo nuestro Gobierno pareció extrañamente humano.

Como siempre, mientras rebobinaba las cintas para el presidente, traté de aplazar las reflexiones. Mi objetivo inmediato era recordar los detalles para dictarlos de camino a casa, pero había una persistente impresión que no me abandonaba. Hacia el final, el presidente Clinton parecía estar disperso. Ya me había impresionado que se lanzara a contarme su llamada a Ben Wattenberg y hubiera reconocido que había dicho demasiadas cosas sabiendo que iba a quedar constancia de ello, justo después de decir que había acordado, con su equipo, ser mucho más reticente —tener más cuidado con «el mensaje», dijo él— en sus comentarios públicos. Esa coincidencia era excesiva para ser accidental, y a Clinton no le pegaba pasar por alto una contradicción tan evidente. Sus palabras sobre Wattenberg habían desembocado directamente en la discusión sobre los exámenes de Chelsea. Esto último me resultaba curioso y divertido, pero conmovedor en lo referente a Chelsea y, desde luego, a Gore le había preocupado. Las dos historias resultaban apasionadamente analíticas sobre el conflicto entre los valores públicos y los privados. Ni siquiera ahora, en retrospectiva, creo que me hubiera podido ayudar nada a mi interpretación que Clinton hubiera proyectado alguna pista sobre ciertas noticias fatídicas que iban a saltar más de dos años después. El cierre de los seis días anteriores había dejado la Casa Banca sin la mayoría de sus empleados, sólo con un pequeño grupo de voluntarios y becarios, una situación que acababa de facilitar sus dos primeros encuentros inapropiados con la joven Monica Lewinsky.

Pensé que su extraño estado podía desvanecerse como otras veces, en un torbellino. Estaba esperándome en la cocina del piso de arriba para que le diera las cintas, aguardando a que le contaran las últimas noticias de Dayton, viendo la televisión, reflexionando sobre opciones presupuestarias para evitar otro cierre. Mientras nos dábamos las buenas noches, le felicité por una frase en su elegía a Rabin, que advertía de que quienes odian a sus enemigos «se arriesgan a sembrar las semillas del odio entre ellos mismos». El presidente se limitó a asentir sin comentarios, lo cual me hizo dudar. Pensé que debían de haberle escrito la frase, que no era suya. Volví a aventurarme y sugerí que la convergencia de varias crisis podía tener un lado bueno. Quizá podía ayudarle a restaurar el innovador experimento político de nuestra nación. Podía establecer un equilibrio entre la disciplina fundamental del autogobierno y el propósito común inherente a los valores democráticos. Era una tarea pesada que seguramente no le entusiasmaba tanto como una campaña electoral, pero su legado de libertad era nuestra inspiración desde la época de la lucha por los derechos civiles. Clinton me miró y sonrió. Sabía que estaba intentando animarle, y su reacción me sorprendió. «No —dijo—, esto es más emocionante que una campaña.»

20

TRIUNFO Y FURIA: «UNO VIVE PARA TENER UNOS CUANTOS DÍAS ASÍ»

Jueves, 28 de diciembre de 1995

Martes, 30 de enero de 1996

Volvimos a reunirnos en medio de la confusión tres noches después de Navidad, cuando ya llevábamos once días del segundo cierre de la administración, a una hora temprana para terminar antes de la cena que tenía el presidente con el senador Chris Dodd. Gente de su equipo me aconsejó que fuera con media hora más de tiempo con el fin de pasar el control de seguridad para entrar en la Casa Blanca por un camino que no era el habitual junto al edificio del Tesoro, a través de una puerta de la que se encargaban unos suplentes que no me conocían. Llegué todavía más pronto, suponiendo que el cargamento especial que llevaba esa noche pondría a prueba incluso una burocracia acostumbrada a todo. Tardé un rato en explicar el porqué de la furgoneta con matrícula de Georgia y propiedad de otra persona, que contenía una gran escultura tapada en la parte posterior. Los perros rastreadores estaban revueltos, me dijeron, porque el cierre de la administración les había separado de sus entrenadores habituales, pero al final se cansaron de olisquear el comedero de pájaros en forma de monumento a Jefferson que acababa de terminar mi padre. Luego tuve que esperar sentado bajo el Balcón de Truman hasta que el ujier Skip Allen consiguió una grúa con la que me ayudó a llevar la estructura hasta el oscuro y laberíntico sótano de almacenaje, entre alfombras y muebles, en la habitación B-14. Dijo que los custodios estaban aún de permiso, junto con los guardias del Servicio de Parques Nacionales y casi la mitad de los empleados federales. Independientemente de los deseos del presidente, advirtió, al menos una docena de oficinas, desde arquitectos y conservacionistas hasta abogados especializados en regalos, tendrían que dar su opinión antes de poder volver a mover el comedero.

Esta dura realidad me desanimó, pero Allen sonrió al salir del ascensor, en el piso de arriba, al pasillo amarillo central. Dijo que «la casa» tenía mejor aspecto que nunca. Hacía poco había oído decir a alguien, que había ido al cine a ver *El presidente y Miss Wade*, con Annette Bening y Michael Douglas, que sabía de buena fuente que se había rodado allí para sacar con exactitud el interior de la Casa Blanca. Se estremeció y aseguró que no era verdad, desde luego. Habrían destruido el edificio. El film se equivocaba al poner unas puertas oscilantes en este pasillo para ir al dormitorio principal, dijo Allen, señalando las puertas de verdad, que eran correderas. En la pantalla había varios cuadros que no estaban o que estaban muy cambiados, añadió, pero el aspecto estaba bastante logrado. El director Rob Reiner había podido hacer una visita con su equipo para tomar notas pero no fotografías, y los decorados que habían hecho eran tan caros y tan buenos que Allen pensaba que Stone había vuelto a utilizarlos para *Nixon*. Por lo menos, para bien o para mal, Hollywood contaba ya con un modelo físico para dar autenticidad a los dramas de la Casa Blanca.

El presidente Clinton pasó a recogerme, absorto en todo lo que tenía que hacer. «Deja aquí tus cosas —dijo—. Quiero llevarte arriba.» Avancé detrás de él entre regalos recibidos y por regalar, amontonados en los pasillos del tercer piso, y pasamos por delante de una habitación llena de palos de golf. Iba tomando notas sobre sorpresas de última hora, preparando agradecimientos y gestos recíprocos, concentrado en las personas más que en los regalos en sí. Preocupado al enterarse de que yo no sabía nada de ningún chubasquero con el sello presidencial, Clinton me contestó que le llamara si no me llegaba ningún paquete al cabo de unos días. Mientras tanto, no paraba de querer deshacerse de cosas, y prácticamente me obligó a que me llevara una fotografía enmarcada de William Faulkner a caballo. Sobre todo, quería enseñarle a otro aficionado a la música como él el regalo que le había hecho este año su equipo, una pequeña habitación conectada, equipada e insonorizada para que pudiera tocar el saxofón a pleno pulmón sin molestar a nadie.

Mientras bajábamos de nuevo, apenas mencioné el comedero de pájaros que se había quedado en el limbo; sólo dije que lo había llevado a pesar del cierre administrativo porque mi padre necesitaba su furgoneta en Atlanta. Whitewater era el tema de más rabiosa actualidad. Curiosamente, le comenté, había más noticias sobre el caso Whitewater que nunca, a pesar de que las investigaciones no habían aportado ningún hallazgo importante. Habíamos seguido bastante bien el consejo de David Kendall de no hablar sobre asuntos legales, para que las cintas no fueran requisadas, pero ¿qué pasaba con nuestra idea alternativa de grabar conversaciones aparte sobre el caso Whitewater para aislarlas del resto en caso de citación judicial? Clinton se mostró completamente de acuerdo. Debíamos hacerlo. Tenía muchas cosas guardadas. Hablamos de si podíamos hacer dos series de cintas en una sola sesión, para no quedarnos retrasados.

Se desvió un momento hacia el Salón Oval Amarillo. Por suerte, sus alergias estaban tranquilas esa temporada y por fin podían tener un gran árbol familiar, lo suficientemente grande como para colgar su colección de adornos, acumulada a lo largo de veinticinco años. Sólo me indicó tres pequeñas coronas de cristal con complicadas figuras de la paz dentro, que procedían de las viudas de los enviados especiales muertos en Bosnia el verano anterior. Mordiéndose el labio, me enseñó con orgullo un primer ejemplar del libro de Hillary que estaba a punto de salir, *It Takes a Village*, colocado sobre la chimenea con una cubierta de color azul victoriano bordeada de ilustraciones impresionantes. Dijo que Hillary se había esforzado mucho para que el libro fuera algo más que el típico trabajo de una primera dama. Junto a él estaba el regalo que le había hecho Hillary ese año, una paloma de tamaño natural con una rama de olivo, esculpida no en reposo, explicó, sino en una postura extraña, vuelta hacia un lado, aleteando, como símbolo de las iniciativas de paz que estaban llevándose a cabo en Bosnia, Irlanda del Norte, Haití y Oriente Próximo. En la habitación de al lado, la Sala de los Tratados, me enseñó un elaborado jarrón de cristal que le convertía en miembro vitalicio de uno de los mejores campos de golf del mundo, en el que todavía no había jugado porque había ido corriendo de Irlanda del Norte a Alemania, a visitar a las tropas que se dirigían a Bosnia. Mientras preparaba las grabadoras, le pregunté por dos cosas nuevas que había en la pared de mi izquierda. Dijo que una era una fotografía del presidente Kennedy hablando ante el Parlamento irlandés. La otra era un recuerdo manuscrito de un autor irlandés con un fragmento de uno de sus poemas, «Un coro», y una inscripción personal: «Al presidente Bill Clinton con todo mi aprecio, fue un viento afortunado el que le trajo aquí, Seamus Heaney, Dublín, 1 de diciembre de 1995».

Empezamos a grabar hablando de Bosnia. ¿Había cambiado el presidente de opinión sobre la posibilidad de llamar a Izetbegovic? Respondió que no. Seguía convencido de que sólo habría servido para hacer más difícil sostener cualquier paz. Lo que había ocurrido era sencillo pero dramático: Warren Christopher le había hecho ver al presidente bosnio todas las terribles alternativas hasta que Izetbegovic tuvo que ceder al amanecer, diciendo que estaba en contra de las condiciones, injustas, pero que su pueblo necesitaba la paz; todo el mundo se había apresurado a dar su conformidad y a irse de Dayton antes de que cambiara de opinión. Desde entonces, dijo Clinton, poner en práctica el acuerdo a través de la OTAN había sido como efectuar un simulacro de emergencia por incendio estando sitiados. En el país, a duras penas había sobrevivido a la feroz resistencia a aprobarlo, que había coincidido en parte con el segundo cierre de la administración federal. Gingrich sabía que el acuerdo de Bosnia estaba bien, comentó el presidente, pero su Cámara se había vuelto increíblemente aislacionista. El Gobierno no había podido hacer nada más que, con un ferviente discurso dirigido por Clinton a la nación el 27 de noviembre, derrotar a duras penas una resolución que habría cortado todo el dinero para mantener a las tropas estadounidenses allí, por 218 votos contra 210. Clinton afirmó que le había ido mejor en el Senado, donde Dole había impulsado una resolución ambigua de apoyo a las tropas, llena de dudas sobre la misión. Dole había dicho que estaba «haciendo una señal» para responsabilizar a Clinton si algo salía mal. El presidente y él habían empezado a confraternizar de un frente de batalla a otro, como unos abogados contrarios que hicieran una pausa para almorzar. «Sabemos que quiere ser presidente, quiere ser el comandante en jefe, quiere que se le trate así —explicó Clinton—. Dole sabe que la única forma de que sea elegido es que la economía se hunda, o Bosnia se venga abajo, o haya algún otro desastre imprevisto. Si no, le va a ser difícil vencerme. Y se muestra muy franco al respecto.»

Dos incidentes en el extranjero suscitaron unas reflexiones sobre la estabilidad. El surcoreano Kim Young Sam, el primer presidente civil en una generación, acababa de detener a sus dos predecesores inmediatos —ambos, dictadores militares— acusándolos de traición capital y corrupción. De uno de ellos, el general Roh Taewoo, se decía que había acumulado un fondo para sobornos corporativos de más de 600 millones de dólares, y Clinton dijo también algo de sobornos sistemáticos a gran escala. Opinaba que eran urgentes un castigo y una reforma, pero que no debíamos olvidar que la colaboración entre los señores de la guerra y las grandes empresaas había contribuido a desarrollar el milagro económico de Corea del Sur desde su situación primitiva, de hambruna y desgarrada por la guerra de 1953. Los sobornos lubricaban una forma burda pero eficiente de capitalismo militar. Clinton se acordó de cuando había encabezado una misión comercial de Arkansas poco antes de los Juegos Olímpicos de Seúl, en 1988. Dijo que el general Roh, que era entonces presidente, había hecho esperar a su propio equipo olímpico media hora de más mientras interrogaba a Clinton sobre las elecciones presidenciales entre George H. W. Bush y Michael Dukakis. Veterano de guerra, Roh había luchado en Vietnam al lado de Estados Unidos. Aunque después había ordenado la represión violenta de manifestaciones en favor de la democracia en 1980, estaba considerado un modernizador, y Clinton, con la vista puesta en el futuro, pensaba que el presidente Kim se enfrentaba a una decisión muy difícil sobre si dejar que sus antecesores se refugiaran en el exilio. La alternativa —la cárcel o incluso la ejecución— corría el riesgo de provocar una reacción de los líderes humillados por un sistema empresarial que muchos coreanos seguían asociando con la prosperidad nacional. A Clinton le preocupaba que Kim ya hubiera desperdiciado gran parte de su mandato electoral, porque no poseía ni la astucia y decisión de los generales, ni el inmenso prestigio moral de su colega democrático y rival, Kim Dae-Jung, que había estado a punto de morir martirizado y al que Clinton calificó directamente de héroe. En medio de esta compleja mezcla de fuerzas y personalidades, Clinton confiaba, aunque sin muchas esperanzas, en que el actual presidente Kim llevara adelante la siguiente fase de la reforma.

En Turquía, el ascenso del Partido del Bienestar Islámico había acabado con la mayoría parlamentaria que apoyaba a la primera ministra Tansu Ciller. Quizá le pidieran todavía que formara otro Gobierno, dijo Clinton, porque muchos partidos turcos no querían trabajar con un rígido programa islamista, pero las últimas elecciones habían mostrado una tendencia general preocupante, a la que se añadía la reaparición de los partidos comunistas en Rusia y la derrota del presidente Lech Walesa en Polonia. Era increíble, comentó, que Walesa hubiera perdido pese al apoyo franco y sin precedentes de la Iglesia en el país más católico de Europa. Era un tremendo consuelo que estuvieran cumpliéndose todos esos mandatos electorales, pero había un aire común de angustia que se extendía por encima de las diferencias políticas, afirmó. Las transiciones en todo el mundo estaban desplazando a grandes masas de gente en medio de una nueva prosperidad. A menudo nos olvidábamos de que, en nuestra era industrial, de nuevos ferrocarriles y grandes y dinámicas fortunas, había también gente que se moría de hambre en viviendas protegidas. Dijo que las poblaciones marginadas seguían siendo desproporcionadamente viejas y pobres, además de incluir a los niños, y que nunca nos enterábamos de que, en medio de la ascensión económica de China, en Shanghai había 50.000 personas que a veces dormían en las estaciones de tren. Habría que recordar que la gente sólo aguanta hasta cierto punto, sobre todo donde el tejido social es débil. En ese contexto, Clinton interpretaba las recientes elecciones, no como mandatos para gobernar con una orientación comunista o fundamentalista islámica, sino como una reacción a la velocidad de los cambios mundiales.

Pasamos a la firma formal del tratado de paz de Bosnia, que se había producido en París el 14 de diciembre. El presidente contó que había volado toda la noche para visitar a su distinguida amiga y embajadora nombrada por él, Pamela Harriman, en medio de una huelga de transportes que había paralizado Francia. Aparte de las ceremonias formales, se centró en su largo encuentro con Slobodan Miloševic. El presidente serbio hablaba mejor inglés que Izetbegovic y Tudjman, dijo Clinton. Miloševic le espetó con brusquedad que todo el asunto de la guerra y la paz era una locura que había que dejar necesariamente de lado para huir de las agobiantes sanciones contra su país. «Se podía ver que era él quien llevaba las riendas de la pelea», observó el presidente. Miloševic le pareció astuto, lleno de vida y dotado de una mirada de acero.

Clinton le habló a Miloševic de la visita que había recibido esa semana de la viuda de Rabin, Leah, que era muy amiga de Hillary. Estaba recuperándose de su tragedia matrimonial y había participado en largas conversaciones terapéuticas en el comedor privado de la Casa Blanca, pero uno de sus dos hijos había parecido todavía casi incapaz de hablar. Como muestra de condolencia, dijo el presidente, Miloševic había expresado que deseaba para los israelíes la rapidez del rayo a la hora de encontrar al verdadero asesino de Rabin dentro del Mossad, su servicio secreto. Clinton, sorprendido, le preguntó de dónde se había sacado esa teoría. ¿No era más lógico pensar que el asesinato había sido un suceso incontrolable o, en el peor de los casos, un fallo de seguridad? «Por supuesto que no —replicó Miloševic—. Ningún jefe de Estado en esa situación política muere asesinado sin que le hayan traicionado en su propia casa.» Se apresuró a mencionar el asesinato de Kennedy y afirmó que unos elementos de la CIA habían matado a Kennedy por las pasiones desatadas a propósito de Cuba, Vietnam y el mundo del hampa. «Ustedes, los norteamericanos, han hecho un buen trabajo y han conseguido mantenerlo tapado todos estos años —concluyó—, pero todo el mundo sabe que eso es lo que pasó.» Había hablado con una calma y una seguridad que a Clinton le resultaron tristes y estremecedoras. Para Milošević, explicó, las conspiraciones y la violencia formaban todo el paisaje político.

En tono más positivo, el presidente elogió el rápido despliegue de la IFOR (Fuerza de Implementación multinacional) de la OTAN para aplicar el acuerdo de paz en Bosnia. Un tercio de sus 60.000 soldados habían ido ya a los centros de operaciones en transportes militares. Los soldados estadounidenses llevaban sobre el terreno tres semanas. Elogió al Pentágono por sus mapas asombrosamente detallados y el entrenamiento realista que habían realizado en las montañas de Alemania, diseñado para simular el duro terreno de Bosnia en invierno. Explicó los complicados incentivos para que los firmantes del tratado llevaran a cabo retiradas de armamento verificadas de las zonas de guerra. No se habían detectado señales de resistencia hasta el momento, ni fallos en los protocolos conjuntos entre los jefes de la OTAN. Sólo se habían producido dos bajas, ambas porque un jeep había pisado una mina. Un soldado británico quizá perdiera una pierna, informó Clinton, pero, por lo demás, la misión seguía adelante sin problemas.

El éxito continuado incrementaría una oleada de optimismo que el presidente llamaba «la vuelta de América». Dijo que lo había notado en Alemania. Ni siquiera los países más avanzados de Europa eran capaces aún de mantener los acuerdos regionales de seguridad sin el liderazgo de Estados Unidos, y nuestras garantías significaban para ellos más de lo que pensábamos. Clinton manifestó que el deseo de lograr una cooperación pacífica había despertado emociones públicas tan profundas que los políticos no sabían todavía cómo darles estructura y forma. Ésta fue una lección que siguió repitiendo al hablar de su viaje a las Islas Británicas, cuyos momentos destacados recordó al menos durante veinte minutos.

Había empezado con escasas expectativas. El presidente dijo que había llamado a sus encargados de escribir discursos antes de salir de la Casa Blanca. Le gustaban mucho, opinó, pero su borrador para el discurso del

29 de noviembre ante el Parlamento británico era horrible, una rígida lista de objetivos. ¿Dónde estaba la magia de su prosa para Oriente Próximo? ¿Creían que la rica historia de nuestra relación con Gran Bretaña podía definirse con unas palabras tan insípidas? Su texto mejoró mucho, pero él se había quedado despierto toda la noche para reescribir su discurso durante el vuelo a través del Atlántico. Para él era un momento importante personalmente, por sus estudios en Oxford, que le habían permitido empaparse de los grandes discursos de Gladstone, Disraeli y Churchill. Reconoció que estaba nervioso. Además, quería romper el muro de escepticismo. La prensa británica, que, según él, era la única más infantil que la nuestra, había suscitado la sospecha de que Clinton apoyaba el proceso de paz de Irlanda sólo para castigar a los conservadores por haber conspirado contra él en las elecciones de 1992. Y, para completar esa tontería, en su opinión, los oradores que le habían precedido en Westminster le habían presentado con unas frases superficiales sobre la relación entre los países anglosajones. Comentó que había tenido que esforzarse para despertarlos. Sus bromas habían hecho gracia. Y también había gustado su emotivo resumen de las guerras del siglo XX contra los dictadores, el fascismo y el comunismo. Luego había hecho un llamamiento a enfrentarse a diversas amenazas mundiales contra la libertad y la prosperidad, más peligrosas que cualquier conflicto militar.[1] El momento decisivo fue su compromiso de no volver a refugiarse jamás en el aislacionismo. Nuestros antepasados ganaron la guerra, les había dicho, y ahora nosotros debemos ganar la paz. Estas frases electrizaron a los parlamentarios de las dos cámaras y de todos los partidos. Algunos proclamaron que su recibimiento había sido el mejor otorgado a un dirigente extranjero en la historia de Gran Bretaña. Después de la euforia de ese instante, los recuerdos de Clinton recorrieron rápidamente los actos sociales con la reina Isabel.

En Belfast se habían reunido unas muchedumbres asombrosas. Los católicos se mezclaban abiertamente con los protestantes mientras el presidente y Hillary daban apretones de manos en unas calles que, quince meses antes, habían estado desiertas por miedo a los francotiradores, como

1. «Lo vemos —dijo Clinton al Parlamento— en el crecimiento del odio étnico, el nacionalismo extremo y el fanatismo religioso, que hace poco se cobró la vida de uno de los mayores defensores de la paz en todo el mundo, el primer ministro de Israel. Lo vemos en el terrorismo que en los últimos meses ha asesinado a gente inocente en Islamabad, en París, en Riad, en Oklahoma City.»

los mercados de Sarajevo durante la guerra. La tregua se estaba respetando. La buena voluntad se extendía con la reapertura de tiendas y una vigorosa reanimación del empleo, además de la decisión del Gobierno británico de incorporarse a unas negociaciones de dos vías que separasen las disputas sobre las armas de las cuestiones políticas, con la mediación del ex senador estadounidense George Mitchell. El primer presidente estadounidense que visitaba Irlanda del Norte había llegado con un propósito. Los niños se le acercaban con peticiones de paz y la transformación se había acelerado a una velocidad de vértigo. En vez de lidiar con una chirriante maquinaria en Londres, se había visto arrastrado por un torrente de euforia.

En un encuentro público, me explicó, el líder separatista Ian Paisley le había hablado durante veinte minutos sobre multitudes volubles y sueños pasajeros, y había dicho que los protestantes siempre acababan acudiendo a sus dirigentes en busca de seguridad. Paisley había acallado a una masa inquieta, pero luego el alcalde de Belfast había afirmado con amargura que los católicos ignorantes no entendían de verdad la Navidad en ese mes de Emanuel. Su propia gente le había abucheado. «¡Ahórratelo para el domingo! —gritaron—. ¡Queremos a Bill!» Clinton contó que había respondido consciente de que estaba en una posición delicada y de que seguramente el alcalde le odiaba ya antes de aquel sorprendente rechazo. Había intentado canalizar el sermón hostil hacia el mensaje central de Emanuel, ama a tu enemigo. Había reconocido que los protestantes quizá sólo sabían de Clinton que le había dado un visado a su enemigo Gerry Adams, pero no pretendía lograr ninguna paz con la que ellos no estuvieran de acuerdo. No sólo era cuestión de sacar lo mejor de ellos mismos sino de lógica política, porque los protestantes ya no eran más que el 51 % en Irlanda del Norte, e iban a convertirse en minoría. Con estas palabras que daban una de cal y otra de arena, consiguió que volvieran a vitorear a todo el mundo.

La admiración y las aclamaciones le habían acompañado hasta la ciudad amurallada de Derry, o Londonderry. El presidente recordó el repentino silencio previo en la plaza abarrotada, con gentes apiñadas incluso en las calles adyacentes y encaramadas a una colina. Había acudido aproximadamente la mitad de la dividida población de la ciudad. Clinton había hablado de William Penn, nacido allí, un guerrero que se convirtió al pacifismo cuáquero y diseñó la ciudad de Filadelfia. Había elogiado al héroe contemporáneo John Hume, la voz más elocuente de la no violencia en

Irlanda del Norte, junto con su interlocutor protestante en las negociaciones, David Trimble. El presidente expuso sus recuerdos con mucho más detalle del que fui capaz de repetir en mis notas, incluido el nombre de un tenor irlandés que cantó *a cappella* en la última parada, en Dublín. «No he oído jamás a nadie que cante mejor —dijo—. Cuando terminó, no había un ojo seco entre el público.» Acabó a toda prisa hablando de sus discursos en College Green y en el Parlamento irlandés, con el *taoiseach* («primer ministro») John Bruton, y sobre su empeño en perseverar con unas negociaciones traicioneras pero históricas. Había ido a Cassidy's Pub, que era el nombre de soltera de su madre, y allí le pareció que Van Morrison se molestó cuando Clinton no quiso tocar el saxo con su grupo. Miles de personas les habían acompañado a Hillary y él por el gigantesco Phoenix Park de Dublín. Había tenido un rato tranquilo con el reciente premio Nobel Seamus Heaney y luego había volado a Alemania, a Madrid y de vuelta a casa. El presidente dijo que la visita a Irlanda había sido brillante. «Uno vive para tener unos cuantos días así», dijo.

Paramos pasadas las ocho y dejamos las cintas rebobinando para ir a buscar al senador Dodd, que iba a cenar con el presidente. El mayordomo James Selmon, que estaba pacientemente sirviendo una mesa preparada para dos y vacía, se dispuso a llamar al senador. Cuando volvíamos por el pasillo, le dije a Clinton que Bob Woodward me había llamado varias veces para hablar del libro que iba a sacar el año siguiente sobre la campaña presidencial. Había entrevistado al senador Dole en muchas ocasiones, y estaba intentando como fuera hablar con Clinton. El presidente asintió sin detenerse. ¿Pensaba yo que debía aceptar? Aclaró que le había hecho una buena faena en *The Agenda*, cuando miembros de su equipo le habían dado documentos del Gobierno sin permiso. Le dije que el libro en sí era una narración bastante certera de la gran lucha por los presupuestos, pero Clinton contestó que la publicidad que habían hecho de él había sido terrible. Había ignorado el resultado real y el potencial histórico de la disputa y había promovido la vacilación y el caos que se había convertido en la base habitual de las noticias sobre él. Respondí que ése no era sólo un problema de Woodward, que estaba volviendo a hurgar entre los parlanchines asesores de la Casa Blanca. Volvimos a la Sala de los Tratados, discutiendo sus opciones, y el presidente desapareció por una puerta oculta en la pared. Desde un cuarto de baño en el que nunca me había fijado, me preguntó si yo respondía por Woodward. Yo admití que me parecía digno de fiar. Bueno, entonces, ¿creía lo que había contado en *Veil*, que el director de la CIA William Casey le había confesado los detalles del escándalo Irán-contra cuando estaban a solas en el hospital y él estaba dando los últimos estertores? Me retorcí, incómodo. Aquello quizá era un poco inverosímil, repliqué, pero no parecía que tuviera ninguna animosidad contra Clinton. El presidente me tomó el pelo mientras se oía como caía un chorro de agua. ¿Así que pensaba que Woodward forzaba la verdad, preguntó alegremente, con pequeñas mentirijillas imparciales?

Diez días antes de nuestra siguiente sesión, Christy y yo nos encontramos con Tony Lake mientras hacíamos escala en el aeropuerto internacional de Miami, de camino a la boda de Aristide. El consejero de Seguridad Nacional estaba escabulléndose de sus deberes oficiales aprovechando su propio tiempo, porque se había encariñado con la misión de Haití. Todos nosotros habíamos recurrido a nuestros ahorros para pagarnos un vuelo comercial a Puerto Príncipe, y horas más tarde nos convocaron ante el presidente Aristide, que paseaba tranquilo e insistía en que necesitaba visitantes antes de la ceremonia. Varios sacerdotes revoloteaban en torno a su antiguo colega. Aristide sonrió ante los chismorreos que había provocado su repentina boda con su abogada, Mildred Trouillot. Poemas callejeros y pintadas lamentaban el amor por una mujer porque había arruinado el casto matrimonio entre el presidente sacerdote y el país.

«¿Les gustaría ver a Minush?», preguntó. Sin tener en cuenta nuestras protestas sobre lo inapropiado de ver a la novia, nos llevó corriendo arriba para encontrarla rodeada de sus padres, una de sus hermanas y otros familiares, haciéndose fotografías unos a otros. La temible Mildred Trouillot rehuyó coquetamente las preguntas sobre el origen de su apodo cariñoso, Minush, y sólo insistió en que el enamoramiento les había sorprendido a los dos. El embajador Bill Swing bloqueó nuestros torpes intentos de retirarnos. No éramos ninguna molestia, nos aseguró. Aristide nos diría cuándo quería que nos fuéramos. Cuando lo hizo, los invitados nos unimos a diversos dignatarios sentados en sillas plegables en el exterior de la casa de Aristide para asistir a una boda en varios idiomas, y, luego, la esposa de Swing, Yuen, nos llevó a seis de nosotros, incluidos dos generales de uniforme, a la residencia del embajador para una cena muy tardía. En la mesa surgió la pregunta de por qué los estadounidenses estaban tan poco interesados por los primeros pasos de Haití para salir de una tiranía sanguinaria. Joseph Kinzer, del 5° Ejército de Estados Unidos y jefe de las fuerzas de la ONU en Haití, dijo que la victoria había sido demasiado barata. Después de afirmar que la batalla por un país indefenso carecía de épica, empezó a hablar con Christy de la afición de esta última al paracaidismo. Sobre Haití, el general Jack Sheehan comentó que los políticos estadounidenses no habían sabido despertar el interés de la opinión pública por lo que llamó «la vertiente madre Teresa» de los asuntos exteriores. La segunda de Lake, Nancy Soderberg, torció el gesto y contestó que los estadounidenses querían que la política se les explicara en el lenguaje de los «intereses». Dijo que los objetivos blandos, a largo plazo, no funcionaban, pero Sheehan insistió en que la madre Teresa merecía que se le diera la misma importancia. En caso contrario, nuestro compromiso con las formas de Gobierno democráticas no serían más que escaparates del poder militar. Christy miró a Sheehan con franca admiración.

El general Kinzer mencionó a un sargento de Estado Mayor famoso porque había traído al mundo a un bebé haitiano. Recordé haber oído al general Hugh Shelton decir a Aristide que la bienvenida de los haitianos había convencido a sus soldados cascarrabias de su misión. Sheehan nos aconsejó que no nos dejáramos llevar por el entusiasmo. Para él, el momento decisivo se había producido cuando diez paramilitares armados se enfrentaron a las tropas estadounidenses recién llegadas en las calles de Cabo Haitiano, cosa que habían lamentado rápidamente y de manera definitiva. Durante la entrega formal de los restos, al preguntarle por qué había once bolsas, Sheehan había informado a los generales haitianos reunidos que la undécima contenía fragmentos y extremidades sin identificar. Vio cómo «se le desvanecía toda la rigidez a Cedras», el dictador, y desde entonces no había vuelto a haber bajas ni problemas.

Me sorprendió la tensión del presidente el 30 de enero, porque esperaba que sus triunfantes índices de popularidad hubieran provocado cierto entusiasmo. Estaba distraído. El partido de baloncesto entre Arkansas y la Universidad Estatal de Louisiana estaba a punto de empezar, y le habría gustado que Nancy Hernreich hubiera fijado nuestra cita más pronto. Dijo que tenía otras cosas que hacer, pero suavizó su tono al hacer preguntas personales mientras acababa de cenar en la cocina privada. No por primera vez, me consoló ante los obstáculos en mi maratoniano esfuerzo para filmar mis obras sobre el movimiento de los derechos civiles y propuso alguna teoría sobre por qué la raza era un obstáculo para Hollywood, además de sugerencias sobre directores que podrían sustituir a Jonathan Demme. Clinton dijo que le gustaba el film de Phil Robinson sobre béisbol, *Campo de sueños*, rodado en 1989, lo bastante como para haberle visitado durante la producción de *Los fisgones*, y que le encantaba la atmósfera del *film noir* de Carl Franklin *El demonio vestido de azul*, de 1992. Aparte del talento y la oportunidad, le parecía que los mayores obstáculos para hacer cine eran los económicos, lo cual solía significar estudios, y se ofreció amablemente a hablar con Steven Spielberg, que tenía su nueva productora, DreamWorks. Mencionó otros contactos, incluidos los de Al Gore en la cúpula empresarial de Disney.

Ya con las grabadoras en marcha, en la Sala de los Tratados, revisamos el segundo cierre de la administración, que se había prolongado hasta el nuevo año. Relató episodios de sus cincuenta horas de intensas negociaciones presupuestarias con Gingrich y Dole, pero destacó un elemento constante. Dijo que Dole había entendido mal la política presidencial cuando había preferido el cierre que llegar a un acuerdo constructivo. Seguía pensando que Dole iba a arreglárselas para obtener la nominación republicana, pero sólo porque sus rivales eran muy débiles. El senador Gramm estaba apagándose, dijo, y el heredero del imperio de revistas Steven Forbes no podía durar con su alegre mensaje de que los ricos eran buenos para el país. El ex gobernador Lamar Alexander había arruinado cualquier posibilidad de vencer a Dole, pensaba Clinton, cuando se había presentado como un falso provinciano de Tennessee.

En cuanto a Gingrich, Clinton dijo que todo el año pasado había estado trabajando conscientemente para cerrar la administración, sabiendo que los republicanos no contaban con los votos necesarios para revocar los vetos presidenciales en los presupuestos. Ahora estaba pagando el precio político. La gente acusaba a los republicanos de negligencia y extremismo, mientras que sus ideólogos les acusaban de haber retrocedido. Clinton pensaba que el resultado también era negativo para el «Contrato con América» de Gingrich. Le resultaba difícil valorar la tensión política entre Gingrich y Dole surgida como consecuencia de todo ello y advirtió que ambos persistían en mantener un rumbo paralelo hacia la quiebra financiera. Se habían negado a actuar cuando la deuda nacional había superado el techo legal autorizado por el Congreso. Los líderes republicanos habían criticado al secretario del Tesoro, Robert Rubin, por evitar el desastre con varios trucos ingeniosos, y el representante Gerald Solomon de

Nueva York, presidente del Comité de reglas de la Cámara, había prometido sacar adelante una moción de censura contra Rubin si éste no dejaba que el Tesoro cayera en la bancarrota. Era una actitud que asombraba a Clinton. Dijo que Rubin estaba realizando un servicio público heroico, como sabían bien los banqueros y los economistas sensatos, y que estaba incluso protegiendo a los republicanos de sí mismos. La quiebra se volvería en contra de ellos. Cualquier fractura de la confianza y el crédito de Estados Unidos —incluso una ligera rebaja de la calificación de los valores del Tesoro— tendría consecuencias dolorosas. Los servicios del Gobierno podían evaporarse y la subida de los tipos de interés seguramente añadiría cargas horribles al déficit federal, los préstamos a empresarios y millones de hipotecas.

Esas pésimas consecuencias eran evidentes de antemano, dijo el presidente, pero el Congreso tenía una extraña sensación de impunidad. Eso también era habitual. Desde el desastre de las entidades de ahorros en la década de 1980 hasta los cierres de la administración en las últimas semanas, a los republicanos no parecía preocuparles que les esperasen calamidades cuando ponían en práctica su desprecio teórico del Gobierno. Incluso en ese momento, las amenazas públicas contra Rubin eran objeto de una cobertura informativa respetuosa como muestras de política dura mientras jugaban a «gallina el último» para precipitar la quiebra del Tesoro nacional. Clinton no estaba seguro de poder detenerlos, pero sí lo estaba de una cosa: a él le habrían destrozado si hubiera defendido algo tan irresponsable.

En su análisis de varias tendencias positivas deslizó una nota irritada y pesimista. Por fin, dijo, el presidente Asad había decidido incorporarse al proceso de paz de Oriente Próximo. Sus generales sirios habían estado reunidos con generales israelíes durante más de un mes en Wye Plantation, en la parte oriental de Maryland, tanteándose al tiempo que delimitaban las cuestiones de seguridad para una transferencia pacífica de los Altos del Golán. Asad estaba de buen humor, afirmó el presidente, y el primer ministro israelí Shimon Peres tenía una ventaja de veinte puntos gracias al buen recuerdo de su predecesor asesinado, Isaac Rabin. Y ahí se vislumbraba un dilema. Clinton contó que Peres tenía que celebrar elecciones nacionales antes de octubre. O, de acuerdo con el sistema israelí, podía convocar elecciones anticipadas en primavera para asegurarse su propio mandato. Ahora bien, Peres sabía que el aura de Rabin iba a disiparse con rapidez cuando se convirtiera en candidato. La oposición del Likud, encabezado por Benjamin Netanyahu, criticaría unas concesiones impopulares a Siria antes de que pudiera elaborarse un acuerdo. Además, Peres tendría que paralizar las conversaciones de Wye durante la feroz campaña electoral israelí, y eso enfurecería a Asad. Pero Clinton no veía qué otra cosa podía hacer Peres. Cualquier alternativa, incluida la actual parálisis en el gabinete israelí, condenaba al fracaso la paz con Siria y la ventaja política obtenida gracias al sacrificio de Rabin.

Clinton pasó a otros temas y describió su reciente viaje a los Balcanes y sus reuniones con el presidente croata Franjo Tudjman en Zagreb, con las tropas en Tuzla y Aviano y con varios alcaldes en Hungría. Comparó la nerviosa aprensión que había visto allí con el optimismo latente en las calles de Irlanda del Norte. En Bosnia, cada paso se sopesaba para no provocar nuevos combates. Las minas eran el peor peligro para las tropas de la OTAN, dijo, seguidas de los accidentes y los francotiradores.

En el contexto nacional, el presidente lamentó la marcha de un número extraordinario de congresistas de los dos partidos. Ya había 35 representantes que habían anunciado su retirada, y William Cohen, de Maine, era el decimotercer senador que iba a marcharse, abandonando un escaño que los republicanos tenían asegurado. Los demócratas estaban comprensiblemente tristes por la pérdida de poderes desde 1994, pero los republicanos también habían sufrido la evacuación e iban a abandonar presidencias de comités y privilegios muy deseados que acababan de lograr. Clinton opinó que el Congreso se había vuelto un lugar miserable. Subliminalmente, algunos republicanos se aferraban a diferencias mínimas en la negociación, porque un acuerdo sobre el presupuesto agotaría su agenda positiva. Y, sin ella, tendrían que volver a las críticas genéricas contra Washington y a la locura de la política, lo que Clinton llamó «pisotear el Gobierno», que era nocivo. A la larga, dijo el presidente, los políticos que denigraban su propia profesión hacían daño a todo el mundo.

Esas sombrías costumbres habían provocado que el senador Dole cosechara una pésima reacción pública tras su respuesta televisada al discurso del presidente sobre el Estado de la Unión. Dole había intentado convertir a Clinton en el hombre de paja de un Gobierno asfixiante y omnipotente, y le había llamado «la retaguardia del Estado de bienestar». En cambio, el objetivo de Clinton era cambiar el contexto de una generación política. «La era del Gobierno intervencionista se ha terminado —dijo ante el Congreso y la nación—. Pero no podemos regresar a la época en la que nuestros ciudadanos tenían que arreglárselas por sí solos.» El presidente analizó esta fórmula y explicó que era una receta en dos fases. Primero, había arrinconado el lema del «gran Gobierno» (el Gobierno intervencionista) en el pasado, al proclamar un consenso contra los peligros del agravamiento de la deuda. Las peleas presupuestarias habían sido tumultuosas, pero él defendía un avance firme y verificable hacia un objetivo trascendental, y que debíamos eliminar los déficit estructurales antes de que su peso total cargara a las generaciones futuras con una economía nacional insostenible. Al mismo tiempo, rechazaba el individualismo en contra del Gobierno como una fantasía antipatriótica en un mundo cada vez más pequeño. Una enérgica promesa contenida en su discurso —«Nunca, nunca volveremos a cerrar la administración federal»— había desatado una ovación en pie de los congresistas de los dos partidos.

El presidente había querido definir en un discurso las elecciones de 1996. Era lo que iba a revelar sobre su estrategia electoral, dijo, si decidía conceder a Bob Woodward una entrevista para su libro (no lo hizo).[2] Para Clinton, la decisión más fundamental de las elecciones se reducía a una sola pregunta: ¿cuál es el papel del Gobierno entre los dos extremos, pasados ambos de moda? En su discurso había presentado siete retos urgentes para el siglo XXI.[3] Eran unas tareas temibles, había comentado, y demasiado complejas para tener una respuesta fácil. Sin embargo, exhortaba a los ciudadanos a abordar esos retos haciendo gala del optimismo nacional. Dijo que el Gobierno había reducido el déficit federal a la mitad, al tiempo que había convertido una recesión en 8 millones de nuevos puestos de trabajo, con la menor inflación y el menor desempleo desde 1969. Estos antecedentes le habían ayudado a convertir la tradicional proclamación de nuestra fuerte unión nacional en un trampolín para brillar como orador. Los miembros de la Cámara y el Senado, pese a estar dominados por la oposición republicana, le habían interrumpido con aplausos casi ochenta veces. Su entusiasmo se había extendido a las siete partes del discurso, con unas diez ovaciones por apartado.

2. El libro, *The Choice*, salió publicado en 1996 por Simon & Schuster.

3. 1) Proteger a los niños y las familias. 2) Reformar la educación. 3) Modernizar la seguridad y las oportunidades económicas. 4) Reducir la criminalidad. 5) Salvar el medio ambiente. 6) Mantener el liderazgo mundial de los valores democráticos. 7) Reinventar el Gobierno racionalizado.

Clinton examinó su extraordinario éxito. Lo atribuyó en parte al factor sorpresa, porque no se había filtrado nada del discurso por adelantado, en parte a la presentación, porque, por una vez, le habían dado el borrador días antes, con tiempo suficiente para ensayar. Su brevedad había ayudado. Dijo que ninguno de los ensayos había pasado de los treinta y siete minutos, incluyendo pausas generosas, pero que las oleadas de aplausos habían prolongado el discurso de verdad hasta casi una hora. Le pregunté por qué había ordenado de esa forma los siete retos. ¿Era importante? ¿Había intentado seducir a la audiencia empezando con cuestiones conocidas como el crimen antes de pasar otras nuevas como la construcción de la paz y el medio ambiente? El presidente le restó importancia al orden. Había muchas discrepancias en todas partes, dijo, y lo importante era su esfuerzo para romper el bloqueo que acompañaba a las etiquetas políticas. Tras décadas de aumentar los déficit federales, los republicanos estaban quedándose sin excusas para tratar al Gobierno como un enemigo. Habían quedado al descubierto. Al final, nuestro Gobierno era nuestro refugio común y el instrumento de libertad. Para encontrar soluciones era precisa la ayuda de todos.

Su discurso había resonado durante una semana. Clinton dijo que la cultura política arraigada lo había reconocido y le había llamado «comunicador» en un intento de recuperar temas y eslóganes familiares. Las críticas en la prensa se habían centrado en acusarle de abandonar el progresismo con su adiós al Gobierno intervencionista, pese a que Bob Dole mantenía que Clinton seguía cautivo de él. Pero, por encima de todo eso, el presidente estaba saboreando la conexión directa con los votantes. Los sondeos semanales mostraban un apoyo muy superior al 60 % para la mayor parte de su programa, y de hasta el 70 % en algunas iniciativas. Dijo que había grandes mayorías que aprobaban su forma de enfocar la variedad de retos, haciendo hincapié en las preguntas y las alternativas, y no en el dogma. Clinton estaba encantado con las posibilidades que ofrecía la reacción del público. Posibilidades prácticas y ambiciosas. Podían mover a todo el país. Habían revivido su enamoramiento de la política y su idea de que era el terreno más importante de la vida.

Entonces, de pronto, se le estropeó el humor, cuando se puso a hablar con Bob Bennett, su abogado en la querella de Paula Jones. «Cuando colgó después de esa llamada —dicté después—, parecía otra persona.» Los recordatorios del escándalo habían dado al traste con su estado de ánimo por el discurso. Estaba furioso y hundiéndose. Dos o tres llamadas más

—una al jefe de gabinete, Leon Panetta, otra de Bennett— le impulsaron a desahogarse sobre varios aspectos. Al parecer, el secretario de prensa, Mike McCurry, se había disculpado por un error de procedimiento en una declaración sobre la investigación que todo el mundo llamaba ya Travelgate, relacionada con el despido de los empleados de la Oficina de Viajes de la Casa Blanca, y eso garantizaba un foco de publicidad negativa en el futuro. El propio Clinton estalló con un tipo de monólogo quejoso que había caracterizado algunas de nuestras primeras sesiones. Lo calificó de inquisición y de farsa que se prolongaba durante casi tres años. Ya había durado más que el Watergate, pero las informaciones que se daban, dijo, no permitían saber que los empleados de la Oficina de Viajes ocupaban puestos de designación y podían ser despedidos legalmente sin motivo. Los periodistas creían que la Oficina de Viajes trabajaba para ellos, se quejó, no para el presidente ni para los contribuyentes.

En algún momento de su protesta, quise echarle algo de bromuro y le dije que lo sustancial acabaría por prevalecer. El mes anterior, señalé, había avanzado comentando en público que el Congreso de Gingrich había celebrado treinta y cuatro sesiones sobre los detalles reciclados del caso Whitewater del año anterior, mientras que sólo dos sobre la inminente crisis de la Seguridad Social. El presidente me miró decepcionado, y mi intento de calmarle se volvió en mi contra. Dijo que el caso Whitewater nunca había sido cuestión de sustancia. Era una distracción perpetua. El mes anterior, señaló, el informe definitivo de la Resolution Trust Corporation* había llegado a la conclusión de que los hechos básicos del caso Whitewater no constituían base para ninguna acusación, como habían sostenido los Clinton desde el principio. ¿Por qué no había salido ninguna noticia sobre este dato fundamental? Porque los periodistas nunca tenían que reconocer que se habían equivocado, se quejó. Podían limitarse a buscar otro pretexto en tándem con el fiscal especial Ken Starr. Es lo que había ocurrido cuando su secretaria Carolyn Huber, limpiando cajas en el tercer piso, había encontrado una copia que faltaba de las facturas de Hillary en su viejo bufete de Little Rock. A nadie le importaba que los expedientes, como el informe de la RTC, apoyaran lo que había declarado Hillary. Nadie había preguntado si tenía sentido que escondiera pruebas

---

* La Resolution Trust Corporation (RTC) es una compañía del Gobierno dedicada a la gestión y liquidación de activos, principalmente inmobiliarios, en casos de quiebras de empresas. (N. de la t.)

exculpatorias durante dos años y luego las entregara de forma voluntaria. Por el contrario, la prensa había enloquecido con sospechas de encubrimiento y Starr había intensificado su teatro político, cada vez más desfallecido, convocando a Hillary ante el gran jurado.* Podía haber vuelto a interrogarla en la Casa Blanca, dijo Clinton. Pero no. Starr había hecho que una primera dama, por primera vez en la historia, atravesara un océano de reporteros el viernes anterior para acudir con citación judicial ante el gran jurado, en secreto, contribuyendo a la fantasía de que había algo profundamente siniestro y lleno de conspiraciones. El presidente se lamentó. Mira lo que están haciéndole a Hillary.

«Tenemos que acabar con esto», comentó, indicando mi lista de preguntas, pero él no quería parar. Me pidió que me diera prisa. De un tirón, le pregunté sobre varios de los acontecimientos menos complicados. Clinton dijo que había sonado una música bonita en el funeral de Barbara Jordan, a la que habíamos conocido juntos durante la campaña de Texas, hacía años. Tenía poco que decir sobre la muerte del director de *The New York Times*, James Reston. Era evidente que ya no le apetecía grabar más historias presidenciales, pero siguió despotricando sobre Starr y la prensa. «¿Estás tomando nota? —preguntó—. ¿Tomas nota de la cronología de estas cosas?» Descartando nuestro plan de dejar el caso Whitewater para una cinta aparte, volvió a analizar los escándalos con detalle. Su barniz de experiencia se había disuelto en un torrente de indignación. Dijo que todo el asunto estaba amañado en su contra. No le bastaba con hacer su trabajo, ni tampoco era casualidad que estas persecuciones hubieran asomado el rostro justo a tiempo para estropear los réditos políticos que tanto le había costado ganar. Clamó, tanto conmigo como con su abogado al teléfono, contra la actitud de cooperación paciente. Dijo que era una ingenuidad, y prometió que iba a luchar. Más de una vez estalló: «Estoy harto de que no haya cojones para nada». McCurry era bueno, se apresuró a reconocer, pero tendía a ceder demasiado. Clinton reconoció que necesitaba un ejército agresivo. «Quiero a alguien que plante cara a esta gente —gritó—. Esto es ridículo.»

¿Había algo más? ¿Tenía más preguntas? El presidente quería terminar, pero él mismo planteó un último tema. Hacía dos semanas había asistido a las conmemoraciones en la vieja iglesia de Martin Luther King en Atlan-

---

* El gran jurado es una institución del derecho anglosajón, un jurado preliminar que determina si en un caso hay suficientes pruebas para convocar un juicio. (*N. de la t.*)

ta, la iglesia baptista Ebenezer. Se calmó y sonrió. El servicio había sido demasiado largo, por supuesto, pero afirmó que había sido maravilloso por su emoción histórica, con la magnífica música de su amigo Wintley Phipps. Hizo una descripción lírica que pareció un instante de recuperación, de gracia, y que culminó con el relato de que alguien había mencionado a Hillary desde el púlpito de King y todos los presentes se habían puesto inmediatamente de pie con un estruendoso aplauso; no unos aplausos educados, sino un auténtico rugido. Sabía distinguir entre una cosa y otra, y había significado mucho para ellos. Se habían emocionado. Nada más.

Después de dictar mis notas, no conseguí apartar esta sesión de mi mente. Otras noches anteriores me habían afectado —sobre todo la situación antes de invadir Haití y nuestra discusión sobre la declaración de derechos de la clase media—, pero su incomodidad se había pasado en la nube de decisiones y acontecimientos, y no me había dejado más que atisbos de la carga que soportaba un presidente. Esa última noche, sin embargo, seguía presente. Los altibajos se habían sucedido muy rápidamente. Clinton parecía debatirse y retroceder. Mi consuelo era que la perspectiva permitiría a futuros historiadores extraer un rico material de estas cintas, pero ¿qué pasaba ahora? ¿Estaba pidiendo ayuda? No a mí, me reí. No ahora, en cualquier caso, y quizá mi impulso de ofrecerme no era más que una pérdida de objetividad. Después de muchas sesiones juntos, era doloroso y desagradable verle tan alterado. Repasé los posibles signos y me preocupó que fuera a dar por terminado nuestro proyecto de historia. Incluso especulé que sabía que Hillary corría peligro de que la acusaran de algún secreto que habían descubierto.

Sin saberlo, Strobe Talbott me ayudó a centrarme unos días después. Íbamos a volar antes del amanecer desde la base aérea de Andrews a Haití, de modo que me invitó a pasar la noche anterior en su casa y eso me dio la oportunidad de poner unos cuantos pensamientos personales por escrito para entregárselos en mano al presidente Clinton. «Querido Bill —comencé—. Permíteme que sobrepase mi papel de caja de resonancia histórica. Como amigo tuyo, me preocupó verte tan angustiado la otra noche, precisamente cuando te has encontrado en un momento tan decisivo para tu presidencia.»

En Washington, Nancy Hernreich permitió que me dejaran pasar por la entrada al ala oeste. Cogió mi carta, me presentó a Janis Kearney y me pidió que esperase. Kearney se había atrevido a ocupar un nuevo puesto en las reuniones de la Casa Blanca, el de primera encargada oficial del diario, que era una de las recomendaciones que había hecho nuestro grupo ad hoc sobre historia en 1993. Mientras me contaba sus avances contra la permanente resistencia burocrática, parte de mí seguía pensando en Hernreich y la carta, pero no quería jugar a las adivinanzas ni tontear con el tiempo del presidente. El primer párrafo continuaba: «Quizá te has olvidado ya, dada tu resistencia, pero creo que debes tener una enorme precaución contra los efectos de un humor sombrío que te sobreviene de vez en cuando y que puede poner en peligro tus posibilidades de un triunfo histórico y personal».

Volvió Nancy. El presidente había empezado a leer la carta inmediatamente, pero no le había dado tiempo a acabar porque los participantes en su reunión actual habían entrado en el Despacho Oval. Dijo que le había metido la carta en el bolsillo. Le di las gracias efusivamente, pensando que una carta de dos páginas era seguramente demasiado larga. Mientras salía, lamenté haber puesto mi consejo fundamental a mitad del texto. «Tu mayor debilidad —había escrito— es una tendencia a poner a "la prensa" y a tus adversarios políticos en el mismo grupo.» Le recomendaba una estrategia para distinguirlos. En esencia, podía atacar a sus adversarios pero no a la prensa. A los periodistas debía cuidarlos, seducirlos. La perseverancia para sacar su programa constructivo era esencial en ambos frentes, concluía. La historia no celebraría la sabiduría de Lincoln ni su generosidad de espíritu si hubiera perdido la guerra.

Strobe y yo salimos a la mañana siguiente, el 7 de febrero, con una delegación encabezada por la embajadora de la ONU, Madeleine Albright. Vimos al oficial que presidía la ceremonia del primer traspaso pacífico de poderes electos en Haití colocarse su bombín para iniciar el acto. Aristide pasó la banda presidencial que le rodeaba el hombro a René Préval. Se abrazaron y luego asistimos a un solemne tedéum en la catedral nacional, donde unos jóvenes descalzos, hombres y mujeres, fueron por el pasillo central a hacer una ofrenda de todo lo que se producía en Haití: frutas, verduras, pelotas de béisbol, cuadros e instrumentos musicales nuevos, hechos de hierro. Más tarde, por casualidad, Strobe y yo entramos a saludar a Préval justo cuando estaba recibiendo la llamada de felicitación del presidente Clinton.

De vuelta en casa, el correo me trajo una nota escrita a mano de la Casa Blanca: «Gracias por tus palabras de ánimo durante la semana pasada». Para mi gran sorpresa, era de Hillary.

21

DISPUTAS FAMILIARES:
DE GREENSPAN A SADDAM HUSSEIN

Miércoles, 28 de febrero de 1996

Los ujieres me enviaron directamente al solárium del tercer piso, donde encontré al presidente Clinton viendo la transmisión de los premios Grammy con Hillary y Jim Blair. Clinton llevaba vaqueros y los otros dos iban de traje; Blair llevaba colgado del cuello el pase de invitado. El directivo de Tyson Foods parecía de mejor humor de lo que yo le recordaba cuando mantuvo una conversación anterior con el presidente. Felicitó a Hillary por las ventas de su debut en el mundo literario, *It Takes a Village,* y le tomó el pelo por su nuevo sitio en el mundo de las artes junto a la cosecha de artistas femeninas candidatas a los premios, como Mariah Carey, Alanis Morissette, Shania Twain y el grupo de melodías vocales TLC. Hillary confesó que se sentía mucho mejor siendo autora de un libro que teniendo que declarar ante el gran jurado. Firmó alegremente dos ejemplares que había llevado conmigo para venderlos en subastas benéficas en Baltimore, pero después reveló un malestar soterrado.

Sally Quinn, de *The Washington Post,* estaba difundiendo rumores de que Hillary no había escrito su libro. Peor aún, decía que Hillary había negado el crédito debido a su colaboradora, una amiga de Quinn llamada Barbara Feinman. La editorial, Simon & Schuster, había recomendado a Feinman por su trabajo anterior con sus otros autores de Washington, como Bob Woodward y el marido de Quinn, Ben Bradlee, el redactor jefe del *Post* famoso por su ingenio y su valentía durante el escándalo del Watergate. Sin embargo, dijo Hillary, Feinman se había retirado misteriosamente del proyecto desde muy pronto, después de prometerle que iba a pasar un fin de semana editando el texto en casa de Ben y Sally. En Washington, como dijo irónicamente Hillary, esto último quería decir el centro más importante de la vida social. Por suerte, contó, la Casa Blanca había conservado los borradores de los capítulos escritos por la propia Hillary, y su nulidad a la hora de manipular un ordenador, por una vez, había sido una ventaja. Para verificar su autoría, en ese momento estaba repasando esos manuscritos con la periodista de ABC News Barbara Walters. El contenido original era, a veces, embarazoso, confesó con una mueca, como un jardín descuidado, y muchos amigos y asesores le habían ayudado a desbrozar el texto de malas hierbas. Pero negaba la acusación de Quinn.

¿Qué me parecía todo aquel lío, que tenía vagamente que ver conmigo, puesto que yo había hecho de negro editorial y era un periodista de Washington que ahora escribía libros para Simon & Schuster? Tartamudeando, eludí la disputa editorial. Era sabido que los contratos de libros con varias partes eran complicados, y yo no sabía nada de Feinman ni del proceso editorial de *It Takes a Village*. Sobre la pelea con Quinn, expresé mi deseo de que Hillary pudiera utilizar a Ben Bradlee como mediador. Me parecía una persona afable y despegada de la obsesión de Washington con el prestigio. Confesé que hacía años, cuando él ya era famoso, me había gritado una vez por una crítica negativa que había hecho sobre su biografía del presidente Kennedy. Luego se había reído, reconoció que quizá tenía razón, y emprendió un animado debate sobre si estaba demasiado cautivado por Kennedy o desilusionado con él. En mi opinión, los Clinton podían conectar con Bradlee porque lo que él sentía por el periodismo era lo mismo que sentían ellos ante un buen combate político. Con Quinn sería más difícil. En alguna ocasión me había dicho incluso a mí que podía ahorrar a los Clinton varios errores graves. El hecho de que la excluyeran de la Casa Blanca, a Quinn le parecía que probaba que los Clinton no comprendían las normas de Washington: qué organizaciones benéficas eran importantes, a quién había que invitar, la dinámica dentro de varios matrimonios políticos.

La respuesta fue decisiva. «¿Sabes qué? —dijo Hillary—. Se ha mostrado hostil desde que llegamos aquí. ¿Para qué vamos a invitar a alguien así a nuestra casa? ¿Cómo puede pretenderlo?» Sugerí que Hillary abordara a los periodistas de Washington como votantes indecisos en una campaña difícil, pero ella rechazó la analogía. Dijo que Quinn y sus amigos se inventaban los cotilleos para sus cenas. Habían lanzado la jugosa historia de una aventura entre Hillary y una veterinaria que se ocupaba de Socks, el gato de los Clinton, y contaban que alguien las había descubierto en flagrante delito en el suelo de un dormitorio de la Casa Blanca. La cosa era interminable. Jim Blair, tal vez para rescatarme, aseguró que había cosas casi igual de malas que habían aparecido impresas. Mencionó un artículo de *The New Yorker* lleno de citas mordaces sobre Hillary de Quinn y Elizabeth Dole, la esposa del senador, además de una popular novela nueva sobre las elecciones de 1992, *Primary Colors*. Lo único que sabía de ese libro, dijo Hillary, era que ella soltaba tacos sin parar y aparecía en una gráfica noche de pasión nada menos que con George Stephanopoulos. Su enfado se convirtió en risa mientras lo contaba. Blair resumió el libro y contó que su autor, supuestamente anónimo (Joe Klein), no conocía muy bien a Hillary, pero había captado el salvajismo de la campaña presidencial de Clinton, con retratos apenas disimulados y un personaje del equipo que acababa de salir del psiquiátrico. O sea que ahora, se rió Hillary, le atribuían aventuras con George y con una veterinaria lesbiana.

El presidente afirmó que él no había leído *Primary Colors,* pero que todas esas críticas resentidas debían de querer decir que Hillary y él estaban haciendo algo bien. Con su mando a distancia, subió el volumen de la televisión para oír a Whitney Houston que cantaba una selección de trozos de gospel, y detectó algo de Bob Dylan en la extraña canción pop de Joan Osborne sobre religión, «One of Us». Cuando el programa terminó, por fin, intenté acelerar las cosas y me disculpé para irme instalando en la Sala de los Tratados. Mientras esperaba allí, me pregunté si debía hablar con él, a solas, de la advertencia que le había hecho en mi carta sobre los humores sombríos y los medios de comunicación. Decidí no tocar el tema. Los Grammy ya me habían robado más de una hora de grabación. Estábamos empezando tarde y estábamos cansados, y teníamos un retraso considerable.

El presidente abordó las preguntas sobre las amenazas del último mes contra la paz. Estaba trastornado por Irlanda del Norte. En Londres habían estallado tres bombas que habían matado a dos personas y herido a más de cien, y la primera explosión se había producido sólo una hora después de que el Ejército Republicano Irlandés hubiera dado públicamente por terminado el alto el fuego de un año. Justo antes de eso, Gerry Adams, miembro del brazo político del IRA, había llamado a la Casa Blanca para «avisarles» de que se avecinaban actos violentos. Había sido una conversación tensa y triste. Adams seguía oponiéndose a la decisión interna, creía Clinton, pero había sido incapaz de detener a los jefes militares del IRA, que estaban empeñados en culpar a Gran Bretaña del estan-

camiento de las negociaciones. Tenían discrepancias con el primer ministro británico John Major por los requisitos para que hubiera unas negociaciones «incondicionales», si bastaba con el alto el fuego o era necesario
que el IRA hiciera alguna entrega de armas clandestinas. Clinton lamentó
el punto muerto. Dijo que los nuevos actos de terrorismo habían hecho
que las simpatías hacia Adams cayeran muy por debajo del 25 % entre los
católicos de Irlanda del Norte, una cifra que marginaba al Sinn Féin y le
dejaba con menos del 10 % de los votos totales. Por otra parte, las bombas habían hecho que aumentaran brevemente en Gran Bretaña las simpatías hacia el Gobierno de Major, que de todas formas tenía grandes
probabilidades de caer. En cuanto al IRA, sus jefes prácticamente habían
confesado su estrategia fracasada al transmitir, a través de Adams, que
habían aplazado la violencia hasta un plazo prudencial después de la visita de Clinton en noviembre (antes de ese viaje, recordó el presidente, los
servicios de inteligencia estadounidenses habían advertido que las facciones más extremistas del IRA querían romper la tregua mientras estaba él
allí). En ese momento, lo único que consideraba salvable era una sorpresa
prometedora: las enormes concentraciones espontáneas de paz en diez ciudades de toda Irlanda del Norte. Los católicos se habían manifestado con
los protestantes. Habían presionado para que se reanudaran las negociaciones y habían agitado la imaginación adormecida de sus dirigentes. En
esa parte del mundo, dijo Clinton, la sabiduría de la población iba muy
por delante de la de los políticos.

También habían estallado unas bombas en Israel hacía sólo cuatro días
—una en Jerusalén y otra en Ashkelón—, con el resultado de la muerte de
26 civiles. Hamás había reivindicado los atentados suicidas como parte
de su misión de destruir Israel, y el presidente analizó los ecos del trauma
más allá de las fronteras nacionales. Dijo que Hamás quería debilitar no
sólo al Gobierno israelí, sino también a Yasser Arafat entre los palestinos.
Sus líderes calculaban que los atentados suicidas obligarían a Israel a cerrar la franja de Gaza y a aislar a los palestinos de sus puestos de trabajo
y del 40 % de su economía, lo cual intensificaría la extrema pobreza y
volvería a los palestinos en contra de Arafat por su cooperación con Israel.
Afirmó que las bombas habían debilitado a Arafat ante todo el mundo.
Además, Hamás pretendía llevar al Likud a liderar un Gobierno conservador en Israel, porque el Likud también se oponía al proceso de paz. Desde
que Shimon Peres, del Partido Laborista, había convocado elecciones anticipadas, las bombas habían acelerado la erosión de su mayoría popular.

Peres era vulnerable. Si conseguía obtener una victoria ajustada en mayo, predijo Clinton, firmaría un tratado con el presidente sirio Asad, pero una derrota sería perjudicial para las negociaciones en todos los frentes. Irónicamente, añadió, el candidato del Likud, Benjamin Netanyahu, había sido partidario de Clinton en las elecciones norteamericanas de 1992, sobre todo porque el ex presidente Bush había dejado clara su preferencia por Isaac Rabin. Sin embargo, en ese momento Netanyahu se oponía a la alianza de paz en ambos lados del Atlántico. Mientras él criticaba legítimamente a Peres en la campaña israelí —y hacía hincapié en el peligro de hacer posibles concesiones a Siria—, sus agentes del Likud en Estados Unidos unían fuerzas con los republicanos para agitar las sospechas sobre la diplomacia de Clinton en Oriente Próximo. Hasta ahora, explicó el presidente, no habían tenido mucho éxito con los votantes judíos, pero en su opinión era una escandalosa maniobra electoral de un partido político extranjero.

Pasó a relatar una intriga en los países vecinos, de Jordania a Bagdad. «Es increíble que esos tipos fueran tan tontos como para pensar que Saddam Hussein iba a respetar su promesa de perdonarles», se rió, refiriéndose a los dos hermanos Kamel que habían desertado de sus altos cargos en el ejército iraquí y habían huido a Jordania en agosto. El general Hussein tenía la intención de derrocar a Saddam, lo cual, al principio, le había vuelto interesante para su anfitrión jordano, el rey Hussein, pero los líderes iraquíes en el exilio se habían negado a relacionarse con él. Desconfiaban de él porque había sido uno de los subordinados más brutales de Saddam, y Kamel, aislado y ensoberbecido, se había convertido en un estorbo tal que el rey le había animado a marcharse. Clinton había seguido la pista a los dos Hussein, Saddam y el rey de Jordania, incluidas sus complejas relaciones familiares. La semana anterior, unos incentivos del dictador Saddam habían atraído de nuevo a casa a los familiares pródigos —los dos Kamel estaban casados con hijas de Saddam—, donde les habían dado una bienvenida digna de la realeza, que fue seguida de su rápida aniquilación en una emboscada militar. Al parecer, el hijo de Saddam, Uday Hussein, más despiadado que su padre, estaba buscando a los familiares supervivientes de sus hermanos políticos. A Clinton le preocupaba que esa violencia política disminuyera las esperanzas de progreso político en toda la región. Por otra parte, pensaba que Saddam había dejado ver su verdadera naturaleza sanguinaria y que eso ayudaría a la comunidad internacional a mantener y defender las sanciones para contener a su régimen.

Luego estaba Castro. El viernes anterior, las fuerzas aéreas cubanas habían derribado dos pequeñas avionetas Cessna pilotadas por exiliados anticastristas desde Estados Unidos. Clinton dijo que los estadounidenses, en general, se habían mantenido tranquilos durante la tormenta subsiguiente. Independientemente del derecho internacional, muchos parecían pensar que los países tenían derecho a defender su espacio aéreo frente a las intromisiones, y los pilotos de las Cessna, pertenecientes a un grupo llamado Hermanos al Rescate, se habían acercado ilegalmente al territorio cubano durante dos años para presumir luego de ello en Miami. Esos vuelos irritaban a las autoridades norteamericanas, cuyos esfuerzos para revocar las licencias de los pilotos estaban interrumpidos por un recurso legal, y enfurecían a Castro. El presidente dijo que se podía palpar la indignación en las órdenes interceptadas por radio de los jefes militares cubanos en tierra a sus pilotos de combate, unas órdenes que no habían seguido ninguno de los protocolos para enfrentarse a un aparato civil y sin armas. «Las hicieron pedazos», dijo. Unos misiles aire-aire habían pulverizado las Cessna y a los pilotos de tal forma que en las aguas del Caribe sólo se habían podido recobrar pequeños trozos del fuselaje. Más que la transgresión, lo que había despertado indignación con Cuba era su exhibición gratuita de fuerza excesiva. Clinton contó que, en privado, había advertido a Castro de que otra acción como ésa tendría respuesta militar directa de Estados Unidos.

Le pregunté por los riesgos. Si su mensaje se filtraba, quizá animara a los exiliados anticastristas a organizar nuevas misiones de acoso con la esperanza de arrastrar a Estados Unidos a un enfrentamiento con Castro. Al fin y al cabo, ése era un sueño quijotesco desde lo de bahía de Cochinos. Clinton minimizó ese peligro. Las comunicaciones eran secretas, y dudaba que los guerreros de fin de semana de Miami estuvieran dispuestos a ofrecer su vida a cambio de una ligerísima posibilidad de provocar la guerra. Sin embargo, su amenaza a Castro parecía incomodarle, por la muestra de bravuconería de todas las partes. Hizo alguna reflexión pesimista sobre la paradoja de la violencia. La gente que se sentía tan sanguinaria respecto a Castro y exigía una hostilidad sin reparos como único remedio eficaz, proclamaba ahora que ese cruel ataque le convertía en un chulo impotente. Al mismo tiempo, contribuían a estrechar el embargo sobre Cuba, lo cual nos hacía parecer todavía más como unos matones ante el mundo. Desde Reagan, en especial, dijo, los republicanos habían ganado votos gracias a ladrar contra Castro, pero no era más que ruido. Nadie se molestaba en pensar en las consecuencias.

En las grandes concentraciones que se habían hecho en memoria de los fallecidos, los adversarios de Clinton ya habían responsabilizado del derribo de las avionetas Cessna a los demócratas y su debilidad, mientras que anunciaban cinco días de leyes bipartidistas para reforzar el embargo comercial contra Cuba, en pie desde hacía cuarenta y cinco años. «Adiós, Fidel», había gritado ese día el presidente del Comité de Relaciones Exteriores del Senado Jesse Helms al aprobarse su proyecto de ley. Copatrocinada por Dan Burton, de Indiana, la ley congelaba los activos y bloqueaba los viajes a Estados Unidos de los ejecutivos de empresas extranjeras que hicieran negocios con Cuba. Clinton dijo que había intentado negociar para permitir excepciones en casos de ciertos contactos personales, como llamadas telefónicas a familiares en la isla, pero que iba a firmar la Ley Helms-Burton. Castro era el responsable de las dificultades que sufría su gente, pero su régimen salía beneficiado del embargo estadounidense y seguramente sobreviviría a Helms. Clinton se sentía arrinconado en una política de probada ineficacia, que en privado había lamentado porque impedía un diálogo político para avanzar hacia una transición pacífica en Cuba.

Para cambiar de tema, después de mencionar brevemente dos horribles atentados con coches bomba en Argelia, le pregunté sobre las recientes visitas oficiales de varios equipos deportivos que habían ganado campeonatos. Los Cowboys de Dallas habían conseguido no destrozar la Casa Blanca. Se habían comportado como caballeros, bromeó, tal como correspondía a un equipo vinculado por varias razones a Arkansas. Uno de los segundos entrenadores procedía de la Universidad de Arkansas, y el entrenador principal, Barry Switzer, había crecido en la pobreza, en el último condado de Arkansas en el que había estado activo el Ku Klux Klan. Clinton dijo que el padre de Switzer había sido un contrabandista que se mató al chocar contra un árbol cuando huía a toda velocidad de casa de su amante negra. El joven Barry era tosco y callado, pero sabía mucho más de fútbol de lo que solían insinuar las autoridades en deportes. Sus jugadores, e incluso el propio presidente, se habían quedado estupefactos ante un brindis del republicano que era dueño del equipo, Jerry Jones. Según Clinton, Jones había comprado los Cowboys con dinero obtenido de extraer petróleo en Arkansas con licencias concedidas por el archienemigo de Clinton, Sheffield Nelson, que era uno de los que hacían las acusaciones más siniestras sobre el caso Whitewater contra él. Pese a ello, Jones había dicho que Clinton era beneficioso para los Cowboys y que debían conseguir que lo reeligieran para seguir ganando Super Bowls.

Los Braves de Atlanta le habían visitado dos semanas después, y Clinton se había quedado estupefacto al saber que sólo un miembro del equipo, el lanzador suplente Mark Wohlers, había votado por él en 1992. Él les hizo un análisis sutil. En una gira para examinar el estado de las obras para los futuros Juegos Olímpicos de Atlanta, les dijo el presidente, había visto que, en el estadio que estaba construyéndose para los Juegos y que sería la futura sede de los Braves, los espacios laterales del terreno de juego eran muy pequeños. De hecho, los ingenieros habían confirmado que no iba a haber más que 14 metros entre las líneas de las bases y las gradas, muy por debajo del promedio de 21 metros en los estadios de la liga profesional. La nueva configuración significaba que habría menos jugadores eliminados cuando las bolas que golpearan con sus bates cayeran en esos espacios, con lo que se reduciría la ventaja de tener buenos lanzadores. ¿Les costaría más a los Braves ganar nuevas Series Mundiales? Clinton contó que sus observaciones habían provocado comentarios positivos de los cuatro lanzadores titulares del equipo —Steve Avery, Tom Glavine, Greg Maddux y John Smoltz—, mientras que los bateadores se apresuraron a defender la opinión contraria. Clinton no esperaba ganar muchos votos en los millonarios vestuarios del deporte moderno, pero parecía contento de haber impresionado a los profesionales con sus conocimientos sobre béisbol.

Se puso serio para hablar de economía. Acababan de coincidir tres nombramientos clave en la Junta de Gobernadores de la Reserva Federal, incluidos los cargos de presidente y vicepresidente. Clinton había querido sustituir a Alan Greenspan por Felix Rohatyn, el astuto banquero de inversiones de Lazard Frères, pero se había encontrado con obstáculos en todas partes. El propio Rohatyn le aconsejó que volviera a designar a Greenspan, porque el Senado republicano no iba a confirmar a nadie más. Wall Street no podía elegir a un presidente del país, le había dicho Rohatyn, pero desde luego podía acabar con él. Si se sentían amenazados, los poderes económicos sacrificarían los beneficios inmediatos para subir los tipos de interés, lo cual perjudicaría a los trabajadores porque provocaría despidos y problemas en los fondos de pensiones. Al final, Rohatyn había rechazado los dos puestos, y Clinton sospechaba que Greenspan lo había orquestado todo, advirtiendo a Rohatyn sobre las fricciones políticas y el terrible tedio que se iba a encontrar en la Reserva Federal. Pensaba que el astuto presidente de la Reserva había protegido su frágil ego impidiendo que pudiera haber comparaciones con Rohatyn, que era tan bueno como él y un orador público mucho más convincente y atractivo.

Resignado a mantener a Greenspan en su cargo, Clinton describió su elección de la directora de presupuestos Alice Rivlin para la vicepresidencia. Si lograba obtener la confirmación, por su probada experiencia combatiendo por el crecimiento y contra los déficits, ofrecería un buen contrapeso frente a los banqueros mezquinos. También calmó su propia desilusión diciendo que Greenspan no era de los ideólogos monetaristas más extremistas en la Reserva Federal. Se le podía apaciguar si se le manejaba con cuidado, y estaban consiguiendo tener un crecimiento estable con déficits más bajos. No obstante, Clinton confesó que había perdido el entusiasmo antes de llegar al tercer nombramiento de la Reserva, que había dejado completamente en manos de su asesora en economía Laura Tyson. De ella dijo que era una servidora pública no reconocida, hábil, imparcial y, al mismo tiempo, apasionada del bien común, lo cual contrastaba con Rohatyn. «Yo estaba decidido a nombrarlo, y creo que eludió la lucha —dijo todavía pesaroso—. Se echó atrás demasiado pronto. No tuvo el valor suficiente.»

Pasando a la política, el presidente valoró las primarias y los caucus del Partido Republicano. Su palabra favorita parecía ser *jugar* a la hora de evaluar cada elección; por ejemplo, «[Lamar] Alexander no tenía el dinero necesario para jugar en las Dakotas». Steve Forbes era el único que parecía disfrutar jugando. Gramm se había retirado, sin ninguna posibilidad. Pat Buchanan estaba loco. Dole estaba molesto. Alexander estaba agitado. Forbes, que se había presentado alegremente con el único mensaje de reducir los impuestos a todo el mundo, había ganado en Arizona, y Buchanan había sorprendido al aparato del partido al ganar en Nuevo Hampshire. Clinton opinaba que, hasta entonces, las primarias estaban dejando al descubierto los puntos débiles de todos sus posibles adversarios. Dijo que Dole estaba intentando jugar con una sola idea mediocre, que se reducía a «Llevo mucho tiempo dedicado a esto y merezco ser presidente». Aun así, Clinton creía que iba a obtener la nominación. Señaló que los republicanos solían preferir una sucesión ordenada y Dole había acumulado muchos amigos entre los dirigentes del partido, que eran los superdelegados y cuyo voto siempre pesaba mucho en la convención. Los republicanos también eran partidarios de empezar pronto y saturar con un mensaje repetitivo, algo para lo que hacía falta mucho dinero.

Por el contrario, recordó el presidente, él no había visitado Nuevo Hampshire hasta octubre de 1991, un año antes de las elecciones generales. Tenía recuerdos de la campaña en Nuevo Hampshire, como siempre, pero lo importante es que había pasado previamente meses perfilando cómo presentarse ante los votantes, por qué se presentaba y qué iba a hacer. Pero en ese momento, mientras actualizaba esa introducción para un segundo mandato, Clinton estaba utilizando la ventaja del presidente en ejercicio de no tener que hacer primarias para recaudar todo el dinero posible. Dijo que confiaba en reducir una diferencia de dinero disponible para financiar la campaña que podía llegar a ser de cuatro veces menos para él si Ross Perot volvía a presentarse otra vez como tercer candidato.

La financiación de las campañas nos llevó a su examen de la Ley de Reforma de Telecomunicaciones, que acababa de firmar. Atribuía la mayor parte de su equilibrio y sus posibilidades a Al Gore, y dijo que el vicepresidente había advertido sobre el peligro legislativo poco después de las desastrosas elecciones de 1994. Las grandes cadenas de televisión, había predicho, se asociarían con las compañías telefónicas regionales para impulsar una agenda cargada en el nuevo Congreso de mayoría republicana. Con la excusa de la libertad de mercado, arrebatarían al Gobierno el poder de fomentar la competencia en su sector, que estaba experimentando cambios vertiginosos. Gore había dicho que el plan era un caballo de Troya. Antes de que la gente se diera cuenta del alcance del futuro cambio en las telecomunicaciones, las grandes compañías devorarían las posibles salidas en nuevos campos alternativos, como el cable y el teléfono móvil. Al extender su control frente a la competencia de las nuevas tecnologías, confiaban en prevenir o retrasar la disolución de sus mercados. Estaba en juego mucho dinero, aseveró Clinton, y eso significaba una lucha titánica entre grupos de presión en el Congreso. Estaban surgiendo nuevas empresas dispuestas a comprar licencias para ese territorio por conquistar que Gore llamaba «la autopista de la información». Estaban pagando ya mucho más de lo previsto, lo cual, según Clinton, era beneficioso para los contribuyentes. El único inconveniente que veía era que los precios elevados hacían que fuera difícil incluir a los pequeños accionistas.

El presidente dijo que le llamaba la atención una espectacular oferta pública que había hecho esa semana el magnate norteamericano-australiano de los medios de comunicación Rupert Murdoch: tiempo de pantalla gratuito para todos los candidatos presidenciales en su cadena Fox. Su propósito, había asegurado, era «acabar con el cáncer» del dinero en el sistema político, un objetivo que había indignado a otras cadenas y había desatado protestas entre los republicanos, normalmente opuestos a que se pusieran límites a los gastos de campaña. De pronto, murmuraban que Murdoch era un apóstata, un oportunista extranjero, o cosas peores. A Clinton le parecía bien la oferta, aunque se cuestionaba sus motivos. Dijo que Murdoch había tratado de ganarse el favor de Gingrich en el proyecto de ley de telecomunicaciones, lo cual significaba grandes contribuciones a los republicanos. Éstos no habían obtenido todo lo que quería Murdoch, de modo que tal vez quería cubrirse las espaldas.

Clinton pensaba que la idea de Murdoch era prometedora si podía ir unida al requisito de que fueran los propios candidatos quienes hablaran directamente a los votantes, sin imágenes ni sonidos añadidos. ¿Era posible que una combinación así estigmatizara o eliminara las técnicas publicitarias que eran responsables de tanto gasto y tanta tergiversación en las campañas políticas? ¿Podía ser constitucional? Clinton dejó constancia de su deseo de una revisión imparcial de la decisión del Tribunal Supremo en el caso de Buckley contra Valeo, que prohibía restringir la libertad de expresión política. Nuestra sesión terminó entre los matorrales de la Primera Enmienda.

22

ÉPOCA DE PRIMARIAS

Lunes, 27 de mayo de 1996

Transcurrió un mes hasta nuestro siguiente contacto, propiciado por Robyn Dickey, de la Oficina Social de la Casa Blanca, que organizó un acto que coincidió con una visita de fin de semana de mis padres a Baltimore. Fuimos toda la familia a Washington el sábado, 30 de marzo, por la mañana. Entramos por el control de seguridad del ala oeste para que nos dieran las instrucciones sobre cómo comportarnos durante la transmisión del discurso semanal —qué esperar, las indicaciones de silencio, los avisos de no tropezar con los cables por el suelo— y luego entramos en el Despacho Oval para ver en directo el discurso. El presidente Clinton defendió la necesidad de una ley que elevara el salario mínimo de 4,25 a 5,15 dólares la hora. Después, siguiendo otra indicación, nuestro grupo fue el último, entre casi un centenar de invitados, en saludarle y posar con él sobre la gran alfombra azul, para que pudiéramos salir fuera juntos a hacer una breve presentación. El comedero de pájaros del monumento a Jefferson aguardaba sobre una mesa redonda de color blanco, aislado y reluciente sobre el verde oscuro del jardín sur. Clinton lo rodeó varias veces con miradas de admiración y mi padre, aunque no parecía nervioso, murmuró respuestas extrañamente breves a las preguntas sobre los detalles arquitectónicos. Mi madre pasó con facilidad de la actitud maternal a una conversación sureña con el presidente. Macy, que entonces tenía quince años, se inclinó para mirar la estatua de Jefferson en miniatura situada en el interior. Franklin se distrajo con el gato Socks, que estaba atado a un árbol cercano con una larga cuerda. Varios colaboradores organizaron las fotografías. Christy y yo sonreímos a todo el mundo y, por fin, vinieron a buscar a Clinton para su próxima cita.

Pasaron dos meses más. Nuestras sesiones estaban siendo más infrecuentes durante el año electoral. El frenesí de la campaña, me explicaban las secretarias, era un elemento más en la disputada agenda del presidente, pero yo pensé que a lo mejor estaba perdiendo interés. ¿Podía reprochárselo? Nuestro proyecto tenía algo de macabro. Estábamos recopilando un millón de palabras que iban a permanecer ocultas durante muchos años, seguramente hasta que los dos estuviéramos muertos. ¿Cuánto iba a durar su intención de legar este documento? ¿Estaba buscando un ángulo nuevo? ¿Tenía yo que refinar nuestra reflexión? ¿Era útil nuestra colaboración? Me guardé estas preocupaciones para mí mismo. De todas formas, los viajes a la Casa Blanca solían trastocarlas. Nunca sabía qué esperar.

Me convocaron a última hora de Memorial Day.* La llamada me sacó de mi trabajo sobre la época de Martin Luther King, treinta años atrás, y me hizo tener que apresurarme a organizar unas preguntas a partir de un montón de notas contemporáneas. Habían ocurrido muchas cosas. Esa noche, en la Casa Blanca, me escoltaron rápidamente hasta la Sala de los Tratados; yo confiaba en poder rematar los preparativos durante la espera habitual, pero el presidente Clinton estaba ya allí, hablando atentamente por teléfono sobre datos de encuestas en Israel. Recorrió distrito por distrito, sin dejar de preguntar si eso era todo y escribiendo las cifras. Al parecer, Shimon Peres había salido reforzado del único debate previsto con su adversario, Benjamin Netanyahu. El primer ministro había respondido bien desde todos los puntos de vista. En las encuestas posteriores había subido un punto, con lo que su ventaja en el ámbito nacional era del 3 %.

El presidente parecía resignado al colgar. Tres puntos no eran suficientes, dijo. Las elecciones israelíes siempre se inclinaban en los últimos días hacia el partido belicoso, el Likud. Si las elecciones se celebraran en ese momento, Peres perdería, y Clinton consideraba que eso sería un desastre. Retrasaría el proceso de paz en todos los frentes, especialmente en el de Siria, porque Netanyahu estaba prometiendo que no firmaría ningún acuerdo que implicara la devolución de cualquier parte de los Altos del Golán. Clinton dijo que el presidente sirio Asad se había pasado de listo. Siempre estaba aguantando para obtener más. Tenía que haber firmado la paz el año anterior.

Clinton empezó a pasear arriba y abajo. Le pedí que se reservara esas reflexiones hasta que colocase las grabadoras para que pudiera registrarlas, y cambió de tema. El libro de Bob Woodward sobre la inminente

_____

* El día en el que se conmemora a los caídos en guerras; se celebra el último lunes de mayo. (*N. de la t.*)

campaña iba a salir pronto, pero acababa de llegar una nueva carta en la que pedía una entrevista de última hora. Dijo que la iba a buscar para enseñármela pero, mientras rebuscaba entre los papeles de su mesa, vi cómo su mirada se distraía. Ya le había visto otras veces así de inquieto. Parecía que daban vueltas tanto sus pensamientos como sus dedos. Fue de un estante a otro mirando los libros, toqueteándolos, examinándolos, recolocándolos, incluso cogiendo las tijeras para recortar, por alguna razón, una página autografiada, ante lo cual me sentí muy incómodo. Mientras lo hacía, contó que su jefe de gabinete, Leon Panetta, había oído decir a Woodward que el libro iba a incluir extraños fragmentos sobre Hillary y Eleanor Roosevelt. La verdad era que la propia Hillary se había preguntado unas cuantas veces a sí misma cómo habría manejado alguna crisis su predecesora, igual que a Clinton le habían preguntado en una ocasión, durante una reunión de gobernadores, lo que habría hecho Thomas Jefferson, pero Woodward pensaba presentar eso como una especie de acto de brujería, como si Hillary celebrara sesiones de espiritismo para comunicarse con los muertos. Eran cosas significativas sobre el libro. Panetta estaba tratando de hacerle ver a Woodward sus errores más escandalosos, pero las correcciones nunca estarían a la altura del tono y el morbo sensacionalista.

Ya con las grabadoras en marcha, sentado, el presidente revisó las dificultades que minaban el camino hacia las elecciones israelíes. En marzo, como respuesta a la avalancha de atentados suicidas, el presidente Mubarak de Egipto había acogido lo que llamaron una cumbre de pacificadores en Sharm el-Sheikh, en el mar Rojo. Había recibido a los dirigentes de 29 países, entre ellos a Clinton. En un precedente histórico, Israel y 14 naciones árabes no sólo se habían reunido para negociar —con la notable excepción de Siria—, sino que se habían sumado a la declaración pública del grupo sobre las medidas para combatir el terrorismo. También se habían hecho avances a puerta cerrada, dijo Clinton. Yasser Arafat había ayudado a recobrar el impulso en el frente palestino con unos esfuerzos convincentes para atacar la violencia de Hamás en Gaza. Arafat también se había comprometido a cumplir el plazo del 1 de mayo de los Acuerdos de Oslo —aplicando una enmienda formal a la carta de la OLP para aceptar la coexistencia con Israel— y había hecho realidad su promesa pese a la agitación que le aguardaba. Desde la cumbre, Clinton había proseguido su viaje para tranquilizar a los israelíes inquietos por los atentados suicidas. Describió una emotiva visita a la tumba de Isaac Rabin. En privado, había prometido que Estados Unidos seguiría una política coherente, aunque la oposición ganara las elecciones —con la promesa de no imponer nunca unas condiciones de paz a Israel—, y Netanyahu, a su vez, se había comprometido a respetar los acuerdos ya en marcha.

En cuanto salió de Israel, Hezbolá empezó a disparar cohetes Katiusha desde su base en Líbano contra las ciudades y los pueblos del norte de Israel. El resultado fueron unos 200 muertos por ataques aleatorios durante varias semanas, una proporción equivalente a unas 20.000 bajas en Estados Unidos. Clinton dijo que Israel había tenido que tomar represalias. Peres seguramente había esperado demasiadas semanas con angustiosas deliberaciones. Pero por fin, en abril, había lanzado unos ataques sostenidos por aire y de artillería, sin consultar ni avisar a Estados Unidos. Su Operación Uvas de la Ira estaba diseñada explícitamente para expulsar a los civiles del sur de Líbano hacia Beirut en número lo suficientemente grande como para obligar al Gobierno libanés a pedir al presidente sirio Asad que intercediera ante Hezbolá para que dejara de disparar los Katiusha. El presidente Clinton dijo que era un plan digno de Rube Goldberg:* era demasiado complicado para funcionar, ignoraba los resentimientos existentes y no podía sino salir mal. El hecho de que convirtiera a casi medio millón de libaneses en refugiados, y los datos creíbles sobre el gran número de víctimas civiles causadas por los obuses israelíes habían hecho que el bombardeo provocara la indignación de los Estados árabes, que acababan de negociar en Sharm el-Sheikh para disminuir las hostilidades. El fracaso militar impedía que Peres se ganase a los halcones israelíes y los votantes árabes-israelíes estaban abandonándole en masa. Pensaban que la sanguinaria desproporción del ataque de la que había hecho gala Peres había demostrado que él no era mejor que el Likud. Los ciudadanos árabes formaban el 14 % de la población de Israel, dijo Clinton, y el 7 % de sus votantes probables. Si disminuía su apoyo, eso podía suponer el margen de la derrota para Peres.

El presidente siguió mostrándose pesimista cuando pasó a relatar dos funerales. Se detuvo un instante a pensar, molesto por no recordar exacta-

---

* Rube Goldberg fue un inventor, ingeniero y caricaturista estadounidense que dibujaba unas tiras cómicas en las que aparecían inventos extremadamente complicados para realizar tareas muy sencillas. (*N. de la t.*)

mente cómo se había enterado de la muerte del secretario de Comercio, Ron Brown, en un accidente de avión cerca de Dubrovnik, en Croacia. Ésa era la razón por la que debíamos sacar tiempo para hacer sesiones extra y ponernos al día, dijo, como tomando nota para los dos. No le gustaba olvidar cómo habían sucedido las cosas; pero consiguió recordar muchas historias de Brown, desde su ascenso a la dirección del Partido Demócrata hasta los viajes de Clinton y Hillary para visitar a las familias de las otras 34 personas fallecidas en la misión comercial con Brown. Antes de la ceremonia de recepción de los cuerpos en la base aérea de Dover, el hijo de Brown se había propuesto mostrarse valiente ante su hermana pequeña, que no entendía nada de lo que pasaba, hasta que empezaron a bajar del avión los ataúdes y el niño se derrumbó llorando a gritos: «Quiero que vuelva mi papá». Había sido un momento muy duro, dijo Clinton. De pronto, pasó a hacer un elogio infrecuente de *The Washington Post*. Reconoció que los redactores habían sido honrados a la hora de escribir las necrológicas. No habían ocultado sus críticas anteriores a Brown e incluso habían reanudado sus esfuerzos fallidos para demostrar que era corrupto, pero habían añadido nuevos datos que afirmaban que Brown había transformado Comercio de un pequeño departamento aburrido y sin salida en una dinámica embajada para el desarrollo comercial en el extranjero. Citaban a testigos de dentro y fuera de la política sobre lo mucho que había significado la labor de Brown. El presidente expresó su gratitud por su equilibrio periodístico y volvió a preguntarse por qué había desaparecido de la mayor parte del discurso público ese tipo de atención al trabajo real del Gobierno.

Después, Clinton examinó el suicidio, ocurrido el 16 de mayo, del almirante Jeremy *Mike* Boorda, jefe de operaciones navales. Soltó datos biográficos de una manera agitada que parecía casi una búsqueda táctil de algo, igual que sus manos buscaban algo invisible en los estantes. Sabía, por ejemplo, que Boorda se había casado a los diecisiete años y había convencido a los oficiales de reclutamiento de la marina, en San Diego, para que le dejaran alistarse a pesar de no tener la edad requerida. Su mujer era una baptista sureña, y Boorda, judío. Cuando a la mujer de su mejor amigo le molestó la idea de ir destinados a Oklahoma, un estado sin costas, el joven Boorda le cambió el puesto. Al parecer, alguno de los familiares sureños de Boorda había cantado un año con Clinton en un coro juvenil de Arkansas. El presidente contó rápidamente su extraordinario ascenso hasta el rango más alto, impulsado, en parte, por la necesidad de contar con el seguro sanitario de la marina para poder cuidar de su hijo mayor, nacido con una grave discapacidad. Como jefe de operaciones navales, después de la Guerra Fría, Boorda había dirigido un servicio desgarrado por todo tipo de conflictos, desde la gran estrategia armamentística hasta los escándalos de trampas en los exámenes de la academia de Annapolis y las luchas internas por lo ocurrido en la convención anual de Tailhook para jóvenes oficiales. Boorda había apoyado una polémica investigación sobre afirmaciones contradictorias de que las bacanales rituales de Tailhook reforzaban el espíritu de cuerpo, según unos, o encubrían casos de acoso y hasta de agresión y violación, según otros.

En medio de un aluvión oculto de disputas por cuestiones de honor, Boorda se había pegado repentinamente un tiro, y el presidente comparó su situación tras su muerte con la que había sufrido tras el suicidio de Vince Foster, hacía casi tres años. En ambos casos había sentido un fugaz desconsuelo. Boorda se había enterado, cuando estaba solo en casa, de que le iban a acusar en los medios de comunicación de manipular las reglas de la marina para llevar dos pequeñas condecoraciones con la «V» de valor. Clinton creía que una pequeña conversación o incluso una mera llamada telefónica quizá habrían permitido que se desvaneciera el impulso fatal. En su opinión, Boorda era, como Foster, un fanático del trabajo que no había sido consciente de su grado de agotamiento físico y emocional. Más aún, añadió, en ambos casos, había algún peso misterioso que había atravesado las autodefensas habituales y le había impedido darse cuenta de que las críticas y los ataques no eran más que mera política.

Para huir de todo esto pasamos a los recuerdos de su viaje con Hillary por Asia en abril. Su resumen estratégico sobre Corea del Sur, Japón y Rusia tuvo algo de mecánico. Pintó las complejidades típicas de las reformas comerciales y políticas y apenas se detuvo a describir una visita al maravilloso museo del Ermitage en San Petersburgo. El presidente no dejaba de mencionar algo que había faltado en su itinerario asiático: China. «Nunca he estado allí», decía. El Gobierno chino —furioso por la reelección del presidente Lee Teng-hui en Taiwán— había intercambiado con la isla declaraciones parecidas al ruido de sables durante el viaje de Clinton. Claramente fastidiado, aseguró que no estaba dispuesto a ir allí antes de las elecciones, pero todo podía cambiar. Quizá debía ser más sincero con esa gran potencia emergente. El hecho de que estuviéramos profundamente molestos, dijo, por la violenta represión de la democracia en la plaza de Tiananmén, no quería decir que pudiéramos influir gran cosa en el comportamiento de China en materia de derechos humanos dentro del propio país. Por otro lado, Estados Unidos representaba sólo el 22 % de la economía mundial, pero comprábamos más del 40 % de todas las exportaciones chinas. Deberíamos obtener algo a cambio.

Se extendió sobre este problema sin resolver, desde los detalles de los 2.000 fusiles AK-47 que habían llegado recientemente de contrabando a San Francisco hasta un panorama general de la historia de China. Todavía se sentían humillados por haber sufrido la ocupación de potencias extranjeras desde el siglo XIX, la última de ellas Japón, y tenían miedo —un miedo terrible— de volver a descomponerse en territorios dominados por distintos caudillos. Por eso, dijo Clinton, sus líderes estaban tan empeñados en mantener el control político, sobre todo porque sentían una inevitable pérdida del control económico. Había montañas de dinero nuevo que estaban desvinculándose de la vieja burocracia estatal. En ese contexto, el presidente mencionó su pulso con el líder chino, Jiang Zemin. En los demás países del mundo, sus esfuerzos para mezclar la relación personal con el interés estratégico darían resultados, buenos o malos. Con China, no. «Si he cometido un error en política exterior —declaró con seriedad—, es no haber desarrollado una relación con China, y más concretamente con Jiang Zemin.»

Le pregunté sobre las noticias de que el presidente Yeltsin acababa de comenzar su campaña para la reelección en Rusia con un apoyo mínimo en las encuestas, incluso de sólo un 1 %. ¿Podía ser eso cierto? No, respondió Clinton. Boris no había estado nunca en una situación tan mala. Era verdad que las opiniones negativas sobre él estaban por encima del 70 %, porque los rusos estaban furiosos por la brutal transición desde el viejo sistema soviético, pero la campaña había reducido esa cifra. Los adversarios, encabezados por el comunista de la línea dura Gennadi Ziuganov, confiaban todavía en vencer, y el presidente desveló unas informaciones según las cuales Yeltsin había amenazado con desconvocar las elecciones y mantenerse en el poder. Clinton dijo que había llamado inmediatamente a Moscú para protestar en nombre de la constitución rusa. Había recordado a Yeltsin que las cuatro estatuas presentes en su despacho del Kremlin honraban la memoria de unos reformistas fundamentales en la historia de Rusia. No había ningún comunista como Lenin, ni ningún socialista. Las cuatro estatuas eran de Pedro el Grande, Catalina la Grande, Alejandro II, que liberó a los serbios, y Nicolás II, que impulsó una Duma republicana antes de ser derrocado por los bolcheviques. Todos ellos habían sido zares. «Boris —le había dicho Clinton—, puedes seguir teniendo a esos personajes como héroes, pero no puedes desconvocar las elecciones.» Los reformistas no daban marcha atrás, le había explicado, pero al final Yeltsin había cedido. «Sí —dijo el presidente ruso—, yo introduje la constitución, y debo vivir o morir con arreglo a ella.»

Clinton hizo una pausa para atender una llamada telefónica de la senadora de la asamblea estatal de Virginia Occidental Charlotte Pritt y felicitarla por su victoria en las primarias para el cargo de gobernador. Lo había conseguido, le dijo varias veces, y él iba a animar a sus colegas demócratas a que «se subieran a la misma barca y remaran». Al colgar, comentó, acertadamente, que quizá perdería debido a la animadversión creada por su «terrible error» de hacía cuatro años, cuando se había opuesto al popular demócrata que ocupaba entonces su escaño. Luego, el presidente repasó deprisa varios hechos secundarios y comentó que Al Gore había sido objeto de burlas desde un acto informativo de seguridad dedicado al tristemente famoso Unabomber, el terrorista estadounidense que había resultado ser un graduado en Harvard como él.[1] Los bromistas le tomaron el pelo a Gore diciendo que Harvard tenía demasiados estudiantes, incluidos algunos locos, y que allí se los formaba para lo que fueran. Después, Clinton se detuvo con afecto en un partido de golf que había jugado con el actor James Garner, que obtuvo una puntuación de 78 a pesar de su avanzada edad y de tener mal las rodillas tras años de protagonizar sus propias escenas de acción en las películas. El presidente obtuvo un resultado mucho peor. Describió vagamente algunos lanzamientos y varios detalles sobre el hermano mayor de Garner, un profesional de setenta años que tenía un hándicap 3.

Hablamos de un logro tardío del «Contrato con América» de Newt Gingrich. Al preguntarle por qué se había aprobado de repente, y sin explicación, el veto por partidas, después de estar estancado durante más de

---

1. Theodore Kaczynski, antiguo profesor de matemáticas, envió dieciséis cartas bomba durante más de una década a destinatarios relacionados sobre todo con líneas aéreas y universidades, las cuales mataron a tres personas e hirieron a veintitrés. Los agentes del FBI le detuvieron en su apartada cabaña de Montana el 3 de abril de 1996. Kaczynski fue condenado a cadena perpetua sin posibilidad de libertad provisional. Su cabaña se exhibe en el Newseum de Washington, D. C.

un año, dijo que la respuesta era sencilla. Había hecho un trato en privado con Gingrich y Dole por el que se comprometía a no utilizar los nuevos poderes de veto en todo 1996. Hasta esa promesa, dijo, los republicanos habían contenido a su propia mayoría legislativa por temor a que Clinton vetara sus proyectos de intereses económicos particulares en un año electoral. Desde el punto de vista del presidente, merecía la pena esperar a cambio de obtener una nueva herramienta de lucha contra el déficit para el futuro. Los republicanos se habían apresurado a ocultar sus motivos para el trato. Podían denunciar los gastos y ridiculizar al Gobierno, dijo Clinton encogiéndose de hombros, pero a muchos de ellos les encantaba que hubiera proyectos federales antes de las elecciones. De hecho, Leon Panetta y él habían comentado en broma que deberían utilizar el veto por partidas sólo en distritos cuyos representantes odiaran al Gobierno, para ayudar a acabar con la hipocresía. Cuando le pregunté si el veto por partidas marcaría muchas diferencias, respondió que era difícil saberlo. En su opinión, si la ley sobrevivía el recurso ante los tribunales, las primeras aplicaciones serían cruciales para sentar un precedente imparcial. En el mejor de los casos, esperaba una contención marginal del presupuesto en su conjunto, y ya había algunas evasiones sutiles en marcha. Los republicanos habían manipulado la ley para hacer que los vetos por partidas fueran más difíciles en las preferencias fiscales que en los gastos regulares, lo cual haría que entraran más programas en el código fiscal.

El acuerdo con Dole nos condujo a las elecciones presidenciales. Clinton me recordó que él ya había predicho que Dole iba a ganar la nominación ya en febrero, cuando acababa de perder las primarias de Nuevo Hampshire. Los demás rivales republicanos «no tenían nada de altos», dijo, un nuevo clintonismo para referirse a su poca estatura o prestigio. Afirmó que Forbes y Alexander no tenían nada de altos en Carolina del Sur, por ejemplo, desde luego no con la Coalición Cristiana. Dole se había asegurado la nominación desde muy pronto, por lo que había pasado semanas experimentando con temas para la campaña general contra Clinton. Seguía siendo poco elocuente, observó el presidente fríamente y sus dos discursos de prueba sobre la vergüenza habían fracasado. El primero, el discurso sobre la vergüenza de los jueces progresistas de Clinton, había llamado muy poco la atención, en parte porque, en el fondo, era demasiado educado para hacer mucha demagogia sobre el aborto. Seguramente era innecesario que el presidente respondiera, pero insistió en que había que reaccionar de forma inmediata ante todos los ataques. Habían salido otros a defenderle con sondeos que decían que los nombramientos de Clinton eran más moderados —más representativos del electorado— y mucho más cualificados que los jueces de Reagan y Bush. «Le aplastamos en ese tema», concluyó el presidente. Pensaba que Dole había ganado cierta fuerza con el segundo discurso, sobre la asistencia social como ver-güenza del progresismo, en el que había criticado a Clinton por vetar un proyecto de ley de asistencia social republicano. Los demócratas estaban emitiendo anuncios de respuesta en los que destacaban que las fórmulas experimentales en 38 estados habían ayudado a disminuir la población dependiente de las ayudas en 1,5 millones de personas y recitaban las ob-jeciones de Clinton al punto de vista punitivo de los republicanos.

Dijo que Dole estaba manteniendo posiciones de «libre empresa» en tres temas destacados —tabaco, armas y juego— y también alegaba que el Gobierno no debía inmiscuirse en los negocios ni en las decisiones de los consumidores. Claramente, Dole creía que era conveniente reunir esos enormes fondos de campaña, y la historia le daba la razón. Ningún candi-dato presidencial había hecho nunca campaña activamente en contra de esos sectores, pero Clinton estaba decidido a ser el primero. Ya había apa-recido en mítines para defender la Ley Brady y la prohibición de las armas de asalto que algunos pretendían revocar. Sobre el tabaco, mencionó su reciente discurso en la jornada de «Duro con las colillas» en Nueva Jersey y una conferencia con funcionarios de los estados en la Casa Blanca para discutir formas de luchar contra el consumo de tabaco entre adolescentes. Clinton destacó sus méritos. Se comprometió a oponerse a la venta ilegal de cigarrillos a menores, cosa que consideraba una epidemia creciente y depredadora, que, por desgracia, se ignoraba o se achacaba a los propios menores. En cuanto al juego, dijo que iba a proponer —pese a las sangrien-tas objeciones— el primer estudio exhaustivo sobre la moderna prolifera-ción de casinos y loterías patrocinadas por los estados.[2] El sector del juego se había movilizado para bloquear o atar de pies y manos la investigación. Acusaban a Clinton de tratar a empresas legítimas como gánsteres. Su lo-bby, aunque estaba dirigido por republicanos, incluía a muchos demócra-tas, porque el atractivo de las máquinas tragaperras era más fuerte que la lealtad al partido. El propio presidente reconoció, con cierto bochorno,

---

2. Dos meses después, el 3 de agosto, el presidente Clinton firmó la ley de 1996 que permitió la creación de una Comisión Nacional para el Estudio del Impacto del Juego. La Comisión publicó su informe definitivo en 1999.

que había aceptado una comida en Las Vegas con el magnate de los casinos Steve Wynn, que había recaudado «un montón de dinero para Dole».

Asimismo, Dole había contratado a tres asesores de publicidad agresiva, entre ellos un experto en mensajes contra los gais. Clinton dijo que su premisa básica, basada en dos décadas de tendencias en los sondeos, era que a aproximadamente el 45 % de la población votante le ofendía el estilo de vida gay y que esa antipatía provocaba muchos menos remordimientos y muchas menos dudas que otros odios, lo cual ofrecía una base para ganar las elecciones. No obstante, todos esos experimentos no constituían una visión suficientemente grande para una campaña presidencial. Como complemento de la táctica dura sobre cuestiones específicas, Clinton suponía que Dole iba a hacer hincapié en los aspectos personales. Quizá escogiera como segunda de su equipo a una mujer republicana moderada —la ex gobernadora de Nueva Jersey Christine Todd Whitman—, aunque Clinton pensaba que sería más inteligente para Dole escoger al senador John McCain. Una pareja de héroes de guerra resaltaría el contraste con Clinton, que no había servido en Vietnam. El presidente había sido pionero de esa estrategia de juntar a personas de perfil similar y no de equilibrar la candidatura, al presentarse con otro empollón, Al Gore, que era de Tennessee, estado vecino de Arkansas.

Casi todo el mundo pensaba que Dole había hecho bien en dimitir del Senado para concentrarse en la campaña. Él había explicado la razón de ello a Clinton en una visita de cortesía justo antes del anuncio, el 15 de mayo. En primer lugar, Dole no tenía tiempo para ser candidato y a la vez líder de la mayoría, una tarea que le exigía controlar un centenar de egos y tontear con Gingrich a diario. Segundo, se había dado cuenta de que no quería estar en el Senado si tenía que dejar de ser el líder, con lo que la decisión había sido más o menos inevitable. Parecía sincero y razonable, me dijo el presidente, aunque se preguntó si alguien iba a tener en cuenta que él, Clinton, también estaba haciendo campaña además de dirigir el Ejecutivo y sortear unos seis tormentosos frentes a propósito del caso Whitewater. Dole y él se habían limitado a expresarse buenos deseos. Su rivalidad era extremadamente civilizada, comentó Clinton, sobre todo desde la reciente carta de Dole en la que había pedido perdón por sus críticas en televisión el día de la muerte de la madre de Clinton. Para la grabadora, Clinton mencionó, parafraseándolo, el elegante deseo de Dole de que las madres de los dos hubieran podido vivir para verles disputarse la presidencia. También dijo que le había dado las gracias a Dole y había confesado que aquello le había estado doliendo durante más de dos años. «Bob, voy a olvidarme ya de ello —le había dicho—. No voy a volver a mencionarlo ni a llevarlo conmigo.»

Durante este anticipo de la campaña, Chelsea se asomó para pedir perdón por si nos había molestado. Había estado cantando en el pasillo y no se había dado cuenta de que estábamos allí. Antes de que Clinton pudiera contestar, ella se fue, y poco después, mientras yo rebobinaba las cintas, él se puso a rebuscar algo en la enorme mesa de Ulysses Grant. Hacía diez años, me contó, cuando Chelsea tenía unos seis, se había colado en una ceremonia en la oficina del gobernador con una cartera que él tuvo que abrir delante de todo el mundo. Mientras decía esto, me enseñó una foto de la pequeña Chelsea muerta de risa y Clinton enseñando, con una mueca de asco, una boa constrictor que estaba dentro de la cartera. Su hija era alegre y educada, dijo, pero también era muy traviesa.

Él, en cambio, me había engañado a mí. Le comenté que había creído que estaba volviendo a buscar la carta de Bob Woodward. No, y estaba bastante seguro de que iba a rechazar la entrevista. El libro de Woodward tenía ya un gran peso de los republicanos, porque había mantenido alrededor de una docena de conversaciones con Dole antes de abordar a Clinton. El presidente pensaba que cualquier entrevista en ese momento daría una falsa impresión de paridad, y yo compartía sus conjeturas. Parecía demasiado tarde para que él pudiera ganar gran cosa, así que pasé a hablar de unas últimas preocupaciones. Empecé a decirle que la revista *Esquire* me había pedido que escribiera un ensayo a favor de Clinton para su número dedicado a las elecciones, pero el presidente me interrumpió inmediatamente. Él conocía mejor que yo los planes internos de la revista. Me informó de que Richard Ben Cramer había aceptado escribir en favor de Dole. Cramer era bueno, y sentía una simpatía populista por Dole que resultaría eficaz. El presidente esperaba que yo le defendiera, pero yo no me comprometí. ¿Cómo podía hacerlo sin poner en peligro el proyecto de historia oral? Casi todo lo que sabía sobre su presidencia procedía de estas entrevistas grabadas para la posteridad, unas entrevistas cuya existencia era un precario secreto en la pecera de la Casa Blanca. Hasta el momento, con la ayuda de David Kendall, habíamos tenido suerte. Por mi parte, cuando algún amigo curioso me preguntaba sobre una cena anulada o un viaje repentino a Washington, me libraba con una explicación resumida y veraz de que estaba renovando viejas amistades mediante unas conversaciones confidenciales sobre la manera de preservar de la historia. Sin embargo, si yo ponía por escrito algunas historias que me había contado en nuestras sesiones, la gente se preguntaría, con razón, cómo había tenido acceso a tantos detalles.

Con la sensación de estar atrapado, revelé otro tipo de peligro. El Comité de Banca, presidido por el senador Alfonse D'Amato, me había citado para hablar en su investigación sobre el caso Whitewater. De hecho, unos agentes del FBI me habían visitado ya en casa. Esa noticia, por una vez, pareció sorprender al presidente, aunque intenté restarle importancia diciéndole que había enmarcado las citaciones de D'Amato como un monumento al absurdo. Todas sus innumerables preguntas habían sido sobre los archivos del bufete de Hillary: ¿los había visto, o había visto algo parecido, en habitaciones específicas, en determinados días, o había hablado de algo de ese tipo con otras personas que no fueran las siguientes? Todas las preguntas me resultaban completamente ajenas y había contestado no mil veces. Según Paul Sarbanes, el senador demócrata por Maryland, los republicanos del comité habían decidido interrogarme a mí y a todos los que habían pasado una noche en la Casa Blanca si había alguna posibilidad de que los expedientes hubieran estado también allí, incluidas unas dos docenas de amigas de Chelsea. Sarbanes estaba negociando para eliminar las citaciones a esas niñas, y rechazó mi idea impertinente de que tal vez era mejor que las aceptara. Quizá un espectáculo semejante —la inquisición televisada de unas adolescentes— podría acabar convirtiendo la fiebre del caso Whitewater en una farsa.

Clinton suspiró. Los demócratas, a veces, eran demasiado buenos, pero Sarbanes tenía razón al oponerse a que las niñas tuvieran que pasar una situación desagradable y gratuita. Sin embargo, cuando me iba, vi que había asimilado mis preocupaciones y se había refugiado en sus pensamientos, que volvía a dar vueltas a las cosas mientras iba de un lado a otro, con un palo de golf que había agarrado de un montón que había en una esquina. Era un *driver*, el último palo que había comprado Ron Brown. «Ron era peor que yo —reflexionó el presidente—, como adicto al golf y como jugador terrible.» Brown siempre estaba acumulando palos nuevos, incluso encargándolos por correo. Ahora eran como revistas, todo el mundo los vendía. Clinton movió el palo varias veces sobre la alfombra de Heriz de la Sala de los Tratados. «Puedo llegar bastante lejos —dijo—, pero este palo es un poco corto para mí.»

23

TERRORISMO, REFORMA DE LA ASISTENCIA SOCIAL Y LA CONVENCIÓN DE CHICAGO

Lunes, 1 de julio de 1996

Viernes, 2 de agosto de 1996

Convención Nacional Demócrata, Chicago
26-29 de agosto de 1996

A principios de junio, Clinton me sorprendió con una llamada a casa. Había problemas con el número de *Esquire* sobre las elecciones. No habían encontrado a ningún escritor apropiado para defenderle, y había tenido problemas con los candidatos más recientes: la columnista texana Molly Ivins, el catedrático de Harvard Thomas Patterson, y el eminente autor de novelas policiacas John Grisham. ¿Podía volver a replanteármelo? Yo estaba indeciso, preocupado por cómo combinar la obligación temporal de guardar secreto y el periodismo. Examinamos ideas para redactar un artículo responsable sin hacer revelaciones ni arruinar el proyecto de historia oral. Al final, nos decidimos por un plan para convertir nuestra siguiente sesión en una entrevista normal, organizada a través de la Oficina de Prensa de la Casa Blanca. Habría que sacrificar algo de sinceridad, porque quedaría constancia de lo que dijera el presidente, con observadores de su equipo y una estenógrafa. A cambio, obtendríamos una provisión de historias y citas sobre temas para *Esquire*. Yo le contesté que me parecía un pretexto digno. Íbamos a blanquear anotaciones históricas para tener un adelanto.

Nancy Hernreich organizó las cosas para esta experiencia decididamente nueva el lunes 1 de julio, por la noche. Hubo procedimientos especiales, además de ayudantes y observadores. Susan, de la Oficina de Prensa, colocó su equipo según las instrucciones, en el Balcón de Truman, junto a una mesa con mis notas y mis grabadoras. El presidente llegó acompañado del jefe adjunto de gabinete, Erskine Bowles, vestido con vaqueros y un jersey verde. Explicó que estaban exhaustos, después de interrumpir las reuniones del G-7 en Francia para volar de regreso el día anterior y acudir a un desgarrador funeral en la base aérea de Eglin, en Florida. La semana anterior, un inmenso camión bomba había destruido el complejo de las torres de Khobar, cerca de los yacimientos de petróleo saudíes de Dhahran; habían muerto 19 soldados estadounidenses y habían resultado heridos 372. El atentado lo había reivindicado la rama local de Hezbolá, vinculada a Siria e Irán. También había rumores que involucraban a un grupo llamado Al Qaeda, que propugnaba el terrorismo para castigar a los gobiernos estadounidense y saudí por la presencia militar extranjera en suelo islámico.

La investigación sobre lo sucedido en las torres de Khobar, que estaba destinada a ser noticia durante años, no había conseguido desplazar, sin embargo, una historia nacional más entretenida, relacionada con el FBI. Gary Aldrich, un ex agente del FBI encargado de comprobar antecedentes en la Casa Blanca, acababa de publicar un libro en el que afirmaba, entre otras cosas, que los Clinton decoraban su árbol de Navidad con juguetes sexuales, y que el presidente se escabullía de la Casa Blanca para encontrarse con amantes en un hotel de Washington.[1] Aldrich ya estaba siendo objeto de descrédito; sus propias fuentes estaban desmintiéndole, y se decía de él que era fantasioso y estaba lleno de hostilidad, pero las acusaciones habían despertado el interés de los medios, e iban unidas al libro de Bob Woodward y a un nuevo escándalo del FBI bautizado como el Filegate.

El presidente hizo una clara distinción al hablar de este último. En la oficina de personal de Clinton se habían descubierto expedientes del FBI sobre antiguos empleados de Bush. A diferencia de los libros morbosos, o del caso Whitewater —que calificó de «un pacto político de principio a fin»—, esta investigación era legítima porque esos expedientes no tenían por qué estar en la Casa Blanca. Acababa de insistir en ello durante una rueda de prensa en Lyon, Francia, donde hasta los periodistas extranjeros habían clamado contra las sospechas de chanchullos relacionados con los secretos del FBI. Se le iban a pedir responsabilidades a su Gobierno, con razón, dijo, y esperaba que los hechos confirmaran su interpretación.

---

1. Gary Aldrich, *Unlimited Access: An FBI Agent Inside the Clinton White House*, Washington, D.C., Regnery, 1996.

Cuando la gente de Bush, al marcharse, se llevó sus expedientes de personal, los nuevos empleados de Clinton pidieron al FBI que los reemplazara para facilitar las autorizaciones de entrada a la Casa Blanca, y el FBI había incluido por error a unas 300 personas que habían visitado a Bush, entre ellos funcionarios del Gobierno, en el montón que había enviado a la oficina de personal. Deberían haber aislado y devuelto los papeles inmediatamente, reconoció Clinton, pero el fallo era relativamente benigno. Hasta ese momento, no había indicios de que se hubiera pedido, identificado ni utilizado ninguno de los documentos. Si se descubría que había existido algún caso, debería impartirse el castigo correspondiente. Si no, la gente tenía que dejar de especular sobre posibles chantajes.

Clinton mantuvo un delicado equilibrio al hablar de otras críticas, sin querer ni alimentarlas ni ocultarlas. Dijo que eran tergiversaciones que distraían de los asuntos más urgentes del país. Por ejemplo, la obsesión con un par de informaciones del libro de Woodward tenían muy poco que ver con su supuesto objetivo de preparar a los lectores para las elecciones de 1996. Clinton opinó que era ridículo sugerir que se había sometido a una transformación política a manos del asesor Dick Morris, y que era indulgente y superficial caracterizar la administración con arreglo al supuesto «contacto» de Hillary con el fantasma de Eleanor Roosevelt. Se quejó de que atacaran a Hillary de forma injusta y dolorosa desde el principio, diciendo que era demasiado masculina o demasiado femenina, burlándose de ella y citándola a comparecer ante el gran jurado.

Le pregunté si las vicisitudes personales habían creado tensión en su matrimonio. Que yo supiera, añadí, este libro de Aldrich contenía las primeras acusaciones públicas de infidelidad —aunque fueran vagas y endebles— desde que habían ido a vivir a Washington. Habían tenido días difíciles, respondió el presidente, «pero creo que estamos más unidos hoy que el día que llegamos». Se fiaban de su compromiso como cualquier otro matrimonio, y se esforzaban para librarse de cualquier amargura que pudieran producirles las críticas diarias. «Una cosa como ésta te destruye o te hace más fuerte —dijo—, y creo que nos ha hecho más fuertes.» Yo no podía decir nada de si se querían, le repliqué, pero me habían impresionado sus conversaciones afectuosas, como auténticos iguales, y los pequeños gestos como el de cogerse de la mano en el ascensor. Él se encogió de hombros. No era un gran cambio para ellos. Afirmó que le asombraba la idea habitual de que todo lo que hacía un político tenía que estar calculado.

Le pedí que me tradujera unos cuantos clintonismos. Le pregunté qué fragmentos leía de la Biblia. Examinó sus preferencias desde la juventud, y mencionó tantos pasajes sobre la victoria sobre los enemigos que me pareció que marcaban un tema común en su diplomacia pacificadora. «Alguna gente piensa que es un gran error», señaló con sequedad, porque muchos de sus asesores consideraban que cultivar enemigos era un factor clave de la política. Le pedí que me hablara de algunas de las decisiones más difíciles tomadas durante su primer mandato, como Haití y el gran pacto presupuestario que había obligado a los demócratas a saltar sin red. Había que reconocerles el sacrificio que habían hecho, dijo, mantenerles involucrados y pasar a otra cosa. Le pregunté cómo iba a determinar la campaña que se avecinaba. Durante su respuesta, podíamos ver a los encargados de vigilar el tiempo que empezaban a agitarse. Varios salieron corriendo del interior, con su aire acondicionado, cuando saqué mi cámara. Nada de fotografías, dijeron, sólo a través de la Casa Blanca. *Esquire* tenía que escoger entre los retratos oficiales. Al salir, le deslicé la cámara al presidente y le expresé secretamente un deseo espontáneo. ¿Se atrevería a dejar que Hillary o su traviesa hija le sacaran una foto natural?

Su voz volvió a sorprenderme el domingo, 7 de julio. Clinton acababa de declarar en vídeo para uno de los juicios penales sobre el caso Whitewater, en el que los ayudantes de Ken Starr estaban intentando que le salpicaran unas absurdas acusaciones contra banqueros de Arkansas. Estaba cansado y necesitaba verdaderamente pasar un rato con Chelsea. Así que teníamos que cancelar nuestra sesión para esa noche. Me prometió que pronto nos pondríamos al día. Por supuesto, repliqué. Su equipo siempre se encargaba de la organización, pero, en aquella ocasión, por algún motivo, el aviso me lo había dado él mismo.

Reanudamos la tarea el primer viernes de agosto, el día 2. Un ujier me retuvo en el piso de abajo porque la caravana de coches de Clinton estaba retrasándose de vuelta del ballet, y me llegaron informaciones posteriores de que Clinton estaba ocupado en el Despacho Oval. Por último, un mayordomo me acompañó al piso de arriba. En el corredor amarillo, con un gesto dubitativo, dijo que sus instrucciones eran llevarme directamente al dormitorio, donde encontré al presidente inclinado sobre la cama para apoyarse mientras se ponía unos vaqueros. Quería que fuéramos empezando con los preparativos. Aparte de haber recaudado mucho dinero para la campaña con actos constantes a lo largo de una semana legislativa muy cargada, había pasado despierto la horrible noche del sábado por el atentado en los Juegos Olímpicos de Atlanta. Dijo que era un zombi desde entonces y que debía hablarle sin parar para ayudarle a aguantar despierto.

Me llevó al gran vestidor para buscar sus zapatillas deportivas. Luego me llamó desde el cuarto de baño, para preguntarme si el artículo de *Esquire* estaba realmente terminado. Sí, y le dije medio en broma que los redactores estaban menos emocionados con mi texto que con la fotografía de acompañamiento que le había hecho Chelsea. Todavía no se había publicado y ya habían anunciado la imagen como una exclusiva de interés mundial. Los periódicos hacían cola para echarle un vistazo y los funcionarios de la Casa Blanca se habían atrincherado contra ellos para proteger los derechos fotográficos de su hija. Había oído decir que estaban rechazando todas las peticiones de acceso y de comentarios, decididos a limitar al máximo la brecha de su burbuja protectora.

Clinton salió sonriendo. Tenían razón al protegerla, pero él pensaba que una fotografía en una revista no podía hacerle daño. ¿Era en la que aparecía él con un palo de golf? Sí. Yo no conocía ninguna otra, porque mi cámara me la habían devuelto sin el carrete, pero la foto que había visto en las pruebas de la revista le mostraba a él con un hierro sobre la alfombra de la Sala de los Tratados, delante de la mesa baja en la que solíamos trabajar. Lo que les había gustado a los redactores jefes era su expresión de felicidad mientras miraba a su hija. O, bromeé, a lo mejor era que estaba encantado con ese palo de golf concreto.

Mientras recorríamos el pasillo, Clinton me contó algunas anécdotas de Chelsea. Hillary y él acababan de volver de su recital de ballet. «No tiene el cuerpo ideal para una bailarina —reflexionó—. Ni mucho menos.» Chelsea era más grandota que la mayoría de las niñas, que eran menudas y con poco pecho. Tenía un esqueleto grande. Sus pies le sangraban después de cada ensayo, desde que era pequeña. Pese a ello, prefería el ballet a todas las demás artes y todos los deportes para los que tenía más condiciones. «Siempre la he admirado por eso —dijo—. Me pregunto si yo sería capaz de ser constante en una cosa sólo porque me gustara.» Él tendía a obsesionarse con la competitividad y el talento, explicó, mientras que a Chelsea, aunque era consciente de sus limitaciones, le gustaba todo lo relacionado con el ballet, incluido el esfuerzo.

En la Sala de los Tratados se dejó caer en el sillón de costumbre, quejándose de la edad. Ese mes iba a cumplir cincuenta años. Un amigo de

Arkansas le había dicho que lo único que hacía desde que había cumplido cincuenta y cinco era estar cerca de un cuarto de baño e intentar recordar el nombre del último hijo de puta al que había conocido. El presidente comentó que todavía no se encontraba tan mal, pero que algunos días eran duros. Me pareció que éste era uno de ellos. Se le estaban empezando a poner los ojos en blanco a mitad de frase, como ya había ocurrido en una ocasión. La fatiga le hacía tener un tic de vez en cuando, y tenía que masticar su cigarro apagado para mantenerse despierto. Pensé más de una vez en cancelar la sesión para dejarle descansar, pero llegué a la conclusión de que, de todas formas, estaba demasiado agitado para dormir. Por supuesto, la conversación sobre temas presidenciales estimuló su mente y revivió poco a poco su cuerpo.

En primer lugar hablamos del proyecto de ley de reforma sanitaria, que el presidente acababa de decidir que iba a firmar. Le pregunté si el debate interno en la Casa Blanca había sido enérgico, sin un resultado predeterminado, y cómo iba a corregir lo que se había contado hasta el momento. Quizá algunos habían previsto desde el principio que iba a firmar, dijo, pero las discusiones habían sido feroces. Nadie había parecido inhibirse y casi todos habían querido que vetara ese proyecto de ley de asistencia social como los dos anteriores. En la oposición figuraba el vicepresidente Gore, al contrario de lo que decía *The New York Times*, además de la persona encargada de la Sanidad, Donna Shalala, el secretario de Vivienda Henry Cisneros y, para su sorpresa, la asesora económica Laura Tyson, que había organizado una compleja defensa de la asistencia social basada en argumentos keynesianos. Tyson pensaba que la asistencia social, más que cualquier otro programa de derechos, era una de las primeras cosas en reaccionar a las señales de tensión económica general con unos pagos cuidadosamente diseñados que estimulaban la recuperación. Aparte de la compasión y los factores políticos, había instado a Clinton a vetar la ley para proteger su herramienta fundamental contra la recesión. Sin la estructura de bienestar, había dicho, sería más difícil invertir cualquier espiral de descenso en la economía nacional.

La inesperada opinión de Tyson había animado a Stephanopoulos a que se adhiriera a las numerosas personas que se oponían al proyecto de ley. El presidente dijo que Leon Panetta, hijo de inmigrantes, estaba especialmente furioso con la descalificación de los inmigrantes legales de todas las formas de ayuda oficial, incluida la asistencia social y Medicaid. Panetta le había rogado que vetara la ley y había afirmado que esa limitación traicionaría el legado de acogida y libertad. Por su parte, los republicanos del Congreso decían que algunos inmigrantes incumplían su compromiso de no convertirse en cargas para nuestro Gobierno. Para abordar lo que tenía de razonable esa queja, Clinton había ofrecido tener en cuenta los ingresos de la persona que patrocinaba a cada inmigrante en Estados Unidos —normalmente, familiares o futuros patronos— al valorar si dicho inmigrante tenía derecho a la ayuda pública, pero los republicanos habían rechazado esa oferta. Habían insistido en una prohibición absoluta de la ayuda a los inmigrantes legales como clase, incluso en casos de lesiones o enfermedades muy graves. Clinton dijo que estaba de acuerdo con Panetta. La prohibición era una política falaz, extraída del sentimiento xenófobo y, por tanto, intolerable.

Los republicanos habían añadido también una disposición para eliminar los suplementos alimentarios para las familias trabajadoras con rentas bajas. Se trataba, sobre todo, de cupones de comida para madres solteras con hijos —muy numerosas—, y no tenía nada que ver con la reforma de la asistencia social. Todos los afectados tenían ya trabajo, pero no ganaban lo suficiente para poder mantener una dieta sana. Eran precisamente quienes necesitaban ayuda en sus esfuerzos para salir de la pobreza, y Clinton no podía ver más que dos motivos para ese extraño castigo, dos motivos repugnantes. En primer lugar, pensaba que los republicanos querían ahorrar en el programa para ayudar a financiar los recortes fiscales que habían propuesto. Segundo, creía ver un elemento de pura maldad contra unos ciudadanos que no eran votantes suyos. De hecho, de ese grupo no votaba más que un porcentaje muy bajo, y muchas de las víctimas indirectas serían niños. Clinton confesó que este último dato le obsesionaba. No quería que su presidencia pudiera tener ningún efecto duradero que perjudicase a los niños. Por mucho tiempo y mucha atención que le dedicara al estudio del sistema de bienestar, no estaba claro cuáles serían las consecuencias una vez que una ley reformista provocase un cambio fundamental.

De sus asesores más cercanos, sólo Bruce Reed le había pedido fervientemente que firmara la ley y no la vetara. Algunos asesores de campaña estaban a favor de ella por razones estrictamente políticas —para reforzar el apoyo moderado mediante el cumplimiento de la promesa de Clinton en 1992 de «acabar con la asistencia social tal como la conocemos»—, pero ni siquiera esos estrategas estaban unidos. No obstante, el presidente dijo que había decidido desechar los argumentos políticos desde el principio del proceso, no por altruismo o desinterés, sino porque pensaba que podía derrotar a Dole de cualquiera de las dos formas. Éste había sido su primer paso para formarse una opinión. Pensaba que tenía suficiente credibilidad sobre el tema de la asistencia social para neutralizar la cuestión, tanto si tenía que explicar a la mayoría de los votantes el porqué de un tercer veto como si tenía que enumerar los motivos por los que aprobaba ese proyecto de ley y no los dos anteriores. Sobre sus aspectos positivos, esbozó unos detalles legislativos demasiado técnicos para recordarlos, y me alegré de que hubieran quedado grabados en sus cintas. Clinton prometió no ocultar ni disculpar jamás los dos grandes defectos que seguía teniendo: un límite a las prestaciones para los inmigrantes legales y la ayuda alimentaria a las familias trabajadoras. Estas disposiciones demostraban tal mala voluntad que estaba convencido de que podría revocarlas por separado después de ganar las elecciones. Analizó unas opciones finales que yo traduje como señalar y reparar frente a vetar y empezar de cero. Suponía que sería imposible volver a conseguir algunas cosas, como 4.000 millones de dólares más para cuidados infantiles y los incentivos para que los estados llevaran a cabo propuestas experimentales de reeducación y transición de un trabajo a otro. El proyecto de ley actual compensaba los requisitos laborales con las medidas prácticas para fomentar las oportunidades a partir de situaciones difíciles.

Clinton destacó el apoyo de Hillary, desde el principio, a su decisión de firmar. Dijo que el proyecto de ley de asistencia social, que había crispado sus relaciones con muchos demócratas, era especialmente duro para Hillary por su larga relación con defensores de los derechos civiles, como nuestra común amiga Marian Wright Edelman, del Fondo de Defensa de los Niños. Edelman también era una experta en familias con problemas. Lo que le preocupaba no era la estructura de la asistencia social, dijo Clinton, sino los grados de financiación, que le parecían tristemente insuficientes. Era una cuestión en la que discrepaba de los dos Clinton, quienes, en el fondo, pensaban que la asistencia social había alimentado y perpetuado un ciclo de dependencia de efectos debilitadores. Además, creían que podían obtener mejoras de conjunto si conseguían sacar a la gente de la beneficencia para ponerla a trabajar. Según Clinton, ésta era una apuesta bastante controvertida. Para él, la reforma de la asistencia social sólo ponía en peligro su prestigio político, pero desestabilizaría las formas diarias de ayuda a las familias más vulnerables, muchas de ellas en el límite de la supervivencia. Era un proyecto muy difícil, que había engendrado acusaciones de ruptura y traición. Un amigo suyo, el congresista Charlie Rangel, de Harlem, le había calificado de «chusma» y le había dirigido otros insultos en plena Cámara.

La asistencia social exigía que los defensores de los pobres expresaran crudamente sus opiniones. Clinton aceptaba los choques con ellos, pero lamentaba las ideas extendidas de que el sistema actual era un barómetro de la decencia. Expertos de todos los lados decían que la reforma de Clinton iba a abandonar los principios progresistas. Para ellos, el progresismo se reducía a la simpatía por los negros, a asociar la asistencia social con los negros como grupo aparte y dependiente, con lo cual estaban proyectando sobre las minorías una necesidad y un deseo permanentes de depender de la beneficencia. Lo irónico era que esa idea era superficial y paternalista hasta llegar casi al racismo. La gente que vivía de la asistencia social y con la que había hablado el presidente tanto en seminarios como en grandes locales opinaba en sentido contrario, sentían ansias por tener un trabajo digno. Nadie odiaba más la asistencia social que quienes dependían de ella, dijo, y nuestro raquítico debate público estaba revelando más sobre las incongruencias de la historia que sobre la naturaleza de la asistencia social. En nuestra juventud, durante los años sesenta, un movimiento popular encabezado por negros había catalizado la política progresista con un impacto duradero, hasta el punto de que prácticamente nadie quería restablecer la segregación ni volver a prohibir la entrada de mujeres en West Point, ni dejar las profesiones de prestigio exclusivamente en manos de los varones blancos. Sin embargo, los promotores y los herederos de toda esa libertad no sabían cómo reivindicar su proeza. Atrapados en viejos conflictos, habían dejado que el progresismo se hundiera hasta el fondo de la política moderna. Todos los candidatos esgrimían su etiqueta como una plaga. Algunos ciudadanos unían desesperadamente su voz ronca a la de las madres que dependían de la beneficencia. Todo ese bagaje influía en el debate actual, con el que Clinton confiaba en restablecer el equilibrio. Dijo que iba a arriesgarse.

Después de todas esas ideas complicadas sobre temas espinosos, casi fue un alivio pasar a hablar de terrorismo.

El presidente recordó las noticias de hacía dos semanas sobre el vuelo 800 de la TWA que había caído en aguas de Long Island poco después de despegar; habían muerto las 230 personas a bordo. Se había reunido un enorme equipo de investigadores para recuperar los cuerpos y los restos del avión. Era una tarea inmensa pero urgente. Clinton dijo que, hacía ocho años, habían tardado más de una semana en probar la existencia de una bomba en el avión de Pan Am caído sobre Escocia, pese a que los restos yacían en un lugar accesible, en tierra, cerca de Lockerbie. En cambio, este avión de la TWA estaba esparcido a lo largo de kilómetros en el fondo del mar, empujado y lavado por las mareas. En aguas oscuras, con sólo medio metro de visibilidad, los submarinistas tenían que ir tanteando para encontrar fragmentos pequeños y grandes del fuselaje —varios millones de fragmentos, en total—, en busca de pistas. Si no había algún residuo de una sustancia química que hubiera sobrevivido en el agua marina, dijo Clinton, tendrían que tratar de recomponer el avión para determinar la causa de la explosión. Quizá había sido un accidente, pero, si se demostraba que había sido terrorismo, sería un crimen todavía más letal que la bomba de Oklahoma City. Dijo que el FBI estaba repasando sus entrevistas con unos 25 testigos que habían visto, desde tierra, un haz de luz en el cielo, cerca del avión. Si se corroboraban, esos testimonios podían indicar un misil, más que una bomba a bordo. Varios factores técnicos descartaban la posibilidad de un misil Stinger disparado desde tierra, comentó el presidente, pero sí era posible un SAM, un misil tierra-aire.[2]

La aprensión que sentía en ese momento le hizo pensar en el extranjero. Los servicios de inteligencia centraban sus sospechas sobre el derribo de la TWA, como en el caso de las torres de Khobar, en elementos pertenecientes al Gobierno de Irán. Si eso era cierto, dijo con seriedad, podría verse obligado a dar una respuesta militar que desestabilizaría todavía más todo Oriente Próximo, lo cual era precisamente el objetivo de los fundamentalistas islámicos en Irán y otros países. En cuanto a los motivos, en sus reuniones informativas sobre el avión de la TWA se hablaba de planes para reducir las posibilidades de reelección de Clinton porque estaba impulsando el proceso de paz de Oriente Próximo. «Quieren la guerra», afirmó, y, por supuesto, se oponían a los acuerdos de Sharm

---

2. Dieciséis meses después, tras recomponer la mayor parte del aparato en un hangar, los expertos estadounidenses llegaron a la conclusión de que el 747 de la TWA había explotado por accidente, no por un acto terrorista, por un mal funcionamiento conocido en uno de sus depósitos de combustible. James Kallstrom, jefe del equipo del FBI encargado de la investigación, dijo que los testigos habían confundido fragmentos en llamas que volaban *después* de la explosión con un misil dirigido contra el avión.

el-Sheikh para hacer de los terroristas el enemigo común del mundo. Quizá querían atacar a su Gobierno por ambas razones, y era escalofriante, dijo Clinton, pensar que para atacarle a él podían haber provocado la muerte de toda la gente inocente que iba en el avión.

Por otra parte, a propósito del atentado de las torres de Khobar, comentó que lo que más deseaban los fundamentalistas iraníes era derrocar la monarquía saudí, con la esperanza de crear otro régimen islámico radical. Ese atentado había perseguido un doble objetivo, atacar a los soldados estadounidenses y obtener el control de los yacimientos de petróleo saudíes. Cuando le pregunté por la política en aquel país, Clinton dijo que le preocupaba desde hacía veinte años. Uno de sus compañeros de clase en la Universidad de Georgetown había sido un miembro de la familia real, el príncipe Turki al-Faisal, que ahora era jefe de los servicios de inteligencia del reino. A Clinton le había caído bien entonces y le caía bien ahora. Turki era un hombre sofisticado y generoso que trataba de sortear una contradicción inevitable. Durante décadas, cuando miles de jóvenes saudíes no pertenecientes a la familia real regresaban de las universidades occidentales, preguntando por qué su patria no podía ser más moderna y democrática, la familia de Turki contemporizaba. «Postergaron la cuestión», dijo Clinton, y fueron tapando los síntomas. Primero acabaron con la salida de jóvenes saudíes a escuelas extranjeras y construyeron universidades ortodoxas para ellos en su propio país. Luego, desviaron una enorme cantidad de dinero recién ingresado por el petróleo de la OPEP para poner un estrato entero de personas con educación a cargo de la beneficencia: les proporcionaban unos escritorios y unos sueldos estupendos pero prácticamente no tenían nada que hacer. Una economía que era una farsa había dado a la gente dinero pero no un propósito, y el descontento se mascaba bajo una monarquía frágil. Clinton dijo que aplazar los problemas, a veces, no hacía más que crear otros más grandes posteriores. Por desgracia, era posible que estuviera esperando a la vuelta de la esquina un ajuste de cuentas no sólo para el sistema saudí sino también para la economía estadounidense, que seguía dependiendo del crudo saudí. Nosotros también aplazábamos nuestros problemas.

El terrorismo había vuelto a golpear la semana anterior con una bomba casera en medio de las celebraciones de los Juegos Olímpicos de Atlanta, que había provocado dos muertos y 111 heridos. Leon Panetta había despertado a Clinton antes de las dos con la noticia. El presidente dijo que se había quedado despierto toda esa noche del viernes y hasta altas horas de la madrugada desde entonces. Las teorías seguían la dirección que marcaba el miedo, sin que hubiera aún ninguna pista todavía sobre el autor ni el motivo. A pesar de la crisis, mientras los atletas olímpicos y los espectadores seguían asistiendo valientemente a los Juegos, el proyecto de ley antiterrorista de Clinton permanecía estancado en el Congreso. Se había redactado a principios de verano a partir de las veinticinco recomendaciones aprobadas en Sharm el-Sheikh. Dijo que las cláusulas sobre escuchas eran bastante moderadas, que lo que hacían, en definitiva, era ampliar al terrorismo los procedimientos existentes para los casos de crimen organizado. Al Gore estaba trabajando sobre la seguridad en los aeropuertos, pero el punto muerto se debía a una propuesta de colocar en todos los explosivos que se fabricasen los llamados *taggants*, o identificadores ocultos. Algunos se oponían por motivos de seguridad y por falta de fiabilidad científica, pero Clinton dijo que eran una débil excusa para justificar la afirmación de la Asociación Nacional del Rifle de que cualquier normativa de ese tipo sentaría un precedente que pondría en peligro el comercio de armas. Me aseguró que no debía tener la menor duda de que iba a denunciar esas obstrucciones durante la campaña.

El presidente confesó que había perdido los nervios durante una rueda de prensa el día anterior. Había empezado anunciando un sólido crecimiento económico del 4,2 % en el segundo trimestre, con una inflación todavía baja, una subida de los salarios reales (por primera vez en una década) y un déficit federal que era menos de la mitad del que había heredado en 1993. Había intentado explicar por qué empezaban a acumularse los avances en un ciclo de más crecimiento a partir de unos déficits y unos tipos de interés más bajos, lo cual, a su vez, aliviaba la carga de la deuda pública. Los periodistas habían ignorado esa buena noticia, se quejó, así como las noticias sobre las bombas y los momentos culminantes de varios proyectos de ley importantes —asistencia social, terrorismo, salario mínimo, calidad del agua y seguro de salud para los niños—, pero le habían preguntado seis veces si Clinton iba a reembolsar los gastos legales a los empleados despedidos de la Oficina de Viajes de la Casa Blanca. El presidente no había querido contestar a eso. Los reporteros habían insistido en que lo había prometido. No, les respondió. Estaba a favor del reembolso justo para todos los empleados públicos no acusados en las investigaciones del caso Whitewater. ¿Qué pasaba con los miembros inocentes de su equipo que todavía estaban teniendo que pedir prestado para defenderse de Ken Starr? ¿Por qué reembolsar sólo a los empleados de la Oficina de

Viajes? Eso era un favoritismo descarado. Clinton contó que la rabia le había podido y que había tenido que callarse para no empeorar más las cosas recordando que se habían encontrado 50.000 dólares de fondos públicos desviados hacia las cuentas del jefe de la Oficina de Viajes, entre muchas otras irregularidades. En nuestra sesión mencionó algo que no había dicho en la conferencia de prensa, una conclusión de la *Columbia Journalism Review* de que, en un mundo informativo sensato, al presidente le habrían felicitado, y no criticado, por haber despedido a un sinvergüenza semejante.

Acelerado, el presidente Clinton continuó con los resúmenes de dos juicios recientes en la investigación sobre el caso Whitewater. ¿Debía recordarle nuestra intención de dejar este material delicado para una cinta aparte? Parte de mí se rebelaba ante la necesidad de ejercer censura. Mientras él hablaba, me limité a anotar en mi cuaderno: «Primeros comentarios sobre WW», por si su abogado David Kendall me preguntaba alguna vez qué cintas tenía que escuchar. Intenté permanecer atento, quizá para interrumpir si hacía comentarios específicos que pudieran incriminarle, lo cual, por supuesto, reclamaba una definición del propio caso Whitewater. El presidente resultó convincente en su intento de colocar esos juicios a kilómetros de distancia de los verdaderos y olvidados problemas políticos heredados de la catástrofe de las entidades de ahorro en los años ochenta. En aquellos años, la desregulación federal había incitado a los propietarios de las cajas de ahorros a recoger los frutos de las salvajes especulaciones que habían hecho con el dinero depositado en ellas. Arkansas no representaba más que una fracción minúscula de las gigantescas pérdidas sufridas en todo el país debido a la mala gestión, el fraude o claramente el robo, y una pequeña parte de la cuenta de Arkansas había consistido en la bancarrota de instituciones de ahorro relacionadas con el plan urbanístico de Whitewater. Además, los procesamientos actuales no tenían nada que ver con corregir ni restituir los males causados por esos fallos, que eran acciones que habían recaído en los contribuyentes. Al contrario, dijo Clinton, eran el intento de Ken Starr de exprimir a banqueros vulnerables para que hicieran alguna acusación contra Clinton a cambio de la promesa de indulgencia.

Los juicios en sí, tal como los describió el presidente, eran una maraña tan espesa que, en secreto, decidí que estaba de acuerdo con la orden de guardar silencio dada por Kendall. Había privado a futuros especialistas de numerosos detalles, algunos de los cuales pude oír con la grabadora apagada, pero había muchos otros temas históricos para rellenar el hueco que dejaban. La conversación me estaba sirviendo de ayuda desde un punto de vista egoísta, comprendí, por la misma razón por la que solía saltarme las noticias sobre el caso Whitewater en los periódicos. Como era de esperar, el presidente estaba feliz porque el día anterior habían absuelto a los banqueros Herbie Branscum y Rob Hill de la mayoría de los cargos de que no habían presentado los documentos debidos para hacer retiradas legales de dinero de su propia entidad. La fiscalía debía de haber creído que iba a arrollar al jurado. En cuyo caso, el veredicto era embarazoso, y Clinton predijo (y acertó) que Starr no iba a pedir ningún nuevo juicio sobre las acusaciones sin aclarar los que quedaban.

En cuanto al juicio anterior, que sí había logrado la condena de los ex socios de Clinton en Whitewater, Jim y Susan McDougal, el presidente dijo que Starr había conseguido atrapar a su sucesor como gobernador, Jim Guy Tucker, con cargos por haber falsificado solicitudes de préstamos en el banco de los McDougal. Explicó que ese procesamiento era casi tan técnico y arbitrario como en el caso de Branscum. Los préstamos en cuestión eran legales, y se habían devuelto hacía mucho, pero se había empleado parte del dinero para cosas no declaradas en la solicitud. Si se controlara a cada participante en unas transacciones tan fungibles para acusarle de un delito, dijo Clinton, necesitaríamos un sistema de prisiones suplementario. Afirmó que el juicio había sido caótico. El principal acusador estaba condenado por un robo importante. La mitad de los testigos tenía problemas mentales. Tucker, pese a ser elocuente y respetado, había cometido el error de negarse a testificar en su propia defensa. El presidente dijo que lo sentía por Tucker, y luego me perdí, cuando empezó a hablar de complicados aspectos relacionados con el recurso que hacían que Arkansas pareciera una familia disfuncional. Una mujer, por lo visto, había prestado servicio en el jurado pese a que se sabía que estaba furiosa con Tucker porque no le había concedido el indulto a su novio.

Recuperó el ritmo con una optimista descripción de la campaña de Boris Yeltsin para la reelección en Rusia. Yeltsin había conseguido que hubiera una segunda vuelta y entonces pactó con el candidato que había acabado en tercer lugar, el general Alexander Lebed. Era una medida acertada, dijo Clinton, igual que la rápida y decisiva limpieza que había hecho de tres partidarios de la línea dura en su Gobierno, que eran unos golpistas y unos autoritarios. El presidente creía que Yeltsin estaba avanzando lentamente en la lucha contra la corrupción, pero esos despidos le habían proporcionado además impulso político. Yeltsin se presentaba como el reformista firme frente a un funcionario comunista retrógrado, que era Gennadi Ziuganov. Para obtener una victoria difícil, milagrosa, había hecho una enérgica campaña hasta el final en las once zonas horarias de la enorme Federación Rusa, con un avión, hizo notar Clinton, que era más lento y más incómodo que el *Air Force One*. El presidente declaró que Yeltsin poseía unas maravillosas resistencia y determinación. Clinton contaba quince años menos que su homólogo ruso, tenía el mismo entusiasmo, estaba en mejor estado de salud y, pese a ello, confesaba que estaba ya muerto de cansancio por su campaña en Estados Unidos. Sus informaciones indicaban que los síntomas de Yeltsin tenían seguramente más que ver con arterias bloqueadas que con una enfermedad como el cáncer, y esperaba que pudieran operarle para eliminar esas obstrucciones y devolverle su energía. Por el momento, brindó por Boris. Habían hablado mucho durante y desde las elecciones. Para Clinton, la victoria de Yeltsin era positiva para Estados Unidos.

No pasaba lo mismo con la estrecha victoria de Benjamin, *Bibi*, Netanyahu, que se había convertido en el nuevo primer ministro de Israel. El presidente no se detuvo mucho a comentar su decepción. Se conocían de antes de la campaña, dijo, y todas sus conversaciones habían versado sobre la forma de que Netanyahu pudiera mantener en marcha algún aspecto del proceso de paz. Si no, empezaría a desaparecer la esperanza de estabilidad, tanto para los israelíes como para los palestinos. Clinton aceptaba las nuevas realidades políticas, como el callejón sin salida en los tratos con Siria. Netanyahu había hecho campaña proclamándose contrario a la devolución de los Altos del Golán a cambio de la paz, así que Asad había retrocedido a su posición anterior. El argumento de Clinton en privado era que Netanyahu tenía que encontrar alguna manera de volver a convertir a Yasser Arafat en su socio, porque la otra alternativa era no tener más que enemigos implacables en el bando palestino. Arafat estaba creándose poco a poco un historial de cooperación y competencia que podía beneficiar a Israel, y su sustituto estaría atado de pies y manos, en el mejor de los casos, o sería un enemigo declarado del proceso de paz.

Bibi lo sabía, dijo Clinton, pero estaba fantaseando con la idea de iniciar antes una vía aparte de negociaciones para la retirada israelí de Líbano. Desde el punto de vista político, la idea era atractiva, porque abordaría unos problemas exacerbados por Shimon Peres y el Partido Laborista.

Su inconveniente era que los retrasos en el frente palestino causarían a su vez nuevos retrasos. Se incumplirían los plazos marcados en Oslo y la constante expansión de los asentamientos israelíes harían que el partido del Likud tuviera todavía menos deseos de cumplir su papel. Clinton mostraba una pizca de optimismo al interpretar el papel del nuevo primer ministro. Estaba convencido de que Bibi quería verdaderamente maniobrar contra los «locos» de su propia coalición. Netanyahu se quejaba sin cesar de que el general Ariel Sharon se las había arreglado para entrar en el Gobierno y éste no había hecho más que causar problemas desde entonces, soñando con un asentamiento israelí en cada rincón de Cisjordania.

Clinton consiguió mencionar un último consuelo. El presidente Mubarak de Egipto estaba reafirmando su liderazgo. Siempre ambicioso, Mubarak anhelaba crear un frente unido formado por todas las naciones árabes como su famoso predecesor, el general Gamal Abdel Nasser, salvo que en esta ocasión su objetivo sería la paz en lugar de la guerra. Francamente, comentó Clinton, Mubarak había refunfuñado desde la segunda línea mientras Rabin y Peres gobernaban Israel y lograban un acuerdo tras otro con sus adversarios árabes. Sin embargo, la crisis de Netanyahu parecía haber devuelto las fuerzas al hombre indispensable. Ya había convocado una cumbre árabe para presionar a los israelíes y obligarles a negociar.

Como de costumbre, nuestra sesión se interrumpió cuando todavía quedaban temas sin abordar en mi cuaderno. Nos habíamos saltado por completo la reunión del G-7 en Lyon, Francia, así como una terrible oleada de incendios provocados al estilo del Ku Klux Klan que habían destruido unas treinta iglesias negras en todo el sur. Después, con las grabadoras ya apagadas, Clinton se mostró satisfecho con la diligente labor del FBI para resolver esos casos, y desechó las críticas partidistas de que había visitado las ruinas empujado por los sondeos electorales. De pronto volvió a parecer cansado, pero me acompañó escaleras abajo hasta mi camioneta, y me dijo que quería comentarme una cosa relacionada con el artículo para *Esquire*. Me puse nervioso.

Mientras bajábamos, le planteé una cosa que se me había ocurrido durante nuestra conversación sobre la investigación del avión de la TWA. Se había reunido un equipo asombroso, de forma más o menos espontánea, para ocuparse de cuestiones vitales relacionadas con terrorismo y seguridad. Había submarinistas, agentes del FBI, guardacostas y científicos de la Junta Nacional de Seguridad en el Transporte, además de diversos refuerzos: miembros de los departamentos de bomberos locales y de la policía, médicos forenses e incluso transportistas de basuras voluntarios. Algunos habían arriesgado su vida y su estabilidad en la recuperación de restos humanos, para dar consuelo a los familiares. Otros se habían propuesto la tarea aparentemente imposible de reconstruir el avión. Todos estaban a sueldo del Estado. Como funcionarios, solían ser objeto de bromas y desprecios sobre el Gobierno y los impuestos. ¿Debía rendirles homenaje Clinton por su trabajo? ¿Podía un acto presidencial volver a elevar el valor del servicio público?

Respondió favorablemente. Mis otras ideas no tuvieron tanto éxito, y me dio miedo que quisiera preguntarme sobre el sesgo o el contenido de mi artículo para *Esquire*. Aunque se sabía que contaba con su autorización, habíamos decidido que íbamos a evitar cualquier sospecha de colaboración. Pero lo que en ese momento le preocupaba eran mis entrevistas cuando el artículo saliera publicado. Si los periodistas me insistían mucho sobre el carácter de nuestros contactos, nuestra labor histórica podía correr peligro. Asentí, confundido. Habíamos hablado mucho de ese riesgo. Y había algo más. Si se me veía mucho hablando en su nombre, aumentaría el peligro de convertirme en blanco de la prensa. Era una realidad inevitable de la política personalizada. Si decía cualquier cosa que causara controversia en plena campaña, uno de los dos lados haría comentarios despreciativos sobre mis motivos y mi carácter, o mi aspecto, o cualquier cosa que se les ocurriera. «No quiero que te ocurra eso», sentenció. Con esa advertencia, confiaba en mi criterio para conceder o no entrevistas. Le di las gracias, avergonzado de haber sospechado otra cosa. Parecía cansado, le dije. Tenía que irse a descansar.

El presidente se encaminó hacia el Despacho Oval. Yo volví a subir un momento para llamar a casa desde el Despacho del Ujier. Habíamos acabado un poco pronto esa noche. Cuando, minutos después, pasé en coche por delante del Balcón de Truman, vi a un grupo de atentos agentes del Servicio Secreto. Había cinco sobre el césped del lado oeste; más de los habituales, pensé, por los recientes atentados. A unos treinta metros, sólo y todavía en pie por inercia, Clinton golpeaba de forma metódica unas pelotas de golf hacia su pequeño *green*.

Tres semanas después, llamó una operadora de la Casa Blanca, y se puso el presidente para decir que acababa de leer mi artículo de *Esquire*.[3] Me

3. «Clinton Without Apologies», *Esquire*, septiembre de 1996.

dio las gracias. Pensaba que iba a ser positivo. Astutamente, se dio cuenta de dos decisiones básicas que había tomado al escribirlo. Había un tema de «conversión» que resaltaba mis reservas iniciales sobre su presidencia y daba más peso a mis opiniones posteriores. No le había importado cómo había preparado el terreno, y las historias estaban bien, aunque algún lector podía preguntarse cómo era posible que unos viejos amigos se pusieran a hablar sobre el rescate económico de México. Las maniobras para ocultar nuestro proyecto me hacían parecer, a veces, un periodista que adivinaba sus pensamientos más íntimos. Y Clinton también había comprendido por qué el artículo estaba dirigido a los periodistas. Había escrito sobre las percepciones sesgadas, dijo, intentando hacer pensar a la gente.

Visto una docena de años más tarde, y escarbando la superficie, aquel retrato escrito era un reflejo de nuestras respectivas decisiones vitales. Cuando nos separamos en Texas en 1972, mi amigo Clinton me había parecido ingenuo y a la vez escéptico con su obsesión por la política y los cargos electos. Yo estaba desilusionado después de que la década en la que nos habíamos formado hubiera acabado en Vietnam, asesinatos y escándalos constitucionales, y busqué la integridad en la palabra escrita. Había sido una verdadera conmoción, por consiguiente, descubrir que Clinton, en su trabajo, era un personaje más noble que yo o que otros escritores como yo. ¿Un político? ¿Menos cínico que los oráculos de la conciencia pública? ¿Más reflexivo que los especialistas en la libertad de pensamiento? Era difícil de imaginar, teniendo en cuenta lo que había pensado yo que sería mi propia trayectoria. Sin embargo, casi todas las imágenes de Clinton se habían convertido en fórmulas y en publicidad, por muy omnipresentes que fueran. Eran mitos. Me habían colocado, escribí en *Esquire*, «en un planeta distinto del presidente al que he visto».

Durante su llamada telefónica, el presidente comentó que Dole parecía no tener claro si su máxima prioridad eran los recortes fiscales o un presupuesto equilibrado. Nuestras sesiones iban a ser todavía más difíciles de programar cuando la campaña empezara de verdad, predijo, y me pidió que consultara con Nancy Hernreich. Quería hacerme un hueco. Respondí que ya estábamos hablando. De hecho, Nancy nos había ofrecido a Christy y a mí una habitación durante la convención si podíamos pagarnos el billete. A Clinton le sorprendió oírlo. Yo confiaba en que ninguna de las revelaciones que hacía en mi artículo acabara perjudicándole. Había sido difícil mantener el equilibrio entre la sinceridad y el peligro a través del campo de minas de los temas políticos, confesé, y escribiendo a solas, como correspondía. Me dijo que no me preocupara. A lo mejor mandaría a alguien a buscarme en Chicago. Yo no había asistido a una convención nacional desde la turbulenta Convención de 1968 en esa misma ciudad, a las pocas semanas de terminar la universidad, cuando formé parte de la delegación escindida de Georgia encabezada por Julian Bond.[4] Clinton se acordaba de aquello. Para Hillary, desde luego, Chicago era su casa, e iban a ir en tren desde Virginia Occidental. Le encantaban las giras electorales en tren, dijo, y colgó.

Fui a Nueva York para una entrevista sobre el artículo de *Esquire* con Charlie Rose, en su programa de la televisión pública nacional, la PBS. Rose fue exhaustivo e inquisitivo, como de costumbre. Teníamos una relación bastante buena, porque hacía años que nos conocíamos, y nos divertimos discutiendo sobre mis anécdotas de Clinton. Dijo que la mayoría de ellas eran nuevas y yo reconocí que podían interpretarse de muchas maneras. Evitamos dos áreas de conflicto. Primero, repitió la letanía de que el presidente Clinton se había causado muchos de sus propios problemas al ocultar información sobre el caso Whitewater —invitando a que le acusaran de encubrimiento, y esas cosas— y al no haber visto que una confesión sin reparos podía haber resuelto todo hacía tiempo. Yo hice una defensa de refilón y señalé que nadie podía ni quería definir la cuestión fundamental, lo cual hacía que dicha resolución fuera siempre un espejismo. Después Rose mencionó a Bob Woodward para corregir mis comentarios sobre el experto en sondeos Dick Morris. ¿Era verdad que Clinton dependía de sus asesores de campaña? ¿Acaso su famosa resistencia no se debía a su flexibilidad amoral en manos de ellos? Ésa era otra cosa que se repetía mucho, que el presidente era un recipiente vacío, un camaleón coloreado por Morris, una idea apoyada en afirmaciones repetidas sin fin en el libro de Woodward. («Dick Morris siguió intentando transformar la imagen de Clinton... Morris era el encargado de la imagen de conjunto, de los discursos temáticos y la tribuna y del calendario presidencial.») Aquí me puse más agresivo. El presidente no mencionaba a Morris práctica-

---

4. Julian Bond, un joven activista de los derechos civiles y miembro de la Asamblea del estado de Georgia, encabezó una escisión de la delegación nombrada por el gobernador segregacionista del estado, Lester Maddox. La Convención Nacional Demócrata de 1968 aceptó a las dos delegaciones, cada una con la mitad de los votos. Treinta años más tarde, en 1998, Bond fue elegido presidente del Consejo de la NAACP (Asociación Nacional para el Progreso de las Personas de Color).

mente nunca. En mi opinión, la influencia de Morris se había exagerado mucho, y la idea de un Clinton sin timón anulaba su comportamiento personal en las tormentas de impopularidad propiciadas por el déficit, Haití, las armas de asalto, Irlanda del Norte y México, entre otros temas. Para mí, esa idea generalizada de que había un Svengali sonaba a pacto entre reporteros hambrientos y Morris, que les daba carnaza por su ardiente deseo de autopromocionarse. Le reconocía una gran inteligencia, capaz de ofrecerles bocados a los que ellos no eran capaces de resistirse.

Dos días después, el 28 de agosto, fui a Chicago lleno de dudas a propósito de la entrevista. ¿Mis duras palabras sobre Morris podían provocar alguna pelea en la siguiente que me hicieran? ¿Estaba cambiando un escepticismo por otro? Las densas multitudes y las increíbles medidas de seguridad resaltaban aún más lo que estaba en juego. Había camiones de basura aparcados a lo largo de Columbus Drive que obligaban al tráfico a circular por controles colocados en zigzag. Fui andando las últimas manzanas hasta el hotel Sheraton Towers, donde más controles y detectores en el vestíbulo daban acceso a una fila de ascensores exprés hasta el piso 29 y a otra serie más tranquila de controles de identidad y registros, necesarios para poder obtener la tarjeta codificada que permitía el acceso a las cinco plantas superiores, reservadas para el séquito presidencial. Tardé más de una hora en llegar a la habitación que me habían asignado. Un elegante letrero con mi nombre me recibió en la puerta de la habitación 3326, enfrente de otra que decía «Morris».

Esto me dio que pensar. Nunca nos habían presentado. Me pareció apropiado ser vecino de un hombre a quien acababa de criticar en público. Pensé que, por lo menos, debía ofrecerle la posibilidad de hablar sobre ello si lo deseaba. Al ensayar el enfrentamiento, me resultó fácil defender mi postura de que Morris no debía proclamar a los cuatro vientos la influencia que pudiera tener sobre Clinton. Era completamente desleal y claramente negativo para el presidente. Por otro lado, no me apetecía pelearme con él por ganarnos el favor de Clinton. Qué perspectiva tan sórdida y morbosa, incluso sin la limitación añadida de querer proteger el proyecto de historia. Así que decidí dejarlo estar e irme a los actos del miércoles por la noche en el United Center. Entre ellos estaban la designación formal de la candidatura Clinton-Gore con una votación por lista, y el discurso extrañamente personal de Al Gore sobre su trayectoria familiar, desde una histórica plantación de tabaco hasta la conmovedora muerte de su hermana de cáncer de pulmón. Varios miembros del equipo encargado de redactar los discursos pasaron por los cubículos del personal en pleno frenesí, buscando a alguien. Necesitaban algo bíblico que tocara el tema de la reparación, de construir un puente hacia el futuro. Encontré una Biblia, aunque no fue fácil, y envié a un mensajero con un posible versículo, Nehemías 2, 18. Carolyn Curiel, otra de las escritoras, me dijo que me ahorrase el esfuerzo. Se quejó de que «los chicos blancos» se habían quedado con el discurso de aceptación de Clinton. Morris no paraba de arrojar edictos y maldiciones a los rivales que descartaban sus borradores. No iba a haber ninguna posibilidad para alguien de fuera como ella, una mujer hispana, mientras el propio presidente Clinton no interviniera en la disputa.

El jueves por la mañana, llamé con decisión a la puerta de Morris. No hubo respuesta. En parte aliviado, pasé por el control de seguridad del piso 29 para asegurarme de que se había añadido a la lista el nombre de Christy, que llegaba ese día. Para mi desolación, no estaba. Me la imaginé rechazada, arrojada a la calle, hasta que un portero me dio una curiosa buena noticia. Mi mujer, Christy Macy, sí figuraba en la lista, pero en otro sitio. Iba a alojarse ¡al otro lado del pasillo, con Dick Morris! Casi me desmayé de risa y frustración. Debía de haber algún estúpido error. Los dos apellidos empezaban con la misma letra, pero a mi esposa no iba a hacerle ninguna gracia que la metieran con un desconocido. Dije que alguien tenía que consultarlo con Nancy Hernreich, que lo había organizado todo, y me recomendaron que no insistiera yo en el asunto. Los agentes que estaban por allí con sus armas y sus auriculares disponían de un protocolo exhaustivo para ocuparse de quienes pedían cambios de habitación en las plantas presidenciales.

Asombrado, me fui corriendo al hotel Hyatt Regency para una entrevista en la National Public Radio sobre el artículo de *Esquire*. La periodista Linda Wertheimer me pareció distraída desde el primer momento. Los ayudantes y los técnicos susurraban al fondo. Por fin, alguien me mostró el *New York Post* de esa mañana con una foto en primera página de Dick Morris y un titular gigantesco: «Bill's Bad Boy» [«El chico malo de Bill»]. Nuestra entrevista se disolvió en una hemorragia de noticias de última hora. Se había descubierto que Morris visitaba regularmente a una prostituta en el hotel Jefferson de Washington, e incluso se le había fotografiado. La información estaba llena de detalles procaces. Para impresionar a la prostituta, Morris había demostrado que podía conseguir que se pusiera el presidente Clinton al teléfono desde la cama y le había dejado oír la conversación. Tenía una afición fetichista a chupar los dedos de los pies.

Las dos imágenes se mezclaban, para delicia de la prensa sensacionalista, con el solemne reportaje de portada que publicaba esa semana la revista *Time:* «The Man Who Has Clinton's Ear» [«El hombre de confianza de Clinton»]. Me apresuré a regresar al Sheraton Towers, donde la gente abarrotaba los pasillos con el rostro desencajado. Erskine Bowles tenía cara de haberse comido un limón entero. Llevaba desde el amanecer en reuniones de crisis, y ahora tenía los labios tan apretados que casi ni le saludé. Sin saber qué hacer, fui a comprobar el letrero de mi habitación, con la loca idea de que quizá podía quedarme con un recuerdo para toda la vida si unos gnomos supereficientes habían colocado una tarjetita que pusiera «Morris/Macy», pero ya no había letrero. Todos los vestigios de Morris habían desaparecido.

Esa tarde, Christy pasó el control de seguridad y entró en nuestra habitación. Por la noche, nos paseamos por los cubículos del personal de la convención y nos sentamos sucesivamente con Leon Panetta, la mujer de Sandy Berger, Susan, y la secretaria del presidente, Betty Currie. Todos estaban desolados por lo de Morris y maravillados por lo bien que estaba funcionando la convención. Alguien —creo que fue John Podesta— describió lo que había costado preparar globos tricolores por valor de 250.000 dólares para que cayeran, todos a la vez, desde las vigas del United Center. No teníamos un borrador actualizado del discurso de aceptación que iba a pronunciar el presidente esa noche, de modo que nos preguntábamos qué tal le iba a salir. Subió al escenario con recuerdos sobre «los retos no satisfechos y la oleada creciente de escepticismo» de hacía cuatro años, y con historias de su viaje en tren hasta Chicago, incluida una parada en la que dos niños pequeños le habían leído con orgullo fragmentos del clásico infantil *La pequeña locomotora azul*.

Clinton reivindicó sus logros: 10 millones de nuevos puestos de trabajo, el menor número de empleados federales desde Kennedy, 1,8 millones de personas que habían pasado de depender de la asistencia social a trabajar, un déficit presupuestario «un 60 % inferior, y encaminado hacia cero», el doble de expectativa de vida para los enfermos de sida, un superordenador milagroso en pleno desarrollo... En más de veinte ocasiones exhortó a los telespectadores a que construyeran un puente de compromiso hacia el siglo XXI, para el que no quedaban más que cuatro años. A mí me inquietó que esa metáfora, excesivamente elaborada, prolongase demasiado el discurso, pero otros dijeron que los temas de campaña había que repetirlos una y otra vez. Además, Clinton avanzaba con gran seguridad entre una enorme ovación y otra, y, hacia el final, pasó a hablar de la necesidad de mantener el liderazgo internacional. «No podemos salvar a todos los niños del mundo —dijo—, pero podemos salvar a muchos.» Vinculó cinco misiones de paz que estaban desarrollándose con el legado de libertad dentro de nuestras fronteras. «En nuestro propio país, hemos visto cómo pagaba Estados Unidos un precio terrible por cualquier forma de discriminación —declaró—. Y hemos visto cómo nos hemos hecho más fuertes a medida que hemos ido librándonos de nuestros odios y nuestros miedos, a medida que hemos dado cada vez a más gente la oportunidad de vivir sus sueños.» Menos de dos minutos después, toneladas de confeti cayeron junto con los globos para crear el caos en la pista en la que se celebraba la convención.

A la mañana siguiente, mientras buscábamos un lugar para tomar café antes de volar a casa, Christy y yo localizamos una habitación preparada a tal efecto y extrañamente tranquila en nuestro piso. El presidente Clinton estaba allí con un plato y un tenedor, flanqueado por agentes del Servicio Secreto pero sin ayudantes ni famosos. Unos cuantos invitados se le acercaban de vez en cuando, tímidamente. Abrazó a Christy, que le preguntó, como escritora de discursos, por la estructura del de la noche anterior. Después de unos cuantos comentarios, volvió a decirme que teníamos que ponernos al día. Le dije que, en mi opinión, el doctor King habría aprobado el tono ecuménico de sus palabras finales. Él pensaba que habían quedado bien. Nuestro tranquilo interludio no duró mucho; unos ayudantes nerviosos se acercaron como si estuvieran corriendo por una pista de atletismo y se lo llevaron para seguir haciendo campaña durante otros dos meses. Nos quedamos en un mundo surrealista y mezclado de frenéticos expertos superpuestos sobre instantáneas cotidianas que iban a pasar a la historia: cálculos de asistencia, millones de votantes indecisos y datos de encuestas que mostraban a Clinton constantemente por delante de Dole y su mediocre campaña.

El propio torbellino de la campaña ya quedaba lejos. Yo pensaba a menudo en cómo había valorado Clinton en privado a Yeltsin, recorriendo Rusia, con todas sus zonas horarias, sin descanso. La labor de los expertos me tocaba mucho más de cerca y estaba llena de emoción, aunque mi papel en ese sentido se había acabado de golpe a raíz del escándalo de Morris. Lo que sobrevivió fue un pequeño montón de cartas de lectores y oyentes sobre mi artículo de *Esquire*. Un partidario de Clinton había escrito sobre papel pautado y con letra de niño: «¡Travelgate! ¡Travelgate! ¡Qué más da! Nos importa un pimiento toda esa estupidez». En el otro bando había más agitación y más comentarios. Marvin, de Tennessee, decía que yo era «un completo idiota con sus excusas para disculpar las acciones criminales de nuestro actual socialista y evasor del servicio militar, Bill Clinton». Otro lector, anónimo, era más directo: «Branch. Estúpido gilipollas. Martin Luther King y Clinton. Eres un enfermo de mierda. Si Willie el Resbaladizo se bajara los calzoncillos delante de ti, ¿picarías el anzuelo? Seguro que sí». Varias cartas especialmente vulgares hacían amenazas de tipo racial sin especificar la causa; probablemente porque sí.

El senador Dole, que iba por detrás en las encuestas a finales de octubre, convocó a los votantes a «levantarse» contra la prensa. Instó a un boicot de los informativos de televisión y denunció el sesgo progresista que se detectaba especialmente en publicaciones selectas como *The New York Times*. Publicaban malas noticias sobre él, dijo Dole, para darle un tono favorable a Clinton. Sus últimas peticiones provocaron una asombrada columna del sensato crítico de medios de comunicación de *The Washington Post*, Howard Kurtz, que enumeró una serie de noticias contra Clinton en el *Times*. La verdad era que los medios supuestamente más partidarios de Clinton eran los que habían estado aireando los escándalos de Whitewater durante años, y de sus páginas de opinión habían salido frases claramente perversas. *The New Yorker* publicó un homenaje desconcertado y tardío que inició la rehabilitación de Dick Morris y su transformación en la autoridad y la fuente mediática sobre los fallos de personalidad de los dos Clinton. En el *Times*, el columnista William Safire denunció lo que llamó «la penetración de intereses asiáticos en la Casa Blanca». También en el *Times*, su antiguo director Abe Rosenthal criticó a Clinton por dar al islam militante «su primera cabeza de playa europea» en Bosnia —y por traicionar a los pobres—, y Maureen Dowd sometió a Clinton a un desprecio continuo. Le llamó «presidente bache», arreglador de cosas pequeñas, y «presidente limbo», culpable de bajar poco a poco el nivel de exigencia en todas las áreas. «Sabemos de sobra que los Clinton hicieron algo malo en Whitewater», anunció sin un ápice de ironía.

Se extendió una rabia íntima en los círculos de análisis e interpretación; los expertos se enfurecieron con el periódico de Kurtz, *The Washington Post*. «Clinton: ni un atisbo de vida moral», decía un artículo escrito por Andrew Sullivan, del buque insignia liberal *The New Republic*. Sullivan decía que Clinton había perfeccionado un «nihilismo moral» tan malvado que obstruía todo el proceso político, incluido el periodismo. «Los medios informan sobre el proceso llenos de escepticismo —escribió—, porque es lo que han aprendido de este presidente, un hombre cuyas convicciones están sacadas de los grupos de discusión.» El 4 de noviembre, el columnista y crítico de libros del *Post* Jonathan Yardley se llevó la palma con su columna llena de veneno y seguridad en sí mismo. Me pregunté cómo iba a reaccionar Clinton si le enseñaban el artículo durante su vuelo a Arkansas, donde iba a votar; en una ocasión había elogiado un artículo de Yardley sobre las sutilezas de la discriminación positiva. No tuve más remedio que suspirar. Yardley y yo éramos amigos —vecinos en Baltimore, los dos arraigados a la época de los derechos civiles, antiguos alumnos de la Universidad de Carolina del Norte e hinchas de los Orioles—, pero no podíamos hablar de Clinton. Al igual que Sullivan, empezaba reconociendo los sólidos logros del primer mandato y subrayaba lo poco que le gustaba el candidato republicano. ¿Por qué, entonces, iba a votar al día siguiente por Dole? «Porque no es un Bill Clinton, estúpido», escribió. El presidente era «un bufón». Los votantes, en general, no tenían ni idea de cómo evaluar su verdadero carácter, añadía, y se burlaba de sus «pecadillos amorosos». Yardley, sin embargo, veía un fallo monstruoso «en el centro de su ser», y tronaba contra Clinton: «Es un hombre que no cree en nada, para quien *principio* es un término tan ajeno como cualquier palabra en sánscrito o esperanto, que hace todo tipo de promesas, pero cuyo único giroscopio es la conveniencia».

24

LA REELECCIÓN DE 1996

Viernes, 15 de noviembre de 1996

Jueves, 19 de diciembre de 1996

Su victoria desembocó en una caótica transición de euforia mezclada con hastío. Nancy nos organizó una cita para las diez en punto del segundo jueves tras las elecciones y, hacia medianoche, una pausa prolongada entre unas lejanas conversaciones telefónicas me hizo levantarme de donde estaba esperando en el corredor amarillo. El presidente alzó la vista de sus notas; estaba en su mesa de la Sala de Tratados, solo, todavía con traje. Me pidió disculpas. El mundo exterior no le daba ningún respiro, y estaba preocupado con sus nombramientos. La combinación de esas dos cosas le tenía despierto hasta pasadas las dos todas las noches. Estaba demasiado cansado para empezar a grabar en ese momento, pero ¿podía quedarme a dormir y hablar con él al día siguiente a primera hora? Si no, podían acumularse muchos detalles que pronto quedarían olvidados.

Sí, respondí, y de darme las gracias pasó a esas preocupaciones durante al menos veinte minutos. Recuentos de votos por estado y distrito: aquí había subido respecto a 1992, allá había bajado, y por qué. Por ejemplo, había perdido en Virginia por sólo tres puntos, pese a las movilizaciones en favor de los republicanos de sus famosos evangelistas Pat Robertson y Jerry Falwell. Era un presagio, ronroneó, de que los demócratas podían recuperar Virginia después de un paréntesis de treinta años, desde 1960. Se mostró mucho menos animado respecto al gabinete, sobre todo el equipo central de Seguridad Nacional. William Perry iba a permanecer en Defensa no más de otros seis meses. En la CIA, el presidente iba a poner a Tony Lake para sustituir a John Deutch, que quería irse, e iba a colocar a Sandy Berger en el puesto de Lake en la Casa Blanca, pero podía haber problemas con la confirmación de éste. En contraste con la escasez de candidatos para ocupar estos cargos, Clinton repasó al menos cuatro para sustituir a Warren Christopher como secretario de Estado: George Mitchell, Sam Nunn, Madeleine Albright y Richard Holbrooke.

Quizá podía resolver dos problemas a la vez, sugerí, nombrando a Nunn para dirigir el Pentágono. El presidente contestó que no, por muchos motivos, pero el que se me quedó grabado fue una carta del representante de Massachusetts Barney Frank, uno de los pocos congresistas que ha reconocido ser gay. Frank le había pedido que no designara a Nunn. Decía que él mismo había tenido que aguantar un torrente de insultos por apoyar a Clinton desde el compromiso del «no preguntes, no contestes» sobre los gais y lesbianas en el ejército. Lo que le preocupaba no eran tanto las opiniones convencionales como la visible antipatía de Nunn por la idea de los soldados homosexuales. Nunn era el único senador menor de setenta años que había votado por una legislación dura e inútil, y su nombramiento incitaría a la comunidad gay a la revuelta, en la que había que incluir los rumores de que Nunn se sentía obligado a hacer gala de una virilidad desmesurada.

Para Nunn tenía que ser el Departamento de Estado o nada, resumió el presidente, y estaban las inevitables objeciones de que Madeleine Albright no iba a poder ser «suficientemente dura» como primera mujer secretaria de Exteriores o, al menos, que los extranjeros no la tomarían en serio. A ese respecto mencionó el consejo que le había dado la senadora Barbara Mikulski de Maryland, que creía que Albright iba a romper barreras de comunicación y de sexo. Su estilo y sus palabras encontraban eco entre los votantes que tenía Mikulski en los muelles de Baltimore. Podía hacer que la gente corriente se sintiera implicada en los asuntos internacionales. Ése era un rasgo que a Clinton le resultaba atractivo, porque a menudo se lamentaba de que sus expertos en política exterior tuvieran poca práctica y poca habilidad para explicar las cosas en lenguaje normal, más allá de los confines de la jerga profesional.

Se quejó de Janet Reno; dejó claro que se sentía apartado de su propia fiscal general. Sin embargo, si la cesaba, la decisión pendiente sobre otro fiscal especial recaería en la segunda de Reno, Jamie Gorelick, quien, temía Clinton, quizá compartía la devoción incondicional de Reno por la existencia de un control externo en todos los casos que podían afectar al presidente. En ese caso, emprendería una investigación indefinida de la campaña Clinton-Gore basada en las vagas pero insistentes noticias de prensa sobre contribuciones impropias o sospechosas de inmigrantes y extranjeros, en especial asiáticos. Si quitaba a Reno y Gorelick, para empezar de cero, desencadenaría una tempestad de protestas como cuando Nixon ordenó la Masacre del Sábado Noche, en la que despidió a los funcionarios del Departamento de Justicia en pleno escándalo de Watergate. Y ésa no era una opción.

Clinton me hizo caso cuando le pedí que reservara ese material para las grabaciones, y hablé de mi propia transición mientras nos dábamos las buenas noches. Ahora que iba a convertirse en un presidente con dos mandatos, el proyecto de historia oral adquiría más importancia, y me sentía obligado a decir que ese año no habíamos conseguido reunirnos más que cuatro o cinco veces. Debía pensar en alguna forma de hacer que estas grabaciones de primera mano fueran más fáciles y cómodas, incluido, quizá, sustituirme. El presidente sonrió y reconoció que la oferta tenía sentido. Pero no, quería seguir adelante, tal vez con sesiones más cortas y más frecuentes. Teníamos que hablar con Nancy.

A primera hora del viernes Clinton me llevó al solárium del tercer piso. Se tocó la barriga y contó que había ganado tres kilos durante la campaña, pero que había conseguido perder kilo y medio desde entonces. Así que no estaba demasiado mal. Me pareció que, por su postura y su forma de andar, estaba relativamente en forma, aunque bostezaba con frecuencia por falta de sueño. Lo que me preocupaba, aunque no se lo dije, era su piel, que parecía más enrojecida que de costumbre alrededor de una gran nariz. El sol reluciente de la mañana hacía que su rostro resultara invisible a veces, sobre el fondo de un elaborado tapiz rojo. Ya grabando, retomó el tema de los problemas de la transición en el Gobierno, y retrocedió para dictar sus impresiones sobre hechos que habían ocurrido durante la campaña. Por ejemplo, una semana de disturbios en Jerusalén había terminado con unos 70 muertos y más de 300 heridos, tanto palestinos como israelíes, después de una repentina excavación israelí, el 25 de septiembre, a través de una puerta cerrada para entrar en el túnel de los hasmoneos, bajo el Monte del Templo.

Era una crisis calculada de antemano, dijo el presidente. El Gobierno israelí, sin avisar a Estados Unidos, había pretendido que era una operación de rutina, pese a que la había llevado a cabo con sigilo y con tropas vigilando las excavadoras. El primer ministro Netanyahu, que se había marchado despreocupadamente a Europa, había fingido sorprenderse por los disturbios y sus consecuencias mortales, pero, según Clinton, estaba pagando la deuda que tenía con los partidos de derechas de su gabinete y por eso había hecho una agresiva exhibición de soberanía israelí atravesando los delicados límites entre judíos y musulmanes. Al excavar de forma unilateral bajo el terreno común del Monte del Templo y la mezquita de la Roca, el Gobierno de Netanyahu había afirmado su nueva posición sobre el estatus definitivo de Jerusalén. Como los asentamientos judíos, a los que llamaban «hechos sobre el terreno», que iban extendiéndose por la Cisjordania ocupada, la excavación había sido una declaración empírica bajo el terreno, pensada para provocar y hacer caso omiso de las protestas.

Clinton dijo que lo único que había podido hacer, en medio de su propia campaña, había sido convocar una cumbre en la Casa Blanca para obtener una tregua. Mubarak se había negado a ir, con la excusa de fallos en los apresurados preparativos, pero Clinton pensaba que no quería formar parte de lo que seguramente iba a ser un fracaso. A pesar de la ausencia del egipcio, la cumbre había logrado cierta calma, y la renovación pública del compromiso de respetar el calendario para las negociaciones de paz. El presidente dijo que había dejado a Netanyahu y Arafat a solas en la biblioteca durante tres horas para forzarles a conocerse, cosa que no podían hacer en su propio país. Recordó las apasionadas palabras que el rey Hussein de Jordania había dirigido a los dos principales adversarios en privado. Hussein le había dicho a Arafat que llevaba luchado toda su vida. Y en cuanto a Netanyahu, Hussein era lo bastante mayor como para ser su padre, y sabía que las generaciones más jóvenes aborrecerían sus ganas de una guerra inútil. No habría una victoria, les dijo, ni siquiera con el apoyo de las facciones más sanguinarias de ambas partes. Más tarde, al dictar mis notas, lamenté no poder reflejar la fuerza del lenguaje de Clinton.

Reaccionó ante las noticias de Afganistán: Kabul había caído de pronto en manos de la milicia fundamentalista talibán el 26 de septiembre. Los responsables del Departamento de Estado habían expresado la esperanza de que así terminaran diecisiete años de guerra y anarquía, pero al cabo de un mes le habían dicho a Clinton que la cura estaba siendo peor que la enfermedad. El nuevo régimen estaba ejecutando a los opositores con decisiones sumarias y colgando cadáveres hinchados de las farolas, y había sometido a todas las mujeres a una versión extremista de la ley islámica de la *sharia*. Era muy irónico, dijo el presidente, que los grupos fundamentalistas en Asia se volvieran hostiles después de cooperar con nosotros contra la Unión Soviética durante la Guerra Fría. El dogmatismo les había endurecido para la guerra, y algunas milicias —incluso en la moderna Turquía— ofrecían mejores escuelas y servicios de recogida de basuras que los complacientes gobiernos laicos. Los elementos políticos de la estabilidad democrática, comentó Clinton, seguían estando ausentes en muchas partes del mundo.

En el ámbito nacional, Dole y su compañero de candidatura, Jack Kemp, no habían sacado provecho de los cinco o seis temas con los que habían experimentado para criticar al presidente, cuyos índices de aprobación se mantenían firmemente por encima del 60 %. Clinton había congregado grandes «multitudes de octubre» en septiembre, y suponía que la prensa se había aburrido de una competición que nunca había ofrecido un resultado dudoso, salvo que hubiera un milagro. Para animar las cosas, los periodistas habían tratado de iniciar una sana rivalidad a propósito del misterio no resuelto del avión de la TWA; *The New York Times* pensaba en una trama terrorista, y *The Washington Post* había respondido con escepticismo. La discusión se había apagado, pero los principales periódicos habían conseguido captar la atención de los lectores con sus sospechas sobre los donantes asiáticos de Clinton. Suspiró al pensar en un nuevo escándalo creado de forma artificial por intereses políticos. Aunque uno de sus efectos adversos de esto había sido una menor participación de los electores en algunos distritos, Clinton había quedado satisfecho con su decisivo margen en el Colegio Electoral,* 379 votos frente a los 159 de Dole.[1] Su incremento neto de nueve votos electorales respecto a 1992 procedía de Florida, donde su victoria había compensado con creces la derrota en Georgia.

Sólo había otros tres estados que habían cambiado su voto electoral en estas elecciones, todos de la zona horaria de las montañas Rocosas. Desde Truman en 1948, no había habido ningún demócrata que ganase en Arizona. Clinton se limitó a hacer una mueca al hablar de la derrota en Montana, pero gruñó por la pérdida de dos puntos en Colorado, a pesar de su

---

* El Colegio Electoral está formado por los electores escogidos por el voto popular, unos compromisarios que son los que formalmente eligen al presidente y el vicepresidente. (*N. de la t.*)

1. En comparación, Ronald Reagan obtuvo nada menos que 525 votos electorales en su reelección de 1984. El primer presidente Bush ganó en 1988 con 426 votos electorales. Su hijo obtuvo 271 en 2000 —uno por encima del mínimo— y 286 cuatro años más tarde. En 2008, Barack Obama ganó la presidencia con 365 votos electorales.

popular gobernador demócrata, Roy Romer. Analizó este resultado con detalle, hasta que otra pregunta evocó unos recuerdos de la campaña. La presentación del vicepresidente Gore había inspirado unos comentarios espontáneos en la ceremonia de inauguración, el 18 de septiembre, del monumento nacional de Grand Staircase-Escalante, unas tierras protegidas de 6.800 kilómetros cuadrados en Utah. Clinton explicó que había contado su primera visita al sudoeste. En 1971, durante un viaje para ver a su nueva novia, Hillary, que estaba ese verano en California, se había tendido junto al borde rocoso del Gran Cañón y había estado dos horas, solo, viendo cómo la puesta de sol iba transformando el paisaje cada pocos segundos con unos tonos espectaculares de rojos y amarillos. Había leído una vez, y podía creerlo, que Teddy Roosevelt lloró cuando convirtió el Gran Cañón en monumento nacional. Clinton confesó que su única experiencia comparable ante una muestra de belleza natural la había tenido posteriormente en Granada, España, volviendo a ver el sol de la tarde sobre el palacio dorado de la Alhambra y un valle lleno de limas y limoneros.

Pero la elección nunca estaba lejos. El incremento de las distancias había compensado de sobras la caída de la participación en zonas concretas del área metropolitana de Filadelfia, gracias a lo cual en Pennsylvania había quedado ligeramente por encima del voto de las armas en su zona rural central. Analizó los anuncios negativos de televisión restringidos a determinados mercados sobre el asunto de la Seguridad Social, y dijo que eran útiles. Dudó de algunas decisiones que había tomado en los últimos días de campaña. Con la victoria asegurada, no había hecho mítines en estados grandes y garantizados como California y Nueva York, donde un pequeño impulso entusiasta podría haberle proporcionado una mayoría nacional superior al voto popular combinado de Dole y Ross Perot.[2] Tampoco había hecho las visitas finales a estados igualados como Georgia, en el que Dole había tenido una subida de última hora que le había permitido superar a Clinton en un 1 %. En cambio, Clinton había intentado impulsar a candidatos importantes para el Congreso en Kentucky, Iowa y Dakota del Sur, con resultados variados. No había conseguido la derrota del «malvado, malvado» senador republicano de Nuevo Hampshire Bob Smith,

2. Perot, que había vuelto a presentarse como tercera opción, había pasado del 19 % de los votos en 1992 al 10 % en 1996. Los 47 millones de votos del presidente Clinton le habían permitido alcanzar casi la mitad del total nacional, con un 49,24 %.

pero esa triste reflexión le despertó recuerdos afectuosos de las primarias de Nuevo Hampshire en 1992. «Me encanta ese pequeño estado», confesó, atrapado claramente por el pesar y la nostalgia. A sus cincuenta años, ya no podía volver a presentarse. Volvió a contar anécdotas sentimentales sobre el joven Michael Morrison, el voluntario de Nuevo Hampshire que había hecho encuestas en silla de ruedas, y la del lema de Paul Begala «El chico que siempre vuelve» para revivir la campaña de 1992, cuando se encontraba al borde de la derrota.

¿Qué recuerdos destacarían en esta ocasión? Estas elecciones habían vuelto a probar lo extraordinario que había sido que Clinton hubiera obtenido un resultado tan bueno en aquellas primarias de 1992 en Nuevo Hampshire, al lado de Massachusetts, el estado natal de su adversario Paul Tsongas. Dole no había tenido ninguna posibilidad cerca de Arkansas, dijo el presidente, que empezó a enumerar los resultados de las zonas próximas como Memphis, donde Clinton había sacado el 83 % de los votos. Cuando le insistí en que me contara algo más personal, surgieron poco a poco recuerdos de entre una bruma de nombres, estadísticas y ruidosas paradas de campaña. Mencionó dos cosas que habían ocurrido en dos históricas iglesias negras. En la iglesia baptista Nueva Esperanza de Newark, Dionne Warwick estaba sentada en la congregación y la madre de Whitney Houston dirigía el coro. Clinton aseguró que la música era tan buena que le había quitado todo rastro de fatiga, como se lo había comunicado a ellas.

Luego contó que en un mitin en una iglesia de Tampa, dos días antes de las elecciones, una lectura de la Biblia le había impulsado a hablar aunque no estaba previsto. Les dijo que ése era el pasaje que le había hecho buscar la piscina milagrosa de Bethesda, en Jerusalén. Seguía en su sitio, llena de historia. Según el evangelio de Juan,[3] un inválido le dijo a Jesús que llevaba allí muchos años, sin poder acercarse por las masas enloquecidas que iban a bañarse allí cada vez que un misterioso poder curativo agitaba las aguas. En Tampa, Clinton había dicho que la parábola le recordaba a las elecciones. Todo el mundo debía aportar su granito de arena, pero no había que dejar que nadie tuviera que arreglárselas completamente solo. Aunque el inválido no tenía el cuerpo sano, contaba con su mente y su fe. Y, cuando Jesús le ordenó que se levantara y echara a andar, volvió a intentarlo. Si los ciudadanos actuales trabajaban duro, les había

3. Juan 5, 1-9.

dicho Clinton, no tendría por qué haber una clase desfavorecida. No tendría por qué haber listas de asistencia social, ni una enorme población carcelaria. Todos debíamos cuidar las aguas curativas. Todos debían levantarse y echar a andar.

Durante nuestra grabación, el presidente se emocionó brevemente con su relato. Una vez más, el público pobre y formado por minorías había aplaudido su mensaje sobre el trabajo y las oportunidades, pero los grandes medios de comunicación seguían ignorando esas historias y prestando atención al caso Whitewater, la carrera presidencial y los donantes asiáticos sospechosos. Cuando se detuvo en las lamentaciones sobre la prensa, le pregunté por los ataques militares contra fuerzas iraquíes en septiembre. En su resumen, Clinton hizo hincapié en una serie de decisiones equivocadas. Dijo que Saddam Hussein explotaba de forma brutal las rivalidades para reprimir a la oposición kurda. En un pacto sorprendente con el Partido Democrático de Kurdistán (PDK) —ocasionalmente proamericano—, Saddam Hussein había enviado 30.000 soldados iraquíes contra la Unión Patriótica Iraní de Kurdistán (UPK) —ocasionalmente proiraní—, que habían capturado la ciudad de Erbil y, gracias a la identificación hecha por agentes del PDK, habían ejecutado a sus rivales políticos y sus familias. Eran unas persecuciones de carácter genocida, prohibidas por las conclusiones de la ONU al terminar la Guerra del Golfo, pero Saddam se había escudado ante las represalias directas dispersando sus tropas entre las poblaciones kurdas, con mucho cuidado de hacerlo dentro de las fronteras de Irak. Con el único apoyo de Gran Bretaña, Clinton había atacado las instalaciones que permitían a Saddam lanzar ofensivas militares de mayor alcance. Para ampliar la zona de vuelo restringida, había disparado misiles de crucero contra defensas antiaéreas. Unos bombarderos B-52 que habían volado a Guam habían intensificado los ataques cerca de Bagdad durante dos días.

El presidente francés Chirac llamó para protestar por los ataques y la conversación fue muy brusca por ambas partes. Chirac había acusado a Clinton de organizar una acción militar gratuita por motivos políticos, para parecer duro antes de las elecciones presidenciales. Clinton había respondido que su acusación era desagradable y ridícula. Habría sido mucho más fácil no hacer nada, como Chirac y la mayoría de los aliados. Aunque reconocía que no había ninguna medida que pudiera responder adecuadamente a aquel crimen, los ataques con misiles le parecían la mejor alternativa práctica. No hacer nada, había concluido, sólo serviría para animar a Saddam Hussein a no tener en cuenta el compromiso del Consejo de Seguridad de proteger a los ciudadanos iraquíes.

Clinton me transmitió su preocupación por la afición de Chirac a los grandes gestos, como el de rechazar los guardias de seguridad israelíes durante una visita a Jerusalén. El presidente francés solía actuar mejor en conversaciones privadas, dijo, y al final había sido de gran ayuda en los acuerdos sobre Bosnia. Esta idea, al parecer, le recordó que tenía que hacer dos llamadas a través de la centralita de la Casa Blanca. El acuerdo de paz de Dayton se mantenía firme y ahora quería lograr la aprobación del Congreso para prolongar la misión de paz estadounidense en Bosnia más allá del año previsto. La plaga de la violencia se había extinguido, o no tenía incentivos, y las minas se estaban desactivando, pero los avances políticos seguían siendo lentos en medio de las heridas abiertas y los resentimientos. Clinton contó que su interlocutor más sólido, el presidente Tudjman de Croacia, tenía una salud tan frágil que le habían introducido a escondidas en Estados Unidos para someterle a un tratamiento de urgencia por el cáncer avanzado que padecía. A veces, observó, había un delicado equilibrio entre la necesidad médica y el honor nacional. Boris Yeltsin, después de unas consultas confidenciales con el doctor Michael DeBakey y otros expertos, había pedido que fueran cirujanos rusos quienes le operaran del corazón (el día de la reelección de Clinton). Sin embargo, con discreción, había aceptado que un equipo de médicos de la marina estadounidense se ocupara de sus cuidados postoperatorios. La infraestructura médica de Rusia se había deteriorado y estaba muy por debajo de la capacidad de su personal, explicó Clinton, hasta el punto de que se perdían innecesariamente vidas después de las operaciones. Recordó que tenía que llamar a Yeltsin en los próximos días. Viktor Chernomirdin, su primer ministro, pensaba que el pronóstico médico del presidente era lo bastante bueno como para que pudiera soportar la transición presidencial rusa sin que hubiera un golpe.

Clinton recibió una llamada del líder de la mayoría en el Senado, Trent Lott, de Mississippi. Casi al mismo tiempo, Leon Panetta y Erskine Bowles subieron por la rampa que llevaba al solárium vestidos con trajes idénticos, negros, y zapatos relucientes también negros, como dos enterradores, pero Panetta iba sonriendo. Me pregunté si la llamada de Clinton en busca de una operadora había delatado dónde nos encontrábamos. Los dos jefes de gabinete, el saliente y el entrante, venían a buscar al presidente para iniciar sus actividades de la mañana, y ambos ignoraron discretamente mis papeles mientras rebobinaba las cintas. Bowles y yo hablamos en voz baja sobre el equipo de baloncesto de la Universidad de Carolina del Norte, de la que éramos antiguos alumnos. Panetta recordó sus dos años en el Departamento de Justicia de Nixon, en la época en la que yo escribí mis primeros artículos sobre su actuación en materia de derechos civiles. Panetta era entonces republicano, y se había visto zarandeado entre la estrategia de Nixon para el sur y el impulso revolucionario de los casos en contra de la segregación. Todos los abogados del Departamento de Justicia, contó maravillado, habían recibido instrucciones de poner cinta adhesiva en los capós de sus coches para detectar si el Klan los había abierto para colocar una bomba.

Clinton terminó su llamada. «Me he enterado verdaderamente de algo», anunció. Lott le había asegurado que se iba a aprobar la prolongación de Bosnia. La mayoría republicana iba a atacar al Gobierno por «alargar la misión» y por otros peligros, pero sólo como maniobras populistas, y, si Clinton jugaba bien sus cartas, obtendría la aprobación, al menos, para otros dieciocho meses. Había dicho que la misión estadounidense en Bosnia había funcionado bien y casi no había sufrido bajas, y que Estados Unidos había invertido demasiado como para poner en peligro el acuerdo de Dayton. Más aún, añadió Clinton, Lott le había explicado con detalle que se fiaba de dos colegas a la hora de formar una opinión sobre estrategia, independiente de las luchas políticas: los senadores Slade Gorton de Washington y Bill Cohen de Maine. Esa afinidad era una gran sorpresa, dada la reputación de Cohen de ser un lobo solitario aislado del bloque conservador de Lott. A todos se les encendió la bombilla salvo a mí, hasta que alguien me explicó que estaban pensando en Cohen para el puesto de secretario de Defensa. «Bueno, no creo que vayamos a tener problemas para confirmarlo», comentó el presidente, sonriendo.

Hacia las diez de la noche del 19 de diciembre, me escoltaron misteriosamente hasta lo que creí que era un vestidor junto al dormitorio principal, en la esquina sudoeste de la residencia, enfrente de la cocina familiar. La puerta se abrió y vi a Hillary sola, entre cintas, tarjetas, papel de envolver y regalos de Navidad de última hora. Pidió disculpas por el lío y contó que Bess Truman había dormido allí. Y Eleanor Roosevelt y otras primeras damas cuyos maridos preferían dormitorios separados, pero Hillary, como Jackie Kennedy, utilizaba el espacio como despacho privado. Me preguntó por el regalo que tenía en la mano para Bill y prometió no decirle nada —una primera edición de los discursos reunidos del ex presidente Theodore Roosevelt de 1910, titulada *The New Nationalism*— y abrió inmediatamente el suyo, dos ranas esculpidas que saltaban una sobre la otra. Le conté que Christy lo había encontrado en alguno de sus viajes. Eso produjo sonrisas y varias anécdotas, incluida una sobre una remota aldea boliviana en la que, con el traductor de español desconcertado por el uso de la lengua indígena, Hillary y un artista tribal se habían comunicado mediante gestos sobre la representación de las ranas como símbolos universales de esperanza. Siempre que la atmósfera no esté literalmente en ebullición, dijo Hillary, las ranas representan la vida y la personalidad. Chelsea se asomó para aclarar que había cogido del bolso de su madre dinero para pedir comida por teléfono, porque la cocina de la Casa Blanca estaba cerrada. ¿Le parecía bien? Por supuesto. Hillary me preguntó por el informe de Christy sobre un experimento de reducción de la administración en los estados llamado la Opción de Oregon, y repitió su derrotada discrepancia constitucional sobre el caso Whitewater. Ahora, a punto de comenzar el cuarto año desde que Bill se había dejado acorralar por un fiscal especial, tenían que tratar de seguir adelante hasta que la locura de ese error se disipara. Suspiró con decisión y estoicismo.

Por teléfono, Hillary averiguó que el presidente, que se había retrasado, estaba en el ala oeste. Me trasladé allí a sugerencia suya, para recordarle con mi presencia física que teníamos una cita, y me encontré con un ajetreo nocturno de grupitos que iban de un lado para otro. Nadie estaba sentado. Betty Currie pasaba llamadas de teléfono y Nancy Hernreich dirigía el tráfico vestida con un traje rojo brillante que acentuaba los adornos festivos. Erskine Bowles y el secretario saliente de Vivienda, Henry Cisneros, llevaban trajes con corbatas navideñas, lo cual me hizo mirar con reparo mis vaqueros, pensados para una de mis sesiones normales en la intimidad de la residencia. La segunda de Erskine, Sylvia Mathews, estaba de pie junto a una mesa haciendo varias llamadas, claramente reclutando a gente para la transición. El vicepresidente Gore, que estaba llamando por teléfono en el Despacho Oval, atraía todas las miradas con una animada imitación de un pescador en el mar. Sujetando el teléfono con el hombro, se estiraba hacia atrás como si estuviera luchando con un enorme pez aguja, y luego se echaba hacia adelante para bobinar el carrete y atrapar su presa con unas manos frenéticas y unas palabras tranquilizadoras. «He estado a punto de cogerlo», bromeó. El presidente Clinton se me acercó durante una pausa y me propuso que fuéramos grabando algo ante la mesita baja. «Señor presidente —respondí—, estoy encantado de hablar aquí, pero ¿no querrá saber toda esta gente qué está haciendo usted?» Lo pensó brevemente y consultó con Nancy antes de mandarme al estudio que había justo al lado.

El presidente picó algo de una cena a medio comer mientras yo preparaba las grabadoras. Ya con ellas en marcha, repasó los cambios de gabinete para el segundo mandato. Los nombramientos definitivos se iban a anunciar al día siguiente. Dijo que el neoyorquino Andrew Cuomo no era, ni mucho menos, su favorito para sustituir a Cisneros en el Departamento de Vivienda. Mickey Kantor, aburrido en Comercio, quería ponerse al frente de Justicia, pero Clinton pensaba que quizá era demasiado partidario de él y, por tanto, demasiado político para servir como correctivo después de Janet Reno. Volvió a hacer un comentario favorable sobre mi sugerencia de que neutralizase las críticas políticas nombrando a un republicano como Bill Weld, el gobernador de Massachusetts, que era conservador en temas fiscales, defensor de los derechos de la mujer y, en general, un purista del buen gobierno. El presidente explicó que Weld le gustaba, pero que se sentía obligado a seguir con Reno, pese a su resentimiento por la forma en que ella había tenido de abordar las solicitudes de fiscales especiales. Dijo que no había podido confiar en Reno en cuatro años. Si intentaba mantener una conversación sincera con ella, sabía que la iba a filtrar. Añadió que Reno no sabía lo que era una lucha política saludable y combativa y, por tanto, había cedido una autoridad crucial a ideólogos externos y a sus subordinados del FBI.

El ejemplo más flagrante era el caso de Henry Cisneros, que se prolongaba desde hacía años. Cisneros era un servidor público brillante, capacitado para ser presidente. En las sesiones para su confirmación en 1993, había reconocido como ciertas las informaciones de que en el pasado había tenido una amante a la que había dado dinero. Como el Senado había aprobado su nombramiento, esa confesión pública debería haber zanjado la cuestión, pero el FBI investigó las discrepancias en la cantidad total que Cisneros reconocía haberle pagado. Sus cálculos, obtenidos después de duras y prolongadas discusiones con la ex amante, habían arrojado una cifra final menor a lo que habían recopilado los agentes. Clinton dijo que la diferencia no le había importado ni siquiera al presidente republicano del comité, Alfonse D'Amato, que, aunque era uno de los principales críticos de Clinton, había escrito una carta formal a Reno diciendo que el error de Cisneros no era significativo. No habría afectado al voto de ningún senador en la confirmación, especificaba, lo cual quería decir que, desde el punto de vista legal, no habría pasado la prueba sobre si era engaño o no. La división de ética del Departamento de Justicia se mostró de acuerdo. No obstante, gritó prácticamente el presidente, el director del FBI, Louis Freeh, le dijo a Reno que Cisneros debería haberse preparado mejor antes de que los agentes investigaran sus antecedentes. Por encima de los requisitos legales y la integridad del proceso de confirmación en el Senado, Freeh consideraba que cualquier discrepancia era una afrenta al FBI, y exigió no sólo la expulsión de Cisneros del Gobierno sino la creación de un fiscal especial que llevara a cabo una investigación de carácter criminal sobre su vida.

Y eso no había sido más que el comienzo. Freeh y Reno habían hecho lo mismo con el secretario de Agricultura, Mike Espy. En vez de aplicar una justicia mesurada, el establecimiento de fiscales separados con equipos de investigadores del FBI engendraba persecuciones insensibles e interminables, impulsadas por la arrogancia y la ideología. Espy se había quedado tan inmovilizado por las sospechas y los gastos legales que no podía ganarse la vida. Y no se veía cuándo iba a acabar la cosa.[4] Peor aún, acusó Clinton, el aislamiento ocultaba abusos escandalosos. Cuando el fiscal especial había llevado a unos testigos a Washington para que declararan en el caso de Cisneros, unos agentes del FBI habían aprovechado la ocasión para registrar de arriba abajo sus oficinas y apartamentos en Texas, sin ninguna orden judicial. La impunidad hacía que cometieran esos delitos con audacia y seguros de sí mismos, como en la época de J. Edgar Hoover.

Yo me sentí mareado. ¿Podían ser verdad tales extremos? El presidente se apresuró a contarme su entrevista privada con Janet Reno hacía una semana, el 12 de diciembre. La había hecho esperar deliberadamente hasta el final, después de que Reno se negara a buscar un fiscal especial para los donantes asiáticos. Había sido una decisión muy sencilla, observó Clinton, porque las acusaciones no habían hecho mención de que figurase ningún funcionario público en las disposiciones desencadenantes de la ley.

---

4. La oficina del fiscal especial Donald Smatz dedicó cuatro años y 20 millones de dólares a perseguir a treinta cargos por recepción de regalos indebidos, entre ellos entradas para espectáculos deportivos y alojamientos. En 1998, un jurado absolvió a Espy de todos los cargos en su contra.

Sus primeros comentarios habían consistido en reprender a Reno por sus declaraciones públicas sobre su deseo de permanecer en el cargo. «Le dije que no me había gustado nada —explicó el presidente en tono tenso—. No la había contratado para trabajar para *The New York Times* y *The Washington Post*. La había contratado para que trabajara para mí.» Después, conteniendo sus nervios, afirmó que le había reconocido sus cualidades y sus logros: la reconstrucción de las relaciones con los organismos locales y estatales, la expansión de la labor policial en los casos de malos tratos conyugales, la hábil coordinación con los fiscales y sus discursos educativos sobre por qué Estados Unidos no podía solucionar el problema de la criminalidad a base de meter a todo el mundo en la cárcel.

A propósito del caso Whitewater, Clinton le había dicho a Reno que, por supuesto, no le echaba la culpa de lo que había hecho el primer fiscal especial. Había sido un error de Clinton, cometido debido a una imprecisión legal, pero sí le reprochaba a ella que hubiera declinado su responsabilidad de supervisar las investigaciones desde entonces y que hubiera dejado que los mandatos se multiplicaran casi a voluntad. Había aceptado unos criterios ridículos y burdamente partidistas. Reno no había sabido defender a la presidencia —no a Clinton personalmente, sino la institución— ni, por extensión, al Ejecutivo, incluido su propio Departamento de Justicia. En nuestro sistema de controles y equilibrios, la pasividad podía ser mucho peor que la política agresiva. Según el presidente, ella no tenía ni idea de lo que le estaba hablando. Los asesores de Clinton opinaban que, más que honrada, era ingenua, y esa confusa distinción parecía salvarla. Desde la Guerra de Secesión, le recordó él, sólo dos fiscales generales habían estado más de cuatro años. La invitó a quedarse, pero le dijo que tenía pensado sustituirla antes de un año. Debía prepararse para ello.

Este anticlímax final se quedó en el aire. ¿No necesitaba cambiarla ya? Le criticarían por designar incluso a un republicano como Bill Weld para el cargo de fiscal general, pero un rostro nuevo e independiente quizá pudiera corregir los espantosos errores que acababa de describirme. Weld era conocido de mi familia,[5] y yo no quería presionarle, pero la sustitución del fiscal general iba a ser cada vez más difícil. Mientras tanto, ¿podía retener la autoridad ejecutiva que le otorgaba la Constitución? Sí, respon-

---

5. Estaba casado por aquel entonces con Susan Roosevelt, amiga de mi mujer, Christy, desde la niñez.

dió. Había reafirmado su control. Había avisado a Reno. Yo expresé mis dudas. Si, por el contrario, ella llegaba a la conclusión de que él quería despedirla pero no podía, su reprimenda quizá había empeorado el problema, porque habría dejado al descubierto su parálisis y habría disminuido cualquier posibilidad de corregir la impunidad desbocada en el caso de Cisneros o en cualquier otro. El FBI ya se sentía con libertad para hacer recaer sus fallos sobre el presidente, por ejemplo, haciendo filtraciones políticas de que la Casa Blanca había convertido a la agencia en «víctima» en el caso de los expedientes y la había «atado de pies y manos» en su actuación contra las drogas.

Clinton dijo que el FBI trabajaba también para él, aunque existían enormes problemas. Mencionó a Richard Jewell como la punta de un inmenso iceberg. Las filtraciones procedentes del FBI habían alimentado una histeria en los medios que casi había desembocado en el linchamiento del inocente guardia de seguridad acusado de terrorismo en los Juegos Olímpicos de Atlanta, hasta que Reno y Freeh habían salido del paso con una disculpa de sus subordinados.[6] Sólo ahora, cinco meses después, había reanudado el FBI una investigación paralizada y había hecho públicas unas fotografías de la mochila con la bomba tomadas por cámaras de vigilancia. Clinton dijo que el FBI detestaba las peticiones sinceras de ayuda. Prefería las filtraciones para guardar los secretos de los que tan orgullosos estaban entre expertos. Ante una explosiva combinación de soberbia política y medios de comunicación ávidos de morbo, el presidente insistía en la necesidad de reformas. Podía despedir a Freeh, si era necesario, como al juez Sessions antes de él. Yo no lo veía claro, pero pasamos a hablar de otros puestos del Gobierno.

Clinton dijo que el congresista de Nuevo México Bill Richardson, al principio, quería el Departamento de Comercio, y había rechazado la ONU por considerarlo un maravilloso puesto de avanzadilla, pero que luego había cambiado de opinión. Repasó las conversaciones con los candidatos

6. Reno pidió perdón por las filtraciones en una rueda de prensa en julio de 1997. NBC News pagó a Jewell 500.000 dólares por unas afirmaciones de Tom Brokaw. El *New York Post* llegó a un acuerdo en una demanda de 15 millones de dólares con el pago de una suma no revelada. La querella de Jewell por difamación contra el *Atlanta Journal-Constitution* estaba pendiente cuando murió, en 2007.

al Departamento de Estado; sus dudas se habían reducido ya a escoger entre Richard Holbrooke o Madeleine Albright. Dijo que vacilaba, sobre todo, debido al ferviente apoyo de Strobe Talbott a Holbrooke. Con varios argumentos además de su magnífica actuación en Dayton, Talbott defendía que inyectaría la concentración y la energía necesarias en la política exterior. El presidente aseguró que no había visto a Strobe tan lleno de pasión desde su angustioso intento de comprender el suicidio de su común amigo en Oxford, Frank Aller. Había vuelto a llamar a Holbrooke para examinarle con más detalle y le había preguntado si iba a acabar teniendo disgustos por la reputación de su secretario de ser una persona áspera. «Oh, señor presidente —se había reído Holbrooke—, eso sólo ocurrió en Bosnia porque me dijeron que fuera más agresivo con la prensa.» No, había insistido Clinton. La gente decía, en general, que Holbrooke podía ser arrogante e irritante. Él pareció un poco avergonzado al responder: «Bueno, supongo que lo entiendo». A partir de ahí se habían puesto sinceramente de acuerdo y Clinton había conseguido que Talbott se comprometiera a ser el ancla administrativa de Holbrooke en el Departamento de Estado. Sin embargo, al final, el presidente había pensado que era un poco más prometedora la perspectiva de Talbott como segundo de Albright en su nuevo cargo de secretaria. Según dijo, todo el mundo había aceptado la decisión con elegancia.

La cabeza del vicepresidente asomó por la puerta. «Perdón —dijo—. He hecho cuatro llamadas y estamos en este punto.» Estaban intentando convencer al secretario de Transportes, Federico Peña, para que pasara a dirigir el Departamento de Energía, en sustitución de Hazel O'Leary. Erskine Bowles apareció detrás de Gore y se puso de pie a mi lado. «Éstos son nuestros argumentos», le dijo al presidente, enumerando una serie de factores como la disposición de los cargos subordinados. Muchos funcionarios habían cambiado de puesto y tenían que aprender sobre temas nuevos. «Creo que usted puede darle la puntilla, señor presidente», dijo Gore, y los tres desaparecieron en dirección al Despacho Oval. A solas, examiné el pequeño estudio. En una pared colgaba una enorme espada morada de Yeltsin, con complicados repujados. Había un viejo y extraño juego mexicano y un informe enmarcado realizado por Mary Lasker sobre los programas gubernamentales de 1968 para los niños, con una nota de agradecimiento del presidente Johnson.

Mirando hacia fuera, hacia el *green* y el jardín privado, debí de pisar demasiado cerca de la puerta, porque de pronto entró un camarero con palabras tranquilizadoras. Alguien había disparado una alarma oculta bajo la alfombra, pero él respondía de mí ante el Servicio Secreto. Tuvimos mucho rato para charlar mientras de fondo se oían unos hurras que venían del Despacho Oval y que debían de indicar que habían conseguido reclutar a Peña. El camarero dijo que su padre había venido de Filipinas para intentar participar en el campeonato de golf de veteranos. Puso en hora un reloj de pared que tenía todavía el horario de verano y lo retrasó una hora, hasta justo pasada la medianoche.

El presidente volvió dispuesto a repasar y grabar más temas. Estados Unidos había saboteado un segundo mandato del secretario general de la ONU Butros Butros-Ghali, y habíamos tenido la suerte de que eligieran al ghanés Kofi Annan en su lugar. Clinton apreciaba a Annan por su habilidad presionando para impulsar la paz en Bosnia, pero dijo que la compleja política de la ONU a menudo dependía de cuestiones esotéricas como quién era un «verdadero» africano y quién hablaba mejor francés. En otros asuntos, los diplomáticos de Clinton estaban «trabajando como burros» para apagar una crisis en Serbia, donde las manifestaciones masivas habían ido en aumento a diario desde que el presidente Slobodan Miloševic anulara las elecciones municipales del 17 de noviembre. El dictador se había perjudicado a sí mismo, ante sus compatriotas y ante los demás países, al negarse a dejar que los opositores que habían salido elegidos ocuparan ni siquiera cargos de poca importancia. Aunque no constituían ninguna amenaza lógica ni abierta, Miloševic tenía un miedo obsesivo de que la menor oposición le hiciera parecer débil e invitara a los buitres. Reprimiría toda disidencia si pensaba que podía salirse de rositas. El presidente explicó que había hablado de la mentalidad autócrata de Miloševic con Holbrooke. Había sido delicado empujarle a firmar un acuerdo con el que salvaba la cara, porque, irónicamente, el principal instigador de las guerras étnicas en Bosnia se había convertido en un factor clave para el cumplimiento de los acuerdos de paz de Dayton.

En un viaje de doce días a Asia, los Clinton habían practicado submarinismo en la Gran Barrera de Coral de Australia y habían tenido un koala en brazos en el parque natural de Port Douglas. Su parada en Tailandia había abarcado desde el grandioso palacio del rey Bhumibol hasta la visita de Hillary a niñas prostitutas que padecían sida. Al describir las largas reuniones del Foro de Cooperación Económica Asia-Pacífico (APEC) en Manila, Clinton dijo que el presidente surcoreano Kim Young Sam se había mostrado «muy excitable» en las conversaciones privadas sobre el acoso de Corea del Norte, las negociaciones nucleares y las tensiones políticas por la suerte de sus predecesores acusados de delitos. El primer ministro japonés Ryutaro Hashimoto le había parecido abrumado, como de costumbre, y parecía haber mucho que negociar sobre las nuevas rutas aéreas internacionales para Federal Express. Las nuevas sesiones de Clinton con el chino Jiang Zemin habían servido para programar un futuro intercambio de visitas, empezando por el vicepresidente Gore. Le recordé al presidente su decisión de intentar comprender mejor el carácter de Jiang en relación con la política china. Bueno, respondió, el líder chino había alegado que se sentía inseguro porque Deng Xiaoping todavía conservaba el poder en la sombra. Jiang había prometido hablar con más claridad tras el Congreso del Partido Comunista del otoño siguiente. ¿Lo decía en serio? Era difícil saberlo. Quizá estaba inventándose excusas, reconoció Clinton, y no tenía intención de cambiar. ¿Había alguna pista nueva sobre el carácter de Jiang? Avanzaba lentamente. Con la promesa de seguir en ello, el presidente no quiso contestar ninguna pregunta más sobre China.

Se mostró mucho más locuaz a propósito de Greg Norman, el campeón de golf apodado *El tiburón*. En Australia, Norman le había ofrecido a escoger entre una ronda compitiendo para divertirse o una ronda para aprender mientras charlaban. Clinton escogió esta última, y se sumergieron en cuestiones como la preparación y la selección de palos o la psicología de la recuperación; tanto si era la recuperación de la derrota en las dos cámaras del Congreso como del Masters de 1996. Hicieron un *bird* en el mismo hoyo. Norman elogió el punto débil de Clinton, ya que le felicitó por la agilidad para golpear la bola con tanta fuerza a sus años. De ahí había surgido una comparación de técnicas de estiramiento, dijo el presidente, hasta el punto de tumbarse en el decimotercer *green* para mostrar sus respectivos ejercicios de gimnasia delante de unos *caddies* y unos agentes del Servicio Secreto asombrados.

Gore volvió a entrar, triunfante. Dejé las grabadoras en marcha para captar los últimos detalles del Gobierno del segundo mandato, incluido el momento en el que se puso a cantar e hizo un breve pero animado baile de la victoria. El presidente preguntó cuántas críticas podían esperar por el traspaso tardío de Peña a Energía, con lo que mantenían a dos hispanos. Seguramente habría algunas, predijo Gore, pero no serían muy prolongadas porque Peña era muy respetado. Clinton preguntó a las claras si este Gobierno era comparable al primero. Gore reflexionó en voz alta sobre los cambios. Albright en lugar de Christopher en el Departamento de Estado. Rubin se quedaba en el Tesoro después de haber sustituido a Bentsen. El senador Cohen iba al Pentágono en vez de Perry, que había sucedido a Aspin. Richardson, en la práctica —con el traslado de Peña—, en lugar de Cisneros, y Rodney Slater en Transportes en vez de O'Lear, en Energía. Bill Daley en Comercio en lugar de Kantor, después de Ron Brown. Gore hizo una mueca. «Tendrá que mejorar un poco, pero está cerca —dijo—. Podría funcionar.» El presidente pareció estar de acuerdo. Era un buen Gobierno pero no una victoria segura. Quizá un poco menos creativo. Gore se fue para preparar los anuncios del día siguiente y Hernreich entró a comunicar que se iba a casa.

Clinton acabó la velada hablando de Israel. Reconoció que había cometido un error diplomático tres días antes, en la rueda de prensa conjunta, celebrada en la Casa Blanca, con el primer ministro irlandés John Bruton y Jacques Santer, presidente de la Comisión Europea. En una maraña de preguntas a los tres, un simple sí suyo había parecido confirmar que los asentamientos israelíes —y no la *cuestión* de los asentamientos en Cisjordania— eran «un obstáculo para la paz». Clinton culpó de la tempestad que se había creado, en parte, a sus oídos. Dijo que los médicos militares llevaban tiempo instándole a que se pusiera unos aparatos microscópicos. La controvertida afirmación representaba su auténtica opinión, desde luego, pero seguramente iba a pasarle factura en alguna disyuntiva posterior. De modo que lamentaba el desliz. Sin embargo, a corto plazo, tal vez sirviera de algo la indignación pública. La gente creía —con razón— que tenía un sentido casi religioso de identificación con Israel, y el enfado visible de los judíos norteamericanos podía servir para mejorar su posición ante los palestinos. Necesitaba reanimar las negociaciones, peligrosamente estancadas a propósito de Hebrón. Allí vivían 400 colonos israelíes entre 140.000 palestinos, en una antigua ciudad venerada por judíos y musulmanes porque en ella se encontraba la tumba de un patriarca de ambas religiones, Abraham. Hebrón, una Jerusalén en miniatura, sagrada y explosiva, era el último escollo en el calendario puesto en marcha en la Casa Blanca hacía tres años.

Clinton se detuvo sobre el punto muerto que subyacía bajo la capa de fingimientos y paradojas. Cada paso parecía ser un amago en la dirección opuesta, como en el jiujitsu. Las expectativas públicas sobre Hebrón se inclinaban en contra de Israel, por su pequeña pero polémica presencia allí y la infamia aún persistente de la matanza de unos musulmanes que estaban rezando a manos de un colono israelí en 1994. Arafat había aprovechado esa ventaja para los palestinos hasta en unos detalles que las respectivas facciones habían apreciado o condenado, pero luego no se había movido. Cerrar el acuerdo provisional se vería como una victoria para él, y eso, de manera sutil, invertiría las posiciones en la siguiente ronda. Netanyahu y los israelíes obtendrían crédito por las concesiones, y el control civil de Hebrón inevitablemente causaría numerosos quebraderos de cabeza a la Autoridad Palestina. Arafat pensaba asimismo que los partidos de derechas alineados con Netanyahu iban a volver a ejercer fuertes presiones para compensar la situación de Hebrón, quizá con un golpe como la excavación de septiembre bajo el Monte del Templo, lo cual, a su vez, provocaría ataques al proceso de paz por parte de grupos palestinos como Hamás, con lo que Arafat acabaría debilitado. Con toda esta perspectiva, concluyó Clinton, Arafat había preferido atrincherarse donde estaba —a punto de un acuerdo sobre Hebrón—, mientras Netanyahu subrayaba las generosas condiciones que había colocado sobre la mesa.

Dennis Ross, el hábil enviado especial para Oriente Próximo, acababa de irse hacia allí con dos cartas secretas de Clinton. Una advertía a Arafat que debía cerrar el trato sobre Hebrón o correr el riesgo de perder la ayuda de Estados Unidos. La otra aconsejaba encarecidamente a Netanyahu que se centrara en el importantísimo proceso de paz y no en las disputas dentro del Gobierno israelí. Si adoptaba una posición de superioridad moral, Bibi no tenía nada que perder. Ya estaba siete puntos por detrás de Peres en los sondeos restringidos a los judíos, una situación que, según Clinton, era una caída impensable para un primer ministro del Likud. Dado que era inevitable que prácticamente todos los árabes israelíes votaran por Peres, si las elecciones se celebrasen en ese momento, Netanyahu perdería por quince puntos. Sus comienzos, erráticos y ásperos, habían suscitado tales profecías de un sonoro fracaso político que muchos asesores de Clinton le consideraban un peso ligero y pensaban que las circunstancias le sobrepasarían. El presidente resumió un debate interno sobre las posibilidades de Netanyahu. Contó sus impresiones, desde textos escritos por Netanyahu hacía años hasta sus encuentros personales, y resaltó el peso de su legado como hermano del fallecido teniente coronel Yonatan, *Yoni*, Netanyahu, el líder y único fallecido de los comandos que en 1976 habían rescatado a unos judíos israelíes y franceses secuestrados en el aeropuerto de Entebbe, en Uganda.[7] Clinton veía en Bibi un conflicto in-

---

7. El raid de Entebbe, los días 3 y 4 de julio de 1976, fue objeto de muchos estudios e inspiró por lo menos cinco largometrajes. Murieron los siete secuestradores, incluidos dos

terno entre la fuerza decisiva e idealizada y la experiencia profesional defendiendo las políticas de otros gobiernos israelíes. Dijo que la mayor ambición de Netanyahu —ganar la reelección y convertirse en el primer ministro que por primera vez mandase diez años y consiguiera que el joven Estado de Israel fuera respetado— estaba en peligro.

Una vez más, mis notas dictadas de madrugada me hicieron lamentar la imposibilidad de plasmar el lenguaje preciso utilizado durante un derroche de oratoria ante las grabadoras. Clinton dijo que no había perdido la esperanza con Netanyahu. Pensaba que Bibi estaba todavía tanteando el camino y que, con frecuencia, su cabeza le llevaba en una dirección y su corazón en otra. A pesar de sus diferencias, Clinton se identificaba con él porque recordaba sus primeros tropiezos en la Casa Blanca. Rememoró su asombro personal al llegar, cuando los sombríos números de los presupuestos le habían convencido para abordar la reducción del déficit antes que los prometidos recortes fiscales para la clase media. A su instinto político le había costado meses aceptar su decisión racional. Y había sido desgarrador ajustar su lógica histórica sobre el destino de los gais y lesbianas en el ejército a la tempestad de protestas emocionales.

Como conclusión de estas ideas, el presidente expresó la enseñanza general de que los líderes necesitaban estar en paz consigo mismos; no en paz por completo, pero con la mente y el espíritu más o menos unidos. Dijo que las actitudes atormentadas producían juicios sesgados. Si uno estaba alterado, no poseía el suficiente control para escuchar opiniones contrarias y, sin ellas, era imposible tomar decisiones prudentes. Un trabajo como el suyo exigía firmeza interior, repitió varias veces, porque las decisiones tomadas cada día podían ofender y herir a mucha gente. Siguió volviendo sobre este tema de forma esporádica incluso cuando ya habíamos recogido.

---

de las Células Revolucionarias alemanas, y 45 soldados desplegados para defenderlos por el presidente ugandés Idi Amin, que era propalestino. Los israelíes consiguieron rescatar a 102 de los 105 rehenes.

25

UNA RENOVACIÓN AGRIDULCE

Miércoles, 8 de enero de 1997

Segunda toma de posesión del cargo
Lunes, 20 de enero de 1997

Mis planes se fueron al traste. En vez de fustigarle a propósito de Reno o Jiang Zemin, había decidido recomendarle hacer cambios audaces durante el segundo mandato. Clinton estaba buscando ideas para su segundo discurso de toma de posesión del cargo, en el que los presidentes, en general, presentan programas modestos centrados en mantener el rumbo. Yo opinaba que, por el contrario, tenía que arriesgarse a emprender grandes iniciativas, del orden de la promesa de Kennedy de aterrizar en la Luna o la apertura de Nixon a China. Las aventuras espectaculares, aunque se queden estancadas, amplían las perspectivas. Y en ese caso, podían hacer que se valorasen más los esfuerzos pacificadores y los logros económicos de Clinton. Unos combates serios y con consecuencias para los votantes podían incluso rebajar los fervores sensacionalistas a propósito de los problemas de Clinton con Reno. Con ese razonamiento, ensayé cuatro ideas para los momentos informales en los que nos viéramos antes y después de nuestra sesión del 8 de enero; pero lo estropeé todo al presentárselas.

De forma poco propicia, trabajamos en la sala de estar familiar para que el presidente pudiera seguir de reojo el partido de baloncesto entre Auburn y sus Razorbacks de Arkansas. Chelsea entró buscando a su madre. Comentamos brevemente que enseguida tendría que empezar a escoger universidad, aunque no le sonsaqué mucho. Cuando se fue, mencioné que nuestras dos hijas eran las más jóvenes de sus respectivas clases. Precisamente ese día había llevado a Macy, que estaba un curso por debajo de Chelsea y tenía dieciséis años, a obtener el permiso de conducir. Clinton hizo una pausa y dijo que la breve visita le había recordado que tenía que llamar a las operadoras de la Casa Blanca. No debían pasar ninguna llamada al dormitorio, ordenó, porque la primera dama estaba ya dormida.

Con la grabadora en marcha, el presidente revisó sus cambios de colaboradores. «Los que verdaderamente te gustaría que se fueran siempre son los que se quedan —dijo lánguidamente—. Y los que más querrías que se quedaran acaban marchándose.» Sobre todo, iba a echar de menos a Cisneros. Aseguró que la gente no tenía ni idea de lo mucho que había aportado al Gobierno. En la Casa Blanca, sentía especialmente las dimisiones del asesor religioso Bill Galston, la economista Laura Tyson y el jefe de gabinete Panetta, todos los cuales se iban para estar más tiempo con sus familias. Estos puestos tenían un coste tan alto para la vida familiar que Clinton reconoció que no se había sentido capaz de apelar al patriotismo para persuadirles de que se quedaran. Al Gore, que colaboraba con él en las decisiones de personal, le había tranquilizado sobre los sustitutos, entre ellos el jefe de gabinete Erskine Bowles. Le pregunté si le preocupaba que Bowles estuviera tan dispuesto a destacar sus dudas en sus soliloquios sobre si estaba hecho para la política. Un poco, respondió. Dijo que Bowles era un ejemplo infrecuente de presión familiar a la inversa, porque su mujer le animaba a compensar su riqueza con el servicio público. Al escoger a Bowles en vez de al otro segundo de Panetta, Harold Ickes, había querido reconocer su sacrificio y su pasión. Ickes, comentó Clinton, era una fuerza de la naturaleza. Explicó sus vínculos personales y la profunda deuda política que tenía con él. Sin embargo, ahora necesitaba más capacidad de gestión que celo y ningún segundo debía tener que responder ante quien había ostentado su misma categoría y tenía un temperamento opuesto. No había sitio para Ickes, suspiró, y confiaba en poder remediar esa ruptura con el tiempo.

Me hundí por dentro. Esta preferencia por la deliberación ordenada no presagiaba nada bueno para mis grandiosas sugerencias, pero Clinton dio un giro y mostró su indignación por las últimas transiciones que todavía no se habían hecho. Los del Comité Nacional Demócrata eran unos negligentes. Hasta el momento, sólo una mujer había asumido la responsabilidad y había reconocido que habían cerrado su departamento de cumplimiento de normas a mitad de campaña, al parecer para reducir costes. El presidente del Comité Nacional, Dan Fowler, que había aprobado la medida, ya no ocupaba su cargo. El propio Clinton estaba llamando a una sucesión de funcionarios, pero nadie le había dado una respuesta clara de lo que había ocurrido y por qué. Pensaba que Terry McAuliffe, encargado de recaudar fondos, tenía una vaga idea. Los responsables del cumplimiento de las normas tenían la tarea fundamental de investigar los antecedentes de las grandes donaciones en busca de condiciones impropias y embarazosas, como tener un proceso penal pendiente. «Todavía no dispongo del cien por cien de los datos», repitió varias veces Clinton. Más tarde, al recibir una llamada informativa de uno de los ayudantes de la campaña, Doug Sosnik, el presidente invirtió los papeles y le hizo ver las incoherencias que acababa de descubrir en los informes que le habían presentado varios empleados.

El tema le atormentó toda la noche. Dijo que haber interrumpido la investigación de antecedentes era un error y una estupidez, y que podía convertirse en un escándalo legítimo, como el de los expedientes del FBI que habían aparecido indebidamente en la Casa Blanca. Se sentía verdaderamente responsable de cualquier sospecha de corrupción. Por unos ahorros insignificantes en los sueldos del equipo, el Comité Nacional Demócrata había desencadenado una tormenta mediática mayor que la del Filegate, por una serie de aportaciones dudosas que en total sumaban menos del 1 % de los ingresos. Unos periodistas con iniciativa habían comparado los regalos devueltos por los encargados de esas investigaciones con los que luego se habían aceptado, dijo el presidente, pero sus noticias habían estado llenas de intolerancia. Primero, habían escrito exclusivamente sobre asiáticos como John Huang, un ex empleado del Departamento de Comercio que recaudaba dinero para el Comité Nacional Demócrata. Segundo, habían exacerbado las sospechas de que los contactos políticos con los asiáticos ocultaban un trato comercial o una trama de espionaje más siniestros. Nadie pestañeaba cuando los donantes polacos de Clinton se reunían con él para hablar de incluir a Polonia en la OTAN. Sus donantes negros hablaban habitualmente sobre la discriminación positiva, los judíos sobre Israel, y los griegos, prácticamente de nada más que de Chipre. La prensa sólo se excitaba con los asiáticos, dijo furioso, porque el racismo y lo numerosos que eran podía provocar miedo. Algunas noticias habían insinuado que su amigo Yah Lin, *Charlie*, Trie se había deslizado en la Casa Blanca con montones de dinero para fomentar la guerra con China por Taiwán. Clinton recordó que había sido uno de los primeros clientes del diminuto restaurante chino de Trie hacía veinte años. Cuando sus negocios habían prosperado, Trie había querido ayudar a su compañero de sueños con más entusiasmo que prudencia, reuniendo para el Fondo de Defensa de Clinton aportaciones de otros empresarios, algunos de los cuales tenían problemas de inmigración o habían utilizado cuentas de las respectivas empresas. Trie había venido desde Little Rock con un esmoquin para poderle dar la mano en la fila de los saludos de Navidad, sólo para decirle que nunca había pretendido hacerle daño ni hacerle pasar vergüenza. Después, abrumado, se había dado la vuelta y se había ido directamente a casa.

Para animar una campaña presidencial que había sido aburrida, los medios no habían tardado nada en lanzarse como locos contra los asiáticos, con especulaciones como que Clinton les debía de estar vendiendo el Dormitorio Lincoln. La historia «tenía algo de base» pero nada de cerebro, se rió. Todos los presidentes recibían más a sus partidarios que a sus enemigos, y muchos de los invitados que se habían quedado a dormir no habían donado nunca ni un centavo. Nadie había hecho una acusación verosímil de que su Gobierno hubiera vendido algún cambio de política.

Había algo en Clinton que provocaba un antagonismo muy extendido con la prensa, aunque sin convencer todavía a la mayoría de los votantes, y él volvió a dar vueltas a las posibles causas de ello. En Washington, que en su opinión era un club lleno de gente angustiada, el presidente era un intruso repelente y un irritante símbolo de unos años trascendentales, los sesenta. Este punto de vista podía captarlo en los buques insignia, *The Washington Post* y *The New York Times*, y lo personificaba el responsable de la página editorial del *Times*, Howell Raines. Alguien había preguntado a Raines por qué sentía una animosidad tan transparente hacia Clinton, teniendo en cuenta que compartían un origen sureño, el haber sido jóvenes prodigio inspirados por la época de los derechos civiles y la afición aprendida desde niños a cazar en los bosques. Por la respuesta que se le atribuía —«Bueno, yo no cazaba tanto como él»—, el presidente pensaba que Raines quería dejar claro que él tenía una sensibilidad refinada, muy por encima de Bubba, el patán de Arkansas. Multiplicada, esta actitud era el fundamento de un periodismo aborregado que se regodeaba y desplegaba toda su condescendencia.

«Esto me tiene amargado», declaró Clinton sin reparos, pero pude ver que su mente empezaba a despertar de un cierto estupor. Dijo que las informaciones sesgadas, desde luego, le habían costado la satisfacción de alcanzar el 50 % del voto popular. Quizá le había costado la Cámara, lo cual afectaba a la legislación para muchos ciudadanos. Además, había contribuido a reducir la participación nacional al porcentaje más bajo desde 1924 y había alimentado el escepticismo. Y, para rematarlo, las opiniones sobre una Casa Blanca vista como una guardería corrompida por los asiáticos habían conseguido al mismo tiempo fomentar la indignación pública y eliminar cualquier esperanza razonable de reforma de las campañas. Clinton explicó esta proeza contradictoria metiéndose en la piel del senador Mitch McConnell, el principal obstruccionista republicano en el tema de dicha reforma. El sistema actual beneficiaba a los republicanos. Sus comités habían recaudado 150 millones de dólares más que los demócratas en 1996; el presidente del Comité Nacional Republicano, Haley Barbour, había pedido dinero al menos en tres países extranjeros y el vicepresidente del Comité de Finanzas de Dole había ido a prisión por un asunto de blanqueo de dinero en Hong Kong. Sin embargo, los republicanos no sólo habían conservado su enorme ventaja y se habían ahorrado todo el sufrimiento de tener que querer cambiar las cosas, sino que se las habían arreglado para eludir todas las culpas. ¿Por qué? «Porque la prensa está ocupada cagándose en el presidente en lugar de en nosotros», dijo Clinton, imitando al encantado McConnell. La reforma electoral era un desafío para el intelecto y el temple en la mejor de las circunstancias, pero el clima que había ahora en la prensa impedía ver la realidad. ¿Por qué iba a querer cualquier republicano en sus cabales que se limitara el uso del dinero en la política? En su lugar, concluyó el presidente, él también habría estado en contra de la reforma.

Se animó un poco. Una vez más, me asombró cómo conseguía pasar de las diatribas contra la prensa a historias más agradables y fraternales sobre sus adversarios políticos. Después de una negociación en la Casa Blanca, le había preguntado al senador Alan Simpson, en confianza, si los estrategas republicanos pensaban de verdad que los Clinton habían hecho algo terrible en Whitewater, como robar o cometer perjurio. «Ni hablar —exclamó Simpson—. Pero nuestro objetivo es hacer que la gente piense que sí, para devolveros la pelota a los demócratas por el Irán-contra.»[1] Clin-

---

1. El caso Irán-contra, que salió a la luz en 1986, relacionó dos actividades clandestinas del Gobierno de Reagan. Vendieron armas a unas facciones del Gobierno hostil y proscrito de Irán con la esperanza de obtener la liberación de los rehenes norteamericanos en manos de Hezbolá. Y, por otro lado, desviaron los beneficios de esas ventas para financiar ilegalmente a los rebeldes anticomunistas que luchaban en Nicaragua. A finales de 1992, el presidente George. H. W. Bush indultó a once personas condenadas por delitos relacionados con estas transacciones, entre ellos el ex secretario de Defensa de Reagan Caspar Weinberger y el ex consejero nacional de seguridad Robert, *Bud*, McFarlane.

ton se rió con admiración. Los políticos entendían lo que era la revancha. La verdad, se quejó, era que el caso Irán-contra había consistido en supuestos abusos del poder presidencial, nada que ver con el caso Whitewater, pero la política ignoraba tanto esas distinciones como que las acusaciones tuvieran algo de verdad o no. Reconoció que había emitido anuncios sobre Medicare durante la campaña para vengarse de los ataques republicanos a su plan de reforma sanitaria en 1994, y ahora los republicanos se habían propuesto atacarle duramente en los presupuestos, porque él había tergiversado sus propuestas sobre Medicare. Del mismo modo, dijo, que los demócratas iban a vengarse de Gingrich por encabezar la investigación sobre ética que en 1989 había acabado con la carrera del presidente demócrata de la Cámara Jim Wright.[2] Cuando Gingrich soportara la reprimenda de la Cámara, que estaba negociándose, y pagara una multa de 300.000 dólares por especular, seguiría teniendo la maza de presidente de la Cámara pero en una situación mucho más débil, predijo Clinton, sobre todo porque nunca le habían admirado demasiado dentro de su propio grupo.

«Nuestra lucha política es como Bosnia», comentó el presidente. Los líderes estaban tan atrapados en espirales de venganza por ataques y daños anteriores, y la prensa jaleaba de tal forma cada pelea, que era difícil ver el contexto general. Me pareció que se lo tomaba con bastante filosofía. Por otro lado, sugirió que Bosnia también podía ser un modelo político, si, por fin, uno lograba alcanzar ese plano infrecuente y más elevado, lo cual le recordó a Bob Dole. Después de haberse hecho la vida imposible durante años, el presidente y su enemigo derrotado estaban de acuerdo en proteger el proceso de paz de Bosnia. Dole iba a ir allí a animar a las tropas. Clinton dijo que había acudido a la Casa Blanca el 20 de diciembre, al día siguiente de nuestra sesión anterior en el ala oeste, para lo que había acabado siendo una charla emotiva. Habían intercambiado historias y recuerdos personales. Dole se había reído al comentar que, cada vez que había conseguido dar un paso adelante en su campaña —clavarle un cuchillo a Clinton aquí, emocionar a las masas allá—, Clinton hacía algo presidencial y volvía a dejarle en mal lugar. Por fin, Clinton había introdu-

---

2. Wright fue acusado de organizar compras masivas de su autobiografía, *Reflections of a Public Man*, para sortear los límites a los ingresos externos que se permitían a los miembros del Congreso. Dimitió de la Cámara en junio de 1989 después de haber representado a Fort Worth, Texas, desde 1955.

cido un tema serio al elogiar la experiencia mucho mayor de su rival en Washington. «Es lo que intenté transmitirle a la gente —le había interrumpido Dole alegremente—, pero no sirvió de nada.» En serio, había insistido Clinton, ¿los políticos, en general, eran más o menos corruptos que cuando empezó Dole en los años cincuenta? «No tienen nada que ver —replicó Dole—. Son mucho más limpios ahora que entonces.» ¿Y la prensa? Menos responsable. Aunque las experiencias que habían compartido no les habían hecho amigos, Clinton y Dole habían comulgado plenamente a propósito de su incomprendida profesión.

Aparte de algunas quejas ocasionales sobre el sensacionalismo en la política, su tono se mantuvo firme mientras hablaban de dificultades y malas noticias. «Detesto decir esto, incluso para grabarlo —respondió sobre otro tema—, pero creo, por primera vez, que todo el proceso palestino-israelí puede fracasar.» No era una intuición repentina ni una opinión independiente, se apresuró a puntualizar. Sus deducciones las había extraído sobre todo de Dennis Ross y otros negociadores de Oriente Próximo, a los que consideraba los mejores en ese asunto. Se habían devanado los sesos frente a la complicada situación de punto muerto en Hebrón durante meses. El día de Año Nuevo, después de que, inexplicablemente, un soldado israelí abriera fuego en un mercado de la ciudad e hiriera a más de una docena de palestinos, Clinton había hecho una larga llamada telefónica para dar sus condolencias a Arafat. Había utilizado toda su capacidad de persuasión para instar a Arafat a terminar primero con Hebrón y abordar después todos sus demás problemas, pero no había obtenido más respuesta que «Entiendo lo que dice. Gracias por su interés». Quizá el traductor lo había dicho en un tono más acartonado que el original. Quizá el paso del tiempo ayudaría. Aunque los puntos que quedaban por negociar no eran intrínsecamente difíciles, Arafat y Netanyahu habían establecido un pulso imposible de solucionar. Era una aberración de la lógica política, y el fracaso del proceso de Oslo tendría consecuencias en toda la región. «No sé dónde está el fondo», dijo.

Tragué saliva. Pasamos al sistema impositivo y a una crisis diplomática en Lima, Perú, donde 14 guerrilleros del Movimiento Revolucionario Tupac Amaru (MRTP) habían capturado a 400 rehenes durante una fiesta celebrada en la residencia del embajador japonés. Sobre los impuestos, el presidente contó una audiencia privada que había tenido con el republicano de Houston Bill Archer, nuevo presidente del Comité de Medios y Arbitrios, que estaba obsesionado con el sueño de abolir el impuesto sobre la renta y el IRS, el servicio recaudatorio de Hacienda. Clinton notó mi estremecimiento y me aseguró que era un señor simpático que amaba a su país. El presidente, curioso, había sonsacado a Archer sobre su plan alternativo para financiar el Gobierno federal con un impuesto sobre el consumo de amplia base. Tenía algunos elementos positivos, porque prometía abarcar los ingresos de la economía sumergida, y los dos habían rechazado los cálculos de que cualquier impuesto sobre el consumo suficientemente grande iba a causar una inflación que paralizaría la economía. Archer se había resistido a la idea de Clinton de llevar adelante un impuesto sobre el consumo mucho más pequeño, que pudiera eliminar la fiscalidad para las familias con rentas inferiores a 60.000 dólares, porque su objetivo ideológico era precisamente el contrario, liberar a los ricos del IRS. No obstante, habían descubierto que tenían una postura común ante varios problemas delicados, como el efecto negativo en el empleo y las pequeñas empresas de los impuestos sobre las rentas del trabajo. El presidente jugó con cifras económicas de todo tipo. Precisamente ese día, destacó, el presidente de la Reserva Federal Alan Greenspan había presentado un buen análisis técnico de otra idea defendida por Archer, reforzar la Seguridad Social invirtiendo sus 60.000 millones de dólares de superávit actual en Wall Street. La alegría de los *brokers* se vería contrarrestada por las numerosas consecuencias extrañas. Los fondos públicos inflarían los precios de las acciones, pero la producción empresarial descendería. Hasta Greenspan comprendía que las limitaciones a la actividad empresarial eran una panacea por encima de la política.

En cuanto a Perú, las tensiones internacionales habían ido en aumento durante casi un mes. Clinton dijo que las autoridades japonesas, al principio, habían pedido contención ante los llamamientos a una confrontación, porque no sólo temían por sus numerosos ciudadanos y dignatarios que eran rehenes sino también, de forma indirecta, por la reputación de Japón, dado que el pulso estaba haciendo público a un nuevo fenómeno en Latinoamérica: el presidente electo de Perú, Alberto Fujimori, de origen japonés. Sin embargo, en secreto, el Gobierno de Tokio había cambiado de rumbo porque percibía más peligro en el propio Fujimori. Este último, famoso por lo exaltado que era, había derrocado su propio régimen en 1992 para consolidar su poder, inventando el término «autogolpe». En ese momento, reveló Clinton, los ministros de Hashimoto estaban presionando a Estados Unidos para que les proporcionara unos equipos de élite capaces de intentar el rescate antes de que Fujimori irrumpiera en el edificio secuestrado con tropas peruanas. Los servicios de espionaje estaban en ascuas, pero el presidente explicó su metódica resistencia. ¿Dónde estaba el interés nacional que justificara el arriesgar vidas, teniendo en cuenta que no había rehenes estadounidenses? ¿Se podía confiar en que Fujimori se encargara de la coordinación en su país? «Esos terroristas están tan cerca de los rehenes como yo de ti», dijo. ¿Cuántas cosas podían salir mal, incluso en la «misión imposible» mejor preparada? Todo ello le recordaba la inercia burocrática que había desembocado en el desastre de Waco, que parecía, cada vez más, su bahía de Cochinos particular. Las promesas que había hecho entonces el FBI, decidió, habían servido de justificación para cubrir la fatiga y el deseo de acabar con ello cuanto antes. ¿Qué clase de razón era ésa? Lo de Lima parecía peor. No estaba nada dispuesto a aprobar la operación.

Previendo más tensiones, le pregunté por las dimisiones de Mary Jo Bane y Peter Edelman de altos cargos en el Departamento de Sanidad, en señal de protesta, después de haber hecho pública una hiriente discrepancia con la ley de reforma de la asistencia social. El presidente dijo que no había hablado con ninguno de los dos. De hecho, la mujer de Edelman, Marian —amiga de toda la vida de Clinton a través de Hillary— había tenido menos contacto con ellos durante las deliberaciones sobre el proyecto de ley el año anterior. ¿No había visto yo la declaración que había hecho él? Había elogiado a Edelman y Bane. Eran personas honradas que opinaban que el proyecto de reforma iba a ser más perjudicial que beneficioso, y el propio Clinton tenía sus dudas. Reconocía que no estaba seguro de poder remediar los dos principales defectos de la ley —relacionados con los inmigrantes legales y los cupones de comida para las madres trabajadoras— porque eran unas disputas asociadas a sus guerras presupuestarias contra los republicanos. Con todo, aunque no fuera posible acabar con la pobreza, el presidente reiteró su empeño en apartar la raza y el sexo del debate. Confiaba en acabar con las dependencias crónicas en los barrios más pobres, pero la asistencia social era un tema muy difícil. ¿Cómo podía reprochar a esa gente que dimitiera? Opinó que habían hecho exactamente lo que un servidor público debía hacer ante un conflicto así.

Las distracciones me pusieron nervioso mientras discutíamos los últimos temas. En televisión, después de que sus chicos de Arkansas ganaran un partido emocionantísimo por un punto, mis Tar Heels desperdiciaron una ventaja de veintidós puntos en la segunda mitad y perdieron de diez ante Maryland. No podíamos creerlo, y el presidente no era capaz de recordar una derrota tan inapelable de la Universidad de Carolina del Norte en toda la larga carrera del entrenador Dean Smith. Luego, mientras rebobinaba las cintas, mencionó su insatisfacción con los borradores que le habían mostrado de su discurso para la segunda toma de posesión del cargo. Quedaba mucho trabajo por delante. ¿Me importaría volver a ayudar, si tenía tiempo para algo más que nuestras conversaciones sobre eslóganes temáticos? Pero todavía no. Aún no estaba listo del todo con sus ideas, y estaba más que agotado por esa noche.

Visto con retrospectiva, mi error lo cometí al oír esta invitación. Debería haberme ofrecido simplemente a esperar, o quizá haber adelantado algo de alguna de mis iniciativas, pero lo que hice fue ponerme a hablar de quiénes estaban escribiendo el discurso. Recordé su preferencia por la ordenada integridad de Bowles, más que por la pasión de Ickes, y dudé si proponer que tocara grandes temas era inútil o todavía más urgente. Asimismo, sus mordaces comentarios a lo largo de la sesión que acabábamos de tener me dieron que pensar, al menos, sobre dos de mis cuatro propuestas: la búsqueda de una estructura fiscal drásticamente simplificada y un nuevo enfoque de la reforma de las campañas, más allá de los sueños desmesurados a propósito de la Ley McCain-Feingold. Al final, gané tiempo con un prefacio tangencial sobre los motivos por los que Clinton tenía que desafiar o sacudir al país para que entrase en razón. No siempre habíamos estado de acuerdo sobre las razones probables de las críticas que se le hacían en la prensa, dije, ni cómo encajaban con lo que las fuerzas políticas habían denominado el caso Whitewater, pero el reportaje de portada de *Newsweek* sobre Paula Jones me había escandalizado incluso a mí. Había comprado un ejemplar para comprobar unos detalles que parecían increíbles. Por supuesto, la revista había utilizado magníficos retratos de estudio de Jones en vez de las fotografías de rutina, con créditos en los que aparecían los responsables del maquillaje, los accesorios, una empresa de relaciones públicas, la marca de la ropa, etcétera, como si fuera una estrella de cine.

El presidente se encogió de hombros y echó un vistazo a la revista. Sabía, por supuesto, que el Tribunal Supremo estaba a punto de escuchar los argumentos sobre si la querella de Paula Jones contra él por difamación podía seguir adelante en ese momento, cuando abandonara el cargo, o nunca. Ése era el gancho informativo, pero ¿qué decía el reportaje? Yo sólo lo había hojeado, en vano, para buscar algo sobre el precedente constitucional. Parecía muy personal. Avancé a trompicones para cerrar un tema que ya lamentaba haber suscitado.

Él estaba pensando en otra cosa. «¿Dicen que lo hice?», preguntó: acosarla, o acostarse con ella. Yo no había visto que lo hicieran, pero sí lo dejaban implícito. El reportaje simpatizaba con Jones hasta el punto de ser revelador sobre el sesgo cultural. ¿Por qué? Bueno, en un fragmento increíble él se arrepentía de haberla llamado una «Madonna paleta» que pellizcaba el culo a los chicos en restaurantes de la cadena Red Lobster. Los autores afirmaban además que habían quitado importancia a su caso porque en parte lo había patrocinado un consorcio de derechistas influyentes, pero que ahora se daban cuenta de que hasta la persona más insignificante de las que presentaban querellas por motivos políticos merecía que la escuchara un tribunal. Su tono de conversación dramática hacía que pareciera más una canción de Nashville que una revista nacional de información. *Newsweek* quería ver si alguien que había obtenido dos mandatos como presidente iba a portarse bien con Paula Jones. «¿Qué sugieren?», preguntó el presidente. En definitiva, que debería haber pedido perdón desde el principio. «¿Perdón por qué? —insistió—. Yo no lo hice. No puedo pedir perdón.»

Estábamos ya de pie junto al ascensor privado del presidente, al lado de la escalera de atrás, adonde me acompañaba muchas veces para darme las buenas noches. Discutimos fórmulas para pedir perdón de forma generalizada que pudieran servir de compromiso, pero sin mucho éxito. Él no creía que los sentimientos ni la vergüenza pública de Jones fueran los elementos dominantes del caso. Nos detuvimos, exhaustos, pero yo no podía dejar ahí la conversación. «Una cosa más, señor presidente», dije. Para el discurso de toma de posesión del cargo, o para el del Estado de la Unión, ¿estaba dispuesto a pensar en una propuesta para ampliar sus esfuerzos de paz más allá de las misiones de crisis y las guerras? Quizá podía hacer un llamamiento a que el mundo se preparase para el regreso de la democracia en Cuba, o para que emergiera en Myanmar (la antigua Birmania), o incluso Arabia Saudí. Ningún presidente lo había hecho jamás. No era necesario que hiciera demandas ni que asegurara tener todas las respuestas. De hecho, tendría un espíritu más democrático un formato de preguntas, que seguramente sería polémico, pero quizá más productivo. ¿Qué podían hacer los demás países para ayudar? ¿Daría el papa su bendición? ¿Cómo podían fomentar la democracia los ciudadanos, los pensadores y las organizaciones internacionales?

Él asintió. Preguntó por un amigo común, John Shattuck, que estaba en el Departamento de Estado,[3] y se preguntó qué puesto querría para el segundo mandato; luego añadió que estábamos bastante al día en nuestras grabaciones, ¿verdad?, y me dio las gracias por hacer todo eso. Su amabilidad al despedirme me puso más difícil sugerirle que diera un salto hacia lo desconocido, hacia las energías alternativas: coches que funcionaran con electricidad o con gas natural, conseguir un combustible que rindiera más de 2,3 litros cada 100 kilómetros, equilibrar la balanza de pagos, mejorar el medio ambiente. Le dije que había muchos precedentes. Mediante advertencias y subsidios, Washington había hecho de catalizador de la transformación desde los primeros canales y líneas de ferrocarril hasta los aviones a reacción y los viajes espaciales, que habían contribuido a miniaturizar el ordenador.

«Sí, en el pasado lo hemos hecho» comentó el presidente. Se refirió a una oscura investigación teórica sobre hidrógeno y a los experimentos secretos de General Motors, pero empezó a hacer gestos ladeados, cansados. «No puedo hablar más —dijo bruscamente—. Estoy demasiado cansado.» Me fui preocupado por haberme excedido —por haberle presionado demasiado— y arrepintiéndome de haber hecho la tontería de detenerme en el caso de Paula Jones.

La redacción del segundo discurso de toma de posesión de Clinton se convirtió en otra odisea. Mis primeros esfuerzos no lograron establecer la necesidad de un nuevo término clave que sustituyera el «puente hacia el siglo XXI» de su campaña. Muchas sugerencias fueron rechazadas con razón, hasta que los que estaban escribiendo el discurso se quejaron de que lo de «Nueva Libertad» era una rancia repetición del lema de campaña de Woodrow Wilson en 1912. Eso me pareció que era ser demasiado quisquilloso. Les pedí que releyeran el pretencioso discurso de toma de posesión de Wilson («Las escamas de la inconsciencia se han caído de nuestros ojos»), que no mencionaba en ningún momento ningún tipo de libertad. Envié por fax, a través de Nancy Hernreich, una tímida petición al presidente de que tuviera en cuenta ese eslogan como un posible paso adelante

---

3. Secretario adjunto de Estado para la democracia, los derechos humanos y el trabajo entre 1993 y 1998; embajador de Estados Unidos en la República Checa entre 1998 y 2000.

respecto a su tema de renovación y cambio en 1993. «Estados Unidos siempre está preocupado por la libertad (y no el orden mundial) —escribí—, pero ahora sus retos están en todas partes, desde el fin de la Guerra Fría hasta la reestructuración actual de la política y la economía. Por consiguiente, necesitamos una nueva libertad.»

No sucedió nada. Cuando uno de los que estaban elaborando el discurso, Don Baer, me envió unos primeros borradores, no encontré ninguna iniciativa audaz, y la palabra clave seguía siendo «puente». La desilusión no fue muy grande. Pensé que podía sentirme contento de que me hubieran dejado opinar. Pese a todo nuestro entusiasmo, los independientes que habían participado en el discurso de 1993 habían hecho unas aportaciones muy modestas, en el mejor de los casos, y con el proyecto de historia oral ya estaba haciendo suficiente trabajo político como voluntario. Afortunadamente, el esqueleto de su discurso era la historia. Me pareció que tenía un alcance impresionante y creativo, aunque un poco teórico. Baer me dijo que la idea había salido del presidente, que quería preparar el terreno para un tercer nuevo siglo en el experimento norteamericano. Aunque las crisis han influido en la política estadounidense en muchas épocas, sobre todo en la Gran Depresión y nuestras horribles guerras, Clinton quería decir que cada transformación había permitido tomar unas decisiones trascendentales en medio de una calma relativa. Alrededor de 1800, los fundadores construyeron las instituciones originales para hacer sitio a una república transcontinental. Un siglo más tarde, el movimiento progresista de Theodore Roosevelt adaptó el Gobierno para que sirviera de contrapeso al poder industrial. Ahora, de nuevo, según el presidente, los estadounidenses afrontaban una transformación en un periodo de prosperidad, sin el azote de las bombas ni las colas del pan, y entraban a toda velocidad en una era mundial dominada por la tecnología. Las decisiones fundamentales para el nuevo milenio podían ser pacíficas, si se tomaban con prudencia, pero eran ineludibles.

Envié por fax unas cuantas sugerencias sin importancia sobre el lenguaje. El sábado 18, dos días antes de la toma de posesión, Christy y yo fuimos al museo Smithsonian a un concierto de Bernice Johnson Reagon y el coro de los Freedom Singers. Conmovieron a toda la sala con su hermosa música del movimiento de los derechos civiles, salpicada de breves homenajes humorísticos a figuras históricas presentes entre el público, muchas de las cuales formaban parte de mi trabajo cotidiano: Bob Moses, James Forman, Victoria Gray Adams, Guy Carawan, Julian Bond y otros.

Varios de nosotros nos acercamos a la Casa Blanca para una enorme recepción previa a la toma de posesión, en la que, en medio de una multitud dedicada a la conversación y los cócteles, pude maravillarme ante el contraste que ofrecía ese acto y la intimidad de mis sesiones en el piso de arriba. El presidente surgió de un remolino de invitados y se acercó poco a poco en medio de saludos y felicitaciones para decirnos unas breves palabras. Agradeció a Christy la estatua de la rana. El discurso estaba en plenos cambios. Lo habían ajustado. Todavía estaba pensando en mis comentarios, y al día siguiente me enviarían por fax la versión definitiva. Cuando se fue, me quedé con varias preguntas. ¿Cuántos cambios? ¿Qué comentarios? Sin saber lo que había quedado o sobrevivido, no había forma de interpretar lo que quería decir. Incluso de cerca, una presidencia moderna podía parecerse a la visita de un ciego al circo.

Baer llamó el domingo por la mañana para decir que todo había cambiado. ¿Podía ir inmediatamente? Al parecer, dos artículos periodísticos habían puesto nervioso al presidente. Los dos —uno de Garry Wills y el otro de Walter Shapiro— avisaban sobre la tendencia de Clinton a salir adelante con una retórica brillante sobre la política y los procesos, con exclusión de los objetivos de conjunto. Clinton había llegado a la conclusión de que tenían razón. Estaba plantado en su «puente», con demasiados planes para describir sus características y sin una visión suficiente del otro lado. Ahora quería más oratoria concreta, elevar nuestra mirada y unir el propósito a la dirección. Supuse que Baer me había resucitado por mi postura en contra del puente, ya que esos columnistas habían presentado argumentos en mi favor. Baer dijo, con un suspiro, que la alarma de la mañana era una prueba desgarradora de hasta qué punto se tomaba Clinton en serio las críticas de la prensa sobre sus logros, a diferencia de las falacias por tonterías.

Salí en mi camioneta desde el Balcón de Truman, de vuelta hacia Baltimore, a la 1:27 de la madrugada, después de haber trabajado doce horas. Hillary me había rescatado a mediodía. Dijo que la residencia estaba desierta porque el presidente estaba durmiendo una siesta después de otra larga noche. Tenía que presentarme en el sótano del ala oeste, donde Baer me metió de cabeza en la siguiente tanda de tareas entre ensayos. Habían vuelto Michael Waldman, Tommy Caplan y el preparador de oratoria Michael Sheehan, como en 1993. Faltaba Stephanopoulos. Ahora estaban Paul Begala y el redactor de discursos David Shipley, que eran nuevos, junto con Henry Cisneros, que me dejó completamente admirado en nuestras horas de trabajo juntos en varios equipos. Era extremadamente listo y estaba alegre y tranquilo. Sin dejar ver lo que me había contado el presidente de cómo le habían perseguido, sí le pregunté por qué seguía trabajando en esto desde hacía varios días. Respondió que era lo que le gustaba. Tímidamente, le pregunté qué iba a hacer después, es decir, cuando sobreviviera a la ofensiva del fiscal especial. Sonrió: primero iba a dormir, porque a partir del día siguiente estaría sin trabajo.

La toma de posesión del cargo de 1997 coincidía con el día oficial de Martin Luther King. Cisneros y yo trabajamos juntos en dos párrafos sobre la raza, entre otras partes del discurso. Las mejoras que hicimos me convirtieron brevemente en un héroe, como supuesto experto en el doctor King, hasta que el presidente Clinton detuvo un ensayo en el teatro de la Casa Blanca. Había tropezado con una frase que decía que los odios raciales en la historia de Estados Unidos «casi nos destruyeron». No, dijo. Esa forma de decirlo lo situaba en el pasado, pero estaban todavía con nosotros, aunque en menor medida, y formaban parte de unas fuerzas más amplias que alimentaban las guerras étnicas y el terrorismo. Reelaboró el fragmento a trompicones. «La división entre razas ha sido la maldición constante de Estados Unidos», empezaba su versión definitiva. Los medios y las obsesiones relacionados con ella «hacen daño a quienes odian y, por supuesto, a los odiados...». Las revisiones invocaban el empeño patriótico de King de «sustituirlos [los odios raciales] por el espíritu generoso de un pueblo en el que todos se sienten a gusto unos con otros».

Una de las reuniones se celebró en el Despacho Oval. Fue una cosa reducida, no un ensayo general, organizada por el asesor de la Casa Blanca Rahm Emanuel, de acuerdo con los deseos del presidente. Entramos Baer, Cisneros y yo. El presidente daba vueltas sin parar. No tenía la suficiente fuerza visual, dijo. Quería pintar un cuadro, incluso en la parte histórica. A veces, con nuestra supervivencia en juego, los estadounidenses habíamos tenido que adaptarnos. Pero otras veces, por casualidad o providencialmente en los cambios de siglo, habíamos tomado decisiones más libres y más positivas. Jefferson no estaba obligado a comprar Louisiana, subrayó, pero, si no lo hubiera hecho, estaríamos cantando «Dixie» o hablando francés. Teddy Roosevelt no estaba obligado a adoptar el nuevo nacionalismo progresista, pero, si no lo hubiera hecho, estaríamos como Brasil. Ahora teníamos otra oportunidad de construir el futuro y, si no lo hacíamos, habría consecuencias. Estuvimos de acuerdo en que esta directriz debía enmarcar todo el discurso. El primer párrafo era el más flojo. Clinton debía contar al país lo que veía al otro lado del puente. Debía darle un nombre.

La tarea incluyó a varios grupos y numerosas sugerencias reiteradas y descartadas. «Nueva Libertad» seguía rechazándose a causa de Wilson. Baer dijo que habían estado trabajando con variaciones de «Tierra Prometida». El presidente habló de «Nuevo Equilibrio», pero él mismo lo desechó rápidamente. «Era de Posibilidades» duró un rato hasta que nos contó que a Hillary no le gustaba ni cómo sonaba ni el contenido. Al final aprobó «Nueva Promesa», y la única frase que sobrevivió de mi borrador incluyó el término para cerrar el primer párrafo: «Guiados por la antigua visión de una tierra prometida, pongamos la vista en una tierra de nuevas promesas».

El presidente retocó el discurso con imágenes visuales sobre ese tema, el de la «tierra de la nueva promesa». Su estructura consistía en una división en tercios, a partir de la introducción histórica sobre nuestras decisiones al acabar tres siglos. «Éste es el centro de nuestra tarea —empezaba la parte más programática—. Con una nueva visión del Gobierno, un nuevo sentido de la responsabilidad y un nuevo espíritu de comunidad, sostendremos el viaje de Estados Unidos.» Tratamos de crear una imagen de responsabilidad que borrara incluso el déficit fiscal. El especialista en sondeos Mark Penn protestó enérgicamente y dijo que las frases sobre paz y niños risueños en escuelas seguras eran de un optimismo demasiado ñoño. Recortamos o limpiamos algunas, pero la mayoría aguantaron un ensayo «final» a las once de la noche..., y dos más después.

«Catorce minutos», dijo Sheehan con un cronómetro. «¿Sólo?», preguntó Clinton, encantado. Quería que enviaran tres copias en limpio al piso de arriba, una de ellas para Chelsea. Baer gritaba sin cesar: «Vamos a despejar la habitación».

Rebecca Cameron, la secretaria de Nancy Hernreich, dejó reservadas para Christy y para mí unas entradas para la tribuna de la ceremonia inaugural. Después de poquísimas horas de sueño, bajamos por la mañana en tren a Washington, y, al llegar a nuestros sitios, nos alegramos de haber comprado una cámara desechable en Union Station. Estábamos cuatro filas por detrás de los grandes sillones reservados para los Clinton y los Gore. Hice fotos del grandioso panorama. El asiento de pasillo a mi lado estaba vacío, reservado para el hijo del doctor King, Dexter, y Jesse Jackson se sentó en él justo antes de que empezara la ceremonia. Irreprimible, después de la bendición, se puso de pie en la escalera, ignorando las estrictas instrucciones de seguridad, para recibir personalmente al presidente Clinton y los demás dignatarios: Billy Graham, el reverendo Gardner Taylor, la solista Jessye Norman, Strom Thurmond, Newt Gingrich, el presidente del Tribunal Supremo William Rehnquist, los demás magistrados, la Junta de Jefes de Estado Mayor y el Gobierno.

Unas seis horas después, desde un teléfono público en un restaurante, llamé a casa para comprobar si había algún mensaje de nuestros hijos, pero sólo había una breve orden de una operadora de la Casa Blanca de que llamase al presidente. Su tono era tan sorprendente y perentorio que lo escuché otra vez. El presidente se puso enseguida al teléfono para darme las gracias por todo mi trabajo, pero su voz fue casi un lamento. «Las primeras críticas nos han hecho bastante daño», dijo. ¿Ya? ¿Qué decían? «Bueno, Doris Kearns Goodwin, Stephen Ambrose y Haynes Johnson nos han puesto verdes», contestó. Habían dicho que carecía de convicción, que estaba escrito después de consultar los sondeos. Ordinario. Vago. Un discurso de campaña. El comentario más amable era que no se le venía ninguna crisis encima y por tanto no tenía nada que decir.

Vacilé, intentando aclarar mi propia reacción. Le dije que lo sentía y que me parecía una lástima. Se juzgara como se juzgara al final, el discurso no merecía ese desdén inmediato. Para aligerar el momento, le conté que era mi primera llamada desde un teléfono móvil, que le había pedido prestado a la dueña del restaurante para poder hablar en privado. Ella había nacido en Bratislava y no hablaba un inglés perfecto, pero había dicho que todos sus empleados habían visto el discurso y se habían puesto a llorar, muy conmovidos. El presidente la conocía de nombre, por supuesto. Dijo que las respuestas a la encuesta hecha entre gente corriente eran positivas, pero que todos los comentaristas se mostraban muy desfavorables. No sólo los historiadores. Yo comenté que sus reacciones parecían indicar un desprecio preparado de antemano, pero luego me callé. Aunque fuera cierta, esa idea sólo podía proporcionarle un magro consuelo y alimentar su paranoia. Pasando a otra cosa más agradable, le di las gracias para quien me había reservado unos sitios tan maravillosos en la tribuna. Habían sido un verdadero alivio en comparación con 1993, cuando había tenido que estar en cuclillas y casi como polizón. Confiaba en volver a verle pronto. Había sido un privilegio colaborar en el discurso. La historia trataría sus palabras y a él mismo con más respeto.

26

LAS CINTAS DEL CASO WHITEWATER:
EN LA CUERDA FLOJA

Jueves, 6 de febrero de 1997

Jueves, 6 de marzo de 1997

Al Gore se cruzó conmigo en la escalera de atrás, bajando de la residencia, mientras el ujier me llevaba a la Sala de los Tratados. Me saludó de forma tan alegre que mencioné mi fotografía histórica de él como presidente de Estados Unidos. Gore se detuvo. ¿Durante la toma de posesión del cargo? Sí, respondí, en la tribuna, mientras cantaba Jessye Noman. Gore no necesitó más explicación y se irguió con aire solemne. Por supuesto, dijo. Se habían cometido muchos menos delitos durante la administración Gore que en ninguna otra. En tono serio, empezó a enumerar una lista de logros y triunfos. Durante su mandato había reinado tal tranquilidad que parecía que había transcurrido en un abrir y cerrar de ojos.

La broma con el vicepresidente me hizo meter la pata. Una vez arriba, un comentario sobre su sentido del humor no obtuvo más que ceños fruncidos. ¿Qué administración Gore? ¿Porque la ceremonia se había retrasado? Clinton dijo que había comenzado a la hora exacta. Sí, pero la larga oración de Billy Graham había retrasado el juramento presidencial hasta pasado mediodía, la fecha en que expiraba su mandato según la Constitución, por lo que se podía decir que Gore había sido presidente durante esos cinco minutos. Unas cuantas preguntas displicentes dejaron claro por qué era prudente excluir al presidente de las bromas sobre un interregno en sentido técnico, así que di marcha atrás al comentario y le felicité por el discurso sobre el Estado de la Unión que había pronunciado dos días antes. Sus palabras, un eco del discurso de su segunda toma de posesión del cargo, le habían permitido superar las críticas despreciativas de todos los expertos. Quizá la diferencia estaba en que había ensayado más para esa segunda tentativa, dijo, o en que había causado un impacto visible en la Cámara, incluso con aplausos, puestos en pie, de la oposición republicana. Pero lo más importante era que el mensaje había disparado sus cifras en los sondeos. Más del 70 % de los votantes aprobaba su actuación, sus objetivos y la dirección en la que avanzaba el país en casi todos los frentes; las cifras más altas alcanzadas por un presidente durante su segundo mandato en tiempos de paz. Gore y él habían analizado los datos, dijo Clinton, y por eso se sentían tan optimistas.

Durante dos sesiones, el entusiasmo pudo más que las adversidades. Explicó que Dennis Ross había conseguido empujar a Arafat y Netanyahu a firmar un acuerdo decente sobre Hebrón, para su sorpresa, después de un último obstáculo que había surgido de Egipto. «Despertamos a Mubarak a las dos de la mañana, durante el ramadán —dijo Clinton—. Se lo tomó bastante bien. Le pedí que no causara más retrasos, y se mostró de acuerdo.» El papel de Egipto en las negociaciones entre israelíes y palestinos era psicológicamente retorcido, porque Mubarak, que protestaba cuando se le dejaba al margen, podía sentirse tentado de evocar los agravios a los árabes para acaparar los focos, en vez de ejercer de pacificador. En Serbia, el dictador Milošević había retirado su anulación de unos resultados desfavorables en las elecciones municipales tras setenta y ocho días consecutivos de manifestaciones en las calles. Ahora se encontraba en una situación inestable, en medio de las celebraciones por su retirada. No serviría de nada decirle que perder elecciones y recibir ataques en la prensa no era el fin del mundo, se rió Clinton. Pasando a otra cosa, explicó las tensiones por el atentado de las torres de Khobar en Arabia Saudí. Los monarcas saudíes no podían tolerar un plan terrorista nacional ni internacional, sobre todo si tenía su origen en el poderoso Irán. Dijo que los miembros de la familia real —considerados unas reliquias y unos falsarios tanto por los reformistas democráticos como por los fundamentalistas musulmanes— se habían sentido obligados a ejecutar a los sospechosos sin hacer preguntas, pero que su estilo autocrático había impedido obtener unas respuestas básicas sobre la muerte de 17 soldados estadounidenses. Este terrible dilema hizo que Clinton simpatizara, por una vez, con el director del FBI Louis Freeh, que había denunciado la obstrucción saudí. Freeh, comprensiblemente frustrado por no poder resolver el caso, dijo el presidente, no sabía o no tenía en cuenta que sus comentarios no autorizados podían inclinar la balanza en la precaria situación de Oriente Próximo.

En casa, los republicanos del Senado se habían atrincherado contra la propuesta del presidente de restablecer las prestaciones de asistencia social para los inmigrantes legales. Necesitaban ese dinero para financiar los recortes fiscales, había dicho sinceramente el líder de la mayoría, Trent Lott, y Clinton se lo tomaba con filosofía. Afirmó que eso revelaba que el otro partido carecía de cuestiones sustanciales de las que ocuparse. Mientras tanto, su Gobierno había realizado un debate interno sobre si las tendencias económicas eran demasiado buenas como para durar. El crecimiento se había mantenido durante el cuarto trimestre con un sólido 4,7 %. Las listas de asistencia social habían disminuido en un 18 %. La economía había generado 11 millones de nuevos puestos de trabajo desde que Clinton llegó al poder, y la bolsa duplicaba ya con creces el nivel que tenía en el Dow Jones al llegar él, un promedio de 3.200 puntos. Algunos asesores pensaban que estaban estirando demasiado el ciclo económico, contó, y los expertos de Greenspan eran partidarios de mayores tipos de interés siempre que el desempleo bajaba del 5,5 %. Sin embargo, no había aparecido ninguna señal de inflación estructural. Gracias a una sana cooperación, dijo Clinton, su gente había medio convencido a la Reserva Federal de que la disciplina presupuestaria y las limitaciones del comercio internacional podían ampliar los límites seguros de una economía con pleno empleo.

El presidente siguió hablando de fuerza y resistencia incluso al pasar a otros temas tristes, como la muerte reciente de la embajadora en Francia, Pamela Harriman. Rememoró su vida durante casi media hora. En 1981, cuando él se sentía herido y confuso en su condición de ex gobernador más joven del país, recién derrotado en su primer intento de reelección, ella le había invitado a conocer a su tercer marido, Averell Harriman, en su casa de Georgetown. Clinton, todavía maravillado por su colección de arte, recordó varios Van Gogh y una pequeña escultura de arcilla basada en una bailarina de Degas. Se había ofrecido a ir con la señora Harriman a una emisora de la televisión pública y, en el camino, le había dado unos consejos cuando ella le confesó su nerviosismo relacionado con cómo comportarse en una entrevista política. «Imagine que la cámara es una persona —le aconsejó Clinton—, e intente convencer a esa persona de su punto de vista.» Varios días después, le llegó una sonora sentencia por teléfono a Arkansas: «¡Tienes el futuro asegurado!». Era su amigo de la universidad Tommy Caplan, que le contó la noticia de que Harriman había nombrado a Clinton para formar parte de su nuevo grupo encargado de diseñar la estrategia demócrata para recuperarse de la abrumadora victoria de Reagan. Caplan dijo que no había la menor duda de que la gran dama tenía un gusto impecable en cuanto a jóvenes en ascenso.

Clinton enumeró los amantes que había tenido Harriman durante su vida de cuento de hadas. Había varios príncipes y magnates, el dueño de Fiat, un productor de la versión teatral de *Sonrisas y lágrimas* y Edward R. Murrow. Se había casado con el hijo de Winston Churchill, Randolph, a los diecinueve años. Más de cincuenta años después, junto con el presidente Jacques Chirac de Francia, había invitado a los Clinton a la mejor comida de sus vidas en París. El presidente dijo que la había nombrado embajadora en Francia, en parte, por lo feliz que había sido ella durante los diez años que pasó allí como joven editora durante la posguerra. Su hijo Winston había llamado a Clinton para notificarle su muerte repentina por un derrame antes de su sesión habitual de natación en el hotel Ritz de París, y el presidente repasó desde los homenajes pendientes —era la primera diplomática extranjera que había recibido la Legión de Honor francesa— hasta las disputas por dónde enterrarla. Algunos familiares británicos estaban resentidos por el control póstumo que había ejercido Averell Harriman sobre su viuda, y otros parientes de este último se habían querellado contra su abogado, Clark Clifford, por dilapidar grandes partes de su herencia.

Durante las historias sobre Harriman, apareció Chelsea con un examen de biología para hacer en casa. «Papá, ¿puedes cronometrarme?», le preguntó. Para escapar del teléfono de su habitación, iba a ponerse en la sala de estar familiar. Clinton se disculpó nada más irse ella, se fue un momento, y entonces sonó su teléfono a mi lado. Dudé si contestar, porque imaginé que tanto si lo hacía como si no iba a causar problemas. Como era natural, cuando respondí a la llamada que no, no era el presidente, surgió la sospecha. «¿Quién es usted? —preguntó la operadora de la Casa Blanca—, y ¿dónde está él?» Farfullé algo lleno de aprensión, pero, al oír que aumentaba el pánico en su voz, solté que estaba allí mismo, en el cuarto de baño de la Sala de los Tratados. Fui corriendo a la puerta. Sí, quería atender la llamada, que era del senador Chris Dodd. Hablaron de la cobertura informativa del Desayuno Nacional de la Oración, tras lo que, ya grabando, Clinton ofreció una sinopsis de los comentarios que había hecho sobre el profeta Isaías, y sobre la necesidad de cerrar las brechas, y sobre cómo los políticos debían evitar la tentación de pagar el escepticismo de la prensa con la misma moneda. Admiraba a la organizadora del acto, Linda Lader, de la que dijo que era un torbellino de complejidad teológica mezclada con unas raíces evangélicas que se remontaban varias generaciones. Su madrastra era la difunta autora de libros cristianos Catherine Marshall.

Revisamos unos cuantos temas, incluida la propia idea de diversidad. Sus opciones para el nuevo presidente del Partido Demócrata llevaron a las maravillas demográficas de la moderna Virginia, incluidos los detalles de un distrito escolar del condado de Fairfax en el que los alumnos que estaban estudiando en inglés tenían más de un centenar de distintas lenguas maternas. Dijo que había otros tres distritos similares en otros estados. Sobre la situación de conjunto y la perspectiva histórica, Clinton opinó que su primer mandato había refutado la economía de la oferta de Reagan, y el progreso estaba desmintiendo poco a poco la idea de que el Gobierno federal era el enemigo, parásito, incompetente y opresor. Esa actitud resentida —iniciada por George Wallace, cultivada por los republicanos modernos desde Barry Goldwater y perfeccionada por Reagan— había ganado elecciones, porque había movilizado a los votantes contra su Gobierno y les había hecho mirar con desdén a Washington. Clinton había comprobado que ese mito estaba tan arraigado que había tenido que cambiar de rumbo y renunciar al «gran Gobierno», al Gobierno intervencionista. En ese momento quería recobrar el equilibrio de nuestro legado, lo cual significaba reparar la imagen del servicio público y la capacidad de funcionar del Gobierno. El país estaba abordando problemas antes imposibles como la deuda y la dependencia. Con el espíritu templado del preámbulo a la Constitución, podíamos aspirar a forjar unas transformaciones fundamentales durante los próximos cincuenta años, pero sólo había, dijo, una posibilidad muy frágil de establecer una dirección. «Por lo que sabemos, Rusia puede desintegrarse de aquí a seis meses —reflexionó—. O China puede invadir Taiwán. Y entonces seré como Lincoln: "Mi política es no tener política". Dependeré de los acontecimientos externos.»

Clinton se fue a decirle a Chelsea que sus cuarenta y cinco minutos habían terminado. Al volver, le pedí un último favor, que me firmara un autógrafo en un trabajo escolar hecho por Bertram Lee, un niño de siete años que era vecino mío en Baltimore. Según su madre, el joven Lee le había dado la lata hasta que compró entradas para la toma de posesión, pero entonces enfermó de varicela. Madre e hijo eran unos partidarios entusiastas suyos y habían quedado muy desilusionados, como podía ver

Clinton por las ilustraciones que le había llevado el niño. Se sentó en la mesa de Grant para escribir una carta a Bertram e hizo caso omiso de mi recordatorio de que bastaba con un autógrafo. Seguramente, la oportunidad de visitar la Casa Blanca podía cambiar una vida. «Nunca se sabe —dijo—. Es lo que le digo todo el tiempo a la gente que está aquí.» Un gesto inesperado podía acabar siendo más importante que los planes más grandiosos. Había sido una buena sesión, reflexionó en la puerta. Ojalá pudiéramos tener más como ésta. Hillary le había recordado que grabara algo, pero se le había olvidado qué. Y, por favor, ¿podía decirle al señor Allen, el ujier, que el presidente había apagado las luces arriba?

Un mes después, el presidente aceptó grabar una cinta aparte sobre los escándalos del caso Whitewater. Era un paso arriesgado, contrario a las instrucciones legales de David Kendall, pero conservamos las impresiones, desde complicados detalles históricos hasta chismorreos de tribunales. El tono de Clinton era extraordinariamente animado. Sólo se dejó llevar por la amargura al hablar de las humillaciones draconianas que había sufrido Susan McDougal, la ex mujer del banquero de Whitewater, a la que habían encarcelado por desacato y a la que habían cacheado, esposado de pies y manos, encerrado y amenazado con prisión indefinida; todo ello por negarse en silencio a inventarse alguna alegación sobre Clinton. El presidente la recordó como una personalidad vulnerable, ahora divorciada y sola. «Nunca sabré de dónde saca la fuerza», dijo, emocionado. Por lo demás, hizo gala de una especie de humor negro. Hillary y Bernie Nussbaum, el primer abogado de la Casa Blanca, habían tenido razón. Pese a su consejo erudito y apasionado, él había hecho la tontería de crear un fiscal especial para el caso Whitewater. Aseguró que esa decisión acomodaticia había sido el peor error de su presidencia. Su premio inmediato había sido un gasto de 4 millones de dólares en facturas legales personales hasta el momento, pero las consecuencias duraderas debilitarían el cargo para todos sus sucesores. Se preguntó cómo vería esa confesión la historia y, por primera vez, dejó constancia de sus reflexiones sobre cómo y cuándo dar las cintas para la investigación.

Le consolaba un poco pensar que Ken Starr saldría malparado. Discutimos un poco si los archivos internos de la oficina del fiscal especial se abrirían alguna vez al público en virtud de las leyes de libertad de información. Cualquier historia autorizada tendría que revelar la extraña mezcla de rasgos de Starr: susceptible, cruel y ridículo. Starr había dimitido antes de que se hubiera llegado a ninguna conclusión, pensaba Clinton, «porque no quería estar presente cuando la nave se hundiera». Sin haber podido acusar formalmente a Clinton, ni siquiera a algún funcionario del Gobierno, había intentado irse con la satisfacción de haber tenido éxito en su misión secundaria, que era prolongar la investigación hasta las elecciones de 1996, más que todo el caso Watergate desde la entrada de los ladrones hasta la dimisión de Nixon. Había sido una proeza negativa impresionante, observó el presidente con ironía, pero no había sido suficiente. Los periódicos y los republicanos habían estallado en protestas y habían dicho que Starr era un desertor. William Safire había puesto en duda su virilidad ideológica y Starr había retirado la dimisión al cabo de unos días.

En ese momento, Starr estaba atrapado. Cuando había filtrado los planes para deshacerse de su caso más fácil, el de Vince Foster, los derechistas le habían acusado de abandonar sus queridas teorías de la conspiración que hablaban de un asesinato planeado por Clinton, y los progresistas se habían reído de él por haber tardado tres años en verificar lo que era obviamente un suicidio. Las conclusiones sobre Foster habían vuelto a posponerse y Clinton predecía —lo cual, en mi opinión, era una locura— que Starr podía prolongar el caso Whitewater todo el segundo mandato si se acurrucaba a esperar regalos como el de Webb Hubbell.[1] Dijo que Starr, gracias a la tolerancia de Janet Reno, había convertido una disputa por unas facturas entre los socios de Hubbell en Rose Law en un delito federal relacionado con el caso Whitewater. Eso le había dado instrumentos para apretar las tuercas tanto a Hubbell como a Susan McDougal, y el presidente pensaba que había disfrutado haciéndolo. Hubbell, en su calidad de subsecretario de Justicia, había reinstaurado las restricciones éticas a que los abogados que dejaban el Departamento pudieran representar a personas que habían sido objeto de investigaciones. Esas normas le habían costado a Starr varios clientes corporativos muy lucrativos y habían despertado su animosidad por la pérdida de una riqueza que creía justificada; con sus hipérboles sureñas, Clinton podía hacer que el caso Whitewater pareciera una reyerta sangrienta. «Starr está furioso —dijo— de que los cuatro hijos de Webb no se hayan muerto de hambre.»

1. Starr hizo público el informe sobre Vince Foster siete meses más tarde, el 10 de octubre de 1997. Dimitió como fiscal independiente el 24 de octubre de 1999. Su sucesor, Robert Ray, dimitió el 12 de marzo de 2002. La sucesora de Ray, Julie Thomas, mantuvo abierta la oficina dedicada al caso Whitewater hasta su undécimo año, 2004.

También en una grabación aparte, el presidente habló de un posible
«nuevo» caso Whitewater. La publicidad sobre los donantes asiáticos, que
se había apagado después de la campaña, había vuelto a intensificarse con
la acusación hecha por Bob Woodward en primera página de que el Gobierno chino quizá había desviado dinero clandestino hacia la reelección
de Clinton.[2] Si tenía razón, era un hecho grave, pero Clinton sospechaba
que era pura exageración. Los cargos eran especulativos y vagos, y se apoyaban en pistas secretas de fuentes anónimas del FBI. No obstante, el
mero atisbo de perturbación extranjera renovaba las febriles sospechas
sobre la obtención de fondos de Clinton. Los reporteros estaban acosando
a la Casa Blanca para que publicara los nombres de 900 invitados que
habían pasado la noche alguna vez allí, y estaban machacando a Gore por
sus rígidas reverencias en un templo chino en California. Las noticias no
solían mencionar la necesidad de recaudar fondos para poder comunicarse con los votantes. El presidente observó que los fabricantes de escándalos se habían limitado a aumentar la fiebre. Los comparó con cocainó-
manos callejeros. No a todos los periodistas, desde luego, pero sí a los
suficientes para agitar la situación. Dijo que ahora estaban «surfeando»,
como Starr. Se encogió de hombros. La espuma acabaría deshaciéndose,
pero podía tardar mucho tiempo. Reconoció que en otro tiempo se había
burlado del caso Whitewater.

Las cuestiones financieras se transformaron en historia en un sentido muy
amplio durante la grabación de un segundo juego de cintas. El senador
Lott, dijo el presidente, «no deja de darme patadas en la cabeza por haber
pedido un abogado especial que investigue nuestro dinero». Los republicanos tenían un incentivo extra para apoyar las repetidas demandas de la
prensa, porque sólo un fiscal con un mandato específico —Starr, o bien
uno nuevo— podía limitar ese escrutinio a Clinton. En cambio, unas sesiones en el Congreso, por sectarias que fueran, tenían que abordar tarde
o temprano las prácticas de los dos partidos, cosa a la que el presidente
estaba muy dispuesto. Al fin y al cabo, era partidario de una reforma estructural y pensaba que las propuestas de McCain y Feingold eran dema-

2. Bob Woodward y Brian Duffy, «Chinese Role in Contributions Probed; Planning of
Foreign Donations to DNC Indicated», en *The Washington Post*, 13 de febrero de 1997,
pág. 1.

siado poco consistentes. No era extraño que Lott quisiera institucionalizar la indignación existente. Los expertos estaban obsesionados con saber si los demócratas hacían solicitudes indebidas de dinero en horas de trabajo y desde teléfonos oficiales, mientras los republicanos traficaban sin problemas con dinero de los comités de acción política de las tabaqueras en el pleno de la Cámara.

Lott también había presionado a Clinton para que tomara la iniciativa y renovara el acuerdo presupuestario de cinco años. Era una presión penosa, dijo el presidente, pero difícil de rechazar. Por debajo de sus diferencias con Gingrich y Lott estaba la situación de pulso estratégico con sus compañeros demócratas. Casi todos querían que Clinton ganara tiempo y aprovechase una oportunidad de oro para repetir la milagrosa paliza de cuando el cierre de la administración en 1995. De acuerdo con las normas, decían, el Congreso tenía la obligación de aprobar una propuesta presupuestaria sin déficits antes de abril. Inevitablemente, las cuentas iban a forzar a la mayoría republicana a pagar los enormes recortes fiscales que propugnaban reduciendo el dinero destinado a la educación y el medio ambiente o a olvidarse de ellos, lo cual dividiría al grupo. Cualquiera de las dos cosas sería desastrosa para los republicanos. ¿Por qué iba a cargar Clinton con las culpas? ¿Por qué debía hacerles caso y dejar que actuaran ellos primero? Porque era una locura pensar que uno podía hacer esa maniobra dos veces, dijo, sobre todo en el contexto de los cierres de la administración. Pese a sus bravatas, los republicanos necesitaban un presupuesto que fuera fruto de la colaboración. Sin él, podía quedar tal vez al descubierto que ellos eran demasiado dogmáticos para gobernar, mientras que el presidente tenía que gobernar en ese momento. El camino que debía seguir era el de negociar con sus adversarios —teniendo siempre en cuenta su situación oculta— para garantizar el bien de la población.

«Si pudiera llegar a un acuerdo sobre los presupuestos mañana —dijo Clinton—, lo haría.» Insistió en que era posible lograrlo pese a la prensa desagradable, los republicanos ruidosos y los demócratas díscolos. Con dotes de mando y un historial de logros razonable, la ventaja política venía por sí sola. Respondió a mis preguntas escépticas casi con serenidad. Sentí que confiaba, más que en el resultado, en su estrategia; como si, después de haber analizado las complejidades, estuviera dispuesto a luchar por su postura y luego a aceptar lo que saliera.

Me dio unas respuestas cerebrales y benignas sobre temas recientes que eran difíciles, como las consecuencias de la muerte de Deng Xiaoping en

China, el aborto por nacimiento parcial y la minúscula posibilidad del primer ministro Netanyahu de «pasar por alto» un punto muerto provisional en las negociaciones sobre el estatus definitivo con Arafat. Luego se detuvo en el aniversario de Chelsea, que había cumplido diecisiete años. Como Hillary había llegado tarde a la cena en el Bombay Club de Washington, Clinton había tenido que ejercer de anfitrión encantado de una docena de niñas de instituto entre ruidosas charlas sobre el amor y el mundo. Al día siguiente, la celebración familiar se trasladó a Nueva York para asistir a dos funciones de teatro en Broadway y acabar mucho después de medianoche con una excursión privilegiada a las entrañas del Club 21. Habían visto una larga vara que, al insertarla justo en los agujeros correctos, soltaba una palanca que abría la puerta de dos toneladas incrustada en una enorme pared de ladrillo construida durante la Ley Seca. Dentro, Chelsea visitó la fortaleza en la que el alcalde Jimmy Walker había agasajado en otro tiempo a sus invitados con whisky de contrabando de Lucky Luciano.

El presidente se deslizó hacia historias que no tenían nada que ver con mi lista. El colegio de Chelsea, Sidwell Friends, había dejado que los alumnos de último curso hicieran unos comentarios espontáneos de dos minutos en una reunión de padres. Con las revelaciones y la sinceridad como hilo conductor, una chica había contado por qué su padre y ella se comunicaban por carta pese a vivir en la misma casa. Chelsea había dejado a Clinton estupefacto con su elocuencia, capaz de superar las inhibiciones de la juventud en presencia del público. Había confesado que se había pasado todo el año soñando con que la escogieran para un papel en *El Cascanueces*, pero no lo había conseguido. La primera gran decepción de su vida, había confesado, la había deprimido y le había impedido dormir, consumida por el fracaso. No podía pensar más que en los sacrificios inútiles. Su padre y su madre habían hablado con ella muchas noches, pero estaba inconsolable hasta que, una madrugada, se despertó y encontró una carta escrita una hora antes, encabezada con «3 a. m.», en el papel de la Casa Blanca de su padre. Decía que él tampoco podía dormir porque verla triste le ponía triste a él. La quería, estaba orgulloso de ella y estaba convencido de que un día podría ver algo valioso en los años que le había dedicado al ballet. Esas palabras habían deshecho la nube en la que estaba absorta, contó en Sidwell. Seguía leyendo la nota cada día. En cuanto al trabajo que hacía él, ella lo admiraba por hacer todo lo que hacía pese a los ataques, pero no siempre había sido así. Cuando era pequeña, lo había pasado muy mal una vez que los demás niños se levantaron para proclamar, orgullosos, los trabajos de sus padres: médico, bombero, profesor. Ella no tenía ni idea de lo que era un gobernador, así que, cuando le tocó el turno, había dicho que su mamá era abogada y que su padre freía las patatas en McDonald's. Había sido un éxito instantáneo y todos habían estado de acuerdo en que su padre era el mejor, pero los adultos, por supuesto, le hicieron prometer que no iba a contar mentiras. Así que había pedido perdón a la clase y se había quedado convencida de que su padre hablaba por teléfono y pronunciaba discursos, lo cual volvió a entusiasmar brevemente a los demás niños porque en lugar de discursos [«speeches»] creyeron que hacía melocotones [«peaches»].

El presidente recordó cómo les había hecho llorar y reír al mismo tiempo. En su opinión, todo el mundo podía aprender algo de la generación de Chelsea. Aunaba una sofisticación fresca y competitiva con una curiosidad sin límites. En el Bombay Club, sus amigas le habían interrogado sobre la reciente clonación de una oveja llamada Dolly en Gran Bretaña, fascinadas por las implicaciones de la reproducción a partir de células adultas en vez de un embrión indiferenciado. Sus preguntas, situadas en la vanguardia de la biología y la religión, habían obligado a Clinton a ir más allá de los informes enciclopédicos elaborados por la oficina científica de la Casa Blanca. Les había revelado una corazonada confidencial que había tenido el pastor evangélico Robert Schuller, que pensaba que el horror que había despertado la clonación en los círculos religiosos era exagerado. Aunque fuera posible crear copias genéticamente humanas en un laboratorio, decía Schuller, seguirían teniendo almas individuales, como los gemelos idénticos. Clinton coincidía con el instinto de las adolescentes de que las fantasías megalómanas sobre la fabricación de países matarían de aburrimiento en comparación con las maravillas probables de la microgenética para combatir enfermedades o reparar órganos defectuosos.

Para la grabadora, el presidente pronunció una tortuosa rapsodia en la que habló de sueños sin límites. En apenas diez años, internet estaba dejando de ser un oscuro experimento de física para convertirse en una revolución mundial. Sus últimos discursos habían proclamado el objetivo práctico de que todos los estadounidenses de doce años tuvieran acceso a internet en su clase antes de cuatro años. El marco comparativo de esos mismos discursos, subrayó, era *cincuenta años*. Estaba instando a los ciudadanos a pensar en medios siglos comprimidos. Esta perspectiva dejaba ver atisbos del triste precio que tenía que pagar un mundo cada vez más pequeño por sus dogmas y sus odios obstinados. El conflicto de Oriente Próximo, por ejemplo, tenía cautiva una inmensa madeja de cuestiones vitales e interconectadas. Impedía o tergiversaba la mayoría de las ideas sobre si era posible conciliar la democracia y el islam en los países musulmanes. ¿Se inclinaría Turquía hacia Irán o hacia Europa? ¿Qué ocurriría con los vastos descubrimientos de petróleo alrededor del mar Caspio, ahora paralizados por las disputas entre Rusia y algunos de los enemigos de Israel? El presidente esbozó posibilidades hasta llegar a la cooperación contra el calentamiento global. Yo no tuve más remedio que lamentar que mi resumen dictado no pudiera reflejar su rico lenguaje.

27

«CREO QUE SON RUMORES BASTANTE BUENOS»

Miércoles, 26 de marzo de 1997

Jueves, 3 de abril de 1997

Miércoles, 23 de abril de 1997

Lunes, 26 de mayo de 1997

Las cuatro sesiones de primavera se vieron marcadas por una lesión.

Me encontré al presidente Clinton recostado en un catre especial instalado en su comedor formal, al lado de la cocina familiar. Me contó que había un gran escalón más de lo que él pensaba en el patio de Greg Norman, por lo que los dedos del pie se le habían doblado hacia abajo y atrás y le habían encajado el talón en mal ángulo con la parte vertical del peldaño. Había oído un chasquido y había gritado, inmediatamente consciente de que era grave y de que habría sido peor de no haberle sujetado Norman al caerse. Inmovilizado por el golpe, había oído cómo daban instrucciones de llevarle por carretera a cuarenta minutos de distancia, dejando atrás dos hospitales, para ir a un centro especializado a las afueras de Hobe Sound, Florida, donde un médico le había mantenido distraído, mientras le hacían una resonancia magnética, con una historia sobre cómo había estado a punto de casarse con una chica de Arkansas a la que conocía la familia Clinton; y a las trece horas estaba en un quirófano del hospital naval de Bethesda. Bajo el efecto de la epidural, un tipo de anestesia utilizada habitualmente en los partos, había escuchado una selección de canciones de Lyle Lovett y Jimmy Buffet mientras observaba en una lámpara alta y brillante el reflejo borroso de su rodilla abierta al otro lado de la cortina. Hillary y Chelsea habían retrasado un viaje a África, pero después Clinton se había animado con la noticia de que Chelsea había dado su primer discurso en un pueblo de Tanzania.

Según una interpretación legal de la Vigesimoquinta Enmienda, que también había influido en la decisión de usar la epidural, el presidente no puede tomar narcóticos sin transferir temporalmente sus poderes al vicepresidente. Para evitarlo, y mantener intactas su agilidad y capacidad mentales, Clinton se había limitado a usar unos medicamentos que, por desgracia, tenían un fuerte efecto secundario diurético. Cada visita al baño era un suplicio que requería asistencia médica, porque la más mínima flexión o presión sobre su pierna causaba dolores atroces por todas partes. El jueves —el día anterior— había sido un hito, porque las interrupciones para ir a orinar se habían reducido a tres tediosas excursiones, la mitad. Aún estaba aprendiendo a ponerse los pantalones por encima de una rodilla tiesa y envuelta en una gruesa rodillera ortopédica, pero todavía no llegaba a los calcetines. Las personas discapacitadas usaban pinzas especiales, entre otros muchos ingeniosos aparatos, y el presidente consolaba a Greg Norman por la desgracia de su torpe invitado hablándole de estos inventos. Su incapacidad repentina había disparado el aprecio de Clinton por el continuo valor del que tenían que hacer gala millones de personas para llevar a cabo tareas sencillas, y los implacables fisioterapeutas de la Casa Blanca le habían enseñado de todo sobre musculatura. La mayoría de los hombres acaban encorvados porque se colocan el trabajo demasiado cerca, le contó a Norman. Para mantener una buena postura deberían hacer ejercicios de estiramiento hacia atrás.

Ya con las grabadoras en marcha, describió la cumbre de marzo en Helsinki entre dos seres patéticos: él, una semana después de fastidiarse la rodilla, y un Boris Yeltsin demacrado, pálido y con veinticinco kilos menos después de su operación del corazón. Contó cómo se habían gruñido mutuamente más de una vez, diciéndose «Eso es una gilipollez, y lo sabes», pero no habían cejado en su empeño, a pesar del pesimismo de las expectativas de ambos bandos, hasta alcanzar cuatro grandes acuerdos de cuya importancia aún no se tenía constancia. Habían logrado dar por fin con una estrategia para que la Duma rusa ratificase el Tratado de Reducción de Armas Estratégicas II (START II). Para ello, habían trazado las grandes líneas de otro tratado sorpresa, el START III, con el que se pretendía alcanzar una reducción del 80 % en el número de cabezas nucleares de ambos países. Por último, habían negociado la ayuda de estabilización estadounidense para las nuevas estructuras de mercado rusas, así como unos alicientes para que Rusia accediese a la expansión de la OTAN en países vecinos. Clinton estaba maravillado de que Yeltsin hiciese eso, pese a que le suponía enfrentarse a una oposición feroz de las facciones rusas autoritarias. Contó que era muy posible que el viejo Boris estuviese muriéndose, pero que aún le llegaba oxígeno al cerebro. El presidente añadió, emocionado, que había sentido el instinto primario de Yeltsin que le había hecho subirse solo al tanque y enfrentarse cara a cara con el golpe militar de 1991 en Moscú.

En comparación con eso, se mostró bastante severo al hablar de la retirada de su candidato para dirigir la CIA. Según el presidente, habría luchado por la confirmación de Tony Lake en el Senado «hasta el día del Juicio Final», pero Lake estaba machacado por los obstáculos parlamentarios que habían bloqueado su nombramiento en comisión sin que se llegase a votar. Clinton tildó a la oposición de políticos de trinchera aderezados de hipocresía. El senador Richard Shelby de Alabama, el ex demócrata que presidía la comisión que se había encargado de Lake, estaba empeñado en arrancarle una cabellera al liderazgo de Clinton en su segundo mandato. Le había tocado a Lake. El presidente veía en Shelby a un hombre obstinado y rencoroso apoyado en su comisión por dos «descerebrados» como Jon Kyl de Arizona y Jim Inhofe de Oklahoma, ninguno de los cuales podía hablarle de tú a tú a Lake, que había dedicado durante treinta años jornadas semanales de entre sesenta y ochenta horas a su trabajo en Seguridad Nacional y había perdido a su mujer en el empeño. Lo único que podía hacer Clinton a esas alturas era agradecerle su brillante labor y despedirle, deseándole que se recuperase de las batallas. Nombraría al candidato interno de la CIA, George Tenet, que sería aprobado sin problemas. «Creo que es capaz de dirigir la agencia», opinó el presidente, pero no estaba seguro de que Tenet fuese capaz de reformar o controlar la CIA como pensaba que habría podido hacerlo Lake.

Discutimos temas diversos hasta que Bruce Lindsey entró listo para un ritual de convalecencia. Sólo había logrado dar con un abogado de la Casa Blanca trabajando a esas horas, y los asistentes sanitarios habían dicho que no les estaba permitido jugar a las cartas estando de guardia. Así que me vi metido en una partida de naipes que se prolongó, entre segundas oportunidades y eliminatorias, durante tres horas, casi hasta la una de la mañana. Clinton llevaba la cuenta de las cartas que no habían salido —a veces de forma engañosa, por diversión o como farol— y se abalanzaba sobre jugadas habituales como la salida con una pica de poco valor en la segunda baza con una cantinela burlona: «¡Pavlov! ¡Pavlov!». La conversación se movía entre la bravuconería y el chismorreo bajo una capa de etiqueta presidencial. Respetuosamente, nadie usaba el nombre de pila de Clinton delante de los demás, pero se aceptaban gruñidos del tipo «Señor presidente, no me joda usted con esta mano». Nancy Mitchell, ujier del turno de noche, se pasó para hacer un gesto remilgado y dar las buenas noches.

Ocho noches después, con la esperanza de compensar la sesión truncada, le encontré de nuevo en zapatillas establecido en el catre del comedor. Se acercó trastabillando con las muletas a la mesa de desayuno de la cocinita, para tomarse una sopa de pollo y judías. Gran parte de nuestra conversación grabada exploró las crecientes sombras en Oriente Próximo desde que, el 13 de marzo, un soldado jordano desquiciado asesinase a siete niñas israelíes en una excursión escolar cerca de la frontera. Los telegramas de emergencia le habían llegado a Clinton en Carolina del Norte, ante cuya Cámara Legislativa había pronunciado un discurso de apoyo a los exámenes escolares nacionales homologados. Tras pedirles calma, había volado tarde a Florida y a las pocas horas se destrozó la rodilla. Desde entonces, el primer ministro Netanyahu había enviado excavadoras para empezar a construir un asentamiento israelí en la colina de Har Homa, entre la ciudad palestina de Belén y los barrios árabes en Jerusalén Este. Tres días más tarde, un terrorista suicida palestino había matado a tres mujeres israelíes en Tel Aviv.

El presidente analizó el efecto de las represalias. El 98 % de los israelíes pensaba que el ataque había sido ordenado por Arafat, pero un 78 % seguía apoyando el proceso de paz a pesar de todo. Al hablar del 22 % restante, que rechazaba las negociaciones, comentó que todos eran votantes de Netanyahu. Por consiguiente, la base electoral del primer ministro estaba dividida casi en dos mitades: quienes se oponían frontalmente a un tratado y quienes lo apoyaban de mala gana o sin convicción. Cada vez que Netanyahu daba el más mínimo paso adelante, o intentaba mantenerse firme ante un golpe terrorista, la supervivencia política le obligaba a dar pasos atrás para tranquilizar a su coalición de Gobierno. Al mismo tiempo, Arafat sufría presiones constantes para recuperar a sus bases con el menor coste posible, mediante el uso de la violencia, y el alineamiento general dictaba un retroceso desde la situación de punto muerto, a pesar de que había mayorías a favor de la paz en ambos bandos. Los celebrados Acuerdos de Oslo de 1993, que recomendaban un avance gradual desde la ayuda logística hasta la paz, ya no eran un modelo operativo.

Clinton contó que estaba buscando como loco nuevas vías. Apenas dos días antes, en la Casa Blanca, había oído de primera mano el relato del viaje sorpresa del rey Hussein para visitar las casas de las familias de las siete niñas israelíes asesinadas, arrodillándose ante cada familia destrozada y atónita para pedir perdón no en su nombre ni en el del soldado desquiciado, sino por el daño que se le había hecho a la paz. Hussein era un gran hombre, declaró Clinton, cuyo extraordinario gesto había causado emoción en Israel aunque apenas había detenido el descalabro diplomático. Reducido a la exploración hipotética, y en busca de alguna manera de dar un salto que permitiese llegar a las discusiones sobre el estatus final, Hussein le confió a Clinton que pensaba que podían llegar a un acuerdo sobre Jerusalén. Sorprendido, el presidente aseguró que habían examinado la parcela de terreno más delicada del mundo. Según él, la idea detallada era especialmente significativa al venir de Hussein, un descendiente directo del profeta Mahoma que, además, había controlado la antigua ciudad hasta la Guerra de los Seis Días, en 1967. Superando las reivindicaciones mutuamente excluyentes de musulmanes y judíos, Hussein pensaba que una compleja soberanía dual podría establecer unas fronteras justas y asegurar el acceso a todos los lugares santos.

Pero incluso este rayo de esperanza se desvanecía en el frente sirio, sobre el que el análisis de Clinton fue más técnico-militar. Sin los Altos del Golán, ¿de qué forma podía impedir Israel un ataque relámpago imparable que partiese el país en dos desde el norte?

Entró Chelsea para hablar sobre su elección de universidad. Aún no sabía nada de Princeton y Brown. Mientras los temas de nuestro diario sucumbían al cansancio, pasó Hillary diciendo que le gustaría poder irse a la cama, pero que tenía que pasar antes por la peluquería porque se le veían las raíces. «Me encantan tus raíces», le dijo el presidente con una sonrisa cansada. Contó que su rodilla iba mejorando; ese día habían sido dos horas de terapia, pero se tomó varios analgésicos durante nuestra charla. Yo pedí dos aspirinas.

Tenía un cuenco de fruta en el mismo lugar de la cocina cuando retomamos la charla a finales de abril, con su pierna mala apoyada sobre una silla, envuelta en una especie de media. Steve, un asistente militar, introducía hielo fresco cada veinte minutos por la boquilla de una compleja bolsa envolvente. El presidente dijo que ahora sus ejercicios terminaban con una enérgica rutina para doblar la rodilla. Acababa de alcanzar un nuevo máximo, un ángulo de 98° —más que suficiente para permitir que se sentase en un despacho—, pero la presión siempre le anquilosaba e hinchaba la rodilla, y acababa necesitando hielo. Agotado, empezó de repente la grabación. Los peruanos habían asaltado por fin a los miembros de Tupac Amaru dos días antes; habían rescatado a la mayoría de los rehenes y habían matado a terroristas que intentaban rendirse. El presidente Fujimori iba a salir reforzado, declaró. Fin de la historia. Se adelantó a una pregunta que le iba a hacer al leer mis notas sobre una decisión judicial que había revocado el veto por partidas. «Vamos a apelar», dijo, haciéndome señas de que pasase a otra cosa.

Su mente trató con más normalidad las inundaciones en Dakota del Norte, donde el río Rojo había alcanzado los 4,8 kilómetros de ancho y había obligado a evacuar Grand Forks. Clinton recordaba una destrucción aún mayor en Arkansas, donde un torrente de proporciones bíblicas causó en una ocasión el desbordamiento del mismo río hasta casi 13 kilómetros fuera de sus orillas habituales, pero Dakota del Norte estaba bastante mal. Los servicios de rescate de la Agencia Federal de Gestión de Emergencias (FEMA) habían tenido que rescatar del tejado de una casa flotante al padre de noventa y tres años de un alcalde. Por hacer comparaciones, contó que los flujos de lodo de California causaban más daños materiales concentrados, mientras que las inundaciones afectaban a una mayor parte de la población. Para observar la devastación en la zona de Grand Forks, previamente el presidente había tenido que hacer prácticas de deslizarse hacia atrás para entrar en un helicóptero. Contó que el trayecto, como su viaje en helicóptero a la celebración del 50 aniversario del debut de Jackie Robinson en la liga de béisbol profesional, le había obligado a forzar muchísimo la rodilla. Hillary le había informado de que los viajes por aire siempre hacen que el cuerpo se hinche.

El presidente revisó sus planes de establecer una comisión de alto nivel para estudiar las relaciones raciales, inspirada en la Comisión de Derechos Civiles de Truman y la Comisión Kerner de 1968. Me pidió que le sugiriese posibles miembros, con el fin de superar el ámbito de las relaciones entre blancos y negros y abordar todo lo relacionado con inmigrantes y sectas. Numerosos intelectuales consideraban que los mayores problemas del país durante el medio siglo siguiente tendrían que ver con los programas de prestaciones sociales o con el medio ambiente, pero Clinton pensaba que seguirían girando en torno a la raza. Necesitábamos, y otros países lo agradecerían, pautas para una democracia interracial destiladas de la experiencia única de Estados Unidos. El presidente admitió que sus críticos tacharían su misión de innecesaria, imposible, demasiado optimista o redundante. Dijo que la evasión era un síntoma comprobado de incomodidad ante las cuestiones raciales, como sabíamos él y yo desde jóvenes, y descartó el temor a que los miembros de la comisión se dividiesen en facciones. Incluso si lo hacían, el esfuerzo merecía la pena.

Pasamos a los nombramientos militares para la nueva legislatura. A pesar de alguna que otra insinuación de clientelismo, el presidente Clinton acababa de ascender al general Wesley Clark al mando de la OTAN. Explicó que la pura verdad era que habían crecido a 80 kilómetros el uno del otro, que los dos habían recibido becas Rhodes, algo extrañísimo en esa zona, pero que nunca habían coincidido en Arkansas. Apenas se conocían, y Clark había conseguido el puesto en la OTAN gracias a una trayectoria ejemplar culminada con su éxito en Bosnia. Una de las causas más profundas de las críticas por el nombramiento era que algunos de sus compañeros consideraban que Clark era demasiado intelectual. La fraternidad militar también podía oponerse a los tipos heroicos, y para Clinton la distancia entre llamar a alguien empollón y llamarle matón era bastante corta. «Quieren un general con experiencia en combate —explicó—, pero también quieren un diplomático.» Le habría gustado haber nombrado a Jack Sheehan jefe del Estado Mayor, el primer marine en ocupar el puesto, pero Sheehan dominaba a sus colegas con sus dos metros de altura, su agilidad mental y su confianza viril. Fuera de las trincheras, donde era perfecto, Clinton contó que Sheehan despertaba demasiado resentimiento a los demás jefes del ejército como para sobrevivir mucho tiempo al mando de la burocracia militar, sobre todo con una base de poder tan diminuta como los 185.000 miembros del cuerpo de marines.

Como los generales del ejército se mostraban reacios a presionar para que uno de los suyos fuese jefe del Estado Mayor por tercera vez consecutiva —después de Colin Powell y John Shalikashvili—, el presidente había pensado seriamente en el almirante Joe Prueher, joven y sofisticado, casi un intelectual. Clinton se había encontrado con una marina aún sacudida por el suicidio del almirante Mike Boorda y enturbiada por ascensos que se habían saltado el escalafón. De modo que fue a buscar en las fuerzas aéreas. Ron Fogelman era valiente y honrado, pero los demás generales criticaban su «don de gentes». El favorito de entre docenas de candidatos parecía ser el general de las fuerzas aéreas Joe Ralston, y Sheehan sería un segundo con mucho poder. Entonces, contó el presidente, se había complicado todo otra vez por nuevos problemas personales y de relación entre los distintos cuerpos de las fuerzas armadas. Su análisis de la volátil química entre «mis cuatro estrellas» me resultó tan esotérico que dudé en mencionar los grandes elogios a la «vertiente de madre Teresa» de la política exterior que el general Sheehan había compartido conmigo en un encuentro fortuito en Haití.

Hillary se unió a nosotros un rato, con curiosidad por observar el proceso de creación del diario. También quería saber del presidente, que había sufrido un ataque de alergia tremendo tras el vuelo en helicóptero de esa mañana. Necesitaba descansar más. Hablamos brevemente sobre un libro que estaban leyendo que trataba de cómo podían los padres sobrevivir al primer año universitario de sus hijos. Un periodista de *The New York Times* estaba escribiendo sobre las donaciones que había hecho Hillary por valor de 600.000 dólares, sacados de los derechos de autor del libro del año anterior, contó ella con un suspiro, y afirmó que podría haber pagado menos impuestos y ayudado más a las organizaciones benéficas estableciendo una fundación. De haberlo hecho, intervino el presidente, el *Times* diría que había estafado al Gobierno y aumentado el déficit. Según charlábamos, me pregunté una vez más si estaba dejando que nuestras conversaciones se volviesen demasiado cómodas y perdiesen tensión. ¿Dónde estaban los límites entre la relación necesaria, las preguntas críticas y la pérdida de tiempo? ¿Agradecería el futuro estas informalidades, querría más rigor sobre el TLCAN y la OTAN, o no le importaría? Estábamos improvisando en secreto, sin precedentes ni reacciones.

Con la grabadora aún en marcha, le pregunté por el retraso de la ratificación del Tratado sobre Armas Químicas, de ámbito internacional, en el Senado, y el presidente Clinton revisitó sus interminables negociaciones en la Sala de los Tratados con el presidente del Comité de Relaciones Exteriores, Jesse Helms. Había dejado satisfecho a Helms con respecto a veintisiete de las treinta objeciones, y la mitad de la vigésimo octava. No todas eran falaces o retrógradas. Algunas tenían el mérito de agilizar el Departamento de Estado. Helms votaría en contra de la ratificación pasase lo que pasase, pero Clinton predijo, correctamente, una victoria holgada con el voto de todos los demócratas y de más de la mitad de los republicanos.[1] Los objetivos del tratado habían recibido el apoyo de todos los

1. El Senado votó 74-26 a favor de ratificar el Tratado sobre Armas Químicas al día siguiente, el 24 de abril de 1997. La Asamblea General de la ONU había aprobado el tratado negociado para que fuese sometido a los Estados miembros a finales de 1992.

presidentes desde 1968, además de los principales jefes militares e incluso el sector químico. Lo que le sorprendía al presidente era la mera existencia de un bloque que se oponía al tratado. Declaró que algunos senadores gruñones rechazaban cualquier tipo de cooperación con el resto del mundo.

El mundo podía dar miedo. Clinton destacó las defecciones recientes de famélicos soldados norcoreanos que pesaban menos de cincuenta kilos, algo que había aumentado el miedo a una acción militar desesperada o al derrumbe de la sociedad. Los dirigentes surcoreanos blandían ambas amenazas para justificar el mantenimiento de sus poderes arbitrarios, y Clinton dijo que la reunificación de Alemania dirigida por Helmut Kohl les causaba auténtico pavor. La frágil prosperidad de Corea del Sur no podía aspirar, como Alemania Occidental, a absorber y reconstruir una nación vecina desintegrada de compatriotas. Hablando de otras zonas, el presidente distinguió entre las nuevas sanciones contra el régimen militar de Myanmar (la antigua Birmania) y la contención con China. Para preparar la cumbre del presidente en Pekín el año siguiente, el vicepresidente había pronunciado en el mismo lugar un discurso sobre derechos humanos y política económica, pero los grandes periódicos estadounidenses habían enviado a reporteros de política nacional, no a corresponsales extranjeros, a informar sobre la visita. Clinton dijo que lo sentía por Gore. Había dispuesto de una rara oportunidad de hablar en nombre de Estados Unidos y de discutir las relaciones con el país más poblado del planeta, pero en vez de eso se había escrito sobre sus esfuerzos para recaudar fondos en Asia el año anterior.

Según Clinton, el FBI estaba azuzando el interés público con declaraciones filtradas de que sus alertas anteriores habían hecho posible que miembros del Congreso no se dejaran corromper con dinero chino. Estaba casi seguro de que esas historias eran mentira, siguió indignado, pero creaban héroes, con gran astucia, para sugerir que la administración, por su parte, no había estado tan atenta. Al fomentar las sospechas, también desviaban la atención de las noticias verídicas sobre los resultados manipulados por el laboratorio forense del FBI, algo que había abierto la posibilidad de que cientos de condenas fuesen revisadas por contaminación de pruebas. El presidente reafirmó su acusación de que un FBI politizado era disfuncional en muchos sentidos, pero no podía hacer nada para solucionarlo mientras el director Freeh trabajase para los fiscales especiales contrarios a Clinton. A efectos prácticos, su misión neutralizaba el mandato constitucional del presidente. Cuando le pregunté por su deber de garantizar que el FBI fuese responsable de sus acciones, o por lo menos de intentarlo, respondió que intentar eso sería un esfuerzo contraproducente. Por el momento bastaba con que la fiscal general, Janet Reno, se enfrentase a quienes exigían constantemente otro fiscal especial más que investigase los fondos de campaña.

Hillary se fue antes de la mordaz revista de prensa que hizo Clinton. Pensaba que *The Washington Post* por lo menos daba señales de haberse leído el estatuto que regulaba a los fiscales especiales y reconocía la idea de que hubiese reglas de conducta, mientras que *The New York Times* había abandonado cualquier amago de objetividad. Sus redactores decían que las contribuciones procedentes de Asia eran la mayor crisis ética desde el Watergate, y Clinton añadió que la prensa exigía un fiscal especial como fuese, aunque no fuera legal. Sería el punto de referencia que justificaría su cruzada con una fuente constante de reportajes, y el presidente especuló en tono lúgubre sobre la relación entre su némesis, el redactor jefe Howell Raines, y la retahíla de columnistas indignados del *Times*. Dijo que Maureen Dowd estaba tan amargada que había criticado a Tiger Woods cuando ganó el Masters por doce golpes. Clinton hizo un paréntesis sobre las razones por las que aquel chaval de veintiún años iba a cambiar el golf, con una forma física y una capacidad atlética que iban más allá de los ejercicios de Greg Norman, sumados a una concentración mental capaz de elevar lo que era un juego de caballeros. Recordó una llamada que le había hecho a Woods para decirle que su mejor golpe había sido el abrazo que había dado después a su padre. Dowd había aprovechado que Woods se había disculpado por tener que rechazar una invitación a la Casa Blanca para despellejarle por su falta de respeto al presidente de Estados Unidos, y había logrado dar un salto mortal en la frase siguiente para criticar a Clinton por codiciar el aura de los deportistas famosos. Pensaba que ambos mercachifles se merecían el uno al otro, con sus ojos verdes, la chaqueta verde del Masters y los fajos de billetes verdes de contribuciones para la campaña. Yo no recordaba la columna, pero el presidente parecía algo perplejo.[2] «Debe de vivir con el miedo constante —aventuró— de que haya alguien en el mundo que lleve una vida sana y productiva.»

2. Maureen Dowd, «Tiger's Double Bogey», en *The New York Times*, 19 de abril de 1997, pág. 19.

La sesión de la tarde Memorial Day empezó tarde y con malos augurios durante el ajetreo previo al viaje de Clinton a La Haya para la celebración del 50 aniversario del Plan Marshall.[3] Unos guardias de la entrada sureste que no me conocían se rieron de mi supuesta cita. «¿Qué va a hacer con el presidente?», me preguntó uno con sorna mientras buscaba un pase para aparcar mi camioneta cerca del Balcón de Truman. «¿De qué quiere hablar él con usted?», me preguntó otro, tomándome claramente por un lunático. Las llamadas y los nervios subsiguientes me retrasaron, y el presidente tardó mucho en quitarse el traje y ponerse pantalones cortos. Mientras lo hacía, le comenté que cojeaba mucho menos, que parecía más en forma. Una cicatriz vertical de más de doce centímetros ligeramente ladeada cruzaba su pálida rodilla derecha, que en ese momento ya no estaba cubierta por una funda pero sí con una rodillera. Dijo que el exceso de movimientos ese día le estaba retorciendo la pierna más de lo normal, lo cual hacía que el bulto hinchado fuese mucho más grande que los músculos atrofiados superiores e inferiores. Aunque, con semejante lesión, estaba mejor de lo que nunca podría haber esperado. Los espartanos fisioterapeutas le habían obligado a perder cinco kilos a pesar de estar condenado al sedentarismo.

Grabamos en la sala de estar familiar para ahorrarle el paseo hasta la Sala de Tratados. Contó que, durante su reciente visita a México, que había devuelto los préstamos de emergencia más de tres años antes de lo previsto, unos traficantes de drogas habían secuestrado a un fiscal y lo habían asesinado con 110 balazos delante de su mujer y sus hijos, para demostrar lo brutal que podía ser el cártel. A pesar del lastre añadido de la corrupción —se calculaba que los sobornos relacionados con las drogas alcanzaban los 500 millones de dólares anuales—, contó que la administración del presidente Ernesto Zedillo avanzaba poco a poco pero con firmeza. Pasó a destacar el espíritu cívico de Costa Rica y lo cautivado que estaba con las maravillas biológicas de sus bosques tropicales. Hablando de Barbados, donde no recalaba un presidente estadounidense desde la

3. En junio de 1947, el secretario de Estado del presidente Truman, George C. Marshall, propuso un programa masivo de ayuda estadounidense para reconstruir Europa occidental tras la destrucción de la guerra. El programa, que duró cuatro años, se diseñó en parte para contener la expansión soviética durante la Guerra Fría, y se recuerda como un éxito económico y estratégico. Algunos historiadores también consideran que el Plan Marshall fue un catalizador para el nacimiento de instituciones de cooperación como el Mercado Común y la Unión Europea.

llegada de un George Washington adolescente en 1751, Clinton matizó sus elogios con el pesar por no haber luchado más para incluir a los países del Caribe en el TLCAN.

Ya de vuelta al país, había disfrutado con una serie de actos para luchar contra el tabaquismo infantil, incluida una jornada titulada «Duro con las colillas» en Brooklyn y una ceremonia en la Sala Roosevelt para celebrar el primer día de las nuevas regulaciones de la Administración de Alimentos y Fármacos sobre el tabaco. Clinton explicó que la adicción al tabaco empezaba en la infancia y que mataba a más estadounidenses cada año que los accidentes de tráfico, los asesinatos, el sida, los suicidios y los incendios, todos juntos. Discutimos las trampas sutiles que tenía la estrategia de exhortación —animar a los niños a que no fumasen—, dado que las leyes partían de la premisa de que los menores eran demasiado jóvenes para tomar decisiones de tal calibre. Sería más lógico, aunque peligroso, centrarse en los comerciantes adultos y su enorme volumen de ventas ilegales. Pero ya era una novedad asombrosa que un presidente se opusiese a la industria tabaquera en público. Dijo que unas querellas históricas estaban complicando el aspecto político en los últimos tiempos, porque a los gobiernos de los estados —junto con sus abogados y los grupos antitabaco asociados— les interesaba que las tabaqueras pudieran pagar sumas enormes en caso de que se las impusieran. Eso hacía que algunos demandantes se pensasen dos veces la conveniencia de establecer nuevos impuestos sobre el tabaco. Por otra parte, los senadores conservadores del estado mormón de Utah sentían la tentación de subir los impuestos sobre el «vicio». El presidente contó que el senador Lott, cuyo cuñado estaba negociando los acuerdos judiciales con las tabaqueras, estaba «horrorizado» porque ocho de sus senadores pudiesen incumplir el compromiso republicano de no subir impuestos, por lo menos en el caso de los cigarrillos.

Clinton hizo un recorrido por el desorden de la oposición, en cuyas manos estaban tanto la Cámara de Representantes como el Senado. Newt Gingrich, que tenía la responsabilidad de presentar un presupuesto quinquenal equilibrado, había anunciado que se debían posponer las grandes reducciones de impuestos. Según el presidente, eso había generado una revuelta interna en la importante ala derecha a la que pertenecía el presidente de la Cámara, que consideraba que la bajada de impuestos era más importante que el equilibrio presupuestario. Con el fin de aplacar a los falsos conservadores, para quienes la lucha por una fiscalidad más baja era un mantra reconfortante con el que despreciar a Washington, Gingrich había dado marcha atrás y había pedido la eliminación de dos impuestos molestos para los estadounidenses más ricos, los impuestos sobre plusvalías y patrimonio. Eso, a su vez, había vuelto todavía más ilusorio cualquier plan quinquenal republicano, justo en el momento en el que Gingrich estaba esforzándose por pagar una multa de 300.000 dólares impuesta por el comité ético de su propia Cámara. Entre bastidores, la mujer de Gingrich amenazaba con dejarle si pedía prestada semejante suma. Pero si usaba fondos políticos, garantizando así una investigación sobre qué donantes financiaban sus fechorías, los representantes republicanos amenazaban con buscar a un nuevo hombre para su puesto. Según Clinton, el ex presidente Bush le había negado un préstamo personal —igual que Gerald Ford— porque pensaba que la agresividad política de Gingrich quizá le había costado la reelección en 1992. Al final, Bob Dole había accedido a prestarle a Gingrich el dinero como gesto de buena voluntad, para mantener unido el Partido Republicano, al mismo tiempo que ayudaba a Clinton con Bosnia y el Tratado sobre Armas Químicas. «De todo esto no me llegan más que rumores —dijo el presidente—, pero creo que son rumores bastante buenos.»

Las dificultades republicanas con el presupuesto habían dado fuerza a Clinton en las negociaciones con Gingrich y con el líder de la mayoría, Trent Lott. El 2 de mayo habían anunciado las grandes líneas de un acuerdo bipartidista de cinco años para alcanzar y mantener el equilibrio fiscal por primera vez en décadas; en realidad, desde la Gran Depresión. Se trataba de un objetivo antes inalcanzable y que gozaba de apoyo universal, pero aquel momento trascendental había dado pie a un enfrentamiento titánico en el Congreso. El presidente pensaba que no se podría aprobar hasta el verano debido a los ataques desde todos los frentes. Desde la derecha, el senador Phil Gramm había denunciado las minúsculas rebajas fiscales y la protección de iniciativas a favor de la educación, el medio ambiente y la cobertura médica infantil, además del hecho de que Clinton hubiera reintroducido una cuestión candente: las prestaciones sociales para los inmigrantes legales que cumpliesen determinados requisitos. Desde la izquierda, los senadores demócratas Paul Wellstone de Minnesota y Ted Kennedy habían calificado la inclusión de las rebajas fiscales republicanas de regalo injusto para los ricos.

Desde el centro, el senador demócrata David Pryor de Arkansas seguía comprometiéndose a votar en contra de cualquier bajada de impuestos hasta que no se eliminase el déficit. En 1981, Pryor había sido uno de los tres únicos miembros del Congreso que había votado a favor de los duros recortes de gastos de Reagan y al mismo tiempo se había opuesto a las más populares rebajas fiscales, y ahora al presidente se le hacía incómodo intentar convencerle a él, que era su amigo y mentor, de que abandonase esa postura basada en sus principios. En la Cámara de Representantes, el líder demócrata Dick Gephardt se había movilizado contra todo el paquete de medidas para situarse como posible candidato frente a Gore en las presidenciales de 2000. Y lo más molesto para Clinton era que el senador demócrata por Carolina del Sur, Fritz Hollings, le había machacado sin piedad en las reuniones de estrategia en la Casa Blanca. Los demócratas, había exclamado Hollings prácticamente a gritos, habían hecho *todo* el trabajo duro en 1993 sin un solo voto republicano en las dos cámaras del Congreso. La *fidelidad* a esa medida había acabado ya con el 77 % del déficit, según sus cálculos, y el resto desaparecería en poco tiempo, independientemente de que se aprobase o *no* el plan quinquenal. ¿Qué razón podía tener Clinton para compartir el *mérito* con los republicanos? *¿Se acordaba* de que había pedido a los demócratas que se tirasen a los tiburones por este tema? ¿Cómo podía un presidente *escupir* sobre su sacrificio y mantener la cohesión del partido para sobrevivir? ¿Acaso estaba al mando de una *institución benéfica* política?

El presidente hizo hincapié en cada latigazo, sin pestañear. Se trataba de argumentos políticos, no de ataques personales, y respetaba a Hollings por hacerlos. De hecho, parecía extrañamente radiante, como si viviera para afrontar esas pruebas de fuego. Era un duelo entre profesionales sobre los fundamentos de la política, y me recordó lo atormentado que estaba Clinton antes de la invasión de Haití en 1994. Entonces, colegas apreciados como el senador Dale Bumpers habían pensado que Clinton estaba perdiendo completamente el rumbo y, con ello, la confianza necesaria para la comunicación más básica entre líderes políticos. En ese momento, como en el pasado, el presidente estaba tratando de mostrarles que iban a salir ganando. Ese acuerdo, explicó, desarmaría a los republicanos más que si se les negara cualquier mérito. Todo el panorama político pasaría a estar ocupado por temas demócratas.

De repente se distanció de su optimismo. Los republicanos seguirían contando con un tema de gran calado, y ahí estaba, escrito dos veces en mi lista de temas de actualidad: el aborto por nacimiento parcial. Clinton soltó una serie de tecnicismos como si de un especialista médico o un teólogo medieval se tratara, pero no pretendía poseer una varita mágica política.

Dijo que los republicanos lo crucificarían por vetar proyectos de ley que prohibiesen el macabro procedimiento. Su propio equipo de la Casa Blanca apenas era capaz de permanecer en la sala durante las gráficas descripciones de los cirujanos y los emotivos recuerdos de mujeres —incluidas madres católicas devotas y opuestas al aborto— sobre los fetos muertos con la cabeza hinchada por la hidrocefalia. Era una enfermedad que condenaba al bebé, y las deformaciones se volvían tan pronunciadas que hasta el parto por cesárea representaba un riesgo grave para la madre. En esas terribles circunstancias, que se daban menos de mil veces al año en todo el país, el protocolo médico exigía salvaguardar la vida de la madre aplastando el cráneo del feto dentro del útero para poder extraerlo sin riesgo; de ahí el término, aborto por nacimiento parcial. Si se penalizaba esa opción, los involucrados, ya de por sí afligidos, se enfrentarían a algo aún peor, tener que elegir entre conspiración ilegal y la negligencia criminal, o el suicidio.

A pesar del fervoroso apoyo de Clinton, varios senadores de ambos bandos se habían aliado para rechazar, el 15 de mayo, un proyecto de ley del aborto de compromiso que había elaborado el senador Tom Daschle, con una votación de 64-36. Los antiabortistas tradicionales decían que las excepciones médicas en caso de riesgo para la madre eran una estratagema para seguir con los abortos tardíos. Los partidarios tradicionales argumentaban que la prohibición de todos los abortos durante el tercer trimestre —una cifra mucho mayor que la de abortos por nacimiento parcial— debilitaría el derecho de intimidad establecido en el caso Roe contra Wade,* que no contemplaba semejantes restricciones. Clinton defendió a Daschle a grandes rasgos. Desde el punto de vista del procedimiento, la ley habría asignado la política sobre el aborto al terreno al que pertenecía, el legislativo, y no al de las interpretaciones jurídicas. Desde el punto de vista del contenido, habría reforzado el derecho a elegir en los primeros meses, al reducir por ley el número de abortos tardíos, con lo que habría situado a Estados Unidos a la par de otros países que requerían que, como regla general, se tomase la difícil decisión personal en los seis primeros meses del embarazo. Desde el punto de vista político, habría acabado con décadas de estancamiento teatral entre los extremos exaltados.

El presidente criticó a ambos bandos. Algunos de sus aliados proabortistas, siguiendo firmemente tácticas agresivas de los años rebeldes del

---

* Roe contra Wade es el caso cuya sentencia, en el año 1973, supuso la despenalización del aborto en Estados Unidos. (N. de la t.)

movimiento feminista, seguían definiendo el problema inflexiblemente al defender el derecho absoluto de la mujer embarazada a disponer de su cuerpo. Según Clinton, ese enfoque, a esas alturas, acababa favoreciendo a los líderes antiabortistas, que afirmaban que el statu quo era deliberadamente egoísta. Según ellos, los argumentos de los proabortistas consistían fundamentalmente en un poder exclusivista, similar al esgrimido por los esclavistas cuando defendían que los seres humanos que eran de su propiedad les concernían sólo a ellos. Agitando fotos explícitas, decían que a los defensores del aborto no les preocupaban los diminutos fetos arrancados poco a poco del útero, y, si alguien tenía dudas sobre la debilidad de la respuesta proabortista, se lamentaba Clinton, no tenía más que observar el equilibrio de fuerzas en el Congreso. Cinco días después de rechazar el proyecto de ley integral de Daschle, el Senado había aprobado por el mismo margen aplastante la propuesta del republicano de Pennsylvania Rick Santorum de penalización de los procedimientos de nacimiento parcial, sin excepción alguna para salvar a las madres.

El presidente puso mirada de hastío y desesperación. La ineptitud y la falta de sensibilidad política de los demócratas habían elevado nada menos que a Rick Santorum a la posición de máxima autoridad en temas de aborto. Hizo unos comentarios crípticos sobre la sinceridad de Santorum. Si los demócratas fueran cínicos, siguió Clinton, tendrían la sensatez de hacerse a un lado y dejar que se aprobase la penalización. Entonces podrían esperar a que los juicios sensacionalistas de médicos y madres lisiadas sacaran a la luz su vacuo e ilusorio afán de venganza, que ni salvaba la vida del bebé ni evitaba embarazos indeseados. Pero prometió otro veto si la Cámara de Representantes aprobaba el proyecto de ley de Santorum. Cogiendo fuerzas para enfrentarse a un aluvión de emotividad, el presidente confesó que en todas partes se le acercaba gente decente a suplicarle que detuviera esas atrocidades contra bebés indefensos. De tener la oportunidad de presentar ordenadamente todos sus argumentos, era posible que Clinton lograse que una mayoría ajustada entendiese su deber ineludible y mantuviera los protocolos médicos. Pero en caso contrario perdería terreno, y rechazó la sugerencia de pronunciar un discurso presidencial dedicado de forma exclusiva al aborto por nacimiento parcial. No existía otra cuestión en la vida pública con un impacto semejante. Un dilema terrible, que sólo afectaba directamente a unos centenares de personas, se imponía a problemas mundiales y desestabilizaba a la población entera hasta el punto de que era imposible discutir racionalmente. Dijo que era un último y poderoso bastión que distraía la atención del bien común.

Me alegré de poder acabar con temas más despreocupados. Clinton estaba de acuerdo con la idea generalizada de que el candidato laborista Tony Blair había ganado las recientes elecciones británicas por el hastío generalizado tras dieciocho años seguidos de Gobierno conservador. Seguía teniendo una debilidad por el saliente John Major, a pesar de sus diferencias políticas, y comentó de forma extraña que parecía que Major iba encorvado porque la parte de atrás de su cabeza era cuadrada y no redonda. En otros temas, Clinton dijo que sus expertos en seguridad se habían mostrado divididos sobre si los ayatolás que gobernaban Irán dejarían que el reformista Mohamed Jatamí se presentase a las elecciones presidenciales. Ahora que Jatamí había aguantado y obtenido el 70 % del voto popular, volvían a mostrarse divididos sobre las escasas posibilidades de que liberalizase el régimen fundamentalista. Al describir las maniobras para acabar por fin de derrocar al dictador del Congo (antes Zaire) Joseph Mobutu, tras treinta y dos años de saqueo generalizado, Clinton dijo que nadie sabía si el nuevo presidente descartaría las promesas de democracia como había hecho Mobutu.[4]

Por casualidad entró Chelsea a buscar comida mientras Clinton estaba recordando el momento en el que había dejado el ballet. Contó que le habían dejado quedarse el maillot. Cuando se fue, habló de tomarse con filosofía la decisión de su hija de estudiar en la lejana Universidad de Stanford en vez de en una de las cinco universidades de la costa este que la habían aceptado. Era un buen lugar en el que preparar un posgrado de Medicina, y el campus en la costa oeste le venía como anillo al dedo a una aficionada a estar al aire libre como ella. Se consoló con que, más que alejarse de casa, lo que buscaba era evitar las rencillas entre las universidades de la Ivy League. Algunas, especialmente Harvard, habían interpretado muy mal sus intenciones al ofrecerle un lugar privilegiado como la hija del presidente.

Al día siguiente, nuestro hijo Franklin llegó a casa desde colegio preguntando si había visto a Bono en la Casa Blanca. Hice un gesto que mos-

---

4. El general Laurent Kabila tomó el poder en Kinshasa el 20 de mayo de 1997. Su régimen autoritario terminó cuando lo asesinaron en un golpe de Estado llevado a cabo en 2001 por oficiales congoleños liderados por su primo. El hijo de Kabila, Joseph, asumió la presidencia y renovó su mandato mediante elecciones en 2006.

traba mi desconocimiento sobre el grupo de rock U2, lo cual provocó que me mirase con cierta vergüenza. Me recuperé un poco con el recuerdo de que, en efecto, la secretaria de Hillary, Capricia Marshall, se había colado un momento en la cocina con una foto publicitaria, diciendo que un miembro de un grupo de música quería el autógrafo del presidente antes de irse. No había prestado atención a qué grupo era, lo cual hizo que se enfadaran conmigo en casa, pero eso me trajo otros detalles a la mente. Era el sexto aniversario de casada de Capricia, y se habían hecho chistes respecto a que la separación era la clave de la felicidad conyugal. El presidente, en broma, se atribuyó el mérito de haberle conseguido un trabajo que le dejaba aún menos tiempo con su familia que a su marido, un médico residente. Después de que Capricia se fuera, pasó a comentar un escándalo, lo cual me hizo enmendar las notas del día anterior con un recordatorio de que muchas anécdotas se perdían en mi dictado. Me preocupó que mis recuerdos, ya de por sí selectivos, fueran aún más pobres después de nuestras sesiones hasta altas horas de la noche. En ese caso, el presidente Clinton narró una anécdota, consecuencia de la separación de los padres de Capricia. Se habían sentido obligados a acudir por separado a la misma sala sólo para apoyar a su hija, que había sido citada a prestar declaración sobre alguna nimiedad pendiente, y la terrible experiencia que habían compartido les había llevado a una reconciliación milagrosa. «Es lo único bueno que ha salido del caso Whitewater —dijo el presidente—. Ken Starr ha logrado que los padres de Capricia vuelvan a estar juntos.»

28

EL CASO JONES

Martes, 10 de junio de 1997

Miércoles, 23 de julio de 1997

Antes de nuestra siguiente sesión, el Tribunal Supremo dio la autorización para que la querella de Paula Jones fuera a juicio. Los nueve magistrados revocaron la decisión del Tribunal de Distrito de que los casos de ese tipo debían aplazarse hasta que un presidente dejara el cargo, y el consiguiente revuelo que causó, celebrando la novedad de un rechazo a la «presidencia imperial», dejó al crítico más sectario de Clinton en *The New York Times* como único e irónico disidente. El artículo de William Safire «Above the Law» [«Por encima de la ley»] se debatía, muy a su pesar, con la necesidad de renunciar a su tentación de debilitar la separación de poderes y defender que la justicia «se encargara» de Clinton. «Al proteger la presidencia —recomendaba—, concedemos a este presidente un breve respiro.»

El Tribunal Supremo dio la vuelta a sus tres razones principales. Dado que las alegaciones de acoso sexual no incluían más que «actos puramente privados» y, en realidad, eran anteriores a que Clinton ocupara la presidencia, el caso no podía afectar de forma directa al desempeño de sus deberes oficiales. Además, como las escasas demandas privadas contra presidentes anteriores se habían anulado o solucionado mediante un acuerdo, no había un precedente explícito para prohibirlas. Por último, aunque la decisión reconocía que, de acuerdo con la Constitución, el poder ejecutivo era extraordinariamente personal, y el poder presidencial le correspondía a una sola persona, afirmaba que los procedimientos judiciales no «sobrecargarían indebidamente el tiempo ni la atención del presidente». Era lógico pensar, escribió el magistrado John Paul Stevens en nombre del Tribunal Supremo,[1] que un litigio personal no sería «tan pesado» de llevar para un presidente como el constante flujo de cuestiones legales que afectaban a todo el país, y el juez podría adaptar los plazos a la responsabilidad especial del demandado.

Fue abrir una puerta por la que se coló una alegría obscena. Ejércitos de analistas legales comentaron cómo iba a ser el periodo de proposición de pruebas y debatieron hasta qué punto se iba a permitir a los abogados de la demandante interrogar bajo juramento a Clinton sobre su vida sexual. Según las historias que se filtraban, Jones iba reforzar sus argumentos con testimonios de testigos presenciales sobre las «características específicas» de su pene. Los expertos ridiculizaban la idea de que los presidentes estaban demasiado ocupados o revestidos de demasiada dignidad para pasar uno o dos malos ratos. ¿No tenían tiempo de jugar al golf? El articulista de *The New York Times* Frank Rich satirizó a los Clinton y el frenesí de un país «desesperadamente aburrido». Dijo que esa presidencia de promesas vacías, que estaba «pasando de lo falso a lo absurdo», necesitaba algo que la distinguiera. «Si el señor Clinton no va a hacer ninguna otra cosa que merezca la pena —concluía Rich—, tiene el deber de ir a juicio y, por lo menos, cumplir su obligación solemne de entretener al país.»[2]

Estos mortificantes arrebatos quedaron en suspenso diez días después en medio del murmullo del Salón Oval Amarillo, como llamaba todo el mundo a la sala de recepciones situada entre la sala de estar familiar y la Sala de los Tratados. Yo me mantuve al margen con la jefa adjunta de gabinete, Sylvia Mathews, después de haberle ayudado a elaborar la lista de invitados para recibir a unos cincuenta líderes étnicos. Éstos hablaron uno por uno, muchos con ideas para la nueva Junta Asesora sobre la Raza, que iba a presidir el historiador John Hope Franklin. La primera voz reconocida fue la de Felix Vargas, de Baldwin Park, California, que había llegado a ser el alcalde más joven del país, a los veintitrés años. Pidió soluciones específicas para la violencia crónica y extralegal de los departamentos de policía urbana contra las minorías.

Entre los demás saludos hubo de todo; los hubo pesados y los hubo irónicos. El reverendo Joe Lowery, compañero de marchas reivindicativas

---

1. Clinton contra Jones, 520 U.S. 681, resuelto el 27 de mayo de 1997.
2. Frank Rich, «Let the Trial Begin!», en *The New York Times*, 1 de junio de 1997, pág. 17.

de Martin Luther King, bromeó sobre los canapés que se había metido en la cartera, porque le habían advertido que a los negros no les iban a dar de cenar. Rhonda Whiting, de las tribus confederadas Salish y Kootenai de Montana, agradeció la oportunidad de hablar con diversos colegas en vez de sobre ellos. James Zogby, del Instituto Árabe-Americano, lamentó la ausencia de un personaje árabe positivo en las cadenas de televisión desde Danny Thomas y su excéntrico invitado, el tío Tonoose.* Charles Kamasaki habló sobre la fusión de identidades en las familias hispano-asiáticas. Bob Johnson, fundador de Black Entertainment Television, una cadena de televisión especialmente dirigida a los negros, pidió que se reconociera la importancia de la lucha afroamericana con un monumento adecuado en Washington, equivalente al monumento a la guerra de Vietnam o al proyectado museo nacional del indio americano. El presidente Clinton agradeció las controversias y las preguntas y recordó que los derechos civiles habían constituido una parte fundamental de su vida pública. Evocó las tercas raíces del impulso humano de definir la grandeza mediante el sometimiento de otros pueblos, como había sucedido en Bosnia, Ruanda o la antigua Unión Soviética, y desafió a la junta a que elaborara y perfeccionara unas normas de conducta diferentes. Era preciso, por ejemplo, pasar de decir que la diversidad era «una cosa que estaba bien» a considerarla un factor esencial del mundo interdependiente. El autor y catedrático Cornel West elogió el complejo programa con una inclinación de cabeza hacia un lado, mientras decía: «Y también el suyo, señor vicepresidente, pero aquí me refiero sobre todo a la visión del presidente». Gore sonrió con timidez. «Estoy acostumbrado a eso», suspiró, y Clinton añadió en tono afectuoso: «Bueno, está desacostumbrándose, o pronto lo hará».

Los apretones de manos, las fotografías y los corrillos se tragaron al presidente tras el acto, y me di cuenta de lo raro que me resultaba verle en su rutina diaria de trabajo. Esperé que me llamaran del Despacho del Ujier y, a las nueve, empezamos a trabajar en la cocina del piso de arriba. Para variar, propuso que mezcláramos nuestros postres de distintas frutas que nos había preparado el mayordomo Jim Selmon. Cuando entró la primera dama, que venía de Baltimore, le comenté que mi mujer, Christy, había escrito las palabras que había pronunciado el alcalde Schmoke sobre ella

---

* Danny Thomas, que era hijo de inmigrantes libaneses, fue un cómico que protagonizó una serie de gran éxito en los años cincuenta y sesenta en la que aparecía el personaje del tío Tonoose, supuestamente libanés. (*N. de la t.*)

en las ceremonias de ese día. Hillary se mostró afectada e hizo varias preguntas sobre el escritor Anthony Lukas, que se había ahorcado mientras trabajaba en un libro que llevaba diez años escribiendo, *Big Trouble,* para el mismo editor que yo. Le contesté que la noticia me había sorprendido y me había hecho darme cuenta de lo que ignoraba sobre un amigo que, por los demás, parecía lleno de vida. Al parecer, Tony ni siquiera había dejado una nota. Era normal, replicó Hillary, sobre todo en personas con depresión clínica, como Vince Foster. Sobrecogida, examinó los parecidos entre los dos suicidios. Vince había empezado a escribir una nota pero luego la había roto en pedazos. Según los médicos, explicó el presidente, quienes padecían ese tipo de depresión se veían atenazados por una desesperación final tan extrema que no les quedaba nada que decir.

Con las grabadoras en marcha, Clinton dijo que había superado el acuerdo preliminar de la OTAN firmado en París. En su opinión, el presidente Chirac, que tenía tendencia a la soberbia, había subestimado su debilidad en las elecciones francesas. Boris Yeltsin, que estaba soportando la inclusión de muchos de los antiguos países satélites de Moscú en la OTAN, se había quejado de que la expectativa de vida en su Rusia desmoronada se había reducido hasta los cincuenta y nueve años. Clinton describió un momento interesante en Londres, el encuentro privado con el primer ministro Tony Blair y su esposa, Cherie, con los que había estado conversando durante cinco horas sobre todo tipo de temas. Le pregunté si aparte de otros temas habían abordado las sorprendentes disculpas que haría Blair cuatro días después de su reunión por el papel de Inglaterra en la hambruna de la patata de Irlanda en 1845. No, reconoció, pero pensaba que la declaración de Blair estaría llena de astucia política.

Al comentar los temas nacionales, dijo que «la cuestión sexual» se había desmandado en la cobertura de prensa sobre el ejército. Un nuevo teléfono de ayuda en el Pentágono para presentar quejas anónimas, con el fin de luchar contra el abuso extendido del rango para obtener favores sexuales, estaba generando una avalancha de filtraciones y chismorreos. Habían sacado a la luz que el general Joe Ralston, el candidato de Clinton para presidir la Junta de Jefes de Estado Mayor, hacía varios años había tenido una aventura con una civil cuando estaba separándose de su esposa. Alguna fuente de las fuerzas aéreas había filtrado detalles a la opinión pública y la señora Ralston se había visto obligada a conceder entrevistas para explicar las condiciones de su perdón. Los medios de comunicación debatían si el secretario de Defensa William Cohen, al confirmar que Ralston estaba perfectamente capacitado para dirigir el ejército, estaba utilizando un doble rasero en los casos de adulterio, en comparación con una oficial a la que acababan de relegarle del mando. Así que Ralston había tenido que retirar su candidatura el día anterior y Clinton había tenido que reanudar su delicada búsqueda. El general Shalikashvili no quería permanecer otros dos años y tenía ya escogida la casa a la que pensaba retirarse en Montana, y otros altos mandos se resistían a dar un paso al frente.

Apagué las grabadoras, pensando en las instrucciones de que no facilitáramos ninguna querella. La historia de Ralston me había hecho pensar en Paula Jones. Aparte de los defectos de la perspectiva del Tribunal Supremo, me dolía enterarme de que los periodistas habían preguntado a Hillary sobre un posible examen de la anatomía de su marido, ordenado por el juez, mientras ella estaba en Amsterdam visitando la casa donde se escondía la víctima del Holocausto Ana Frank. La respuesta de Clinton fue breve. Dijo que no sabía si sus adversarios habían programado esas filtraciones mientras Hillary y él estaban en el extranjero representando al país. En cualquier caso, gobernar ya era suficientemente difícil como para preocuparse por ello. Sus abogados y él habían decidido hacía poco que quizá sería posible ganar en una sentencia sumaria, porque los hechos estaban claramente a su favor, pero que los procedimientos serían muy desagradables. Por tanto, las alternativas prioritarias de Clinton eran apelaciones por motivos técnicos, retrasos y mociones, maniobras de las que podían ocuparse los abogados. Le pregunté si la impresión de que estaba retrasando las cosas no sería perjudicial. ¿No sería mejor solicitar un juicio rápido, sobre todo si confiaba en ganar? No, respondió. Había aprendido la lección tras otras reacciones explosivas cuando se había sentido calumniado o maltratado. Por muy satisfactoria que fuera una defensa de ese tipo, transmitía un mensaje más de fondo de que estaban desviándose energías de los asuntos de Gobierno. Sus tareas oficiales debían tener prioridad sobre eso. Levantarse cada mañana e ir a trabajar.

Y en el trabajo había muchos conflictos. Reanudamos la grabación hablando de lo que llamó la «reunión de oración» de esa mañana con los demócratas del Comité de Finanzas del Senado, que no había sido nada tranquila ni respetuosa. Los senadores buscaban cambios generales en el plan de presupuestos pendiente, y Clinton les contestó en tono sarcástico que al menos la mitad de ellos se creían capacitados para ser presidentes. Habían llevado un estudio que mostraba que la decisión de él de apaciguar a los republicanos con recortes fiscales para los gastos de educación era una locura. Sus expertos predecían que las universidades absorberían el 10 % de los beneficios aumentando la matrícula; otro 40 % sería un regalo para las familias de clase media con hijos estudiantes y sólo el 48 % iría a parar a familias que no podían permitirse pagar una educación universitaria. El presidente había respondido que el estudio que le estaban enseñando probaba que estaban equivocados. Un 48 % era un buen rendimiento para un recorte fiscal. ¿Acaso los recortes fiscales sobre las plusvalías no subvencionaban más cosas que las nuevas inversiones? Y ¿qué parte del crédito fiscal para las familias pobres acabaría gastándose en los adultos en vez de en los niños? Además, les había dicho Clinton, sus homólogos republicanos compensarían cualquier cambio con unas mociones para reexaminar sus propuestas excluidas, como los vales escolares y la abolición del IRS. ¿Se habían olvidado los demócratas de quién controlaba las dos cámaras? Mientras cada senador presionaba para que se tuviera en cuenta alguna excepción vital —con ardientes discursos de Pat Moynihan, Bob Kerrey e incluso el afable Jay Rockefeller—, Clinton había repetido que, si se abría esa puerta, les harían retroceder de un empujón. Sus mejoras iban a empeorar las cosas. «La situación se caldeó bastante», recordó.

En nuestra sesión de julio en la Sala de los Tratados, el presidente reveló las recientes fricciones con varios países aliados. Al incorporar a Rusia a la cumbre de Denver, el grupo de naciones del G-7 se había convertido de forma permanente en el G-8, y Clinton pensaba que ese cambio superficial quizá había seducido a la prensa. Por una vez, dijo, las reuniones habían sido más sombrías y negativas que la cobertura informativa. Los demás jefes de Estado se habían confabulado contra Estados Unidos. Entre sus sorprendentes detractores estaban Tony Blair y el alemán Helmut Kohl, al que Clinton había considerado casi un hermano. Habían reprochado a Clinton que no pagara lo que debía Estados Unidos a Naciones Unidas y que hubiera colocado a un nuevo secretario general pese a no pagar su deuda. Pensaban que Estados Unidos presumía demasiado de su sólido comportamiento económico, y le habían atacado por no ocuparse del desmesurado consumo de energía y su consiguiente emisión de carbono de nuestro país. Kohl lucía una falsa imagen positiva en cuanto a la reducción de la contaminación atmosférica, observó Clinton, porque Alemania se atribuía el mérito de limpiar las zonas industriales de Europa oriental llenas de chimeneas. Blair quedaba bien por el gas natural que tenía Gran Bretaña en el mar del Norte. Los dos habían criticado los preparativos para las negociaciones de Kioto destinadas a reducir los gases de efecto invernadero en un 30 % antes de 2010. Decían que Clinton iba a resistirse a establecer unos criterios provisionales encaminados hacia ese objetivo, porque estábamos seguros de no cumplirlos. Le habían reprendido, concluyó el presidente, pese a que no tenían ni idea de cómo iban a cumplirlos ellos tampoco. No había tenido más remedio que enfadarse con sus amigos. Aunque no era un presidente dominante por temperamento, pensaba que, para adoptar una postura firme, podía ser necesario ponerse desagradable. Había momentos en los que la simpatía no servía de nada y quizá incluso era perjudicial.

De las disputas pasamos a las reuniones de la OTAN en Madrid. El presidente contó que los líderes europeos le habían echado la culpa de los objetivos incoherentes que tenían ellos, como la rápida retirada de Bosnia y la enérgica persecución de sus criminales de guerra. Se habían quejado de la expansión controlada de la OTAN. Seguían irritados por su imposición de Javier Solana como secretario general de la Alianza, a pesar de que habían llegado a considerar a Solana prácticamente un genio indispensable.

La transición desde la Guerra Fría se estaba caracterizando por una curiosa ambivalencia, dijo Clinton. Los europeos seguían esperando que Estados Unidos tomase la iniciativa y enseguida se sentían abandonados, pero eran muy sensibles a la arrogancia yanqui en una era de nuevas relaciones. Él trataba de encontrar el equilibrio. Tony Blair le había confiado que se había sentido horriblemente mal al ver cómo se arriaba la bandera británica en Hong Kong después de 156 años. Ya se habían restringido las libertades de prensa en la ciudad y, aunque Blair había criticado la administración autoritaria que había ejercido el Foreign Office de la colonia antes de devolverla a China, compartía los temores por su suerte. Clinton contó que había tenido en toda Europa una cálida acogida por parte de las multitudes que no se había reflejado en la prensa nacional. Describió una tumultuosa recepción en Polonia, que había sido admitida en la OTAN, y otra en Rumanía, donde habían vitoreado incluso su anuncio de que tenían que esperar. En el plano personal, le había gustado estar alojado en un castillo español del siglo xv por cortesía del rey Juan Carlos I y la reina Sofía. En el palacio de la Alhambra de Granada, había contado a Hillary y Chelsea la visita que había hecho allí de joven, en 1969.

El presidente se mostró optimista o al menos neutral sobre varios temas nacionales. Estaba satisfecho de haber encontrado a un nuevo jefe militar para la Junta de Jefes de Estado Mayor, el general del ejército Hugh Shelton, que había dirigido la expedición a Haití en 1994. Shelton, que era uno de los mejores amigos del general Ralston, iba a trabajar con el secretario de Defensa Cohen para acabar con la caza de brujas que hurgaba en la vida privada de los oficiales de rango superior. Clinton celebró asimismo el acuerdo alcanzado con las grandes tabaqueras el 20 de junio para pagar una compensación de 368.000 millones de dólares. Ahora bien, advirtió, no había que dejarse llevar por el triunfalismo. Esos pagos, que eran desgravables de los impuestos, saldrían en gran parte del Tesoro público o de aumentos en el precio de los cigarrillos, y seguía planteándose el gran reto de acabar con los hábitos arraigados tanto de cultivadores como de fumadores. De todas formas, dijo que era un hito obtener cualquier victoria sobre unas fuerzas de mercado lo bastante fuertes como para disfrazar una adicción letal de *sex-appeal* y sofisticación. Por último, soltó un popurrí de clintonismos en recuerdo de su amigo Hilary Jones, del condado de Newton, a orillas del río Buffalo, en Arkansas, una de las zonas rurales más pobres del país. Una orden permanente del presidente —llevadme allí, sobrio o borracho— había permitido su presencia para contar historias en su funeral, un acto que había sido un viaje en el tiempo. Dijo que la gente se había quedado a su alrededor, charlando y reflexionando.

Cuando le pregunté sobre el segundo desaire personal que había recibido del Tribunal Supremo en un mes, saltó. «¡Sí! —gritó—. Y no has oído decir nada sobre ello, ¿verdad?» Dijo que el caso era una clara cortina de humo política, como la larga búsqueda de las facturas de Hillary en el bufete Rose Law. Todo el año Ken Starr había estado insistiendo en que la primera dama formaba parte de la administración y había pretendido requisar las notas que los abogados de la Casa Blanca habían tomado de Hillary, incluidas las de una conversación durante una pausa en su testimonio ante el gran jurado por el caso Whitewater. Clinton había obedecido cuando el Tribunal Supremo se había puesto de parte de Starr y había entregado las notas intactas, pero ahora afirmó que el caso creaba un precedente insensato y desolador. A partir de ese momento, confesó, los miembros del Gobierno y los cargos medios de la administración no podrían tener garantizado un grado normal de confidencialidad cuando hablaran con los abogados de sus departamentos. Para conseguir la confidencialidad que tienen habitualmente las conversaciones entre abogado y cliente en relación con decisiones pendientes, por ejemplo, sobre el Departamento de Comercio, tendrían que contratar a un abogado particular.

A pesar de toda la publicidad y el daño que había hecho, Starr no había obtenido ni una mínima prueba que apoyara sus argumentos. Como sabía Clinton —y podía saber cualquiera, dijo, que se mantuviera en sus cabales un momento—, las notas habían revelado la opinión de Hillary de que estaban haciendo perder el tiempo al gran jurado. El presidente opinó que Starr estaba ocultando esa inevitable decepción con una nueva alarma pública. Dos días después de su victoria en el Tribunal Supremo, unos grandes titulares en *The Washington Post* anunciaban que Starr había citado a los policías de Arkansas de la polémica creada por *The American Spectator* en 1993.* Basándose en pistas dadas por los agentes, rezaba el artículo, los investigadores estaban interrogando a «entre doce y quince mujeres» sobre si Clinton había mencionado alguna vez los contratos de tierras de Whitewater durante sus presuntas relaciones inapropiadas cuando era gobernador, desde 1979. Era una vergüenza que la Constitución no previera ninguna medida para hacer responder a Starr de una distracción tan evidente. Sin embargo, se maravilló el presidente, su pretexto legal era tan endeble y buscaba tanto el aspecto lascivo que algunos periodistas se habían mostrado reacios a aceptarlo y habían puesto en duda que la justicia necesitara verdaderamente esa última serie de respuestas que exigía Starr. Muchos medios habían preferido destacar la investigación que estaba llevándose a cabo al mismo tiempo en el Senado sobre contribuciones ilegales. El 8 de julio, Fred Thompson, de Tennessee, que presidía el comité encargado de ello, había abierto unas sesiones televisadas con la promesa de poner al descubierto la conspiración china para subvertir las elecciones estadounidenses de 1996.

El espectáculo diario de Thompson no había producido más que excusas y aplazamientos. Su comité y Starr «iban tirando», dijo Clinton, como el resto de la oposición en el Congreso. A partir de varias preguntas sobre ese tema, destacó la historia de un proyecto de ley sobre ayudas de emergencia en caso de inundaciones que los republicanos habían cargado de cláusulas condicionantes. Una de esas cláusulas prohibía el uso de técnicas estadísticas para contar a los ciudadanos. Los estudios de la Oficina del

---

* Bob Woodward y Susan Schmidt, «Starr Probes Clinton Personal Life/Whitewater Prosecutors Question Arkansas Troopers About Women», en *The Washington Post*, 25 de junio de 1997, pág. 1.

Censo habían descubierto que el muestreo científico era más preciso y mucho más barato que los sondeos tradicionales casa por casa, pero Gingrich en especial estaba aterrado ante la posibilidad de que esos métodos más veraces pudieran encontrar más demócratas no computados en las ciudades que republicanos en las zonas residenciales. El presidente había vetado el proyecto de ley a los veinte minutos de que llegara a la Casa Blanca y había denunciado que la manipulación política de una ley para ayudar en caso de desastres, y la reacción pública había dejado tan por los suelos a la mayoría republicana que el Congreso había aprobado una ley sin condiciones cuatro días más tarde. Después de una semana terrible, el domingo, el senador Lott había atacado al presidente en televisión, tras lo cual Clinton había tratado de conseguir una tregua en privado. Contó para las grabadoras su conversación, extrañamente jovial. Los senadores de Lott le habían insistido en que metiera esas cláusulas y luego le habían criticado por hacerlo, ¿verdad? Luego, los reporteros de televisión le habían criticado por su cambio de actitud y su rendición ante el presidente, lo cual le había indignado, ¿verdad? «Efectivamente —respondió Lott, entre risas—. Yo no quería.» Bueno, bromeó Clinton, pues olvidémonos de ello. Seguro que a Lott también le dolía la cabeza. Debería haberse quedado en la cama hasta tarde, haber ido a la iglesia y haberse ahorrado las entrevistas de televisión.

En cambio, Clinton dijo que sus relaciones con la Cámara no eran tan amistosas, porque las luchas de poder quitaban a la política cualquier traza de frivolidad. Gingrich, el presidente de la Cámara, acababa de deshacerse de uno de sus hombres de confianza, el neoyorquino Bill Paxon, porque estaba preparando un golpe. El líder de la mayoría, Dick Armey, de Texas, había negado públicamente su intervención en la rebelión, y Clinton pensaba que Gingrich quizá había conseguido sobrevivir hasta ahora sólo porque los republicanos estaban divididos sobre el sucesor apropiado. Cuando le pregunté por las repercusiones para la Casa Blanca, respondió que ese caos tenía sus inconvenientes, pero también sus ventajas. Como los chillidos más ruidosos procedían de los jóvenes ideólogos de derechas de Gingrich, Clinton pensaba que sería más fácil enmarcar la campaña legislativa del año siguiente contra sus posiciones, que podrían tildar de egoístas e injustas. Por otro lado, la debilidad de Gingrich era un obstáculo para conseguir varios objetivos a medio plazo en el Congreso, porque cada vez controlaba menos a su parte centrista, que era con la que había que alcanzar los acuerdos.

Se quejó también de problemas con los demócratas de la Cámara, cuyo líder, Dick Gephardt, estaba organizando una revuelta contra el acuerdo presupuestario. Clinton dijo que en sus consultas, cordiales pero tensas, había reconocido sin reparos el derecho de Gephardt a prepararse a desafiar a Gore para la candidatura presidencial, y había aceptado el cálculo profesional en el que se basaban las discrepancias de Gephardt sobre el TLCAN, la ley de asistencia social y la estrategia sobre China. Dichas discrepancias mantenían alerta a las facciones del partido más progresistas y vinculadas a los trabajadores, pero Clinton había advertido a Gephardt de que la oposición al acuerdo presupuestario era un error político grave, quizá fatal. Le marcaría como un pesimista y un despilfarrador. No sólo los elementos del acuerdo eran más populares entre los votantes demócratas de lo que pensaba Gephardt, sino que sacarlo adelante era un paso fundamental hacia el futuro. El orden fiscal crearía una ventaja política en temas como el empleo y el medio ambiente.

Terminamos con las negociaciones maratonianas sobre el acuerdo presupuestario y la diferencia entre los recortes fiscales que había aprobado cada cámara del Congreso. Clinton describió un tenso festival de falsedades, alianzas extrañas y pensamientos ilusorios. El resultado era muy dudoso. Todo podía venirse abajo, pero había disfrutado con las relaciones personales en las sesiones de negociación. Había encargado a Erskine Bowles y al secretario del Tesoro Bob Rubin que hablaran en su nombre; Bowles era el tipo bueno y encantador, que hablaba el mismo lenguaje que los demás sureños presentes en la dirección republicana, y Rubin era el banquero malo, que irrumpía con datos económicos implacables. Cada uno de «mis dos chicos», dijo Clinton, había ganado una fortuna personal muy superior a la de cualquiera del otro bando, seguramente más que todos juntos. Su tranquila autoridad sobre los mecanismos del capitalismo había sido dolorosa para gente como Gingrich, Lott, Armey, el senador Don Nickles de Oklahoma, el presidente de Medios y Arbitrios Bill Archer y el representante Tom DeLay de Texas. Clinton explicó que todos esos republicanos detestaban el crédito fiscal sobre la renta ganada [Earned Income Tax Credit (EITC)] para los trabajadores pobres, porque consideraban que era una prestación malgastada en unos votantes mayoritariamente demócratas. No les gustaban las explicaciones técnicas de por qué el EITC se desviaba menos de su propósito que otros alivios fiscales, y odiaban todavía más oír a Bowles y Rubin desechar los incentivos para Wall Street. «Eso les vuelve locos —sonrió Clinton—. Odian que unos demócratas ricos les enseñen cómo es el mundo real.»

La semana siguiente, el viernes 1 de agosto, en un mensaje telefónico se me pidió que hablara con la operadora de la Casa Blanca. Betty Currie, la secretaria personal de Clinton, se puso al aparato para comunicarme que el presidente quería hablar conmigo ese día entre una cita y otra. Acordé llamarle desde la carretera, porque nos íbamos a buscar a Franklin, que estaba en un campamento de verano en la Escuela Universitaria de Haverford. Christy y yo fuimos hacia el norte, hacia Pennsylvania, extrañados y preguntándonos qué pasaba. Era la primera vez que sucedía aquello. Temí un inminente titular o una citación sobre el proyecto de historia, con la inevitable sospecha de que yo había sido la fuente de la filtración. O quizá no era más que alguna aclaración de nuestra última sesión, pero, en ese caso, ¿dónde estaba la urgencia? Cuando le llamé, primero me preguntó desde dónde llamaba. Mirando alrededor, ligeramente paranoico, le dije que estaba en una cabina delante de un restaurante de carretera al borde de la autopista. Clinton me dijo que estaba sufriendo enormes presiones. Quería pedirme consejo. ¿Cómo pensaba que le juzgaría la historia si llegaba a un acuerdo en el caso de Paula Jones?

La pregunta me pesó de forma sorprendente. Murmuré algo para ganar tiempo. Habíamos hablado de muchos episodios de guerra y paz, a menudo muy próximos y relacionados con decisiones muy humanas, pero, de pronto, todo eso pareció lejano. Esa petición era lastimera e íntima, pero históricamente apropiada desde el punto de vista de un presidente de Estados Unidos, y eso hacía que me resultara surrealista responder rodeado de campos de maíz y carteles de autopista. Quizá se dio cuenta de mi desconcierto y me puso en antecedentes. Bruce Lindsey y el abogado de la Casa Blanca Chuck Ruff (que había sustituido a Lloyd Cutler) querían firmar un acuerdo. También lo deseaba la compañía de seguros de los Clinton. Calculaban que sólo el juicio costaría al menos un millón de dólares, ganaran o perdieran, y creían posible y prudente llegar a un acuerdo y pagar una cantidad menor a Paula Jones. Yo respondí que, en principio, un acuerdo no me parecía mal. Podía defenderse y había argumentos sólidos en favor de un acuerdo para atajar la distracción que suponía respecto a sus obligaciones. Aparte de eso, los perjuicios para su reputación y la presidencia dependerían de los términos concretos. Clinton dijo que las ofertas que estaban sobre la mesa no incluían ninguna petición de perdón ni ninguna declaración por su parte, y preveían un pago de aproximadamente 750.000 dólares a Jones. Esas condiciones mínimas eran reflejo de que el juez seguramente iba a desestimar dos y quizá tres de las querellas de Jones antes de que llegaran a juicio. La cuarta, sobre que supuestamente le había causado daños emocionales, seguramente seguiría adelante y habría que derrotarla con pruebas. Creía que ahí también podía ganar. En ese caso, Jones acabaría no teniendo más que una montaña de gastos legales, que era la razón por la que sus abogados estaban tan deseosos de firmar un acuerdo.

El presidente hizo un adelanto de lo que sería el juicio. «Podemos hacer frente a mis gastos legales con creces», dijo. Estaban a punto de demostrar que no había ocurrido ninguna de las cosas que ella afirmaba que le habían causado daños emocionales, que no había existido ningún acoso de ningún tipo. En tono circunspecto, dijo que nunca había hablado con ella ni sobre ella en aquella época, «salvo quizá en relación con el supuesto incidente en el hotel». Yo no estaba seguro de si estaba siendo precavido contra posibles escuchas telefónicas o contra el riesgo de convertirme a mí en testigo, pero me sentí agradecido en cualquier caso. Me comunicó que si había juicio tendría que estar en Little Rock unas dos semanas para someterse a un circo que destruiría su agenda. Esta perspectiva era lo que más le dolía. Sólo le quedaba un poco más de tres años en su cargo, y no quería desperdiciar ni un solo día.

Al final, pensé que la principal cosa que había que tener en cuenta desde el punto de vista histórico era evitar un acuerdo tan generoso que pudiera alentar más querellas privadas contra futuros presidentes. Hasta el momento, Paula Jones era una aberración, pero una oleada de casos no oficiales debilitaría la presidencia. De ser así, el futuro haría responsable de ello a Clinton. Lo discutimos un poco y me pidió que le enviara más ideas en un fax privado a través de Nancy Hernreich, cosa que hice después. Al volver al coche, Christy se mostró curiosa. ¿Qué pasaba?

29

MINAS TERRESTRES CHINAS

Miércoles, 13 de agosto de 1997

Jueves, 2 de octubre de 1997

Para mediados de agosto, la tensión había desaparecido o estaba aparcada. Un miércoles, a última hora de una tarde, el presidente Clinton me recibió en la Sala de los Tratados de muy buen humor. Primero, como un trofeo, me entregó un crucigrama *deluxe* de *The New York Times* del domingo que tenía como tema el vigésimo aniversario de la muerte de Elvis Presley, a punto de conmemorarse. Nueve minutos, me dijo, radiante de orgullo. Lo había hecho en nueve minutos, y habría tardado menos si no le hubiera dado la risa al ver todas las minucias relacionadas con Elvis que tenía almacenadas en la cabeza. Después, me enseñó un equipo de sonido Bang & Olufsen que tenía sobre la estantería, un regalo que acababa de hacerle la reina de Dinamarca. Un CD que giraba en una bandeja vertical de cristal proyectaba la voz de k. d. lang a través de unos elegantes altavoces con una claridad que casi se podía tocar. Dijo que era una artista magnífica mientras cogía una grabación antigua, remasterizada digitalmente, de «Danny Boy» cantada por Paul Robeson. «Me cuesta mucho escuchar esto —dijo el presidente sobre el fondo del bajo resonante de Robeson—. Se me saltan las lágrimas.» En nuestra cinta, reprodujo el uso que había hecho esa semana de un espléndido dispositivo nuevo al alcance de los presidentes: el veto por partidas individuales. Después de haber eliminado tres lagunas que beneficiaban a Nueva York, había elaborado una estrategia para utilizar ese poder quirúrgico con contención, especialmente mientras estuviera sometido al escrutinio de los tribunales.[1] Además, Clinton se

---

1. Unas nuevas querellas volvieron a dejar en suspenso este nuevo poder, y el Tribunal Supremo revocó la Ley de Veto por Partidas Individuales de 1996 en una votación

sentía mucho más satisfecho por la aprobación de sus paquetes de proyectos de ley sobre presupuestos e impuestos en el Congreso. Por fin tenían rango de ley. Elogió a una lista de colaboradores. Dijo que la gente no era consciente todavía de la importancia de ese hito. En las notas que dicté después dije que estaba «extático».

La pelea por el presupuesto había terminado durante el viaje que había hecho a Nevada para pronunciar un discurso ante la Asociación Nacional de Gobernadores, mientras estaba jugando al golf con el gobernador anfitrión, Bob Miller. Había sido vergonzoso, su peor puntuación en mucho tiempo. Michael Jordan, del equipo campeón de baloncesto, los Chicago Bulls, le había aconsejado a Clinton amablemente, por su experiencia con las lesiones, que su rodilla quizá estaba curada pero su cuerpo todavía echaba de menos la confianza que le daba la férula. Así que, mientras los ayudantes habían ido a buscar el aparato, el presidente había recibido otro mensaje de la Casa Blanca de que llamara a Bowles y Rahm Emanuel mientras los dos informes de la conferencia, con unos retoques finales, se encaminaban hacia su aprobación.[2] Había hecho par en tres de los cuatro hoyos siguientes. Clinton atribuía a Jordan y su férula ese cambio, pero también me dijo que la emoción del drama legislativo podía ser la responsable del éxito. Desde entonces, todo fue estupendo.

Precisamente ese día, las últimas encuestas mostraban unos índices de aprobación muy por encima del 60 % y de desaprobación ligeramente superiores al 30 %. Lo asombroso, dijo Clinton, era que muchos estadounidenses, más que quejarse del desempeño de su trabajo, creían que él era un delincuente o estaba corrupto. Según el análisis detallado, no estaban seguros de lo que había hecho, pero debía de haber sido algo malo. Explicó que ese resultado, debido al martilleo constante sobre el caso Whitewater y la financiación de las campañas, hacía difícil acordarse de los poderosos presidentes de la Guerra Fría que a veces, sin la menor consideración por los demás, habían implantado el servicio militar obligatorio y

---

de 6 a 3, en el caso de Clinton contra la Ciudad de Nueva York, el 25 de junio de 1998.

2. El 30 de julio, la Cámara aprobó por 389 a 43 la Ley de Alivio Fiscal de 1997 y el Senado por 85 a 15. Sus principales disposiciones reducían el tipo fiscal máximo sobre la plusvalía del 28 al 20 % e introducían un crédito fiscal de 400 dólares por hijo para las familias no acomodadas. La Ley de Equilibrio Presupuestario de 1997, que se aprobó con unas votaciones similares, permitió alcanzar un equilibrio estable en 2002 y contenía reformas de Medicare. Clinton firmó las dos leyes el 5 de agosto de 1997.

los poderes de emergencia. Pero en ese momento, reflexionó, todos coope-
raban para atar de pies y manos al poder ejecutivo —el Tribunal Supremo,
el Congreso, los fiscales federales y la prensa—, «hasta el punto de que
incluso el último funcionario tiene que contratar abogados y luchar desesperadamente sólo para mantenerse a flote».

Su buen humor le había ayudado a superar los problemas. Haciendo
una analogía implícita con la férula de la rodilla, dijo que podía salir adelante con ayuda y perseverancia. Dijo que Erskine Bowles había proclamado que el acuerdo sobre los presupuestos le daba la oportunidad de
marcharse con una última victoria y que había repetido su deseo de irse a
casa, a Carolina del Norte. Bowles quería dimitir después de la inminente
batalla para negociar por la vía rápida la autoridad sobre los acuerdos
comerciales, y esta vez Clinton había aceptado sus argumentos. Con esa
autoridad, el presidente podía intentar no sólo sostener el crecimiento económico internacional, sino también reparar los defectos medioambientales en el TLCAN. Los sindicatos y los ecologistas tenían reparos legítimos
sobre ese acuerdo, reconoció Clinton. Muchas empresas estadounidenses
estaban deslocalizándose en el extranjero por la libertad de contaminar y
por la mano de obra más barata. Sin embargo, afirmó que era una tontería
contraproducente reaccionar asfixiando el comercio. Ése era su consejo
tajante a sus aliados. Los trabajadores iban a perder de todas formas si su
principal prioridad era oponerse a las negociaciones por la vía rápida
como las del TLCAN, que representaba casi 4 millones de nuevos puestos
de trabajo bien remunerados. Y Gephardt se suicidaría políticamente si se
erigía en defensor proteccionista de los trabajadores.

Echó un vistazo al futuro y dijo que era práctico ser visionario porque
no había una alternativa mejor, y soltó una serie de datos y estadísticas sin
que yo le hiciera muchas preguntas. Comentó que Al Gore se había incorporado a su visita a Nevada para hacer una inspección del lago Tahoe
desde el punto de vista ecológico; el lago era una maravilla natural, de casi
500 metros de profundidad, que siempre había tenido las aguas cristali-
nas; ahora, la visibilidad en profundidad desde la superficie había pasado
de 30 metros a 22, y estaba enturbiándose a un ritmo de 30 centímetros al
año. Cuando llegara a los 13 metros, todo el lago dejaría de ser azul y se
volvería verde, con unos efectos ecológicos devastadores, y la ruina inminente había convertido la política regional en un foro permanente. Los
habitantes de la zona, de todas las tendencias políticas, dijo Clinton, habían investigado las tres causas principales de la contaminación de su joya

económica: los residuos líquidos de las urbanizaciones, los gases de efecto invernadero del tráfico rodado y las motos acuáticas. Sabían que cuatro de cada veinte litros de gasolina de una moto acuática iban a parar al agua. Sabían cómo se disolvían los gases de efecto invernadero. Más en general, aceptaban lo que acababa de proclamar en público Clinton, que el calentamiento global era un hecho, no una teoría. Quedaba por hacer una inmensa tarea educativa para que la gente reflexionara y se sacrificara con el fin de arreglar la situación, y el presidente pensaba que sus palabras tendrían más repercusión porque se le consideraba como alguien obsesionado con el empleo y, por tanto, menos «verde» que Gore. Una conservación estricta podía resolver alrededor del 25 % del problema, pero el resto iba a ser difícil. ¿Sabía yo que el 70 % de las emisiones de mi coche se producían en los momentos de ponerlo en marcha y apagarlo? Me perdí en sus explicaciones tecnológicas sobre la fabricación de un motor híbrido de gasolina y electricidad, que pronto iba a aparecer en Japón, y del que ofreció datos específicos y una propuesta imaginativa para el mecanismo de cambio de marchas. Después de unos cuantos comentarios más, para ilustrar el ahorro de energía que podían proporcionar los materiales ligeros y más fuertes en los coches, me enseñó el más reciente palo de titanio de Greg Norman.

En el extranjero, dos terroristas suicidas habían matado a quince israelíes en Jerusalén el 30 de junio. El presidente contó las complicadas maniobras que había habido detrás de su denuncia pública, dijo que iba a enviar a Dennis Ross y después a la secretaria de Estado Albright para continuar las prolongadas negociaciones, y reveló la primera reacción sustancial de la oposición política judía a propósito de la presión de Estados Unidos sobre Netanyahu para que reanudara las negociaciones con Arafat. La única herramienta a mano era la predicción de que Netanyahu, si debilitaba a Arafat, iba a acabar enfrentándose a una dirección palestina compuesta sobre todo por terroristas declarados. La triste realidad, dijo Clinton con un suspiro, era que cualquiera que sustituyera a Netanyahu sería mejor para el proceso de paz, y cualquiera que sustituyera a Arafat sería peor. Pasando a Bosnia, el presidente describió un claro mensaje que había hecho llegar a Milošević a través de Holbrooke, en el que le había dicho que unas tropas de élite de la OTAN estaban preparándose para ir a detener al líder serbio Radovan Karadžic por crímenes de guerra. Lo que quedaba implícito era que Milošević tenía la opción de deshacerse de Karadžic antes. Si no, no habría reglas de contención sobre el terreno, como había habido en Somalia, y cualquier resistencia se aplastaría con una fuerza arrolladora.[3] En Bosnia, a diferencia de Oriente Próximo, el camino era difícil aunque tendía a mejorar, pero Clinton juzgaba las dos situaciones con la misma estoica resolución. También eso formaba parte de su trabajo.

Llegaban pequeñas noticias que le mantenían animado. Dijo que la ley de presupuestos iba a ser beneficiosa para una economía que estaba creciendo de forma sólida, a un 5,6 % anual, sin señales de inflación. Los precios mayoristas llevaban siete meses seguidos bajando, y el índice nacional de desempleo estaba en el 4,8 %, la cifra más baja en veinticinco años. Si esas tendencias persistían, como era de esperar, los beneficios combinados permitirían tener un presupuesto federal equilibrado antes de 2002. Incluso podríamos tener superávit antes de que Clinton dejase la Casa Blanca, lo cual era mucho más de lo que había prometido o esperado en ninguna de las dos campañas. Explicó que ese premio era mucho más significativo que unos numeritos con estrellitas doradas en un libro de cuentas oficial, y hablamos de formas generales de medir la competencia y la disciplina. Equilibrar los presupuestos era superar una prueba de autogobierno político crucial en el propio experimento americano, y debería restaurar la confianza de la población para abordar grandes problemas en el futuro. El presidente pensaba que un cambio tan trascendental favorecería a los demócratas. Dijo que la mayoría de ellos todavía quería que las autoridades hicieran cosas, mientras que los republicanos sobre todo querían ser la autoridad. Décadas de programa artificial y antigobierno habían dejado a los republicanos tan trasnochados y vulnerables que predecía que los demócratas iban a recuperar escaños en las elecciones de 1998. Quizá incluso recobraran el Congreso. Subrayó que cualquier victoria destacaría en la larga historia de la rivalidad entre los dos partidos desde la caída de los viejos federalistas, porque el partido del presidente en ejercicio siempre había perdido las elecciones legislativas de mitad del mandato salvo en 1934.[4] En el caso de los presidentes con dos mandatos, el refe-

3. Karadžic evitó tanto la rendición pública como el conflicto armado ocultándose y viviendo con nombres falsos durante once años. Unos milicianos serbios le detuvieron en Belgrado el 18 de julio de 2008. Lo extraditaron a La Haya para juzgarlo en el Tribunal Penal Internacional para la antigua Yugoslavia, entre otros cargos, por el genocidio de 8.000 musulmanes en Srebrenica en julio de 1995.

4. Los republicanos de Theodore Roosevelt aumentaron siete escaños en 1902, pero los demócratas obtuvieron veinticinco más. La anomalía de perder a pesar de haber mejorado

réndum del sexto año había sido siempre especialmente duro y se les había castigado de forma especialmente vengativa, pero Clinton aspiraba a rebelarse contra esa ley de hierro de la historia política.

Siguió hablando animadamente cuando se me acabaron las preguntas, describiendo los entresijos de una huelga de UPS, el servicio de mensajería, y contando que un día había convocado a un tecnócrata del Tesoro para que le explicara por qué un misterioso beneficio fiscal para cooperativas rurales en dificultades acababa devorado por compañías como Sunkist. Me dio un libro para que lo leyera y le diera mi opinión, y preguntó qué cualidades debía buscar en su próximo jefe de gabinete. A cambio, le recomendé que viera el documental que iba a estrenar Spike Lee sobre el atentado cometido en 1963 contra una iglesia de Birmingham, Alabama, y que se titulaba 4 *Little Girls*. El presidente tenía ganas de contribuir a su promoción, y se encogió de hombros cuando le dije que Howell Raines, de *The New York Times*, había hecho un buen comentario filmado. Confesó que admiraba muchas veces el trabajo de Raines, como un artículo que había escrito sobre niños desfavorecidos en edad escolar, y que todavía no acababa de comprender los motivos de la animosidad que existía entre ambos.

Como solía hacer en las despedidas cuando no tenía prisa, el presidente me pidió que le pusiera al día sobre mi familia y sobre las etapas finales de mi libro. Le expliqué, casi atontado, que el borrador estaba terminado y que a principios del año siguiente se publicaría un segundo volumen de la trilogía sobre la era de King. «¿Cómo es? —preguntó—. ¿Estás contento con él?» Su franqueza me cortó un poco. Le respondí que estaba demasiado ligado al material después de quince años de obsesión constante. Esperó hasta que mi vacilación se derrumbó. Dije que este libro contenía para mí más revelaciones que *Parting the Waters*. Le conté que estaba seguro de que había hecho un trabajo original en varios aspectos, desde la trayectoria de Malcolm X hasta la lucha del doctor King durante toda su vida, y que había entremezclado los derechos civiles con Vietnam. Mi relato pretendía rescatar de la visión caricaturesca a un Johnson trascendente y lleno de contradicciones. «¿Crees que tendrá éxito?», preguntó Clinton. Bueno, eso era otra cosa. Le prestarían atención, pero no estaba seguro de cómo sentaría que hubiera conectado las distintas historias. La

fue resultado del aumento global del número de escaños en la Cámara tras el censo de 1900.

mayoría de la gente solía analizarlas por separado. Ésa era una parte menos sentimental de la historia de King, y quizá tardaran en apreciarla. El movimiento encabezado por los negros había radicalizado todas las cuestiones fundamentales que aún en la actualidad seguían dominando y paralizando la política nacional, sobre las relaciones entre libertad y Gobierno, democracia y violencia. Sus consecuencias afectaban a Clinton en muchos aspectos, visibles y ocultos.

El presidente seguía asintiendo. Le había dicho algo que apenas me había confesado a mí mismo: que el libro me parecía bueno pero que seguramente no sería tan popular como *Parting the Waters*. Aunque mi editor, sin duda, haría una buena campaña de ventas, Clinton me había hecho plantearme la cuestión fundamental. Me pregunté por qué. ¿Era una cuestión de amistad o una orden impersonal? Los presidentes pueden suscitar tanto una sinceridad imprudente como un engaño deliberado. O tal vez habíamos invertido momentáneamente nuestros papeles. ¿Me había empujado a responder con sinceridad sobre el pasado, igual que pretendíamos que hiciera su historia oral para el futuro? En voz alta, eludí la pregunta expresando el deseo de descansar y recuperar algo de perspectiva cuando el libro empezara a imprimirse. Christy y yo íbamos a escaparnos unos días al sitio en el que habíamos pasado nuestra luna de miel, Block Island, frente a la costa de Nueva Inglaterra.

El presidente sonrió. Su familia iba a hacer una parada en Block Island el domingo, de camino a Martha's Vineyard. Él también necesitaba descansar, pero preveía unas vacaciones vertiginosas, llenas de cenas, ratos de trabajo y golf en los dos pequeños campos existentes allí. Había un hoyo de par 5 en el que una vez había hecho un *birdie* incluso con un golpe de penalización. Hillary odiaba el golf, dijo, pero normalmente jugaba un partido al año, y sería interesante ver si lo hacía en esa ocasión. De pronto pidió el crucigrama, que a mí se me había olvidado. Su secretaria Ann Lewis no se creía que él supiera todas esas cosas sobre Elvis, y quería enseñarle las pruebas.

Hillary sólo duró nueve hoyos, dijo el presidente en nuestra sesión de octubre, pero por lo menos había jugado. Los tres discutimos sobre si ese esfuerzo revelaba que su amor por él podía más que su poca afición al golf. Ella opinó que el golf era algo imposible. El mayordomo Jim Selmon me sirvió un plato en su cocina familiar; octubre estaba siendo un mes turbulento tras sus vacaciones más largas en veinte años. Para empezar, Chelsea se había matriculado en la Universidad de Stanford. Capricia Marshall estaba ya ayudándoles a reunir un segundo paquete para enviárselo, más por ellos que por Chelsea, y ellos confesaron que estaban menos destrozados por la separación de lo que habían previsto, seguramente porque habían «recorrido» de antemano el trauma con tanto detalle que, llegado el momento, les resultaba ya conocido.

El presidente contó que había permanecido despierto toda la noche del miércoles, antes de salir para California. Hillary y él se habían propuesto reducir todo lo posible los típicos momentos en los que los padres se convierten en una carga, como el de quedarse un rato a ordenar el dormitorio en la residencia, y contaron lo que les había parecido la charla de orientación. En su reunión de padres, uno había quitado importancia a las preocupaciones habituales y había preguntado: «¿Cuándo vamos a hablar del sueño?». Los chicos que no dormían nunca acababan cansados, exhaustos, continuó, en un acento indio que Clinton intentó reproducir sin éxito. Y entonces llegaban el sexo, las drogas y las malas notas. Todos se habían reído, pero el sueño se había convertido en un tema predominante. Al parecer, el tutor de Chelsea era un especialista en trastornos del sueño, lo cual seguramente era conveniente, dijo Hillary, porque Chelsea había heredado el insomnio de su padre. Lo único que habían sabido de Chelsea hasta el momento era que no pegaba ojo; de las clases no hablaba mucho. Clinton elogió la discreción de sus agentes del Servicio Secreto en el campus. Dijo que su instalación en la universidad había sido normal.

Yo comenté que estábamos un año por detrás de ellos, empezando la locura de las solicitudes de admisión a universidades, y esperaba llevar a Macy a alguna al año siguiente. Sí, pero todavía tendríamos a Franklin en casa, replicó Hillary. Estaba conmovida, pero se negaba a dejarse abatir, y dijo que quizá organizaría una fiesta para celebrar la salida de mi libro. Le habían encantado las que le habían hecho a ella, a pesar del lío que había supuesto. El presidente le dijo que yo había prometido nuevo material interesante sobre la guerra de Vietnam, sacado de una laboriosa transcripción de las llamadas telefónicas de Johnson. Qué lástima, comentó, que él no pudiera conservar sus llamadas de la Casa Blanca para la posteridad, pero ahora esas grabaciones saldrían a la luz y acabarían confiscadas y destruidas prematuramente. Cuando Hillary me pidió muestras del libro, parafraseé algunas conversaciones del presidente Johnson con Richard Russell y Robert McNamara. La angustia que denotaban contrastaba con lo que esos mismos hombres decían en público, cuando se comportaban como robots dirigiendo la guerra de Vietnam. Eran más parecidos a nosotros de lo que podíamos haber pensado, y se habían visto arrastrados a luchar contra sí mismos.

Hillary estaba muy contenta de haberse opuesto a la guerra. Intentamos recordar lo difícil que había sido saber qué era lo realista y qué era lo acertado en su momento, pero la memoria, inconstante, nos fallaba. Ninguno de los tres podía recordar ni siquiera dónde estaba nuestro apartamento en Austin durante la campaña de McGovern en 1972. El presidente tenía una imagen de un edificio cerca del río Colorado. Yo recordaba que estaba en una colina al otro lado de la carretera. Los dos sabíamos todavía la dirección de nuestro cuartel general en la calle Seis, pero nadie conseguía situar nuestra casa. Hillary nos absolvió diciendo que habíamos viajado tanto que casi nunca estábamos los tres allí juntos, pero nuestra imprecisión y las grabaciones sobre Vietnam le hicieron reflexionar sobre las dificultades de escribir memorias. Si alguna vez se ponía con las suyas, ¿cómo iba a poder reconstruir su pasado con exactitud? Su abogado David Kendall sabía más sobre el rastro de papeles de su vida que ella misma. Y recordaba el pasado mejor. Dijo que Kendall tenía mucho talento.

Eso me recordó que Kendall me había llamado por primera vez en años para advertirme que «nuestro amigo quizá nos mande otro regalo de San Valentín». Por lo que pude descifrar del críptico mensaje, quería decir que Starr estaba preparando una orden judicial tan detallada para que le entregáramos los archivos de Clinton que Kendall quizá iba a tener que volver a escuchar nuestras cintas de historia oral; todas las cintas. ¿Cuántas teníamos? Se acordaba de haber escuchado tres o cuatro. Le dije que teníamos ya cincuenta y el dato lo dejó abrumado. Johnson había grabado sus conversaciones telefónicas, gruñí, y este presidente, en cambio, no podía ni tener un diario seguro. Kendall me pidió que no me desesperara aún. Todavía estaba maniobrando. Por otras llamadas posteriores, me dio la impresión de que estaba alegando que Starr no debía arriesgarse a duplicar la proposición de pruebas si se nombraba a un fiscal aparte para investigar la financiación de las campañas. Me aconsejó que rezara por Janet Reno, pero recé por el propio Kendall.

El presidente me tranquilizó expresando su confianza en que Kendall encontraría la manera de proteger las cintas. Dijo que estaba habiendo muchos trastornos en las sesiones del Senado presididas por Fred Thompson sobre la financiación de las campañas, que estaban sufriendo un descalabro. Contó, sobre todo para que lo oyera Hillary, que Al Gore estaba intentando contratar a un segundo abogado penalista. Ella ya sabía que el primero le estaba costando 30.000 dólares al mes. Clinton explicó que el abogado de Tennessee Jim Neal, antiguo fiscal en el caso Watergate, estaba tan molesto por los obstáculos que se había ofrecido a defender a Gore gratis. Su carta manuscrita a la Casa Blanca, en la que hacía el ofrecimiento, no había llegado todavía a manos de Gore, pero figuraba ya en los periódicos. Hillary no sabía nada de todo eso, y los Clinton aceleraron sus preguntas y respuestas. ¿Podrían considerar esa acción benéfica un soborno si otros clientes de Neal tenían luego asuntos relacionados con la administración? ¿Cumplía Gore el requisito de ser un «viejo amigo de la familia» para acogerse a una exención de acuerdo con el argumento de existir conflicto de intereses? ¿Ayudaban las respuestas legales a solucionar los problemas políticos? ¿Quién había filtrado la carta: un amigo de Neal, un empleado de Correos, alguien en la Casa Blanca? El presidente y la primera dama mantuvieron un rápido diálogo repleto de información política en el que volvió a llamarme la atención la extraordinaria comunión entre ellos. Yo sólo intervine para decir que estaba de acuerdo en que lo más probable era que había existido una filtración en la Casa Blanca.

Clinton se levantó para salir de la cocina. Quería que trabajáramos en la sala de estar familiar para poder mirar de reojo el partido de béisbol de la eliminatoria entre los Yankees de Nueva York y los Indians de Cleveland. Mientras salíamos, afirmó que esa locura le recordaba uno de los libros que había leído en Martha's Vineyard: una biografía del presidente del Tribunal Supremo John Marshall* escrita por Jean Edward Smith. Marshall y otros fundadores habían vivido en una época de duelos y difamaciones propias de un mundo de pioneros, pero tenían ideas firmes sobre cómo estructurar un Gobierno que fuera capaz de funcionar para una república. El presidente pensaba que Marshall se quedaría escandalizado por la superficialidad predominante en los tiempos actuales. Y no se podía echar la culpa de todo a la prensa, que en tiempos de Marshall también era sensacionalista. Hasta magistrados del Tribunal Supremo, como Sandra Day O'Connor, habían caído en realizar críticas corrosivas al Estado,

---

* John Marshall fue el cuarto presidente del Tribunal Supremo, de 1801 a 1835, y desempeñó un papel decisivo en el desarrollo del sistema legal estadounidense y en la relación del poder judicial con el ejecutivo. (N. de la t.)

incluido el propio Tribunal. Hillary dijo que era una cuestión de cinismo en el sentido más amplio del término, que sugería que la coherencia importaba menos si la cooperación política se trataba habitualmente como una molestia o una ilusión.

Le recordé al presidente que habíamos interpretado esto de varias maneras en nuestras sesiones. Una vez había denunciado que los periodistas se apuntaban con mucha alegría a ser cómplices de sus adversarios. Después había especulado sobre la posibilidad de que las fuerzas que estaban dividiendo el mercado empujaran la cobertura informativa hacia el sensacionalismo. Añadimos ideas derivadas de la superposición histórica de la tecnología de la información con la Guerra Fría, que había proporcionado la base de cuarenta años de noticias con la amenaza de la aniquilación nuclear. Pero en esos momentos nuestros comunicadores políticos tenían que encontrar el drama diario en otras cosas. Clinton se limitó a asentir. Mencionó varias veces, en tono jocoso, una teoría del «agujero emocional» en la cultura de las noticias basura.

En los últimos días, la muerte de la princesa Diana de Inglaterra en un accidente de coche en París había inundado los medios. Ya con las grabadoras funcionando, el presidente dijo que las primeras noticias les habían llegado cuando estaban de vacaciones. Hillary la conocía mejor y era la que había ido en su representación al funeral. En esos instantes, Clinton lamentaba haberse negado a ver a Diana durante su visita a la Casa Blanca en junio, debido a sus diferencias sobre las minas terrestres. Diana había hecho campaña para prohibirlas por completo mediante un tratado internacional, el Convenio de Ottawa de 1997, y Clinton, sólo unos días antes del accidente, había anunciado desde Martha's Vineyard un último intento de que Estados Unidos lo firmara. Su relato de cómo no lo había conseguido fue una auténtica defensa ante la simpatía mundial por todo lo relacionado con Diana.

Clinton contó que en su mesa tenía, desde el primer día, una mina antipersonas china de tres dólares. Era una pequeña y terrible monstruosidad de plástico, de ocho centímetros de diámetro, con una abertura desenroscable en la parte superior, en la que se metía un pequeño detonador de metal. Al arrojarla hacía volar piernas, y había matado a casi 10.000 personas el año anterior, la mayoría de ellas niños, sobre todo en los países más pobres del mundo. Clinton quería prohibirlas, y dijo que Estados

Unidos financiaba más de la mitad de todas las operaciones de limpieza de minas en el mundo. Sin embargo, no podía adherirse al Convenio de Ottawa sin una exclusión específica de Corea. Las minas estadounidenses que había allí eran la única barrera militar real entre un millón de soldados norcoreanos y 40.000 estadounidenses que vigilaban el corto camino a Seúl. Nuestras minas estaban colocadas de forma visible, en un terreno baldío de 27 kilómetros de ancho. Tenían unos dispositivos de autodesactivación y no había peligro de que mutilaran a niños distraídos años más tarde. Desde una perspectiva más técnica, Clinton describió las razones militares para una segunda exclusión que permitiera las minas anticarros de combate en grandes ofensivas como la Guerra del Golfo. Era un aspecto muy complicado, pero la negativa de Ottawa a conceder esas exclusiones había dejado a Clinton incómodamente agrupado con los países delincuentes que esparcían las lucrativas y letales minas baratas por todas partes.

Había muchas cuestiones que despertaban muy diversas emociones. Hacía sólo seis meses, los sindicatos de profesores habían denunciado las pruebas de nivel nacionales como una amenaza para los profesores que no cumplieran los criterios, y los líderes de las minorías habían dicho que eso podía acabar estigmatizando a sus alumnos. Ahora, esos grupos habían cambiado de opinión, dijo, pero los gobernadores republicanos estaban inquietos por si aparecía el fantasma de una asunción del problema por parte del Gobierno federal. Menos mal, añadió Clinton, que con las escuelas públicas experimentales había una reforma educativa que todavía no se había politizado. A su llegada a la presidencia sólo había una escuela experimental. Ahora había 500 en los 29 estados que las autorizaban, y el presupuesto tenía dinero previsto para otras 3.000. Confiaba en que se crearan más, para establecer un modelo independiente dentro de las escuelas públicas que obligara a hacer mejoras.

Comentamos que Susan Wright, la jueza que presidía el caso de Paula Jones, había desestimado dos de las cuatro demandas, tal como se preveía. El presidente creía que iba a desestimar al menos una más antes del juicio. Los abogados originales de Jones habían dimitido cuando ella se había negado a llegar a un acuerdo, pero Clinton moderó mi optimismo ante un posible acuerdo final que cerrara el caso. Los miembros de un grupo ideológico sin fines lucrativos de Dallas se habían hecho cargo del caso de Jones, apoyados por donaciones políticas con el fin de impulsar la demanda. Era evidente que la derecha estaba llevando el caso como una causa, lo cual, insistió Clinton, era lo que había sucedido desde el principio. En su opinión, lo mejor que podía pasar en ese momento era ganar mediante sentencia sumaria.[5] Su propia compañía de seguros estaba examinando las posibles lagunas para eludir esa responsabilidad. Si los de la compañía le abandonaban, las posibilidades de un arreglo se reducirían a cero, porque el presidente no estaba dispuesto a pagar ni un centavo de su bolsillo.

A propósito de los primeros casos en los que había tenido que participar su nueva Junta Asesora sobre la Raza, Clinton se sentía muy aprensivo sobre un caso de brutalidad policial en Nueva York. Desde agosto se había disparado la controversia a partir de la alarma dada por una enfermera del hospital de Coney Island, que se negaba a creer las afirmaciones de la policía de que el estado de un paciente era resultado de haber mantenido relaciones sexuales en la cárcel. Los investigadores habían descubierto que cuatro agentes de policía habían detenido a un inmigrante haitiano llamado Abner Louima en una pelea de bar y le habían dado una terrible paliza de camino a la comisaría número 70 en Brooklyn. Dentro, con Louima todavía esposado, le habían sodomizado de forma salvaje con el palo de una escoba, por el recto y por la boca, lo cual había causado dientes rotos y un desgarro de tejidos casi fatal que iba a necesitar varias operaciones durante unos cuantos meses. Las escandalosas revelaciones habían desatado manifestaciones de protesta, la censura de Amnistía Internacional y una serie de juicios que iban a durar años.[6] Cuando le pregunté por ello, el presidente corrigió las informaciones de prensa de que había reprochado a su junta sobre la raza que hubiera mostrado una timidez excesiva ante el incidente. Esperaba que la indignación les ayudara a superar las dudas de que los prejuicios más arraigados seguían vivos.

Clinton se mostró más comunicativo a propósito del cuadragésimo aniversario de la integración en el Instituto Central de Little Rock.* Dijo

---

5. La juez Wright concedió una sentencia sumaria a favor de Clinton el 1 de abril de 1998, pero, para entonces, el caso de Jones estaba eclipsado por las noticias sobre Monica Lewinsky.

6. En 1999, un agente de la policía de Nueva York fue condenado a treinta años por la agresión. Un segundo, a cinco años; otros dos consiguieron que se revocaran sus sentencias con sendos recursos; y un quinto fue absuelto. En 2001, Nueva York pagó a Abner Louima la mayor compensación por daños sufridos por brutalidad policial en la historia de la ciudad: 8,73 millones de dólares.

* En 1957, nueve estudiantes negros intentaron matricularse en el instituto de acuerdo con la ley federal de 1954 que ordenaba el fin de la segregación en las escuelas. Las autori-

que los actos en su estado natal habían sido un hito en dos sentidos. Primero, porque habían centrado la atención nacional e internacional en los grandes cambios que había sufrido la sociedad. En 1957, había sido necesario que el presidente Eisenhower enviara a los soldados —el primer despliegue contra la resistencia de un estado desde la Guerra de Secesión— para inclinar la balanza en la gran lucha. Clinton recordó que había invitado a los nueve estudiantes negros a la mansión del gobernador treinta años después con el fin de que se sintieran bienvenidos en la ciudadela en la que se había planificado un rechazo tan violento contra ellos. Hizo un esbozo de sus respectivas trayectorias. Su amigo Ernest Green había sobrevivido al instituto y se había convertido en un próspero banquero. Según él, los Nueve de Little Rock habían sufrido daños emocionales, pero los estudiantes blancos habían concentrado el acoso y los tormentos diarios en las seis chicas. Elizabeth Eckford, que había sufrido un denigrante acoso en público, había perdido gran parte de su espíritu extravertido. Hasta ese momento, dijo el presidente, no se había atrevido a trabar amistad con una mujer blanca, Hazel Bryan Massery, cuyo rostro furioso y gritón aparecía detrás de ella en una de las fotografías más simbólicas del siglo xx. Para Clinton, que mezclaba los argumentos políticos con las historias personales, esa dolorosa reconciliación representaba una segunda fase de progreso, en la que unos adversarios sin nombre se habían vuelto humanos. Por analogía, un día, más estadounidenses llegarían a identificarse no sólo con las aspiraciones democráticas de Haití, sino también con ciudadanos suyos como Abner Louima, que había estudiado para ser ingeniero eléctrico.

El presidente sólo me pidió en una ocasión que apagara las grabadoras. «Sé mucho más de la investigación sobre la financiación de las campañas», me confió. Los republicanos del Congreso, al volver de su pausa del Labor Day, habían intensificado su campaña para lograr un fiscal especial que investigara la recaudación de fondos de los demócratas para la campaña de 1996. El momento había estado espantosamente bien pensado, dijo Clinton, porque al mismo tiempo estaban obstruyendo en las cámaras

---

dades locales se opusieron y el presidente Eisenhower tuvo que enviar a las tropas para garantizar la entrada de los nueve estudiantes. Éstos soportaron un curso de insultos y vejaciones, pero fue el principio de facto de la integración. (*N. de la t.*)

—por quinto año consecutivo— un proyecto de ley que él apoyaba para reducir las enormes contribuciones de «dinero blando» obtenidas por ambos partidos. Los 45 senadores demócratas se habían comprometido por escrito a votar a favor del proyecto de reforma patrocinado por McCain y Feingold, pero los periodistas se habían hecho eco de un coro republicano que afirmaba que eran Clinton y Gore los que se oponían a la reforma de las grandes contribuciones.

Una vez más, Clinton acusó al FBI de causar una distorsión política. Dijo que la oficina del director Louis Freeh había hecho el juego a la mayoría republicana al presionar para que hubiera un fiscal especial destinado a lo de la financiación demócrata, mientras vendían noticias sensacionalistas sobre espionaje chino. Era una conducta escandalosa. Comentó que la única defensa que tendría en la posteridad por su incapacidad de controlar la entidad sería que había estado neutralizado por la constante investigación que el propio FBI había llevado a cabo sobre él. La fiscal general, Janet Reno, estaba a punto de prolongar una investigación de treinta días sobre la prueba legal para un fiscal especial, a pesar de que los abogados del Departamento de Justicia se oponían a esa medida preliminar. Consideraban que las pruebas del FBI eran espurias o directamente fabricadas, pero Reno había cedido. Irónicamente, Clinton confiaba en su instinto de que los republicanos quizá la habían intimidado en exceso. El senador de Mississippi Thad Cochran estaba exigiendo su dimisión, por lo que llamaba unos retrasos intolerables. Reno era una persona irritable, distante y a la que no le gustaba la política. Quizá esas características, que la hacían tan incompatible con Clinton, le darían fuerzas para estar ahora de su parte ante la ley.

Un pulso menos delicado era el que había malogrado su designación del gobernador de Massachusetts, William Weld, como embajador en México. Aunque Weld era un republicano conservador, su actitud aristocrática o sus opiniones progresistas en materia de igualdad entre los sexos irritaban tanto al senador Jesse Helms que había prometido bloquear su confirmación. Al final, dijo Clinton, la frustración le había obligado a hacer cosas estúpidas a Weld. Había retado públicamente a sus colegas republicanos a que anularan el dominio personal que tenía Helms en el Comité de Relaciones Exteriores. Si él hubiera obtenido el escaño de John Kerry en 1996, había anunciado, quizá no habría votado para mantener a una antigualla como Helms en su sitio. Luego, Weld había renunciado de pronto al cargo de gobernador, lo cual, según Clinton, había sido como tirarse de cabeza a una piscina vacía. Fuera suicida o no, debía haber notificado a la Casa Blanca que tenía intención de dimitir. «Tal vez habríamos podido sacar algo a cambio», lamentó el presidente con un suspiro. En su opinión, Weld era impulsivo, o quizá, simplemente, estaba aburrido de ser gobernador. Todo esto sólo había servido para hacer que el senador Helms se cerrara en banda, y el presidente, aunque sentía haber perdido el nombramiento, le respetaba por ello a su pesar. Si los demócratas fueran la mitad de tenaces que Helms, opinó, habría por lo menos cuatro más en el Senado. Al final, Lott había aconsejado a Clinton que se rindiera y le había dicho que, por el puesto de México, no merecía la pena «dejar maltrecho el sistema entero de comités» para arrebatar el control a un senador. Por mi interés personal, ya que le había recomendado a Weld para sustituir a Janet Reno, le pregunté a Clinton si le había mencionado los errores tácticos que había cometido en su análisis posterior. No, respondió. ¿Por qué cagarse en alguien cuando el daño ya estaba hecho?

De México pasamos a unos contactos recientes con el novelista Gabriel García Márquez; en dos ocasiones, una en la Casa Blanca y otra en Nueva York, antes de un discurso en Naciones Unidas. El presidente recordó que de este último lugar había ido al estreno de un montaje de *Carmen* en la Metropolitan Opera, con Plácido Domingo y la joven *mezzosoprano* Denyce Graves, cuya voz les había encantado tanto a él como a Hillary. Dio un largo rodeo para hablar sobre su adoración por la música de Bizet, la trayectoria de Graves desde sus humildes orígenes en Washington, y agradecer la existencia de los subtítulos en inglés que ahora permitían que «incluso un paleto como yo» pudiera seguir el argumento. De García Márquez dijo que habían entablado una relación desde que les presentaran en Martha's Vineyard hacía tres años, donde el Nobel se quedó tan impresionado por los comentarios sobre sus libros de Chelsea, que entonces tenía catorce años, que le había enviado una colección firmada personalmente. Pero en ese momento, le había dicho Clinton, podía decirle francamente que «su amigo» Fidel Castro había metido verdaderamente la pata al derribar los aviones de protesta el año anterior, y García Márquez había respondido: «¿Cree que él no lo sabe?». Habían comparado sus respectivas versiones sobre los fallos de comunicación y los errores burocráticos. Hasta los grupos anticastristas en el exilio habían empezado a inclinarse poco a poco contra el embargo, dijo el presidente, pero el brusco recurso a la violencia había retrasado lamentablemente los acuerdos políticos durante años.

Aparte, el novelista había dado a conocer un relato inédito sobre secuestros políticos en su Colombia natal. Clinton dijo que se había encerrado ahí al lado —señalaba el dormitorio— y había leído todo el manuscrito de un tirón. Era un relato directo, sin las imágenes fantásticas de la ficción de García Márquez, pero igualmente cautivador, con el retrato de un país dividido entre las instituciones políticas y los despiadados cárteles de la droga. García Márquez daba vida a los dos mundos paralelos, uno construido principalmente sobre la ley y unos lazos invisibles y el otro sobre el miedo y el dinero. Hacía sentir el frío valor que necesitaban las autoridades para seguir adelante ante su pueblo desesperado, que pedía excepciones y tratos para pagar el rescate por hijos o maridos secuestrados. Clinton dijo que el realismo desgarrador de García Márquez hacía que uno se avergonzase de la opinión extendida en Washington de que los colombianos no tenían personalidad.

Terminamos con un repaso al mundo, semejante al que en una ocasión le había pedido el papa. Clinton manifestó, con muchos detalles específicos, que se sentía optimista a propósito de África y de Irlanda, pesimista sobre Oriente Próximo e inseguro sobre Asia. Se detuvo en una extraña noticia de que Israel había puesto en libertad a un preso de Hamás tras un incidente —del que, al principio, se había dicho que era un incidente de tráfico en el que habían intervenido dos turistas canadienses en Ammán, Jordania— que quizá había sido un intento frustrado de asesinato. La verdad era que había mucho más detrás. Dijo que habían sido detenidos dos agentes del Mossad disfrazados de canadienses, pero al menos otros ocho agentes más se habían refugiado en la embajada israelí después de inyectar un exótico veneno en la oreja de un palestino llamado Khaled Mashal. El rey Hussein, furioso por el insulto que esto implicaba para la soberanía jordana, había exigido en privado que Israel identificara el veneno y proporcionara un antídoto, pero el primer ministro Netanyahu, al principio, se había negado, porque decía que esa información era un secreto de Estado.

Por desgracia, dijo el presidente, Netanyahu había ordenado este ataque incontrolado sin ninguna coordinación dentro de su propio Gobierno, que estaba recibiendo una importante ayuda encubierta del propio rey Hussein para detener a terroristas de Hamás dentro de las fronteras jordanas. Cuando Clinton estaba en Arkansas para el homenaje a los Nueve de Little Rock, había tenido que telefonear a Hussein. El rey, furioso, amenazaba con cerrar la embajada israelí y expulsar a los diplomáticos. Pero habían conseguido que Israel les diera el antídoto y habían podido salvar a Mashal, que era un negociador en nombre de Hamás y, como tal, no debería haber sido un objetivo político ni siquiera en una guerra declarada. El atentado contra su vida sólo tenía sentido como jugada política para reforzar la base derechista de Netanyahu, pero el torpe fracaso había obligado al primer ministro israelí y a su avergonzado gabinete a dejar en libertad al jeque Ahmed Yasin como forma de pedir perdón. En público, Israel estaba restando importancia a la medida y decía que era un gesto de buena voluntad con un hombre moribundo, pero Yasin, que aún no había cumplido sesenta años, había fundado Hamás en 1987 y era todavía una figura carismática entre los terroristas suicidas.[7] Con un dramático acento, mitad de *Macbeth* mitad de James Bond, Clinton resumió duramente el desastre, que había reforzado a los terroristas. Estaba asombrado de que la historia sobre los turistas canadienses hubiera durado una semana en las portadas.

7. Seis años después, el 22 de marzo de 2004, unos misiles lanzados desde helicópteros israelíes mataron al jeque Yasin en la ciudad de Gaza.

30

BUDDY Y SOCKS

Martes, 16 de diciembre de 1997

Miércoles, 14 de enero de 1998

Nuestra vuelta al mundo continuó durante las sesiones de invierno. Se había producido una crisis en noviembre cuando Irak volvió a expulsar a los inspectores de armas de la ONU. El envío del conjunto de portaaviones *George Washington* había intensificado los preparativos para incursiones aéreas y había obligado a Saddam Hussein a ceder en el último momento bajo una nube de incentivos y amenazas de patio de colegio. El presidente dijo que no había ninguna garantía de que el cumplimiento fuera a ser permanente y que quizá tendría que autorizar una acción militar en Irak en el plazo de un año.

Pasamos a cosas más agradables y contó un viaje que había hecho para dar ánimos a Bosnia a los dos años de la firma de los Acuerdos de Dayton. Dijo que estaba agradecido al respaldo que le había dado Bob Dole en todo momento. En unos discursos sin florituras, llenos de metáforas de fútbol americano sobre el deber de no abandonar el campo en el último cuarto, Dole había elogiado una misión ardua y con poquísimas bajas. Su franca cooperación bipartidista había neutralizado a los republicanos críticos, incluidos unos cuantos que figuraban en la delegación presidencial. Bosnia ya no era un polvorín en el corazón de Europa. Los 8.500 soldados estadounidenses desplegados tenían la moral muy alta, y las distintas facciones de un país desgarrado por la guerra se estaban recuperando poco a poco. En Sarajevo, donde la orquesta nacional había seguido tocando durante los años de asedio, Hillary y Dole se habían unido a un emocionante homenaje a siete músicos muertos. Había una silla vacía en honor del primer violín, que había muerto de un disparo cuando se encaminaba a un ensayo. Artistas de los tres grupos étnicos habían contestado a los francotiradores y a la artillería con su música y habían sido martirizados por ello, proclamó el presidente Clinton ante la muchedumbre; su valor ayudaría a sostener las nuevas instituciones democráticas de Bosnia.

Hablamos de la visita de Estado de Jiang Zemin en octubre. Clinton dijo que los medios chinos habían publicitado mucho la noticia de que un dirigente de Pekín había sido recibido en un ambiente íntimo en la residencia de la Casa Blanca, donde los dos habían hablado durante casi tres horas, en el Salón Oval Amarillo. Me perdí con los asuntos económicos que repasó, pero también explicó que había abordado la cuestión de los derechos humanos de manera calculada. «Dejemos de lado la moral», le había dicho a Jiang con una sonrisa. Si Clinton decía que estaba mal que China encarcelara a los disidentes políticos, sabía que Jiang respondería que era inmoral que Estados Unidos tuviera tantos criminales de todo tipo. China creía que la consecuencia inevitable del debate libre era la decadencia social. Por el momento, estrictamente desde el punto de vista de la tarea de gobernar China, Clinton le había preguntado a Jiang si encarcelar a los disidentes le proporcionaba suficiente seguridad como para compensar las críticas en todo el mundo. ¿De verdad iba a afectar a la estabilidad que un puñado de críticos hicieran discursos? Como respuesta, relató el presidente, Jiang había detallado los enormes cambios que una política así exigiría en su burocracia. Un cambio de prerrogativa implicaría pedir disculpas por el pasado, algo que era muy difícil en la cultura china. Funcionarios de todas las categorías se molestarían, especialmente porque la controversia sobre los derechos humanos les parecía de poco valor. Jiang había insistido en que las complejas reformas internas debían hacerse muy despacio.

El presidente había respondido a ese arranque de sinceridad presentando sus propios imperativos políticos. Como señal de respeto, le había dicho a Jiang, le enseñaba una muestra de todas las críticas que iba a hacer en su rueda de prensa conjunta el 29 de octubre. Iba a advertir de que la política de derechos humanos de China estaba en el lado equivocado de la historia, e invitaba a Jiang a expresar sus reparos recíprocos. «Nosotros reconocemos que tenemos un problema con los delincuentes —había confesado Clinton— y, si tiene usted alguna idea sobre por qué es mejor el orden que la libertad, a los estadounidenses nos gustaría oírla.» Por último, había animado a Jiang a buscar la opinión espontánea de la gente durante su visita, en Harvard, en Wall Street, en California. Tal vez la experiencia directa, me dijo, refutaría las sospechas de las autoridades chinas de que la opinión pública no era más que algo inventado por el Gobierno estadounidense para ponerles a la defensiva. Según Clinton, habían dado pequeños pasos hacia una confianza mutua. Por primera vez, Jiang Zemin había reconocido públicamente «errores» en el trato dado a los manifestantes de la plaza de Tiananmén en 1989, y poco después había dejado en libertad al disidente político más famoso de China, Wei Jingsheng. Pero Clinton conservaba la cautela. De aquí a cuarenta años, China tendría probablemente la mayor economía del mundo, en medio de Asia y al lado de Europa. Si mantenía la actual forma antidemocrática de Gobierno, un país así presentaba riesgos de agitación incluso aunque no tuviera designios imperiales. Clinton quería mantener una relación que fuera más allá de los miedos crónicos a la incomprensión y los choques, suficientemente fuerte para buscar formas de establecer unos vínculos provechosos. Este objetivo, si bien modesto, era el primer nexo real con China que yo le había visto entablar en todas nuestras sesiones.

Clinton recordó los momentos más destacados de su viaje por Sudamérica. En Caracas, el afable presidente Rafael Caldera Rodríguez había resumido su doble odisea a través de sesenta años de política venezolana y seis hijos con su esposa Alicia. En la cena de Estado, Caldera había felicitado con elegancia y sentido del humor a los Clinton por su vigésimo segundo aniversario de matrimonio, y había dicho en tono irónico que, por experiencia, sabía que la etapa más dura del matrimonio había pasado y pronto se convertiría en una relación maravillosa. En Brasil, Clinton había visto las favelas que abarrotaban los alrededores de Río de Janeiro, había dado patadas a un balón de fútbol con el famoso Pelé y, en la capital, Brasilia, había tenido un recibimiento lleno de colorido pero también teñido de resentimiento hacia Estados Unidos por robar todos los focos en nuestro hemisferio, empequeñecer el gigantesco Brasil, eclipsar su vibrante diversidad e inhibir sus mercados. «Esto hizo que las negociaciones políticas fueran muy difíciles —comentó el presidente—, pero la parte turística me encantó.» Después de unas conversaciones con el presidente argentino Carlos Menem, Clinton había ido al sur, a la Patagonia, y se había quedado fascinado por un enorme bosque de mirtos sin corteza —de color naranja brillante, rezumando taninos e increíblemente fríos al tacto—, debido a unas causas climáticas extraordinarias y con repercusiones delicadas para la química atmosférica del dióxido de carbono. Su introducción a las maravillas naturales de Sudamérica había sido útil, dijo Clinton, durante la reciente cumbre internacional en Japón. Había enviado allí a Al Gore para reforzar a los representantes de Estados Unidos, mientras, desde Washington, el presidente presionaba a varios presidentes sudamericanos, entre otros, para avanzar hacia el histórico Protocolo de Kioto anunciado el 10 de diciembre. Dos mil delegados peleones habían conseguido ponerse de acuerdo en detener el aumento descontrolado de las emisiones de carbono. Países ricos y países pobres se habían comprometido a reducir los gases de efecto invernadero un 5,2 % por debajo de los niveles de 1990 antes de 2012.

El ritmo de la conversación provocó que varios de los temas que estábamos tratando se quedaran a medias. Clinton habló de cómo se habían superpuesto las negociaciones de Kioto a diversos trastornos en Asia. Tres de las mayores compañías de valores de Japón habían quebrado en noviembre. La bolsa de Hong Kong se derrumbaba con cierta frecuencia, lo cual había desencadenado en una ocasión una caída tan vertiginosa de Wall Street —550 puntos— que la bolsa cerró antes de la hora. Sin saber cómo, pasamos a hablar del cachorro de labrador que le había regalado Hillary, dónde lo había encontrado y cómo le había dado la noticia, con unas bromas sobre quién necesitaba que le levantaran el ánimo en ausencia de Chelsea. Hacía unas mañanas, recordó el presidente, Hillary se había despertado con un destello de clarividencia sobre el nombre que había que ponerle. «Buddy está bien —había dicho—. Es un buen nombre.» Él le había respondido sólo que le dejara pedir la opinión a Buddy Carter, uno de los mayordomos de la Casa Blanca, encargado del perro, y, cuando me estaba contando que le había parecido bien compartir el apodo, unos ladridos ansiosos anunciaron la entrada de los dos Buddy en la Sala de los Tratados. Buddy Carter informó de que la criatura que daba vueltas atado a su correa había comido y hecho pis pero «no de lo otro» durante el paseo. Entonces sonó el teléfono: era una llamada del primer ministro japonés, Ryutaro Hashimoto.

El mayordomo se retiró ante la conversación oficial, y yo acabé sujetando la correa de Buddy mientras el presidente felicitaba a «Ryu» por sus valientes medidas para reactivar el sistema crediticio japonés y, de esa forma, estabilizar las economías en la región. Durante las frecuentes pausas para que el intérprete tradujera, Clinton cubría el auricular y explicaba para nuestra grabación que el estancamiento de Japón era crónico e insoluble. Los tipos de interés eran prácticamente cero, dijo, por lo que el estímulo monetario era inútil. Al tiempo arrojaba pequeñas golosinas de su mesa a la alfombra para Buddy, que tiraba de mí con sorprendente facilidad. El cachorro iba a dormirse enseguida, me aseguró Clinton y, efectivamente, estaba dormido cuando reanudamos la sesión en la mesita baja. El presidente aclaró que la economía japonesa, curiosamente, se resistía a los remedios fiscales y monetarios. Japón tenía una cultura reacia al gasto, y los líderes financieros ponían a buen recaudo un dinero que era necesario gastar.

La recuperación de Asia era vital para Estados Unidos, porque nuestra economía no podía sostener por sí sola la carga que soportábamos para el crecimiento mundial. Dijo que estábamos en el punto más alto, con un desempleo de sólo el 4,7 % y el déficit presupuestario descendiendo a toda velocidad hacia cero, por debajo ya de los 20.000 millones de dólares. El mes siguiente, reveló, iba a proponer un presupuesto totalmente equilibrado para el año fiscal 1999, con tres años de adelanto sobre el objetivo aprobado a bombo y platillo el verano anterior. Su presupuesto incluiría propuestas para reformar Medicaid para los pobres, duplicar el Peace Corps,* extender la cobertura sanitaria infantil y financiar una moratoria de la tala de bosques nacionales. Además, el presupuesto de 1999 reforzaría la Seguridad Social porque no iba a tocar su excedente independiente de 100.000 millones de dólares, que se había aprovechado todos los años para enmascarar el déficit. Clinton dijo que los estadounidenses eran más prudentes de lo que se suponía en relación con la disciplina necesaria para proteger la Seguridad Social. En cualquier caso, tenía un programa ambicioso. Estaba harto de las noticias ridículas que afirmaban que estaba ya cansado y tenía un aire de final de mandato.

Clinton preveía dos tipos de reacciones al equilibrio presupuestario. Primero, habría presiones para construir autopistas. Eso no era más que pura política, porque tanto a los demócratas como a los republicanos les encantaban las carreteras nuevas. Los dólares destinados a autopistas formaban redes de puestos de trabajo y donantes, y se podían extender los proyectos por tantos distritos que los proyectos de ley para construirlas se aprobaban casi solos. «Lo sé —dijo— porque yo solía hacerlo.» Esos proyectos de ley ocultaban compromisos de gastos en años futuros, por lo que eran engañosos e irresponsables, y la política de las autopistas sería un primer barómetro de la contención fiscal.

Segundo, un Tesoro sólido dejaría al descubierto la falta de interés de los republicanos en la competencia política constructiva. Así que el presi-

---

* El Peace Corps [«Cuerpo de Paz»] es un servicio voluntario de cooperación al desarrollo creado por Kennedy en 1961. (N. de la t.)

dente suponía que se iba a prestar más atención a los escándalos. El frenesí había empeorado, si era posible, desde que Fred Thompson había acabado sus sesiones del Senado sobre la supuesta corrupción de Clinton por falta de «una línea argumental clara» como en el Watergate. En un memorándum que se había filtrado, el director del FBI, Freeh, presionaba a la fiscal general, Reno, para que nombrara de todas formas a un fiscal especial. Era evidente que el FBI quería presentar como pruebas unos expedientes traspapelados que contenían información altamente secreta sobre los esfuerzos de los chinos para comprar a los demócratas en 1996.[1] Cuando Reno anunció, el 2 de diciembre, que las vagas pruebas disponibles no justificaban todavía un fiscal especial, los aullidos de protesta fueron casi unánimes. Titulares así podían ser irresistibles para los periodistas, dijo Clinton, pero, para sus adversarios, aumentar las distracciones mientras denigraban los beneficios de la política era una decisión estratégica de primer orden. Sus comités del Congreso habían interrogado a Reno sin cesar. Gingrich había dicho que era una idiota por no crear una fuente independiente que diera respuestas a todas esas preguntas sobre el dinero. Los republicanos habían denunciado que Kioto era una locura de «Gobierno intervencionista» como la reforma de la sanidad. Un fiscal especial acababa de iniciar el proceso de lo más endeble contra Henry Cisneros a propósito de dieciocho cargos,[2] y otro había testificado, sin ningún pudor, que el Departamento de Justicia había obstaculizado su eterna investigación de Mike Espy.

Clinton me pidió que le recordara algo para la próxima sesión. Quería grabar varias observaciones sobre todos los fiscales especiales, no sólo sobre Ken Starr, tal vez en una cinta aparte. Dijo que estaban trabajando de acuerdo con fuentes descaradamente partidistas, como los abogados de Paula Jones. Le contesté que me parecía bien y traté de no despertar a Buddy mientras rebobinaba las cintas. El presidente sonrió cuando le ofre-

---

1. Bob Woodward, «FBI Had Overlooked Key Files in Probe of Chinese Influence», en *The Washington Post*, 14 de noviembre de 1997, pág. 1.

2. El fiscal especial David Barrett acusó a Cisneros de dieciocho delitos de conspiración, perjurio y obstrucción de la justicia. Dos años después, Barrett aceptó que se le declarase culpable de una falta de afirmaciones erróneas, sin pasar ningún tiempo en la cárcel. El acuerdo evitó el juicio y las condiciones fueron equivalentes a una absolución casi completa de Cisneros. No obstante, Barrett siguió investigando hasta nada menos que doce años más. Su informe definitivo, hecho público en 2006, dejaba una nube de conspiraciones de 120 páginas redactadas por orden del tribunal.

cí las pruebas de *Pillar of Fire*, el segundo volumen de mi libro sobre la época de King. Lo iba a tratar como un tesoro, dijo, unas palabras que sonaron a bálsamo para un escritor. Confiaba en que estuviéramos haciendo una buena labor.

Varios acontecimientos externos complicaron nuestra cita en enero. Llegué después de cenar, tras un aviso de última hora, y, al mirar el monitor de seguridad en el Despacho del Ujier me sorprendió el tropel de juristas que habían entrado antes que yo en la residencia: Ken Starr, David Kendall y Bob Bennett, además de varios ayudantes. Cuando pregunté qué pasaba, algunos miembros del equipo que conocía me repitieron la lista de visitantes en un tono de calma exagerado. Eso podía significar cualquier cosa, así que intensifiqué mis angustiados preparativos de una cinta aparte sobre los fiscales especiales. Suponía que el presidente no tendría la intención de que me reuniera con ellos y corriéramos el riesgo de poner al descubierto sus diarios. Me puse a pensar que la oficina de Starr podía recibir las listas de entradas y salidas de invitados en la Casa Blanca y las preguntas que podrían hacerse sobre mí. Después, en la sala de estar familiar, Clinton restó importancia a todas esas cuestiones. Los abogados estaban en la Sala de los Tratados con Hillary, no con él, porque Starr estaba repasando de nuevo con morosidad una de sus investigaciones. Clinton pensaba que era a propósito de la tormenta del Filegate del FBI en 1996.

Ya con las grabadoras en marcha, el presidente me pidió disculpas por el retraso. Había estado absorbido en una reunión política sobre las elecciones al Congreso de noviembre. Sondeo por sondeo, escaño por escaño, los análisis le ofrecían las primeras esperanzas de convertirse en el primer presidente cuyo partido recuperase escaños en su sexto año de mandato. Como era realista, descartaba el Senado, con seis escaños demócratas vulnerables frente a sólo tres republicanos, pero en la Cámara era posible una victoria histórica. Sus especialistas en cifras, mirando atrás y adelante, habían llegado a la conclusión de que el mejor índice de predicción en unas elecciones muy igualadas era el nivel de aprobación de Clinton. «Si permanezco por encima del 60 %, tenemos posibilidades de salir bien parados —dijo—. Si no, no.» Explicó que este índice selectivo no era demasiado agradable. Hacía que fuera un gran riesgo tomar la decisión de gastar su capital político en conseguir determinadas cosas. Como otros políticos tenían unos sondeos similares, los candidatos demócratas estarían hipersensibilizados respecto a las prioridades de Clinton. Y era evidente, añadió, que esas cifras ayudaban a explicar la estrategia republicana de seguir agitando los casos de Paula Jones, Whitewater y diversas modalidades del escándalo del dinero asiático. Clinton no iba a estar en las papeletas en 1998, pero unas distracciones aparentemente casuales que disminuyeran sus índices de aprobación podían arrojar dividendos a los candidatos republicanos en Oregon o Indiana.

Tenía la sensación de que el centro de gravedad nacional estaba tambaleándose, y sospechaba que ellos también lo notaban. «Estos republicanos creen que tienen el Gobierno en sus manos ahora —afirmó—, salvo el presidente.» Controlaban las dos cámaras del Congreso, tenían una ligera mayoría en el Tribunal Supremo y, después de las últimas décadas, habían acumulado más jueces federales y cargos en la administración. Además, contaban con unos poderosos equipos de expertos conservadores, como la Fundación Heritage y la Sociedad Federalista, que promovían el tema único de que los demócratas eran unos blandos despilfarradores a los que no se les podía confiar ni la economía ni la seguridad nacional. Ese tema dominante también estaba tambaleándose, lo cual significaba que los republicanos estaban a punto de consolidar su poder o sufrir un desmoronamiento cíclico.

La incertidumbre sobre qué lado de la balanza iba a inclinarse explicaba que se hubieran endurecido las guerras políticas, sobre todo, según Clinton, en las disputas a propósito del sistema judicial. El Senado republicano no había confirmado a un solo juez de apelaciones en todo un año, y sólo a nueve jueces de distrito, y tenía bloqueados a más de cien designados por Clinton para tribunales en todo Estados Unidos. Ignoraban las peticiones de ayuda de la gente neutral para desatascar los sumarios pendientes. Hasta el presidente del Tribunal Supremo, Rehnquist, republicano, había pedido a sus correligionarios que cedieran, y la fiscal general, Reno, había atacado la intransigencia del Senado en los discursos más duros que había pronunciado. El presidente sonrió al contarlo. Al hablar tanto de los jueces como de los fiscales especiales los republicanos habían logrado irritar a Reno, que les había enseñado los dientes.

No obstante, lo que preocupaba a Clinton no era ni la política nacional ni los fiscales especiales. Aunque estaba acostumbrado a las sorpresas, tardé en darme cuenta de que estaba completamente concentrado en lo que pasaba en el extranjero. Una pregunta suscitó una descripción completa de las matanzas políticas en Argelia, con ecos en todo el mundo musulmán y mucha reflexión sobre posibles remedios. «No tengo nada positivo que decirte al respecto», reconoció; en cambio, su respuesta sobre Irlanda del Norte incluyó detalles de los contactos con las partes interesadas, entre ellas el primer ministro británico Tony Blair. Clinton comparó el progreso a bandazos en este tema con el que se había producido en Oriente Próximo cuando vivía Rabin. El mediador estadounidense George Mitchell estaba dirigiendo las negociaciones políticas. Un emisario especial se encargaba de los aspectos económicos. Blair había ido a Belfast y Gerry Adams, del Sinn Féin, había visitado a Blair en Londres, para mantener las primeras conversaciones de ese tipo desde que David Lloyd George recibiera al líder rebelde irlandés Michael Collins en 1921. El presidente refirió algunas señales prometedoras de los últimos días, Ni siquiera el asesinato sectario del sobrino de Gerry Adams, dijo, había podido hacer descarrilar los firmes esfuerzos de católicos y protestantes para crear un Gobierno de unificación para Irlanda del Norte.[3]

Sus comentarios se detuvieron a continuación en la crisis financiera de Asia, que estaba sacudiendo los mercados mundiales más que la devaluación mexicana de 1995. En ese momento, como en el pasado, las propuestas de ayuda estadounidense habían despertado oposición en los dos partidos. Los republicanos solían quejarse de tener que ayudar a otros países, y a los demócratas les preocupaba recompensar a los banqueros y especuladores que habían causado las bancarrotas. Clinton dijo que ojalá su tarea se redujera a esos obstáculos políticos. Por primera vez, no tenía confianza en una estrategia racional que le sirviera como punto de partida. Sus más astutos asesores económicos —Robert Rubin y Larry Summers— tenían dudas sobre el apoyo estructural a soluciones de mercado en Corea del Sur e Indonesia, donde unos gigantescos proyectos urbanísticos a treinta años se financiaban con préstamos a noventa días, contando con que la máquina de hacer billetes no iba a detenerse nunca. Luego, cuando la rupia indonesia perdió la mitad de su valor en dos meses, las empresas habían quebrado en masa, porque no podían pedir prestado el doble de lo que debían para pagar las nóminas del día siguiente. Clinton contó una terri-

---

3. Algunos grupos protestantes y católicos escindidos intercambiaron asesinatos y represalias con el fin de interrumpir el proceso de paz. El 11 de enero de 1998, uno de estos grupos reivindicó el asesinato de Terry Enwright, que estaba casado con una sobrina de Gerry Adams, delante de un pub.

ble discusión que había tenido con el presidente Suharto,[4] el anciano dictador de Indonesia, que había rechazado su petición de que creara unos códigos comerciales básicos y regulara los bancos. Suharto había acusado a Clinton de imponer «valores occidentales» para adquirir la hegemonía sobre las empresas indonesias. Clinton se encogió de hombros. Hasta entonces, habíamos tenido la suerte de salir temporalmente beneficiados. Los inversores, aterrados, habían trasladado muchos miles de millones de dólares de Asia a Estados Unidos. Por supuesto, le preocupaba que pudieran volver a sacarlos justo antes de las elecciones de otoño.

Hizo una larga serie de reflexiones sobre Irán, cuyo nuevo presidente, Mohamed Jatamí, acababa de conceder una larga entrevista a la corresponsal de la CNN Christiane Amanpour. Clinton tenía a «todo tipo de gente» en el Gobierno estudiando las palabras de Jatamí, buscando indicios ocultos de que el régimen islamista pudiera estar abierto a algún tipo de relaciones, aunque fuera en secreto. Después de casi veinte años de fría hostilidad y no reconocimiento del régimen, cualquier deshielo cambiaría la situación política en esa volátil región del mundo. Podía aislar a Saddam Hussein en Irak, ejercer presión sobre Siria y contribuir al proceso de paz en Oriente Próximo, así como crear oportunidades económicas y estratégicas tanto para Irán como para Estados Unidos. Nuestros servicios de inteligencia, dijo el presidente, habían encontrado muchos partidarios de entablar unas mejores relaciones entre el pueblo iraní, pero Jatamí estaba maniobrando con cautela entre las esperanzas de su gente y la amenaza de medidas drásticas por parte de los mulás fundamentalistas, que seguían controlando la maquinaria del Estado religioso iraní.

En la entrevista de la CNN, Jatamí eludía las preguntas sobre Israel desarrollando un discurso sobre el antisemitismo. Era un «concepto occidental», le había dicho a Amanpour, ajeno a los musulmanes y totalmente desarrollado por los cristianos, desde la Europa medieval hasta su culminación asesina en el Holocausto. Clinton reconoció que había gran parte de verdad en ello, pero que no podía permitir a Jatamí ninguna excusa —ya fuera compleja o engañosa— para su condena absoluta del pueblo «sionista» y su objetivo públicamente declarado de destruir Israel. El pre-

---

4. Suharto se hizo con el poder en 1965, tras un golpe de Estado seguido de enormes purgas étnicas y políticas todavía envueltas en misterio. Las manifestaciones provocadas por las dificultades de 1998 le expulsaron del poder el 21 de mayo. Murió el 27 de enero de 2008.

sidente examinó los peligrosos matices que separaban los errores de los gobiernos de los derechos de los pueblos. Con cuidado, en circunstancias favorables, podía prever ciertos avances mediante un intercambio de peticiones de perdón nacionales. Nosotros no deberíamos haber derrocado el Gobierno de Irán en 1953.[5] ¿Cuánto nos habría molestado que Irán nos hubiera hecho a nosotros eso, no sólo derrocar a nuestros líderes sino anular nuestra propia Constitución? No obstante, los mulás iraníes tampoco tenían que haber desatado su ira contra los rehenes estadounidenses en 1979, ni haber consolidado su revolución con eslóganes de odio hacia el «Gran Satán», Estados Unidos.

Al hablar sobre Oriente Próximo, se mostró irritado desde el principio. A finales del año anterior, el primer ministro Netanyahu había aparecido en la televisión estadounidense para quejarse de que Clinton había «humillado» al Estado de Israel al no querer entrevistarse con él cuando sus respectivos aviones se habían visto convenientemente retrasados en la pista del aeropuerto de Los Ángeles. El presidente me dijo que desde luego no se oponía a los encuentros espontáneos. Ni le importaba demasiado que otro dirigente intentara manipular su calendario. Explicó que la razón por la que se había negado a ello era la que le había expresado claramente a Netanyahu después por teléfono: no estaba dispuesto a celebrar otra reunión oficial cuyo único propósito era ganar tiempo. Netanyahu, que se había comprometido a dar pasos concretos, tenía pensado volver a congelar la situación exponiendo unos motivos por los que Israel debía esperar, en esta ocasión cinco meses más. Con su actitud pretendía reforzar una base política contraria a la paz que estaba debilitándose, y, cuando Clinton le había negado la bendición implícita de Estados Unidos, Netanyahu había decidido sustituirla por el grito de que se había insultado a su país. Clinton dijo que ese estallido petulante iba a proporcionar a Bibi, como mucho, una subida temporal en los sondeos. Netanyahu tenía ante sí un futuro negro.

Clinton se puso de mal humor al pensar en las audiencias separadas que le esperaban la semana siguiente con Netanyahu y Arafat. Después de

5. La CIA y los espías británicos derrocaron al primer ministro electo, Mohammed Mossadegh, y restauraron el Gobierno hereditario en la persona del sha. A pesar de ser un hecho tanto celebrado como denostado entre las operaciones clandestinas de la Guerra Fría, Estados Unidos no lo reconoció públicamente hasta unas sesiones de investigación en el Congreso en 1976.

revisar las opiniones de la secretaria de Estado, Albright, y el embajador Dennis Ross, dijo que Israel —cuatro años después de la firma de los Acuerdos de Oslo— había retirado soldados del 27 % de Cisjordania. Ahora, Netanyahu había bloqueado nuevas retiradas, porque la Autoridad Palestina provisional de Arafat no aceptaba un máximo de un 13 % más de territorio. Por motivos de supervivencia política y seguridad frente a los terroristas, Bibi iba a retener el pleno control de más de la mitad de Cisjordania —el 60 %—, incluida una red de carreteras que conectaba los asentamientos israelíes. Clinton afirmó que era imposible que avanzara el acuerdo entre los dos Estados con unos términos tan mezquinos. Peor aún, Netanyahu había decidido también paralizar los gestos para aliviar el sufrimiento y la desconfianza. No dejaba que los palestinos reabrieran el aeropuerto de Gaza, por ejemplo, ni estaba dispuesto a autorizar una carretera entre Gaza, que estaba aislada, y Cisjordania. Ni siquiera quería permitir la construcción de polígonos industriales en Gaza, por miedo a que los palestinos desviaran el dinero hacia el terrorismo. Esas políticas, gruñó Clinton, perjudicaban el proceso de paz. Cuando Hamás colocaba una bomba, el ejército israelí cerraba todas las salidas de Gaza, un territorio densamente poblado, y aislaba a un millón de palestinos muy pobres impidiéndoles acceder a sus únicos puestos de trabajo posibles. La férrea lógica de la ocupación exigía una psicología servil, pero también provocaba que el apoyo popular se trasladase de Arafat a Hamás.

El presidente se retorció en busca de una alternativa. Estaba claramente frustrado, casi desesperado. Las notas que dicté una hora más tarde indicaban que no recordaba haberle visto tan disgustado. Clinton aseguró que comprendía por qué el presidente Bush y el secretario de Estado Baker habían anunciado en una ocasión recortes en la asignación otorgada a Israel para gastos de seguridad. Pero una medida tan extrema producía miedo y voluntad de atrincherarse en los israelíes. Sólo tenía sentido en un paquete de medidas para imponer un acuerdo en Oriente Próximo desde fuera, y la base de actuación de Clinton era que eran las propias partes las que debían decidir y construir las condiciones de paz. Dejando la ayuda militar a Israel intacta, el presidente había pensado en lo que podía ser su máxima sanción: la retirada pública de las negociaciones. Dijo que a Estados Unidos no le interesaba conferir dignidad a unas negociaciones de pacotilla. Se negaba a auspiciar una farsa.

Le pregunté si iba a comunicárselo a Netanyahu en la Casa Blanca la semana siguiente. «Es lo que estamos discutiendo», replicó. Si no lo hacía, pregunté, ¿podía suspender nuevos contactos hasta que Netanyahu diera algunos pasos más pequeños, como conceder permisos para empresas en Gaza? Esa opción no estaba sobre la mesa. Sería algo nuevo —y con sentido— sólo si lo anunciaba en una declaración pública, lo cual, dijo, era un paso muy importante. Por mucho que camuflara las condiciones, constituirían una reprimenda a Israel por haber perdido el tiempo en medidas no esenciales para la seguridad. Clinton reveló que le costaría recuperar la neutralidad.

Analizó otros mensajes alternativos para Netanyahu, en los que prescindiera de riesgos terribles y recompensas poco probables. Luego sonrió. Comentó que estaba teniendo mucho más éxito como pacificador con Buddy y Socks. Habían tenido algunos encuentros desagradables, en los que sobre todo había salido perdiendo Buddy. Dijo que todo el mérito era de su secretaria Betty Currie, que había conseguido treguas en las que el perro y el gato se miraban con desconfianza de un lado a otro del Despacho Oval.

31

LEWINSKY

Ceremonia en la Escuela Universitaria de Goucher
Miércoles, 21 de enero de 1998

Lunes, 6 de abril de 1998

Lunes, 11 de mayo de 1998

Miércoles, 10 de junio de 1998

Martes, 7 de julio de 1998

Nuestra sesión de enero había terminado con unos comentarios persona-les, sin ninguna señal de que algunos acontecimientos iban a verse sobre-pasados por otros. El presidente Clinton dijo que Hillary y él estaban en-cantados de que Christy se incorporara al pequeño equipo de preparación de los discursos de la primera dama. Era su tercer día en el puesto. Admi-tí que nosotros estábamos emocionados con el reto, y que estábamos adaptándonos a la inversión de papeles en nuestra tradicional rutina ho-gareña. Ahora era Christy la que se levantaba antes del amanecer para coger un tren de primera hora a Washington, y me dejaba a mí la tarea de mandar a nuestros hijos al colegio. El 21 de enero iba a convertirme en profesor a tiempo parcial en la Escuela Universitaria de Goucher College de Baltimore, y ese mismo día el centro otorgaría a Hillary un título hono-rífico. Firmé para los Clinton dos ejemplares impresos de mi nuevo libro, con una nota personal para cada uno, y agradecí la novedad de un periodo en las aulas antes de volver a encerrarme para comenzar el último volu-men de mi historia sobre los derechos civiles.

El presidente, mientras charlaba sobre cosas de familia, trajo a cola-ción la posibilidad de que colaborara con él en sus memorias cuando dejara el cargo. Hacía varios años que no hablábamos de esa idea. La perspectiva seguía resultándome incómoda, comenté, por los diversos papeles que ya estaba costándome controlar: diarista oculto, amigo, caja de resonancia, mensajero ocasional. Además, sus memorias oficiales darían un trabajo considerable. Desde un punto de vista egoísta, me daba miedo verme arrancado de toda una vida dedicada a investigar los incendiarios años sesenta —en los que se encontraban las bases de las transformaciones y las distorsiones históricas de nuestra era— y quizá incluso perder el ánimo para terminar el trabajo. Y el secretismo dificultaba mis opciones. El mero hecho de obtener una cláusula de contingencia en el contrato de mi nuevo libro que me permitiera interrumpir temporalmente mi labor supondría tener que contar con el permiso del presidente para revelar algo sobre nuestro proyecto de las grabaciones. Clinton contestó que me lo daba sin problemas. Como nuestro trabajo se había mantenido en secreto durante tanto tiempo, le parecía que el riesgo de una revelación discreta merecía la pena a cambio de conservar las opciones para su libro. No obstante, le pedí disculpas porque tenía ciertas reservas que me inquietaban. Ya se enfrentaba a suficientes problemas. Mi deber era que le resultara fácil y seguro elaborar un archivo sincero para el futuro.

Nuestros respectivos caminos coincidieron curiosamente pocos días después. El presidente acogió las ceremonias de la medalla de la Libertad, firmó un pacto de la OTAN sobre los Balcanes y pronunció otro discurso a propósito de los desastrosos costes del tabaquismo juvenil, según revelaban unos documentos internos nuevos sobre la insidiosa publicidad del tabaco. Luego, Clinton desapareció de la esfera pública para responder bajo juramento durante seis horas a las preguntas de los abogados de Paula Jones, en medio de un ciego frenesí de especulaciones en la prensa. Mientras tanto, yo obtuve un distintivo para aparcar en la universidad y puse en marcha actos editoriales relacionados con mi primer libro en nueve años. Ese lunes, un amigo de Baltimore vino a verme después de un acto en un instituto para conmemorar el día dedicado a Martin Luther King. Su mujer trabajaba para el museo del Holocausto en Washington, y él había quedado en que ella fuera a nuestra casa poco después de llegar yo. Traía varios ejemplares de *Pillar of Fire* para que se los firmara, pero sobre todo quería desahogarse. Yasser Arafat había anunciado su deseo de visitar el museo del Holocausto durante el viaje que iba a realizar para ver al presidente Clinton, y le habían dicho que no iba a ser bien recibido. El director del museo acababa de salir en la prensa de todo el mundo por llamar a Arafat «Hitler de carne y hueso». Mi amiga me confesó que los ideólogos del museo habían pisoteado todos los principios de una institución pública que pretendía educar sobre el odio y la historia. Algunos de sus colegas estaban preparando una revuelta. El presidente de la junta rectora, Miles Lerman,[1] simpatizaba con ellos pero estaba cansado. Aunque yo no lo conocía, ¿podía intentar tranquilizarlo? Tenía su número de teléfono en Palm Beach.

Todos mis trucos fallaron. Lerman parecía desesperado pero no confuso. Su junta rectora le había apabullado con advertencias de que los donantes iban a cortarles el cuello si dejaban que Arafat cruzara la puerta. Luego se habían ido y le habían dejado solo para defender una postura con la que no estaba de acuerdo. Lerman contó que, si era necesario, estaba dispuesto a recibir él mismo a Arafat y llevarle de la mano. Se lo había dicho a gente en el Departamento de Estado, pero los diplomáticos querían arreglar la situación a toda prisa ante la llegada de Netanyahu a Estados Unidos y con Arafat también en camino. Lerman tenía que hacer llegar el mensaje exacto al presidente Clinton. Bueno, le dijo, ¿por qué no probaba a llamarle directamente, dado que le conocía? Pensé que el presidente quizá estaría dispuesto a dedicar un rato a arreglar este error incendiario. Lerman gruñó. «He llevado mi fundación a un lodazal —dijo, y añadió que había hecho daño a la causa y a su país—. Estoy avergonzado de mí mismo.» No se sentía capaz de molestar al presidente si éste no era consciente por adelantado de que estaba arrepentido.

La tristeza de Lerman era tan sincera que acepté intentarlo, y conseguí hablar con el presidente una hora después para hacerle un resumen de treinta y dos segundos. Fantástico, respondió. Este desagradable episodio podía acabar siendo beneficioso. Una disculpa mostraría un cambio de opinión espectacular, y necesitábamos que algo se moviera para avanzar en Oriente Próximo. Se encargaría él mismo si hacía falta. Le di los números de teléfono de Lerman. Esa noche, fui a Washington para firmar ejemplares de mi libro en la librería Politics & Prose de Connecticut Avenue. Luego, por casualidad, vi a la secretaria de Estado Albright que entraba en

---

1. Durante la Segunda Guerra Mundial, Lerman escapó de un campo de trabajo nazi y se unió a un grupo de resistentes judíos cerca de Lvov, Polonia. Su mujer sobrevivió a Auschwitz. En Estados Unidos, Lerman recaudó casi 200 millones de dólares como presidente y fundador de la junta para la construcción del museo del Holocausto, que se inauguró en 1993. Lerman murió el 22 de enero de 2008.

el restaurante de al lado después de haber asistido a una proyección de la película *Amistad*. Hablamos brevemente en la puerta, entre el ruido de dentro y la lluvia de fuera. Ella estaba ya al tanto de que Lerman pretendía retractarse. Le transmití la preocupación de Clinton de que Arafat pudiera rechazar una invitación arrepentida del museo, lo cual perjudicaría a todo el mundo. Ella contestó que Arafat podía ser lo suficientemente mezquino como para hacerlo, pero que su gente iba a trabajar para evitarlo.

El primer ministro Netanyahu entró en la Casa Blanca el martes. El evangelista Jerry Falwell estaba convocando multitudes para apoyarle frente a Clinton, y había elogiado la resistencia del Gobierno israelí a la retirada gradual de Cisjordania. Mientras tanto, las noticias hablaban de que la junta rectora, tras una tormentosa reunión en el museo del Holocausto, había revocado la prohibición de entrar a Arafat, que iba a reunirse con Albright un día antes de su audiencia con el presidente Clinton.

Mucho antes del amanecer del miércoles, 21 de enero, Christy salió en tren a Washington, con destino a una loca excursión de servicio oficial, justo a tiempo para volver en tren a Baltimore con la primera dama a la ceremonia de invierno en la Escuela Universitaria de Goucher. Me llamó cuando me disponía a salir para asistir al mismo acto. Desolada, me dijo que cogiera el *The Washington Post* que nos dejaban en la puerta y que encendiera la televisión. Los informativos estaban hablando sin cesar de unas revelaciones sobre una supuesta aventura del presidente con una ex becaria de la Casa Blanca, de veinticuatro años, llamada Monica Lewinsky. Ya habían ampliado la jurisdicción de Starr para cubrir el posible perjurio que cometiera Clinton sobre ella al declarar el sábado a propósito del caso Jones. La intriga se extendía por todas partes. Starr tenía unas cintas secretas en las que Lewinsky hablaba de sexo. Christy dijo que, en el ala oeste y en el Viejo Edificio Ejecutivo,* todo el mundo hablaba en susurros, y nadie sabía si Hillary iba a ir a Baltimore o a anular la visita. Christy tenía que esperar en la residencia como le habían dicho, pendiente de una última consulta sobre el discurso en Goucher. Era el primer discurso que había escrito sola.

En el cuarto situado bajo el gimnasio de Goucher, los encargados del protocolo desahogaban su tensión repitiendo instrucciones sobre el or-

---

* El Old Executive Office Building, que actualmente se llama Eisenhower Executive Office Building, está situado al lado de la Casa Blanca y contiene numerosas dependencias de la presidencia y las oficinas del vicepresidente. (*N. de la t.*)

den de entrada de los invitados, los miembros del consejo de administración y los profesores. Una avanzadilla de funcionarios de la Casa Blanca seguían la marcha del tren desde Washington, y los periodistas avisaron a Judy Mohraz, la rectora del centro, del extraordinario número de colegas que habían acudido a la Penn Station de Baltimore para lograr la primera reacción de Hillary al escándalo. Los demás estábamos atontados, con nuestras coloridas túnicas académicas, en general de buen humor pero sin concentrarnos demasiado. No teníamos ni idea de si ella iba a lamentarse, a ocultarse o a echar chispas. Cuando la caravana de coches por fin se aproximó, Mohraz encabezó un pequeño grupo para recibirla por la puerta trasera. Su plan era que yo, el profesor recién llegado que iba a moderar las preguntas después de la ceremonia, presentara a la primera dama a Mohraz y a otras personas, entre ellas la senadora Barbara Mikulski y el viejo jefe de Christy, el alcalde Kurt Schmoke. Es posible que la ansiedad me empujara o que los otros se quedaran atrás, pero el caso es que me encontré muy por delante de ellos cuando Hillary salió antes que sus ayudantes de la primera limusina. «¿Estás bien?» Sonrió pero apenas redujo el paso. «Estoy estupendamente —dijo—. Vamos a por ellos.»

Hillary deslumbró a Goucher, pero las noticias las acaparó Monica. Se habló inmediatamente de *impeachment*,* entre febriles especulaciones de que Clinton iba a dimitir antes de que terminara enero. David Kendall nos dijo que suspendiéramos nuestras sesiones mientras el ejército de Starr invadía el sanctasanctórum de la Casa Blanca, con órdenes de búsqueda de registros de entradas, listas de llamadas telefónicas y testigos que probaran la supuesta aventura. Starr se saltó todas las objeciones para exigir —y obtener— el testimonio de los abogados de Clinton, los ayudantes e incluso los agentes del Servicio Secreto a propósito de lo que habían visto u oído sobre Lewinsky.

Durante semanas, se analizó lo que Betty Currie, Nancy Hernreich y Vernon Jordan, entre muchos otros, podían haber declarado al gran jurado bajo coacción. Yo me estremecía por ellos, a distancia, sin saber qué hacer. Vernon me había contratado para realizar una arriesgada labor de defensa de los derechos civiles en 1969, y yo tenía enorme confianza en su

---

* *Impeachment* es el procedimiento por el que se acusa a una persona en un cargo público de delitos cometidos en el desempeño de sus funciones, con el posible resultado de su enjuiciamiento criminal e incluso su destitución. (*N. de la t.*)

integridad profesional; sabía que no iba a sobornar a nadie para que cometiera perjurio ni iba a mentir él personalmente. Al mismo tiempo, me inquietaba su presunto papel de mensajero entre el presidente Clinton y Lewinsky antes de que estallara el escándalo. En las ocasiones en las que habíamos coincidido, me había parecido observar que Vernon podía considerar las aventuras extramatrimoniales como algo ligero o como un entretenimiento.

Para mí, la tensión entre la moral pública y la privada era un terreno de arenas movedizas que me era familiar por mis años de estudio sobre Martin Luther King. Casi todos los que separan de forma dogmática las dos esferas suelen acabar haciendo excepciones. No existe un límite hermético. El carácter íntimo y la actuación pública pueden influirse mutuamente, sin duda, pero la causalidad parece tan compleja como la naturaleza humana. En el caso de King, había encontrado señales de una conciencia culpable que le devoraba y que le llevaba a buscar la penitencia en el sacrificio histórico. Sobre Clinton, no tenía ninguna teoría sólida. Las noticias sobre sus aventuras eran preocupantes, como la arrogancia de juzgarle desde lejos. En algunas ocasiones, con otros amigos de toda la vida, como Strobe Talbott, me había atrevido a hacer conjeturas sobre su vida sexual. Mi única prueba de primera mano era que Clinton y Hillary habían estado ardientemente enamorados hacía mucho tiempo en Texas, hasta el punto de recordar algunos momentos en los que me había sentido de más. Todo lo que había oído desde entonces eran los habituales rumores de aventuras, como las de Kennedy en Arkansas. Sin tener pruebas, pensaba que seguramente había algo de verdad en ellos. Las aventuras amorosas no eran raras en un político de éxito y con enormes apetitos. Strobe estaba bastante de acuerdo conmigo, aunque seguía confundido. Durante el tiempo en el que habían coincidido en Oxford, Clinton no había sido uno de los jóvenes donjuanes que había conocido Strobe. Si los rumores posteriores fueran ciertos, los Clinton debían de tener muchas cicatrices entre los dos, pero, pese a ello, su matrimonio nos parecía bastante lleno de amor. Su relación privada seguía siendo afectuosa y entusiasta, nunca fría, con una chispa que procedía de algún sitio, aunque no fuera la libido. Strobe y yo lo considerábamos un misterio permanente, aunque nos reíamos de mi palabrería de aficionado y su incomodidad puritana ante las especulaciones sexuales. Confiábamos, visto el susto casi fatal que había supuesto en la campaña de 1992 el caso de Gennifer Flowers, en que el cerebro y la ambición de Clinton le hicieran reprimir su afición a las correrías en la Casa Blanca. Hasta ese momento, todos los escándalos habían sido casos resucitados de su pasado.

Lewinsky lo cambió todo e inundó los medios de comunicación de tramas secundarias. Un mes después, faxeó a Clinton una breve nota para decir que el proyecto de historia era más importante que cualquier situación embarazosa: «Estoy listo cuando me necesites». Pasaron otras seis semanas hasta la llamada de Nancy Hernreich para la noche del 6 de abril, en la que la promoción de mi libro iba a terminar con una conferencia en los Archivos Nacionales. Después del acto, pasé el control de seguridad de la Casa Blanca hecho un manojo de nervios. Parecía que hacía más tiempo que los tres meses transcurridos desde mi última visita. Tenía vagas fantasías de paredes llenas de orificios de bala y letreros escritos con barra de labios, pero no hubo más que las rutinas de siempre que me llevaron a la misma dignidad tranquila del pasillo central amarillo. En la Sala de los Tratados, el presidente Clinton me felicitó porque Carolina del Norte había llegado a la fase final del torneo de baloncesto masculino de la NCAA. En su opinión, mi universidad incluso podía haber derrotado a Kentucky, que al final había quedado campeón, si Utah no les hubiera remontado doce puntos en la primera mitad, y añadió, bromeando, que iba a publicar un decreto para que Vince Carter y Antawn Jamison no se pasaran a los profesionales al año siguiente. Nos pusimos al día y le dije que acababa de volver de una manifestación para conmemorar el trigésimo aniversario de la muerte del doctor King en Memphis, junto a su colega superviviente Fred Shuttlesworth, que había contado animados recuerdos todo el camino. Había estado allí Jesse Jackson, que recientemente había vuelto de un viaje a África con el presidente.

Clinton se aseguró de que no había encendido las grabadoras. Si Kendall le preguntaba, quería poder decirle que no había nada sobre Lewinsky en las cintas. Me explicó que su relación con Jackson era accidentada. «Ha estado furioso conmigo —dijo—, y yo he estado furioso con él.» Pero Jesse había hecho una cosa que no iba a olvidar. Cuando había saltado la noticia sobre Lewinsky, había llamado a Chelsea a Stanford. Jesse era el único adulto que no era de la familia que tenía su número de móvil; no se sabía cómo lo había conseguido. La había llamado y le había dicho que sabía que todo eso era terrible para ella. En la política estadounidense nunca había ocurrido una cosa así. No estaba al tanto de todos los detalles, pero quería recordarle a Chelsea lo mucho que la querían sus padres. Su familia tenía que permanecer unida por encima de todo y, si necesitaba pedir consejo, desahogarse o rezar, él estaba siempre a su disposición. No había dirigido ni una palabra a la prensa —no era el Jesse de la autopromoción— y habían hablado varias veces más desde entonces. No era fácil hacer de guía espiritual de una universitaria tan precoz como Chelsea, pero ella claramente había sabido valorarlo. Así que Clinton siempre le estaría agradecido a Jesse.

Ya con las grabadoras en funcionamiento, le pregunté al presidente con un lenguaje discreto cómo se las había arreglado para pronunciar su discurso sobre el Estado de la Unión unos días después de unas acusaciones personales tan terribles. Algunos habían dudado incluso de que fuera a acudir. Clinton pareció confuso. Respondió, en tono muy normal, que nunca había entendido toda esa excitación. El discurso no había sido tan difícil. Tal vez la agitación le había hecho ajustar un poco su estructura, lo cual era bueno, pero había querido demostrar que estaba ocupándose de los problemas de la gente en un momento crítico de la historia. El Estado de la Unión era sólido. Todos los indicadores eran los mejores en treinta años: desde los índices más bajos de desempleo, criminalidad, inflación y gente acogida a la beneficencia hasta una tecnología y un liderazgo mundial mejores que nunca. El primer gran aplauso se lo había llevado su anuncio de que el déficit federal, que en otro tiempo había alcanzado una cifra inabarcable de once ceros, era ahora, literalmente, cero. El segundo aplauso —mucho mayor— había sido para su promesa de utilizar los futuros superávits para salvar la Seguridad Social. Dentro de la Casa Blanca, explicó Clinton, se había producido un debate sobre la posibilidad de devolver la cuarta parte del superávit previsto en recortes fiscales, pero no quería vender la piel del oso antes de cazarlo. Además, un presupuesto con superávit daría al país margen para modernizarse con vistas al siglo XXI en educación, medio ambiente y esfuerzos visionarios como el proyecto del genoma humano.

El Congreso había vitoreado todas esas cosas. El escándalo había jugado a su favor, dijo, porque había generado una inmensa audiencia televisiva y la presencia de numerosos comentaristas preparados para juzgar su defensa. No había dicho ni una palabra sobre asuntos personales —nunca había pensado hacerlo—, con lo que había hecho patente la división entre la política pública y el coro de los obsesos. Sus sondeos no sólo habían soportado la vorágine, sino que se habían disparado. *The Chicago Tribu-*

ne había mostrado unos índices de aprobación del 72 %. Una encuesta de la CNN y *The Wall Street Journal* hecha en febrero había plasmado un índice de nada menos que el 79 %. Esas cifras no eran duraderas, desde luego, pero indicaban, según él, un veredicto decisivo sobre las prioridades políticas.

El abismo entre su agenda y las noticias resultaba incómodo para nuestro proyecto. Mi lista de posibles preguntas, sacadas en su mayoría de los medios de comunicación, contenían pocos hechos relacionados con el presidente aparte de los escándalos sexuales. Starr dominaba las primeras planas. Había llegado a arrastrar a la madre de Lewinsky ante el gran jurado para intentar sacarle un testimonio detallado sobre las relaciones sexuales en la Casa Blanca, y, en un periodo tranquilo para el fiscal, se había hablado de escaramuzas por el inminente juicio sobre el caso de Paula Jones. Sí le pregunté por otra crisis relacionada con Irak que había terminado el 20 de febrero, y el presidente me pareció susceptible ante el hecho de que el secretario general de Naciones Unidas, Kofi Annan —y no Clinton—, hubiera negociado la última concesión de Saddam Hussein y la readmisión de los inspectores de armas de la ONU, con el fin prevenir más ataques aéreos de Gran Bretaña y Estados Unidos. Clinton pensaba que Annan había hecho un buen trabajo pese a los problemas causados por los franceses y los rusos, que querían congraciarse con Saddam y habían hecho campaña en favor de anular las sanciones de la ONU. Clinton dijo que las sanciones seguían siendo fundamentales para que los inspectores de armas pudieran desmantelar el arsenal de Saddam. Hasta el momento, habían localizado y destruido más armas de las que Saddam había perdido en toda la Guerra del Golfo, y le habían dejado en una situación tan débil que no había casi nadie en el mundo que respaldara nuevos ataques militares, pero tenían que terminar las inspecciones. En su opinión, las armas químicas y biológicas de largo alcance eran una amenaza mayor que el programa nuclear.

El presidente empezó a hacer una sinopsis digna de Clausewitz de las respectivas ventajas de las armas militares ofensivas y defensivas. Luego expuso algunas ideas sobre Irán, que figuraba en mi lista abreviada de temas. Si Irak adquiría alguna vez la fuerza suficiente para volver a inquietar a Irán, bien porque depusieran a Saddam, bien porque, de alguna forma, se libraran de las sanciones de la ONU, el régimen fundamentalista iraní podría tener incentivos para buscar unas relaciones mejores con Estados Unidos. Hasta entonces, Clinton pensaba que cualquier mano ten dida a Irán era «incierta». Los tribunales islámicos acababan de detener a un alcalde iraní moderado en lo que los servicios de inteligencia estadounidenses consideraban una advertencia contra la supuesta apertura del presidente Jatamí hacia Occidente. Ambos países estaban orquestando cuidadosamente un encuentro de aficionados de lucha libre como señal de buena voluntad, pero los asesores de seguridad nacional de Clinton se oponían enérgicamente a que el presidente les diera la bienvenida. Opinaban que un apretón de manos por su parte aceleraría las cosas, elevaría la categoría política de la situación y empujaría a los ayatolás a tomar drásticas medidas y hacer una serie de purgas. El presidente se sentía inclinado a discrepar. Dijo que su equipo estaba demasiado ansioso con ese tema, pero que era difícil ir en contra de una opinión unánime. Lo máximo que podía hacer era dejar que la persona al frente de Sanidad, Donna Shalala, se entrevistara con el equipo de lucha. Hablaba farsi, ya que había trabajado con el Peace Corps en una pequeña aldea iraní.

Le animé a que me contara el viaje de doce días que había hecho a África a finales de marzo. Tal vez por mi cansancio, mis notas no incluyeron más que imágenes pasajeras de sus brindis con Nelson Mandela, su admiración por el altísimo presidente Abdou Diouf de Senegal y sus dolorosas reuniones en Uganda con supervivientes mutilados del genocidio de Ruanda. Confesó que había sentido pánico en Accra, Ghana, donde, por un momento, pensó que habían muerto aplastadas dos mujeres durante su discurso ante medio millón de personas. Hillary había influido mucho en el itinerario, dijo. En toda África, habían visitado muchos más centros de salud, campos de refugiados, cooperativas rurales y pequeños bancos empresariales de lo normal en una gira presidencial. Estaba agradecido, porque allí veía enormes posibilidades. Por otro lado, contó que, en la última parada, se había retirado a la habitación de Bruce Lindsey para atender una llamada telefónica desde Estados Unidos. Era su abogado Bob Bennett y había preferido ahorrársela a Hillary. «¡Dios mío, lo ha desestimado todo!» La juez Susan Wright de Arkansas había dictado sentencia sumaria a favor de Clinton. El 1 de abril había declarado que Paula Jones no tenía motivos para acusarle de acoso sexual ni siguiendo su propia versión de los hechos.

En espera de la apelación, ya no existía una base legal que permitiera el examen irresponsable de la vida sexual de un presidente, pero el sobreseimiento llegaba con meses de retraso para ahorrarle a Clinton los riesgos de un testimonio bajo juramento de Lewinsky y de él sobre Lewinsky. Sólo servía para eliminar un pretexto lógico de la nueva cruzada de Starr. Con las grabadoras apagadas, le pregunté si esa mínima victoria explicaba que hubiéramos reanudado nuestras sesiones. No precisamente, contestó el presidente. Lo había hecho por una mezcla de optimismo, del hecho de que seguíamos estando a salvo y de irritación porque habíamos dejado que el miedo interrumpiera nuestro trabajo. No sabría decir si Kendall estaba de acuerdo.

A pesar de la racha de problemas, el rostro de Clinton se iluminaba cada vez que hablábamos de Irlanda del Norte. Repasó su esperanzadora reunión del día de San Patricio en la Casa Blanca con el nuevo primer ministro de Irlanda, Bertie Ahern, y el firme progreso de las conversaciones con los demás negociadores: Tony Blair, los protestantes y los católicos de Irlanda del Norte, y el mediador estadounidense George Mitchell. Todas las partes en conflicto iban acercándose unas a otras, explicó Clinton, excepto el supremacista protestante de Belfast, el reverendo Ian Paisley. Dijo que estaban a punto de llegar a un amplio acuerdo para establecer un Gobierno libre, separado de Inglaterra como potencia colonial. Quién hubiera dicho que iba a ser posible.

Lo tardío de la hora hizo que Clinton diera por terminada la sesión, y caminamos por el pasillo central, desierto, para cerrar la residencia. Apagué las luces en el Dormitorio Lincoln. Contemplamos juntos el Dormitorio de la Reina. Habían quitado la cama, por lo que el espacio parecía inmenso, y había un agujero en el suelo que tenían que reparar. El caos me pareció inquietante. Él dijo que teníamos que volver a quedar pronto.

En nuestra sesión de mayo, se mostró más entusiasmado al narrar el hito que se había logrado el Viernes Santo en Irlanda del Norte, con llamadas telefónicas hasta bien pasada la medianoche del jueves, al alcanzar el emocionante sí del líder protestante David Trimble, y un sonoro despertar dos horas después con otra llamada de Mitchell para volver a hablar con Gerry Adams una última vez. Tony Blair le había rogado que hiciera campaña personalmente para el decisivo plebiscito doble —uno en Irlanda del Norte y otro en la República de Irlanda— que debía aprobar esa nueva estructura de Gobierno de coalición con católicos y protestantes para Irlanda del Norte. Clinton estaba muy tentado. Su popularidad allí se aproximaba al 90 %. No obstante, había decidido no ir después de sopesar el impacto marginal que podía tener en sus obligaciones nacionales y el ligero riesgo de reacción irlandesa contra un intruso. A cambio, durante la cumbre del G-8 en Birmingham, Gran Bretaña, Tony Blair y él habían defendido la ratificación del acuerdo en una entrevista conjunta con el presentador de televisión David Frost. En junio, el presidente estaba eufórico. Dijo que Gerry Adams sólo había cometido un error, al organizar los permisos, con el fin de que presos del IRA pudieran hacer un llamamiento a otros católicos para que renunciasen a la violencia. El mensaje era el apropiado, pero los adversarios protestantes habían criticado el acuerdo de paz por incluir unas cláusulas de amnistía que habían puesto a esos «asesinos en la calle». Desde el punto de vista político, sonrió Clinton, el abrumador éxito de los dos plebiscitos, el 22 de mayo, era prometedor, sobre todo, por la decidida aprobación de los votantes protestantes. Analizó las mayorías de entre 51 y 54 % por distritos. Para los viejos enemigos en Irlanda del Norte, aseguró, ese momento era el equivalente a nuestra aprobación de la Constitución de 1787. Ahora tenían que dar vida a su nuevo Gobierno contra la resistencia inflexible de los dos extremos.

Asia le anuló su estado de euforia. El presidente reaccionó con seriedad al comentar las pruebas nucleares realizadas por India: tres el mismo día de nuestra sesión de mayo. Un artefacto de fusión había explotado con aproximadamente la misma fuerza que la bomba que destruyó Hiroshima. Los otros dos eran de fisión. En comparación con la espantosa capacidad de destrucción desarrollada en la era nuclear, Clinton dijo que eran bombas relativamente pequeñas, pero que esas sacudidas cerca de la frontera con Pakistán habían molestado no sólo al Gobierno paquistaní sino a sus aliados en China. Los mensajes belicistas de estos últimos, a su vez, habían enojado a Rusia, ya que la política en esa vasta región del mundo estaba dominada por odios volátiles y entrelazados: el amigo de mi enemigo es mi enemigo. En junio, Clinton rechazó las acusaciones de que la CIA no se había enterado de las pruebas indias por adelantado. Existía la ingenua teoría de que, si lo hubiéramos sabido, habríamos podido impedirlas, pero se trataba de pasiones que iban más allá de jueguecitos de espionaje y de apretar botones. Los indios se habían dado cuenta de que no teníamos cobertura fotográfica las veinticuatro horas de su campo de pruebas de Pokhran. Más aún, sabían que sólo teníamos tres satélites espías en rotación, y habían medido astutamente la duración de las órbitas para ocultar los preparativos de las pruebas. El presidente dudaba que hubiéramos podido detener las pruebas de todas formas, como habían comprobado los indios al detonar dos pruebas nucleares más a pesar de la condena unánime —y las rápidas sanciones— de los países firmantes del pacto de no proliferación por las tres primeras conflagraciones. Luego, Pakistán había desafiado al mundo haciendo estallar seis bombas nucleares antes de que acabara mayo, poniendo descaradamente de relieve que había sido una más que las de India. Los dirigentes de otros países sólo habían podido lanzarse a una diplomacia tranquilizadora.

En el ámbito nacional, el presidente analizó las complicadas maniobras políticas en el camino hacia las elecciones de otoño. Se centró en Newt Gingrich. El presidente de la Cámara había pronunciado discursos esa primavera en el estado de Iowa, el campo de pruebas de las elecciones presidenciales, y había hablado de su meticuloso libro sobre los retos futuros del ciberespacio para la economía mundial. Gingrich se había reunido también con el jefe de gabinete de Clinton, Erskine Bowles —a quien el presidente había convencido para que se quedase un tiempo— a propósito de un programa legislativo de compromiso antes de que el Congreso acabara el periodo de sesiones. Bowles era optimista, pero los especialistas en encuestas de Gingrich le habían comunicado unos resultados desastrosos ese mismo día. Clinton dijo que sabía, porque el propio Gingrich se lo había confirmado posteriormente, que todas las cifras registraban una reacción muy negativa respecto al presidente de la Cámara entre los votantes republicanos de todo el país, no sólo en Iowa. Rechazaban por inmensa mayoría la imagen más suave y pragmática que quería dar. La Casa Blanca disponía de unos sondeos similares, y también los republicanos de la Cámara que estaban maniobrando para sustituir a Gingrich si intentaba presentarse como candidato a las presidenciales. De la noche a la mañana, Gingrich se había pasado a la política demagógica. Había hablado en público contra todas las leyes de Clinton, incluido un proyecto de ley de los dos partidos sobre el tabaco patrocinado por el senador John McCain. Había acusado a Clinton de «chantajear» a Israel para ayudar a los palestinos. Había declarado que Clinton era el «acusado en jefe» de la nación, por encubrimiento, corrupción y crimen. Había dicho que Clinton se equivocaba al afirmar que la publicidad del tabaco empujaba a los jóvenes a fumar.

Era una política implacable, que el presidente decía que podía estar dispuesto a dejar pasar, salvo por la peligrosa afirmación sobre los anuncios de tabaco. Era evidente que Gingrich estaba volviendo a la victoriosa estrategia electoral republicana de 1994, y Clinton reconocía que algunas partes seguramente iban a funcionar. Los republicanos habían acabado con el Proyecto de Ley McCain-Feingold sobre la reforma de las campañas en marzo. Con la posible excepción del proyecto de ley antitabaco, lo más probable era que ninguna de las grandes iniciativas del Gobierno fuera aprobada por el Congreso republicano. Si la situación de punto muerto volvía a desanimar a los votantes demócratas y disminuía la participación, y si los republicanos podían movilizar a sus bases mediante la demonización de Clinton, Gingrich podría conseguir más escaños en el Congreso. Quizá, dijo el presidente, pero creía que les podía salir el tiro por la culata. No estábamos en 1994. La mayor parte del cacareado «Contrato con América» se había derrumbado. Su reputación como presidente le hacía más popular y era más estable. No había déficit. En su particular intento de asfixiar todas las facetas de la administración menos las militares, los republicanos se habían visto reducidos a las invectivas y a la reclamación de los eternos recortes fiscales. Clinton confiaba en que una campaña que se desarrollara debidamente, que situase y comparase programas para los votantes, dejaría claro que la estrategia republicana estaba debilitada y gastada, por no decir llena de cinismo. Los pocos moderados con los que contaban en el Congreso estaban resignados y los conservadores dominantes estaban divididos. En ese sentido, dijo Clinton, nos encontrábamos ya en una era post-Gingrich.

Continuó a toda prisa extendiéndose sobre su preocupación permanente por Indonesia y sobre escenas de una visita de Estado a Chile, hasta que nos detuvimos en una visita que había hecho a Chelsea en Stanford. Entre otras anécdotas, se había alojado en una granja propiedad de Steve Jobs, de Apple Computers, y había recaudado fondos con Willie Mays.* Dijo que, sin darse cuenta, había revelado la vida personal de su hija en la capilla del campus, cuando el pastor había dado la bienvenida pública al presidente de Estados Unidos «junto con Chelsea y Matt». Los reporteros se habían apresurado a montar guardia en las casas de los familiares de Matt e incluso en la piscina de su hermana. Matt era un nadador de primera categoría. El presidente parecía asombrado de que tantos amigos de Chelsea en Stanford fueran deportistas, pero le pareció interesante que hubiera conocido a ese tal Matthew en una clase sobre el Evangelio de San Juan. Desde mi condición de padre, le encontré muy relajado para estar hablando del novio de su hija. Por lo que contó de sus momentos con

---

* Willie Mays es un jugador de béisbol retirado, considerado uno de los mejores de todos los tiempos, y vive en San Francisco. (*N. de la t.*)

Chelsea, dio la impresión de que no les habían afectado las inquietantes acusaciones sobre Lewinsky, que él seguía negando.

Sus baterías se recargaron al final de nuestra sesión al hablar de una serie de regalos africanos que se encontraban expuestos en el pasillo central. Enumeró la procedencia de cada uno. Había pinturas y esculturas de varios países, además de cerámica de llamativos colores y notable complejidad de Sudáfrica. Del borde de una mesa de cristal colgaban las piernas sinuosas de una figura de mujer cuyo rostro de madera tenía una expresión de desconcierto. Dijo que, sobre todo, no había visto nunca nada como la cerámica.

Cuando regresé en junio, las piezas africanas tenían compañía de otros continentes. Había unas cajas lacadas maravillosamente pintadas. Creí que eran griegas, pero dijo que eran rusas, de Yeltsin, que se las había dado en el último viaje de Clinton para tratar los problemas habituales, además de las pruebas nucleares en el sur de Asia y los crímenes de guerra de Kosovo.

Dos libros gigantescos yacían sobre una mesa delante de la Sala de los Tratados. La cubierta de uno decía simplemente *1630*, el año en el que el rey prusiano Federico el Grande había ordenado esas reproducciones de la trascendental traducción de la Biblia al alemán hecha por Martín Lutero. Las planchas ilustradas eran vistosas y parecían recientes, a pesar de tener más de tres siglos y medio de antigüedad. Junto a esa Biblia estaba un maravilloso libro de dibujos arquitectónicos en blanco y negro del antiguo castillo de Wartburg, al que había huido el excomulgado Lutero después de clavar sus tesis protestantes en la puerta de la iglesia de Wittenberg. En Wartburg, disfrazado, Lutero había trabajado en la traducción conmemorada por Federico el Grande un siglo después, y Clinton describió la visita que había hecho al castillo en lo alto de una montaña con el canciller alemán Helmut Kohl, que le había regalado los dos libros. De camino, dijo, habían visitado la planta de General Motors más eficiente del mundo. Antes, 10.000 trabajadores habían llegado a producir 70.000 coches al año, pero ese año, en la ex Alemania Oriental modernizada, 2.000 trabajadores producían más de 170.000 coches. A Kohl le habían criticado por celebrar a Federico el Grande —por trasladar su tumba al palacio a las afueras de Potsdam—, porque, según algunos, despertaba el espectro del militarismo alemán. Era irónico, comentó el presidente, porque Federico había sido descaradamente gay. El verdadero motivo de los problemas políticos que se le acumulaban a Kohl, y que Clinton había intentado en vano remediar con un sentido homenaje público, era su papel en la creación de la Unión Europea con una moneda común. «Sí —dijo con tristeza—, creo que el euro le va a costar el puesto.»

En un caballete, cerca de los libros, se encontraba un lienzo con una espectacular caligrafía asiática realizada por el nuevo presidente de Corea del Sur, Kim Dae-Jung. Acompañaba a un juego de té de plata repujada, con una tarjeta en inglés dentro de la caja: «A su excelencia Bill Clinton». El presidente dijo que le habían dado esos regalos en la emotiva cena de Estado de la noche anterior. Una cantante de ópera surcoreana había dicho que había esperado veintisiete años a llamar a Kim presidente, desde que el Gobierno le había robado las elecciones de 1971, para después exiliarle, secuestrarle en Japón, encarcelarle durante una década e intentar asesinarle en cuatro ocasiones. Kim había asumido por fin el cargo en el primer traspaso pacífico de poder de Corea del Sur, que Clinton comparó con nuestro tenso y educativo traspaso de John Adams a Thomas Jefferson en 1801. Elogió a Kim y dijo que era uno de sus héroes personales, junto con otros tres iluminados y castigados pioneros de la libertad en el mundo moderno: Lech Walesa en Polonia, Václav Havel en la República Checa y Nelson Mandela en Sudáfrica. El objetivo de Kim era acabar con los cincuenta años de danzas bélicas con Corea del Norte. No quería reunificar su país como Kohl en Alemania, explicó Clinton, porque no tenía una base económica para lograrlo con éxito. No obstante, con la consolidación de la democracia surcoreana, una tregua en ese polvorín mundial sería una victoria para varias generaciones.

Aparte de los Balcanes e Irlanda del Norte, el presidente grabó muchas reflexiones sobre una nueva variante del esfuerzo persistente para atribuirle siniestras conexiones asiáticas. *The New York Times* había iniciado una nueva serie basada en fuentes del FBI y las moribundas sesiones de investigación de Fred Thompson en el Senado, y alegaba que las contribuciones chinas a la campaña habían comprado el acceso a tecnología militar estadounidense supersecreta.[2] Clinton les reconocía su ingenio. Las

2. Los reportajes de *The New York Times* fueron los siguientes: Jeff Gerth y Raymond Bonner, «Companies Are Investigated for Aid to China on Rockets», 4 de abril de 1998, pág. 1; Jeff Gerth, David Johnston y Don Van Natta Jr., «Democratic Fund-Raiser Said to Name China Tie», 15 de mayo de 1998, pág. 1; Jeff Gerth y David E. Sanger, «How Chinese Won Rights to Launch Satellites for U.S.», 17 de mayo de 1998, pág. 1.

historias habían ganado credibilidad por un aumento de las exenciones comerciales que se remontaba a la época de Reagan, resultado de sopesar los riesgos estratégicos y las ganancias económicas. Estados Unidos, que se había circunscrito a cohetes que eran auténticos «Cadillacs» del programa espacial, necesitaba vehículos chinos más baratos para reducir el atasco de satélites que aguardaban el lanzamiento. En espera de una investigación exhaustiva, el propio Clinton no podía estar seguro de que alguno de los que tomaban esas complejas decisiones no se hubiera cruzado alguna vez con un asiático dedicado a recaudar fondos, pero era evidente que las cosas se habían sacado de quicio. Dijo que ni siquiera *The Washington Post*, que apoyaba las vastas investigaciones de Ken Starr, se había creído que Clinton o sus asesores más cercanos se habían vuelto espías a cambio del dinero chino. Comentó con suspicacia que Jeff Gerth, el principal reportero de la serie del *Times*, había puesto en marcha el caso Whitewater basándose en insinuaciones insustanciales. Los republicanos estaban utilizando el prestigio del periódico para atacar duramente la integridad de Clinton, y sus analistas decían que el tema del espionaje podía explicar la caída de cinco puntos en sus índices de aprobación justo antes del viaje que iba a hacer a China. Hillary y él iban a llevar a Christy en su séquito. Me prometió que cuidarían de ella.

El 7 de julio, de vuelta de China, me convocó para una sesión durante una cena tardía en la cocina del piso de arriba. Hillary pasó enfundada en unos vaqueros para recordar cosas del viaje. Comenté rápidamente alguna de las cosas que me había contado Christy sobre los famosos guerreros de terracota, los barridos constantes en busca de dispositivos de vigilancia en sus habitaciones de hotel y alguna de las frenéticas escapadas para ir de compras. Sí, había habido algunos compradores muy ávidos, bromeó el presidente entre risas. Hillary señaló a algunos incondicionales entre los hombres, como John Podesta y Bruce Lindsey. Smiley, un mayordomo haitiano, vino a dejar a Buddy, el labrador. Parecía tan hambriento que el presidente le dio de comer, y luego se encogió de hombros cuando Smiley volvió para decir que el perro acababa de comer en el piso de abajo. Antes de que me diera cuenta —estaba de pie en aquel espacio pequeño y abarrotado—, Buddy se apresuró a quitarme un ala de pollo de la mano, lo cual provocó una crisis porque se suponía que no debía comer huesos. Conseguimos controlarlo y le quitamos, por lo menos, parte del bocado.

Con las grabadoras en marcha, hablamos sobre todo de China. Le pregunté si su séptimo encuentro con Jiang Zemin había servido para mejorar esa relación personal que Clinton consideraba tan importante en política. «Sin duda —replicó—. Creo que ahora confía en mí.» Dijo que Jiang se sentía ya más seguro formando un triunvirato en el poder del que formaba parte también el alcalde de Shanghai. Era significativo que Jiang hubiera permitido la transmisión en directo de la rueda de prensa conjunta en China. Aunque sabía de antemano que Clinton iba a criticar al régimen por los derechos humanos, le había parecido que el riesgo merecía la pena. El presidente describió sus impresiones ante la enormidad de China, tanto por su tamaño físico, como el asombroso valle del río Li, como por su deslocalización social. El año anterior, el Gobierno había despedido a 2,5 millones de trabajadores de empresas estatales sólo en Shanghai, pero el 80 % ya se había colocado en el sector privado.

Jiang había invitado a los Clinton a su residencia familiar en Pekín. El presidente resumió las conversaciones bilaterales sobre temas económicos y de seguridad. Pensaba que «ahora estamos siguiendo el mismo catecismo» en cuanto a proliferación nuclear. Dijo que habían hablado mucho de religión. «Ateísmo» era la única reliquia de la jerga comunista que quedaba en el vocabulario de Jiang. Cuando Clinton le había presionado preguntándole qué ventaja podía suponerle rehuir al Dalai Lama, frente a lo mucho que le beneficiaría en todo el mundo limitarse a discrepar de él en persona, Jiang contestó que el Dalai Lama no era más que un teócrata. Insistió en que China estaba liberando la cultura tibetana de supersticiones feudales. Entre otras observaciones, Clinton mostró su sorpresa al oír el resentimiento que todavía habían expresado muchos dirigentes chinos contra Japón por la Segunda Guerra Mundial. Según mis notas, creo que dijo que Jiang recordaba con amargura cómo habían matado a su padre unos soldados japoneses, y mencionó a otros que habían hablado de horrores cometidos contra sus familias. Debido a esas heridas abiertas, a Clinton le había parecido detectar una pizca de satisfacción por la mala situación de la economía japonesa.

El presidente dijo que estaba aún agotado del viaje a China, del que había vuelto hacía sólo tres días. Volvimos a aplazar la grabación que deseaba hacer en cinta aparte sobre todos los fiscales especiales, un caso que seguía tildando de pequeña crisis constitucional. Lamentó la obstrucción parlamentaria de los republicanos que el 17 de junio había impedido sacar adelante las leyes para reducir el tabaquismo juvenil. Por lo demás, tocó unos cuantos temas más, entre ellos la violencia enquistada en Kosovo. A diferencia de Bosnia, donde la tarea de las fuerzas de paz era proteger la independencia contra el desmembramiento que podían producir las matanzas étnicas, Kosovo, aclaró, era una provincia legítima de Yugoslavia. Un movimiento rebelde de los ciudadanos de etnia albanesa pretendía que la región se separase, y los serbios, dominantes en Belgrado, estaban luchando para someter, matar o expulsar a los albanokosovares. El presidente dijo que había nombrado a Richard Holbrooke como embajador en la ONU —y había trasladado a Bill Richardson al Departamento de Energía—, en gran parte, para aprovechar su experiencia de Bosnia. Desde entonces, ante un montón de noticias que presentaban a Holbrooke como un entrometido y un megalómano, Clinton había reprendido a la secretaria de Estado Albright y al consejero de Seguridad Nacional Sandy Berger. Holbrooke era un cerebro de primer orden que obtenía resultados en las situaciones más difíciles, les había explicado. Tenían que llevarse bien.

La investigación sobre Lewinsky desbarató los esfuerzos para organizar otra sesión antes de las vacaciones anuales de los Clinton en agosto. Hasta junio, el abogado de Lewinsky, William Ginsburg, se había mantenido firme en un pulso bajo los focos con Ken Starr y había exigido plena inmunidad a cambio de un nuevo testimonio sobre su relación sexual con Clinton. Starr se había negado. Dado que tanto Clinton como Lewinsky habían negado la relación en sus declaraciones por el caso Jones, la credibilidad de ella quedaría debilitada si era la única que podía cambiar su testimonio sin ningún castigo por perjurio. Ginsburg había retado públicamente a Starr a procesar a Lewinsky por perjurio sobre su propia vida privada y se había burlado de la campaña para desenmascarar «una relación sexual entre dos adultos». Yo, en secreto, admiraba su coraje y el de Lewinsky, con el que todo el escándalo habría quedado limitado a las columnas de cotilleos y al debate político, pero esa prudencia se topó con un ansia incontenible del dramatismo que representaba darlo todo a conocer. Ginsburg acabó desacreditado y sustituido por dos abogados veteranos que se apresuraron a hacer un trato de inmunidad total con Starr. De esa forma, Lewinsky podía cambiar su testimonio jurado con una cobertura de responsabilidad y una garantía informal de no ser castigada por su confesión. A finales de julio, Starr la citó ante el gran jurado como testigo cooperativo, y el escándalo, que se había mantenido contenido desde enero, estalló en agosto.

El presidente Clinton cambió de rumbo. El 17 de agosto, desde la Casa Blanca y mediante el uso de una videocámara, prestó testimonio ante el gran jurado de Starr durante cuatro horas, y luego habló brevemente en televisión para reconocer la aventura. «He engañado a varias personas, incluida mi esposa —confesó—. Me arrepiento profundamente.» Los Clinton se fueron a Martha's Vineyard al día siguiente rodeados de una vorágine de asombro nacional. Las noticias coincidían prácticamente por completo, en tono y en contenido, con lo que Christy me había contado en casa, que Hillary y su equipo estaban furiosos de que la hubiera traicionado y de que hubiera mentido todo ese tiempo. Hillary le dijo que tenía que contárselo él a Chelsea. Poco después de que Clinton regresara de unas vacaciones sin vida, Starr presentó ante el Congreso, el 9 de septiembre, un informe oficial que acusaba al presidente de haber cometido once delitos merecedores de iniciar el enjuiciamiento y el proceso de su destitución, el *impeachment*, todos ellos relacionados con la ocultación de su relación con Lewinsky. Posteriormente, Clinton se quejó de que el informe de Starr usaba la palabra «sexo» quinientas veces y nunca mencionaba el trabajo que se le había asignado sobre el caso Whitewater. En su momento, sin embargo, el presidente no dijo nada. Ocurriera lo que ocurriese con su recomendación de *impeachment*, el informe de Starr selló su humillación con voluminosos detalles de sus intercambios sexuales: los manoseos furtivos cerca del Despacho Oval, el vestido azul manchado de semen, el cigarro apagado dentro de la vagina.

Yo no podía soportar leer los titulares llenos de obscenidades. Durante años me sentí incapaz de comparar la progresión de esa tórrida, atormentada y breve relación —con un extraño interludio de casi un año antes de la consumación en febrero de 1997— con el estado de ánimo de Clinton que había visto reflejado en nuestras entrevistas privadas. En aquel entonces, aguardé con temor la siguiente sesión, si es que la había, y el escándalo Lewinsky abrió otro paréntesis de casi tres meses hasta la última noche de septiembre. Christy estaba escribiendo discursos para la primera dama en un viaje a Montevideo, Uruguay. Yo volví a coger mis notas y mis grabadoras para ir a Washington sin saber qué esperar ni qué decir.

32

IMPEACHMENT

Miércoles, 30 de septiembre de 1998

Miércoles, 11 de noviembre de 1998

Martes, 29 de diciembre de 1998

Cargado con mi maletín, seguí a un ujier por una rampa inclinada hacia una especie de refugio de soltero en el solárium. La televisión estaba sin sonido y estaban hablando de los Cubs de Chicago. Buddy Carter, al tiempo que se ocupaba de Buddy el perro, estaba sirviendo una cena tardía consistente en filetes, dos enormes para el hermano de Hillary, Hugh Rodham, que estaba siguiendo una dieta de proteínas. Descalzo y en pantalón corto, Rodham daba vueltas alrededor de una estructura de plástico con letras colgadas. Se movía con agilidad para ser un hombre grande, mientras meneaba la cabeza y reflexionaba sobre su siguiente jugada. El presidente, también absorto, intentó explicarme aquella versión tridimensional de Scrabble —que se llamaba UpWords—, y mi muestra de ignorancia, que era genuina, sirvió además para no dejarme atrapar por esa distracción que podía ser indefinida. Clinton me hizo señas para que me acabara el filete que él había dejado a medias mientras atendía una llamada sobre los trámites para iniciar el *impeachment* en la Cámara.

Le costó mucho convencer al venerable representante de Michigan John Dingell de que las acusaciones sobre Lewinsky, aunque fueran ciertas, no alcanzaban el nivel de delito necesario para iniciar el proceso. Algunos argumentos eran evasivos. Independientemente de lo que él hubiera hecho, le dijo a Dingell, «no es nada» al lado del daño causado por cinco años de principios pisoteados por los republicanos y la prensa. Pidió un margen normal para poder arreglar en privado su matrimonio y ocuparse en público de los problemas del país, pero casi todo lo que dijo fue puramente político. Según él, Newt Gingrich había convencido a su partido para que corriera un gran riesgo con vistas a las elecciones de otoño. Mientras los republicanos estuvieran más unidos en el deseo de ampliar el escándalo Lewinsky que los demócratas en el de ponerle fin, los demócratas perderían la ventaja de veinticinco puntos que les daban unos votantes más preocupados por las prioridades cotidianas que por toda esta agitación. «No me importa que los demócratas quieran enfadarse conmigo después de las elecciones —repetía Clinton sin parar—, pero mis intereses y los suyos son los mismos en este momento.» Para ir hacia donde quería la población, los demócratas necesitaban habilidad y temple para distinguir el bochorno de la política. Un partido intimidado se debilitaba a sí mismo. Dingell mencionó, según me contó Clinton después, unas advertencias soterradas de que los miembros de la Cámara debían mantener viva su indignación con Clinton si no querían quedar como tontos cuando Starr anunciara las inminentes conclusiones del fallo penal sobre el caso Whitewater. El presidente se rió. Si Starr hubiera sacado el menor perdigón de la maleza en la que había rebuscado, le respondió a Dingell, haría tiempo que lo habría utilizado. Después de colgar, Clinton llamó a John Podesta para que hiciera llegar al Congreso más artículos especializados sobre la figura del *impeachment*.

Después de presentar varias disculpas y hacer varias promesas a Hugh Rodham, el presidente Clinton interrumpió su partida de UpWords para llevarme por la rampa hacia abajo. Caminaba con rigidez. Le dolía la espalda, explicó, y llevaba una faja bajo la camisa. Nos detuvimos en una mesita del pasillo del tercer piso, todavía cerca del solárium, para trabajar allí por primera vez. Mientras me preparaba, aventuré un comentario sobre los argumentos que había ofrecido a Dingell. Me parecía que Clinton se equivocaba al debatir niveles de gravedad en su comportamiento respecto a Lewinsky. Por ley, el *impeachment*, el posible enjuiciamiento de un presidente, está reservado para posibles actos de tiranía —el abuso de los poderes constitucionales y un abandono flagrante del deber—, porque su cláusula de salvaguardia extraordinaria que supone la destitución del cargo anula nuestras únicas elecciones de ámbito nacional. El escándalo Lewinsky, por ofensivo que fuera, y por mucho que se etiquetara de conducta ilícita, afectaba a la vida privada. Las acusaciones no tenían relación alguna con el ámbito cubierto por el *impeachment*, le dije, y sus defensores debían dejarlo claro.

Clinton sonrió. Le divertía que yo pusiera más pasión que él al hablar del contexto histórico para su defensa. Dijo que Hillary hacía lo mismo.

¿Habían podido discutir el caso? *Ahora* sí podía, suspiró, como indicando que, al principio, había sido una situación terrible. Contó que acababa precisamente de hablar por teléfono con ella, e hizo un comentario sobre el hecho de que nuestras dos mujeres estaban juntas en Uruguay. Y la noche anterior, antes de salir de viaje, Hillary le había soltado un breve discurso sobre la degradación del proceso constitucional desde que ella trabajara en el *impeachment* de Nixon en 1974. *Todavía hoy*, le había recordado, no se habían hecho públicas las pruebas del fiscal especial Leon Jaworski contra Nixon. Se habían presentado para unos interrogatorios confidenciales en el comité de la Cámara, donde los debates sobre el procedimiento habían estado llenos de altos principios y muchos votos habían sido unánimes. Las únicas divisiones reales se habían producido al discutir si las pruebas sostenían las alegaciones legales del *impeachment* por abusos específicos de poder del Departamento de Justicia, la CIA, las fuerzas armadas y el IRS. En cambio, ahora, Starr y la Cámara estaban haciendo públicos en los periódicos y las cadenas de televisión los testimonios ante el gran jurado sobre la relación sexual. El presidente repitió que, a posteriori, su mayor error había sido no tener en cuenta el consejo de Hillary de resistirse a la creación del fiscal independiente para el caso Whitewater hacía cinco años. «Pensé que querían seriamente llegar al fondo de estas cosas —dijo—. Confié en la prensa. Confié en el Congreso. Confié en los tribunales. Y me equivoqué en todo.»

Con cautela, le pregunté si quería hablar de Lewinsky con las grabadoras en marcha. Dijo que sí. Las pruebas desplegadas ante el gran jurado eran especialmente parciales, porque no le habían permitido que pusiera en tela de juicio ninguna de las acusaciones. Mencionó una afirmación de Lewinsky de que había comido con Hillary. No era verdad. Y otra de que, en una ocasión, había correteado desnuda por el Despacho Oval. No era verdad. También señaló que Starr había estado todo el año amenazando a Lewinsky con la cárcel por haber negado bajo juramento la relación. Si Clinton hubiera dicho cualquier cosa sobre la relación, Starr podría haberle convertido en testigo contra Lewinsky, con lo que habría traicionado el discreto silencio de ella. Estas sutilezas me parecieron originales, pero también tendenciosas. El presidente no alegó en ningún momento la caballerosidad como motivo real de sus constantes negativas, ni refutó que, en lo esencial, el relato de Lewinsky fuera cierto.

Pasamos a otros temas de mi lista, empezando por los atentados suicidas simultáneos del mes anterior contra las embajadas estadounidenses en

Kenia y Tanzania. Las explosiones habían destruido ambas instalaciones, matado a 220 personas y herido a más de 4.000, sobre todo empleados locales. El presidente dijo claramente que Osama bin Laden, el arquitecto de ese ataque terrorista coordinado, guardaba un inquietante parecido con los malos ficticios de las películas de James Bond. Era una presencia internacional sin lealtad a ningún Gobierno, con una enorme fortuna personal y una red de agentes en numerosos países, incluido el nuestro. Todo esto me resultó completamente nuevo. Clinton contó que hacía ya tiempo que los servicios de inteligencia le habían advertido de que Bin Laden tenía intención de atacar tres embajadas, no dos, y que habían existido unas informaciones sobre Albania lo bastante concretas como para evacuar el edificio. Describió unas negociaciones que habían llevado a cabo sobre Bin Laden con los gobiernos de Sudán y Arabia Saudí.

Con más detalle, explicó sus argumentos para las represalias del 20 de agosto. Un ataque masivo de 75 misiles de crucero había aniquilado cuatro campos de entrenamiento en Afganistán, cerca de Khost y Jalalabad, pero, al parecer, no habían encontrado al propio Bin Laden. Clinton admitió las críticas sobre un segundo objetivo, la planta farmacéutica de Al-Shifa en Jartum, Sudán. Bin Laden no era el dueño del edificio, como se había creído, pero el presidente dijo que se había basado en todos los datos, incluido muestras de suelo, que relacionaban un componente del gas nervioso encontrado allí con otro hallado en Afganistán en concentraciones igual de elevadas. De hecho, habría destruido un segundo edificio próximo si no hubiera sido por los numerosos empleados que, ignorantes de todo, estaban trabajando allí en un turno de noche. Clinton dijo que lo único que lamentaba era haber aparecido demasiado furioso al anunciar los ataques aéreos en televisión, tres días después de su confesión pública sobre Lewinsky. «Estaba sufriendo mucha tensión», confesó. Sin embargo, pensaba que su declaración había distinguido cuidadosamente entre el objetivo terrorista y el islam en sí. Dijo que un objetivo político primordial era combatir la opinión popular de que los árabes y los musulmanes en general eran fanáticos que se sentían movidos a matar a los no creyentes.

Pasamos a hablar sobre las repercusiones mundiales de la crisis vivida por el sistema financiero ruso a finales de agosto. En un solo día, el índice Dow Jones había caído 357 puntos en Nueva York y los mercados habían perdido entre un 5 y un 10 %, desde Alemania y Canadá hasta Brasil y Japón. Clinton contó que los primeros 20.000 millones de dólares de un paquete de emergencia del FMI para los bancos rusos había desaparecido literalmente de la noche a la mañana. Se había apresurado a ir a Moscú para hacer unas consultas y había encontrado al presidente Yeltsin sobrio pero débil, tristemente envejecido en comparación con el enérgico hombre al que había conocido seis años antes. «No estoy seguro de que le llegue suficiente oxígeno al cerebro», explicó. Yeltsin había parecido tan apartado de las tareas políticas urgentes que los Clinton tuvieron que hablarle con claridad. «Boris —preguntó Hillary—, ¿cuánto tiempo pasas con los miembros de la Duma?» El menor posible, había respondido entre risas; detestaba tener que hablar con cualquiera de ellos. Ella le regañó por comportarse como una tortuga, recordó Clinton, y ensalzó el arte y la necesidad de la conversación política informal.

El presidente contó las conversaciones que había mantenido con varios colegas de Yeltsin más jóvenes, que estaban tomando posiciones para la sucesión. No podían cosechar los frutos de una economía de mercado mientras sus instituciones públicas no establecieran unas reglas fiables y transparentes para el comercio. Ningún país podía dar esos lazos por descontados. Les había dicho que Suecia podía decidir una fiscalidad del 50 % de la renta nacional sólo porque Suecia podía recaudar ese 50 % y dedicarlo a mantener con eficacia sus infraestructuras físicas y sociales. Rusia, en cambio, gravaba un 50 %, recaudaba el 10 % y gastaba casi el 20 %, lo cual garantizaba el desastre. En Estados Unidos, el crimen organizado había necesitado más de una generación para pasar de los préstamos con usura y los chantajes a los negocios legítimos, mientras que en Rusia, dijo Clinton, los gánsteres habían podido con los bancos y los reguladores en menos de tres años. Los mercados disfuncionales creaban debilidad política, les había advertido, y había citado el pinchazo del milagro en Tokio, donde el Gobierno del primer ministro Hashimoto era ya el quinto Gobierno japonés que había caído durante su estancia en la Casa Blanca.

Repasó sus discursos públicos sobre la crisis financiera mundial. Había montañas de divisas que viajaban de forma instantánea de un país a otro, para inversiones y especulación, sin que los gobiernos lo aprobaran o lo supieran. Para hacer que esas transacciones fueran visibles y productivas, había explicado Clinton al Consejo de Relaciones Exteriores en Nueva York, quizá iba a ser necesario crear un registro internacional. Debía tener cuidado, ironizó, de «no agitar a los del helicóptero negro» —es decir, los grupos paranoicos y xenófobos, convencidos de que pronto iban a aterrizar en todas partes helicópteros negros con ejércitos de la ONU empeñados en obligar a los estadounidenses a hablar un idioma extranjero—, pero su mensaje había sido apreciado. La semana anterior, en Naciones Unidas, el habitual recibimiento tibio se había transformado en una resonante ovación en pie. Desde luego, había un plus de solidaridad con Estados Unidos por la carnicería terrorista en nuestras embajadas africanas, y el presidente dijo que algunos delegados habían reaccionado ante un conmovedor tributo personal de Nelson Mandela, que había pedido a los norteamericanos que dejaran de obsesionarse con escándalos sin importancia.[1] No obstante, lo que Clinton había sentido más profundamente, y había confirmado en conversaciones privadas, era la aprobación de su tenaz esfuerzo diario para hacer que las instituciones internacionales funcionaran en un mundo lleno de peligros.

De sus muchas consultas durante las ceremonias de apertura de la ONU, la que más se me quedó grabada fue una historia sobre Amr Moussa. Clinton contó que el ministro de Exteriores egipcio, aunque elogiaba sin reparos el papel mundial de Clinton, presionaba sin cesar para que no se reanudaran las negociaciones entre israelíes y palestinos. La preocupación particular de Egipto era que el primer ministro israelí Netanyahu, que había perdido tiempo durante un año, se atribuyera el mérito de cualquier nueva negociación y, por tanto, obtuviera el perdón y ser reelegido. Por consiguiente, para evitar cinco años más de Netanyahu, Egipto instaba a Arafat a que resistiera. «Mire, Moussa —le dijo Clinton en privado—, Arafat necesita la paz más que Netanyahu.» Arafat tenía al 95 % de los palestinos en sólo el 27 % de la tierra. No tenían sitio. No tenían vínculos con el mundo exterior. Había que darles un empujón. Lograr la paz y luego preocuparse por Netanyahu. El presidente me miró y meneó la cabeza, dudoso de que su mensaje hubiera calado. «El viejo Moussa me cae bien, la verdad —dijo con un suspiro—, pero le gusta ir a contracorriente y pensar que cualquier cosa que moleste a Estados Unidos debe de ser buena.»

Repasamos rápidamente mi lista. A principios de semana, Arafat y Netanyahu habían aceptado una agenda para nuevas negociaciones cara a cara en un lugar oculto de Estados Unidos, y Clinton había presidido esa mañana las celebraciones del fin oficial del primer año fiscal con superávit (69.000 mi-

---

1. El 21 de septiembre, mientras hablaba en Naciones Unidas, se hicieron públicas las confesiones de Clinton ante el gran jurado para su emisión en informativos y pantallas como el Jumbo Tron de Times Square en Nueva York. El escándalo Lewinsky compartió los titulares con el jugador de béisbol Cal Ripken Jr., que había interrumpido su serie de partidos consecutivos jugados en el número 2.632.

llones de dólares) desde el presupuesto de 1969 (3.200 millones de exceden-te). Resumió varias llamadas de despedida que había mantenido con el derro-tado canciller alemán Helmut Kohl y lamentó lo mucho que iba a echar de menos su ayuda en la crisis enquistada de la OTAN en Kosovo. Nos saltamos por completo un viaje que había hecho de Moscú a la ciudad de Omagh, en Irlanda del Norte, donde, un sábado por la tarde, un coche bomba había causado el mayor número de víctimas en un solo día —29 muertos y 500 he-ridos, sobre todo mujeres y niños— en toda una generación de guerra secta-ria. Mejor era dejarlo para la próxima vez, dijo el presidente, refiriéndose a su visita para estabilizar los acuerdos de paz del Viernes Santo.

Durante la sesión había hecho gestos de dolor de vez en cuando y se había puesto de pie para estirar la espalda, sin que se le notara el alivio. Cuando le pregunté si era grave, me respondió que no, que sólo era dolo-roso. En varias ocasiones, cruzó las piernas —con el tobillo sobre la rodi-lla— y se inclinó hacia delante para empujar la rodilla que estaba en el aire hacia el suelo, con lo que forzaba su cadera; todo ello acompañado de una mueca de dolor pero sin dejar su relato. Parecía ajeno, como en un trance doloroso, y luego cruzaba la otra pierna para repetir el proceso sin inter-rrumpirse. Sin saber qué decir, apagué las grabadoras mientras le contaba que había llevado a Macy el mes anterior a empezar su primer año de universidad, en la Universidad de Michigan. Comparamos mis recuerdos con los de su familia en Stanford el año anterior. De pronto, Clinton ex-presó una pena pasajera por no haber tenido más que una hija. Chelsea no tenía ningún interés por el golf, y a veces anhelaba tener un niño al que enseñarle a jugar. El entrenador Clinton, me reí. Replicó que no, que era un sentimiento más paternal. Tenía sentido lo que decía, porque yo, a ve-ces, maltrataba la bola de golf sólo por estar en compañía de Franklin, que, a sus quince años, ya no podía aprender nada bueno de mí. Si el pre-sidente quería intentar alguna vez dar una clase, le dije, le ofrecía un hijo sustituto que estaría encantado. Clinton respondió que a lo mejor nos daba la sorpresa, y se fue de vuelta a su Scrabble tridimensional.

La siguiente llamada llegó antes del mediodía del Veterans Day,* una se-mana después de las elecciones legislativas. ¿Podía ir temprano para una

---

* El Día de los Veteranos se celebra el 11 de noviembre, el mismo día que se conmemo-ra el Armisticio de la Primera Guerra Mundial en otros países. (*N. de la t.*)

sesión, y llevarme a Franklin con sus palos de golf? La llamada me hizo ir corriendo a la secretaría del colegio, sacar a mi hijo de su clase con un vago pretexto y bajar a toda prisa a Washington mientras Franklin me hacía prometerle que no iba a decir nada a sus amigos. Incluso la más mínima insinuación podía ser catastrófica, dijo, muy digno. De nuestra cena en la Casa Blanca hacía mucho tiempo, recordaba a los Clinton como un trío simpático pero sabelotodo, aficionados a soltar detalles oscuros sobre cosas importantes. Para él, lo que le atraía de todo eso era el golf —en un día de colegio, nada menos, en un campo nuevo y con lecciones de un profesor con hándicap bajo—, pero, después de pasar el control de seguridad, vimos la caravana de coches presente. Ocupaba todo el camino de entrada, limusinas, jeeps militares y vehículos de emergencia, entre ellos camiones de bomberos y ambulancias. Los soldados se mezclaban con los agentes de traje en el jardín sur, algunos con armas de aspecto imponente. Cuando unos ayudantes nos llevaron a un coche con el letrero INVITADO UNO, aseguré a Franklin que toda aquella inquietante parafernalia era muy distinta de cuando llegaba yo discretamente por las noches. Nuestro chófer, un locuaz sargento del ejército de los encargados de conducir los coches, dijo que la alerta de ese día estaba varios niveles por encima de lo normal. El oficial que iba junto a él frunció el ceño y se negó a hablar. Aguardamos. «Tengo que pasar mucho tiempo esperando», comentó el sargento. Los motores se pusieron en marcha junto antes de que el presidente Clinton saliera por la entrada diplomática, y los escoltas en moto, que se adelantaban unos a otros sin cesar para detener el tráfico por delante, condujeron nuestra larga caravana a toda velocidad al otro lado del río Potomac.

En el club de campo del ejército y la marina, el profesional Mel Cook hizo callar a los espectadores espontáneos en el primer hoyo. Me sentí orgulloso y aliviado cuando el lanzamiento de Franklin voló hasta aterrizar entre los de los tres adultos. Ralph Alswang, uno de los fotógrafos de la Casa Blanca, se ofreció amablemente a documentar la clase que el presidente estaba dándole muy en serio a Franklin. Entre foto y foto, Ralph me contó algunos cotilleos sobre la alerta. Estaban evacuando de Irak a los 230 inspectores de armas de la ONU en previsión de unos ataques aéreos para responder a las últimas infracciones del acuerdo cometidas por Saddam, y unas unidades móviles de combate estadounidenses estaban aterrizando para defender Kuwait. Los tambores de guerra explicaban los ocho o nueve carritos de golf de más que circulaban a nuestro alrededor, dijo, además de una docena de figuras solitarias en los bosques circundantes. Yo no me había dado cuenta de aquellos centinelas inmóviles y camuflados con sus enormes prismáticos de campaña. No estaban buscando bolas perdidas. Me costaba imaginarme un trabajo más tedioso.

Desde el borde de un *bunker* de arena situado junto al *green*, Franklin consiguió un *birdie* poco frecuente en el noveno hoyo. Compartí gritos y palmadas con el presidente incluso antes de que él también lograra un *birdie* con un golpe largo. Felices, desafiaron al equipo contrario, formado por Hugh Rodham y Terry McAuliffe, a que aceptaran o doblaran la apuesta de tres dólares por hoyo en los nueve últimos, y aún seguían insultándose jovialmente cuando me acerqué para felicitarles. McAuliffe sospechaba que había trampa. Rodham advirtió a Clinton que no pidiera compasión porque jugara con un chico. El presidente, proclamando que estaban en racha, se acercó otra vez a Franklin y señaló la calle para explicarle los riesgos y las complejidades de un buen *drive* en este décimo hoyo. Luego emprendió una especie de divagación sobre lo agradable que era estar allí, lejos de Saddam Hussein. «Franklin —murmuró—, odio a ese hijo de puta.» Nadie dijo nada. Saddam tenía aterrorizado a su pueblo, siguió Clinton. Si se le dejaba en paz, las cosas irían a peor y disminuirían las perspectivas para la fuerza popular concertada mucho más allá de su región. Después, Clinton pareció salir de su ensimismamiento y aconsejó a Franklin cómo hacer el golpe, y los cuatro siguieron lanzando sus bolas hasta que la oscuridad les impidió verlas.

Horas más tarde, en la Sala de los Tratados, nuestra sesión comenzó con una introducción de trece temas escogidos, desde el huracán Mitch hasta el juicio antimonopolio contra Microsoft. Las elecciones, que habían sido una asombrosa reivindicación de Clinton, habían coincidido con el tercer intento serio de enjuiciar y destituir a un presidente en doscientos años. «Sí —sentenció—, vivimos días muy extraños.» Empezó a hablar con tales ganas de política que le pedí que grabáramos antes algo sobre Irak. ¿Le habían dado alguna noticia de última hora durante la cena? El presidente asintió con un suspiro. No era la primera vez que Saddam Hussein había obstaculizado la búsqueda de armas de destrucción masiva, pero en ese momento tenía todavía menos sentido. Todo el Gobierno de Clinton estaba buscando un motivo racional para el repentino desafío a las inspecciones de la ONU desde el 31 de octubre, un desafío que parecía claramente autodestructivo en dos aspectos. Primero, Saddam estaba desperdiciando su mejor oportunidad de que se aliviaran en cierta medida las terribles sanciones económicas impuestas tras la Guerra del Golfo. Irak había cumplido lo pactado durante gran parte del año, y Clinton reveló que los encargados de la ONU de evaluarlo habían estado a punto de recomendar la retirada de las inspecciones totales para sustituirlas por una vigilancia limitada, al menos en cuanto a las armas nucleares. Aunque en los programas químico y biológico no se podía hacer una verificación tan completa —por lo que en esos dos casos sería necesario seguir por el momento con las inspecciones y, en caso necesario, iniciar el desmantelamiento—, un Irak desnuclearizado habría podido disfrutar pronto del derecho a que la ONU levantara en parte el embargo.

En segundo lugar, dijo el presidente, Saddam tenía que saber que las represalias serían reales y serias. A diferencia de febrero, cuando Estados Unidos había tenido que enfrentarse a él prácticamente a solas, ahora casi todos los gobiernos estaban de acuerdo en respaldar la acción. Los franceses y los rusos estaban enfadados con Saddam, y el secretario de Defensa William Cohen había dicho, después de una gira para tantear el terreno, que la mayoría de los dirigentes árabes también estaban hartos de él. Su mayor reparo a las incursiones aéreas era que Saddam seguramente conseguiría mantenerse en el poder y el pueblo iraquí simpatizaría con él. Algunos asesores estadounidenses creían que Saddam debía de pensar que Clinton iba a titubear y retirarse, debilitado por lo de Lewinsky. El presidente desechó la idea, aunque reconoció que los que la habían sugerido tenían valor. Otros pensaban que Saddam debía de haber perdido toda esperanza de que se levantaran las sanciones, independientemente de lo que hiciera. No obstante, era astuto, y esas teorías no proponían ningún motivo por el que él pudiera estar dispuesto a sufrir un ataque militar. Clinton no mencionó ninguna razón que desafiara la lógica, y a mí no se me ocurrió preguntar qué podría parecerle a un dictador así el final de las sanciones. Ante la certificación oficial de que su régimen no mordía, que no tenía armas secretas aterradoras, Saddam Hussein necesitaba recurrir a la bravuconería. En esos momentos estaba sacrificando a otros y, al final, arriesgaría todo para proteger sus maneras de matón. Esa lamentable lección iba a aprenderse en una futura guerra.

Clinton dijo que tenía claro su rumbo. Desde el partido de golf, había autorizado las órdenes de enviar más bombarderos y buques de refresco. Las señales de los aliados eran claras. Esperaba que las incursiones milita-

res obtuvieran el apoyo de los dos partidos, incluido el de los ex presidentes Ford, Reagan y Bush. «Dole va a apoyarme —comentó—. Carter seguramente me criticará. Carter siempre critica, pero no tiene mucho de
positivo que decir.» Preveía que en dos o tres días habría un punto de inflexión, en una crisis tan avanzada que cualquier resultado sería polémico,
y con razón. Tanto si los ataques de Estados Unidos eran leves como si
eran duros, habría iraquíes muertos, y muchos de ellos no tenían muchas
opciones para trabajar bajo la economía de Saddam. Por otro lado, pensaba que moriría más gente y con menos sentido si la comunidad internacional no respaldaba con hechos su actitud decidida de la Guerra del Golfo. No era fácil elegir. Él confiaba en que Saddam retrocediera y dejara
entrar de nuevo a los inspectores de la ONU. Aquí, como en Kosovo,
Clinton prefería una solución no militar. Hizo un paréntesis para describir
las duras negociaciones de Richard Holbrooke y el general Wesley Clark
con el presidente Milošević. Las atrocidades étnicas se producían en una
proporción mucho menor que en verano. Los refugiados kosovares estaban volviendo a casa.

A partir de mi primera pregunta sobre las elecciones legislativas, Clinton se desahogó con todo lujo de detalles entusiastas. Repitió una y otra
vez que el *impeachment* había acabado siendo una trampa para los republicanos. No habían podido ofrecer nada más, porque habían bloqueado
la reforma de la financiación de las campañas y habían votado en contra
de todo lo demás, desde las nuevas escuelas hasta las restricciones de las
ventas de tabaco a menores. Dos semanas antes del día de las elecciones,
dijo, cuando sus sondeos habían mostrado que tenía una resistencia sorprendente, los republicanos habían decidido intensificar su único mensaje
con anuncios en la televisión nacional en los que pedían el *impeachment*.
Habían dedicado a ello los 110 millones de dólares que tenían de fondos
del partido, que el jefe de la mayoría, Tom DeLay, había recaudado mediante la extorsión descarada a lobbies en Washington: les había ordenado que despidieran a empleados demócratas y les había comunicado exactamente cuánto iba a costarles que les prestaran atención a la hora de
debatir leyes. Si los demócratas hubieran hecho algo así, comentó Clinton,
habrían ido todos a la cárcel.

No obstante, la jugada de los republicanos había salido mal. En vez de
humillar a los demócratas hasta someterlos, utilizando a Clinton para des-
prestigiarlos, sus anuncios habían provocado reacciones contrarias y les
habían dado entre siete y quince puntos de ventaja de un día para otro.

Los anuncios republicanos habían contribuido a que salieran derrotados ellos mismos o, al menos, los que más relacionados estaban con la persecución de los escándalos de Clinton, como el senador de Nueva York Al D'Amato (derrotado por Charles Schumer) y el senador de Carolina del Norte Lauch Faircloth (derrotado por John Edwards). Si los demócratas no hubieran sido tan tímidos y hubieran sabido escoger ante los votantes entre el *impeachment* y los temas políticos, dijo Clinton, habrían conseguido todavía más victorias. Mencionó la disputa de un escaño dado por perdido en la conservadora San Diego, donde el Partido Republicano había celebrado su convención de 1996, y en la que el republicano que se presentaba a la reelección había perdido prácticamente los veinte puntos de ventaja que tenía con los anuncios que había hecho al final en favor del *impeachment*, y habló de lo que llamó una tragedia evitable: que los demócratas hubieran dejado que el representante Jim Bunning ganara por poco un escaño en el Senado por Kentucky. Dijo que Bunning, ex jugador de béisbol, era tan mezquino que caía mal incluso a otros que eran tan ignorantes como él. «Yo he intentado trabajar con él un par de veces —dijo— y me daba escalofríos.» Misteriosamente, el presidente me pidió disculpas: «Ya sé que eres aficionado al béisbol y todo eso, y que no te gusta que te lo digan, pero ese tipo es intolerable».[2]

Analizó muchas otras consecuencias soterradas. Al centrarse en su infidelidad durante una campaña nacional, los republicanos habían ayudado a limpiar el nombre de Hillary tras los años de desaprobación y dudas sobre el caso Whitewater. Las opiniones negativas sobre ella habían caído en picado. Clinton, encantado, dijo que los resultados de 1998 habían seguido remediando el desastre de la reforma de la sanidad y la revolución de Gingrich de 1994. Estaba especialmente contento por la victoria demócrata que había permitido recuperar el escaño de Pennsylvania sacrificado por Marjorie Margolies-Mezvinsky con su voto a favor del paquete de leyes sobre presupuestos. Gingrich había demonizado esa medida por lo que tenía de aumento fiscal, y había criticado la fórmula de Clinton para la recuperación económica y la reducción del déficit, pero la realidad ha-

2. Clinton creía, equivocadamente, que yo sabía o apreciaba algo de la carrera política de Bunning, seguramente porque le había mencionado una coincidencia relacionada con él. El 21 de junio de 1964, el día de los tristemente famosos asesinatos de los activistas de los derechos civiles Chaney, Goodman y Schwerner en Mississippi, Bunning, como lanzador del equipo de Filadelfia, consiguió dejar a cero a sus rivales, los Mets de Nueva York.

bía salido a la superficie. El presidente predecía un cambio de interpretación que convirtiera las elecciones de 1994 en la anomalía y las de 1998 en el punto de referencia que las habían sustituido. Unos cuantos profesionales de la política presentían algo importante. El viernes anterior, Newt Gingrich había anunciado repentinamente su retirada de la vida pública, después de confesar gentilmente a Clinton su sorpresa, como adversario y como historiador, ante el hecho de que los demócratas hubieran ganado cinco escaños en la Cámara.

Era una victoria considerada imposible para un presidente en su sexto año. Woodrow Wilson, en vísperas del día del armisticio en 1918, perdió 19 escaños; Reagan perdió 5 en 1986. Se suponía que Clinton, recién humillado, con la amenaza de un *impeachment*, se aproximaría a la pérdida de 48 escaños de después de la dimisión de Nixon en 1974, o incluso a la catástrofe de los 96 de un Ulysses Grant rodeado de escándalos en 1874. Haber conseguido un resultado positivo era un auténtico seísmo. Los votantes, dijo el presidente, no tomaban decisiones pensando en ciclos electorales de ocho años. Buscaban un mensaje político coherente, y Clinton, que había estudiado tendencias a largo plazo durante toda su vida, se mantenía en la valoración que había hecho antes de presentarse en 1992. Dijo que el motor antigubernamental de los republicanos, que dominaba desde los años sesenta, estaba quedándose sin combustible. A pesar de las elecciones recientes, ese agotamiento no había trascendido todavía mucho en la cultura popular debido a los corolarios de escándalos, dinero y el predominante espíritu negativo sobre la política. Las elecciones de la semana anterior habían desconcertado a la mayoría de los expertos. Algunos habían elogiado a los votantes por estar lo suficientemente preparados como para castigar a los demócratas del Congreso por culpa de Clinton. Otros les habían ridiculizado y habían dicho que eran demasiado ignorantes o sentimentales para exigir al presidente que respondiera por sus pecados.

Pasamos a otros temas, pero Clinton no dejó de recordar anécdotas relacionadas con las elecciones: una disputa fundamental en Oregon, un vuelco inesperado cerca de Princeton o la alegría del representante por Carolina del Sur James Clyburn, que había asegurado de forma muy descarada que le habría encantado pagar él mismo los anuncios republicanos sobre el *impeachment*. Por otra parte, Clinton habló de los cambios de personal —la sustitución de Erskine Bowles por parte de John Podesta como jefe de gabinete, cuánto iba a echar de menos a Rahm Emanuel— y comentó la detención de varias células terroristas de Bin Laden sin que lo supiera la prensa. Había asistido con Hillary al lanzamiento del cohete de la NASA en el que el senador y ex astronauta John Glenn había vuelto al espacio, desde donde había enviado un correo electrónico a los Clinton. Después, el presidente se extendió más sobre sus impresiones de los nueve días de negociaciones entre Arafat y Netanyahu en Wye Plantation, en la orilla oriental de Maryland, en octubre. Había habido reuniones maratonianas de toda la noche, controversias sobre espías, una emotiva intervención del moribundo rey Hussein de Jordania y, por último, un acuerdo para poner en marcha una serie de medidas provisionales antes de las conversaciones sobre el «estatus final» previstas para el mes de mayo.

Precisamente ese día, dijo Clinton, el Gobierno israelí había aprobado el Memorándum de Wye mediante una votación más dividida de lo normal y con cinco abstenciones. Pensaba que a Netanyahu quizá le resultaría imposible hacer realidad sus compromisos, lo cual convertiría Wye en un último ejemplo de la propensión de Bibi a ganar tiempo. Clinton parecía resignado al desperdicio de unos esfuerzos hercúleos. A propósito de sus relaciones personales con los negociadores, elogió al jefe de los servicios de inteligencia de Arafat, Mohammed Dahlan, y al ministro de Defensa de Israel, Isaac Mordechai. Ariel Sharon, el ministro de Exteriores de Netanyahu, era carismático y elocuente, pero Clinton aseguró que odiaba sin reparos a los palestinos: «Dice que son una banda de matones y que hay que tratarlos como matones». Sharon se había negado a dar la mano a Arafat en Wye. Con cierta insistencia, que me reprodujo, Clinton había conseguido que se sentaran los dos a hablar.

Cuando acabamos, me pidió que preparase algunos posibles temas para su discurso sobre el Estado de la Unión en enero. Su equipo estaba trabajando mucho en él. Si lograba alcanzar el éxito del año anterior, confiaba en frenar las críticas de que había perdido energía y tenía su programa atascado. Estaba decidido a evitar la laxitud cuando se aproximaba el final de su segundo mandato. Después de despedirnos, recogí a Franklin, que estaba en la Sala de los Mapas y había terminado hacía tiempo sus deberes.

En diciembre, todo parecía normal, aunque nada lo fuera. El presidente, vestido con vaqueros y una sudadera gris, pasó por el Salón Oval Amarillo para enseñarme el árbol de Navidad de la familia, y me describió nerviosamente, mientras los tocaba, muchos de sus adornos favoritos con historias agradables sobre su procedencia. Intercambiamos regalos, aunque ya había pasado la fecha para ello. Yo le di un ejemplar personalizado de *All on Fire,* la biografía del abolicionista William Lloyd Garrison escrita por Henry Mayer, y él me regaló con el mismo entusiasmo *My Last Chance to Be a Boy: Theodore Roosevelt's South American Expedition of 1913–1914,* de Joseph Ornig. Mientras nos preparábamos en la Sala de los Tratados, le conté mi tragedia navideña: al volver de Atlanta nos habíamos encontrado a mi perro, que habíamos dejado en una residencia, mortalmente enfermo. Franklin y yo acabábamos de enterrarlo en el jardín. El presidente hizo dos llamadas de trabajo relacionadas con su inminente juicio. El senador John Breaux le dijo que dos de los peores enemigos de Clinton en el Senado, Phil Gramm y Jim Inhofe, estaban planeando presentar testimonios directos y muy gráficos sobre rumores de relaciones sexuales que «corroboraban» la acusación. John Podesta, el nuevo jefe de gabinete de la Casa Blanca, afirmó que los republicanos estaban furiosos con las amenazas del pornógrafo Larry Flynt de denunciar los líos amorosos de éstos con personas de ambos sexos. Sorpresa, suspiró al acabar la llamada el presidente. Bienvenidos al *impeachment.*

Con las grabadoras en marcha, examinó una extraña coincidencia entre la historia y la farsa. El mes anterior nos habíamos separado al borde de la guerra con Irak. Antes del amanecer del sábado 14 de noviembre, dijo, le habían sacado de la cama con informaciones sobre una carta de Saddam Hussein en la que, al parecer, hacía concesiones. Nadie había visto todavía el documento. Los escuadrones de bombarderos estadounidenses estaban en el aire, en dirección a los objetivos asignados, y Clinton disponía de veinte minutos para darles la orden de volver. Los secretarios Albright y Cohen, y el general Hugh Shelton de la Junta de Jefes de Estado Mayor, insistían en seguir adelante. Estaba en marcha un inmenso aparato logístico, los plazos ya se habían más que cumplido y la carta de Saddam podía ser otro engaño. Sin embargo, a Clinton le preocupaba que la carta fuera auténtica y que las bajas civiles fueran las máximas contempladas en el margen de error, lo cual significaba 2.000 iraquíes inocentes muertos. ¿Cómo íbamos a explicarlo? Abortó los ataques y aseguró que prefería que le criticaran por excesiva contención. Le había costado tres intentos arrancar unas promesas claras a Saddam, pero los inspectores de armas de la ONU habían vuelto a Bagdad con un mandato de treinta días para comprobar la plena cooperación. Hasta que llegara su informe, dijo Clinton, todos los buques y jefes aliados tenían órdenes de mantener las posiciones de ataque y estar totalmente preparados.

Mientras tanto, como había temido el presidente, el primer ministro Netanyahu había enterrado el Acuerdo de Wye a llegar a Israel. En vez de proclamar las perspectivas de paz, se había inventado algo desconocido y repleto de condiciones que suponían una carga muy grande, y pronto suspendió su puesta en práctica con el pretexto de la mala fe de los palestinos. Pese a ello, algunos miembros de su propio partido del Likud le habían tildado de «trapo» al servicio de Arafat. Para congraciarse con ellos, Netanyahu había pedido a Clinton que obtuviera y presenciara otra declaración pública del Consejo Nacional Palestino sobre el derecho de Israel a existir. El presidente dijo que se sentía escéptico ante esa idea, y sorprendido. El Consejo era una asamblea electa, una de las numerosas instituciones palestinas nuevas creadas por los Acuerdos de Oslo. Que un presidente de Estados Unidos asistiera a sus deliberaciones formales podía considerarse como un reconocimiento tácito del Estado palestino, pero Netanyahu había rogado a Clinton que hiciera ese gesto político.

Hillary y él habían partido hacia Oriente Próximo el 12 de diciembre, al día siguiente de que el Comité Judicial presidido por Henry Hyde enviara las alegaciones para el *impeachment* al pleno de la Cámara para que votaran sobre ellas los partidos. Los Clinton habían cortado la cinta inaugural del nuevo aeropuerto internacional de Gaza. Habían visitado a huérfanos israelíes y palestinos cuyos padres habían muerto en la guerra. Clinton había pronunciado un discurso televisado ante los 500 delegados palestinos que habían votado por la coexistencia, y había elogiado su valor para superar la guerra mientras los manifestantes, en la calle, les llamaban traidores y colaboradores de Israel. Arafat y él habían encendido las luces de un árbol de Navidad en el supuesto pueblo natal de Jesús, Belén, en la zona palestina, que al presidente le había parecido una ciudad triste y destartalada. En compañía de Netanyahu, los Clinton habían visitado la antigua fortaleza del rey Herodes en la montaña de Masada, sobre el mar Muerto. En nuestra grabación, el presidente dijo que creía a medias en la sufrida declaración del primer ministro de que todavía no podía cumplir los compromisos adquiridos en Wye. En opinión de Clinton, Netanyahu, en parte, se inventaba excusas porque en el fondo no quería impulsar el proceso de paz, pero además estaba paralizado por la coalición del Likud. Para Bibi sólo había dos salidas: un Gobierno de unidad con el Partido Laborista, o nuevas elecciones nacionales. Le pregunté si era posible un

Gobierno de unidad. Ahora no, replicó Clinton, porque los laboristas creían que podían ganar. Los candidatos probables, Shimon Peres y Ehud Barak, preferían derrotar a Netanyahu que aliarse con él.

Las tramas se habían enredado rápidamente a partir del 15 de diciembre, cuando el inspector jefe de armas de la ONU declaró que habían topado con un muro prácticamente infranqueable en Irak. Saddam Hussein se había retractado de sus promesas de noviembre. Al bloquear el acceso y frustrar los trabajos de inspección, había vuelto a desafiar una decisión del Consejo de Seguridad de la ONU que, por un resultado de 15-0 en votos, condenaba su incumplimiento de las resoluciones de la Guerra del Golfo. El presidente Clinton, todavía en Israel, había reactivado los ataques aéreos suspendidos con una sola concesión que había disminuido la sorpresa. Por motivos diplomáticos, afirmó, no había dado órdenes de confirmación hasta después de que el *Air Force One* dejara el espacio aéreo israelí. Durante los cuatro días posteriores, 650 salidas de bombarderos y 400 misiles de crucero castigaron Irak, mientras Clinton llegaba al país para verse envuelto en estallidos políticos. El líder de la mayoría en el Senado, Lott, se había opuesto con grandes alharacas a la operación militar, y había expresado las sospechas de que Clinton la había programado para ensombrecer el debate sobre el *impeachment* en la Cámara. Las acusaciones recíprocas de deslealtad en tiempos de guerra se habían fundido en la vorágine partidista a propósito de Monica Lewinsky. El sábado 19 de diciembre, cuando terminaron las incursiones aéreas sobre Irak, la mayoría republicana en la Cámara propuso una votación sobre el *impeachment*, pero, antes de poder hacerlo, el presidente recién designado para sustituir a Gingrich, Bob Livingston, había confesado que había cometido adulterio con varias mujeres no identificadas. El representante de Louisiana había dimitido para ahorrarse la revelación de detalles embarazosos con la que le había amenazado el editor de *Hustler* Larry Flynt. Se había desatado un pandemonio. «Ha habido tantas bombas —gritó el representante republicano de Delaware Michael Castle—, que uno no puede dejar la espalda al descubierto.»

No debería haberme sorprendido que la primera valoración que hizo el presidente de todo este caos fuera que había fallado en su habilidad como político. Se sentía responsable del *impeachment*. Pensaba que la votación en la Cámara estaba ya perdida en noviembre, cuando habíamos hablado. Su error había sido suponer que las elecciones legislativas iban a provocar una oleada de rechazo público del proceso. Dijo que tenía que haber mandado inmediatamente a gente de la Casa Blanca a obtener declaraciones públicas de todos los republicanos que sabían que el *impeachment* era un lastre político. En cambio, su autocomplacencia había permitido que toda la dirección republicana consolidara la lealtad de partido. Dick Armey y Tom DeLay, junto con Gingrich, habían vendido el *impeachment* como un «voto por la libertad». Habían dicho que los republicanos, después de sufrir su castigo en los comicios, debían hacer pleno uso de las dudas sobre el carácter de Clinton mientras tuvieran el control de la Cámara.

Este argumento, añadió el presidente, debería haberle hecho ver que se le había pasado inadvertida otra señal: que la revuelta contra Gingrich no procedía de los republicanos moderados, sino de los más ruidosos partidarios de sus desastrosas campañas publicitarias en favor del *impeachment*. DeLay y Armey habían dicho que cualquier reacción en las elecciones de 2000 jugaría en contra de los moderados y depuraría un núcleo unido de conservadores ideológicos. Habían invocado sin cesar la disciplina de partido hasta perder sólo entre cinco y doce moderados en los recuentos clave, que se habían compensado con cinco demócratas contrarios a Clinton. La tarde del 19 de diciembre, la Cámara aprobó dos alegaciones de *impeachment* por unas votaciones bastante igualadas que seguían la disciplina de partido, 228-206 y 221-212.

Afirmé que, diez días después, todo eso parecía surrealista. Los índices de aprobación de Clinton seguían estando alrededor del 60 y, sin embargo, era el segundo presidente enjuiciado por la Cámara de Representantes. Su presidencia estaba siendo atacada, y además —y esto sí que era literalmente histórico—, obligada por la Constitución a someterse a juicio en el Senado. ¿Le encontraba él algún sentido a todo aquello? ¿Qué sentía? Pues me sorprendió. Dijo que no estaba ni mucho menos tan enfadado en ese momento como hacía unos años, cuando me soltaba tantas diatribas sobre la complicidad entre los políticos de derechas y la prensa. Entonces estaba convencido de que la mayoría de las cosas recibía un trato justo, y seguía considerando *The New York Times* como un modelo con sentido de Estado. Si hubiera seguido así, añadió, abrumado y obsesionado por lo que le hacían otros, se habría vuelto loco. «Ahora estaría en el manicomio», subrayó. En cambio, había tenido que distinguir entre lo que hacían otros y lo que él se hacía a sí mismo y a su familia. Que le echaran del cargo por eso sería insignificante, dijo, en comparación con el terrible precio personal que ya estaba pagando.

Este *impeachment*, insistió, era pura política. No lo comprendía del todo, pero vivíamos en un periodo político desagradable. Lo mejor que

podía hacer era centrarse en el trabajo. No tenía aspiraciones muy elevadas por el momento, pero pensaba que el desapego era el mejor antídoto
contra el escepticismo a largo plazo. Si dimitía, los demócratas atacarían
a algún republicano de la misma forma, y todo el mundo se rebajaría.
Además de una buena mayoría de votantes que seguía prefiriendo que siguiera en su puesto y luchando contra los republicanos a que dimitiera,
otro 20 %, dijo, prefería que ignorase toda la malevolencia y siguiera trabajando. «Estoy totalmente convencido de que la historia me reivindicará
—concluyó— y dejará claro que mis adversarios han hecho daño al
país.»

   ¿Y qué pasaba con Hillary y él? Le pregunté cómo estaban superándo-
lo. Evitó los comentarios personales y repitió que ella tenía opiniones muy
firmes sobre los defectos constitucionales de las investigaciones desde el
caso Whitewater hasta entonces. Luego contó que había descubierto una
curiosa conexión con Hillary durante una parada en Guam que se me
había escapado en las notas sobre sus viajes. En una ceremonia para conmemorar las víctimas de la Segunda Guerra Mundial, un hombre que esperaba a darle la mano le había confesado que el hermano de su bisabuela
era el abuelo de Hillary. Había trazado una complicada genealogía y Hillary se había quedado asombrada cuando el presidente volvió a casa con
la noticia: «Me he encontrado con tu primo». Debía de ser verdad, dijo
ella, que confirmó su lado de la rama genealógica. No sabía que tuviera
ningún pariente en Guam.

   Clinton se levantó varias veces para estirarse, doblar las rodillas y tirar
hacia atrás un pie y luego otro. Sin embargo, estaba menos molesto que en
noches anteriores y recorrió varios recuerdos encantadores de reuniones
que había celebrado con gente corriente en Japón. A propósito de China,
le preocupaban los discursos oficiales sobre las medidas contra los que
agitaban en pro de la democracia, pero se había perdido alguna de las últimas sentencias políticas. ¿Diez años? ¿Por conceder una entrevista en la
radio sobre las protestas de los agricultores? «Verdaderamente no sé qué
pasa con Jiang», dijo. Necesitaba volver a ocuparse del tema. La economía
estadounidense tenía buenas perspectivas: el desempleo por debajo del
4,4 %, la inflación en 1998 del 1 %, el crecimiento del cuarto trimestre
alrededor del 6 %, el Dow Jones por encima de 9.300 puntos. Quizá incluso demasiado buenas, después de cinco años seguidos. Aunque empezaba
1999 con confianza, Clinton no quería que llegara una recesión durante la
campaña de Al Gore en 2000. Existían varios elementos amenazadores.

«Uno es el acero», comentó, y emprendió un discurso sobre las reglas de la competencia desleal que le dejó agotado. Al despedirme, cogió mi copia de las sugerencias que le había enviado para el discurso sobre el Estado de la Unión. Sobre todo, le instaba a levantar nuevas metas retóricas que equipararan la paz en Oriente Próximo y el equilibrio presupuestario, para estimular la confianza de los ciudadanos en unos objetivos visionarios. Me daba miedo que el *impeachment* hubiera quitado relevancia a ese tipo de cosas. Me respondió que no.

33

EL JUICIO

Martes, 26 de enero de 1999

Martes, 23 de febrero de 1999

El presidente del Tribunal Supremo, William Rehnquist, presidió el juicio de William Jefferson Clinton en el Senado, de acuerdo con las reglas del *impeachment* presidencial contenidas en el artículo I, sección 3, apartado 7 de la Constitución. Los analistas desenterraron precedentes y protocolos de manuales polvorientos o fragmentos de correspondencia entre los padres fundadores. En enero, a mitad de las cinco semanas de espectáculo, llegué con el ánimo serio y nada preparado para recibir una sorpresa estupenda. Primero, el anciano portero nuevo, Harold Hancock, se mostró reacio a seguir las instrucciones de llevarme al piso de arriba. Cuando le pedí que me explicara por qué, remoloneó hasta que dejó caer algo sobre que los Clinton estaban besándose. Nancy Mitchell, que era la ujier esa noche, examinó la alegría que denotaban las comisuras de una boca obediente. «Bueno —dijo—, pues va a tener que acompañar al señor Branch. El presidente le ha mandado llamar.» Hancock negó con la cabeza. Acababa de estar arriba. «Quiero que llame antes», respondió. Discutieron sobre lo que había visto, que parecía un beso en un pasillo, y Mitchell formuló un plan para que se anunciara desde la escalera y luego cerrase las tres puertas del pasillo sur —dormitorio, cuarto de estar y cuarto de baño— para darles intimidad. Me envió con él como compañía, cosa que a él le alivió, pero no dejó de mostrarse dudoso y nervioso mientras subíamos.

Sentí un extraño alivio cuando no vimos al matrimonio en ningún sitio del segundo piso. Hancock ya había desaparecido cuando, por fin, los localizamos con unos invitados en el solárium. Habían interrumpido cualquier demostración romántica, pero mantuvieron una intensa conexión cuando hablamos de los últimos acontecimientos políticos relacionados con el *impeachment*. No sólo se completaban mutuamente las frases, sino que se pasaron el teléfono uno a otro varias veces para hablar con diversos senadores, Tom Daschle y John Breaux, recordé después, y tal vez Chris Dodd. El presidente quería evitar otros contactos para reducir el riesgo de filtraciones y las inevitables acusaciones de manipular al «jurado» del Senado. Dijo que las votaciones previstas para el día siguiente serían las primeras pruebas de fuerza importantes hasta el momento en el juicio, sobre la moción de sobreseimiento del senador Robert Byrd y sobre las normas que iban a regir el número de testigos. Hillary esperaba que todos los demócratas excepto Russ Feingold se mostraran a favor del sobreseimiento ya en esa fase, lo cual era bueno. Los dos comentaron que muchos senadores, en privado, odiaban a los organizadores del *impeachment*, a los que llamaban los mánager. Estaban hartos de esos trece advenedizos de la Cámara, todos de distritos republicanos fieles, que habían llegado mediante un sórdido caso sexual, completamente chapucero, para obligar a votar a unos senadores cuyos electores no querían que hubiera ningún juicio. Excepto del sur, muchas veces los senadores republicanos procedían de estados en los que había una gran mayoría que se inclinaba por dejar en paz a Clinton: el 62 %, el 72 %. El juicio se acercaba a un punto de no retorno. Los senadores todavía podían alegar obligación pasiva y culpar sutilmente a la iniciativa de la Cámara, pero la atención diaria les exponía también a ellos a un peligro político.

El presidente se disculpó en su nombre y en el mío y nos fuimos a trabajar a la Sala de los Tratados. De camino allí, medio en broma y como consuelo, le dije que a lo mejor este caso acababa permitiendo, paradójicamente, que entendiéramos mejor el otro único caso de juicio de *impeachment* presidencial en la historia. El de Andrew Johnson, absuelto por un voto en 1868, del que se afirmaba que había sido víctima de una persecución sin fundamento por parte de abolicionistas y fanáticos de la reconstrucción en el Congreso. Sin embargo, en comparación con las acusaciones sobre Lewinsky, el *impeachment* de Johnson había tenido un origen legítimo, a partir de diferencias sobre el Gobierno constitucional básico. Al fin y al cabo, Andrew Johnson había tratado de eliminar la Decimocuarta Enmienda, que se había convertido en nuestra base legal para la igualdad de derechos de los ciudadanos y el debido proceso. «¿Quiso eliminarla?», preguntó Clinton. Sí, Johnson hizo campaña para impedir su ratificación en 1866. El presidente comentó que no lo sabía y pareció dudar de ello. Nos tomamos el pelo el uno al otro. Él dijo que yo estaba intentando condenar a Andrew Johnson. Yo repliqué que Clinton no quería aceptar mi cumplido de que su *impeachment* era aún peor que el de Johnson.

Con las grabadoras en marcha, pidió perdón por varios aspectos de su discurso sobre el Estado de la Unión de la semana anterior. No había propuesto tantas iniciativas importantes como esperábamos, y la retórica no había tenido tanta fluidez como otros años. Por otra parte, el discurso había sido sólido desde el punto de vista programático. Estaba empezando a ser posible hacer grandes cosas. Había cosechado un doble dividendo del anuncio —cuidadosamente construido con sus expertos en presupuesto— de que Estados Unidos podía garantizar la solidez de la Seguridad Social durante medio siglo apuntalando sus reservas durante unos años con el 60 % de los superávits presupuestarios anuales previstos. El compromiso había tenido un recibimiento tan bueno que los republicanos se habían sumado a la iniciativa. Ni siquiera Tom DeLay se había opuesto. Por último, dijo Clinton, el discurso había salido bien porque el Estado de la Unión era muy bueno si se ignoraba el proceso del *impeachment*, que era precisamente lo que él había hecho. Sus índices de aprobación se habían disparado hasta casi el 80 %, aunque habían bajado unos cuantos puntos desde entonces. Le pregunté qué parte de esa gran subida atribuía a la aprobación por el discurso y qué parte a la desaprobación del *impeachment*. Respondió que se debía a las dos cosas. Hillary y él habían ido después con los Gore a unos enormes mítines en Buffalo, Nueva York y Norristown, Pennsylvania. La gente le había gritado que ignorase el juicio y siguiera adelante. «Soy el único que está trabajando para el país», dijo.

Destacó un fenómeno extraordinario en la política estadounidense. «Los altos cargos del Partido Republicano le tienen terror a sus propias bases», dijo. Aunque esas bases no representaran más que un 20 % del electorado, ellos se quejaban pero siempre acababan cediendo ante los sectores más airados. Habían complicado innecesariamente el caso Whitewater y, más tarde, el *impeachment*. Y analizó en ese sentido el nuevo lema de los republicanos recomendado en el discurso de despedida de Newt Gingrich: «No dañar». Era pura hostilidad frente al Gobierno disfrazada de ética hipócrita, y los republicanos debían atenerse a la demanda de un recorte fiscal del 10 %. Destacó que los recortes fiscales era la única idea que tenían —aunque una idea tan automática que equivalía al mismo reflejo negativo—, pero que, con habilidad, podían obtenerlos. Los demócratas se verían obligados a presentar argumentos convincentes para explicar que primero era preciso obtener superávits y que los recortes fiscales debían reservarse como estímulo para combatir la recesión. Había que tener mucho cuidado, dijo, en cómo decir a la gente que estaba hasta arriba de deudas que los recortes fiscales, en un periodo de bonanza, podían ser una mala idea.

En unas circunstancias tensas, en las que cualquier día una votación del Senado podía hacer aparecer una empresa de mudanzas que empezara a empaquetar los enseres de los Clinton, grabamos muy poca cosa sobre el juicio. En su lugar, el presidente hizo un pronóstico sobre todos los programas de prestaciones que iban a complementar el plan de cincuenta y cinco años sobre la Seguridad Social. «Francamente —dicté más tarde—, me habría encantado una transcripción de la cinta porque la verdad es que no comprendí nada.» Habló de todo, desde la estructura del impuesto en las nóminas hasta los problemas administrativos con las inversiones de jubilación en Chile y otros países, y me dejó «deslumbrado» pero demasiado distraído o confuso para hacer un resumen coherente. Hubo también teoría económica sobre el uso de los mercados privados para aumentar el ahorro público, con citas de debates con Alan Greenspan, y teoría política sobre la estabilidad de los pactos entre generaciones.

Cuando le pregunté sobre la entrevista que había tenido ese día con el papa Juan Pablo II en Saint Louis, el presidente empezó a contar historias personales. Le había presentado a un sacerdote católico, viejo amigo suyo de Arkansas, que estaba calvo por el tratamiento contra el cáncer que sufría, para que le otorgara una emotiva bendición. En privado, contó, el equipo del Vaticano estaba agitado por alguna disputa en la jerarquía sobre las universidades de los jesuitas, que parecía ser una de las razones fundamentales del viaje. Para oír la voz debilitada del papa, Clinton había tenido que sentarse más cerca de lo que en ese instante estaba de mí, e inclinarse hacia delante. «Recuerda, tiene setenta y nueve años —dijo—. Tiene Parkinson. Le han disparado. Y ya antes tenía mal las rodillas. Pero tiene la mente muy ágil.» Habían hablado mucho de Cuba. El papa había criticado el embargo estadounidense por considerarlo violencia espiritual, lo cual le pareció correcto a Clinton. Estaban de acuerdo en que Fidel Castro quería mejorar las relaciones, y habían intercambiado comentarios indirectos sobre cómo empujarle en esa dirección. Habían discutido los sufrimientos desconocidos del Congo y la creciente disparidad, no sólo de riqueza sino de longevidad, entre unas naciones y otras. Con unos sistemas de sanidad en quiebra y unas expectativas de vida que habían caído hasta los cuarenta años, ¿cómo podía esperar nadie que los países más desesperados se sacrificaran en nombre de la ecología? ¿Por qué tenía que importarles? Clinton había invitado al papa a retarle, junto con los demás dirigentes occidentales, a progresar hacia la idea cristiana de la justicia para los pobres. Juan Pablo II había explicado su oposición a los ataques aéreos en Irak. «Usted ha sido un gemelo durante mucho tiempo —le había dicho al final a Clinton—. Ahora debe aprender a vivir como un huérfano.» Quería decir que, como única superpotencia, sin las limitaciones de la Unión Soviética, Estados Unidos necesitaba una sabiduría devota y solitaria para dar ejemplo al mundo.

Unas llamadas de teléfono interrumpieron el relato que estaba haciéndome el presidente de las intrigas palaciegas en Jordania. Me estaba contando que el rey Hussein había suspendido unos tratamientos intensivos para su linfoma en la clínica Mayo y acababa de volver a su país para deponer a su hermano y heredero designado desde 1965, el príncipe Hassan, en favor del hijo del propio Hussein, Abdulá. El misterioso golpe había sorprendido al mundo árabe y había apasionado a los estudiosos de la monarquía. Hussein había querido elevar a su hijo Hamzah, de dieciocho años e hijo de su esposa actual, la reina Noor, pero tenía miedo de que Hassan derrocara al joven inexperto. El rey había intentado llegar a un acuerdo con Hassan para que Hamzah fuera su príncipe heredero para la siguiente generación, pero la esposa de Hassan, Sarvath, había vetado la propuesta. Por supuesto, prefería que el sucesor fuera su propio hijo, el príncipe Rashid, y, de todas formas, Noor nunca le había caído bien. Como consecuencia de todo esto, Hussein escogió a Abdulá, de treinta y siete años, en parte por el apoyo con el que contaba dentro del ejército por ser militar de carrera. A diferencia del joven Hamzah, un menor que habría necesitado la confirmación del Parlamento jordano, Abdulá podía acceder al trono mediante un decreto real.

Al teléfono, Clinton se fue entusiasmando en su conversación con el presidente del Comité Nacional Demócrata, Steve Grossman. Escuchó historias, escribió números y tuvo reacciones de satisfacción que culminaron en un alegre deseo de que el juicio del *impeachment* durase un mes más. Era evidente que había pasado algo, y él me transmitió algunos datos con el auricular tapado. Grossman, sin creerse las informaciones semanales, había pasado todo el día en un centro de llamadas hablando con encuestadores, cuyo asombroso fervor le había hecho, por fin, creer las cifras. En los diecinueve días anteriores se habían ofrecido más pequeños donantes que en ningún otro año anterior del mandato de Clinton. «Por Dios —le dijo el presidente a Grossman—, deberíamos filtrar ese dato.» Después, Clinton se rió mientras me reproducía alguno de los comentarios expresivos e irreverentes de los donantes. «Me extrañaría mucho y me destrozaría —concluyó, lleno de asombro— que no ganáramos la Cámara de Representantes en 2000.»

La seriedad volvió al hablar otra vez de Jordania. Explicó que había sido un golpe ver al rey Hussein tan débil y delgado a sus sesenta y tres años. Hillary y él se habían hecho más amigos del rey y su mujer que de ninguna otra pareja del escenario mundial, incluidos los Blair y los Kohl. Los cuatro compartían casi la misma fe social y política, y ellos adoraban a la reina Noor, nacida en Estados Unidos. El rey no iba aguantar, temía Clinton, hasta las negociaciones entre israelíes y palestinos previstas para mayo, y no había nadie más que pudiera controlar y empujar a Arafat para que éste, a su vez, obligara a los israelíes a avanzar. Habría inestabilidad, dijo, y muchas pérdidas que lamentar.

Nancy Mitchell me acompañó hasta la salida. No era la primera vez, pero sentí su deseo de calmar cualquier resto de diversión por el sonrojo del portero Hancock, porque, en ese lugar, hasta el cotilleo más leve podía convertirse en artillería política. Hice unos comentarios tranquilizadores de que las grabaciones del presidente estaban completamente reservadas al futuro. Cuando nos aproximábamos a la salida, le pregunté por una silla solitaria que estaba en medio de la Sala de Recepciones Diplomáticas. Asintió. Era donde el presidente Clinton se había entrevistado con Stephen Hawking esa misma noche, al volver de su visita al papa. Mitchell había estado esperando allí a que una camioneta recogiera al físico, que padecía la enfermedad de Lou Gehrig, y Clinton, en un gesto espontáneo, había arrastrado una silla hasta el centro para sentarse al lado de su silla de ruedas especial. El rostro de Hawking se había iluminado con una bonita sonrisa durante cuarenta y cinco minutos, dijo Mitchell, mientras hablaban de todo tipo de cosas.

Y, de pronto, se acabó. Llamé al presidente para felicitarle porque el Senado le había absuelto. Diez días después, una llamada justo antes de cenar me hizo ir corriendo a Washington, y los ujieres me enviaron arriba con un sándwich de la cocina. Dijeron que el presidente iba con retraso, pero entró enseguida en la Sala de los Tratados con los brazos llenos de libros.

«Estoy poniendo orden», explicó. ¿Conocía yo esa historia de la política y las relaciones raciales de mitad de siglo en Atlanta, *Where Peachtree Meets Sweet Auburn,* de Gary Pomerantz? Sí, pero todavía no había leído el libro de David Remnick sobre Muhammad Ali. Siguió en ese tono —tocando, recordando, reordenando—, mientras afirmaba que pensaba en el futuro y el pasado al mismo tiempo. Quería dar forma a unos temas sólidos para sus últimos meses de mandato mientras empezaba a preparar su legado. Pronto empezaría a haber gente interesada en los planes para su biblioteca presidencial, y me invitó a incorporarme a un grupo informal de asesores.

Eso me movió a pedirle un favor a cambio. Dije que lo hacía a regañadientes, sobre todo porque era algo que iba en mi propio interés. Clinton se animó. «Dispara —ordenó con una sonrisa—. ¿Qué es?» Bueno, el año anterior, los Archivos Nacionales habían promocionado a otros puestos a las dos expertas encargadas de hacer públicas las grabaciones de teléfono de los presidentes. Esas dos personas —Stephanie Fawcett, de la Biblioteca de John Fitzgerald Kennedy, y Mary Knill, de la de Lyndon B. Johnson— eran vitales para los historiadores que necesitaban material de esas fuentes. Y no habían sustituido a ninguna de las dos. La mayoría de las grabaciones conocidas estaba fuera de nuestro alcance. La publicación siempre era lenta y consistía en un proceso que duraba muchos años, pero en ese momento, además, ese proceso dependía del tiempo que les sobrara a empleados dedicados a otros proyectos. ¿Podía conseguir que aprobaran inmediatamente, o incluso reforzaran, el presupuesto para la contratación de los dos puestos? Clinton, mientras se debatía en voz alta con problemas de política de personal mucho más complicados que los de unas documentalistas, cogió mi memorándum y dijo que iba a pedir a su ayudante Maria Echaveste que lo mirase al día siguiente. Luego bromeó conmigo sobre la historia de los presidentes. Quizá se le daba demasiada importancia. Sin embargo, lo comprendía. No le gustaría nada que sus propias memorias tuvieran que esperar a que unos archiveros procesaran las cintas que él y yo estábamos grabando ahora.

El ejecutivo discográfico y millonario David Geffen, me comunicó Clinton, ya se había ofrecido a negociar el contrato de sus memorias sin cobrar ninguna comisión. ¿Era una buena idea? Le contesté que tenía por lo menos un año de plazo para tomar esas decisiones, entre las que estaría la forma más segura de transcribir las voluminosas cintas. Él mostró más dudas que prisa. «Las memorias de Hillary seguramente valdrán más que las mías», musitó. Parecía deprimido, probablemente por el *impeachment*, y sus memorias siempre eran un tema delicado. Le observé para ver si encontraba alguna pista sobre su estado, y dije que era posible que, por el momento, el mercado valorase menos su libro que el de Hillary. Clinton había sido maltratado, y la mayoría de los creadores de opinión insistían en mirarle con desprecio. No obstante, su versión de la historia iba a tener más demanda de la que creía la gente. Me preguntó directamente cuánto podía conseguir. Tartamudeando, aventuré entre 5 y 10 millones de dólares. Desechó mi preocupación de que la posible candidatura de Hillary al Senado por Nueva York pudiera inhibir su sinceridad al hablar de ella en el libro. «Si se presenta, y gana —reconoció con una sonrisa—, prestará juramento como senadora viviendo todavía en la Casa Blanca, antes de que acabe mi mandato. ¿Te parece eso histórico o no?»

Ya con las grabadoras en funcionamiento, describió las prisas para enterrar al rey Hussein antes de que transcurrieran veinticuatro horas de su muerte, tal como prescribe la ley islámica. Los ex presidentes Ford, Carter y Bush habían volado con Clinton a Jordania, y los cuatro habían estado a gusto; sobre todo, en su opinión, porque Carter, que podía ser altanero y suspicaz, había estado de buen humor durante las doce horas del viaje y había compartido anécdotas y observaciones perspicaces. Tanto él como los demás habían rechazado los persistentes ofrecimientos de Clinton de que durmieran por turnos en dos camas de la cabina presidencial en el *Air Force One*. Se habían limitado a echar cortas siestas en unos sacos de dormir, y nada más llegar se habían incorporado a la procesión tras el ataúd de Hussein, haciendo un largo recorrido por colinas y estrechas calles de la ciudad. Ford no había podido con todo, dijo el presidente, pese a que estaba en buena forma para sus ochenta y cinco años. El egipcio Mubarak, tampoco. Yeltsin ni lo había intentado, aunque estaba sobrio, y habían tenido que ayudarle a levantarse de la silla. Clinton se había encontrado con el sirio Asad, entre otras muchas personalidades. De vuelta en el palacio real, contó que Hillary y la reina Noor habían aparecido con el resto de las mujeres de la familia, de luto —no habían estado con ellos en el funeral por mandato de la tradición—, y se habían sentado calladamente en una larga escalera. Esa imagen era su recuerdo más conmovedor. También se habían mantenido conversaciones políticas, pero Clinton destacó un aparte que había tenido con el depuesto Hassan, que se había mostrado magnánimo en su concesión ante las órdenes de su difunto hermano y el acceso al trono de su joven sobrino. Había dicho que su deber estaba claro. Clinton le había dado las gracias por el servicio a su país y al mundo.

Repasamos varias cosas que tenían que ver con la raza. El presidente no sabía que ese día habían condenado al primero de los cuatro acusados en Jasper, Texas, pero sí estaba al tanto del horrendo asesinato de James Byrd Jr., al que habían desnudado y arrastrado durante cinco kilómetros con una camioneta el año anterior. Clinton preguntó qué composición racial había tenido el jurado. Sobre todo blancos, me parecía, y habían dictado un veredicto unánime el primer día. Bien, dijo. Luego, en una explicación que a mí me produjo incomodidad, explicó que la condena a muerte en un juicio justo e imparcial de unos supremacistas blancos por crímenes capitales contra víctimas negras podía tener una ventaja añadida. Esa tendencia reduciría la parcialidad empírica de las ejecuciones —una victimización en función de la raza, teniendo en cuenta todos los demás factores—, lo cual serviría para responder a un argumento importante contra la pena de muerte.

De otro caso que se había producido ese mismo mes, durante el juicio del *impeachment*, Clinton reconoció el nombre de Amadou Diallo, un inmigrante de Guinea que vivía en el Bronx: «¿Quieres decir ése al que disparó la policía cuarenta y una veces delante de su apartamento?». Pidió los datos básicos de por qué estaban persiguiéndole los cuatro agentes. Según mis notas, habían dicho que encajaba con la descripción de un violador en serie y habían creído que había sacado una pistola, que resultó ser su cartera. Clinton suspiró, consciente de que iban a producirse manifestaciones para exigir que el Gobierno federal se encargara de la investigación del caso. La decisión, seguramente, nunca llegaría a sus manos. Lo más probable era que el alcalde Rudy Giuliani adoptara una postura política de respaldo de su policía, pero confiaba en el fiscal de Nueva York, Robert Morgenthau. «No creo que pierda en un caso así», sentenció el presidente.[1]

Se animó cuando mencioné su indulto del primer negro graduado en West Point, en la promoción de 1877. «¡Henry Flipper!», exclamó, y me

---

1. La fiscalía local acusó a los policías de asesinato en segundo grado y temeridad. Después de solicitar el cambio de jurisdicción, un jurado en Albany absolvió a los cuatro agentes de todos los cargos el 25 de febrero de 2000. En marzo de 2004, la ciudad de Nueva York resolvió la demanda civil con un acuerdo por el que pagó a los herederos de Diallo 3 millones de dólares.

describió a muchos de los dieciséis descendientes de Flipper que habían ido a la Casa Blanca la semana anterior. Colin Powell y un grupo de generales habían contado historias sobre el ejemplar *Buffalo Soldier** que había vivido en condiciones terribles después de la Guerra de Secesión. En su faceta de ingeniero militar, dijeron, todavía era famoso en el ejército por su reconfiguración de la llamada zanja de Flipper que había salvado a Fort Sill de la malaria. Incluso después de haber sido injustamente expulsado del ejército en 1882, dijo el presidente, Flipper se había labrado una asombrosa carrera como autor de obras científicas y diseñador de equipamientos para el petróleo. El indulto estaba más que justificado, pero habían hecho falta más de dos años para conseguir que traspasara la resistencia burocrática en Justicia, el Estado y el Pentágono. Póstumos o no, estos gestos tenían eco en las grandes instituciones. Clinton hizo una mueca cuando apunté que se decía que Powell tenía la fotografía de Flipper en su habitación de West Point. «Colin no fue a West Point», corrigió. Seguro que quería decir su despacho en el Pentágono; en cualquier caso, era cierto que le admiraba mucho. Como Powell, dijo el presidente, los miembros negros del equipo de la Casa Blanca eran muy discretos a la hora de hacer comentarios raciales, y mucho más a la hora de mostrarse como activistas, porque lo consideraban poco profesional, pero las doncellas y los mayordomos le habían aplaudido cuando subió después de la ceremonia del indulto.

A propósito del viaje que había hecho con Hillary a México por San Valentín, Clinton contó que habían visitado Yucatán y un museo maya que exhibía un antiguo sistema de cálculo basado en el número cinco. En su opinión, el presidente de México, Ernesto Zedillo, era el gestor económico más astuto de toda Latinoamérica. El problema que tenía era que los cárteles de la droga tenían mucho más dinero que su Gobierno; mucho dinero, repetía Clinton una y otra vez. Los beneficios de la droga generaban o mantenían la corrupción a una escala espectacular. Carlos Salinas, el ex presidente, había huido a Irlanda. Su hermano Raúl acababa de ser declarado culpable, el mes anterior, de haber ordenado la muerte del ma-

---

* «Buffalo Soldiers» es el nombre que dieron los indios a un regimiento formado por soldados negros para luchar con la Unión (los abolicionistas) en la Guerra de Secesión, y luego pasó a designar los cuatro regimientos negros creados formalmente en 1866. (*N. de la t.*)

rido de su hermana a unos asesinos profesionales.[2] Zedillo estaba recibiendo muchas críticas por permitir una acusación que había dejado al descubierto tantas intrigas repugnantes entre las familias más poderosas del país, mientras testigos y fiscales desaparecían, asesinados o fugados con fortunas inmensas. El presidente Zedillo le había dicho a Clinton que no tenía más remedio que dejar que la investigación sobre Salinas siguiera adelante. Si no, todo el mundo creería que el caso encerraba cosas todavía peores para la cultura mexicana, como el chantaje homosexual.

Irak parecía casi un tema ligero después de hablar de México. Había escaramuzas diarias en la zona de vuelo restringido de la ONU, cuyo propósito era denegar a Saddam Hussein la protección de los sistemas de defensa antiaérea para las posibles armas iraquíes de destrucción masiva. De forma casi inadvertida, dijo Clinton, las misiones para vigilar esas zonas aéreas en enero y febrero habían destruido más parte de las infraestructuras militares de Saddam que el bombardeo concentrado de diciembre. ¿Era inevitable —pregunté—, que derribaran a un piloto británico o norteamericano? Esperaba que no, pero Saddam estaba ofreciendo enormes recompensas a cualquier artillero iraquí que lograra un trofeo de la ONU. Hasta el momento, dijo, los artilleros estaban disparando al azar. No estaban centrando su radar antiaéreo en los aviones de la zona de vuelo restringido. Si lo hacían, sabían que los sensores de esos aviones reaccionarían al instante con misiles dirigidos contra el origen del radar, por lo que los artilleros tendrían más probabilidades de morir que de cobrar la recompensa. Por lo tanto, en conjunto, Saddam estaba perdiendo el control de sus soldados mientras sus armas avanzadas se degradaban. Como consecuencia, era menor amenaza externa —seguramente estaba frustrado y no podía montar uno de sus golpes militares llamativos—, pero seguía siendo temible en el interior de Irak. Clinton defendió al general Anthony Zinni, que había advertido al Congreso que no había que subestimar la dificultad de sustituir a Saddam. Los detractores acusaban a Zinni de resistirse al deseo de la administración. Tonterías, dijo el presidente. Había sido un testimonio autorizado. Aunque creíamos que nunca podría haber paz en esa parte del mundo con Saddam en el poder, nuestra primera obligación era debilitarlo.

2. Un recurso consiguió que se revocara posteriormente la condena.

El presidente eludió varias invitaciones para hablar del *impeachment*. Hablamos, en cambio, de la política maderera, y luego de una ronda de negociaciones sobre Kosovo a las afueras de París. No, no había seguido el juicio del Senado con más detalle al final. Ni tampoco sentía ningún cosquilleo de alivio histórico. Opinó que quizá él me pareciera desinteresado, o irresponsable, pero que sabía hacia dónde iba y que los procedimientos no habían hecho más que confirmar su convicción de que el caso no era genuino desde el principio. Así que había dejado de prestar atención a la mayoría de los detalles. De todas formas, sus preferencias tácticas no habrían importado mucho, porque los republicanos del Senado habían controlado las cuestiones de procedimiento con una simple votación por mayoría. Clinton había querido que las deliberaciones finales estuvieran abiertas al público; las cerraron. Y así sucesivamente. No obstante, el resultado había acabado siendo quizá el mejor posible para él.

Sí contó que un senador republicano, Ted Stevens, de Alaska, había anunciado en la sesión a puerta cerrada que se habría opuesto a las dos alegaciones de *impeachment* si su voto contara para algo. Clinton suponía que, individualmente, sin estar atrapados entre la disciplina de partido y una opinión pública adversa, entre 35 y 40 de los 55 senadores republicanos habrían votado para condenarle. Me confesó que estaba demasiado cansado para repasar todo eso, pero mencionó una información sorprendente. El senador Richard Shelby de Alabama, que odiaba a Clinton tanto como los demás republicanos, había confesado que, desde un punto de vista más o menos profesional, en calidad de antiguo fiscal, el caso era objetivamente débil y no tenía ninguna posibilidad. El senador Lott había reunido a los republicanos cinco días antes del veredicto para pedirles plena asistencia. Henry Hyde y los demás mánager estaban desesperados. Si sus propios compañeros de partido en el Senado les rechazaban, haría que los republicanos de la Cámara quedasen todavía peor por haber planteado la cuestión.

Por eso, Lott había exigido la unidad del partido en una de las últimas votaciones. Había dos cláusulas de *impeachment*. La primera aducía que Clinton había cometido perjurio en el caso Lewinsky, y la segunda, que había obstruido la justicia. El senador Lott había cedido en la cláusula sobre perjurio y había dicho que dejaría que diez republicanos o más votasen por Clinton si era necesario. Pero el grupo debía mantenerse firme con la segunda cláusula y había ejercido la máxima disciplina para asegurar los votos estéticos de senadores como Strom Thurmond y Ben Campbell, en contra de sus preferencias. Pese a ello, Lott había perdido a cinco republicanos en el voto sobre la obstrucción. El senador Jim Jeffords, de Vermont, había votado a favor de la absolución porque lo creía sinceramente. La senadora Olympia Snowe, de Maine, quizá había votado también con arreglo a sus convicciones, pero su colega Susan Collins, no. Clinton estaba de acuerdo con Shelby en que tanto para ella como para John Chafee, de Rhode Island, el voto era cuestión de pura supervivencia. Chafee odiaba a Clinton tanto como Shelby, y estaba deseando declararlo culpable, pero los índices de aprobación del presidente estaban por encima del 70 % tanto en Maine como en Rhode Island. Shelby había diferenciado sus dos votos, uno a favor y otro en contra de la condena. Sin ninguno de los 45 senadores demócratas en ninguna de las dos votaciones, los republicanos habían conseguido para la cláusula sobre obstrucción su techo de 50-50, 17 menos de los necesarios para condenarle. Y, con las diez deserciones aprobadas por Lott, habían perdido la cláusula sobre perjurio, por 45-55.

Una vez declarado inocente, Clinton fue directamente a Nuevo Hampshire. Le pedí que me contara el viaje. Despacio, al principio, recordó que había intentado no caer en la nostalgia pero que no lo había conseguido. La gente había ofrecido testimonios sobre su recuperación en las primarias de 1992. Nunca olvidaría a Tricia Duff, una madre soltera que nunca había votado y que había asistido a un mitin de Clinton llena de escepticismo, pero se había ido animada a dejar de depender de la asistencia social. Había entrado en una escuela de enfermería, se había hecho enfermera y, cuando llegó a la parte de la historia en la que contaba que ya estaba en la Junta de Enfermería de Nuevo Hampshire, se desató la locura. El presidente dijo que nunca había vivido una cosa parecida en política. Se había emocionado entonces y volvió a emocionarse ahora, como con otros recuerdos de su recorrido por el estado, por Merrimack, Manchester y Dover.

Intentó poner fin a nuestra larga sesión, reconociendo que estaba exhausto, pero seguían ocurriéndosele nuevas ideas sobre las consecuencias políticas del *impeachment*. Contó que, en un retiro con demócratas de la Cámara en Virginia, había tenido la tentación de atacar, primero con cuidado y luego con todo el equipo, a los holgazanes del Congreso republicano. Sin embargo, apuntó, en política era mejor empezar suponiendo que uno podía convencer a los votantes con sus propios méritos. Los demócratas debían aumentar la capacidad militar estadounidense para nuevas misiones de paz y luchar por el empleo, mejores escuelas y el medio ambiente. Ése era el precio de gobernar. Primero había que fijarse los objetivos, les había exhortado, y luego preocuparse por las luchas políticas. Los demócratas y los republicanos siempre podían encontrar algo por lo que pelearse antes de unas elecciones.

Precisamente ese día, dijo, había recibido en la Casa Blanca a la dirección de los dos partidos en el Congreso con el fin de comparar las prioridades legislativas para el año. Su presentación había reducido las diferencias al menos en una docena de temas. Esbozó un panorama general, con elementos como la reforma a largo plazo de la Seguridad Social y Medicare, que repitió para las grabadoras, y una nueva previsión de que Estados Unidos podría retirar la deuda nacional acumulada en diecinueve años, lo cual rebajaría los tipos de interés y liberaría billones de dólares para su inversión en la economía privada. Intenté imaginarme a Dennis Hastert, el nuevo presidente de la Cámara, enfrentado a esta demostración de fuerza. ¿Qué había dicho? Todos se habían limitado a escuchar y a preguntar al presidente sus opiniones: la verdad era que el mensaje había creado una situación caótica entre los republicanos. Sabían que volverían a ser derrotados por proponer ideas empresariales medioambientales. Lott ya estaba retirándose del recorte fiscal y haciendo propuestas sobre las defensas antimisiles. Y los gobernadores republicanos no estaban mejor. El presidente dijo que acababa de pasar el fin de semana con ellos durante la conferencia de la Asociación Nacional de Gobernadores en Washington.

¿No solían ser los gobernadores más prácticos y sustanciales que los miembros del Congreso? Clinton me miró desilusionado ante mi ingenuidad política. A veces, respondió, pero no estos 31 gobernadores republicanos. Estaban todos pendientes del politiqueo. Sólo soñaban con designar candidato a la presidencia a George W. Bush, olvidarse de los contenidos y hacer una campaña basándose en el carácter. El presidente contó sus impresiones sobre Bush: era educado y simpático como su madre en público, pero frío en privado. Los gobernadores demócratas decían que no tenían ninguna relación de camaradería con él, al contrario que con otros más afables como su hermano Jeb, el gobernador de Florida. No tenían ninguna duda de que el gobernador de Texas intentaría destrozarles si era presidente. El sábado, en una cena en la Casa Blanca, Clinton había encontrado a Bush hijo de mal humor y hostil todo el rato. «Por supuesto, nunca me ha perdonado que venciera a su padre —dijo—, pero sus convicciones políticas no van más allá. Todo ese asunto del "conservador compasivo" es mentira.» Por Dios, añadió Clinton, un presidente tenía que saber sobreponerse a esas cosas. Tenía que trabajar con gente que estaba intentando expulsarte del cargo. Era su deber.

¿Quizá el rival de Bush para la nominación republicana, el senador John McCain, podría mostrar más equilibrio a largo plazo? Bueno, respondió Clinton, McCain podía ser duro, pero no necesariamente estar bien organizado ni financiado. Y, para ganar, necesitaba ser las tres cosas a la vez. A Clinton le parecía más probable que Bush obtuviera la designación muy pronto y que encabezara una candidatura republicana con alguien como la mujer de Dole, Elizabeth. Esa situación plantearía opciones y concesiones interesantes. Clinton estaba dispuesto a apoyar a Hillary si decidía presentarse en Nueva York —la verdad era que querían vivir allí—, y probablemente era la única demócrata que podía derrotar al alcalde Giuliani en la disputa por el escaño de Pat Moynihan en el Senado. Pero la campaña de Nueva York sería un desperdicio de su extraordinaria fuerza en todo el país. Según los sondeos, y según el instinto de Clinton, una candidatura Gore-Hillary ofrecería a los demócratas las mayores posibilidades de derrotar a Bush en las presidenciales. «Sin la menor duda —dijo—, pero no creo que Al esté dispuesto a hacerlo.»

34

KOSOVO, COLUMBINE Y CACHEMIRA

Miércoles, 14 de abril de 1999

Miércoles, 9 de junio de 1999

Martes, 29 de junio de 1999

Miércoles, 4 de agosto de 1999

La primavera trajo consigo guerra, un nuevo escándalo espeluznante y un desastre nacional que llegó como un mazazo. En abril, me encontré al presidente disfrutando de un momento de descanso con Hugh Rodham, haciendo conjeturas sobre las finales de la NBA, debatiendo si Duke podría haber vencido a Connecticut en el campeonato masculino de baloncesto de la NCAA. Según Hugh, sería una locura que Cleveland no fichase al *quarterback* Tim Couch como primera elección en los *drafts* de la NFL; se retiró cuando su cuñado empezó a hacernos partícipes de su preocupación por las noticias del frente que estaban aún por llegar a lo largo de la noche. Apresuradamente, y sobre la mesa de cristal del solárium, registramos en esa sesión la tensa lógica que había llevado a Clinton a su segunda guerra, para impedir que el presidente Slobodan Miloševic llevara a cabo otro genocidio, esta vez en Kosovo. Durante tres semanas —y sin visos de que fuesen a parar en un futuro próximo—, cazas de la OTAN y misiles de crucero Tomahawk habían bombardeado las fuerzas estratégicas del dictador en la capital, Belgrado. La semana anterior habían destruido el Ministerio del Interior. Ese día se había llegado a las 1.700 misiones. La Luftwaffe alemana, bajo mando de la OTAN, volaba en sus primeras misiones de combate desde la Segunda Guerra Mundial, junto con tres socios nuevos, Polonia, Hungría y la República Checa, como parte de la alianza de diecinueve países de la OTAN. Las tensiones morales, políticas y logísticas amenazaban la ya de por sí arriesgada operación. La OTAN nunca había entrado en combate. Y nunca en la historia militar se había alcanzado un objetivo de semejante calibre sólo con ataques aéreos.

El presidente navegaba a través de una densa niebla de controversias. La gente tildaba la campaña aérea de pusilánime, cruel, imprudente o vergonzosamente tardía y, a veces, de todo a la vez. Los republicanos de la Cámara de Representantes habían intentado bloquear los fondos destinados al posible despliegue de 4.000 fuerzas de paz estadounidenses. Henry Kissinger había testificado sin inmutarse ante el Congreso que Kosovo podía convertirse en un marasmo similar a Vietnam. Tom DeLay había tachado la política exterior de la administración de «dispersa [...] diseñada por Unabomber», y numerosos analistas habían mezclado las dos guerras balcánicas. En Bosnia, subrayó Clinton, Miloševic había intentado desmembrar un Estado independiente aliándose con la mayoría serbia. Kosovo, sin embargo, seguía siendo una provincia meridional —y la más pobre— de Yugoslavia («la tierra de los eslavos del sur»). Miloševic había revocado su autonomía provincial, que hasta entonces había protegido a la minoría albanesa, predominantemente musulmana, había cerrado sus periódicos y medios de difusión y les había dejado sin empleo en el sector público. El Ejército de Liberación de Kosovo (ELK) había surgido como fuerza improvisada para exigir la independencia, y desde el momento en que Miloševic envió al ejército nacional a luchar contra los «terroristas» separatistas del ELK, la población civil sufrió ataques crónicos de los dos bandos durante todo 1998. William Walker, embajador en Belgrado, había dado fe de una «atrocidad indecible» en enero de 1999: una fosa común de albanokosovares, incluidos mujeres y niños, con los ojos arrancados y disparos en la cabeza. Clinton temía que ambos bandos rechazasen los términos de paz redactados por las potencias occidentales. Las guerrillas del ELK finalmente habían accedido a posponer la independencia y habían aceptado la restauración de una autonomía garantizada por la OTAN, pero Miloševic se había negado a que hubiera fuerzas de paz de la OTAN en su territorio. En vez de retirar sus tropas, había mandado 40.000 refuerzos y 300 tanques contra el millón y medio de civiles no serbios de Kosovo.

Desde el 24 de marzo, la OTAN había estado bombardeando sin cuartel para debilitar a Miloševic y evitar que sus soldados llevaran a cabo la limpieza étnica de Kosovo. El desigual duelo había sido letal, complicado y había tenido numerosas consecuencias. En una semana habían huido de sus hogares unos 300.000 albanokosovares, en su mayoría musulmanes. Cada hora, un millar de refugiados cruzaban penosamente las fronteras de las vecinas Albania, Bulgaria y Macedonia, llegando incluso hasta Grecia, en el sur. Según recordé luego en mis notas, Clinton contó que Kosovo alimentaba los tres focos de peligro de la posguerra para una Europa democrática y estable. El primero era el posible colapso de la democracia rusa. El segundo, el conflicto enquistado entre Grecia y Turquía. El tercero era el riesgo probado de secesión y odio étnico en los Balcanes. Clinton sólo mostró optimismo sobre el segundo foco, sobre el que destacó el primer ejemplo de cooperación de la historia entre Grecia y Turquía, ambos países miembros de la alianza atlántica, en los esfuerzos de ayuda en Kosovo. En Rusia, explicó el presidente, los nacionalistas de la facción dura apoyaban a Miloševic, eslavo como ellos, contra todas las minorías kosovares. Demonizaban a Yeltsin como marioneta de la OTAN y habían despertado el miedo y el rencor eslavos sobre los que se apoyaba una visión autoritaria del resurgimiento imperial ruso.

Clinton exploró las corrientes ocultas de la psicología de la guerra. Dijo que, avivando el miedo ante el enemigo, los líderes lograban apoyo popular hasta para su despotismo. Citó a Fidel Castro, que había basado cuarenta años de Gobierno despótico en su resistencia frente al coloso estadounidense. Casi sin pensarlo, añadió que los atormentadores de Yeltsin en la Duma le recordaban a los republicanos de la Cámara de Representantes, siempre gruñendo para invocar un mandato negativo. Describió a Ronald Reagan como un hombre duro con mano izquierda, un actor tan bueno que había sido capaz de inspirar patriotismo hasta para la invasión de un país diminuto como Granada, con los peligros inherentes al uso de la fuerza militar.[1] Después, describiendo su gira relámpago por Centroamérica, Clinton observó que los gobiernos de la zona habían sobrevivido durante décadas gracias a guerras represivas. Sí, respondió enérgicamente, había pedido perdón por el pasado estadounidense de intervenciones políticas en la región. Fuimos cómplices de expropiaciones, y de cosas peo-

---

1. Reagan invadió la isla caribeña en octubre de 1983, basándose en el peligro que corrían los estudiantes estadounidenses. Murieron 19 soldados norteamericanos. A pesar de ser considerada ilegal por la Asamblea General de la ONU, y de la oposición de otros conservadores como la británica Margaret Thatcher, la acción tuvo bastante apoyo popular en Estados Unidos. Fue la primera intervención militar estadounidense con batallones desde Vietnam.

res, en detrimento de las poblaciones indias nativas. Por fin, dijo el presidente, los países de Centroamérica estaban superando las rencillas de sangre para dirigirse hacia un futuro esperanzador. Divagó para reprender al Congreso por su miope visión de la política comercial y del paquete de ayuda regional.

La de Kosovo era una crisis mundial, no mera teoría, y Miloševic preocupaba a Clinton. Normalmente, el presidente se enorgullecía de su capacidad de comunicarse con otros líderes —de encontrar una brecha para negociar entre limitaciones personales y profesionales—, pero no veía cómo discutir o llegar a un acuerdo con Miloševic. A pesar de ser sanguinario y autocrático, Miloševic veía las cosas con claridad. Racionalmente, el dictador podía tener razón en que no sobreviviría a un alto en la cruzada serbia de exterminio del resto de los kosovares. Su agresión en Bosnia había costado a su pueblo años de sufrimiento, y ahora los bombarderos de la OTAN estaban arrasando su territorio. La fuerza de Miloševic nacía de la fiebre serbia, incluidos los crímenes de guerra. En el instante en que cediese, sería devorado por sus propios militantes. Por eso, Miloševic estaba desesperado, insensible ante la diplomacia, y ni la OTAN ni el Pentágono de Clinton estaban dispuestos a arriesgarse con una invasión de su territorio por tierra. Era difícil hacer daño al dictador, suspiró Clinton, y la cabezonería de los albanokosovares hacía que ayudarlos fuera complicado. A pesar de eso, Clinton dejó claro el principio compartido de compromiso de la OTAN: «No se puede perder». La OTAN nunca podía ceder ante un genocidio en el corazón de Europa. Había tanto en juego que los líderes de la alianza estaban dispuestos a bombardear Yugoslavia hasta que Miloševic, o su sucesor, permitiese que todos los refugiados kosovares volviesen sin trabas a sus hogares.

Abandonamos brevemente las tensiones de la guerra para hablar de China. Jiang Zhemin acababa de enviar a su nuevo primer ministro y especialista económico, Zhu Rongji, en una misión de nueve días a Estados Unidos. Según el presidente, su propio Gobierno seguía dividido sobre si apoyar a China como miembro de pleno derecho de la Organización Mundial del Comercio (OMC). Derechos humanos aparte, existían numerosos problemas relacionados con las prácticas comerciales, y las nuevas acusaciones de espionaje habían envenenado el ambiente en las negociaciones. Poco después de la impugnación de Clinton, *The New York Times* había amagado con una guerra sobre las alegaciones del año anterior sobre las contribuciones a la campaña: «*Breach at Los Alamos/China stole nuclear secrets for bombs*» [«Fuga en Los Álamos/China robó secretos nucleares para fabricar bombas»]. El Departamento de Energía había despedido a Wen Ho Lee, un científico nuclear de origen taiwanés, y las declaraciones de altos cargos de la administración hacían prever un caso de traición nuclear «tan grave como el de los Rosenberg».[2] Clinton se había esforzado por tranquilizar a la opinión pública mientras estuviese en curso la investigación. El espionaje era un riesgo constante, había anunciado con cautela, y el presunto robo nuclear, si se había producido, había sido anterior a su administración. El *Times* había respondido con un titular a toda plana sugiriendo que había permitido que influencias ocultas paralizasen nuestras defensas: «The President denies ignoring evidence of nuclear spying» [«El presidente niega desconocer las pruebas de espionaje nuclear»]. Clinton esperaba que los informes resultasen ser muy exagerados. No tomaba en serio la serie de artículos del *Times* porque el reportero jefe, Jeff Gerth, había escrito los primeros artículos sobre el caso Whitewater, rebosante de malicia y con ganas de promocionarse. Es posible, le comenté, pero Gerth acababa de ganar el premio Pulitzer por sus reportajes sobre China.

El presidente me interrumpió, incrédulo. No se había fijado en el anuncio del Pulitzer dos días antes, y pareció contrito cuando le di más detalles. El jurado del Pulitzer había otorgado dos premios a *The New York Times* en 1999. Gerth, al frente de un equipo de reporteros especializados en política nacional, había ganado por «los artículos que sacaron a la luz la venta de tecnología estadounidense a China con el visto bueno del Gobierno, a pesar de los riesgos para la seguridad nacional». La columnista Maureen Dowd había ganado por «su análisis de las ambiciones y los valores reflejados en la relación del presidente Clinton con Monica S. Lewinsky». También se acordaba de haberle concedido poca importancia al caso Whitewater, hasta que se había convertido en una marea imparable. Igual estaba jugando con fuego otra vez, reflexionó Clinton sin mucho convencimiento, pero ¿cómo acabar con las sospechas en el tenebroso mundo del espionaje? Durante la visita del primer ministro Zhu, cuando los periodistas habían pedido a bocajarro pruebas de inocencia, Zhu había intentado quitar hierro al asunto. Había dicho que China tenía adqui-

2. En el caso criminal más espectacular de la Guerra Fría, Julius y Ethel Rosenberg fueron juzgados y condenados por entregar secretos nucleares a la Unión Soviética. Fueron ejecutados el 19 de junio de 1953.

rida deuda estadounidense por valor 156.000 millones de dólares. Si sus
líderes de verdad hubiesen querido comprar a la administración Clinton,
bromeó Zhu, habrían desembolsado «por lo menos 10.000 millones de
dólares», y no los míseros 300.000 de los que se estaba hablando. En privado, contó Clinton, Zhu se había tomado con un extraño sentido del
humor las negociaciones entre dos culturas radicalmente opuestas. Había
reconocido que en su Gobierno también había visiones enfrentadas, como
en el de Clinton, sobre si fiarse de los extranjeros para el comercio o para
cualquier otra cosa. El ala dura mantenía que los hostiles estadounidenses
realmente querían «que China no levantase cabeza». A cualquier periodista chino que sacase a la luz estas deliberaciones lo harían desaparecer,
mientras que en Estados Unidos podía entrar en liza con sus gobernantes
en cuestiones que iban del sexo a la traición. Desconcertado, Clinton aseguró que el *Times* no le dejaba resquicio alguno con el tema asiático. Había críticos implacables que, tras la estela de Gerth, usaban la oposición a
China para acusar a Clinton de una debilidad y una corrupción equivalentes a alta traición, y estaban reavivando el clamor a favor de un fiscal especial. El bando opuesto achacaba alegremente a su falta de liderazgo y
fiabilidad la imposibilidad de normalizar las relaciones comerciales.

Impertérrito, el presidente repasó algunos de los obstáculos a los que
se enfrentaba aún la candidatura china a la OMC, que según mis notas se
presentaba «muy complicada». La Bolsa de Nueva York había cerrado
por encima de los 10.000 puntos por primera vez, destacó, pero la recesión mundial era una amenaza para el crecimiento basado en el comercio.
«Indonesia sigue siendo un desastre», dijo. Tailandia se estaba recuperando, Latinoamérica estaba estable, y Clinton defendió las nuevas directrices
del G-8 para evitar un colapso financiero. Sobre Irak, afirmó que Saddam
Hussein, ya sin defensas antiaéreas, había estado asesinando a opositores
chiíes, incluidos clérigos y estudiantes, para mostrarse duro. Clinton pensaba que esos arrebatos de intimidación a corto plazo alimentaban el malestar latente.

Hillary cruzó el solárium con rapidez; llegaba tarde de Chicago. El
presidente y ella comentaron brevemente lo que tenían que discutir antes
del viaje de Clinton a San Francisco la mañana siguiente. Después me preguntó sin tapujos si debía presentarse al Senado por Nueva York. Sin saber cómo responder, le dije que bueno, que era el antiguo escaño de Robert Kennedy, ideal para representar a un centro de energía nacional. Al
no tener experiencia, su primera candidatura sería la más dura, pero los

neoyorquinos tendían a elegir a gente trabajadora como ella. El Senado sería un puesto de servicio público ideal, pero con un coste personal, tanto financiero como de libertad personal, muy elevado. Evité hacer una recomendación concreta.

Durante nuestra sesión de principios de junio, Clinton parecía preocupado por los informes que Hillary enviaba desde su sede de precampaña. Tras haber asumido que su mujer se presentaría, ya no se mostraba tan convencido con la idea. Ese día, sin ir más lejos, ella había sufrido una emboscada a manos de treinta enfadados manifestantes en un acto de precampaña en Binghamton, pero en otros momentos se había visto rodeada de multitud de seguidores que podían llegar, como le había dicho ella, a la adulación y la alteración. La tensión la desequilibraba. A pesar de sus dos décadas de experiencia política, no lograba discernir si la intensidad era la propia de una candidatura en Nueva York o si se debía a su perfil como candidata. En cualquier caso, estaba agitada. El presidente no dejaba de repetir que apoyaría la decisión de su mujer. Se había comprometido, me dijo, a no vivir dedicándose exclusivamente a ella tras dejar la Casa Blanca.

Estuvimos hablando de Kosovo hasta pasada la medianoche. Siete semanas de bombardeo de la OTAN habían abierto un posible resquicio a la victoria. Clinton se estremeció, intentando contener su entusiasmo, como un caballo de carreras antes de la salida. De tener éxito, la de Kosovo sería la primera guerra estadounidense sin una prensa que la vitoreara. Nadie pensaba que fuese buena idea, incluidos muchos comentaristas que aborrecían a Milošević. A pesar de los bombardeos de la OTAN, las fuerzas serbias habían desplazado a casi 900.000 albanokosovares durante el mes de abril. «No nos equivoquemos», dijo el presidente, esa campaña aérea había resistido frente a grandes tensiones en el seno de la coalición de diecinueve países de la OTAN y de su Gobierno. El secretario de Defensa Cohen y el jefe del Estado Mayor Sheldon, por ejemplo, no veían con buenos ojos a su colega Wesley Clark, que estaba al mando de las tropas de la OTAN. Clark tenía tal afán de victoria que no se amedrentaba ante la posibilidad de filtrar sus dudas sobre el compromiso real de los otros dos, contó el presidente. Clinton había tenido que imponerse para que enviasen una flota de reserva de helicópteros estadounidenses, algo muy caro y que había causado alarma y divisiones por la posible inminencia de una invasión terrestre de la OTAN. Un vuelo de entrenamiento en uno de esos Apache AH-64, lentos y de vuelo bajo, había sido la causa de las dos únicas bajas de la OTAN, a pesar de la sabia decisión de no hacerlos entrar en combate. Clinton confesó que hablaba poco, y siempre formalmente, con Clark, para reducir la tensión. Aparte de las inevitables sospechas de favoritismo porque eran amigos de Arkansas, la doble cadena de mando en las decisiones que llegaban al Despacho Oval —una a través del Pentágono y la otra a través de la OTAN— estaba causando fricciones.

Clinton explicó que su papel público consistía en mostrarse decidido ante las críticas mezquinas sobre cómo la estrategia de la OTAN iba en contra de la doctrina militar uniforme sobre los límites de la guerra aérea. Había defendido en una conferencia de prensa la legitimidad de la precisa destrucción de un edificio de veintitrés pisos en el centro de Belgrado y había explicado a los periodistas que éste albergaba los medios de propaganda de Miloševic, además de la sede de su partido. Cuando se le había preguntado cuántas horas más seguiría con lo que la prensa tachaba de matanza absurda, les había contestado que todo el tiempo que fuese necesario. Pensaba que habían llegado a compartir su visión, por lo menos momentáneamente, cuando los sorprendidos periodistas se dieron cuenta de que había declarado que las condiciones de vuelo en los Balcanes serían mejores en mayo que en abril, en junio que en mayo, en julio que en junio, y así durante todo el verano. El número de ataques aéreos de la OTAN había pasado de 1.700 a 38.000. Mientras tanto, dijo el presidente, su labor diplomática consistía en calmar a los inquietos líderes de las grandes naciones no europeas. Los chinos estaban deseando que Kosovo no estableciera un precedente que derivase en una mayor presión sobre la cuestión de los derechos humanos en Tíbet, y los rusos temían que se cuestionase su sucia guerra de represión en las provincias musulmanas rebeldes de Chechenia. «Kosovo no es Chechenia», contó Clinton que no dejaba de repetirle a Yeltsin. «¿Vosotros habéis ordenado que se viole a niñas y que se destruyan pueblos sistemáticamente? ¿Habéis ordenado que se quemen las mezquitas y bibliotecas chechenas para acabar con la historia cultural?» Por supuesto que no, había respondido Yeltsin, y Clinton había convencido lo mejor posible al angustiado ruso de que permaneciera neutral.

Su peor momento había sido cuando Sandy Berger le notificó, el 7 de mayo, que unas bombas de la OTAN habían alcanzado la embajada china. Le llevó a preguntarme, retóricamente, si alguien podía estar seguro de que Dios apoyaba su causa. Las manifestaciones de escándalo se habían propagado por China, donde pocos creían que el ataque hubiera sido un accidente. Y lo que es peor, añadió Clinton, éste había sido el único ataque preparado por la CIA. Había llamado a Jiang Zemin para disculparse profundamente y para explicarle, de forma poco convincente, que los expertos de la CIA habían marcado el objetivo con mapas anticuados de la ciudad de Belgrado. Zemin no se había inmutado, y no era para menos, confesó el presidente. Según el derecho internacional, que considera que las embajadas son territorio nacional, el ataque era una declaración de guerra no provocada. Por consiguiente, Clinton había encargado una investigación en profundidad y se había ofrecido a compensar la pérdida de vidas humanas. Explicó que nosotros no hubiésemos exigido menos, y se estremeció al pensar cómo iba a interpretar la facción dura china esta supuesta agresión gratuita estadounidense en sus debates internos. Y las cosas no iban mucho mejor en Estados Unidos. El senador Shelby exigía la dimisión de la fiscal general Janet Reno por no haber pinchado el teléfono de espías chinos que, según las últimas investigaciones de *The New York Times*, habían accedido «prácticamente a todas las armas del arsenal estadounidense». El columnista William Safire había criticado a Clinton por «intentar desesperadamente enterrar el Chinagate». El presidente, sopesando pacientemente conmigo las características de las acusaciones, dijo que no había recibido informaciones que se correspondieran con estos supuestos desastres. Los chinos estaban modernizando su economía, no sus armas. Hasta el momento, prosiguió, la mayoría de los medios se había resistido a unirse a la cruzada del *Times*, que parecía estridente y artificial.

Cambiando de tema, le pregunté por el trauma de abril en Colorado, donde dos jóvenes armados hasta los dientes habían sembrado el terror en el instituto Columbine, en Littleton; en dos horas, habían asesinado a un profesor y a doce compañeros y habían herido a veinticuatro más antes de suicidarse. Clinton había visitado a la mayoría de los supervivientes y de las desconsoladas familias. Algunas de las víctimas estaban mutiladas, otras ya recuperándose y otras aún deshechas. Contó que se había venido abajo al enfrentarse al valor de un chaval gravemente herido que se había hecho el muerto y después salió como pudo por una de las ventanas de la biblioteca, una imagen retransmitida por la televisión nacional. La violencia juvenil a esa escala tenía un impacto que iba más allá de la empatía o de los problemas de salud mental, y el presidente dijo que las encuestas confirmaban su intuición. Columbine había hecho que la opinión pública pasara a estar decididamente en contra de la Asociación Nacional del Rifle (NRA). Incluso algún fabricante de armas se había distanciado de la NRA. El presidente comentó que la mayoría de la gente no se daba cuenta del crucial papel que había tenido la NRA en la composición del Congreso en las tres últimas elecciones, empezando por su objetivo de derrotar a los demócratas que habían apoyado las innovadoras leyes sobre tenencia de armas de 1994.

Columbine había empujado las armas al primer plano de la política nacional. Los asesinos alienados y menores de edad de Colorado habían obtenido algunas de sus armas recortadas en ferias de armamento, que estaban exentas de los controles de antecedentes previstos en la Ley Brady, y los cargadores de fuego rápido de sus pistolas semiautomáticas Tec-9 habían sido excluidos de la lista de armas establecida en la prohibición de armas de asalto. A pesar de su escaso alcance, la propuesta de Clinton de acabar con estas dos lagunas jurídicas sólo se había aprobado en el Senado gracias al voto de desempate del vicepresidente Gore, y la NRA estaba empleando mucho dinero y mensajes de correo para bloquear el proyecto de ley en la Cámara. Clinton dijo que la presión no era nada sutil. Los dirigentes de la NRA no se cansaban de recordar a los republicanos quién les había aupado a la mayoría, y los republicanos de distritos muy disputados eran tanto rehenes de la NRA como de las tabaqueras. El día anterior, sin ir más lejos, recordó el presidente, Dennis Hastert, el presidente de la Cámara de Representantes, había programado un voto sobre la alternativa descafeinada de la NRA. Los miembros de su lobby presumían de haber redactado la ley en la Comisión de Asuntos Jurídicos, cuyo presidente, Henry Hyde, había agradecido abiertamente su ayuda. Clinton esperaba que los votantes castigaran a esta minoría de bloqueo. Practicó en voz alta un discurso en el que argumentaba sencillamente que las armas debían regularse igual que el transporte por carretera. ¿Acaso la obligación de tener carnet de conducir y de matricular el vehículo hacía que se confiscasen coches y se vaciasen las carreteras? Claro que no. Por lo tanto, ¿por qué no aprobar reglas sensatas para el seguimiento de armas y usuarios peligrosos?

Objeté sin mucho convencimiento que el tirón de la NRA parecía más político que práctico, basado en una fe muy trabajada. En la historia estadounidense no se había dado nunca el caso de tener que derrocar un Gobierno tiránico usando armas no rastreables guardadas en los armarios de los ciudadanos. En las crisis reales de hambre y peligro, la gente acudía al Gobierno y a la política, no se alzaba en armas contra ellos. Hasta entonces, la NRA había podido fomentar el miedo que les favorecía y según el cual las armas en los hogares protegían la libertad y la virtud, además de la seguridad. El presidente no dio mayor importancia a estas elucubraciones, y señaló que eran excesivamente abstractas para la praxis política. Buscaba ayuda donde fuera en un entorno traicionero. ¿Podría competir la inocente imagen de un carnet de conducir con la terrorífica estampa propagada por la NRA de inocentes indefensos, desarmados, siendo trasladados a campos de concentración?

Ya sin grabadoras, me fue mejor con una pregunta distinta sobre los mitos. ¿Había recibido el libro que le había enviado a través de Nancy Hernreich, *The Bridge Betrayed*, de Michael Sells? Se le iluminó la cara al oír hablar de ello. No sólo lo había recibido y le había encantado, sino que ya estaba distribuyendo ejemplares recomendándolo encarecidamente. Sells, un profesor de religión serbio de la Escuela Universitaria de Haverford, argumentaba de forma convincente que los horribles crímenes cometidos por sus compatriotas nacían de un fanatismo nacionalista relativamente moderno, injertado en una historia mucho más larga de coexistencia. Su libro deshacía mitos cínicos de odios balcánicos antiguos e implacables. Era distinto de un problema de propaganda como el de la NRA, aseguró Clinton. Sells aportaba una perspectiva para tiempos difíciles. El presidente dijo que había enviado el libro como un recuerdo vigorizante de un pasado común y de posibilidades futuras, entre otros, al general Shelton, a Madeleine Albright, al secretario Cohen y a Sandy Berger.

Pensaba que la acusación presentada contra el presidente Miloševic por crímenes de guerra el 27 de mayo reforzaba el aislamiento de Serbia de los estándares del resto del mundo. Mientras en junio los bombarderos de la OTAN seguían machacando sus defensas y su economía, los diplomáticos habían reclutado a dos emisarios, el presidente finlandés Martti Ahtisaari y el ruso Viktor Chernomirdin, para que comunicasen una serie de términos no negociables: las tropas serbias debían abandonar Kosovo y a cambio iban a entrar tropas de paz de la OTAN y los refugiados volverían a sus hogares. Si Miloševic cumplía su promesa y capitulaba, dijo Clinton, el mundo sería un lugar mejor.

Llamó Hillary desde Nueva York. Hablaron del final del segundo año de Chelsea en la Universidad de Stanford. Estaba peleando para que le subiesen la nota en una asignatura; al parecer había un problema con las notas a pie de página. El presidente practicó con Hillary diversas variantes de su idea de comparar la tenencia de armas con el registro de vehículos, pero sobre todo discutieron las frustraciones de su precampaña. Se puso tan nervioso al darle consejos que me levanté para irme, pero Clinton se retiró al baño de la sala de estar familiar en busca de intimidad. Al volver estaba tranquilo. «¿Sabes?, he tenido mucho más contacto que Hillary con homosexuales a lo largo de mi vida.» Suspiró. El temperamento de ella tenía un fondo conservador, religioso, que se había formado antes incluso de que los problemas de los homosexuales se pudieran verbalizar. La política en Nueva York se hacía en un crisol complejo, y no era consciente de la dureza de los golpes que podía recibir. Por otra parte, la experiencia de primera mano podría acelerar su adaptación. Clinton había firmado la Ley de Defensa del Matrimonio en 1996, pero ahora estaba a favor de un trato igualitario para las parejas homosexuales prácticamente en todo. Había nombrado a James Hormel, miembro de una destacada familia de Chicago, embajador estadounidense —el primero abiertamente homosexual de la historia de Estados Unidos—, un nombramiento durante un periodo de vacaciones del Congreso que había hecho que el senador James Inhofe bloquease la ratificación por el Senado de todos los nombramientos del ejecutivo, incluido el del secretario del Tesoro, Lawrence Summers, hasta que Hormel fuera cesado. Inhofe, se maravilló Clinton, había sobrepasado la misantropía del senador Bunning.

El presidente subió el volumen de la televisión de su sala de estar para ver las noticias de última hora procedentes de París, Bruselas y Belgrado. Serbia había aceptado las fechas de retirada de Kosovo, anunció un corresponsal, y se esperaba que el presidente Clinton anunciase un acuerdo formal al día siguiente desde el Despacho Oval, para acabar así con setenta y ocho días seguidos de bombardeos de la OTAN. «Desde el Despacho Oval», repetí sin pensar. Clinton frunció el ceño. ¿Debería hablar desde otro sitio? No, no, repliqué. Simplemente era extraño enterarse de algo así a través de un periodista situado a poca distancia, en el camino de entrada a la Casa Blanca.

Podían salir mal muchas cosas, observó el presidente, pero la intervención en Kosovo auguraba una nueva era de cooperación en materia de seguridad. El eminente historiador militar británico John Keegan ya había publicado un mea culpa por ridiculizar la intervención de la OTAN. Keegan había escrito que Kosovo era un punto de inflexión en la historia militar, y había empezado a definir las condiciones para que tuviera éxito una intervención aérea. Además del dominio el cielo y de la claridad de los objetivos políticos, había destacado los drásticos avances en la precisión de las bombas guiadas por láser, que minimizaban el riesgo de que hubiera víctimas civiles. Aproximadamente un centenar de bombas no habían dado en el blanco —una proporción del 1 %—, con una precisión medida en metros. Esos errores habían acabado con la vida de menos de un millar de civiles. Todos ellos lamentables, esgrimió Clinton, pero no sabía de ninguna autoridad competente que estimase en menos de 50.000 las víctimas civiles de la invasión de Irak, de la Operación Tormenta del Desierto. Políticamente, la cuidadosa guerra de la OTAN haría que fuese más difícil para Miloševic desviar el resentimiento de su población. Por su culpa, los serbios habían visto como se destruían sistemáticamente sus bienes nacionales, desde puentes hasta centrales energéticas, además del orgullo nacional, y todo por una rendición que había sido posible desde el primer momento. Las pocas posibilidades que tenía Miloševic de sobrevivir,[3] según Clinton, pasaban por erigirse en la consoladora imagen de una trágica causa perdida, como Robert E. Lee.

Mientras acabábamos le pedí un favor. Christy se había quedado hasta tarde esa noche en la oficina en la que escribía discursos en el cercano Viejo Edificio Ejecutivo, esperando para irse conmigo, pero, a esa hora, nada más llegar a casa tendría que coger un tren para volver a la ciudad a trabajar. ¿Podíamos quedarnos a dormir? Por supuesto, respondió, tenía la casa vacía. Telefoneé a Christy y le comenté en broma que el presidente había tenido la amabilidad de ofrecerse para abrirnos las camas antes de acostarnos, y efectivamente poco después se presentó en el Dormitorio de la Reina precisamente para eso. Por la razón que fuera, no había almohadas ni en esa habitación ni en el Dormitorio Lincoln, al otro lado del pasillo. Clinton revolvió armarios y cajones sin éxito. Todo el personal se había ido a casa. Pedimos perdón por las molestias y propusimos irnos a un dormitorio del piso de arriba, pero en vez de eso nos llevó por el pasillo amarillo. Sobre su cama había tres almohadas, además de un apoyo lumbar reclinable de su lado. Dejando una almohada para Hillary, cogió las dos que sobraban e insistió en llevarlas hasta nuestra habitación. También

---

3. El ejército yugoslavo depuso a Miloševic durante las disputadas elecciones de 2000. En 2001, tras entregarse a las fuerzas de seguridad en Belgrado, fue trasladado a La Haya acusado de varios crímenes de guerra cometidos en Bosnia y Kosovo. Murió en la cárcel, antes de que finalizasen los procesos en la ciudad holandesa, el 11 de marzo de 2006.

cogió una estatuilla de una de las mesas del pasillo y nos desvió por la Sala de Tratados, almohadas en mano, mientras interrogaba a Christy sobre el contenido y la reacción de los discursos de Hillary en Nueva York. Christy se quedó mirándome después de que nos diese las buenas noches. «¿Qué ha sido todo eso?», me susurró. Bueno, es un noctámbulo y está solo, respondí, pero la búsqueda de almohadas había sido un detalle entrañable para un presidente. Sí, pero ella se refería a otra cosa. ¿Qué hacía en la Sala de Tratados, tocándolo todo con tanta intensidad, moviendo y remplazando libros, sin parar de hablar? Ah, eso. Me encogí de hombros. Eso lo hace mucho.

Cuando empezamos a grabar el 29 de junio, el presidente interrumpió mi introducción habitual. ¿Era nuestra sexagésimo quinta sesión de historia oral? «No me puedo creer que hayamos hecho tantas», me confesó. «Es impresionante, ¿a que sí?» Contempló el volumen de datos que íbamos acumulando. Las grabaciones, aunque no fuesen comparables a una llamada telefónica, sí preservaban el tono general y los detalles. Serían la levadura de sus memorias y, con el tiempo, una de las exhibiciones principales de su biblioteca presidencial. Con un entusiasmo cautivador, Clinton habló de los preparativos para la vida después de la Casa Blanca. Durante las sesiones restantes saldría ocasionalmente a la superficie una cierta melancolía, pero esa noche, por lo menos, sacó de alguna parte un distanciamiento y energía mayores de lo normal. Quizá era la frescura de la curiosidad por un estado alterado, aún presidente pero ya con la ex presidencia en el horizonte. Noventa minutos después, anoté una sensación borrosa: él nos había conducido a ambos a toda máquina a tener cuatro horas de «labor mental muy intensa», que se iba dilatando constantemente. Sus saltos y serpenteos mentales superaban mi capacidad de hacer memoria más tarde, en el momento de dictar mis impresiones de la noche.

El vicepresidente Gore acababa de presentar su candidatura oficial para las elecciones de 2000. El presidente le había llamado en dos ocasiones para felicitarle por sus actos inaugurales, la primera vez desde Ginebra, y horas después desde París. Clinton pensó que los únicos fallos habían sido técnicos. Los encargados de logística de Gore habían colocado las cámaras de televisión demasiado bajas en el mitin celebrado en su estado natal, Tennessee, por lo que los telespectadores se habían visto distraídos por los saludos de los asistentes de las primeras filas. Pero Gore había hecho bien todo lo importante. Su mensaje bidimensional había sido perfecto: distinguirse de los defectos personales de Clinton y anunciar a los votantes qué haría exactamente por ellos en la Casa Blanca. El presidente dijo que no pasaba nada porque Gore tildase su relación con Monica Lewinsky de «inexcusable». En primer lugar, era verdad. En segundo, mostraba tener la fuerza necesaria para criticar a su jefe. Tercero, no habrían dejado en paz a Gore hasta que lo hiciese. «Al —le había aconsejado Clinton—, si crees que te va a ayudar en la campaña, te dejaré fustigarme a mediodía en la puerta de *The Washington Post*.» Se habían divertido sugiriendo diversos efectos dramáticos: postrarse o arrodillarse, con o sin camisa. «A lo mejor deberíamos hacer una encuesta a ver lo que piensa la gente», había sugerido Gore impertérrito.

Gore tenía que ignorar los artículos en los que se afirmaba que Clinton se había ofendido o que criticaba su campaña. Las pullas y las proyecciones formaban parte de lo que se escribía sobre el caso Lewinsky, y a todo el mundo, incluido él mismo, le habían decepcionado sus primeros sondeos. En las encuestas no sólo estaba por detrás de los candidatos republicanos, sino que, incluso en algunas, también por detrás del ex senador Bill Bradley para la candidatura demócrata. Pero todavía era pronto. Gore había agilizado el dispositivo de campaña y había establecido su cuartel general en Tennessee. Estaba mejor organizado. El presidente reconoció que sólo le había comunicado su mayor preocupación estratégica al propio Gore y a su encuestador, Mark Penn. El vicepresidente debía proyectar su programa —qué pensaba, exactamente cómo y hacia dónde pensaba llevar el país—, porque los republicanos intentarían alejarle de los temas de calado. Preferían basar la campaña en cuestiones estilísticas, en modas y actitudes, como en unas elecciones de instituto.

El presidente denostaba a menudo a los republicanos por no tener programa. Los llamaba egocéntricos. Aseguraba que su mensaje básico era «Dejad que gobernemos, y prometemos ser buenos». En ese momento, sin embargo, los estaba evaluando objetivamente de cara a la campaña. Los republicanos son especialistas de la política, explicó. Al no preocuparse en exceso por cuestiones o prioridades concretas, habían desarrollado una flexibilidad táctica en torno a su deseo de ganar. Hábilmente, tras su *impeachment*, estaban rehabilitándole para empequeñecer a Gore. «De repente, soy un maestro del ingenio y del encanto —se rió Clinton—. Dicen que soy un cabrón sin escrúpulos, pero salto más alto que nadie y doy los mejores discursos. Dicen que soy Michael Jordan y que Gore da pena. Los demás demócratas son vulgarcillos. No son más que el resto de los Bulls sin Jordan.»

Señaló que los republicanos eran lo suficientemente ágiles como para atacar su carácter y alabar su talento a la vez, en ambos casos para perjudicar a Gore. A largo plazo, por supuesto, la estrategia contra Gore no podía centrarse en el caso Lewinsky. Experimentarían para ver cuál de los defectos de carácter de Clinton perjudicaba más a Gore, y, según Clinton, la mayoría de los medios de comunicación les haría el juego. Quiso, sin entrar en el cómo ni el porqué, dejar clara una tendencia empírica. Citó una predicción que había hecho al acabar nuestra sesión anterior. Si efectivamente podía anunciar el fin de las hostilidades en Kosovo, había dicho, los republicanos pondrían en duda el papel que había tenido Gore. Efectivamente, habíamos oído una y otra vez que el vicepresidente sabía poco de Kosovo, y que había contribuido aún menos al éxito de la guerra, porque estaba preocupado por su campaña. Se trataba de insinuaciones fáciles de vender tras una guerra complicada.

Tres semanas después de que terminaran los bombardeos de la OTAN, dijo Clinton, casi el 80 % de los estadounidenses pensaba que aún estábamos en guerra. Los detractores exageraban los peligros, la incertidumbre y la fricción. Clinton no podía garantizar la fecha de regreso de 4.000 soldados estadounidenses, ni explicar fácilmente por qué algunos países de la OTAN enviaban menos tropas de paz de las debidas. Rusia, tras acceder a su pesar a destinar tropas, junto con sus antiguos enemigos de la OTAN, para controlar a sus revoltosos aliados serbios, había ido, con las prisas, más allá de las zonas asignadas. En una repetición en miniatura de la carrera de Stalin hacia Berlín al final de la Segunda Guerra Mundial, los soldados rusos habían ocupado la capital kosovar de Prístina. A Wesley Clark le había sorprendido eso, se había enfadado y había paralizado los vuelos de ayuda al aeropuerto de la ciudad. El pobre secretario Cohen, dijo Clinton, había regateado con los rusos para que se retirasen, mientras que éstos se echaban la culpa unos a otros. El Gobierno ruso era amorfo. Los rivales revoloteaban con mazas para tumbar al competente primer ministro, Serguei Stepashin, y Yeltsin era una sombra moribunda. Mientras tanto, los atemorizados albanokosovares habían imaginado que los rusos eran cómplices de sus opresores serbios. El presidente Clinton sentenció que los árboles de la política estaban ocultando el bosque. Ya estaban volviendo a casa 500.000 refugiados. La apuesta de la OTAN había impedido un genocidio. Los elogios de terceros llegarían con el tiempo, o quizá tras la caída de Miloševic.

Le pregunté por el general Ehud Barak, el nuevo primer ministro de Israel, que había desplazado a Bibi Netanyahu. «Las elecciones en Israel fueron sencillas —dijo el presidente—. Barak hizo campaña como si fuese la reencarnación de Isaac Rabin, prometiendo paz y seguridad.» Como soldado aún más condecorado que Rabin, Barak se estaba apresurando a firmar tratados tanto con Siria como con los palestinos antes de las siguientes elecciones previstas. Eso era música para los oídos de Clinton, que aspiraba a formar parte de esos momentos históricos, pero añadió una nota de precaución sobre el juego de las sillas musicales en la política de Oriente Próximo. Barak quería empezar con Siria, porque era más sencillo, pero el enorme ego del presidente Asad le empujaba a querer ser el último, dado que ya se le habían adelantado Egipto y Jordania. A los palestinos aún les dolía la época de Netanyahu. Barak, que no contaba con una mayoría digna de confianza, estaba teniendo problemas para formar un Gobierno. Tanto su Partido Laborista como el Likud habían perdido escaños a favor de los partidos religiosos entre los 120 diputados de la Knesset, y Clinton analizó casi distrito por distrito los fallos de cada coalición. Por el momento sólo habían hablado por teléfono. «Sabré más —dijo el presidente— cuando me visite dentro de poco.»

Clinton me sorprendió con Cachemira, el territorio enclavado en el Himalaya entre India, Pakistán y China. Dijo que las escaramuzas que estaban produciéndose eran mucho más serias de lo que se estaba diciendo. «Si llamaran esta noche y dijesen que podía acabar con ello presentándome allí, no me quedaría más opción que subirme al avión —reconoció—. No tengo responsabilidad mayor que la de reducir conflictos que amenacen con convertirse en una guerra nuclear, y éste sin duda podría hacerlo.» Sólo cuatro meses antes, los líderes de India y Pakistán se habían embarcado en una peregrinación de paz sorprendente, digna de Gandhi, subiéndose a trenes y autobuses para reunirse y negociar la paz cerca de su frontera mutua en el Punjab. Se habían comprometido a acabar con la enconada disputa sobre Cachemira, que había causado dos de las tres guerras en las que se habían enzarzado los dos países desde la partición de 1947. Esta nueva crisis hacía pasar de la esperanza al miedo y demostraba lo rápido que podía cambiar la política. Desde mayo, dijo el presidente, Pakistán había introducido unidades militares a escondidas en reductos montañosos —a casi 5.500 metros de altura— y había cruzado la línea de control de facto de Cachemira, para bombardear desde allí las posiciones indias en el poblado valle que dominaban.

La euforia había desaparecido y los gobiernos se habían visto consumidos por la intriga. Civiles y generales de ambos bandos discutían. Ciertos elementos en Pakistán habían orquestado la guerra oculta como llamada a la mediación internacional, con la esperanza de que se cumpliesen los deseos de independencia o anexión pakistaní de la importante mayoría musulmana de Cachemira. Los fanáticos indios habían preparado un ataque nuclear para evitar que Pakistán diera más pasos, o como respuesta, o para desafiar cualquier mandato que llevase a India a debilitar su Gobierno legal en Cachemira. Clinton destacó que los informes de inteligencia de esos momentos eran, con mucho, los más alarmantes de toda su presidencia. No podía decir más, incluso con las restricciones impuestas a nuestras grabaciones, pero Cachemira distaba de haber dejado de ser una amenaza.

Pasamos a la dimisión del secretario del Tesoro Robert Rubin. El tributo del presidente fue tremendamente elogioso, como era de esperar. Dijo que Rubin se sentía solo. Como Judith, su mujer, se había quedado en Nueva York todos estos años, Rubin había decidido hospedarse en el hotel Jefferson. Había dejado el opulento mundo de la banca de inversión para defender la amplia y amenazada clase media. Clinton le tomaba el pelo asegurándole que el servicio público lo rebajaría a esa categoría. A Rubin le gustaba discutir, y hablaba con autoridad entre sus colegas. A lo largo del proceso de *impeachment* —con la entrada y salida de Clinton de las vistas judiciales— había dicho a sus colegas del gabinete que no se dejasen absorber por el dramatismo artificial. No formaba parte ni de su misión ni de la presidencia. «No quiero que uno solo de vosotros piense siquiera en dimitir», dijo directamente.

Clinton apreciaba la fidelidad de su apoyo, especialmente porque Rubin era bastante consciente de lo que era importante. Su punto ciego era la política electoral. Cuando el presidente le había instado a que se presentase como candidato y ganase fácilmente el escaño en el Senado por Nueva York, Rubin se había echado atrás. Judith le dejaría, protestó, y el Congreso estaba un peldaño por debajo de la responsabilidad del ejecutivo. Para Rubin, la política era una melé de mal gusto. No podía concebir la razón por la que Hillary quería presentarse, comentó Clinton, lo cual significaba que no tenía en cuenta una parte muy importante de su manera de ser. A ella le encanta la pelea pública, como a mí, dijo el presidente. Era algo que cerraba el círculo.

La longitud de las respuestas del presidente a mis preguntas sobre diversos temas variaba. El nuevo informe sobre juegos de azar en el ámbito nacional no le decía nada, aunque no por culpa de sus redactores. Estaba en contra del juego, por principio, pero la fiebre se había apoderado del país poco a poco a través de las loterías de los estados y de los casinos indios. Se extendió un poco sobre la relativa prosperidad de Botsuana, y después bastante más sobre la persistencia de la lucha por la independencia en Irlanda del Norte. Las disputas sobre las connotaciones de palabras ordinarias amenazaban con tumbar a su nuevo Gobierno. «Dicen que han acabado los combates, pero no pueden decir lo mismo de la guerra», observó con desánimo. Su análisis de problemas nacionales se alargó sobre un dilema fundamental. «El público apoya nuestras posturas —afirmó el presidente—, pero ¿cómo convertimos eso en votos?» Doscientos grupos de ciudadanos y una importante mayoría de los votantes estaban a favor de la Declaración de Derechos del Paciente, pero las aseguradoras bloqueaban ellas solas la legislación en el Congreso. Se enfrentaba a problemas similares con la posesión de armas, el control de la natalidad, la protección del medio ambiente, la reforma de las reglas de campaña, algunas leyes de educación y las restricciones en la venta de tabaco a menores. Su plan consistía en seguir intentándolo machaconamente.

Me acompañó hasta su ascensor privado, absorto una vez más en el hecho de que se aproximaba la futura utilidad de las cintas. Debería acordarme de hablar de las ideas para su biblioteca presidencial. Estaba pensando en dividir su tiempo entre las casas que estaban viendo en Nueva York y la sede de la biblioteca en Little Rock. Ayer mismo, Hillary y Chelsea habían ido a ver casas en venta en el condado de Westchester, que estaba muy bien pero era muy caro. Un ex presidente tendría que dar muchos discursos bien pagados para vivir ahí y pagar las deudas acumuladas por el caso Whitewater. También había llegado el momento de hablar de sus memorias. ¿Cómo debía organizarlas? ¿Podrían hacerse en dos volúmenes, tal vez uno rápido de más actualidad, seguido de otro que profundizase más? ¿Sería peligroso o mala idea que empezase el año siguiente, estando aún en la Casa Blanca?

Yo estaba rebosante de ideas para su proyecto con el libro, hasta que surgió otra idea. Caviló que, algún día, después de que se publicasen sus memorias, debería pensar yo en escribir mi propio libro sobre estas cintas. Pensaba que el proceso sería interesante, pues, que él supiese, ningún presidente en activo había probado a hacer algo parecido a nuestras sesiones de grabación. Es posible, respondí. Quizá podría estar bien pasados unos años. A Clinton le gustó la idea. De hecho, hablaba con tanto entusiasmo de la comparación entre su libro y el mío que llegué a sentir punzadas de angustia por la separación. ¿Me estaba despidiendo? ¿Tenía en mente a otro escritor para que le ayudase? De ser así, ¿debería de resultarme sorprendente después de todas mis dudas sobre la colaboración? Nervioso, le sugerí al irme que fuese a ver el Mundial de Fútbol femenino, sobre todo si la selección estadounidense llegaba a la final en Los Ángeles.

Nuestra sesión del 4 de agosto se basó más en las emociones que en el intelecto. Encontré al presidente en el solárium, acabándose una cena de *delicatessen* a domicilio con dos familiares de Hillary, Hugh y su madre, Dorothy. Estaban revisando el primer mes de campaña oficial de Hillary en Nueva York, especialmente su traumático desastre de la semana anterior. «Sé exactamente lo que pasó», dijo el presidente. La escritora Lucinda Franks estaba casada con el venerable fiscal de distrito de Manhattan, Robert Morgenthau. Con sus buenos amigos, Nick y Lydia Katzenbach, los Morgenthau se habían esforzado por explicar cómo era posible que un buen presidente como Clinton hubiera caído tan bajo con el asunto de Monica Lewinsky. Lydia Katzenbach era psicoanalista. Su marido, el ex fiscal general de Nueva York, había prestado declaración a favor de Clinton durante el proceso de *impeachment*. Las dos parejas habían elaborado una compleja tesis, que Franks propuso como tema de entrevista. Hillary había cometido el error de colaborar con ella, con la esperanza de acabar con la controversia sobre sus decisiones conyugales. La entrevista publicada, evidentemente, había conseguido todo lo contrario, y Clinton analizó el clamor de los medios.[4] Los comentaristas acusaban a Hillary de fomentar las acciones de su marido. Decían que había racionalizado la infidelidad de su marido como el producto inevitable de una infancia abusiva.

Los Rodham se sumaron a la disección de los errores de Hillary y las tergiversaciones posteriores. Me pareció una escena llena de crudeza informal, como un ensayo cansado de una crisis familiar. Hillary nunca había justificado las acciones de su marido, insistía el presidente, y él tampoco. La confesión y las quejas se sumieron en la política. Una nueva encuesta revelaba que el 87 % de los neoyorquinos estaban hartos de oír

4. «The Intimate Hillary» fue publicada en septiembre de 1999 en el primer número de la revista *Talk*, una llamativa colaboración entre la Hearst Corporation y Miramax Films que dejó de publicarse en enero de 2002.

hablar tanto de la entrevista como de la infidelidad de Clinton. A lo mejor el frenesí se pasaría sin más. Todo el mundo pensaba que el candidato republicano que le resultaría más asequible a Hillary sería el alcalde de Nueva York, Rudy Giuliani, por su personalidad abrasiva y su asociación con escándalos de brutalidad policial. El presidente no estaba de acuerdo. Consideraba que Giuliani era un luchador enérgico con una postura relativamente moderada sobre la mayoría de las cuestiones. Los demás candidatos del Partido Republicano eran conservadores del montón, y pensaba que Hillary podría ganarles por méritos propios.

Abajo, en la sala de estar familiar, Clinton dejó constancia de su primera impresión sobre el primer ministro de Israel, Barak, que había traído a la viuda de Rabin, Leah, a una cena de Estado. Las charlas a puerta cerrada habían ido bien. Barak tenía prisa, lo cual era bueno y malo. Quería renegociar con Arafat parte de los acuerdos de Wye en las negociaciones sobre el estatus final del año siguiente. Clinton le había advertido de que eso llevaría a Arafat a boicotear las negociaciones durante meses. Barak tenía frescura y firmeza, pero Arafat lo veía más como el heredero de Netanyahu que de Rabin. El presidente se había ocupado de hacer llegar los mensajes acordados entre ellos para amortiguar los reveses que preveía en el futuro.

Se sentía acosado por la cuestión china. El presidente Lee de Taiwán acababa de idear una excusa para unas maniobras militares en el estrecho de Taiwán al dar a entender que iba a proclamar la independencia de la isla. Lee parecía intencionadamente obtuso sobre las presiones a las que estaba sometido su homólogo chino, Jiang Zhemin, que estaba luchando por sobrevivir a la reunión de agosto del Partido Comunista. Clinton dijo que podía contactar extraoficialmente con Jiang a través de la senadora Dianne Feinstein, que había sido alcaldesa de San Francisco cuando Jiang era alcalde de Shanghai. Ella había confirmado la sensación que tenía el líder chino de estar soportando unas conspiraciones simultáneas. Acusado de debilidad, había ordenado la detención de 1.200 líderes de la secta de meditación y ejercicios Falun Gong. (Había explicado que, por misteriosos que fuesen para los occidentales, crípticos movimientos culturales como ése habían conmocionado a toda China durante la revuelta de la «Paz Celestial» en la década de 1850 y durante la rebelión de los bóxer de 1898.) Mientras tanto, la oposición militar a Jiang presionaba para que se considerase a Estados Unidos un enemigo permanente. No cabía duda, según ellos, de que Clinton había orquestado las provocaciones de Taiwán y el bombardeo de su embajada en Belgrado. Habían destacado el testimonio de George Tenet, director de la CIA, en el que decía que, de miles de ataques, su agencia había dado las coordenadas específicamente para ése. También citaban un informe secreto redactado por los republicanos de la Cámara de Representantes, dirigidos por Christopher Cox, en el que se despotricaba contra la complicidad de Clinton con la subversión china. Habían ignorado varios estudios que tildaban el informe de Cox de proyecciones de histeria política sin fundamento. «Supongo que te habrás fijado —dijo Clinton suspirando— en que [el científico nuclear] Wen Ho Lee ha negado rotundamente en *60 Minutes* haber pasado información a los chinos.»

Interrumpió mi pregunta sobre Cachemira. No, no había invitado al primer ministro de Pakistán, Nawaz Sharif, a que le visitase, como se había dicho en la prensa, pero el artículo de *The Washington Post* sobre las tensas negociaciones sí daba pistas al público sobre una verdad angustiosa. Sharif se había invitado a sí mismo a Washington para discutir con urgencia, y Clinton le había ordenado explícitamente que no fuese. «En esto tu ejército se equivoca», le dijo a Sharif. Clinton no podía mediar en la crisis de Cachemira sin el consentimiento de ambos beligerantes, e India se negaba rotundamente. Los indios no veían nada en lo que mediar. Estaban ganando militarmente, Cachemira formaba parte de India y punto. Independientemente de lo que Pakistán defendiese sobre cuáles eran las preferencias de los musulmanes de Cachemira, Sharif no podía justificar con eso una invasión. Y Clinton tampoco podía cubrirle la retirada a Sharif. De hacerlo, los indios pondrían el grito en el cielo por la creación de un precedente con el que se premiaba la transgresión.

Sharif había devuelto la llamada a la desesperada, anunciando que a pesar de todo volaba hacia Washington. Al diablo con el protocolo. La diplomacia estadounidense había anunciado a regañadientes que el primer ministro de Pakistán siempre era bienvenido, y Clinton había cancelado los primeros actos que tenía previstos para el 4 de julio. Negándose a recibir a Sharif en la Casa Blanca, se había reunido con él al otro lado de la calle, en la biblioteca de Blair House. Clinton había expuesto su postura sin tapujos. Si Sharif retiraba a las tropas pakistaníes de Cachemira, Estados Unidos expresaría su alivio, pero no habría elogios. Si Sharif se negaba a retirarse, Estados Unidos se vería obligado a cambiar públicamente su histórica alianza con Pakistán en favor de India. Durante horas, contó el presidente, la delegación de Sharif se había esforzado en dar con fórmulas idiomáticas retorcidas que sugiriesen que Clinton había dado el visto bueno para la retirada pakistaní de una manera o de otra. O que Pakistán no tenía por qué retirarse, puesto que los combatientes que había en Cachemira eran en realidad luchadores mujahidines disfrazados de soldados, y no lo contrario. Semejantes discusiones en pleno mes de julio habían podido con el aire acondicionado de Blair House. «Hacía calor —me dijo el presidente—. Ellos estaban cómodos con sus sedas, pero yo estaba sudando.»

Por último, Clinton había hecho salir a los ayudantes de ambas delegaciones para quedarse a solas, cara a cara, con Sharif. Dijo que se trataba de algo mucho más grave que una escaramuza fronteriza. Cachemira seguía siendo la zona del planeta con más posibilidades de dar pie a una guerra nuclear, más que la crisis de los misiles de Cuba de 1962. Cuando Estados Unidos y la Unión Soviética habían estado al borde de destrozar el planeta, sus líderes sabían mucho más sobre la capacidad nuclear de uno y otro que lo que sabía India de Pakistán hoy en día, o Pakistán de India. No disponían de la información y el control necesarios para minimizar el riesgo de conflicto nuclear y su política de alto riesgo podría dar pie a intercambios nucleares. Clinton dio un puñetazo en la mesa para que se retirasen, y Sharif le replicó del mismo modo. Para él, como defensor elegido de la frágil democracia pakistaní, la rendición era peor que la guerra. Llevado al extremo, estaba obligado a elegir entre lanzar un ataque nuclear como patriota o ser depuesto por traidor por el nuevo comandante en jefe del ejército, el general Pervez Musharraf. Sharif le echaba la culpa a Musharraf de toda la jugada en Cachemira. Había sido un error, pero ahora el pueblo pakistaní estaba demasiado excitado como para tolerar una retirada. Si Sharif cedía ante Clinton, dejaba expuesta su yugular ante Musharraf. El presidente contestó que entonces así sería. Sharif era jefe del Gobierno. No tenía que pedir perdón, pero tenía que retirarse y cubrirse las espaldas como pudiera. El presidente dijo que esta discusión, que había ocupado todo el día de la Independencia, había sido el enfrentamiento más duro de su carrera política, sin duda alguna.

Pasando a temas más relajados, Clinton había logrado por fin asistir a dos partidos del Mundial femenino antes y después de la crisis con Sharif. Hillary y Chelsea le habían acompañado para presenciar la victoria estadounidense sobre Alemania en los cuartos de final disputados en Washington, y el presidente había ido solo al Rose Bowl a ver el apasionante duelo final contra China. Contó que el marido de Mia Hamm, Christian, un piloto militar destinado en Japón, había llorado durante el penalti que tiró su mujer en el desempate final. Fue muy conmovedor. A su otro lado, el actor Edward James Olmos explicaba lo poco probable que era parar un penalti en el fútbol de nivel mundial, lo cual dejó claro lo impresionante que había sido que la portera estadounidense Briana Scurry parase uno de los cinco penaltis y, de esa forma, ganara el campeonato. El presidente dijo que había podido felicitar a la mayor de las jugadoras estadounidenses, Michelle Akers. Tenía una sonrisa radiante y un moratón en la cara.

Una semana más tarde, Clinton llamó a Chelsea antes del amanecer al lugar donde estaba de vacaciones en Montana con la triste noticia de que el avión privado de John F. Kennedy Jr. se había estrellado cerca de Martha's Vineyard. Su hija le hizo todo tipo de preguntas sobre el tiempo, la zona de búsqueda y las posibilidades de que apareciese vivo. Cuando Clinton le contestó que no parecía que hubiera esperanza alguna, el tono de voz con el que pidió volver a casa le hizo ver a su padre que su conexión con él era más fuerte de lo que pensaba. El trato de Clinton y de Hillary con los Kennedy había sido sobre todo con Jackie —hablaban sobre cómo vivir y tener una familia en la Casa Blanca—, pero Caroline y John Jr. habían tratado a Chelsea como a una sobrina. John había invitado a Chelsea a fiestas y se había ocupado de ella en sus últimos años de adolescente.

Poco después de este triste funeral, el presidente había asistido al entierro de Estado del rey Hassan de Marruecos. Había llevado a su suegra, Dorothy, porque le había gustado Marruecos mucho, tanto como para mudarse allí. El egipcio Mubarak, uno de los muchos líderes presentes, le había confiado que el sirio Asad había boicoteado el acto porque Hassan se había hecho amigo de su hermano, con el que no mantenía relación alguna. Clinton dijo que se había pasado cuarenta horas volando esa semana, y que había caminado cinco kilómetros bajo un sol de justicia tras el cortejo de Hassan. Jimmy Carter y el ex secretario de Estado James Baker también se habían abierto paso a través de una masa de 2 millones de personas. Los fantasmagóricos y agudos aullidos de duelo eran tan desconcertantes que los agentes del Servicio Secreto habían intentado insistentemente anularlo todo. En una discusión constante con los agentes, el único que había defendido a Clinton era el ex presidente Bush. Bush les explicó que para toda esa gente significaba mucho que una delegación estadounidense anduviera como todo el mundo, rindiendo tributo a su rey.

Hillary había estado «más tensa que la cuerda de una guitarra toda la semana por la entrevista en la revista *Talk*». No entendí la frase, y dudé si pedirle una explicación. Ese mismo día, dijo, la prensa había cuestionado sus motivos y sus defensas en un mitin de campaña conjunto en el condado de Chautauqua, en Nueva York. Después, en el jardín de las rosas que estaba detrás de la Casa Blanca, había anunciado que ese año el Tesoro iba a comprar 87.000 millones de dólares de bonos en circulación —la mayor compra jamás hecha— y que, a ese ritmo, acabarían con la deuda nacional en 2015. Un periodista le pidió que aclarase lo que Hillary había querido decir cuando insinuó que su marido estaba emocionalmente marcado para siempre. Él repitió que nunca se había considerado maltratado tal como él entendía el término, porque su madre siempre le había hecho sentir que era una parte especial de su vida. No creía que la inestabilidad familiar o los malos momentos hubiesen motivado de alguna manera sus acciones.

Se emocionó. «Creo que perdí el control», repitió una y otra vez. Se compadecía de sí mismo. Cuando empezó su relación con Lewinsky en 1995, había sufrido una mala racha de muertes cercanas al principio —su madre, Vince Foster, Rabin—, a lo que se había sumado la mezquina investigación de Hillary y todos los demás. Ah, y le habían machacado con el «Contrato con América» y habían tomado el control del Congreso. Simplemente no había podido más. Afirmó que podría haberlo hecho peor. Podría haber hecho volar algo por los aires.

El silencio era insoportable. Bueno, dije, lo que a mí me parecía realmente triste era que había estado a punto de demostrar que los escándalos no tenían fundamento. Ahora, el caso Lewinsky, por sí solo, justificaba el escepticismo. Les había permitido salir bien librados justo cuando iban a tener que rendir cuentas por fin, lamenté. Ese revés era mayor que el *impeachment* o que la dolorosa situación con Hillary. Dijo que todo eso ya lo sabía. Simplemente había perdido el control, más de una vez. Había vuelto a perderlo en 1997, cuando se había convencido de que con la reelección desaparecerían todos los problemas, y no lo hicieron.

Durante un momento dio pena vernos. Se recuperó para hablar otra vez de sus memorias mientras me iba: un volumen, dos volúmenes, cómo conseguir los recuerdos de los altos cargos de su administración. Yo aún seguía anonadado.

35

HACIA EL MILENIO: PACIFICADORES Y TRAICIÓN

Lunes, 18 de octubre de 1999

Jueves, 11 de noviembre de 1999

Jueves, 6 de diciembre de 1999

Tuvimos que aplazar las grabaciones de septiembre, mientras Clinton se ocupaba del trabajo atrasado por la inactividad del periodo vacacional. El Congreso comenzó el nuevo curso político de mal humor, anticipando las elecciones del año siguiente, y Chelsea se fue a empezar su tercer año en Stanford. Nancy Hernreich llamó para decir que lo sentía, pero que no había huecos de dos horas en una agenda presidencial con las noches repletas de reuniones, cenas y recepciones. Christy y yo recibimos una invitación a uno de esos eventos formales, en el que los Clinton se pasearon por las estancias oficiales del piso principal de la Casa Blanca, debajo de la residencia, saludando a los invitados. Apenas les vimos antes de que se retirasen a sus aposentos. Cuando estábamos recogiendo nuestros abrigos para irnos, la secretaria social Ann Stock nos sorprendió al anunciarnos que se nos requería en el solárium del piso de arriba.

El presidente Clinton estaba sentado majestuosamente tras su mesa de juego. Tomamos asiento detrás de George McGovern y agradecimos la misión que se nos había encomendado: asesorar a nuestro adorado viejo jefe. McGovern se quejaba de que a los setenta y siete años ya no era capaz de seguir las sutilezas de la partida de pocha, pero no se quedaba atrás en bromas escandalosas. Se giró para reprender al director Steven Spielberg por olvidarse de los heroicos pilotos de la Segunda Guerra Mundial en la película *Salvar al soldado Ryan*. Cuando vio superado su as, la actriz Kate Capshaw se enfrentó al presidente con una alegría más desenfrenada de la que se permitían los asesores de Clinton cuando jugaban a corazones: «¡Es usted un gordo y viejo tramposo!». Hillary se levantó para encararse con el que llevaba el tanteo y pidió, uno por uno, la opinión a todos, jugadores y espectadores, que confirmaron unánimemente lo que había dicho Clinton sobre lo que había jugado ella. Tras una pausa burlona, pasó de la indignación a la sonrisa. «Bueno, yo pensaba que era así», dijo. En un aparte, Hillary se unió a Clinton y a mí para un intercambio de bromas de humor negro con McGovern, con quien recordamos nuestros encuentros en Texas durante su fallida campaña presidencial veintisiete años antes.

En octubre, el presidente me dio la bienvenida a solas en su mesa del solárium. Nancy Hernreich, tras abandonar durante una temporada todo intento de conseguir un hueco por la noche, prometió mantener alejado a todo el personal del ala oeste mientras intentábamos recuperar el tiempo perdido con una sesión de tarde. Entre sus recuerdos de vacaciones estaba el descubrimiento de que el príncipe Andrés de Inglaterra, duque de York, tenía una carrera real en la armada británica, y no solamente un puesto libre de responsabilidades por su sangre real. Como el gran aficionado al golf que era, Andrés había jugado un partido con el presidente en Martha's Vineyard. A Clinton le había encantado escuchar a la cantante Phoebe Snow. Describió la búsqueda familiar de una casa en Nueva York que estuviera a menos de cuarenta minutos de la ciudad, con la aspiración de reducir al mínimo los cansinos y tardíos viajes de vuelta a casa. Habían elegido una granja de 1880 cercana a Chappaqua, de la que, salvo una hectárea, se había vendido todo el terreno circundante para ser destinado a construir casas en las afueras. El Servicio Secreto había vetado parcelas más pequeñas, diciendo que no tenían el tamaño necesario para establecer un perímetro de seguridad, y Clinton dijo que no podía permitirse una casa más grande. Sobre todo, repetía, «sólo quería encontrar un sitio en el que Hillary sea feliz al despertarse por la mañana». La semana anterior se habían escapado dos días a Camp David para celebrar su aniversario de bodas viendo películas antiguas.

Desde Martha's Vineyard había ido a la séptima cumbre del APEC, en Nueva Zelanda. Clinton contó que se había desatado el caos en la isla de Timor Oriental, a 5.800 kilómetros al noroeste de Australia. Tras cuatrocientos años de Gobierno colonial portugués, seguidos de veinticuatro años de represión sangrienta por parte del ejército indonesio desde 1975, la población de Timor Oriental había aprobado la independencia con el 80 % de los votos en un referéndum supervisado por la ONU el 30 de agosto. Escandalizada y entre acusaciones de ingratitud y rebeldía, Indonesia había fomentado choques violentos; del millón de habitantes de Timor Oriental, 300.000 se habían convertido en refugiados cuando los líderes del APEC se reunieron diez días después. El presidente describió la complicada estrategia diplomática que había sido necesaria para convencer al presidente indonesio B. J. Habibie de que se retirase para que entrasen tropas de paz internacionales y envíos de ayuda,[1] mientras se discutía al mismo tiempo cómo evitar una futura prueba nuclear de Corea del Norte. Citando a Tony Lake, Clinton comparó ese último esfuerzo con «un perro que ya no ladraba», es decir, un éxito alcanzado tras mucho esfuerzo y que había llamado poco la atención.

Habían hecho un desvío turístico por Queensland, Nueva Zelanda, que describió como una versión ampliada y aún más bonita de Jackson Hole, Wyoming. Algunos asesores de la Casa Blanca habían hecho puenting desde lo alto de pintorescos acantilados, mientras que otros habían recorrido preciosas cuevas repletas de todo tipo de flores y animales exóticos, incluidas anguilas. El presidente dijo que había disfrutado de la poco frecuente compañía de Chelsea, que solía viajar al extranjero con su madre. Visitaron a Edmund Hillary, el famoso explorador del Everest y de la Antártida. Clinton hizo públicas unas imágenes de satélite del casco polar, para que los usase el veterano Hillary en sus estudios científicos sobre el calentamiento global.

De vuelta de la cumbre del APEC, Clinton había conocido al nuevo primer ministro ruso, Vladimir Putin, del que hizo una tibia valoración. Putin era enérgico, reservado y estaba seriamente dispuesto a aplastar la rebelión chechena, pero a Clinton por el momento le preocupaba el errático comportamiento de su jefe, Boris Yeltsin. Se trataba de su cuarto cambio súbito de primer ministro en dieciséis meses. Yeltsin estaba perdiendo agudeza mental. Sus dolencias cardiorrespiratorias eran una interferencia constante. «Sigo convencido de que hemos hecho lo debido al buscar esta relación con Rusia —sentenció el presidente—, pero se está desintegrando ante nuestros ojos.»

Describió por encima las consultas en el Foro APEC con Jiang Zhemin y otros sobre la crisis financiera asiática. Sus negociaciones comerciales habían excluido deliberadamente al más reciente de los veintiún miembros

---

1. Los miembros del APEC subvencionaron las tropas de paz y la transición política tras los trastornos de 1999. Timor Oriental fue reconocido como Estado independiente en 2002.

del Foro, Vietnam. A pesar de que tanto Estados Unidos como Vietnam ya se reconocían plenamente, negociar con el heredero del legendario Ho Chi Minh seguía siendo un acto políticamente arriesgado para un presidente estadounidense. Si los presidentes de ambos países se habían encontrado uno al lado del otro durante las ceremonias había sido sólo por rarezas del protocolo y por su proximidad en el alfabeto. Durante una comida, contó Clinton, el primer ministro Phan Van Khai se había vuelto hacia él de forma muy intensa. «Señor presidente —le había dicho—, no sabe usted lo que significa para mí saber que se opuso a la guerra contra mi país.» Había nacido en la antigua capital, Saigón, y había luchado contra los colonialistas franceses en su adolescencia antes de migrar hacia al norte, a Hanoi, para luchar durante décadas contra Estados Unidos. Dos de sus hermanos habían muerto. El conflicto era el legado dominante de su generación.

«Sí, me opuse a la guerra —había respondido Clinton—. Pensaba que era un error. Pero al mismo tiempo, señor primer ministro, quiero que sepa que la gente que nos metió en esa guerra llevaba mucho tiempo luchando contra el comunismo.» Ésa era la causa del conflicto. Por culpa del comunismo, no podían valorar las ansias de independencia de Vietnam, pero lo que les motivaba no era el ansia de control colonialista o imperialista de Vietnam. «Creo que fue un error, pero no hubo mala intención», le dijo Clinton. La libertad lo es todo para los estadounidenses, y lo veían como una guerra por la libertad. «Lo sé», respondió Khai. Los dos se habían emocionado intentando comprender el choque de sus patriotismos respectivos, y al presidente se volvió a emocionar al recordarlo. Le pregunté si Khai le había invitado a Vietnam. «Sí —contestó el presidente—, y seguramente vaya el año que viene.»

Al volver a Estados Unidos, Clinton instó a la quincuagésimo cuarta sesión de la Asamblea General de las Naciones Unidas a luchar por alcanzar tres grandes objetivos en el siguiente milenio: superar esos «fracasos humanos constantes», que son la pobreza mundial extrema, el odio interétnico y las guerras catastróficas. La estructura de su discurso, comenté, me recordaba al discurso de aceptación del premio Nobel del doctor King en 1964, en el que había alabado los métodos no violentos frente al «triple azote» de la humanidad. King había hecho una llamada a la esperanza para los «descalzos y descamisados» del mundo. Clinton había dicho que 1.300 millones de personas, en su mayor parte niños, seguían viviendo con menos de un dólar diario. Las aclamaciones en la ONU, aunque sonoras, no habían alcanzado el nivel de la emocionante oleada del año anterior en plena lucha contra el *impeachment*, en parte porque muchos delegados estaban enfadados con Estados Unidos, porque no pagaba sus cuotas a la ONU. Lamentó la morosidad y dijo que era consecuencia de la postura radicalizada de un Congreso controlado por los republicanos.

Dos días después de su discurso en la ONU, Clinton vetó un recorte de impuestos de 792.000 millones de dólares aprobado por la mayoría republicana sin discusión alguna en el Congreso. Favorecía desproporcionadamente a los estadounidenses más ricos y habría implicado recortes en los presupuestos de educación, la reforma del Medicare y el medio ambiente. Era un recorte de impuestos que habría convertido los superávits en déficits. ¿Iba a reducir —e incluso eliminar— nuestra generación del *baby boom* el peso de la deuda para que recayera sobre nuestros descendientes, o íbamos a racionalizar los déficits una vez más para preservar nuestra capacidad de gasto? Clinton dijo que los republicanos evitaban esta pregunta con un acto reflejo político: mi recorte fiscal es más grande que el tuyo. En esa ocasión los demócratas habían apoyado su veto, pero a largo plazo sólo podían ejercerlo los votantes.

El siguiente golpe de los republicanos impactó donde el Congreso podía hacer un daño sin límite. La semana anterior, un grupo muy bien organizado de congresistas había logrado que el Senado no ratificase el Tratado de Prohibición Completa de los Ensayos Nucleares (TPCEN). Ni un solo demócrata había votado en contra, y sólo cuatro republicanos habían votado a favor. Con un resultado de 48-51, el tratado no había logrado ni siquiera una mayoría simple, quedándose a 19 votos de la mayoría de dos tercios necesaria para su ratificación. Clinton señaló que este rechazo era una de las derrotas más importantes de su presidencia. A sus aliados y a él les habían engañado con los procedimientos parlamentarios, por lo que no habían podido ni evitar la humillación con un aplazamiento que les permitiese salvar la cara. Los líderes republicanos, que habían impuesto disciplina calladamente entre sus 55 senadores, habían bloqueado los votos sobre cláusulas adicionales y excepciones para acabar del todo con el tratado. Los historiadores habían comparado la derrota con la que había sufrido Woodrow Wilson cuando intentó que el Senado aprobase el Tratado de Versalles tras la Primera Guerra Mundial, un voto que condenó a la Sociedad de Naciones y marcó el rumbo aislacionista que seguiría Estados Unidos hasta la Segunda Guerra Mundial. Los comentaristas habían advertido un distanciamiento importante de las décadas que llevaba Estados Unidos, con el apoyo de los dos partidos, encabezando la lucha para acabar con la proliferación de armas nucleares. El presidente Eisenhower había propuesto una prohibición total de pruebas nucleares en 1958. El presidente Kennedy había logrado en 1963 una prohibición parcial de pruebas nucleares en la atmósfera terrestre. Veintiséis de las cuarenta y cuatro potencias nucleares actuales y potenciales del mundo ya habían ratificado esa prohibición de pruebas en 1996. Sin embargo, en ese momento, para justificar su no ratificación del tratado, Estados titubeantes como Rusia y China podrían apelar al ejemplo dado por Estados Unidos.

Tres países cruciales —India, Pakistán y Corea del Norte— no habían firmado ni ratificado el TPCEN. Uno de ellos —Pakistán— había sufrido un golpe militar, una mala noticia que había llegado a oídos de Clinton durante su escapada a Camp David por su aniversario de bodas. Como había previsto el primer ministro Nawaz Sharif en la confrontación de Blair House, el general Pervez Musharraf derrocó al Gobierno democrático cuando Sharif dio marcha atrás en la arriesgada política nuclear de Cachemira. Sharif había perdido el puesto, la Constitución y posiblemente la vida. «Como podrás observar, Musharraf dice todo tipo de lindezas sobre la restauración de la democracia —se lamentó el presidente con un suspiro—, pero nunca habla de fechas, de socios o de pasos intermedios.» En vez de eso, Musharraf acusaba a Sharif de estropear la gloriosa victoria del ejército sobre India. Era una declaración autoexculpatoria y rimbombante a la vez, pero el presidente dijo que el golpe de Estado de Musharraf contaba efectivamente con el apoyo del patriotismo pakistaní, por lo menos de momento. Nuestros aliados debían tener cuidado mientras nos disponíamos a cortar el flujo de ayuda hacia Pakistán. Le pregunté si había hablado con Sharif o Musharraf. Contestó que no. Le pregunté si el golpe de Estado activaría su amenaza de degradación de las relaciones entre Estados Unidos y Pakistán. No, replicó. Había sido una amenaza concreta para la crisis de Cachemira, que había amainado. «Pero creo que en cualquier caso deberíamos tener una mejor relación con India», dijo. Ahora tenía problemas mucho mayores. El instigador de la invasión semiilegal de Cachemira estaba al mando del armamento nuclear pakistaní, y dos potencias nucleares hostiles seguían amenazándose en el subcontinente indio.

Y lo que era peor, el Senado había torpedeado cuatro décadas de liderazgo estadounidense en la cooperación internacional para acabar con la proliferación nuclear. En el último momento, dijo Clinton, había habido tantas quejas que el senador Lott había intentado dar marcha atrás. Junto con John Warner, de Virginia, Richard Lugar, de Indiana, y otros senadores republicanos responsables, Lott había maniobrado para que el TPCEN no fuera ni ratificado ni rechazado. Pero a esas alturas necesitaban unanimidad para detener el tren parlamentario, y sus propios exaltados se habían negado rotundamente a rectificar. Se trataba de los republicanos con una visión de Estados Unidos como fortaleza que, encabezados por Jesse Helms, estaban empeñados en acabar con el tratado como fuese. Les daba igual que la controversia funcionase en su contra en la campaña del año siguiente. El presidente, citando al senador James Inhofe, los llamó el ala de «tanques, misiles y hormigón» del Partido Republicano. Para ellos, la legitimidad del Gobierno se circunscribía a esas tres áreas, y les dolía cada céntimo gastado en tratados de paz, cuotas de la ONU y política de cooperación en general, ya fuera en un contexto nacional o internacional. Su actitud era sencilla: tenemos más dinero, muros más altos y bombas más grandes que todos los demás; así que los pequeños, que se jodan. El presidente se calló. «Dios mío —dijo—. A lo mejor no debería haber usado esa palabra en la grabación.» Se encogió de hombros. Seguramente no era la primera vez que quedaba grabada.

El presidente sonrió, pesimista pero con ganas de guerra. Reconoció la habilidad política del gobernador de Texas, George W. Bush, que estaba por delante de John McCain en la carrera por la candidatura republicana. Últimamente, comentó, Bush estaba dando una excelente imagen a la opinión pública gracias a sus reprimendas a sus compañeros conservadores. Con demasiada frecuencia, había declarado Bush, los demás conservadores intentaban que los pobres soportasen la carga del equilibrio presupuestario, y en demasiadas ocasiones confundían la limitación del papel del Estado con el desdén hacia la acción de Gobierno. Ese tipo de comentarios hacía de Bush una voz refrescante contra el cinismo y aumentaba su atractivo, y además lograba no alienar a la facción dura de su partido. Clinton, admirando su destreza, dijo que Bush se esforzaba por presentar dos caras muy distintas ante la prensa. Los periodistas escribían sobre su aire relajadamente entrañable y no sobre sus meteduras de pata o sus contradicciones. Admiraban su talento para las bromas, pero ignoraban una carrera de favoritismo en los negocios que se habría machacado hasta la saciedad en el caso de Clinton o Gore. Bush deformaba la palabra «gubierno» y la pronunciaba con amargura, como si fuese un insulto, y pronunciaba «War-shington» como si fuera un nombre alienígena. Más allá de su actitud, apoyaba a los conservadores de base en temas que iban desde la hegemonía nuclear hasta los mayores recortes fiscales imaginables. Clinton opinó que Bush se vendía como una versión *light* de Reagan. Luego añadió que era «un Gingrich más amable y cortés», parodiando el eslogan usado por Bush padre. El presidente parecía estar experimentando expresiones para dejar a Bush al desnudo, lo cual en cierto modo era como un tributo.

Al llegar para grabar nuestra sesión de noviembre me metí bajo un pequeño fuego cruzado. El presidente, aún adormilado tras su siesta, hablaba con Hillary, que estaba en Israel, mientras compartía pollo frito y las noticias de la CNN con Hugh Rodham en el solárium. Suha Arafat, mujer de Yasser, había provocado una crisis al viajar de su casa en París a los territorios ocupados en Palestina. En árabe, y junto con Hillary, había declarado ante la prensa que los israelíes usaban demasiado gas lacrimógeno y que la incidencia del cáncer en Palestina era anormalmente alta. Hillary se había ceñido a los comentarios diplomáticos, pero las interpretaciones sensacionalistas ya estaban haciéndose notar en la campaña por el Senado en Nueva York. ¿Condenaba realmente Hillary un gas cancerígeno secreto israelí? Clinton corrigió el comunicado que había preparado ella en voz alta y cambió la frase: «Yo no oí que dijera eso» por el condicional «Si dijo eso». Mientras tanto, Hugh cambió de canal para ver el partido de pretemporada entre los equipos de baloncesto universitario de Duke y Stanford e intercambiar predicciones entre las llamadas de seguimiento de Clinton a Sandy Berger, John Podesta y Harold Ickes. Stanford contaba con unos prometedores gemelos de primer año que medían más de dos metros. Clinton debía pagar unos puros por una apuesta sobre el partido de fútbol americano entre Arkansas y Mississippi de la semana anterior. Tras colgar por fin, el presidente reflexionó con un tono encantador: «Entre los irlandeses y los judíos van a acabar conmigo antes de tiempo». Con aire cansado, le dijo a Hugh que había llegado el momento de trabajar, y nos fuimos a una mesa de la sala del tercer piso en la que ya habíamos grabado una vez.

Una parte de mí echaba de menos la calma majestuosa de la Sala de los Tratados. Antes de mi primera pregunta, el presidente me pidió que grabase una historia curiosa que quizá no iba a usar en sus memorias. El coronel libio Muammar al Gaddafi, tras treinta años como paria excéntrico entre los líderes mundiales, había estado insinuando que quería normalizar las relaciones. Clinton esbozó los pasos que habían llevado a la entrega de los libios sospechosos de haber organizado el ataque terrorista contra el vuelo 103 de Pan Am sobre Lockerbie en 1988. Según todas las fuentes, Gaddafi iba en serio y hablaba con responsabilidad, pero Clinton no podía quitarse de la cabeza su imagen de lunático peligroso y exuberante. Cuando le confesó sus dudas sobre Gaddafi a su vecino egipcio, el presidente Mubarak le aconsejó a Clinton que no se preocupase. «No es que esté loco —insistió Mubarak—. Es que todos los libios están locos. En comparación con la mayoría de ellos, Gaddafi es bastante estable.» Clinton había intentado seguir con el chiste hasta que se dio cuenta de que Mubarak no bromeaba en absoluto. A pesar de ello, había compartido el dilema con un príncipe saudí que conocía a Gaddafi desde hacía años. «Mubarak tiene razón —observó el príncipe—. Todos los libios están locos.»

Hablamos largo y tendido sobre las negociaciones en Oriente Próximo. Con Arafat y Barak, Clinton había ultimado apresuradamente en Oslo la preparación para las negociaciones de estatus final que tendrían lugar en febrero, con una cena de homenaje a Rabin a la que había asistido su elocuente viuda, Leah. El presidente concretó su opinión sobre Barak. El primer ministro parecía excesivamente directo porque quería ser preciso. Prefería prometer menos de entrada, y dar más después, que lo contrario. Para su sorpresa, el presidente ya no pensaba que los últimos puntos de fricción serían los asentamientos israelíes o el choque por Jerusalén. Ésos eran temas que podían resolverse. Barak ya había especificado qué asentamientos ilegales se eliminarían y cuáles eran aceptables y permanecerían; había treinta de los primeros y diecisiete de los segundos. Clinton dijo que Jerusalén podía convertirse en un premio para ambos bandos además de una ciudad para el mundo entero. Predijo que el problema final serían las tierras de Cisjordania que tendrían que cederse para crear un Estado palestino viable. Al mismo tiempo que negociaba para conseguir más, Arafat se enfrentaba a una paradoja delicada con respecto a los exilados palestinos. Oficialmente exigía que hubiese sitio para todos, pero quería que la mayoría se quedase en el extranjero, enviando a casa dinero, no volviendo y desembocar con ello en exigencias problemáticas. En Oslo, todas las partes se habían comprometido a no hacer declaraciones públicas subidas de tono, pero Suha Arafat iba por libre. Casi nunca veía a su marido. Clinton hizo un gesto de impotencia y hartazgo. Pensaba que había tendido deliberadamente una emboscada a la campaña de Hillary con su bomba de diseño.

Seguimos con Oriente Próximo durante nuestra sesión de diciembre. Barak había abierto un frente paralelo de negociaciones rápidas con Siria para ir acelerando el acuerdo con los palestinos. No aspiraba a poco. El presidente sirio, Asad, cuya salud estaba empeorando rápidamente, había dejado de lado las negociaciones durante cuatro años y su ministro de Asuntos Exteriores se estaba recuperando de un aneurisma. A pesar de eso, Clinton rápidamente le hizo saber a Asad que el tratado había que firmarlo en ese momento o nunca. Después había logrado que Barak le diera permiso para hacer más atractiva la invitación y le comunicó a Asad algo que Rabin siempre se había guardado en la manga: que Israel estaba dispuesto a ceder los Altos del Golán con condiciones razonables. Asad había movido ficha antes de conocer el aliciente. Barak iba en serio, concluyó Asad, y él también. Finalmente, había llegado el momento de moverse. Asad sacó de su lecho a su enfermo ministro de Asuntos Exteriores, Farouk al-Shara, para que se reuniese con Barak en la Casa Blanca el 15 de diciembre, el día anterior a nuestra sesión. Esta conferencia había sido un hito, el contacto de más alto nivel entre Israel y Siria desde los tiempos bíblicos.

Llegada la mañana del 16, ambos bandos habían acordado encerrarse bajo la tutela de Clinton hasta que resolviesen todas sus diferencias sobre la agenda del tratado. Su modelo era el proceso de Dayton, que había acabado con la crisis bosnia. En un plazo de tres semanas iban a reunirse en un lugar apartado cerca de Washington, que elegirían y prepararían los estadounidenses. Mientras tanto, Shara había presionado para poder llevarse de vuelta a Siria el anuncio secreto de la garantía oculta sobre los Altos del Golán, alegando que animaría a Asad a aprobar un acuerdo global. El presidente se negó. Era inevitable que se filtrase la concesión, lo cual tendría repercusiones terribles para Barak. Ningún líder israelí podía sobrevivir tras dar la impresión de que iba a ceder los estratégicos cerros por un mero papel en el que pusiese «paz». Clinton me dijo que Shara tenía un título universitario de Literatura Inglesa. Podía pasar del arrebato shakesperiano a representar un personaje ante su público sirio. En privado en la Casa Blanca, después de que Shara soltase una letanía sobre las supuestas afrentas de Israel, Barak respondió brevemente: «Todo eso es cierto —dijo—. No estoy aquí para negar el pasado, sino para construir a partir de él». No se había producido ninguna espiral de declaraciones enfrentadas, y la reunión había seguido adelante tras un silencio de estupefacción. Eso le contaría Shara a Asad al volver a Siria, dijo Clinton. Comprendía las reglas y las limitaciones del teatro.

A propósito de la campaña presidencial, a Clinton no le sorprendía que John McCain hubiese alcanzado a Bush en las encuestas de Nuevo Hampshire. En términos generales, observó, los republicanos eran un partido más disciplinado que los demócratas. Solían alinearse detrás del favorito y acabar rápido con las nominaciones. Nuevo Hampshire, sin embargo, era un estado raro que favorecía a rebeldes y a advenedizos, incluso en el Partido Republicano. Pat Buchanan había ganado cómodamente las primarias en 1992 y después le habían machacado. Warren Rudman, respetado nacionalmente como un republicano duro de Nuevo Hampshire, iba a contracorriente en su entusiasmo por McCain. A la mayoría de los senadores, dijo Clinton, les molestaba la irritabilidad y la estirada actitud de santurrón McCain. Nuevo Hampshire favorecía su faceta inconformista, pero la verdadera prueba de fuego llegaría en los estados tradicionalmente republicanos. Si su campaña iba bien en Carolina del Sur, McCain iría cogiendo carrerilla.

Entre los demócratas, Gore estaba acercándose poco a poco al ex senador Bill Bradley. Clinton dijo que Gore no podía ser menos inconformista. Estaba dejando atrás una imagen inevitablemente débil que hacía difícil que ganasen elecciones los vicepresidentes,[2] y se llevaba la mayor parte del humorístico desprecio de la prensa. Los periodistas solían adular a Bradley, a McCain e incluso a Bush. Si Gore era capaz de ganar en Nuevo Hampshire, comentó Clinton, se acabaría la competición entre los demócratas. Si Gore era capaz de mantenerse a menos de diez puntos de Bush en el ámbito nacional, tendría buenas posibilidades de ganar las elecciones presidenciales. Clinton pensaba que a Gore se le daba bien atacar al favorito. Había machacado a Bush por decir que el golpe militar en Pakistán era «una buena noticia» para Estados Unidos, pero no le había saltado a la yugular por fallar en un examen sorpresa sobre los nombres de líderes extranjeros. El presidente dijo que por el momento los votantes no parecían preocupados por que Bush no supiese nada. En caso de que disfrutase de un cierto margen de error gracias al respeto por su padre, Clinton no estaba seguro de cuánto podría durar.

2. Sólo dos vicepresidentes han ganado las elecciones para suceder a presidentes de dos mandatos: Martin van Buren tras Andrew Jackson en 1836, y George Bush tras Ronald Reagan en 1988.

Clinton pasó a hacer comentarios diversos sobre las tendencias políticas que podían observarse. La polémica había sido un punto fuerte para los reaccionarios estadounidenses desde que acusaron a Thomas Jefferson de conspirar para acabar con la religión, propagar las orgías francesas, etcétera. Un año que había empezado con el *impeachment* iba a acabar con disturbios de izquierdas y derechas contra la cumbre de la Organización Mundial del Comercio en Seattle. Grupos itinerantes acusaban a la OMC de ser una cábala socialista y una fuente de explotación capitalista al mismo tiempo. Una vez impuesto el orden, Clinton había pronunciado discursos sobre las difíciles lecciones para el futuro. El progreso no perduraría por sí solo, dijo. Requería constantes decisiones inteligentes. Era de sentido común que un mundo cada vez más interdependiente necesitaba estructurar las finanzas y el comercio, pero los intercambios comerciales no sobrevivirían sólo gracias a expertos y a consejeros delegados. Era fundamental que el público confiase ampliamente en ello.

Clinton alabó la defensa incondicional por parte de Gore de las coaliciones interraciales. Eso también era un cambio a largo plazo. Los republicanos, especialmente en el sur, cosechaban votos como viejos segregacionistas en un partido presuntamente para blancos. Los demócratas no debían quedarse callados. A pesar de su inestabilidad en términos históricos, sus nuevas coaliciones indicaban la dirección que debían seguir los dos partidos. Según Clinton, los candidatos demócratas sólo se perjudicaban a sí mismos cuando minimizaban los derechos civiles o hablaban de ellos sin convicción. De todas maneras iban a perder el voto racial oculto.

Después grabamos comentarios sobre su viaje de diez días por países del Mediterráneo y de los Balcanes. Se había cerrado un acuerdo complejo para transportar petróleo desde Azerbaiyán. En Turquía, los Clinton se habían escapado para visitar a víctimas del terremoto que permanecían en tiendas de refugiados, lo cual había suscitado un debate cultural con dignatarios extranjeros que consideraban que ese ritual estadounidense era inútil y degradante. Describió un choque televisado en Estambul con un Yeltsin irascible. El presidente se había reunido con Chelsea en Atenas para ver el Partenón en una jornada de descanso. Hablamos con detalle sobre óptica y columnas dóricas de diámetro variable. Dijo que la seguridad griega se veía amenazada por anarquistas, fascistas y el último partido estalinista en activo de Europa. A sus dirigentes aún les hervía la sangre porque Truman había impedido que Grecia se convirtiese en un satélite soviético, se maravilló Clinton, y una parte mucho más importante de la población aún estaba molesta por el visto bueno estadounidense al golpe militar de 1967. Entre los momentos destacados estaba la muchedumbre cerca de la catedral de Alexander Nevski en Sofía, Bulgaria. Allí se veían cosas realmente antiguas, repetía sin cesar, como estructuras construidas para Filipo de Macedonia, padre de Alejandro Magno. Había saludado efusivamente a tropas estadounidenses y tropas de paz de la ONU hasta llegar a las bases italianas.

Cuando habló de Kosovo, en particular, transmitió la atmósfera que se respiraba en un patio de colegio embarrado, lleno de albaneses vitoreando, niños gritando, políticos serbios taciturnos y una minoría turca nerviosa. Se había hecho el silencio en cuanto el traductor transmitió su primera llamada a la reconciliación, y luego había pasado directamente a explicar las razones. Nadie podía obligarles a ello, pero se habían arriesgado muchas vidas para que tuviesen la oportunidad de hacerlo. Por desgracia, no eran la única población entremezclada del planeta. Les contó que se había sentado en una silla idéntica a la que tenía allí para oír a padres y madres contar cómo se habían despertado entre familiares asesinados a machetazos. Contó que en tres meses habían muerto 750.000 ruandeses sin que se disparase un solo tiro. En Israel, unos niños le habían enseñado fotos de amigos que habían volado por los aires en autobuses. En Irlanda del Norte, le había cantado una niña que se había quedado ciega y desfigurada por una bomba en un mercado de flores. El odio étnico era el peor problema del mundo, les anunció. Y la solución era siempre la misma. Él tenía ascendencia irlandesa. Cuando su gente acabase con el terror que les dividía, se preguntarían por qué no habían comenzado la dura labor de reconciliación décadas antes. A posteriori, Clinton estaba orgulloso de su arenga, pero reconoció que había causado ceños fruncidos y que los aplausos habían sido por cortesía.

Chelsea entró un momento en la diminuta cocina con dos amigos, uno de ellos un saltador de trampolín de Stanford, que estaban en casa por las vacaciones de diciembre. Pronunció un monólogo sobre el fenómeno de los alumnos universitarios aturdidos. Los estudiantes estresados se pasaban varias noches seguidas sin dormir hasta que llegaban a parecer zombis de risa fácil; en el caso de ella se manifestó una vez que encendió velas alrededor de su ordenador y éstas habían prendido fuego a las hojas de un trabajo, ante lo cual su aturullada reacción había consistido en agitar las hojas ardientes y alimentar las llamas hasta que incendiaron su colcha, entre otras cosas, y eso había sido sólo el principio. Entonces, su ordenador había decidido no imprimir la letra «i», algo ya de por sí significativo, y tuvo que escribirlas ella a mano antes de salir corriendo trabajo en mano para cumplir la fecha de entrega semestral, congelada, en chanclas y con una camiseta morada, y riéndose histéricamente cuando su tarjeta de estudiante no abrió la puerta del edificio de profesores porque no había devuelto a tiempo un libro de la biblioteca. La historia había tenido un final feliz, y el presidente respondió con sus recuerdos de un profesor de Religión de Georgetown que hacía exámenes orales en doce idiomas distintos.

Grabando de nuevo, el presidente apenas tocó el decimotercer tema de los dieciséis que tenía yo previstos para esa noche. De la gala para los galardones del Kennedy Center dijo sólo que Hillary se pensó que había muerto y llegado al cielo porque había estado sentada al lado de Sean Connery. Por el contrario, abordó el tema panameño con una fuerza sorprendente. No había aceptado la invitación a la reciente ceremonia con la que se restauraba la soberanía nacional sobre el canal de Panamá. Decían las malas lenguas que Clinton no quería compartir gloria o culpa con el autor del tratado, Jimmy Carter, y que lo que estaba buscando era un triunfo en Irlanda del Norte. Nada de eso era cierto. No tenía ningún problema con el tratado de Carter, ni unas elecciones por las que preocuparse. Había reservado fecha para un viaje a Siria, no a Irlanda, y estaba cansado tras sus catorce viajes al extranjero ese año. La que le había enfadado era Madeleine Albright. Le había dado órdenes a la secretaria de Estado de que representase al país en Panamá. Dijo que su extraña negativa, hecha pública por la prensa, había sido dañina para la política exterior estadounidense. Al presidente no le interesaban las excusas. Le había dejado muy claro que estaba furioso.

El año acabó con espías y terrorismo. El Departamento de Justicia, tras un debate furibundo entre las agencias de seguridad, había acusado al científico nuclear Wen Ho Lee de copiar en cincuenta y nueve ocasiones información secreta a su ordenador personal. Lee estaba siendo tratado como un acusado de espionaje nuclear —nada de fianza, ni de salir de la celda de aislamiento—, a pesar de que la larga y extensa investigación no había hallado pruebas de que le hubiera ofrecido esos secretos a China o a otros. El presidente contó que los expertos le estaban diciendo que los peores espías a veces guardaban su traición para un momento de mayor necesidad. Eso me pareció sospechoso. Clinton se encogió de hombros. Nada le hubiese gustado más que establecer que Lee era inocente.

Hablando de traiciones, me sobresaltó con Pakistán. «Musharraf quiere matar a Sharif —me anunció—. Creo que ése es su objetivo.» Si el primer ministro había tenido miedo de su ejército, ahora el general en ascenso planeaba su venganza. Clinton estaba organizando un esfuerzo conjunto para convencer a Musharraf de que no hiciese más pruebas nucleares y de que no matase a Sharif. En caso de cumplir esas dos condiciones, Estados Unidos podría echarle una mano a su Gobierno. «No sé si funcionará.» Suspiró. Al acabar, ya sin grabadora, me ordenó que pusiera al terrorista saudí Osama bin Laden en la lista para la próxima vez. Musharraf había detenido a uno de sus lugartenientes cerca de la frontera con Afganistán, dijo, y le iba a enviar a Jordania para ser interrogado. Los servicios de inteligencia habían avisado que Bin Laden estaba planeando ataques contra objetivos estadounidenses en Jordania durante el cambio de milenio, durante el ramadán.

36

A NUEVO HAMPSHIRE

Lunes, 24 de enero de 2000

Martes, 15 de febrero de 2000

Martes, 14 de marzo de 2000

En enero el presidente estaba tomándose un bol de avena cuando llegué. Contó que Bob Squier, el asesor de campaña, no se había hecho una colonoscopia en la vida. Le habían diagnosticado un cáncer seis meses antes, y se había muerto ese día a los sesenta y cinco años. El fin llega rápido si no lo pillas pronto. «Siempre tomo avena cuando un amigo se muere de cáncer de colon», dijo Clinton. Su tono mordaz pinceló también una historia sobre las celebraciones del cambio de milenio en Nochevieja. Más tarde recordaría las predicciones sobre el ciberespacio y el genoma humano, además de las redes Y2K, después del paso sin incidentes de los ordenadores del mundo al año 2000. En ese momento se rió al recordar que estuvo sentado en una cena de gala entre las actrices Sofia Loren y Elizabeth Taylor, a las que no había conocido antes. Repitió las primeras palabras de Taylor tras saludarla con un simple «Hola». «¿Ya le ha mirado las tetas?», había preguntado. Sorprendido, había dicho que no. La réplica fue una mirada de abrasadora incredulidad, que seguramente procedía de su papel de Cleopatra, hasta que Clinton reconoció que se había fijado en el escotado vestido de la Loren en un momento anterior de la velada. «Así me gusta», dijo Taylor presentándose.

Trabajamos otra vez en la cocina del piso de arriba, y rápidamente se pudo entrever un cambio en su perspectiva general. El presidente hizo gala de un optimismo renovado y valiente con respecto al programa nacional, pero le frustraba la marcha de algunas de sus misiones de paz cuidadosamente organizadas. Estaba especialmente consternado por las negociaciones entre Siria e Israel en la cumbre de Shepherdstown, en Virginia Occidental, que se encontraban en un paréntesis. «El momento político no cuadra con la ventana diplomática», dijo. El primer ministro Barak había pronunciado un discurso conmovedor sobre el histórico momento, citando a Rabin, y la delegación siria había sorprendido a todo el mundo «al enseñar un poco de carne», como dijo Clinton. El ministro sirio de Asuntos Exteriores, Shara, como muestra de buena voluntad, había ofrecido tres cambios importantes en la postura siria, generalmente inamovible. Primero, había ofrecido a Israel una franja de propiedad de diez metros alrededor del lago Tiberiades (el mar de Galilea). Era menos de lo que quería Israel, pero Siria nunca había cedido en su reivindicación del lago, que era una pieza crucial en el complejo puzle de los derechos sobre el agua. Segundo, Shara había aumentado de seis a dieciocho meses el periodo de gracia concedido para retirar los asentamientos israelíes del territorio que pasaba a ser de Siria (Israel quería cinco años.) Tercero, Shara había dicho que Siria permitiría la presencia de tropas estadounidenses y francesas en los Altos del Golán, si esto parecía bien, como amortiguador ante posibles ataques sorpresa de ambos bandos.

El primer ministro Barak había respondido con una repetición de su discurso inaugural. Tras tres o cuatro pasajes, dijo Clinton, los sirios se habían enfurecido y los estadounidenses recorrían los pasillos para averiguar qué había salido mal. Barak reconoció que se estaba viendo obligado a perder tiempo. Demasiados israelíes pensaban que estaba «vendiendo la cubertería buena». Tenía ganas de negociar partiendo de los términos presentados por los sirios, pero necesitaba tiempo para apuntalar su coalición de Gobierno. Sus problemas nacían sobre todo de los partidos políticos religiosos y de los inmigrantes, cuya importancia en Israel iba en aumento. Muchos inmigrantes judíos procedentes de la enorme Unión Soviética no podían imaginar cómo su nuevo y diminuto Estado podía ceder tierras, aunque fuesen conquistadas. El líder político Natan Sharanski había despreciado las preguntas de Sandy Berger sobre por qué aceptaba lecciones de un sistema que le había encerrado en un gulag. «Sigo siendo ruso —había dicho Sharanski—, y los rusos nunca devuelven un territorio. No le hemos devuelto ni las islas Kuriles a Japón.»[1]

---

1. Desde mediados del siglo XIX, Japón y Rusia se disputan cuatro de las diminutas islas Kuriles, en el mar de Ojotsk. La Unión Soviética se apoderó de ellas durante la Segunda Guerra Mundial.

Clinton refunfuñó. De haber sabido de antemano la retirada de Barak, dijo, podríamos haber preparado a los sirios. Tal como estaban las cosas, se les había engañado. Además, no podían comprender por qué los delegados israelíes discutían entre sí, incluso sobre los detalles de la postura superficial de Barak. El presidente señaló que los sirios vivían en un mundo insular. Rara vez había discrepancias. La prensa había filtrado que Israel estaba ignorando gestos amistosos de Asad. Los sirios se habían sentido menospreciados. Asad había sacado de la agenda de Shepherdstown el tema de su Estado satélite, Líbano, lo cual había molestado a los israelíes porque los cohetes de Hezbolá procedían de bases libanesas. Durante una pausa, las llamadas presidenciales eran cada vez más tensas, incluida una a Asad desde la nueva y futura casa de Clinton en Chappaqua, Nueva York. El dictador había dicho que seguía queriendo un legado de paz para modernizar Siria, pero su voz se rompía. Le estaba costando superar el enfado. Clinton le contestó que estaba trabajando en dos frentes para recuperar el momento perdido. Barak y él habían hablado dos veces ese día.

El presidente estudió las precarias esperanzas en otras partes del mundo. La mala salud de Yeltsin le había obligado a ceder la presidencia en beneficio de su primer ministro, Vladimir Putin. El frágil plan de Yeltsin consistía en que Putin madurase hasta ser un líder elegido respetable, partiendo de su demostrada habilidad para lidiar con el tenebroso submundo de la política rusa. Hasta el momento, Putin había aumentado su popularidad al aplastar la rebelión chechena con escasas bajas rusas. Clinton dijo que la capital chechena, Grozni, parecía Stalingrado tras los combates de la Segunda Guerra Mundial. Mientras tanto, su amigo Helmut Kohl, artífice de la reunificación alemana y de la Unión Europea, no sólo había perdido el poder, sino que estaba siendo investigado por corrupción personal. Desde Irlanda del Norte, Gerry Adams acababa de visitar a Clinton para avisarle de que el nuevo Gobierno de unidad podría venirse abajo por las demandas de incumplimiento de ambos bandos. Finalmente, al recordar su deseo de hablar de Osama bin Laden, el presidente estableció un nexo entre dos acontecimientos que no presagiaban nada bueno. Nuestros expertos, explicó, estaban convencidos de que un argelino arrestado poco antes en Seattle con material para fabricar una bomba era un discípulo de Bin Laden, lo cual indicaba que Bin Laden estaba «metido en algo» relacionado con Estados Unidos. E India afirmaba que Pakistán estaba detrás del espectacular secuestro en Nochebuena de un avión indio que había sido desviado a Kandahar, Afganistán. India sólo había conseguido sacar con vida a los 155 rehenes después de entregar a tres combatientes de Cachemira que se habían escapado con los secuestradores al laboratorio de la yihad terrorista que Bin Laden había proclamado en Afganistán. Había pruebas poco fiables que situaban al Gobierno pakistaní de Musharraf tanto a favor como en contra de Bin Laden.

El humor de Clinton mejoró al hablar de cuestiones nacionales. Contó que había estado haciendo pruebas de audiencia para su último discurso del Estado de la Unión del jueves, que pronunciaría sólo tres días más tarde. Reiteré mi petición de que estableciese metas visionarias, el equivalente al objetivo de llevar astronautas a la Luna. Un Clinton animado dijo que estaba en ello. Mencionó el logro de una cura para el cáncer gracias a la investigación genética, pero también se mostró cauto. La acogida de las propuestas audaces dependía del humor de la opinión pública, no sólo de la calidad y la presentación. Ningún presidente, especialmente en su último año, podía igualar el impacto del discurso sobre la Luna de Kennedy. Estábamos en una fase poco receptiva. Para ilustrarlo, mencionó su reciente iniciativa para eliminar antes de 2009 la prioridad otorgada a todoterrenos y camiones ligeros en los controles de emisiones. Esa declaración presidencial, que podía tener repercusiones enormes sobre la contaminación, el calentamiento global y la dependencia del petróleo extranjero, apenas se había mencionado en una de las últimas páginas de *The New York Times*. Igualmente, la concesión de la Medalla de Oro del Congreso a los Nueve de Little Rock —entregada por un Congreso radicalmente republicano, anunciada por el habitualmente monosilábico Dennis Hastert con una facilidad difícilmente imaginable cuando estos pioneros educativos habían roto la barrera del color— no había tenido más que una reseña en la página de sociedad de *The Washington Post*. Nuestra cultura mediática, dijo el presidente, a veces mezclaba chismorreos y noticias.

Comentó que la escena política estaba a un paso del desastre. Requería adaptación. Había aprendido a negociar con republicanos impacientes, por ejemplo. Así había conseguido colar 100.000 profesores nuevos, multiplicar por dos los fondos destinados al cuidado de niños tras el horario escolar, y se había deshecho de varias odiosas cláusulas adicionales sobre el medio ambiente. A Clinton a menudo le parecía buena idea dividir en sus discursos los grandes objetivos en partes más asumibles. Los dividendos políticos justificaban todo el esfuerzo añadido. El presidente estaba acumulando ideas razonables y llenas de energía para hacer imposible, o que le saliera muy cara, la declaración del senador Lott de que el Congreso no aprobaría nada importante durante todo el año 2000, año de elecciones. De hecho, Clinton abrevió nuestra sesión de enero para trabajar hasta tarde sobre su discurso del Estado de la Unión. Los redactores estaban revisándolo sin parar, y Tommy Caplan se quedó toda la noche para hacer sugerencias sobre los términos usados.

Semanas más tarde, el 15 de febrero, mis preguntas reavivaron su emoción. Pronunciar el discurso sobre el Estado de la Unión era un arte, y ése había sido fantástico. El texto había sido más corto que en años anteriores, pero el discurso ante la Cámara de Representantes había sido el más largo por ocho minutos de diferencia. El presidente, desde luego, no tenía prisa por acabar con su larga lista de éxitos. Los índices de criminalidad y embarazos adolescentes llevaban bajando siete años seguidos. Se habían creado 20 millones de puestos de trabajo. Se habían desarticulado 5.000 armas atómicas rusas. La necesidad de asistencia social se había reducido a la mitad. Un 30 % más de adopciones. Iniciativas activas de paz de Bosnia a Belfast, de Jerusalén a Timor Oriental. El número de empleados federales más bajo desde 1959. Al hacer estas declaraciones, dijo el presidente, se había tomado su tiempo cada vez que las pantallas de televisión mostraban a los republicanos reunidos que se veían obligados a aplaudir en pie. Muchos de ellos no parecían muy alegres por las buenas noticias. «No pueden evitarlo», remató. Y acto seguido había acabado con cualquier insinuación de que se iba a quedar de brazos cruzados al final de su presidencia anunciando nada menos que sesenta iniciativas: todas ellas precisas, algunas controvertidas, la mayoría de ellas, recibida con aplausos sostenidos. Mayor cobertura sanitaria para niños y mayores. Una ley sensata de tenencia de armas. Recortes fiscales para las universidades y aumentos para el tabaco. Investigación dedicada al genoma humano, las células madre, la miniaturización y los biocombustibles que permitiesen un consumo de 0,5 litros por cada 100 kilómetros. Toda la inversión pública estaba presupuestada para conservar y aumentar los nuevos e históricos superávits. Según los cálculos más conservadores, a ese ritmo histórico se pagarían los 5 billones de dólares de deuda nacional en 2013.

Como de costumbre, sus detractores habían sido más negativos que los votantes. Los progresistas más a la izquierda criticaron su discurso por ser, según ellos, una simple lista de «la economía según Calvin Coolidge». Los conservadores advirtieron a los republicanos del Congreso que no se deja-

sen engañar por los superávits presupuestarios, y el columnista conservador Robert Novak escribió de forma histérica que Clinton estaba más a la
izquierda que Lyndon Johnson. El presidente se rió y supuso que algo debía de estar haciendo bien. Intentaría tranquilizar a la izquierda con pane-
les explicativos, señalando, por ejemplo, que si se agrupaban varias de sus
propuestas, se contribuiría en gran medida a acabar con la pobreza infantil en Estados Unidos. En general iba a buscar victorias más pequeñas en
el Congreso, porque era plenamente consciente de que las campañas electorales se impondrían a su programa. En cierta medida, ya estaba calcu-
lando el tiempo que le quedaba.

Se vanaglorió de su predicción de que McCain le ganaría por sorpresa
a Bush en las primarias de Nuevo Hampshire. Bush no le había dedicado
al estado ni de lejos el tiempo que requería, lo cual significaba que estaba
dando por descontada a la gente equivocada. Los votantes de Nuevo
Hampshire se creen todos senadores, dijo Clinton, y todos esperan que se
les corteje. Además Bush había agravado su error al enviar a sus padres a
hacer campaña por él. Papá Bush era un símbolo devastador para Nuevo
Hampshire de la recesión de 1991-1992, y los votantes locales tenían muy
buena memoria. «A muchos de ellos no les gusto —reconoció el presidente—, pero a pesar de eso me votaron porque pensaban que mis políticas
funcionarían.» Bush había hecho todo lo posible por perder, pero podía
recuperarse ese fin de semana en Carolina del Sur. Clinton dijo que ese
estado era «borreguil» y de los republicanos, en el extremo opuesto del
espectro político respecto a Nuevo Hampshire. Bush ganaría si McCain
no conseguía que votase una cifra récord de independientes.

Me preguntó a qué republicano le resultaría más fácil ganarle a Gore.
Contesté que seguramente a Bush, por razones ciertamente superficiales.
Pensaba que, aunque su sonrisa fuese terrorífica, Bush contaría con el
apoyo de un partido unido, mientras que los líderes republicanos no apoyarían a McCain más que a regañadientes. Clinton sonrió. Lo mismo les
había pasado con Teddy Roosevelt, recordó, pero no tuvieron problemas
en seguirle. McCain era mucho menos reformador que Roosevelt. Era un
hombre de derechas con un toque inconformista. En el lado demócrata,
Clinton alabó a Gore por restablecer su campaña en Nashville a finales de
1999. Partiendo con una gran desventaja en las encuestas, Gore se había
recuperado rápidamente para derrotar a Bill Bradley por un margen casi de
dos a uno en los caucus de Iowa. Tras lo cual, cuando Bradley ya se había
dejado llevar por el pánico y se había arrastrado en la campaña de Nuevo

Hampshire, Gore había decidido no rebajarse y le había ignorado. Eso seguramente le había costado la mitad de su ventaja de diez puntos, dijo Clinton con un tono algo crítico, pero a pesar de eso Gore había ganado en un estado hecho a medida para Bradley. El presidente pensaba que Gore prácticamente tenía ganada la candidatura, aunque Bradley tenía pensado gastarse 10 millones de dólares en California y Nueva York. Desde que había perdido en Nuevo Hampshire el 1 de febrero, Bradley parecía haber desconectado y perdido el rumbo. Ni siquiera vestía bien, sentenció Clinton.

Gore, por su parte, podría seguir su rumbo hacia las elecciones presidenciales con un solo escollo en el horizonte. Elián González, un niño cubano de seis años, había sobrevivido al naufragio en el que había perecido su madre mientras intentaba llegar a Miami. Su destino se había convertido en un culebrón nacional en la que se enfrentaban política y familia; por una parte estaban sus familiares de Florida, empeñados en quedarse con el niño, y por otra su padre, que exigía que se devolviese al niño a su casa en Cuba. Clinton describió el caso como una pesadilla política. Las leyes de inmigración, razonablemente, le daban más peso a las exigencias del padre superviviente, pero Elián era un trofeo político. Tanto Bush como Gore habían evitado tomar una posición clara, en busca del apoyo de los cubano-estadounidenses pero sin llegar a establecer un precedente que separase a familias de otros países. A pesar de eso, formar parte del Gobierno perjudicaba a Gore. Si, al final, los tribunales estadounidenses ordenaban que se enviase a Elián de vuelta con su padre a Cuba, predijo Clinton, Gore saldría peor parado de cara a los votantes cubano-estadounidenses indecisos de los cruciales estados de Nueva Jersey y Florida.

Estábamos grabando en la sala de estar familiar, con el partido de baloncesto entre Arkansas y Florida de fondo y sin volumen en la televisión, y Clinton de vez en cuando les daba un grito a los jugadores por fallar bandejas. El presidente parecía distraído, con varías cosas en mente a la vez. Saltamos más rápidamente de lo normal de unos temas a otros. Aunque pareciera increíble, dijo, el paro estaba bajando por toda la gente que teníamos en la cárcel, 2 millones de personas. Tony Blair se había visto obligado a restablecer el control británico sobre Irlanda del Norte el viernes anterior, el 11 de febrero, pero Clinton no parecía preocupado. Se restauraría el autogobierno a pesar de los problemas iniciales, y hablar de «construcción nacional» era ilusorio porque hacían falta décadas para forjar unas instituciones nuevas estables. Finalmente, le pregunté si se sentía solo esos días en la Casa Blanca, con una agenda menos apretada y Hillary fuera tanto tiempo. No, respondió. Leía más y no estaba triste ni aburrido. Estaba saboreando su último año. «Lo único que lamento es tener que dormir tanto —dijo el presidente—, me gustaría pasarme el día despierto.»

Mientras recogía mis cosas, le dije que sus secretarias me habían estado enviando copias de memorándums y de artículos en los que se hacían previsiones sobre su legado. ¿Tenía que hacer algo con ellos? Piensa sólo en la biblioteca y en las memorias, me respondió. Llevábamos meses hablando de ello. Le conté que había incluso una historia sobre su afición por *Solo ante el peligro*, que debía de estar relacionada con una foto de estudio que andaba por ahí de Grace Kelly con Gary Cooper. Se rió. Eso era un tesoro del productor, Stanley Kramer. El presidente recordaba la película de 1952, cuando los dos andábamos a gatas e ir al cine costaba diez centavos. *Solo ante el peligro* seguía siendo su preferida. Convertido en fan de la película, Clinton contó chismorreos sobre romances en el plató e intrigas hollywoodienses, incluida la mala opinión de John Wayne sobre el mensaje político subliminal de la película. Pasó a la controversia sobre *Tres reyes*, una película contemporánea protagonizada por George Clooney. Relacioné *Solo ante el peligro* con una de mis películas preferidas, *El rostro impenetrable*, mediante la actriz Katy Jurado, coprotagonista en ambas.

De repente Clinton se puso serio. Cuando esos siete años de crecimiento económico habían superado el récord anterior, de los años sesenta, muchos comentaristas y algunos historiadores habían dicho que Estados Unidos se había amargado tras el asesinato de Kennedy en 1963. Eso no es cierto, objetó. Nos habían roto el corazón, pero seguíamos siendo optimistas. Aprobamos la Ley de Derechos Civiles en 1964, y la mayoría de la gente pensaba que estábamos haciendo lo correcto en Vietnam. Dos años más tarde, el país sufría disturbios raciales y tenía 300.000 soldados en Vietnam. Dos años después, cuando él estaba a punto de acabar la universidad, teníamos 500.000 soldados luchando en Vietnam y Martin Luther King y Bobby Kennedy fueron asesinados. Eso fue en 1968. El país estaba partido en dos, y así hemos estado desde entonces.

Dijo que nos habían hecho falta casi treinta y cinco años para empezar a sanar. Reconstruimos la oportunidad de enfrentarnos a nuestros problemas, invertir y actuar con confianza en el mundo. «No quiero desperdiciar esta oportunidad —declaró el presidente—, porque la última vez las cosas empezaron a ir mal justo cuando lo habíamos logrado.»

La sesión del 14 de marzo fue conmovedora y dura para los dos. El presidente Clinton me recibió hambriento en la cocinita a las diez, retrasado por una reunión en China, y preocupado por su viaje a India de la semana siguiente. Yo llegué casi directo de Alabama, moreno, satisfecho y magullado tras una caminata de una semana y 87 kilómetros desde Selma hasta Montgomery, con *souvenirs* y recuerdos a cuestas. La portada del *Montgomery Advertiser* mostraba a toda plana a Clinton cruzando el puente Edmund Pettus de Selma en el trigésimo quinto aniversario de las manifestaciones por el derecho al voto de los negros en el Domingo Sangriento, con un titular gigantesco en el que se citaban sus palabras: «CLINTON: "Another bridge to cross"» [«CLINTON: "Otro puente que cruzar"»]. Él no había visto esa edición de coleccionista, porque se había ido antes en el *Air Force One*. Le había saludado desde la muchedumbre y me había quedado con un grupo que estaba reproduciendo la histórica marcha a través del campo y de los pantanos hasta Montgomery. Quedaban unos pocos y duros supervivientes de la marcha original, además de una pareja blanca de California, varios tamborileros budistas y dos autobuses llenos de enérgicos estudiantes de la Escuela Universitaria de Spelman, de Atlanta, y del instituto Renaissance, de Detroit. Cantamos, meditamos y organizamos seminarios al borde de la carretera. Nos escoltaba un lúgubre cuerpo de policías estatales. Nos enfrentamos a ellos en broma como anacronismo ceremonial, pero el comandante nos recordó que habíamos recibido amenazas.

Para mí fue una peregrinación de aprendizaje. Entre las lecciones que aprendí está que andar 87 kilómetros es mucho. Estaba empezando mi último libro sobre la era de King, con una narración de sus vicisitudes en 1965: tres intentos de cruzar el puente Pettus, tres mártires, tres semanas hasta Montgomery, a lo cual había respondido el presidente Johnson con su defensa de la Ley del Derecho al Voto, y discutí con Clinton sobre algunas cosas que se me habían ocurrido en el camino sobre sus memorias. En Selma, un movimiento ciudadano y la política nacional habían llegado a una síntesis imperfecta, creando una fuerza que en 1968 se había visto obstruida por las reacciones negativas de todos los bandos. Desde entonces, los argumentos partidistas ocultaban un escepticismo compartido por la izquierda y la derecha. Restaurar esa sensación de determinación nacional era una tarea formidable. Clinton hacía bien en inspirarse en un activista transformador como Theodore Roosevelt, que había sacado la política estadounidense del estancamiento en la Edad de Oro. Hablamos de paralelismos y de diferencias. ¿Cuánto se parecía Clinton a Teddy Roosevelt? No todas las comparaciones le reconfortaban.

Se puso a hablar de las nominaciones presidenciales. Como había predicho, Bush le había ganado a McCain en Carolina del Sur el 19 de febrero, sonriendo de cara a la galería mientras sus sicarios políticos jugaban sucio y duro. Habían acusado a McCain de tener un hijo negro y de traicionar a los demás prisioneros de guerra en Vietnam. McCain no había logrado articular una respuesta y había defendido mal los temas en los que era más fuerte. Había reducido su defensa de la reforma de las normas de campaña a una aburrida cuestión académica y había dejado a Bush sin oponente. McCain tenía que haber avisado a los republicanos de base de Carolina del Sur de que Bush había amasado fondos de donantes corporativos prometiendo a los estadounidenses más ricos unos rendimientos diez veces mayores a través de los enormes recortes fiscales que proponía. McCain había atacado a los evangelistas Pat Robertson y Jerry Falwell en el último minuto. Si vas a hacer eso, recomendó Clinton, hazlo pronto, como una cuestión de principios sobre dónde quieres centrar a tu partido. A McCain le había salido el tiro por la culata y había quedado como un resentido por el apoyo que le habían dado a Bush.

McCain había cometido su peor error la noche que perdió Carolina del Sur. En vez de pasar página con un estado típicamente favorable a Bush, y aprender de lo que había pasado, se había comprometido en tono beato a evitar todos los anuncios negativos. Y ¡zas!, dijo Clinton, el alcalde de Nueva York, Rudy Giuliani, y varios otros secuaces de Bush le habían saltado a la yugular expuesta, nada más y nada menos que con un tema como el cáncer de mama. Aparecieron anuncios de Bush en los que se decía que McCain se oponía a la investigación del cáncer de mama por su falta de sensibilidad hacia las mujeres. Era una distorsión tremenda. McCain había votado en contra de una ley repleta de gastos partidistas. Clinton conocía la ley. Casi todos los fondos destinados para luchar contra el cáncer de mama estaban en el presupuesto de los institutos nacionales de salud, pero el presidente había intentado canalizar más dinero a través del Pentágono. McCain, como héroe de guerra que era, había tenido la fuerza moral de oponerse al presupuesto de defensa por el enorme gasto que implicaba. La diminuta partida destinada al cáncer de mama era irrelevante. La propia hermana de McCain tenía cáncer de mama, y él había apoyado constantemente la investigación contra el cáncer. Pero McCain se había quedado desarmado y había dejado que Bush le robase su ventaja decisiva con las mujeres en un estado detrás de otro. Clinton señaló que McCain tenía que haber reaccionado inmediatamente. Debería haber presentado a los votantes una opción clara. Ése es mi historial. ¿Puede acaso una lectura objetiva justificar estos ataques a traición? ¿Pueden confiar en el Gobierno de un hombre que hace estas declaraciones? «Yo le hubiese colgado a Bush ese sambenito», dijo el presidente.

Clinton movió la cabeza, incrédulo y divertido. Tanto Bush como McCain le odiaban. No pretendía defender a ninguno de los dos, pero pensaba objetivamente que el comportamiento de ambos lo dejaba todo claro. Esos dos republicanos eran candidatos opuestos. A Bush le faltaban méritos para ser presidente, opinó Clinton, pero tenía una astucia innata para hacer campaña. McCain quizá sería un buen presidente, pero no tenía ni idea de cómo dirigir una candidatura. En el lado demócrata, Clinton pensaba que Bradley había aguantado justo lo suficiente para ayudar a Gore a ser mejor candidato.

Le pregunté si temía que hubiese problemas por lo pronto que habían terminado ambos procesos de nominación, cinco meses antes de la campaña en otoño. Sí, me confirmó. Ya se oían ecos de los escándalos más olvidados. Ken Starr había dimitido por fin, tras cinco años, pero su sucesor, Robert Ray, mantenía congeladas las investigaciones dispersas sobre el caso Whitewater, sin resolverlas. ¿Sabía que Louis Freeh le había concedido una distinción del FBI al fiscal especial del caso Henry Cisneros, que había sido una farsa de juicio? «Como empiece con eso...», dijo el presidente. Freeh había conspirado con los diversos fiscales especiales, que a su vez eran puntos de apoyo del partido republicano, incluso cuando no estaba Starr. Clinton pensaba que los ideólogos fervientes de la fiscalía le acusarían de alguna cosa en cuanto dejara el cargo, y a Hillary también, simplemente para impedir cualquier iniciativa nacional, sobre todo si Gore ganaba las elecciones en noviembre. Era todo politiqueo. Calculaba que no había ninguna posibilidad de que le condenasen, pero el mero cálculo parecía defensivo.

Hablamos de armas. Ese mes, la prensa había mostrado un interés esporádico por el control de armas, al acercarse el primer aniversario de la matanza en el instituto Columbine. Cada día morían por heridas de bala una docena de niños. Dos semanas antes, un niño de seis años de Michigan había matado a tiros a Kayla Rolland, una compañera de clase de primer curso de primaria. El escándalo consiguiente había permitido que Clinton convocase una cumbre privada sobre legislación de tenencia de armas, que llevaba ocho meses encallada por las ligeras diferencias entre la versión de la Cámara de Representantes y la del Senado. El presidente de la comisión judicial de la Cámara, Henry Hyde, el azote de Clinton durante el *impeachment*, se había mostrado muy dispuesto a examinar acuerdos sobre medidas de sentido común como los seguros para gatillos. El senador Orrin Hatch se había negado. Como no iba a llevar adelante ley alguna, el único efecto de una conferencia legislativa sería crear mala prensa para los republicanos. A Hatch, por lo tanto, le convenía no participar, y había acabado con la ley en su calidad de presidente de la comisión judicial del Senado. Así, según Clinton, Hatch conservaba su «verdadero poder» sobre los senadores republicanos, que residía en el mercadeo en la confirmación de jueces. El control de las armas, mientras tanto, pasaría a ser una mera cuestión de campaña en los distritos designados por la NRA. El jefe de su lobby había acusado a Clinton de agradecer «cierto nivel de matanzas para hacer avanzar su programa político». Clinton dijo que la NRA volvía a estar en pie de guerra.

Hillary llamó desde Nueva York. Por lo que le oí a él, se dieron las últimas noticias de su primer mes de campaña oficial por el Senado. En las encuestas que había visto Clinton ese día, había subido el porcentaje de personas que estaban a favor de ella. Podría avanzar si insistía en los temas que consideraba importantes y no se cansaba demasiado. Cuatro horas diarias de llamadas seguramente fuese demasiado. Para aclarar su horario, tenía que averiguar si era mejor descansar por la mañana o a última hora de la tarde. Sí, había hablado con Chelsea sobre su trabajo sobre Sartre y el existencialismo, que era difícil de entender. Chelsea estaba preocupada por un examen. A veces tenían que acordarse de que, bajo su capa de madurez, seguía siendo su niña. Sí, alterada. Ya hablando de su día, contó que seguía luchando por el acuerdo de comercio con China, y habló de su larga conversación con Tony Blair sobre Irlanda del Norte y la violencia en Kosovo. «Bueno, no es tan grave —dijo Clinton—. Se nos ocurrieron algunas ideas.» Le contó a Hillary que yo había traído una edición de coleccionista del periódico de Alabama. Me pidió que lo sujetase mientras describía las fotos y la maquetación. Se lo entregué. Ahí estaba él con Coretta King y John Lewis, y con la mujer de John, Lillian.

Habían publicado su discurso íntegro. «Sabes, fue muy importante para mí ese día —le confesó a Hillary—. A veces pienso que compensa toda la mierda que hemos aguantado durante años. Sólo por eso. Por ese día en Selma.»

Nos pusimos a trabajar otra vez. Clinton pensaba que Alan Greenspan, presidente de la Reserva Federal, había «toqueteado» en exceso los tipos de interés. Clinton estaba intentando que el precio del petróleo bajase de los 34 dólares el barril. Me paró a mitad de mi lista. Había otra cosa que quería grabar antes de desfallecer. El Servicio Secreto no quería que visitase India, dijo Clinton, y todos los servicios de seguridad estaban rotundamente en contra de hacer paradas en Pakistán y Bangladesh; «volviéndose majaras» fue la expresión que usó. Según los datos de los que disponían, Osama bin Laden podía estar reinstalándose en Bangladesh, lo cual indicaba que tenía contactos de alto nivel en su Gobierno, y ya sabíamos que Bin Laden cooperaba con algunos miembros de las fuerzas armadas pakistaníes. Los de seguridad no podían garantizar un margen razonable de seguridad para Clinton. Explicó por qué, por primera vez, había ignorado sus advertencias.

Nuestra política exterior en el sur de Asia seguía adoleciendo de los mismos desequilibrios que durante la Guerra Fría, cuando nos habíamos alejado de India y nos habíamos acercado a Pakistán para compensar la alianza defensiva entre India y la Unión Soviética contra China. Esa postura ya no tenía sentido. India era la mayor democracia del mundo, con la clase media más numerosa. Y lo que era mucho más urgente, Clinton dijo que sus expertos aún creían que podría haber otra guerra entre India y Pakistán por Cachemira. Las posturas irracionales y los odios mutuos, con armas nucleares en ambos bandos, hacían de éste el lugar más peligroso del mundo. El presidente explicó que tenía la obligación de impedir una guerra, si estaba en sus manos. Debía ir rápido para equilibrar nuestras relaciones antes de que hubiese otra crisis. No podía visitar a uno de esos rivales inestables sin visitar al otro. Un sector del Departamento de Estado se oponía a la parada en Pakistán porque podría dar a entender que se apoyaba el golpe de Estado de Musharraf, pero Clinton respondió que rechazaba la estrategia violenta. Ya estábamos muy involucrados. Los pakistaníes sabían que no apoyábamos su golpe. Clinton estaba presionando mucho a Musharraf para que mantuviera vivo al ex primer ministro Sharif en prisión. Tres asesinos misteriosos habían abatido a tiros al abogado de Sharif el viernes anterior en su oficina.

El *Air Force One* disponía de una defensa formidable a grandes alturas y velocidades, dijo el presidente, pero el avión era un objetivo grande, gordo y lento al despegar y al aterrizar. Nuestra gente se encargaría de dejar vacía una zona de evacuación a ambos lados de la pista de aterrizaje en Pakistán y Bangladesh, pero quizá no era suficiente protección contra un misil disparado desde el hombro. Estábamos desarrollando más trucos y sorpresas. Aun así, tenía que reconocer algo que nosotros no aceptábamos: que la política en el sur de Asia era un juego en el que los líderes se jugaban el pellejo. En India, habían sido asesinados, entre otros, Indira y Rajiv Gandhi. En Pakistán, el general Zia había depuesto y colgado al padre de Benazir Bhutto, que fue el primer ministro democráticamente elegido, antes de ser asesinado a su vez en 1988.[2] Allí no se andaban con tonterías, dijo Clinton. Aquí se había visto inmerso en muchedumbres sin miedo alguno incluso durante alertas de seguridad, pero eso daba que pensar. Nunca se había preocupado por algo así. «Espero estar aquí sentado contigo dentro de un mes», concluyó el presidente.

Se mostraba más pesimista que emocionado. Mientras rebobinaba las cintas, le di una copia del discurso de dos minutos que yo había pronunciado en Montgomery al final de nuestra marcha, unos días antes, desde el viejo púlpito del doctor King en la avenida Dexter. No se lo había enseñado a nadie salvo a Christy. Para mi sorpresa, se leyó mis palabras línea a línea, con entusiasmo. Teníamos muchas cosas en común por ser los dos blancos y sureños de esa era. Nos abrazamos y cruzamos juntos el pasillo para guardar las cintas de ese día en su escondrijo, el cajón de los calcetines de su armario. Me contó que las mejores frases de Selma eran del escritor de discursos Terry Edmonds, incluido el estribillo sobre el «puente que cruzar». Le dije que Terry había usado una de las citas del doctor King que yo había sugerido.[3] Terry era bueno, pero reconocí haber sido inusualmente directo con él sobre la mala calidad del borrador para la Junta Asesora sobre la Raza. Esperaba no haberle ofendido. Era algo demasiado importante para ser malo.

2. Benazir Bhutto se convirtió en la primera mujer que accedió al puesto de primera ministra en Pakistán en 1988. Tras ser elegida dos veces y expulsada del país, acusada de corrupción, volvió a Pakistán después de que el presidente Musharraf le concediese una amnistía en octubre de 2007. Fue asesinada dos meses más tarde, durante su campaña para acceder de nuevo a la presidencia del Gobierno.

3. «Una de las paradojas irónicas de la historia —dijo King en 1962— es que, cuando los negros culminen su lucha por la libertad, aquellos que los oprimieron serán a su vez libres por primera vez.»

Cerré el cajón, tras revisar compulsivamente las cajas de los dos juegos completos de cintas. La noche me había descolocado. Clinton me dijo que no me preocupase por Terry. La mayoría de la gente estaba de acuerdo en que el borrador del informe sobre relaciones raciales era un desastre, y Terry apenas había participado en su redacción. El presidente se iba a llevar el documento a Asia. Me dijo: «Voy a reescribirlo yo mismo en Bangladesh».

37

CAMP DAVID

Jueves, 4 de mayo de 2000

Viernes, 14 de julio de 2000

Un mayordomo nos llevó a mí y a cuatro pastillas de analgésico hasta el presidente Clinton, que no se sentía bien tras pasar un largo día caluroso defendiendo las escuelas públicas experimentales en Minnesota. Cuando llegó a la presidencia, sólo había una escuela de ese tipo en todo el país; ahora había casi 2.000. Estaba en el solárium, acabando una cena tardía y una partida de UpWords, el Scrabble tridimensional, con Hugh Rodham. También estaban viendo la retransmisión del partido de los *playoffs* de la NBA entre los Pacers de Indiana y los Bucks de Milwaukee, discutían sobre si Arkansas iba a fichar a un jugador de instituto de más de dos metros, y consultaban ocasionalmente en un pesado diccionario las palabras dudosas del UpWords. Mientras Rodham se inclinaba sobre el laberíntico tablero de letras apiladas, frunciendo el ceño, con su camiseta de tirantes, el presidente le hacía sugerencias. Jugaban a una variante zen, explicó, en la que se le daba más importancia a la puntuación total que a la competición individual. Los 1.100 puntos combinados de esa noche se quedaron a 200 de su récord absoluto. Decliné las invitaciones para ir a por el récord a tres bandas, y Clinton y yo nos fuimos a trabajar a la sala de estar del tercer piso.

Casi de inmediato, Hugh le pasó una llamada de Hillary. El cardenal de Nueva York, John O'Connor, había muerto el día anterior, y el funeral del lunes en la catedral de San Patricio iba a ser un acto destacado en un año de campaña, al que irían ambos candidatos presidenciales y el secretario general de la ONU, Kofi Annan. «Antes me sometería a unos latigazos que ir», le soltó Clinton a Hillary. El cardenal había sido un firme detractor de los homosexuales, y se había mostrado hostil a cualquier tipo de protección sexual que no fuese la abstinencia. No era ningún secreto que no le gustaba Clinton, y prácticamente había sido un fan del probable contrincante de Hillary, el alcalde Giuliani. Pero no dejaba de ser un funeral institucional para el dirigente de los católicos de Nueva York. Los Clinton evaluaron sus opciones. Decidieron que parecería menos político si iban juntos. Se cubrirían las espaldas mutuamente. Clinton suspiró: «Aun así, preferiría que me azotasen».

El presidente había salido vivo del sur de Asia en marzo. Con las grabadoras en marcha, hizo hincapié en las heridas y los agravios políticos que seguían existiendo en India a raíz de nuestra política de apoyo a su enemigo mortal, Pakistán, durante la Guerra Fría. Describió los esfuerzos para emprender una estrategia más equilibrada con todas las herramientas de una visita de Estado. Había aceptado en el último momento cancelar una parada en Bangladesh —un viaje en helicóptero al pueblo de Joypura— porque existían datos fiables que indicaban que Osama bin Laden había desplegado asesinos a lo largo del camino. Por supuesto no hicieron pública esa razón, lo cual le dio vía libre al grupo acompañante de periodistas estadounidenses para que atribuyesen la cancelación a la arrogancia y la indiferencia hacia los pobres («Gran día frustrado para los habitantes de un pueblo de Bangladesh»). Clinton sí había conseguido bailar en una pintoresca ceremonia con unas madres que habían abierto una cooperativa de telefonía móvil con préstamos de Mohamed Yunus, el inventor de los microcréditos. El innovador sistema, ya de importancia mundial, ofrecía un alentador contrapunto a la política nacional bangladeshí, que el presidente tildó básicamente de *vendetta* entre dos bandos liderados por mujeres.[1]

Los informes de inteligencia cambiaron a mitad de viaje. Se decía que Bin Laden había desviado a todos o a una parte de los asesinos, que ya no estarían en Bangladesh, sino en Pakistán. Un equipo de captura encubierto había asaltado una casa cercana a la pista de aterrizaje del aeropuerto de Islamabad, pero los hombres de Bin Laden se habían escapado con un misil Stinger que se podía disparar sobre el hombro. Después, dijo el pre-

1. Sheikh Hasina Wazed (primera ministra entre 1996 y 2001, y de 2009 hasta hoy) era la hija del padre fundador y primer presidente de Bangladesh, que fue asesinado junto con la mayor parte de su familia en un golpe militar en 1975. Khaleda Zia (primera ministra entre 1991 y 1996, y entre 2001 y 2006) es la viuda de un presidente militar asesinado en un contragolpe en 1981. Igual que la pakistaní Benazir Bhutto, estas dos rivales carismáticas seguían disfrutando de un apoyo masivo a pesar de las acusaciones crónicas de corrupción y de la vehemente oposición de fundamentalistas islámicos por su sexo.

sidente, su equipo de seguridad había activado sus precauciones más elaboradas. Se sentía mal por los pilotos que habían volado con un avión señuelo que se parecía al *Air Force One*, pero su labor consistía en llevar a cabo esa angustiosa misión. Clinton había aterrizado en secreto y fuera de horario en un avión anónimo, acompañado con el mínimo séquito funcional «que se correspondiese con la dignidad de Estados Unidos». En directo, por televisión, se había dirigido al pueblo de Pakistán («La democracia no puede desarrollarse si continuamente se ve arrancada de raíz»), y había negociado en privado con el general Musharraf cuestiones delicadas como Cachemira, las sanciones nucleares y el terrorismo. A principios de abril, unos días después de que Clinton abandonase el país, los tribunales pakistaníes habían sentenciado al primer ministro depuesto, Nawaz Sharif, a cadena perpetua en vez de a la horca.[2]

De vuelta de Pakistán, el presidente había hecho escala en Ginebra para entrevistarse con el presidente de Siria, Asad. Se trataba sobre todo de hacerle un favor al primer ministro israelí, Ehud Barak, que esperaba compensar así el rechazo mostrado a los gestos de acercamiento sirios en Shepherdstown en enero. Clinton había transmitido propuestas no vinculantes para reavivar el interés de Asad. Tal vez Siria podría tener soberanía plena hasta la misma orilla norte del lago Tiberiades, si Asad, a su vez, le alquilaba a largo plazo a Canadá, o a otro Estado no alineado, una franja negociable de tierra vacía en torno al lago. Eso aplacaría la preocupación israelí por los derechos de uso del agua. Nada más empezar a hablar, recordó Clinton, Asad había declarado que todo ese tema era una pérdida de tiempo. Asad se acordaba mal o se estaba retractando de sus posturas anteriores. Parecía malhumorado y débil, pero resuelto, hasta tal punto que había interrumpido al presidente. No tengo por qué escuchar esto, había dicho de pronto. Su brusco rechazo había sido un insulto diplomático, además de una desagradable sorpresa para las decenas de responsables sirios, israelíes y estadounidenses que habían preparado una cumbre distinta. Habían hecho lo posible por disimular el desastre.

Clinton refunfuñó. Seguía convencido de que el deseo de paz de Asad, recuperación de los Altos del Golán mediante, había sido genuino. Pero en

---

2. Sharif salió de prisión a los ocho meses, cuando Arabia Saudí accedió a darle acogida en un exilio restringido. Casi siete años más tarde, presionado para que convocase elecciones generales a finales de 2007, el general Musharraf readmitió en Pakistán a los dos primeros ministros exilados, Sharif y Benazir Bhutto.

ese momento pensaba que el astuto pero envejecido presidente simplemente no disponía de la imaginación necesaria para romper con una vida de eslóganes contra Israel. O tal vez era que la preocupación de Asad por su muerte estuviera haciendo que le diese menos importancia a su legado y más a la incierta sucesión de su hijo pequeño, Bashar. Si moría pronto, una paz reciente con Israel le complicaría a Bashar el control de las fuerzas armadas sirias. En ese momento, los generales sirios disfrutaban de constantes prebendas: les correspondía una parte enorme del presupuesto de su país simplemente para enseñarle los dientes al enemigo vecino, aunque no hubiese mucho peligro de tener que entrar en guerra de verdad. Cualquier acuerdo de paz podría generar descontento civil y militar antes de que Bashar pudiese establecerse al mando. Asad y su gente, me explicó el presidente, pertenecían a una diminuta secta de musulmanes chiíes que prácticamente sólo existía en Siria, los alauitas, y que sólo representaban al 13 % de la población del país. Igual que Saddam Hussein en Irak, la familia Asad gobernaba desde una base minoritaria apoyándose en coaliciones despiadadas.

Fuera cual fuese la causa, la bofetada de Asad parecía preocupar más al presidente Clinton que el riesgo personal al que se había expuesto en el sur de Asia. Quizá era el estrés acumulado. Mientras enumeraba las consecuencias, cruzó las piernas en la posición del loto en el sofá de la sala de estar. A veces doblaba alternativamente cada una de sus rodillas para acercárselas a la oreja, con crujidos y muecas de dolor, mientras hablaba sin parar. No tuve valor para interrumpirle. Dijo que Barak estaba destrozado, y Arafat furioso. El primer ministro había esperado que la paz con Siria garantizase el cese de los ataques con cohetes de Hezbolá, patrocinados por los sirios, lo cual le hubiese dado cobertura a la esperada retirada de tropas israelíes del sur de Líbano tras dieciocho años de cara e infructuosa ocupación. En vez de coger fuerza y avanzar con la cuestión palestina, Barak se enfrentaba al escarnio político nacional y a una oleada uniforme de nacionalismo de los países árabes, que habían ensalzado a Asad por enfrentarse a Israel y a los poderosos Estados Unidos.

A Arafat le hervía la sangre. Desde su punto de vista, se había esforzado durante años para erigirse como digno socio para la paz, para verse relegado al último puesto, por detrás de Siria, y finalmente abrumado por las aclamaciones de los palestinos a Asad, cuando lo único que había hecho era poner mala cara y decir que no. Clinton describió las reuniones de abril en la Casa Blanca, primero con Barak y después con Arafat. El marco mantenido durante siete años con los Acuerdos de Oslo llegaba a su fin en septiembre, momento en el cual Arafat se vería obligado a hacer una declaración vacua sobre la existencia de un Estado palestino. Barak respondería reforzando y anexionando los territorios ocupados de Cisjordania. Después de todo, Clinton dijo que era posible que no se alcanzase la paz durante su mandato. Era muy triste.

Solté algún chiste para distender el ambiente, incluido uno de mal gusto sobre si Billy Graham podría resolver algunas de las disputas religiosas sobre Jerusalén. El presidente siguió adelante haciéndome un gesto desaprobatorio. Sí mejoró su humor cuando le pregunté por su primer papel protagonista en el cine, en un corto de cuatro minutos realizado por los productores de la comedia televisiva *Todo el mundo quiere a Raymond*. Clinton hacía de presidente disfuncional que por fin aprendía cómo hacer las tareas de la casa. Mostraba, por ejemplo, cómo le daba con el codo a una máquina expendedora del sótano de la Casa Blanca para conseguir refrescos gratis, y cómo empaquetaba comida para llevar para una primera dama ajetreada presentado con el letrero «Ayudante de la señora Hillary». La película había tenido un éxito arrollador en la cena de corresponsales de la Casa Blanca, presentada por Jay Leno, y había mostrado la capacidad de Clinton de reírse de sí mismo en el ocaso de una presidencia en la que se había visto asediado. Eso había contribuido a que el índice de aprobación de su labor superase ampliamente el 60 % y su índice de aprobación personal se acercase de nuevo al 60 %, lo que significaba, según él, que se había recuperado del escándalo Lewinsky.

No, no pensaba que fuese a rescatar su programa legislativo. El Congreso no le haría mucho caso a no ser que las encuestas negativas afectasen directamente a los diputados, y Clinton dijo que los republicanos ya habían decidido hacer del Senado su cámara refractaria ese año, porque disponían de una cómoda mayoría de diez escaños, y así dejar que la Cámara de Representantes adoptase una actitud más complaciente. Estaba satisfecho de que la Cámara hubiera aprobado sus leyes comerciales con África y Asia, lo cual dio pie a una digresión sobre las distintas políticas con respecto al plátano grande de Centroamérica y el plátano pequeño del Caribe. La estrategia republicana, concluyó, consistía en bloquear todos los nombramientos judiciales, hundir sus propuestas legislativas, exigir recortes fiscales enormes en vez de modestos, y esperar a ver qué pasaba en las elecciones.

El presidente se preocupó momentáneamente por la campaña de Al Gore para sucederle. Pensaba que Gore había cometido un error de principiante al permitir las maniobras para que la convención de agosto fuese en Los Ángeles. Si los demócratas necesitaban ayuda para ganar en California, ya podían retirarse, y una convención en Filadelfia hubiese desafiado directamente a los republicanos desde el este de los Grandes Lagos hasta Nueva Inglaterra. Ya con menos dureza, Clinton dijo que Gore había recibido críticas de las dos partes de la controversia sobre Elián González; primero por defender las leyes de inmigración y después por ceder ante las exigencias de los cubano-estadounidenses de que se aprobase una ley de «adopción de Elián». Gore y él habían luchado con uñas y dientes para que los votos electorales de Florida estuviesen a su alcance. Habían trasladado el centro de mando sur del ejército a Miami, habían invertido mucho para salvar el parque nacional de los Everglades y habían trabajado para reducir la ventaja republicana —por cuestiones de intereses— entre los cubano-estadounidense, que representaban el 12 % del crucial electorado del estado.

El culebrón en torno a Elián había dado al traste con todo eso, dijo Clinton, aunque la realidad no se correspondiese con los estereotipos reflejados en los medios de comunicación. El gobernador de Florida, Jeb Bush, se quejaba en privado de que los familiares con los que estaba Elián en Miami parecían inestables, amenazaban con una revuelta popular y con una resistencia guerrillera antes de dejar que acudiese a una vista judicial sobre la custodia. La propia secretaria de la fiscal general, Janet Reno, se negaba a dirigirle la palabra, y varios de los amigos más cercanos de Reno conocían —o eran ellos mismos— niños sacrificados por sus familias para ser libres fuera de Cuba. La habían criticado por cumplir su obligación legal. Dos semanas antes, Reno le había informado pasada la medianoche sobre las tensas negociaciones para cumplir pacíficamente con la ley, pero John Podesta había despertado a Clinton con la noticia de que Reno iba a enviar a un equipo policial SWAT. Algo había acabado con su paciencia, o la había convencido de que esperar más pondría en peligro la vida del niño. La operación de rescate había durado menos de tres minutos, sin que se disparase o se golpease a nadie, pero se había desatado la histeria sobre las «tácticas dignas de la Gestapo» que iba a acabar beneficiando a Castro. Clinton predijo, correctamente, que en poco tiempo el Tribunal Supremo ordenaría que Elián fuese devuelto a su padre en Cuba. Las consecuencias políticas durarían años. El presidente aclaró que

Gore no le había culpado por dejar que la ley siguiese su curso, lo cual le honraba.

Gore había vagado sin rumbo durante seis semanas, desde su hábil victoria sobre Bill Bradley en las primarias demócratas, y había concedido a George W. Bush una tregua para que renovase su imagen tras la suciedad de las tácticas usadas contra John McCain. Un Bush renovado andaba suelto, dijo Clinton con desprecio, posando para hacerse fotos con gente de color, hablando a diario sobre el medio ambiente y la reforma de la educación, prometiendo extender la prosperidad del momento sin el rencor partidista y los escándalos que lo caracterizaban. Bush había diseñado una campaña en la que el estilo triunfaba sobre la sustancia, a partir de la falsa premisa de que el progreso no requería mucho esfuerzo. Eso no se puede permitir, exclamó Clinton. Al mismo tiempo que formulaba los temas para la campaña general, Gore debía rechazar el autorretrato de su contrincante. Bush no tenía un historial relevante en cuanto a su preocupación por el medio ambiente o por los problemas raciales, ni conocía las cuestiones fundamentales para el futuro. El presidente habló con más dureza que antes. Tildó a Bush de traje vacío, más mezquino que su padre. De salir elegido, Bush claramente llevaría al país por otros derroteros: de vuelta a los déficits a través de grandes recortes fiscales, eliminando las normas de protección ambiental, con menos transparencia gubernamental, y dando la bienvenida de nuevo a la NRA y a las tabaqueras. Esa elección había quedado enterrada en el debate público, dijo Clinton con enfado, porque Gore había permitido que Bush se saliese con la suya con subterfugios y una sonrisa picarona.

Clinton aún pensaba que Gore ganaría. La mayoría de la gente le consideraba inteligente, experimentado y motivado. Analizó los obstáculos para Gore en una campaña más centrada en la personalidad presidencial que en programas detallados de Gobierno. Los periodistas tachaban a Gore de «estirado», pero a Clinton no le preocupaba ese fallo. Pensaba que el curioso sentido del humor de Gore gustaría con el paso del tiempo. Gore también estaba considerado como un demócrata demasiado convencional y, por tanto, falto de independencia, lo cual exigiría que resaltase más sus propias pasiones e iniciativas. Después el presidente dijo que Gore podía tener un cierto aire meditabundo, lo cual de por sí no era preocupante o desagradable, pero podría hacerle daño si su carácter serio no conseguía animar a los votantes. Clinton destacó la palabra «alegría». A Gore le hacía falta más de eso. Independientemente de todo lo demás, los votantes solían preferir al candidato con una actitud más alegre y positiva. La gran excepción de nuestra era había sido el triunfo de Nixon sobre Humphrey en 1968, aunque se debía a razones particulares, pero Reagan había sido más entretenido que Carter o Mondale, y Bush más que Dukakis en 1988.

Clinton pensaba que Gore podía cambiar cosas en ese ámbito. Destacar ante los votantes los aspectos positivos de sus políticas en su vida diaria. Elegir a un candidato a vicepresidente con un aire complementario de optimismo. Ese mismo día, explicó el presidente, había llamado a Warren Christopher, el ex secretario de Estado que dirigía el equipo de búsqueda de candidato para la vicepresidencia de Gore, con el fin de recomendarle que introdujesen conscientemente algo de temperamento para equilibrar la candidatura demócrata. En 1992 se había criticado a Clinton por elegir a Gore —otro moderado sureño blanco de un estado pequeño—, pero Gore había equilibrado a Clinton en aspectos más importantes que la geografía y la ideología. Gore era reflexivo, frente al enfoque instintivo de Clinton. Gore conocía Washington. «Créeme —dijo el presidente—, de no haber sido por el vicepresidente, mi administración hubiese cometido muchos más errores en los dos primeros años.» Ahora le recomendaba a Christopher que buscase un espíritu enérgico para compensar a Gore. Si el candidato tenía que ser de Washington, sugirió, que fuese alguien con energía natural, como el senador Richard Durbin de Illinois.

Pasamos a rememorar algunas tertulias con Gore, que el presidente había disfrutado enormemente. Las notas que dicté después no dejaban muy claro qué había dado pie a esos recuerdos, pero sus sueños e investigaciones dinásticas les habían llevado a explorar los orígenes del Partido Demócrata a través de tres presidentes sucesivos que habían logrado dos mandatos: Jefferson, Madison y Monroe. Clinton y Gore habían buscado lecciones en estos ilustres antepasados. Sus personalidades eran muy distintas. Monroe era el único de los tres con un talento innato para la política, y los tres habían logrado su continuidad a pesar de haber tenido que rectificar, incluso a pesar de cometer grandes errores. Clinton pensaba que Jefferson, por ejemplo, se había equivocado en muchas de sus disputas iniciales con Alexander Hamilton sobre las instituciones necesarias para el Gobierno republicano. Para él, Jefferson se había convertido gradualmente al nacionalismo por la compra de Louisiana, que, en parte, había negociado su joven emisario James Monroe. Partiendo de una mezcla inestable de fantasía agraria, derechos estatales de los esclavistas y simpatía por los revolucionarios franceses en contra de la aristocracia británica, los tres fundadores del partido habían forjado una tradición política duradera. Su nacionalismo progresista había asentado al joven país hasta la crisis de la esclavitud. Modernizado, en ese momento se podría sacar al Partido Demócrata del retraimiento político en el que se encontraba sumido desde los sesenta. Clinton y Gore habían esperado basarse el uno en el otro como sucedió con el triunvirato de Virginia.

Le hice una pregunta sobre los disturbios en Irán. Los moderados habían logrado victorias aplastantes en las recientes elecciones parlamentarias, pero los fundamentalistas de la revolución islámica de 1979 seguían aferrándose a sus puestos en los tribunales, las fuerzas armadas, la policía y las agencias de inteligencia. Básicamente, aclaró Clinton, Irán tenía dos gobiernos. Rindió homenaje a aquellos que protestaban contra la represión de sus representantes. Organizaban manifestaciones pacíficas en las calles, sabiendo que contaban con una mayoría popular, pero que era difícil saber cuánto podían resistir ante el control autoritario. Hasta el momento, dijo, el apoyo diplomático tendía a perjudicar a los moderados. Said Hajjarian, el teórico reformista más importante de Irán, había recibido un disparo en la cara en una emboscada que le acabó dejando paralítico, y los tribunales islámicos llevaban a cabo auténticas farsas en las que juzgaban a judíos iraníes acusados de espiar para Israel. Sin bromear mucho, asimiló a los mulás iraníes con los republicanos extremistas que le habían atormentado con una ristra de fiscales especiales. Una facción ideológica había transformado los poderes fundamentales del Gobierno en un arma política, inmune al sistema de controles y equilibrios.

Pasó la medianoche. Se nos habían acabado los temas importantes, y el presidente empezó a contar historias suyas. Describió una gira educativa que le había llevado a Owensboro, Kentucky, donde había leído el relato infantil *La telaraña de Carlota* con niños cuyos resultados escolares se habían disparado desde que el número de alumnos por clase había pasado de 40 a 15. Dijo algunas palabras en navajo, que había aprendido en su viaje para hablar sobre la «brecha digital» a Shiprock, Nuevo México. Myra Jodie, una elocuente niña de trece años, le había contado que había ganado un concurso de informática, pero que no podía acceder a internet porque su madre, como el 78 % de los navajos, no disponía de conexión telefónica. La publicidad había llevado a toda una serie de empresas de satélites a donar conexiones a internet para las familias navajo, algunas de las cuales llevaban viviendo en el mismo sitio desde hacía mil años. Justo antes de ir a Shiprock, añadió el presidente, había aprovechado el viaje para recaudar fondos en California y se había apartado de la apretada agenda presidencial para hacer una parada en Stanford, donde Chelsea le llevó a una de sus clases. Su profesor había mencionado que los alumnos estaban leyendo uno de mis libros, *Parting the Waters*, lo cual le dio a Clinton la oportunidad de contar de qué nos conocíamos y por qué la época de la lucha por los derechos civiles era tan importante para nosotros. Dijo que había sido muy emocionante.

Gemí de placer como un bobo, pero afortunadamente no dije nada mientras se apresuraba a ir al grano, debatiéndose con la emoción. Durante dos años, Chelsea y él se habían visto en lugares de California alejados del campus de Stanford, generalmente en la casa aislada de un donante del partido. Había sido muy leal, aun estando enfadada y dolida, pero sus verdaderos sentimientos le habían hecho mantenerlo apartado de sus amigos en la universidad. Entendía por qué. Desde el escándalo Lewinsky, dijo Clinton, por quien se había sentido peor y se había preocupado más que nadie, incluida Hillary, era por Chelsea, que había tenido que soportar la desgarradora exposición de la vida sexual de su padre a una edad en la que los compañeros lo son todo. La presencia de él en Stanford le había resultado insoportable a su hija, y por eso era un paso tan importante hacia la curación que le hubiera vuelto a admitir con su ingenio y su entusiasmo desbordantes. Parecía feliz de que su padre hubiese vuelto. «No podría describirte lo bien que me hizo sentir eso», admitió. Acabó nuestra sesión. Después de dejar las cintas rebobinadas, le encontré en el piso de abajo, hablando por teléfono con Hillary sobre el funeral del cardenal O'Connor.

Pasaron dos meses. Clinton estaba siempre fuera del país, explicó Nancy Hernreich, o, si no, recaudando fondos cada noche para los candidatos demócratas. De repente, una llamada hacia mediodía en julio hizo saltar todas las alarmas. ¿Podía acercarme a Camp David antes de las tres? El presidente estaba en el cuarto día de negociaciones entre Arafat y Barak pero se había reservado un tiempo por la tarde para grabar sus impresiones. El frenético viaje fue posible sólo gracias a la telefonía móvil. Perdido en las desiertas carreteras secundarias del oeste de Maryland, descifrando direcciones enviadas por fax para llegar desde Washington y no desde Baltimore, encontré suficientes zonas de cobertura como para dar con una cancela anónima en el bosque, que me llevó a cruzar una retahíla de controles —estadounidenses, israelíes, palestinos— en los que llamé la atención con las grabadoras, y en los que utilizaron espejos con mangos largos para examinar todas las cavidades de mi coche. Un carrito de golf me llevó a través de un campo boscoso y ondulado, en el que soldados fuera de servicio hacían *footing* a lo largo de caminos vigilados por agentes con auriculares, alerta pero tranquilos como monitores en un campamento de verano. Mi escolta, un licenciado reciente de la Universidad de Duke, señaló los monitores adicionales que rodeaban la cabaña Dogwood, donde se hospedaba Barak, y los palestinos en torno a la cabaña Birch, que normalmente ocupaba Gore. Superé una última zona de seguridad y me adentré en el rústico santuario del Aspen Lodge.

El presidente Clinton y Chelsea estaban acabando una comida tardía sobre una mesa al lado de un puzle a medio hacer. Él llevaba una camiseta en la que ponía: «Confía en mí, soy periodista». Ella llevaba otra con la gran cara de un ciervo de ojos angelicales. Levantó la vista de su crucigrama con una gran sonrisa y una efusiva bienvenida a Camp David, señalando a través de las ventanas y de las puertas de cristal hacia la piscina y el hoyo de golf de Eisenhower, al que se podía lanzar desde tres *tees* distintos en los claros de más abajo. Clinton frunció el ceño al ver una bolsa de golf mojándose en el patio por la lluvia, y me agradeció que viniese siendo avisado con tan poca antelación. Dije que hasta el momento no había podido ver mucho del sitio, que estaba desconcertado por los retrasos y la extraordinaria seguridad para la cumbre a tres bandas. A mi pesar, se había enterado de que me había perdido. Ya eran las tres y media, y dijo cosas contradictorias. Tenía tiempo, pero ya no estaba seguro de qué quería grabar sobre las negociaciones de Oriente Próximo, si es que acaso quería grabar algo. Independientemente de eso, tenía que hacer unas llamadas políticas antes de que empezásemos. Un loco había llamado antisemita a Hillary en la campaña en Nueva York.

Me senté cerca de Chelsea para preparar las notas y las grabadoras, grabando de paso lo que decía Clinton por lo menos en una llamada táctica. Chelsea preguntó cortésmente por Macy y Franklin, y después por un libro que llevaba en el maletín escrito por Patrick O'Brian, que escribía sobre la armada británica durante las guerras contra Napoleón. Mencionó a su escritora de novela histórica preferida, Dorothy Dunnet, cuyos libros estaban ambientados unos siglos antes en el norte de Europa. Cuando le pregunté por Stanford, dijo que lo único que le quedaba por hacer en su último año era una tesis de literatura relacionada con Irlanda. Discutimos diversos temas posibles. Le fascinaba la condescendencia de Rudyard Kipling hacia los irlandeses, a los que veía como una especie inferior digna solamente de ser una pieza en la maquinaria del imperio británico.

Le conté que mi trabajo sobre la era de King me había llevado hasta la pseudociencia de las eras imperial y colonial, la época de mayor esplendor de Kipling, y Chelsea captó inmediatamente una variante muy contagiosa del «racismo de la Ivy League». Era consciente de que los laboratorios de Cold Spring Harbor, en Long Island, hoy en día famosos por sus descubrimientos sobre el ADN, habían sido fundados en 1900 para clasificar a toda la humanidad por debajo de las características superiores que se le presuponían a la raza anglosajona. Detectó las huellas del movimiento eugenésico tras la Ley de Inmigración de 1924, que establecía jerarquías y que había excluido continentes enteros, como Asia y África, y había limitado incluso la entrada legal de gente procedente de países europeos «morenos», como Grecia. Compartimos una apreciación por la histórica reforma de la ley que llevó a cabo Lyndon Johnson en 1965, gracias a la cual finalmente se eliminó el filtro eugenésico para la inmigración legal a Estados Unidos.

¿Le había contado el presidente a Chelsea lo que buscábamos con la grabación de la historia oral? Cuando dijo que sí, la invité a que se uniese a nosotros ese día. Últimamente había estado intentando dar pie a una reflexión más general, retrospectiva, pero era un proceso en el que iba a tientas. El secretismo nos impedía prepararnos para depurar las prioridades del presidente, que establecíamos sobre la marcha en función de sus ratos disponibles. Si Chelsea quería que su padre hablase de un tema poco tratado, o si pensaba que una respuesta concreta sería valiosa más adelante, debería mencionarlo. Gracias, respondió, con curiosidad suficiente como para quedarse y observar.

El presidente resumió la crisis de la campaña de Hillary, pero paró para recibir otra llamada política. Como parecía distraído y aun poco dispuesto a hablar de la cumbre sobre Oriente Próximo, le pregunté por la histórica cumbre de junio en Pyongyang entre las dos Coreas, que aún seguían enfrentadas. A Clinton se le iluminó la cara. «Llevamos mucho tiempo trabajando en ello», dijo. A los observadores de ambos bandos se les había caído la cara de sorpresa al ver el contacto entre los dos gobiernos. Al presidente de Corea del Sur, Kim Dae-Jung le correspondía el enorme mérito de haber luchado durante toda su vida por acabar con la letal hostilidad entre su escaparate capitalista y el paria desesperado y con trazas nucleares del norte. Clinton dijo que Kim le había contado el encuentro por teléfono, y que había mandado a su responsable de inteligencia a informar personalmente a la Casa Blanca. Los surcoreanos se habían quedado sorprendidos con la cantidad de información y la neutralidad de la postura sobre el mundo exterior que tenía el Kim del norte, el dictador norcoreano. Su delirante comportamiento debía de ser en parte calculado. Corea del Norte, donde se morían de hambre incluso los soldados que recibían raciones extras, ansiaba una relación comercial normal con Occidente, especialmente con Estados Unidos, y Clinton pensaba que la cumbre validaba su política desde hacía cinco años de pedir primero la normalización con Corea del Sur. Hasta entonces, al obligar a los norcoreanos a tratar con nosotros a través de Kim Dae-Jung, usaríamos nuestra influencia para desactivar una de las zonas calientes del mundo.

Dijo que el autogobierno en Irlanda del Norte «volvía a estar en marcha», gracias a un elaborado conjunto de medidas que para neutralizar las armas terroristas del IRA sin una rendición explícita y dejándoles salvar la cara. El Partido Unionista del Ulster había votado, por un escaso margen a favor, aceptar una inspección internacional que certificase que las armas «no podían ser usadas», lo cual había permitido que Tony Blair retirase las tropas británicas. Los exaltados del IRA querían seguir luchando por la unión con la católica Irlanda, mientras que sus enemigos protestantes seguían organizando marchas para restaurar su querido Gobierno bajo protección británica, pero la gran mayoría de los ciudadanos exigía firmemente un Gobierno de unidad que trajese la paz. El progreso en Irlanda del Norte se estaba logrando lentamente y a trompicones —mezclando lo exasperante con lo edificante, lo absurdo con lo mundano—, y Clinton estaba animado pero tenía dudas sobre el milagro a largo plazo.

En cambio, Cuba le producía melancolía. Los tribunales estadounidenses habían enviado a Elián a casa con su padre. La tensión política era palpable. El presidente dijo que estaba preparando un intento de embargar unos pocos millones de dólares en bienes cubanos en alguna parte del mundo. Después, tras usar esos fondos para pagar las compensaciones por la muerte por negligencia de los cuatro pilotos derribados por Castro en 1996, podría mover esa mina terrestre que era la deuda terrorista para acabar con el embargo económico que aplicábamos desde hacía cuatro décadas. Era muy probable que dejase el cargo con el embargo aún en vigor. Extrañamente, comentó, los exilados vietnamitas perseguían la misma meta que los cubano-estadounidenses pero con la estrategia opuesta. Se manifestaban continuamente para que Estados Unidos estableciese relaciones comerciales con Vietnam, con el fin de liberar su patria comunista a través del comercio. Esa idea era anatema para la mayoría de los cubanos, que pensaban que podían estrangular a Castro dándole la espalda.

Seis semanas antes, el primer ministro de Israel, Barak, había interceptado a Clinton en Portugal para suplicarle que organizase la cumbre actual sobre Oriente Próximo en Camp David. El presidente dejó de lado otros temas importantes para recordar la salva de veintiún cañonazos de buques de guerra y de baterías costeras del puerto de Lisboa; era tanta la pompa y el boato, se rió, que le habían hecho sentirse como un presidente de verdad. Tras las reuniones con la Unión Europea, había jugado al golf en un precioso campo montañoso con el primer ministro portugués, António Guterres, uno de los pocos colegas —junto con Yeltsin, Blair, Kohl, Mandela, el mexicano Zedillo, y pocos más— con los que Clinton sentía que había establecido una fuerte conexión personal. De allí había ido a Aquisgrán, Alemania, donde había recibido el premio Carlomagno de liderazgo europeo, y recordó los detalles de la capilla en la que había estado el propio Carlomagno unos mil doscientos años antes. Clinton había visto al canciller Schröder en Berlín, además de a su viejo amigo Kohl, cuya salud empeoraba rápidamente, y había seguido hacia Moscú un mes después de la toma de posesión de Vladimir Putin como sucesor elegido de Boris Yeltsin.

Habían llegado a un acuerdo para destruir treinta y cuatro toneladas de plutonio utilizable en armas nucleares, algo que sí había salido en las noticias, pero el presidente detalló más sus impresiones de Putin. Lo describió como alguien suave pero imponente, una obra inacabada. Tras cenar en una lujosa estancia del Kremlin, Putin había presentado un concierto privado de jazz de *big band* en el que tocó Igor Butman. «Nunca había escuchado la música de Coltrane en directo», reconoció Clinton mientras enumeraba a otras estrellas inmortales de su propio instrumento, pero Butman le había hechizado como no lo había hecho ningún otro saxofonista tenor del planeta. Putin después había cortado la música con gélidas palabras. Diez años después de la caída de la Unión Soviética, había dicho a Clinton, Rusia era un cadáver. Su compromiso de reconstrucción evocaba el imperio ruso, a pesar de las cuidadosas palabras tranquilizadoras. El presidente dijo que aún no confiaba del todo en Putin. Desde luego, tampoco lo hacían en su siguiente parada, Kiev, la capital de Ucrania, país cuyos 60 millones de habitantes tenían la sensación de vivir bajo la sombra de Rusia. Le pregunté qué habían necesitado de Estados Unidos para acabar con la llaga envenenada que era Chernóbil, cerca de la ciudad ucraniana de Prípiat, catorce años después del peor desastre nuclear jamás sucedido. «Dinero», replicó.

De vuelta del largo viaje, con tiempo apenas para recibir al rey de Jordania —e informarse sobre el flanco palestino de Abdulá en preparación de la cumbre de Camp David—, tuvo que volver a subir al avión para ir al funeral del primer ministro japonés Keizo Obuchi. La decisión de estar presente implicaba un agotador vuelo de dieciocho horas, ocho horas en tierra en el estadio Budokan de Tokio, y dieciocho horas de vuelta a la Casa Blanca para la undécima cumbre bilateral con el presidente Ernesto Zedillo de México. Bueno, insistió Clinton una y otra vez, había merecido ese esfuerzo y mucho más. Los japoneses eran un pueblo muy sensible. Diez años antes creían que estaban en posición de dominar la economía mundial, que iban a comprar Nueva York y Londres, sin embargo, su modelo financiero se había venido abajo de una manera sorprendente, que su Gobierno no había sido capaz de solucionar. La política japonesa había acabado con seis primeros ministros durante su mandato, recordó Clinton, de los cuales Obuchi había sido de lejos el más prometedor hasta fallecer por un derrame cerebral. Todo el mundo en Japón sabía que Obuchi había optado por el servicio público inspirado por su encuentro en 1963 con el responsable de Justicia, Robert Kennedy, por lo que su relación con Estados Unidos era profunda.

Con la confianza nacional hecha añicos, dijo Clinton, la cultura nipona había mantenido el ritual afectivo del funeral de Estado basado en la tradición sintoísta. En un gigantesco retablo formado por millones de flores amarillas enlazadas, los rayos de flores rojas caían sobre un radiante sol naciente en el centro, donde las cenizas de Obuchi estaban colocadas sobre una plataforma con seis sillas vacías para la familia del emperador Akihito. Embelesado, el presidente describió el ambiente y el protocolo ceremoniales. Citó palabra por palabra las elegías poéticas. Recordó los gestos de la procesión que había subido la larga rampa: una reverencia ante la señora Obuchi, otra ante las cenizas, y una última ante el sol. Horas más tarde, tras retirarse para hablar de política con el nuevo primer ministro, el tristemente inepto Yoshiro Mori, seguían subiendo solemnemente por la rampa niños y ciudadanos de a pie. En Japón, dijo Clinton, este grandioso acto se prolongaba mientras alguien quisiera colocar una flor cerca de las cenizas del líder difunto.

El presidente fue un momento al baño, y aproveché para preguntarle a Chelsea si había oído estas historias. Respondió que no. Ese año me había costado más dirigirle hacia otros temas, porque los periódicos estaban informando muy poco sobre sus viajes al extranjero. ¿Comprendía ella sus pocas ganas de hablar de la cumbre en curso, que yo había pensado que sería el fin principal de esa sesión? Sólo se le ocurrió que estaba nervioso por las exigencias impredecibles de tantos grupos de trabajo. Me dijo que seguramente no me había dado cuenta, al estar de espaldas a la ventana, pero en el patio cubierto había estado instalándose un equipo de técnicos de sonido para que Clinton grabase el mensaje radiofónico nacional del día siguiente.

Cuando volvió el presidente, hice un último intento y le pregunté si la muerte del presidente Asad, el 10 de junio, influiría en las negociaciones. No mucho, dijo. Estaba muy decepcionado con Asad, cuyo hijo Bashar ahora se dedicaba a reforzarse ante los árabes a base de ladrar a Israel. Luego, el presidente grabó aproximadamente quince minutos sobre Camp David. Contó que Barak había ido a Lisboa para suplicarle que organizase esa cumbre para detener el retroceso que estaban sufriendo sus negociaciones con los palestinos. Arafat se había resistido mucho por la misma razón: el retroceso. No se había progresado lo suficiente como para justificar una cumbre, que Arafat temía que acabase en fracaso. Decía que Barak no había cumplido ni siquiera sus promesas anteriores de soltar a algunos prisioneros y transferir la jurisdicción de tres pueblos palestinos ocupados por Israel en Jerusalén Este. Barak no había querido sufrir el desgaste político que habrían implicado esos pasos mientras se centraba en Siria. En ese momento Barak decía que estaba dispuesto a ir más lejos incluso, pero Arafat estaba indignado porque el primer ministro israelí le había puesto a la cola por detrás de Asad, al final para nada, y porque había retirado a las tropas israelíes del Líbano sin contraprestación alguna, lo cual había hecho de Arafat un hazmerreír entre los árabes.

Durante esos cuatro primeros días en Camp David, dijo Clinton, las delegaciones israelí y palestina, sobre todo, habían estado enfurruñadas. Pero la presión estaba aumentando. «Éste no es un patrón que se debe seguir», repetía una y otra vez. No se podían dejar las cosas para más adelante, pues todo el mundo pensaba que el fracaso llevaría a un empeoramiento de «la situación sobre el terreno». Tenía en mente toda una enciclopedia sobre los recovecos y las estrategias de la negociación, pero tendría que esperar. Aún no habían pasado suficientes cosas, y quería poder decir que no había compartido los detalles con nadie más. No habían existido filtraciones.

Finalmente, el presidente dijo que había tenido una reunión informativa extraordinaria. De vez en cuando, la CIA lograba algo que hacía que uno se diese cuenta de que su labor no siempre pervertía la palabra «inteligencia», y el personaje anónimo con el que habló se ganó el respeto de Clinton con un relato apasionante sobre los terrores mortales de Camp David. Ambas delegaciones eran plenamente conscientes de que sus antecesores habían sido asesinados por su propia gente —Sadat en Egipto, Rabin en Israel—, y el responsable de la CIA había explicado las sospechas y los sospechosos internos que tenían e incluso había llegado hasta las causas de diversas conspiraciones, que giraban en torno a cuestiones religiosas y de identidad nacional. El reto era más serio que en Shepherdstown, donde Clinton había esperado llegar a un acuerdo aunque fuese de mala manera. Aquí incluso los subordinados se jugaban el cuello.

John Podesta entró un momento con el guión del discurso radiofónico. La secretaria de Estado Albright estaba expectante cerca de la ventana. Apresurado, le pregunté a Chelsea si me había olvidado de algo importante. «Háblale del 4 de julio», dijo, y Clinton contó cómo se habían despertado pronto en Chappaqua para bajar en barco el Hudson con Hillary y ver una impresionante flota de barcos de vela —más que la del bicentenario de 1976— y después presenciar una ceremonia de nacionalización en la que Janet Reno había presidido el juramento de nuevos ciudadanos estadounidenses procedentes de todo el mundo. Sí, y recordó la inolvidable introducción que había hecho uno de ellos, una oficial de la armada que había emigrado a Brooklyn de niña. Seguía mandándole dinero a su madre en Guatemala. No, corrigió Chelsea, a la República Dominicana. Clinton asintió. La joven oficial había contado que su madre vivía sola en un pueblo tan aislado que tenía que andar un día entero para recoger el correo.

Clinton salió para grabar el discurso radiofónico: cinco minutos, sin un solo tropiezo o duda, sobre por qué vetaría una ley que hubiese eliminado el impuesto sobre el patrimonio, que le habría añadido 750.000 millones de dólares a la deuda nacional en diez años, un dinero que se embolsarían los estadounidenses más ricos. Podesta preguntó discretamente si podíamos ayudar al presidente a mejorar su informe consultivo sobre la cuestión racial. Sandy Berger advirtió de que el retorno de Aristide tras las elecciones en Haití iba a traer problemas. El presidente volvió y me llevó a un lado. ¿Podía quedarme con estas dos cintas y llevárselas la próxima vez? Por supuesto, y buena suerte aquí. Salí. Los ayudantes pensaban que tenía órdenes de quedarme a dormir. Nadie sabía dónde estaba aparcado mi coche. Mientras se solucionaban los problemas logísticos, me metieron en el bar Shangri-La de la cabaña Hickory, que estaba a rebosar. Allí un cartel anunciaba cortes de pelo a un dólar, y una campana de barco, tal como manda la tradición de la marina, obligaba a todo aquel que no se quitara el sombrero a pagarle una ronda a todo el mundo.

38

JERUSALÉN Y LAS TRES P

Jueves, 3 de agosto de 2000

Por primera vez que yo recordase, el presidente me esperó en el Despacho del Ujier antes de una sesión nocturna. Se me cayó el alma a los pies cuando llegamos al solárium y nos encontramos con unos invitados pendientes de la televisión en la que aparecía George W. Bush dando su discurso de aceptación en la convención republicana. Normalmente un acontecimiento de ese tipo llevaba a Clinton a zambullirse de lleno en su profesión, pero estaba extrañamente poco interesado. Salimos los dos para trabajar en la cocinita y decidí no preguntar si se encontraba bien, por miedo a que cambiase de opinión.

Partiendo de mis notas atrasadas, retomamos el trabajo con una declaración de victoria para el Proyecto Genoma Humano, que había trazado el mapa de los 3.000 millones de componentes de la herencia química de la vida. Clinton usó la palabra «emocionante» varias veces para describir sus posibilidades de impulsar la comprensión y la cura de enfermedades. Comparó la alegre ceremonia en la Casa Blanca a la bienvenida dada en 1807 en la Sala Este al famoso mapa de la ruta al océano Pacífico trazado por los exploradores Meriwether Lewis y William Clark. Le había encantado la participación vía satélite de los líderes de Alemania y Japón, además de la de Tony Blair, que había vuelto a telefonear unas horas después con noticias de un paso adelante espectacular del nuevo Gobierno norirlandés. El mismo día, y en coordinación con los expertos republicanos en presupuesto, el presidente había anunciado una sensacional revisión al alza del superávit a diez años vista que alcanzaría los 4,2 billones de dólares en 2010, incluidos 2,3 billones que ya no se le quitarían a la Seguridad Social con pagarés anuales. Dejó para más adelante el asombro y la incredulidad que le producía nuestra capacidad de convertirnos en una nación sin deudas. Ese tema tan importante significaba meterse a hablar de política, y estaba desconsolado por un suceso de índole privada, dentro de su ajetreado calendario, ocurrido el 26 de junio. Había muerto Diane Blair en Arkansas.

Había sido una queridísima amiga de Hillary durante veinticinco años. Juntas, Diane y ella habían luchado por reformar a sus parejas, machistas en proceso de recuperación, y los Blair se habían convertido sin lugar a dudas en su pareja de amigos más íntima. El presidente describió la relación como un equilibrio extraño y valioso a lo largo del tiempo, sostenido por los lazos que unían a los cuatro de diversas maneras. Su cáncer había aparecido poco después de un chequeo en el que no se le había encontrado nada, y se había trasladado de un punto en la mucosa bronquial a través de la caja torácica, hasta formar un bulto bajo su escápula. A las dos semanas del diagnóstico, la obsesiva devoción de Jim Blair le había convertido en un experto casi con el mismo nivel que los principales especialistas en ese campo. Pero el tumor maligno la había matado en cuatro meses, dijo Clinton, y eso nos recordaba lo efímeros que éramos. Lamentó con cariño que nuestro proyecto me hubiera impedido conocer más a Diane, una brillante profesora, y añadió que pensaba que habríamos tenido muchos intereses históricos en común. Agradeció que los Blair se hubiesen podido permitir un sofisticado cinturón de control del dolor que Diane se ponía en la cintura. Tenía una aguja insertada que goteaba dosis de morfina directamente a su espina dorsal, lo cual la había mantenido estable pero no adormilada casi hasta el final. Recordó su última visita, y sus animadas conversaciones telefónicas de despedida. Un mes después de su muerte, contó, su único consuelo al clausurar las negociaciones de paz de Oriente Próximo era que había podido ir corriendo de Camp David a su funeral. Perdió la serenidad al recordar varias de las elegías. Hillary y él habían aguantado muchos funerales duros, dijo el presidente, pero casi no habían sobrevivido a ése.

Con sinceridad pero con tristeza, Clinton dejó registrada su visión de las negociaciones de Camp David con más detalle del que yo fui capaz de recordar más adelante en mis dictados. Mencionó corredores y carreteras aisladas entre pueblos cisjordanos en disputa y esbozó las personalidades de los cinco o seis subordinados clave de cada bando. Los palestinos jóvenes tendían algo más hacia la paz que los dos subalternos mayores de Arafat, mientras que los israelíes más jóvenes eran partidarios de una estrategia más dura. Dijo que los primeros días, cuando hice mi visita a Camp David tres semanas antes, apenas se había avanzado. Ambos protagonistas tenían un comportamiento huraño. Arafat no quería estar ahí y Barak sentía que no se valoraban sus arriesgados gestos de apertura. Barak había sido elegido con un programa de paz que, a pesar de todo, se comprometía a mantener todo Jerusalén bajo control israelí. Había intentado dar un empujón inicial a las negociaciones sobre Jerusalén con una oferta de cesión de soberanía en zonas específicas de Jerusalén Este. Arafat se había mofado de ella. Se negaba a aceptar todo lo que no fueran las resoluciones de la ONU, que exigían un retorno a las fronteras anteriores a la Guerra de los Seis Días de 1967. Ése era su mapa deseado, que desde luego incluía todo Jerusalén dentro de Palestina. Arafat había respondido a Barak sin hacer ninguna concesión en su propia propuesta. El presidente dijo que en dos ocasiones había estado a punto de acabar con las negociaciones antes incluso de que empezasen. En una ocasión había salido enfadado para no tener que transmitir la malhumorada retirada de la oferta de Barak. En otra, había dicho en tono duro a Arafat que él mismo daría al traste con la última oportunidad de lograr la paz si no encontraban maneras creativas de explorar posibles compromisos.

La segunda semana habían progresado en las cuestiones más complicadas: los asentamientos israelíes, las fronteras del territorio cisjordano de Palestina y los derechos de los palestinos desplazados desde 1948. Barak, con sangre, sudor y ansiedad, conservaba el 80 % de los colonos israelíes en territorios que se extendían como dedos israelíes sobre menos del 10 % de Cisjordania, incluidas las carreteras de interconexión. Fuera de Jerusalén, esto dejaba el 90 % de los territorios ocupados para la nueva Palestina, y los cartógrafos habían elaborado un complejo laberinto de intercambios de tierra en otras partes de Israel para compensar la diferencia. En el caso de los desplazados palestinos, un consorcio internacional concedería generosas compensaciones a las familias y los descendientes que decidieran no regresar antes de unas fechas muy concretas. Los incentivos prometían aminorar el número de personas que volvieran y que podían resultar incómodas y respetaba, al mismo tiempo, los principios importantes para ambas partes. A escondidas, dijo Clinton, Barak quería una franja de soberanía israelí a lo largo del río Jordán. El Gobierno jordano apoyaba en secreto esta exigencia a causa de sus propias preocupaciones relacionadas con la seguridad y los palestinos, pero no podía decirlo en voz alta. Los negociadores habían dado con una fórmula que se reducía a una zona de puntos de control israelíes a lo largo de un tramo corto y vulnerable de Jerusalén Este y dejaba que el río Jordán fuera una simple frontera internacional a lo largo del 85 % de su recorrido hasta desembocar en el mar Rojo.

Lo último había sido la negociación sobre Jerusalén. El presidente dijo que había pasado de estimar en un 10 % las posibilidades de alcanzar un acuerdo a un 50 % o incluso más. Pensaba que Jerusalén era simbólicamente complicada pero conceptualmente factible. Al contrario que en el caso de los asentamientos y de Cisjordania, los «hechos sobre el terreno» constituían una situación relativamente estable. Explicó que el marco de trabajo era sencillo: soberanía dividida para la gran área metropolitana de Jerusalén, lo cual permitía a ambos países colocar las banderas de sus respectivas capitales permanentes, con las garantías internacionales necesarias para asegurar el acceso a los lugares sagrados de las religiones derivadas de Abraham. Estos detalles habían mantenido a todo el mundo despierto hasta al amanecer durante varias noches en Camp David, con mensajeros circulando entre cabañas y somnolientos exámenes de los callejeros de Jerusalén hasta llegar a detallar las puertas y los portales. Había una dolorosa división de los barrios de las afueras, pero las controversias más delicadas eran en torno a la ciudad vieja amurallada en el centro, que, durante siglos, había estado dividida en prácticos sectores: los barrios judío, musulmán, cristiano y armenio. Allí, como en otras partes, las consideraciones históricas aportaban tanto lógica como contradicciones. Los armenios eran cristianos, por supuesto, pero se habían ganado su propio barrio gracias a su persistencia solitaria a lo largo de la Edad Media. Los cristianos ocupaban la mitad de la ciudad vieja habiendo sufrido penalidades y por costumbre, a pesar de la tremenda intolerancia que habían ejercido los cruzados durante su mandato.

En unas negociaciones duras, dijo Clinton, los palestinos estaban dispuestos a internacionalizar la ciudad vieja amurallada, pero Barak se había negado por desconfianza hacia Naciones Unidas. Los israelíes se sentían en minoría y constantemente maltratados por la mayoría de las organizaciones mundiales, especialmente la ONU, y Barak había propuesto otra alternativa. Israel, aun manteniendo la soberanía formal sobre la ciudad vieja, cedería una zona de control palestino en el barrio musulmán y hasta la explanada de piedra en lo alto, conocida por los musulmanes como Haram al-Sharif («Santuario Noble») y por los judíos como el Monte del Templo. A cambio, Barak proponía un gesto para compensar a los israelíes religiosos. En determinadas ocasiones, los judíos podrían rezar en la explanada, por primera vez en casi dos mil años, desde que los romanos destruyeran el templo de Herodes tras una rebelión judía en el siglo I después de Cristo.

«Arafat perdió los papeles», recordó el presidente, y los demás palestinos habían dicho, furiosos, que los judíos nunca se habían atrevido a exigir semejante blasfemia. Incluso durante la ocupación militar a partir de 1967, la policía israelí había impedido que los judíos se congregasen para rezar en la explanada de las mezquitas, que había sido un lugar de culto musulmán de forma ininterrumpida desde 1187. La diatriba de Arafat había sorprendido a los negociadores israelíes. En un primer momento, Barak balbuceó que contaba con que muy pocos israelíes ejerciesen semejante privilegio para rezar. Los judíos ortodoxos no se sentirían dignos y los demás se sentirían incómodos. Pero ¿por qué no podría rezar un judío de vez en cuando igual que lo hacían cristianos, budistas y otros? Barak se había puesto tenso, recordó Clinton. Poco después, Arafat y él estaban mandándose mutuamente al infierno.

El presidente contó que había hecho dos intercesiones a horas avanzadas de la noche. A solas con Arafat, le había suplicado que comprendiese, aunque no tuviera sentido, la vulnerabilidad que acompañaba al dominio militar israelí. Clinton y Arafat pertenecían a culturas religiosas que tenían la fortuna de disponer de numerosos lugares de culto antiguos. Los cristianos tenían el Vaticano, Belén y la basílica del Santo Sepulcro, entre otros. Los musulmanes adoraban la Kaaba en La Meca y la tumba del profeta en Medina, además de la Cúpula de la Roca y la mezquita de Al-Aqsa, en el Haram de Jerusalén. Los judíos, al no contar con semejantes tesoros, centraban sus recuerdos de fe en un fragmento del Muro de las Lamentaciones, bajo los templos destruidos de Salomón y Herodes. Los israelíes devotos confiaban en hacer un día una excavación y encontrar el arca de la Alianza. Esas ruinas y reliquias eran todo lo que tenían los judíos, pero no eran menos importantes para ellos que los dos lugares sagrados de los musulmanes en la misma área céntrica de la ciudad vieja. Tenía que haber alguna manera de que los negociadores encontraran el modo de respetar unas diferencias nacidas de la misma aspiración. Clinton dijo que había intercedido ante Arafat con todo el sentido común que había sido capaz de conjurar.

Su mensaje crítico para Barak había sido distinto. Había destacado su admiración creciente por el primer ministro como científico distinguido, músico y soldado condecorado. Sólo se consideraba más experimentado que él en cuestiones políticas, y le había ofrecido una lección sobre los combates que había estudiado y visto. Había dicho que no servía de nada mandar a un enemigo al infierno si uno no era capaz de enviarlo directamente. Barak podía causarle a Arafat todo tipo de problemas, pero esos problemas terminarían por convertirse en más complicaciones para Israel que el posible éxito de Arafat. Por tanto, había insistido Clinton, había que tener paciencia.

Sus esfuerzos no habían logrado más que un tenso armisticio, reconoció, pero tanto Barak como Arafat estaban preocupados por la fecha límite de las negociaciones. En vez de asumir el fracaso, habían pedido seguir negociando en Camp David mientras el presidente asistía a la cumbre del G-8 en Japón. Era algo muy heterodoxo, pero fue bienvenido. Clinton dijo que el paréntesis le había permitido lograr el apoyo indirecto de líderes mundiales. Como los detalles de las negociaciones de Camp David seguían siendo un secreto, no podía hacer más que peticiones generales. Ante los jefes de Estado árabes había argumentado que Arafat debía reservar a Israel algo más que un resquicio de Jerusalén, especialmente si la alternativa real era que no hubiese un Estado palestino, y las reacciones habían revelado un conocimiento desigual de los hechos fundamentales. Mubarak no sabía, por ejemplo, que la Cúpula de la Roca, que conmemora la roca desde la que se supone que ascendió al Cielo el profeta Mahoma, estaba en el mismo lugar que el templo de Salomón. A pesar de llevar casi veinte años como presidente de Egipto, Mubarak no se había percatado de ese conflicto histórico entre musulmanes y judíos. Horrorizado, Clinton dudó que sus llamamientos sirviesen para nada.

A su vuelta de Okinawa se había encontrado con la situación aún estancada, aunque se respiraba menos hostilidad en el ambiente. Habían puesto punto final a la cumbre de Camp David tras dos noches maratonianas más. En ese momento el presidente estaba evaluando la posibilidad, cada vez menor, de que tuviesen éxito antes de que él dejase el cargo. En ningún momento habían estado coordinados. Barak había desperdiciado varias oportunidades. Y Arafat había idealizado el recuerdo de Isaac Rabin hasta convertirlo en una excusa para la inacción, afirmando que Rabin le habría dado lo que le exigía a Barak. Eso nunca había sido cierto, dijo el presidente. Además, las ataduras políticas de Barak eran mayores que las de Rabin. Elegido como el candidato de la paz, Barak no estaba consiguiendo ni paz ni seguridad. Clinton se aferró al optimismo. Pensaba que los israelíes votarían a favor de un acuerdo razonable. Pensaba que hasta ese momento las negociaciones secretas habían solucionado las cuestiones más difíciles, desde los asentamientos hasta las fronteras. Incluso en relación con Jerusalén, habían confeccionado una hoja de ruta para que las dos naciones compartiesen la ciudad moderna.

Las demás discrepancias afectaban a la identidad fundamental. Aquí las esperanzas de Clinton nacían de sus observaciones personales, por lo menos de esa pareja de negociadores. Habían vivido todos juntos en Camp David durante dos semanas y habían tenido tiempo de conocerse durante las comidas y los paseos por el bosque. Habían comparado costumbres y todo tipo de recuerdos de su hogar, desde señales de tráfico hasta vistas montañosas. Salvo en el caso de dos o tres confrontaciones desagradables, habían hablado a menudo de dietas y de novias, y esas nimiedades podían iluminar un mundo nuevo. En Irlanda del Norte, dijo el presidente, católicos y protestantes habían empezado a construir la paz cuando aún no estaban dispuestos a darse la mano, y las diferentes facciones bosnias prácticamente no soportaban estar en la misma habitación. En Camp David, por el contrario, israelíes y palestinos habían aprendido a bromear bajo presión. Uno de los lugartenientes de Arafat tenía una hermana más joven que sus propios nietos, y algunos delegados ingeniosos decían que ese fenómeno explicaba todos los contratiempos. Su familia era una personificación de la cabezonería, la virilidad mal entendida, las generaciones perdidas, el derecho perpetuo al retorno y la maravillosa fertilidad de su tierra baldía.

Esos adversarios eran primos culturales, y a Clinton le parecía una buena señal que, incluso ante un fracaso histórico y peligroso, encontrasen algo que compartir. El humor judío era una constante vital estadounidense, pero tanto él como los israelíes se habían quedado impresionados de que los palestinos supieran estar a la altura. Los mismos subordinados que temblaban ante las fatídicas decisiones de Arafat también se reían de y con él en su cara. Un día contaron que Arafat se encontró en presencia de Alá, y juzgó que Arafat se merecía un deseo. Arafat sonrió, encantado. Alá es grande, dijo. Había soñado con ese momento. Arafat metió la mano en su guerrera, sacó el destrozado mapa de Palestina de antes de la Guerra de los Seis Días de 1967 y pidió que la paz adoptara esa forma. Alá frunció el ceño y dijo que había cosas demasiado complicadas incluso para el Todopoderoso. Arafat se quedó hecho polvo. Estuvo afligido, pero pasó el tiempo y, con el respeto ante lo sagrado, le pidió el premio de consolación de parecerse a Tom Cruise. Alá frunció el ceño otra vez, vaciló y preguntó apesadumbrado: «¿Puedo echarle otro vistazo a ese mapa?». Todo el mundo se había partido de risa, dijo Clinton. Se rieron una y otra vez del sueño de Arafat, de las limitaciones de Alá, y de la belleza que tiene cada camello para su misma especie.

Chelsea se pasó por la cocina en un momento de descanso. Llevaba una camiseta con el logotipo de Quaker. Rápidamente, evaluó los discursos que había oído hasta ese momento de la convención republicana. El de Lynne Cheney había sido tan malo que nadie podía culpar a los canales de televisión por cortarlo y sacar a analistas. Laura Bush era buena, dijo Chelsea, que aprobó su oratoria y su atractivo personal. El gobernador Bush estaba a punto de empezar su discurso. ¿Podía verlo con su padre? La pregunta me puso en un aprieto. Le aseguré que se lo preguntaría cuando volviera él, pero tenía la impresión de que habíamos ido allí precisamente para evitar la televisión. Chelsea parecía desconcertada, no podía creer que su padre no fuese a presenciar semejante momento. Se encogió de hombros y se fue rápidamente.

El presidente quería seguir grabando. Hablamos un poco de la cumbre del G-8 en Okinawa, además de la compleja investigación antimonopolio contra Microsoft y de una discusión sobre procedimiento con el senador Byrd en torno a la Ley de Aguas Limpias. Por lo general se explayó sobre su continua batalla contra el Congreso por la campaña que estaban haciendo de un recorte fiscal a la semana. Dijo que, desde el año anterior, durante el que Clinton había hecho mucho daño a los republicanos en las encuestas al vetar su enorme recorte de impuestos, el senador Lott había elaborado un plan que hacía que pareciera menos irresponsable, porque dividía la ley en partes más pequeñas. Al mismo tiempo, Lott había ordenado a su mayoría que bloqueara todas las iniciativas legislativas de Clinton, incluido el tratado comercial con China, del cual eran partidarios casi todos los republicanos. Iban a retrasar la votación sobre el tratado comercial hasta el último momento antes de las elecciones, aventuró Clinton, para aumentar al máximo las tensiones entre los candidatos demócratas y los sindicatos. Por otra parte, los republicanos estaban repitiendo machaconamente un solo mensaje, que iban a bajar todos los impuestos; si no era hoy, sería mañana. Como respuesta, Clinton había preparado una campaña de relaciones públicas para explicar por qué sus recortes de impuestos eran cautelosos y concretos. Los republicanos, afirmó, estaban vendiendo una optimista bonanza, como el presentador Ed McMahon, que salía en televisión llamando al timbre de la puerta para anunciar a familias obnubiladas que habían ganado 10 millones de dólares. Había que asegurarse de que Ed no vendía mentiras, recomendó. Los ciudadanos deberían desconfiar de las predicciones optimistas según las cuales ya no iba a haber recesiones ni emergencias. Primero había que disminuir el endeudamiento. El superávit previsto, musitó Clinton, jamás sobreviviría el ataque simultáneo de tentación y desgracia.

Eso era el pan de cada día en política. El presidente pensaba que podía ganar, pero reconocía a la oposición el mérito de ejercer una simpleza coherente. Dijo que los republicanos en el Congreso estaban reforzando la estrategia incipiente de Bush contra Gore. Según el mejor espía de Clinton en Texas, alguien cercano a la familia, el gobernador había reducido todos los problemas y toda la política a las tres P: personalidad, prosperidad y partidismo. Reducido a esta esencia, Bush estaba enmarcando su campaña sobre la base de que quien representara mejor dos de las tres P llegaría a la Casa Blanca. En cuanto a la personalidad, el gobernador se presentaba como un tipo normal con el que sería más entretenido tomarse una cerveza que con el intimidante y complejo Al Gore. Para lograr un empate en prosperidad —el punto fuerte de Al Gore—, Bush iba a encarnar la buena vida, dura y grandiosa, en Texas. Para el partidismo, que Bush suponía que sería el factor decisivo, había planeado su jugada más valiente. En su campaña defendía que todo lo malo era partidista. Los escándalos, los ataques personales, la discordia caótica y la ambición egoísta; en pocas palabras, «el lío que hay en Washington». Bush estaba en contra de eso. Decía que no era un político, sino alguien que solucionaba problemas.

Clinton parecía descolocado. La estrategia de Bush denigraba la política que Clinton adoraba. Al mismo tiempo, lo que buscaba Bush con ello era ganar votos, lo cual era política, y con ese método se ganaba la admiración a regañadientes del presidente. Lo que resultaba más descarado era que Bush atribuía a Clinton, y por extensión a los demócratas, todos los escándalos y las divisiones de los ocho años anteriores. Rechazaba de plano cualquier insinuación de que los republicanos se habían ensañado con *vendettas* en temas que iban del caso Whitewater al espionaje chino. Ese tipo de discusiones por nimiedades, insistía Bush, empeoraba aún más el bloqueo reinante en Washington. Al concentrarse en sus tres P, el candidato lograba hacer desaparecer del debate ordinario las condiciones públicas, la fidelidad a los compromisos e incluso el historial de voto comparado de los candidatos. Clinton dijo que los demás republicanos habían adoptado la defensa agresiva de Bush. El representante Rick Lazio, que aspiraba al escaño del Senado en Nueva York, decía que Hillary le atacaba de forma imperdonable cuando ella recordaba que Lazio había votado dos veces a favor de paralizar el funcionamiento del Gobierno. El candidato a la vicepresidencia de Bush, Dick Cheney, no daba importancia a los comentarios de que se había opuesto a las resoluciones de la Cámara en las que se le pedía a Sudáfrica que pusiera en libertad a Nelson Mandela. Cheney argumentaba que esas alegaciones formaban parte de la política denigrante del pasado y que se comprometía a acabar con ella. Su forma de dar la vuelta al lenguaje era digna de *Alicia en el País de las Maravillas*, se asombró Clinton. Esa gente no había respetado nada, ni siquiera la Constitución, para hipnotizar al país con ataques personales contra él, y ahora se autodenominaban, sin vergüenza alguna, reformistas optimistas.

Expresó su fascinación por la elección de Cheney, que había supervisado la búsqueda de un candidato para la vicepresidencia hasta dar consigo mismo. Bush no se había molestado en esperar, había oído Clinton, los resultados de las investigaciones habituales sobre Cheney, incluido un análisis político de su historial de voto a lo largo de diez años en la Cámara de Representantes. Para él tenía sentido que Bush no se molestara dando esos pasos tan elementales. Los diversos puestos que había ejercido Cheney en la administración ofrecían un equilibrio tradicional a la candidatura republicana y compensaban la relativa inexperiencia de Bush. Por otra parte, dijo el presidente, Cheney reforzaba la determinación de Bush de centrar la campaña en torno a la actitud. Bush y Cheney eran gemelos políticos. Los dos se comportaban de un modo engreído y utilizaban un lenguaje parco. Como los pistoleros de las películas, prometían acabar con la palabrería y limitarse a hacer las cosas. A pesar de someterse a las normas democráticas durante la campaña electoral, se dirigían a los votantes con un deje autoritario disimulado. Clinton pensaba que su método de Gobierno tendería mucho más al ordeno y mando que a la búsqueda de consensos.

Al contrario de lo que se leía en la prensa, el presidente dijo que no le había pedido a Gore que pensase en el senador de Florida Bob Graham como candidato demócrata a la vicepresidencia. Tampoco había recomendado a su hábil negociador en Irlanda del Norte, el antiguo líder de la mayoría demócrata en el Senado, George Mitchell, de Maine. En vez de eso, quería que Gore hiciese algo heterodoxo. Para mi sorpresa, mencionó a Bill Bradley como alguien que valía la pena aunque tuviese pocas posibilidades. Bradley ayudaría mucho a los demócratas a la hora de recaudar fondos y con su buena imagen en la prensa. Gore sería considerado magnánimo por elegir a su rival en las primarias, mientras que Bush no había elegido a John McCain. Clinton admitió que Bradley últimamente parecía rejuvenecido, y le alabó por su apoyo entusiasta a Gore en Wisconsin. Sin embargo, las reticencias anteriores parecieron imponerse rápidamente a su entusiasmo estratégico. Uno nunca sabía cuándo Bradley iba a perder el ánimo otra vez. Clinton dijo que, cuando le pasaba eso, su ropa informal hacía que pareciese que había dormido con ella puesta. El presidente pasó a hablar de otro improbable candidato del que rara vez había hablado bien, el senador Bob Kerrey de Nebraska. El punto débil de Kerrey era que a veces iba por libre en cuestiones delicadas, como la Seguridad Social, pero ese toque inconformista podría darle más chispa a la candidatura de Gore en una campaña nacional. Kerrey tenía un instinto innato para hacer campaña, y una capacidad probada para atraer a votantes conservadores.

Tomar grandes riesgos no era el estilo de Gore, dijo el presidente, lo cual descartaba a la candidata improbable pero preferida por Clinton, la senadora Barbara Mikulski de Maryland. Nadie la apoyaba ni hablaba de ella como candidata a la presidencia, pero Clinton no bromeaba. Reconocía que la senadora de mi estado podría causar incredulidad en un primer momento. Mikulski no llegaba ni de lejos al metro y medio de altura, y tenía un aspecto desaliñado y la voz ronca. Pero Clinton predecía que podría convertirse en una estrella para el pueblo llano, superando la imagen previsible y repetitiva de los candidatos a la presidencia. Era una luchadora, con una increíble vida al servicio de la comunidad. Gracias a su talento, había llegado más lejos que la mayoría de las mujeres, y el presidente pensaba que era más inteligente que la otra candidata en la lista de Gore, la senadora Dianne Feinstein, de California. Por encima de todo, alabó el don para la comunicación de Mikulski. Sus palabras conectaban con todo tipo de votantes. Clinton la había recomendado a menudo precisamente por eso, pero había hecho especial hincapié en la campaña presidencial que estaba tomando forma. Dijo que Mikulski encarnaba lo que suponía tomar decisiones políticas duras y sus consecuencias en la vida diaria, con lo que llamaba a los ciudadanos a que tomasen las riendas a través de una responsabilidad consciente en el ámbito público. Por eso, pensaba Clinton, era una candidata ideal para ayudar a Gore a superar la artificiosa argucia que eran las tres P de Bush.

¿Sabía que en una ocasión Mikulski había cortado de raíz los malintencionados rumores sobre su lesbianismo? Me encogí de hombros, no sabía nada, y el presidente sonrió. Bueno, me dijo, los políticos lo sabían. Nos había dado uno de los grandes momentos de las campañas modernas. Su contrincante para el Senado había filtrado unos cuantos chismorreos para que aparecieran en artículos periodísticos, por lo que Mikulski convocó una conferencia para importantes hombres de negocios de Baltimore. Ante los mandamases reunidos, que habían crecido con ella, dijo que oía lo que se rumoreaba. Sabía lo que estaban pensando. Mirad, dijo, la verdad es ésta. Yo soy vuestra tía soltera. En todas las familias hay una. Yo soy la que se ocupa de los niños cuando os vais de vacaciones. Sabéis quien soy y, si os molesta, lo único que puedo deciros es esto: ¿dónde estabais vosotros cuando yo necesitaba que alguien me invitase al baile del instituto?

El presidente se rió a carcajada limpia, esforzándose para que no le saltasen las lágrimas. Clinton admiraba cómo había deshecho a su oponente en menos de un minuto sin una sola mala palabra. «Siempre me ha encantado Barbara Mikulski —dijo—. Es alguien con quien te apetecería estar en las trincheras.» Por supuesto, era poco probable que Gore la eligiese para su candidatura, y Clinton tampoco estaba seguro de que ésta fuese la mejor opción.

A un ritmo más lento, Clinton dijo que esperaba que tuviéramos otra sesión sobre Camp David si se volvía a la mesa de negociaciones. Dijo que la búsqueda de la paz no había llegado a su fin, pero noté que empezaba a abatirse sin remedio. Los problemas de Gore ya se imponían al legado de Clinton. Además, el presidente estaba preocupado por el éxito inicial de las tres P de Bush. Incluso si se lograba un avance milagroso en el tema de Oriente Próximo, temía que se menospreciase como la mayor parte de sus logros. Ése era el precio del escándalo Lewinsky, que para sus enemigos había servido de compensación por los siete años de trabajo de propaganda sobre el caso Whitewater. De no ser por eso, ¿habría podido lanzar Gore una ofensiva con seguridad y credibilidad? ¿Había mancillado el soez desliz de Clinton un gran juicio histórico? Mientras se sumía en los remordimientos, me pregunté hasta qué punto el escándalo Lewinsky reflejaba el clima político o era una de las cosas que lo causaba.

Mientras rebobinaba las cintas, le pregunté cuánto le consultaba Gore sobre sus planes de campaña, a sólo diez días de la convención demócrata. El presidente parecía dolido. «Antes hablábamos una vez a la semana —respondió—. Pero hace un par de semanas que no me llama. Creo que es posible que esté en trance, o algo así.» La campaña no había hecho más que empezar, pero Gore sólo había tenido dos semanas buenas desde que lograra la nominación en marzo. Clinton dijo que no podía resistir la tentación de ayudar; se sentía impaciente y apartado en un rincón. El viernes anterior, en un acto demócrata, había hecho una parodia espontánea del típico discurso de campaña de Bush, lacónico y con mucho acento: «Total, ¿qué es lo peor que puede pasar? Soy gobernador. Mi papá fue presidente. He sido dueño de un equipo de béisbol. En Texas les gusto». El ataque había recibido las críticas de Bush, que dijo que demostraba lo desesperado que estaba Gore. Clinton se estremeció como un niño que hubiese recibido una reprimenda. A pesar de haber expuesto un punto sensible de Bush, se reprochaba su falta de control. Dijo que sus ataques partidistas fracasaban en todos los niveles. Hacían bajar el índice de aprobación de su labor como presidente, que era la única medida fiable de su repercusión en Gore. Provocaban que los votantes apoyasen a Bush porque era el candidato con menos posibilidades de ganar, y hacían que pareciese que Gore necesitaba la ayuda de la Casa Blanca.

El presidente dijo que se equivocaba en parte por cansancio. «Ayer, sin ir más lejos, estuve recaudando fondos en cuatro sitios distintos», se quejó, hablando de su incansable trabajo entre bastidores. Se levantó para irse de la cocina, mientras comentaba que Hillary iba a llegar enseguida de Nueva York. Suponíamos que la convención republicana ya habría acabado. Me lo encontré unos minutos después en el pasillo amarillo, preguntándole a alguien por teléfono qué había dicho Bush en su discurso de aceptación. Se llevó las cintas de esa noche, además de las dos cintas que me había quedado de Camp David, y me dio las gracias distraídamente con un gesto de la cabeza, lo cual me indicó que era hora de que me fuese.

39

EL EMPATE DEL 2000:
«ESTA ELECCIÓN ESTÁ MUY AJUSTADA»

Domingo, 29 de octubre de 2000

Lunes, 27 de noviembre de 2000

Pasaron casi tres meses, durante los cuales sólo vi al presidente Clinton en un picnic en la Casa Blanca cuando cumplió cincuenta y cuatro años, a finales de agosto. Entre los árboles que estaban detrás del Despacho Oval, disfrutamos de un bufé y tartas en mesas alrededor de una piscina en la que nunca me había fijado. Christy conocía a muchos de los invitados de sus dos años trabajando para Hillary, pero mis conocidos no eran más que algunos viejos amigos. Erskine Bowles, que había llegado desde su casa en Carolina del Norte, tradujo pacientemente para nuestras mentes no empresariales cómo podía empezar nuestra hija Macy una carrera en el sector de las finanzas después de la universidad. Su sucesor, el jefe de gabinete John Podesta, estaba sentado con la mano escayolada tras una operación para corregir una dolencia que le limitaba el movimiento, y el consejero de Seguridad Nacional Sandy Berger llevaba un plato para su mujer, Susan, que se estaba recuperando de un problema en el pie. Nos lamentamos todos juntos por los achaques de la edad, hasta que el secretario de Transportes Rodney Slater se unió a nuestra mesa para rememorar los ensayos del primer discurso de toma de posesión de Clinton, durante toda la noche. El presidente anunciaba los últimos datos de las encuestas. Hillary tenía una ventaja cómoda en Nueva York, y Gore disponía de tres a cinco puntos de margen en todo el país y conservaba el efecto positivo de la convención demócrata.

Los Clinton no se fueron de vacaciones de verano en 2000. Lo que pospuso nuestra siguiente sesión, crisis adicionales aparte, fue la cadena ininterrumpida de cenas de campaña y de recepciones antes del plazo límite para recaudar fondos. Mi siguiente convocatoria llegó cuando menos la esperaba —nueve días antes de las elecciones—, entre noticias de que los asesores de Gore se negaban a programar intervenciones de Clinton en los mítines, por miedo a ofender a los votantes indecisos. Esas historias hicieron que me mentalizase para encontrarme con un presidente descontento, aislado en el último trecho de la campaña. Una serie de retrasos no especificados me dejaron esperando en el piso de abajo hasta bien entrada la noche.

Skip Allen, el ujier de turno, me explicó que el personal permanente de la Casa Blanca ya estaba frenético por una mudanza para la que quedaban menos de tres meses. Un ejército de empleados estaba clasificando cincuenta y seis palés de muebles que estaban almacenados desde su llegada de la mansión gubernamental de Arkansas en 1993, separando lo que iba a Chappaqua de lo que tenía otro destino. Y lo que era peor, en el sótano había ocho años de tesoros presidenciales acumulados, valorados y catalogados con esmero por los expertos de la Oficina de Regalos del Viejo Edificio Ejecutivo. La quincallería se vendía periódicamente mediante subastas. Todo lo demás pertenecía al Gobierno, e iba destinado al Instituto Smithsonian o a un almacén en Little Rock en espera de acabar en la biblioteca presidencial de Clinton, salvo que un ayudante lo marcase porque los Clinton quisieran comprarlo. Allen reconoció que los presidentes de dos mandatos eran una pesadilla administrativa. Clinton había llegado alto en la lista de presidentes con más tesoros artísticos logrados en viajes al extranjero, pero pensaba que el récord lo tenía Nixon, que sólo en el viaje a China había logrado un botín digno de un emperador. Hacia las nueve, avisaron a Allen de que me dejase pasar a la sala de estar familiar en el piso de arriba.

«Esta elección está muy ajustada», anunció el presidente Clinton con lo que se convertiría en el lema de la noche. Apartó memorándums e informes de datos para hacer sitio a mi material de grabación en la mesa de juego. Uno por uno, enumeró los trece o catorce estados que apoyaban a Gore, que sumaban 209 de los 270 votos electorales necesarios para ganar. Bush contaba aproximadamente con veinte estados y 200 votos electorales. De los más disputados, Clinton, desanimado, dio a Bush los 21 electores de Ohio. Pensaba que Gore se llevaría Pennsylvania, Wisconsin y Oregon. Había seis estados dentro del margen de error, demasiado ajustados como para hacer predicciones. Clinton describió la experiencia de final de campaña en cada una de sus dos victorias. Ahora estaban muy igualados. Últimamente, dijo, Delaware estaba alejándose poco a poco de Gore para acercarse a Bush. Eso era mala señal.

Parecía haber optado por la frialdad y no por el enfado por haber estado marginado en la semana cumbre de la campaña. La gente de Gore había cometido muchos errores, dijo, algo que le recordaba a la juventud y el descaro de su equipo en 1993. Habían hecho el juego a periódicos y televisiones y sólo estaban transmitiendo la mitad del mensaje inicial al elegir como candidato a la vicepresidencia al tradicional Joe Lieberman, de Connecticut, el senador demócrata que más abiertamente despreciaba los defectos personales de Clinton. En el fondo, deberían estar presentándose a un tercer mandato, dijo el presidente, pero tenían miedo de que los logros de la presidencia de Clinton y Gore se viesen mancillados por la personalidad de Clinton. Por tanto habían optado por partir con desventaja y competir con Bush-Cheney sobre quién era el mayor agente de cambio. Se habían fiado más de los analistas que de los votantes y habían perdido fuerza incluso al discutir datos. En el segundo debate presidencial, dijo Clinton apesadumbrado, Gore había dejado que Bush alegase que se había engañado injustamente a Estados Unidos para que aportase todas las tropas de paz en Kosovo. «Yo hubiese dicho lo siguiente —y recitó—: Gobernador, quizá usted no sabe que sólo el 15 % de las tropas ahí destinadas son nuestras. Nuestros aliados europeos, incluida Rusia, ya se encargan del 85 % del ejército de tierra.»

En esa y otras respuestas, el presidente opinaba que él habría sonreído e intentado parecer un tipo estupendo mientras despedazaba a Bush. A Gore le faltaba confianza cuando era amable. Cuando intentaba ser agresivo, dijo Clinton, transmitía un aire de gravedad y dureza, como Mussolini, y lo compensaba con una pasividad excesiva ante las críticas, con demasiada deferencia. A pesar de eso, toda la campaña nacional dependía de un 102 %. Clinton pensaba que los votantes marginales valoraban la cultura y la sinceridad de Gore, a pesar de que lo caricaturizaran en los medios de comunicación. A los pocos indecisos tendía a caerles mejor Bush, dijo, pero no estaban seguros de que estuviese cualificado. Y sabían que Gore estaba listo para ser un buen presidente, pero no estaban seguros de que les cayera bien. Clinton comentó que había que pulir un mensaje pragmático. Él habría intentado inclinar sutilmente la balanza en los estados cruciales hacia la faceta ingeniosa y sincera de Gore.

Era posible que Gore quisiera que fuese a Michigan, y por esa razón el presidente dijo que tenía que responder a una llamada del alcalde de Chicago, Dennis Archer. Al volver, me explicó que Gore se había sincerado en una de sus tensas consultas y había dicho que se consideraba un buen político, que dominaba la estrategia política y el politiqueo, pero reconocía carecer del instinto para saber mezclar las dos cosas. Gore había dicho que tenía que reflexionar sobre ello, y Clinton observó que era un comentario muy acertado. Como estratega político y como gobernante, Gore tomaría decisiones sabias. Tenía posibilidades de ser un gran presidente, y ése era el mensaje que Clinton debía transmitir sin que pareciera que se echaba flores a sí mismo.

El presidente atendió una llamada de Hillary. Discutieron la estrategia de su último fin de semana, coordinando los retos logísticos en torno al maratón de Nueva York del sábado siguiente. Mientras se paseaba al hablar, hice lo que pude por descifrar y copiar sus previsiones nacionales. Una línea ondulada había trasladado los ocho votos electorales de Arizona a la columna «Inclinándose hacia Bush». Quedaban seis estados con 58 votos electorales en la lista de imprevisibles: Iowa, Florida, Virginia Occidental, Missouri, Nuevo Hampshire y Arkansas. Había diversas notas, garabatos y algún que otro signo de exclamación.

Cuando volvió, hablamos de temas no relacionados con las elecciones. A propósito de un viaje reciente, describió la angustiosa situación en la que estaba estancada Nigeria, con una inmensidad de recursos a su alcance por una parte y una corrupción asfixiante por otra. Su aguerrido presidente, Olusegun Obasanjo, estaba movilizando al país ante las primeras fases de una epidemia de sida, pero las costumbres tribales dificultaban la educación pública sobre las prácticas sexuales seguras. Habló de encuentros desgarradores con madres contagiadas. Había ido a ejercer de mediador en Burundi, que había sufrido un genocidio antes que Ruanda, y luego había parado en el aeropuerto de El Cairo para desayunar con el presidente Mubarak y discutir sobre si revivían o no las negociaciones de Camp David. Al volver a Estados Unidos para la cumbre del milenio en la ONU, dijo que literalmente había chocado con Fidel Castro, y se había reunido con líderes que iban desde Tony Blair hasta Jiang Zemin, pero sus recuerdos se centraban en Arafat y Barak. A finales de septiembre, sus colaboradores habían logrado convencerles para que se reuniesen por primera vez desde julio —nada menos que en casa de Barak, en Israel—, con otra reunión más de asesores y llamadas de ambos a la Casa Blanca para dar el parte. La tenacidad de esos esfuerzos y el optimismo renovado habían añadido un toque de crueldad esa semana al estallido del polvorín que era Oriente Próximo.

Todas las partes, dijo el presidente, habían recibido el aviso de los servicios de inteligencia sobre la visita sorpresa del general israelí Ariel Sharon a la explanada de las mezquitas de Jerusalén el 28 de septiembre. El Gobierno de Barak había sido incapaz de disuadirle de que fuera. Los israelíes juraban que los palestinos habían dicho que podrían tolerar la presencia de Sharon en la gran explanada con tal de que no profanase ninguna de las dos mezquitas. Clinton seguía estando de acuerdo, con ciertas reservas, con los análisis de los servicios de inteligencia estadounidenses, según los cuales Sharon no había querido generar una reacción de una violencia tan exacerbada con un gesto temerario y políticamente populista en Israel. Sharon, que estaba luchando con Benjamin Netanyahu por el control del partido conservador del Likud, no disimulaba su oposición a unas condiciones de paz que implicaran el abandono de la soberanía israelí sobre alguna parte de Jerusalén, incluidos los lugares santos musulmanes. Se dedicaba a esgrimir la prerrogativa de una guerra, dijo el presidente, pero nadie se esperaba que Sharon llegase escoltado por casi un millar de policías israelíes fuertemente armados. En un mundo mejor, los fieles palestinos y musulmanes habrían dado la bienvenida a Sharon y su séquito al santuario con una tolerancia disciplinada. En la realidad, se habían puesto en movimiento a medida que se extendía por el barrio musulmán la noticia de la enorme provocación, que dio pie a manifestaciones en las calles. Al día siguiente murieron seis palestinos, y los disturbios pasaron de muchedumbres que tiraban piedras a batallas campales a tiros con las fuerzas antidisturbios israelíes. Los palestinos perdieron el control, como si estuviesen llevando a la práctica la pataleta retórica de Arafat ante la mera idea de que hubiese visitantes judíos en el Haram. No estábamos seguros de lo que sabía Sharon de ese encontronazo durante las negociaciones secretas en Camp David, o si había formado parte de su plan.

Las víctimas diarias truncaban las iniciativas de paz. En el mes de octubre murieron casi 200 personas, en su mayor parte jóvenes palestinos, y Clinton analizó las inevitables declaraciones de que las atrocidades estaban siendo fomentadas por los adversarios políticos. Una turba había linchado a dos reservistas israelíes en Cisjordania. Los espectadores de todo el mundo vieron por televisión cómo un niño palestino de doce años moría a balazos cuando intentaba refugiarse del fuego cruzado. El presidente describió los esfuerzos por acabar con la crisis con mediadores internacionales. Estaba implorando a Turquía que se incorporase a una investigación objetiva de los hechos. En uno de los febriles cónclaves, Arafat se había dirigido a Clinton con una serena determinación que el presidente no le había visto nunca antes. Arafat dijo que había llegado el momento de alcanzar un acuerdo de paz. El presidente le transmitió esa iniciativa al primer ministro Barak, que luchaba por mantener a flote su Gobierno. «Si lo dice en serio —respondió Barak—, yo estoy dispuesto.»

Lo extraño era, comentó Clinton, que en las siguientes semanas podía ocurrir de todo, desde una paz definitiva hasta una guerra regional sin cuartel. En el lado positivo, Barak y Arafat buscaban lo que Clinton llamaba «un intervalo de menos violencia» para volver a la mesa de negociaciones, pero, a pesar de la intensificación de los esfuerzos, habían pasado diez días sin que se lograse nada. En el lado más negativo, reveló que Saddam Hussein estaba trasladando dos divisiones de combate al oeste de Irak, hacia Israel, y que el joven presidente sirio Bashar al Asad estaba tratando de tentar a Egipto y Arabia Saudí para que se lanzasen a una guerra panárabe. «Hemos simulado todas las situaciones bélicas posibles», confesó el presidente cariacontecido. Todos los países tenían más armamento acumulado y potencia de fuego que en la guerra de 1973, pero la ventaja comparativa de Israel había aumentado contra cualquier combinación de enemigos. Una guerra generalizada llevaría a una derrota estratégica y a pérdidas catastróficas para los árabes. En el Pentágono, dijo, la gran duda era cuántos israelíes podían morir en atentados suicidas a la desesperada. Iba a ser muy desagradable.

Su equipo en la Casa Blanca había estado trabajando con más ahínco que nunca. «Y así es como debería ser», observó. Lo primero era el trabajo, y la enormidad de lo que estaba en juego le recordó que debía ser prudente en sus intervenciones durante la campaña entre Bush y Gore. Una participación equivocada, además de no ayudar a Gore, no haría más que distraerle de su tarea fundamental. En los dos últimos meses, por ejemplo, había llegado a su culmen el largo enfrentamiento con Slobodan Miloševic. Cuando los votantes yugoslavos se rebelaron, por fin, contra el error de su guerra en Kosovo («No compramos votos», añadió Clinton con sumo cuidado), Miloševic ignoró el resultado, se negó a marcharse y promulgó un régimen militar. Los líderes mundiales habían reforzado las sanciones contra su régimen, pero el presidente dijo que la presión decisiva había llegado de las protestas masivas llevadas a cabo durante semanas por los propios ciudadanos yugoslavos, que habían echado a los funcionarios del régimen de sus oficinas. Al final, Miloševic había cedido el poder el 7 de octubre a su sucesor electo, Vojislav Koštunica. Clinton analizó este triunfo, nacido de la contención, el empeño militar y la aplicación de los principios democráticos. Casi con tristeza, dijo que pocos estadounidenses habían reparado en la caída de Miloševic o en el levantamiento de las sanciones internacionales, unos hitos eclipsados por nuestra campaña presidencial y la conflagración en Oriente Próximo. En vez de una vuelta de honor, Sandy Berger bromeó ante los aliados de la OTAN que a duras penas habíamos conseguido dar un «saltito de honor».

Abordamos otro posible saltito de honor a propósito de Corea del Norte. El presidente dijo que lo que se deducía de sus informes secretos era que el presidente Kim Jong-Il era un recluso «al que le faltaba más de un tornillo», interesado sólo por las estrellas de cine, y que le habían avisado de que el general más importante de Kim, Jo Myong-Rok, tenía el cerebro tan lavado que no se podía mantener una conversación normal con él. Para su gran sorpresa, el general Jo le había parecido muy cortés y bien informado tres semanas antes, el 10 de octubre, en la primera visita de un alto cargo norcoreano a la Casa Blanca, y había traído el borrador del plan de Kim para reintegrarse en la familia de naciones. Clinton explicó cómo, gracias a la cooperación del presidente surcoreano, Kim Dae-Jung, había tenido la posibilidad remota en las últimas semanas de visitar Pyongyang y de alcanzar un acuerdo para acabar con el programa de misiles norcoreano, algo que resolvería una amenaza crónica para la seguridad nacional.

De pronto, Clinton se disculpó y se fue a lidiar por teléfono con problemas de la campaña. Por sus respuestas, deduje que el senador Breaux parecía estar diciendo que Gore no tenía ninguna posibilidad de ganar Louisiana, donde Clinton había vencido dos veces, porque Bush se estaba haciendo con el 78 % del voto blanco. Junto con Hillary y el analista de encuestas Mark Penn, Clinton estaba molesto por las estridentes acusaciones del adversario de ella, el representante Lazio, que la había llamado amiga de los terroristas. «Responde sin tapujos», recomendó. ¿Cómo se atrevía? Debía recordar a todo el mundo que habían encontrado y juzgado a los terroristas que habían puesto una bomba en las Torres Gemelas en 1993. Y habían encontrado en Pakistán al tipo que había tiroteado a un grupo de gente junto a las oficinas de la CIA.[1] ¿Había tiempo para

---

1. Mir Aimal Kasi, condenado en 1998 por dos asesinatos y por herir intencionadamente a tres personas con un AK-47, fue ejecutado por inyección letal en 2002.

hacer un anuncio en el que saliese Hillary en Norfolk, afligida en el funeral de los diecisiete marineros asesinados por terroristas en el *USS Cole*? Le dejé para que mantuviese cómodamente esas conversaciones y me paseé por su dormitorio. Había un cojín pulcramente colocado sobre una silla con una cita de Einstein bordada que me hizo reír: «Las grandes almas siempre se han encontrado con una oposición violenta de las mentes mediocres».

Al reanudar la grabación, hablamos del atentado suicida del 12 de octubre contra el *USS Cole* en el puerto de Adén, Yemen, donde se encuentran África y el mar de Arabia. El presidente dijo que pensaban que el instigador había sido Bin Laden. Nuestra gente sabía dónde se había fabricado parte de la bomba. El FBI, con un destacamento especial de 250 investigadores estadounidenses, estaba teniendo problemas con el Gobierno yemení. Ambas partes exigían estar al mando de la investigación, debido a la desconfianza mutua, y Clinton dijo que habíamos tenido suerte de que se hubiese filtrado a la prensa muy poco sobre esas fricciones. Era un conflicto muy intenso —en el que discutían por nimiedades y por cosas fundamentales— y lo único que podía hacer él era exigir resultados. El presidente se encogió de hombros. «Mira —recordó—, yo también he tenido muchos problemas con el FBI.»

Mencionó las disputas por cómo había tratado el FBI a Wen Ho Lee, el científico nuclear de origen taiwanés que había trabajado durante más de veinte años en el prestigioso laboratorio de Los Álamos. Tras ser detenido de repente el año anterior por espionaje, Lee no había podido salir bajo fianza y había sido encarcelado en condiciones draconianas: en una celda sin ventanas ni una luz de lectura, bajo vigilancia constante, en régimen de aislamiento en todo momento salvo una hora a la semana. La acusación se había venido abajo en septiembre, al retirarse todos los cargos salvo uno menor de uso indebido de material secreto en un ordenador portátil. El juez de distrito James Parker había reprendido a los responsables federales por haber cometido una falta grave, y el presidente Clinton lo había lamentado. Clinton llevaba un rato garabateando mis iniciales en algunos documentos escogidos para que se me enviasen duplicados, y acababa de recopilar para él un resumen de los dos años del escándalo del espionaje chino. Parecía todo un montaje, escribí. Me parecía que el patrón era «casi una copia del caso Whitewater: histeria prolongada y después una cómoda amnesia».

Clinton analizó sus comentarios. Estaba de acuerdo en que algunos políticos partidistas, y especialmente la prensa, le habían dado una publicidad descarada. Como en el caso Whitewater, dijo, la estampida contra Wen Ho Lee llevaba la marca de *The New York Times,* animada por el mismo periodista, Jeff Gerth, y jaleada desde las páginas de opinión. Los responsables del FBI también habían exagerado claramente las pruebas (se decía que los agentes le habían enseñado el primer artículo de Gerth sobre traición nuclear a Wen Ho Lee y le habían exigido una confesión a cambio de evitar la pena de muerte). Sin embargo, el presidente no mostró una postura clara de su Gobierno. No estaba dispuesto a afirmar que hubiera sido un fraude completo, como las prisas en 1996 por condenar a Richard Jewell por la bomba en los Juegos Olímpicos de Atlanta. Esto era un caso de espionaje. Las pruebas eran secretas, y la política a menudo era más importante que los escurridizos hechos. Independientemente de que Lee fuese o no culpable, muchos organismos de seguridad tenían algo que ver con los poderes de emergencia que se habían utilizado para investigarle. Desde los departamentos de Justicia y Energía, el Pentágono y otros organismos, algunos responsables políticos aún defendían abiertamente las sospechas del FBI. Lee, con el apoyo de muchos de sus colegas de Los Álamos, estaba intentando establecer su inocencia a través de una demanda por difamación, y Clinton no estaba dispuesto a meterse en esa pelea.[2] Sí estaba de acuerdo con el juez Parker en que el errático comportamiento de la acusación había sido una farsa judicial. No se puede asegurar que una persona es tan peligrosa para la nación como para no poder ver la luz del sol ni hablar con su mujer y luego cambiar de opinión, y llegar a un acuerdo para su liberación.

Clinton acabó con una confesión. Durante el estudio de ese caso, los responsables gubernamentales habían sacado a la luz otros peores para que el trato acordado a Lee pareciera benévolo en comparación. Por lo menos Lee había sido acusado, contó el presidente, pero había otras personas retenidas en secreto, que no habían sido acusadas ni juzgadas, basándose en una interpretación forzada de las medidas antiterroristas contenidas en su ley de lucha contra el crimen. Ahora se avergonzaba de haber defendido la aprobación de ese documento legislativo sin prever ese tipo de detenciones arbitrarias. No se le podía negar a la gente una vista judicial, señaló. Según la ley antiterrorista, cualquier fiscal podía decidir

2. En junio de 2006, Wen Ho Lee llegó a un acuerdo por valor de 1,6 millones de dólares con varios demandados: el Gobierno estadounidense, ABC News, Associated Press, *Los Angeles Times*, *The New York Times* y *The Washington Post*.

dentro de los límites legales —treinta o sesenta días— si se presentaba una acusación basada en las declaraciones de una fuente anónima o de otro tipo. Para su consternación, Clinton había descubierto casos de acusados encarcelados incomunicados durante más de seis meses. Un caso extremo había durado tres años. «Creo que no está bien —opinó—. No es un comportamiento estadounidense. Aceptamos que hay gente culpable en la calle para disfrutar y proteger nuestra libertad.»

Skip Allen entró disculpándose. Había encontrado la resolución de continuidad del día siguiente, que el presidente Clinton tenía que firmar para evitar que el Gobierno dejase de funcionar a medianoche. Estábamos en una nueva versión de los grandes enfrentamientos de 1995. Los líderes republicanos no podían dar por cerrada la legislatura sin aprobar antes las leyes presupuestarias necesarias, algo que ya tenían que haber hecho. Como correspondía al pulso ritual, habían exigido que Clinton firmase previamente su enorme recorte fiscal, pero también querían irse a casa y hacer campaña. El presidente sonrió burlón. «Están que trinan porque no estoy dispuesto a firmar una resolución que tenga más de un día de validez», dijo y reflexionó sobre sus últimas palabras sobre la campaña de camino al ascensor.

¿Qué pensaba yo sobre las elecciones? Mis presentimientos estaban dedicados a otras cosas en ese momento. Dije que lamentaba que estuviesen tan reñidas. Clinton lo lamentaba también. «Creo que tenemos más posibilidades de ganarlas que Bush», concluyó.

A finales de noviembre, sonó el teléfono en mi bolsillo mientras me apresuraba a plantar unos narcisos antes del anochecer. Un viaje apresurado me llevó, por una vez, a entrar por la puerta suroeste, y no por la sureste, a la Sala de Tratados antes de las nueve. El presidente estaba en vaqueros rodeado de libros apilados sobre la alfombra. Le dije que me había sorprendido encontrarme ya con cajas de mudanza apiladas ante las puertas. Sí, estaban empezando con tiempo. Había empaquetado miles de libros, regalado otros tantos, y aún le quedaban 6.000 por clasificar. Las cajas estaban dividas por categorías. Le pidió al ujier de turno que mandase subir una botella de agua y un puñado de paracetamoles, además de nuestras Coca-Cola Light habituales.

Empezó a hablar antes de que pudiese abrir mi maletín. No se encontraba bien. Sus consejeros no se ponían de acuerdo sobre si debía ir o no a Corea del Norte. En vez de eso quizá tenía que ir a Irlanda del Norte o a Jerusalén. Había muchas cosas en marcha. Estaba trabajando como un loco para salvar la Convención de La Haya sobre calentamiento global. Putin estaba en Oriente Próximo, donde dos meses de violencia habían disparado las represalias políticas de todo el mundo; Arafat era a la vez siniestro y débil, y Barak, un pacifista ineficaz que estaba cediendo a las exigencias de elecciones anticipadas. A Clinton le dolía en el alma no haber logrado su objetivo. Uno sólo podía empujar hasta cierto punto, pero la estabilidad a largo plazo le estaba llevando a convencer como fuese a Putin de que Rusia debía intervenir positivamente por primera vez en el polvorín israelí-musulmán.

Mis manos no paraban de moverse para montar el equipo a toda prisa, mientras le pedía que se guardase esos comentarios para las cintas. Con las luces rojas encendidas por fin, interrumpió mi introducción habitual para preguntar si realmente podía ser nuestra sesión número 77. Sí, tras empezar con un poco de retraso en su primer año, habíamos grabado como media casi una vez al mes. El presidente sonrió con picardía. «Si vendiese estas cintas tal cual —bromeó—, podría ganar mucho dinero, ¿a que sí? Seguramente arruinaría mi reputación.» Hizo un gesto con las manos para asegurarme que sus propósitos eran más nobles. Me reí. «Bueno, señor presidente —respondí—, usted es quien determina cuándo se harán públicas para que puedan ser estudiadas. A lo mejor Chelsea podría vender las grabaciones de aquí a unos años, cuando sus opiniones ya no importen tanto.»

Recuperamos la seriedad de rigor. Ahí estábamos, veinte días después de las elecciones entre Bush y Gore, y aún no había un vencedor. Gore había ganado con seguridad 266 votos electorales, cuatro menos de los necesarios, pero los 25 votos electorales de Florida estaban siendo disputados hasta el quinto o sexto decimal. Igual que durante el *impeachment*, nos veíamos envueltos en un clima de crispación política desconocido desde la época posterior a la Guerra de Secesión, cuando un acuerdo en el Congreso había resuelto el empate entre Hayes y Tilden de 1876. El mandato de Clinton pasaba otra vez por razones objetivas pero incómodas a la posteridad; estuvo casi una hora analizando las controversias. Hablaba todos los días con Gore y su gente. Pensaba que Gore había ganado Florida incluso por 20.000 votos, pero que la mayor parte de ese margen era prácticamente irrecuperable. No había solución legal para los varios miles de votantes afroamericanos privados del derecho al voto en el condado de

Duval, ni para los 19.000 votos descartados porque las tarjetas de voto en mariposa defectuosas habían registrado dos votos presidenciales. La indignación tampoco podía recuperar el voto correcto de los 3.000 votantes judíos cuyo voto había sido asignado a Pat Buchanan, a pesar de que las extrapolaciones y las encuestas de los estadísticos mostraban que era prácticamente imposible que estuvieran bien atribuidos. Revisó las demandas y contrademandas más prominentes, incluidas algunas presentadas por sorpresa por grupos de la sociedad civil que no tenían nada que ver con ninguno de los dos bandos de la campaña. La ley electoral no era nada clara. «Yo daba clases de esto», dijo. No se podía ordenar una repetición aunque se demostrara que había habido fraude, porque la fecha de las elecciones está establecida en la Constitución.

Chelsea entró de repente para preguntar si habíamos visto el discurso de Gore por televisión. Se refirió a él como «el vicepresidente», y nos repitió sus palabras casi textualmente. Gore había impugnado oficialmente la certificación de la victoria de Bush en Florida que habían declarado el día anterior las autoridades oficiales. En una elección tan ajustada, había dicho, todos deberíamos agradecer las correcciones legales que garantizasen el recuento justo de todos los votos. Si en ese momento ignorábamos o eliminábamos algún voto en Florida, ninguna votación en el futuro estaría a salvo. Chelsea aseguró que había sido su intervención más presidencial desde el comienzo de la situación. Sólo había hecho una alusión, correcta aunque en un tono partidista, a los conatos de disturbios organizados que habían impedido la inspección física de 10.000 votos sin contar en el condado de Miami-Dade. Por lo demás, Gore se había limitado a decir que debían contarse todos los votos y que aceptaría cualquier resultado. El vicepresidente lo había hecho bien, pero Chelsea pensaba que la disparidad de mensajes de los demócratas no podía enfrentarse a la voz unida del Partido Republicano, que decía sin parar lo mismo en todos los canales.

Clinton estaba de acuerdo con ella en lo que se refería a las relaciones públicas. El estribillo de Bush había sido constante: los votos de Florida se habían contado y recontado hasta la saciedad, y Gore estaba intentando robar las elecciones. Legalmente, dijo Clinton, Gore tenía razón en que el momento adecuado para impugnar unas elecciones ajustadas era después de la certificación, pero la tensión y la impaciencia jugaban en su contra. Gore había cometido errores al principio del duelo verbal por Florida, cuando su gente había dado la impresión de que elegía una a una las jurisdicciones que era preciso volver a contar. En general, la prensa se había alineado con el clamor de Bush a favor de que Gore concediese la derrota. El propio Gore en más de una ocasión había hablado de desistir, pero Clinton le había recomendado en privado que siguiera insistiendo en la revisión de todos los votos disputados o sin contabilizar. Sin embargo, como presidente, había adoptado una postura neutral de cara al público. De todas maneras, nada de lo que hiciese o dijese ayudaría a Gore, y podría perjudicar al país si la crisis iba a peor.

Su humor mejoró cuando Chelsea se fue. Su madre y ella habían estado fuera todo el día con un agente inmobiliario, y le habían dicho que le iba a salir muy caro mudarse y mantener a una senadora en Washington. No le importaba. Estaba muy orgulloso de la campaña de su mujer. En la mayoría de las encuestas, al final, tenía dos o tres puntos de ventaja, pero había ganado por doce. Después de superar esa prueba, pensó, ya no tendría que enfrentarse nunca a una campaña tan difícil en Nueva York.

Repasamos rápidamente algunas historias de su presidencia. Con el resultado de las elecciones aún por determinar, había asistido a la cumbre del Foro APEC en el reino de Brunei, una isla en el Pacífico cercana a Indonesia, un lugar de ensueño construido por un sultán. Allí había tentado a Putin con la cuestión de Oriente Próximo y había felicitado al surcoreano Kim Dae-Jung por su premio Nobel; había intercambiado ideas con ambos sobre cómo lidiar con Corea del Norte. Después pasó a describir tres días de gloria en Vietnam, donde había hecho sonar el gong de los eruditos en el templo de la Literatura de Hanoi, construido hace casi un milenio. Se había reunido con viejos estalinistas, tecnócratas, emprendedores y estudiantes entusiastas, y había causado grandes aglomeraciones en todas partes. El alcalde de Ciudad Ho Chi Minh —la antigua Saigón— había sido una fuente inagotable de datos y anécdotas optimistas, como un político con aspiraciones en Ohio o Rhode Island, mientras que en el emplazamiento de una excavación con los restos de soldados estadounidenses había sido objeto de un respeto tan minucioso que estaba seguro de que acabaría saliendo algo bueno de la cooperación invisible. Con respecto a la Convención de La Haya, que se había venido abajo dos días antes, su consuelo era que todos los países sabían que no éramos nosotros los que habíamos acabado con ella. Lo que había estropeado la iniciativa sobre el calentamiento global había sido una extraña mezcla de partidos ecologistas europeos, sobre todo franceses y alemanes, que se habían opuesto a los máximos de emisiones como si fuesen un pacto con el diablo, y la inexplicable oposición de Brasil a las medidas para preservar la selva amazónica. Lo más seguro era que en algún momento se reanudase esa lucha. Incluso Bush, apuntó, había reconocido en campaña la creciente amenaza que representaba el calentamiento global.

Explicó por qué había vetado una ley que pretendía castigar a los funcionarios que filtrasen información a la prensa. Comentó otra iniciativa más contra el tabaquismo, el Gran Día Estadounidense contra el Humo, y rechazó las previsiones de una recesión. Era posible que la bolsa estuviese sobrevalorada, reconoció, porque la fase de crecimiento había sido muy intensa y prolongada. Durante su mandato, el valor del Dow Jones se había multiplicado por tres. La caída de los valores tecnológicos en ese momento era un correctivo inevitable, dijo. Sí, seguramente el crecimiento sin precedentes del PIB llegaría a su fin en algún momento, pero insistió en que la base de la economía seguía en buen estado. Cansado, dijo que no veía un descenso económico en el horizonte.

El bicentenario de la Casa Blanca había sido más entretenido. Dijo que George y Barbara Bush habían ido de buena gana, a pesar del limbo en el que se encontraba la campaña presidencial de su hijo. Los Carter también habían asistido, además de Gerald Ford e incluso Lady Bird Johnson, para celebrar el bicentenario del día en que el presidente John Adams y su mujer, Abigail, se habían mudado a la recién construida Casa Blanca en 1800. Por aquel entonces, Adams ya había perdido la presidencia frente a Thomas Jefferson. Sí, Gerald Ford había sido la estrella de la noche con sus brindis en los que recordaba que había sido el anfitrión de la reina Isabel. ¿Le había visto yo en C-SPAN o en las noticias? No, había estado ahí en persona, a unas mesas de él en el bullicio de la Sala Este. Nancy Hernreich o alguien me debía de haber puesto en la lista de invitados para los actos de despedida, sentado nada menos que junto a la estrella de la ópera Jessye Norman. Su voz me había transportado cuando cantamos todos «God Bless America», y nos habíamos hecho amigos gracias a sus historias sobre su hermano Silas, que había sido un defensor de los derechos civiles en Selma. Bien, dijo el presidente. Se alegraba de que hubiese podido estar ahí, y efectivamente Ford había tenido gracia. «Sólo espero estar así de bien cuando llegue a los ochenta y siete —dijo con una extraña sonrisa—. Por supuesto, no creo que llegue a los ochenta y siete.»

Acabamos yéndonos por la tangente y saltando de tema en tema. En nuestras sesiones, de vez en cuando, había intentado hacer preguntas que no tuviesen que ver con la actualidad, con la esperanza de recibir respuestas nuevas o inusuales para las grabaciones. Esa vez hice el ridículo. ¿Pensaba el presidente en un retorno? Sólo tenía cincuenta y cuatro años. La Vigésimo Segunda Enmienda prohibía presentarse a más de dos mandatos consecutivos, pero ¿era concebible estar al margen durante cuatro años y presentarse de nuevo en 2004 o más tarde? Bueno, respondió suavemente, había leído mal la Constitución. La Vigésimo Segunda Enmienda era una prohibición de por vida a disfrutar de más de dos mandatos, en la que se especificaba que la misma persona no podía salir elegida más de dos veces. Entonces sonrió. Créeme, me dijo, me lo he estudiado. Existía una manera tortuosa de llegar otra vez a la presidencia heredándola desde la vicepresidencia, pero no era nada práctica. Le habría gustado que los términos usados en el texto constitucional fuesen otros. La enmienda podría cumplir su función de evitar las dinastías políticas sin impedir que se volviera a intentar pasado un tiempo. «Me encanta este trabajo —admitió—. Creo que se me da cada vez mejor. No dudaría en presentarme otra vez si pudiese.»

Intenté tocar algunos temas que apenas habíamos tratado, como la política agraria y la de vivienda. Se atrevió a entrar también en la agilización de la administración y las tendencias imperantes en instituciones como la OMC, APEC y el G-8. Pero estaba cansado, y poco después cogió otro paracetamol. ¿Había alguna posibilidad de que el pulso entre Bush y Gore degenerase en una crisis constitucional abierta? Dios nos ayude, respondió, pero sí. Primero, si el Tribunal Supremo de Florida ordenaba, a petición de Gore, que se revisaran los votos disputados, como era probable y legal, el presidente tenía muy pocas dudas de que la secretaria del estado de Florida, que era republicana, se negaría a certificar cualquier resultado que diese como ganador a Gore. Además, Clinton dijo que si el Tribunal Supremo de Florida exigía una certificación de su recuento, cosa que podía entregarle a Gore la Casa Blanca, la Cámara Legislativa de Florida, controlada por los republicanos, podría negarse a validar a los 25 electores del estado. En ese caso, Gore se quedaría en 267 electores y Bush en 246, por debajo de los 270 necesarios para lograr la presidencia. Eso traspasaría el problema a la Cámara de Representantes. Gore habría ganado el voto popular en el ámbito nacional, además de una mayoría de los electores, pero Bush tendría la mayoría en la Cámara, controlada por los republicanos, en la que se votaría por estados. Cada bando tendría argumentos de peso, y el choque resultante podría erosionar el respeto hacia el propio acto de votar.

Por último, el presidente dijo proféticamente que pensaba que el Tribunal Supremo estadounidense haría todo lo posible por ayudar a Bush. No estaba seguro de qué base legal usarían los jueces, pero aseguró que estaban lo suficientemente politizados como para encontrar una argucia que facilitara un presidente conservador para perpetuar a jueces como ellos en un tribunal conservador. El juez Clarence Thomas, añadió, se vería obligado a devolverle a Bush padre el favor de su nombramiento. En resumen, el presidente Clinton dijo que todas las grandes fuerzas institucionales, excepto el Tribunal Supremo de Florida, apoyarían a Bush. Incluyó específicamente a los medios de comunicación. Por lo tanto, era muy difícil que Gore ganara. Por desgracia, era lo que iba a ocurrir pese a que Clinton tenía la certeza moral de que Gore sería el ganador de un recuento justo y supervisado de los votos legalmente emitidos en Florida, por no hablar de los votos «perdidos». Afirmó que por el momento seguía empujando a Gore a que luchase. Aunque no pudiera ganar, podía dejar constancia de que había habido fraude, para disminuir las posibilidades de que volviese a ocurrir.

Lo dejamos con un clima de pesimismo, esperando que saliese todo bien. Ya sin grabar, el presidente Clinton dijo que esperaba acabar con una o dos sesiones más, para terminar posiblemente en su último día. Estudiamos las maneras de preservar y transcribir las cintas más adelante, además de diversas opciones para la estructura de sus memorias. Me preguntó si había hablado con su antiguo escritor de discursos, el historiador Ted Widmer, sobre sus planes de reunir una gran colección de historias orales para su futura biblioteca presidencial. Sí, Widmer y los demás estaban trabajando a buen ritmo.

Le pedí un último favor al entregarle las cintas. Llevaba la cámara de fotos en el maletín esa noche. ¿Podía hacer alguna foto de la residencia? Iba a echar mucho de menos el lugar. Dijo: «Haz todas las fotos que quieras».

40

DESPEDIDA

Lunes, 8 de enero de 2001

Martes, 6 de marzo de 2001

Viernes, 27 de febrero de 2004

Martes, 6 de julio de 2004

Fuimos a la Casa Blanca el 11 de diciembre para una de las recepciones por las fiestas navideñas. Yo me metí un momento en el Despacho del Ujier para despedirme de los guías y acompañantes que conocía, pero Daniel Shanks estaba terriblemente ocupado. El turno de noche no había llegado todavía. En el Comedor de Estado, mientras los ayudantes de cocina servían entremeses a más de mil invitados, Buddy Carter y otros mayordomos vinieron a darme la mano. El protocolo era más relajado durante una transición, dijeron con afecto, y se pusieron a recordar cosas que habían fingido no notar. Uno me preguntó si el presidente Aristide podría ayudarle a ir a su país para visitar la tumba de su abuela. Dos camareros reconocieron a Christy de su etapa con la primera dama. Ella reconoció que había ido sólo para volver a ver la Casa Blanca.

Después de pasear un poco y recrearnos la vista, intentamos escabullirnos del personal vigilante que se empeñaba en empujarnos hacia la fila para hacerse fotografías. Se suponía que todo el mundo debía tener su foto con el presidente. Dijeron que era menos problemático someterse que intentar marcharse sin un resguardo. Así que pasamos por delante de las exquisitas decoraciones hasta el Salón Verde, recibimos nuestras instrucciones y rellenamos el impreso para dárselo al oficial enguantado que nos iba a colocar en posición ante la cámara.

«¿No es Scalia asombroso?», preguntó el presidente. Para justificar la votación del Tribunal Supremo que, por cinco votos a cuatro, había decidido interrumpir el recuento en Florida, el magistrado Antonin Scalia acababa de escribir que tener en cuenta las papeletas no contadas debilitaría la legitimidad de la elección. Era un argumento descaradamente político, dijo Clinton. Scalia había confesado que tenían miedo de los resultados. Para entonces, después de que se disparara el flash, otro acompañante militar ya me estaba empujando para que avanzáramos, así que le deseé buena suerte a Clinton en el viaje que iba a hacer esa noche. Christy estaba felicitando a la «senadora electa» Hillary, que detuvo el paso lo suficiente para mostrarnos su preocupación por las negociaciones del contrato sobre su autobiografía.

Dos días después, una voz al otro lado de la línea anunció a la primera dama desde Belfast, Irlanda del Norte. Los Clinton iban corriendo a ver esa noche con el primer ministro Blair, en Gran Bretaña, el discurso con el que Gore iba a reconocer su derrota, y Hillary comentó que la decisión sobre el resultado electoral acompañaría al tristemente famoso caso Dred Scott* como una de las peores transgresiones de los principios democráticos cometidas por el Tribunal Supremo, en ese caso, el derecho al voto. Lo que me quería preguntar era a propósito de sus negociaciones con varias editoriales, en parte por el peligro de que le asignaran un negro poco apropiado. Le aconsejé que rechazara cualquier editorial que exigiera un control exclusivo y admití que era perfectamente legítimo —incluso deseable— incluir cláusulas de confianza mutua. Me interrogó sobre posibles correctores, pero lamenté decirle que mi profesión de ermitaño hacía que conociera a muy pocos. En broma, Hillary se quejó de que Bill iba a contar con la ayuda de nuestras voluminosas cintas para escribir sus memorias. Ella nunca había creído que seríamos capaces de mantenerlas en secreto todos esos años, y felicitó a David Kendall por su habilidad legal al respecto.

Una llamada telefónica en enero demostró que Clinton no había terminado todavía con nuestro proyecto de historia. Arriba, en su sala de estar, estaba metiendo montones de CD en cajas; más de 2.000, incluida una

---

* Dred Scott era un esclavo negro que en 1857 presentó una demanda contra su dueño en la que alegaba que, por una serie de complejos argumentos relacionados con las diferencias entre las leyes de unos estados y otros, tenía derecho a emanciparse. El Tribunal Supremo falló que un esclavo negro no era ciudadano de Estados Unidos y por tanto no se le aplicaban las mismas leyes que a los ciudadanos libres. (N. de la t.)

colección de saxofón que no tenía parangón, dijo. Los ujieres le habían marcado un estricto calendario de embalaje, día a día, y, si los Clinton no cumplían algún plazo, los empleados se limitaban a guardar las cosas a bulto. Con las grabadoras en marcha, el presidente destacó que, ahora que su autoridad estaba desvaneciéndose, el país había sobrevivido a obstáculos y baches más graves. La vida seguía adelante. Se desahogó muy poco sobre las elecciones e insistió en que todos los políticos del país sabían que Gore habría ganado si se hubieran contado todos los votos. La gente de Bush había tenido que paralizar el recuento antes de que llegara la revisión prevista por las leyes del estado de Florida. Habían sabido ser más convincentes y más duros que la gente de Gore. Scalia, que había organizado la intervención del Tribunal Supremo, sabía que a Bush le vendría mejor que fuera el propio tribunal el que le diera validez y evitar una desagradable melé en Florida, donde era gobernador su hermano. Desde el punto de vista estético, la injusticia cometida por Scalia era seguramente mejor para el país.

Clinton contó que había tenido una cordial reunión de transición con el presidente electo Bush, que le había sorprendido varias veces con su firme sentido de la oportunidad y la maniobra política. Los dos eran partidarios del libre comercio, dijo, y Bush era muy consciente de que tenía un margen extra para hacer pactos, porque él nunca había prometido protecciones de tipo laboral ni ambiental. Bush había expuesto un orden coherente para sus primeras iniciativas. La más reprochable era su decisión de restaurar el déficit con un gran recorte fiscal, y Clinton tenía la impresión de que Bush padre no lo habría hecho. Por otro lado, el presidente electo había aplaudido de forma instintiva los planes de Clinton para acabar con los límites raciales en el Tribunal de Apelación del Cuarto Circuito, con el nombramiento temporal, durante las vacaciones, del juez Roger Gregory. Varios senadores republicanos recalcitrantes habían impedido la confirmación de ese puesto durante la mayor parte de los años noventa y habían mantenido una anticuada judicatura totalmente blanca en un circuito que abarcaba Virginia y las dos Carolinas, unos estados con una inmensa población negra. Bush se sentía muy aliviado de que fuera una iniciativa de Clinton. El presidente pensaba, con razón, que Bush quizá tendría la astucia de designar al juez Gregory de forma vitalicia y que envolvería su presentación para su confirmación en el Senado con uno o dos derechistas de Jesse Helms a los que Clinton se había negado a nombrar.

Bush había escuchado en silencio la mayor parte de lo que le había contado Clinton sobre política internacional. De pronto, al preguntárselo, había animado a Clinton a aprovechar cualquier oportunidad que tuviera de detener el programa de misiles de Corea del Norte. Había dicho que no podía imaginarse tener que ir allí al menos durante el primer año de mandato y que, si hacía falta un viaje presidencial para cerrar el acuerdo, no le reprocharía a Clinton que acaparase los focos o se adelantara al nuevo Gobierno. «Adelante, señor presidente —le había dicho—. Me parece una buena idea.» Clinton, aunque lo había agradecido, había decidido no hacer el viaje. Tenía poco tiempo y la logística política era implacable. Si iba a Pyongyang, tenía que ir también a Corea del Sur, y luego a Japón, y esos compromisos tan lejanos podían mantenerle apartado de alguna oportunidad repentina en Oriente Próximo. «Si se estropeara algo por mi culpa —dijo Clinton—, nunca me lo perdonaría.» A regañadientes, había decidido dejar el acuerdo de los misiles con Corea del Norte «sobre la mesa», prácticamente completado para Bush y su nuevo secretario de Estado, Colin Powell.

En relación con Oriente Próximo, era imposible alcanzar un acuerdo amplio en los doce días que le quedaban. Lo había dicho en privado el martes anterior, cuando Yasser Arafat había asegurado que no podía aceptar la hoja de ruta presentada por Clinton a Barak y al propio Arafat en la sala del Consejo de Ministros el 23 de diciembre. Por razones delicadas, dijo el presidente, había alterado las condiciones de última hora hasta el límite de lo que podían soportar los israelíes: la parte del Estado palestino había pasado de ocupar el 90 % de Cisjordania al 94-96 %, y había incluido otros intercambios de tierras para incluir una carretera que conectara con la aislada Gaza. Estaban especificados los complejos límites de la soberanía compartida en Jerusalén, incluidos los santos lugares de la ciudad vieja. Barak había conseguido un sí de su Gobierno, mientras que Arafat había pedido más tiempo en el Despacho Oval. ¿Podía Clinton prolongar su mandato? ¿Podía Bush nombrarle enviado especial? Arafat había dicho que Clinton era un hombre indispensable. «Le dije: "No, señor presidente —recordó—. Soy un miserable fracaso, en gran parte por su culpa".»

Siguió hablando del amargo pulso que había puesto fin a siete años de esfuerzos para lograr la paz. Quizá fuera todavía posible conseguir algo menos, dijo con cabezonería, algún tipo de declaración de principios, aunque no fuera la paz total. El presidente mencionó tres motivos para intentar conseguir ese premio de consolación hasta sus últimas horas en el cargo. Primero, crearía más probabilidades de paz a largo plazo. Segundo, daría a Barak algo en lo que basar su candidatura en las elecciones del mes siguiente en Israel. En ese momento, Ariel Sharon estaba atizándole por haber cedido tanto sin ningún resultado a cambio. Tercero, si Sharon ganaba de todas formas las elecciones, una declaración de principios haría que le resultara más difícil repudiar, como había anunciado, todo el proceso de paz de Oslo.

Clinton había reflexionado mucho sobre ello. La imagen no era agradable, pero había llegado a la conclusión de que los intentos de lograr la paz eran de dos tipos: costras y abscesos. Una costra era una herida con una postilla protectora, que podía sanar con tiempo y unos cuidados sencillos. De hecho, si se tocaba demasiado, se podía reabrir la herida y causar una infección. En cambio, un absceso empeoraba de forma inevitable si no se hacía una intervención dolorosa pero sanadora. «Oriente Próximo es un absceso —concluyó—. Irlanda del Norte es una costra.» Si Sharon llegaba al poder, el absceso de odio se extendería por la inercia política y la demografía. En Irlanda del Norte, donde el distanciamiento cultural seguía siendo una herida abierta, la economía estaba mejorando y la esperanza iba institucionalizándose poco a poco. Por consiguiente, añadió, los beneficios de la paz estaban haciéndose tangibles. En su último viaje a Belfast, su objetivo consciente había sido, más que abordar las disputas sobre el reparto de poder, o los arsenales ocultos y la violencia callejera esporádica, subrayar el valor del propio proceso de paz. Había intentado recordar a todos el largo camino que habían recorrido. Estaban convirtiéndose en una comunidad, capaz de marginar y rechazar a quienes causaban problemas.

Le pregunté al presidente sobre las noticias de que algunos fanáticos protestantes le habían abordado en un pasillo del edificio del Parlamento en Stormont. «Claro que lo hicieron —replicó—. Y no me gustaría nada encontrarme a ninguno de ellos en un callejón oscuro. Me aborrecen.» Pero todo había ido bien, sonrió, en cuanto salió de allí. Esa gente estaba furiosa porque toda su identidad y su forma de vida dependían de un privilegio ancestral para los protestantes de Irlanda del Norte, respaldado por el ejército inglés. Su programa estaba moribundo, dijo Clinton, o al menos ya no era respetable. Eran como los segregacionistas que habían sido omnipresentes en el sur de nuestra infancia.

Sacó a colación un tema que no estaba en mi lista: una reunión de dos horas con Gore sobre las elecciones, solos y en privado. Al principio, el presidente dijo que no estaba seguro de querer grabar los detalles, pero dio varias vueltas sobre el tema hasta que sus historias cobraron cuerpo. Los dos habían sido conscientes de la tensión entre ellos, y Gore había tratado de comenzar en tono conciliador. Desde luego, no era secreto para el presidente que muchos asesores de Gore, especialmente el especialista en sondeos Stan Greenberg, creían que Gore había perdido por un sentimiento en contra de Clinton entre los votantes indecisos. Habían tenido ese temor desde el principio. Antes de las elecciones, Greenberg y otros asesores habían insistido en que Gore no podía recurrir a sus logros como vicepresidente porque la gente se acordaría de Clinton. Para los votantes indecisos, aseguraban, sus ocho años eran sinónimo de escándalos y discordia. Ni tampoco podía permitirse emplear al presidente en su campaña. Gore había oído decir que Clinton estaba furioso por eso y quería relajar el ambiente. Por su parte, Gore no estaba enfadado, ni responsabilizaba a Clinton de su derrota, pero quería que quedara claro que alguna gente de su entorno sí lo creía.

El presidente había murmurado algo al principio. «Le dije: "Al, voy a ser sincero contigo"», recordó. Clinton no había propagado ningún rumor de que estaba enfadado porque se le estaba infrautilizando en la campaña. Casi todas las quejas, le había dicho a Gore, procedían de candidatos en distritos disputados que estaban molestos porque Clinton no estaba autorizado a ayudarles. Por ejemplo, Jon Corzine, de Nueva Jersey, estaba furioso porque el estratega de Gore Bob Shrum había bloqueado las invitaciones para que Clinton apareciera con él en su campaña para un escaño en el Senado. Era imposible que Gore perdiera en Nueva Jersey, y muchos candidatos se habían sentido víctimas de su campaña. Ayudar a Gore era otra cuestión. El presidente seguía creyendo que había hecho una buena campaña. El papel más útil de Clinton había consistido en trabajar diligentemente desde la Casa Blanca, y les habría perjudicado a los dos que hubiera intervenido en la campaña, con o sin Gore; hasta los últimos diez días. Después de ese plazo, había confesado a Gore, era posible que se hubieran filtrado algunas quejas de la Casa Blanca, porque Clinton había querido que le usaran en algunos estados estratégicos, aunque hubiera sido a solas.

Clinton enumeró cuatro de esos estados ante Gore. Creía que habría podido inclinar la balanza en su estado, Arkansas, con una gira de dos días.

No era una cosa tan absurda. El margen por el que había perdido Gore allí había sido inferior al 5 %. En Nuevo Hampshire, donde los índices de aprobación de Clinton eran extraordinariamente altos, muy por encima del 60 %, Bush había ganado por sólo un 1 %. Clinton habría organizado sus propios viajes si los encargados del calendario de Gore y Lieberman lo hubieran permitido, y cualquiera de esos estados pequeños habría podido poner a Gore en la Casa Blanca independientemente del resultado en Florida. Luego había otros dos estados conservadores en lo social —Tennessee y Missouri— en los que Gore se había aproximado (47 %) pese a la avalancha de publicidad hostil de la NRA. Clinton se habría dirigido a los públicos rurales olvidados en nombre de Gore. «¿Quién de vosotros —habría preguntado— ha perdido un solo día de caza por culpa de nuestras medidas para mantener las armas fuera del alcance de los criminales y los niños?» La sinceridad estaba bien, pero además era preciso hablar en contra de las vergonzosas mentiras de la NRA. Gore se había limitado a ceder el voto de las armas a Bush.

«Creo que cometiste un error al no utilizarme más en los diez últimos días —le había dicho Clinton a Gore—, pero tampoco fue tan importante. Me molestó mucho más tu mensaje central, ya que estamos siendo sinceros.» Lo que le irritaba era que el mensaje de campaña de Gore no era el adecuado para ganar. Explicó que Gore había ganado en todos los temas menores y en ninguno de los grandes. «No asumiste ninguno de los grandes desafíos —le reprochó—. No hablaste del medio ambiente ni del futuro. Dejaste que Bush se permitiera el lujo de decir que hemos despilfarrado nuestros ocho años. Tus ataques populistas contra los privilegios fueron negativos.» Resultaron poco sinceros porque implicaban que un vicepresidente no tenía nada que ver con el poder y contribuyeron a los argumentos de Bush de que el Gobierno había sido el causante de todas estas divisiones terribles. Sobre todo, el mensaje de Gore no había calado. Al presidente no le importaba la imagen que dieran de él. Para ganar votos, habría dejado que Gore le hubiera cortado una oreja y se la hubiera enviado por correo al periodista Michael Isikoff de *Newsweek*, el experto en Monica Lewinsky.

Gore respondió. Dijo que el lastre de Clinton había estado presente en todas las direcciones. Cada vez que Gore pensaba en el futuro, los votantes en los grupos de control de Greenberg objetaban que estaba intentando huir de Clinton. Si presumía de lo que habían logrado en sus años en la Casa Blanca, rechazaban la sombra de Clinton por sus escándalos. El tema populista había sido la mejor opción independiente. Tonterías, le replicó Clinton. Los buenos candidatos sabían relacionar sus logros anteriores con una receta para el futuro. Presentaban alternativas al electorado, y los votantes sabían separar a Gore de la persona de Clinton. Gore tenía un historial de servicio que había inclinado a casi el 60 % del electorado a estar con él al principio, pero se había apartado de él. El presidente se agitó al recordar la conversación. Gore había sido un vicepresidente como ningún otro, le había dicho. Era mejor gobernante de Clinton, y habría sido mejor que Bush para el país. Pero tenía varios puntos débiles. Si no era capaz de dirigir su propia campaña, habría sido mejor que hubiera hecho caso de los consejos de Clinton. El presidente no paraba de decirme que el enfrentamiento había sido surrealista. Todo el mundo creía que Gore había jugado muy mal con unas cartas muy buenas. Pero Gore creía que tenía unas cartas muy malas por culpa de Clinton y que había hecho una campaña valiente con todo en contra.

El presidente recuperó el aliento y me dijo que esperaba que las cosas se calmaran. Gore y él seguían estando de acuerdo en la mayoría de las cosas. Luego recordó que Gore le había planteado una queja nueva. Ya que estaban en ello, quería decirle a Clinton que el escándalo de los fondos recaudados en el templo budista había sido la peor experiencia de su vida. Nadie había puesto jamás en duda su integridad personal, pero la publicidad corrosiva y los rumores le habían atormentado durante más de cuatro años. Gore afirmó que no había querido echarle la culpa a Clinton. Pero recordaba haberle dicho que había sido la única persona de habla inglesa en uno de aquellos actos asiáticos para recaudar fondos. Y el presidente estaba al mando del aparato del partido que debía examinar todas las donaciones en busca de algún problema. De modo que, en cierto modo, la culpa sí era de Clinton.

El presidente me aseguró que no podía creer las cosas que le había soltado ni la suspicacia que le había mostrado. Gore debía de estar todavía conmocionado o desquiciado por las elecciones. «Pensé que estaba en Nunca Jamás», dijo. Por un momento, repasó con Gore su propia indignación sobre los fallos de investigación de las donaciones, pero se limitó más bien a las ramificaciones políticas. («Taylor, sé que eres partidario de la reforma de las campañas —comentó—, y está muy bien, pero no es un tema que gane votos.») Había relativamente pocos votantes que opinaran que la financiación de las campañas era una cuestión candente, observó. Los medios no informaban con honradez sobre los ingresos políticos —tal vez por su implicación como receptores—, hasta el punto de que ocultaban tercamente las tremendas diferencias legislativas entre los dos partidos políticos. Por consiguiente, Gore debería haber aparcado su postura sobre la reforma. Sin embargo, se había «paseado con el cilicio durante una semana», hablando de que la persecución de la que había sido objeto podía obstaculizar su capacidad de conseguir que se aprobara la Ley Mc-Cain-Feingold, y luego, prudentemente, había olvidado el tema. El resultado había sido que le habían criticado por las dos cosas, aunque, por suerte, el aburrimiento de la opinión pública había impedido que fuera a más. Yo no sabía bien cuánto de todo esto le había dicho el presidente a Gore o si me lo estaba diciendo sólo a mí, pero daba la impresión de que las relaciones entre los dos estaban verdaderamente mal.

El vicepresidente le preguntó a Clinton sobre Monica Lewinsky. Había apoyado a Clinton durante todo el proceso del *impeachment*, en público y en privado, aunque había manifestado su decepción. Sí, respondió el presidente. Y se lo agradecía mucho. No obstante, insistió Gore, Clinton no le había expresado ningún sentimiento personal. Nunca le había explicado exactamente qué había ocurrido.

Había poco que decir, respondió Clinton, más allá de los fallos y el arrepentimiento. Se sentía humillado y estaba enfadado, había cometido errores. Había engañado a los estadounidenses, y estaba arrepentido.

Gore cerró la cuestión con énfasis. «Bueno —le dijo—, ésta es la primera vez que me has pedido perdón personalmente.»

Clinton admitió que le había sorprendido. Había repetido su postura pública, que era sincera, pero Gore había visto la confesión como un momento decisivo. Los dos estaban enfadados por sus puntos de vista opuestos. Clinton estalló y repuso que la reacción de Gore era una farsa. ¿Qué era lo que tenía tanta importancia? Gore estaba revelándose como una criatura de Washington y la prensa, mostrando una indignación propia de las manipulaciones informativas, y, por mucho que Clinton pidiera perdón, nunca le parecería suficiente ni suficientemente sincero. Esa actitud lo distorsionaba todo. Seguramente se había contaminado lo que había oído Gore de los grupos de control. Distorsionaba la política, despreciaba a los votantes y hacía que los asuntos públicos quedaran ignorados. Hillary tenía muchas más razones que Gore para estar resentida con Clinton y, sin embargo, había hecho campaña utilizando los logros de Clinton-Gore sin ningún reparo. Con esa claridad, había pasado de estar treinta puntos por debajo a ganar por una diferencia de dos cifras.

Gore había estallado también. Había vuelto a caer en la actitud defensiva y la tardía sinceridad que le habían costado las elecciones. El carácter de Clinton era la raíz de todo. El presidente reconoció que le había costado confesar ante las personas a las que conocía, pero le dijo a Gore que también estaba contento. Si hubiera hablado más, el cotilleo habría sido todavía peor. Los demócratas hubieran cedido y habrían expulsado a Clinton del cargo, y Gore habría perdido las elecciones de todas formas.

Clinton se recuperó para hablar de otras cosas y dejó atrás su tensión. Recordó que había estado con Chelsea en la galería de invitados del Senado el 3 de enero para ver cómo el vicepresidente Gore tomaba juramento a Hillary para asumir su escaño en la 107.ª legislatura del Congreso. Dijo que había sido el día más feliz de su vida después de cuando nació su hija. «No hay palabras para describir lo que me emocioné por ella», afirmó. Predijo que Hillary iba a sobrepasar su puesto representando a Nueva York e iba a convertirse en un catalizador de nuevas ideas y nuevo liderazgo en el Partido Demócrata. De pronto, el presidente pasó a analizar la puesta en libertad de Nawaz Sharif en Pakistán. Los ruegos de clemencia de Clinton habían surtido poco efecto, creía. Debía de haber sido, más bien, que el general Pervez Musharraf había pensado que tener al primer ministro electo en la cárcel le causaba demasiados quebraderos de cabeza, y Sharif había preferido el exilio a la angustia constante de no saber si Musharraf iba a ordenar que lo mataran. Sobre la economía estadounidense, el presidente reconoció una bajada de los principales indicadores. Dijo que el crecimiento del 5 % no podía continuar eternamente. El Dow Jones había ido descendiendo hacia los 10.000 puntos, y Greenspan, con prudencia, había bajado los tipos de interés. Confiaba en que la gente de Bush dejara de hablar de recesión. Al margen de que su propósito fuera vacunarse de responsabilidad o justificar su enorme recorte fiscal, dijo, estaban jugando a un juego peligroso.

Cuando los temas empezaron a escasear, me atreví a defenderme de su comentario sobre la financiación de las campañas. Para mí, nuestro esporádico debate nacional incluía mucha hipocresía tanto a favor como en contra del dinero en la política, pero se había trabajado poco sobre las cuestiones de fondo del juego limpio en unas elecciones libres. Mis ideas brotaron confusas, y el presidente contraatacó desde otro ángulo. Soñaba con un sistema competitivo que restableciera la sensatez y la normalidad en los políticos. Los candidatos pasaban todo su tiempo buscando dinero. No tenían más remedio. El año anterior, aunque no se presentaba a nada, comentó, había asistido a 180 actos para «sacar dinero» para otros. Y ya era suficientemente duro con un equipo grande y la comodidad de vivir «justo encima del despacho», en la Casa Blanca. Otros que ocupaban cargos y se presentaban a la reelección, mientras seguían siendo teóricamente responsables de que el país funcionara, tenían que viajar sin cesar en busca de dinero para la campaña, y los rivales no solían tener ninguna conversación política en la que no entrara el dinero. Era un sacrificio leer un libro, y casi imposible quedarse sentado. Dijo que los efectos negativos eran muy visibles. La naturaleza humana llevaba a los candidatos a ahorrar tiempo y buscar la eficacia y, para ello, tenían que acudir a los grandes donantes. Con el tiempo, eso significaba ser despiadado, incluso perverso. Era difícil sobrevivir. Era difícil no perder de vista el deber público, aunque insistió en que la mayoría de los políticos lo intentaba. Se le hizo un nudo en la garganta: era muy difícil ser progresista y ganar.

Le pregunté qué tenía pensado hacer el día de la toma de posesión del cargo, del sábado en una semana. Iba a ir hasta el Capitolio con Bush, escuchar su discurso, volar por última vez en el *Air Force One* al aeropuerto John Fitzgerald Kennedy, saludar a quien fuera allí a recibirles a Hillary y él, ir a Chappaqua, y empezar a entretenerse y colocar cosas. El lunes siguiente tenía una cita para firmar un contrato con una agencia encargada de organizar conferencias e iba a empezar a estudiar el contrato para su libro. Durante tres años, repartiría su tiempo entre proyectos que le permitieran ganar dinero y la puesta en marcha de su biblioteca y su fundación. Tenía aproximadamente 14 millones de dólares de deuda por el caso Whitewater, contando las facturas legales de todos sus asesores a los que había citado Ken Starr. Después de eso, primero quería asegurar que Hillary y Chelsea tuvieran suficiente para vivir, y luego quería pasar los años que le quedaran dedicado al servicio público, sobre todo a asuntos internacionales. Jimmy Carter era un ex presidente modelo, dedicado sobre todo a la vigilancia de elecciones y del cumplimiento de los derechos humanos, además de la erradicación de unas cuantas enfermedades escogidas por su valor estratégico. Resumió en pocas palabras el éxito de Carter en la lucha contra la ceguera de río, una enfermedad parasitaria transmitida por pequeñas moscas negras en África y Sudamérica. Clinton creía que podía hacer ese tipo de cosas a escala mundial, después de haber gobernado durante dos mandatos y tener los contactos necesarios para recaudar el dinero. Propuso incluso un posible nombre: la Iniciativa Global contra la Pobreza. Se imaginaba labores de colaboración sobre asuntos de Gobierno y desarrollo. Quería crear instituciones. Hiciera lo que hiciera, dijo, iba a dedicarse a ello intensamente, porque los hombres de su familia no vivían mucho.

Sería una novedad, bromeé, mientras rebobinaba las cintas. Él sacó más CD de las cajas para ordenarlos por categorías en el suelo e intentó darme algunos que le sobraban. Agradecí un disco de coleccionista, con canciones escritas por una mítica pareja de compositores de los años cincuenta: *Elvis Presley Sings Leiber & Stoller*. Me puse de pie para marcharme y me armé de valor para expresar un pesar, o una duda, que sentía personalmente, ahora que estábamos acabando nuestro largo trabajo. En los últimos años, afirmé, nunca había manifestado ninguna reacción ni ofrecido ningún consejo sobre sus relaciones con Lewinsky ni con Hillary. Me daba reparo entrometerme y había querido tener cuidado de que esas conversaciones no se mezclaran con su proyecto secreto. No obstante, no tenía claro si, como amigo, no debería haber estado dispuesto a escucharle.

«No —replicó con firmeza—. Actuaste bien. Hiciste lo que había que hacer y lo que era necesario.» Inmediatamente me cortó, pero luego me acompañó sin prisas por el pasillo y se quedó junto a mí mientras esperábamos el ascensor. Quizá podíamos hacer una sesión más, planteó. Yo repasé las cosas que había que hacer. ¿Tenía algún técnico de confianza que pudiera digitalizar y conservar todas sus cintas antes de que empezaran a deteriorarse? La transcripción tardaría meses, y podía conseguir a alguien que empezara mientras él hacía planes para comenzar sus memorias. Volvimos a hablar del tema y la estructura posibles. Sobre su biblioteca, le conté que había ya disputas sobre quién iba a encargarse de recoger testimonios orales sobre su vida y su administración. Era un detalle importante. Las bibliotecas de Nixon y Reagan habían esperado demasiado. Carter y Bush estaban intentando ponerse al día cuando ya había muchos funcionarios importantes muertos. Se animó al saber de la negligencia en otras bibliotecas. Le recomendé dos equipos para recoger los testimonios: uno de la Universidad de Arkansas y otro del Miller Center en la Universidad de Virginia. El primero para hacer las entrevistas anecdóticas con gente de Arkansas y el segundo para hablar de política con funcionarios. Necesitaba los dos. Podría contar con una sinergia competitiva si ninguno de los dos tenía la exclusiva.

Asintió mientras llamaba al ascensor. Tenía claro lo de la biblioteca pero el resto de las tareas tenía que filtrarlas. Nos emocionamos un poco y nos dimos un abrazo. Dijo que nuestras sesiones le habían ayudado mucho. Le habían permitido desahogarse y reflexionar más allá del momento. Yo le agradecí una experiencia que siempre atesoraría. Dijo que esos ocho años habían sido maravillosos y que le gustaría que hubieran sido todavía mejores. Había un trasfondo de irrevocabilidad mezclada con arrepentimiento. Le aseguré que había sentado las bases de más cosas de las que podíamos ver, de un propósito positivo para el país, una fe renovada en el servicio público y la existencia de milagros democráticos. Quedaría patente a medida que digiriésemos y comprendiéramos la historia. El presidente se rió. «Dios mío, eso espero.»

Volví a verle una vez más antes de que dejara el cargo, el domingo 14 de enero, cuando Christy y yo nos quedamos a dormir después de una de las fiestas de despedida en Camp David. El libro de invitados en nuestra cabaña, la Dogwood, incluía notas de agradecimiento anteriores, desde el primer ministro Barak el verano anterior hasta Anuar el Sadat durante los años de Carter, junto a un montón de firmas de Henry Kissinger y el excéntrico amigo del presidente Nixon, Bebe Rebozo. Jugamos a los bolos con parte de los cuarenta amigos y miembros del equipo en la bolera del Shangri-La y luego nos reunimos con todos en el piso de arriba antes de cenar. El presidente y Hillary iban de un lado a otro literalmente quitando cuadros de las paredes. Él me llevó a un lado para expresarme su compasión por la paliza que me habían dado esa mañana en el programa *Meet the Press* de la NBC. La mesa redonda en la que había participado, sobre el legado de Clinton, le había parecido bastante dura. Cada vez que yo mencionaba las políticas públicas, alguien empezaba a escarnecerlo a propósito de Lewinsky, el *impeachment* o diversas variaciones sórdidas del caso Whitewater.

Le confesé que la situación había sido todavía más dura durante las pausas publicitarias. El moderador Tim Russert y los demás invitados se habían dedicado a intercambiar rumores de que Clinton estaba «desenfrenado» y ya tenía nuevas amantes. «¿De verdad han dicho eso?», preguntó. Sí, y cuando les había pedido nombres y fuentes, se habían puesto a cantar una canción que, al parecer todos conocían —una parodia de una canción de moda, «Who Let the Dogs Out?», aplicada a Clinton—, mientras llevaban el ritmo con los lápices, hasta que las cámaras volvían a funcionar. Habían hecho gala de una solidaridad informal llena de secretos, como unos colegas en un baile callejero. Clinton meneó la cabeza, pero yo intenté transmitirle, junto con el asombro, una solemne advertencia. El presidente hizo un círculo y no dijo nada de mujeres, pero dijo que había oído una o dos cosas sobre los participantes en la mesa redonda.

John Podesta se ganó una ovación en pie con su brindis tras la cena, y la senadora Clinton expresó su preocupación de que los homenajes se volvieran rápidamente lacrimógenos. Anunció el menú de actividades kitsch, y terminó con un plebiscito sobre qué película, de entre dos, veríamos más tarde en la sala de cine. El resultado fue un empate y, como es natural, hubo gritos de «recuento en Florida». Los abogados se retaban unos a otros mientras las partes se intercambiaban votos satíricos. Con ese caos de fondo, y el movimiento indicando que era hora de sacar los helicópteros a dar una vuelta, Hillary gritó la orden de empezar con *Descubriendo a Forrester* porque estaba protagonizada por Sean Connery. Toda esa frivolidad disipó el ambiente nostálgico y lleno de brindis.

Chappaqua era la primera parada después de Pleasantville, a una hora de tren de la estación Grand Central en Nueva York. Era un pueblo residencial en el que se encontraba la vieja granja que habían comprado los Clinton, escondida detrás de unos árboles y en una calle sin salida. Los agentes del Servicio Secreto dormían en literas en el piso de abajo del viejo granero, en espera de que acabaran las obras en la segunda planta. Dentro de la casa principal, donde una cocina de campo daba a una amplia zona de estar que me recordó al salón de Aspen Lodge en Camp David, el ex presidente me presentó a su ayudante, un soldado de la marina llamado Óscar Flores. Se disculpó por las cajas de mudanza que había por todas partes. Casi siete semanas después de haber dejado la Casa Blanca, Clinton se dedicaba a ir de un lado para otro con Óscar y su perro Buddy, todavía colocando cosas.

La escalera estaba flanqueada por fotografías familiares. A mi habitación de invitado se accedía después de llegar al descansillo y girar una esquina; estaba junto a otra desocupada pero con las cosas de Chelsea. Al otro lado estaban el despacho de Hillary —con el único ordenador de la casa— y una habitación para su madre. Otro pasillo lleno de fotografías se parecía a la rampa inclinada que llevaba al solárium de la Casa Blanca y se dirigía hacia el dormitorio principal. Clinton estaba encantado con este detalle, pero dijo que lo que más les había gustado de la casa era un dormitorio que había al otro lado, recién construido sobre el salón, con un techo que tenía casi tres pisos de altura, claraboyas y vistas de las copas de los árboles. El papel amarillo, recién puesto, era como el que habían tenido en la Casa Blanca, alegre, lleno de flores y ramas. A Hillary le gustaba mucho despertarse allí, declaró, pero el calendario de trabajo del Senado hacía que pocas veces pudiera estar más de una o dos noches a la semana.

Señaló varias cosas raras en el piso de abajo. No había chimenea en el salón principal. El cuarto de baño, con una ducha gigantesca, de 1,20 metros cuadrados, serviría de vestuario en verano para la piscina del pequeño jardín. En ese momento, la piscina estaba cubierta con una lona y una nevada de marzo. Había más cosas, pero decidió poner en marcha una caravana de dos coches para salir a cenar al pueblo. Aunque presumió de su nuevo permiso de conducir, que llevaba en el bolsillo, el presidente reconoció que todavía no había tenido ocasión de ponerse al volante. El agente que nos acompañaba se estremeció cuando le preguntó si tenía la posibilidad de hacerlo. Calculó cuánto papeleo podía suponer que Clinton diera una vuelta solo en coche. Hasta el momento, Clinton se tomaba sus restricciones con filosofía. Dijo que el Servicio Secreto no le dejaba ir en tren a su oficina de Harlem, que todavía no estaba lista, porque era un medio de transporte que le convertía en un blanco cautivo y demasiado previsible. No obstante, los guardaespaldas eran discretos. Cuando salimos del coche, entramos sin tener reserva en un pequeño bistró francés, y yo, que no tenía costumbre de estar pendiente, no vi a nadie detrás. Nos sentaron con poco barullo. Para mi sorpresa, la única persona que vino a saludarnos ignoró al presidente y me dio la bienvenida a Chappaqua. ¿Podía ser aquello lo normal?

El presidente miró alrededor y me contó que conocía a muchos de los que estaban y que le dejaban bastante en paz. Algunos quizá se le acercarían para hablar después de la cena. Se acercó a mí para hablar en voz baja. La mujer que acababa de saludarme le había hecho una proposición deshonesta uno de sus primeros días. Y también a Hillary y a Chelsea, explicando que también le gustaban las mujeres. Les había escrito una carta perturbada y pornográfica sobre el masaje familiar como la clave de la vida. Él había dado la carta a Servicio Secreto y los expertos que la habían entrevistado habían confirmado los indicios de que había sufrido graves abusos. Era inestable pero estaba mejor. Yo me apoyé en el respaldo, estupefacto. Me sentí verdaderamente indefenso. A Clinton le divirtió mi reacción. Durante todo el tiempo que habíamos pasado juntos, me dijo, yo había estado más inmerso en la Casa Blanca que él. Yo vivía entre algodones.

¿Qué cambios le habían sorprendido más al dejar el cargo? Había creído que estaría jugando al golf todo el tiempo, pero no tenía ganas. El golf, se daba cuenta, había sido una forma de relajarse en medio del trabajo de presidente. Ahora necesitaba más retos mentales, no menos, así que estaba leyendo más. Esa semana había dejado de lado los relatos y las novelas policiacas para probar con algo de sabiduría espiritual de los indios americanos, con *Los cuatro acuerdos*, de don Miguel Ruiz. Otra cosa nueva era el dinero. Había ganado más en el mes anterior que en toda su vida. Se lo ofrecían de todas partes, y pronto iba a poder pagar todas sus deudas. Y una sorpresa aún mayor era la política. Siempre había pensado que echaría de menos la Casa Blanca como si fuera un dolor de muelas persistente, pero resultaba que no. Estaba cansado de sus problemas y contento de haberse liberado, con una excepción. Había estado estudiando los masivos apagones de California. Eran complejos, pero, en el fondo, se debían a un caso de desregulación muy mal hecha. «Yo podría arreglarlo», aseguró, y empezó a hablar de redes interconectadas y mercados concretos sobrecargados hasta que le pedí que reservara la política para nuestra grabación. Pagó la cena con dinero en efectivo. Le comenté que no recordaba haberle visto nunca con una cartera.

Una vez en su cocina, unas llamadas de teléfono nos interrumpieron al principio. Dejé que las grabadoras recogieran su parte de las conversaciones. Hillary había tenido una buena actuación en una reunión de preparación de varias leyes, dijo el senador Chris Dodd, pero los republicanos estaban tratando de robarle parte de su propia oficina. Se había quedado con las dependencias de Pat Moynihan, que no quería nadie, y ahora Lott, el líder de la mayoría, estaba maniobrando para separar de ellas varios de los despachos que Moynihan se había apropiado a lo largo de sus cuatro legislaturas. Molesto, el presidente revisó con Dodd varias de las tácticas que podía emplear ella. Claramente, Lott tenía todas las de ganar. Clinton me contó que en el Senado era famoso por las luchas titánicas a propósito de presupuestos de personal, cuchitriles e incluso muebles de sobra. Era completamente mezquino, pero, por suerte, no era conocido. Su salida de la presidencia, en cambio, había desatado una orgía de mezquindad pública.

Hizo un breve y animado relato de aquellos momentos. Se había quedado levantado la mayor parte de su última noche en la Casa Blanca. Después de la ceremonia de toma de posesión de Bush, alguien había roto una copa de champán en el *Air Force One* y había desperdigado trozos de cristal por doquier que hicieron que la tarta fuera incomible, lo cual le había venido muy bien, porque estaba tan agotado que había dormitado el breve trayecto hasta Nueva York. De la noche a la mañana, estalló una tormenta informativa con noticias de que su gente había causado verdaderos estragos como despedida. Habían destrozado la Casa Blanca y el avión. Los Clinton se habían llevado tesoros robados y Clinton se negaba a dejar de ser el centro de atención, porque no respetaba al presidente Bush. Y, además, había indultado a unos criminales imperdonables por una serie de acuerdos corruptos. La gente de Bush se había inventado todas y cada una de las historias, dijo. «Y la prensa se las tragó.»

Unas semanas más tarde, el propio presidente Bush retiró las acusaciones de robo y vandalismo, y confesó ante los periodistas que sus colaboradores quizá se habían dejado llevar. Con cierta admiración, Clinton dijo que Bush había conseguido hacerlo pasar como una broma bienintencionada, como si mereciera elogios por reconocerlo abiertamente. Para entonces, el escándalo ya había cumplido sus objetivos y Clinton estaba furioso.

Comparó las dos emboscadas que habían marcado el principio y el final de su presidencia. La primera mañana en la Casa Blanca, había salido en unas primeras planas llenas de indignación por el asunto de los gais en el ejército, y el primer día en Chappaqua se había visto calificado de ex presidente irrespetuoso con la ley. ¿Qué podía significar esa extraordinaria repetición? Yo me inclinaba a remitirme a la tempestad de 1993, en parte por sus connotaciones respecto al periodismo. Clinton siempre había atribuido la filtración original sobre los gais en el ejército a uno de sus jóvenes colaboradores inexpertos. En mi opinión, la historia la había orquestado seguramente algún periodista que, entre cientos de promesas de campaña, había escogido la más explosiva y luego había buscado a algún ingenuo que le confirmara que el presidente tenía la intención de cumplirlas todas. Esa interpretación planteaba una pregunta: ¿por qué había dejado Clinton que la prensa le impusiera su programa? ¿Había salido derrotado en un primer enfrentamiento de voluntades? ¿Podría haber ordenado sus propias prioridades? ¿Le había faltado un toque autoritario para controlar a la prensa?

Clinton eludió estas preguntas. Estaba obsesionado con los indultos de su último día en el cargo. La prensa se había puesto furiosa. Los artículos habían llegado a presentar argumentos para poner en marcha un *impeachment* retroactivo. Reconoció que estaba compadeciéndose de sí mismo, pero explicó su decisión de conmutar las sentencias de cuatro rabinos jasídicos condenados por robar fondos para escuelas en Nueva York. Habló con más detalle de su indulto de Marc Rich, un fugitivo multimillonario condenado por estratagemas fiscales para desviar petróleo importado, de forma ilegal, a través de otros países, entre ellos Irán. Mencionó al menos a veinte personas involucradas. El primer ministro israelí, Barak, había pedido su indulto tres veces, como Miles Lerman, del museo del Holocausto. Por otra parte, muchos fiscales y la mitad de sus asesores se inclinaban por no hacerlo. Dijo que su mayor error había sido no pedir a unos cuantos republicanos destacados que hubieran puesto por escrito las opiniones imparciales que le habían dado. Rich había llevado una vida de lujo durante veinte años en Suiza, un país con el que no había acuerdos de extradición. La ley sobre crimen organizado que se había utilizado para su procesamiento estaba desacreditada y había dejado de usarse en esos casos. Otros importadores de crudo habían rechazado disputas civiles por motivos fiscales con diversos resultados. Al final, dijo Clinton, había decidido conceder un indulto penal con la condición de que Rich renunciase por escrito a una defensa que pudiera interponerse contra un enjuiciamiento civil por fraude fiscal. Esa vía daba al Gobierno, por lo menos, la posibilidad de conceder una reparación a los contribuyentes.

Lamentó que nadie hubiera prestado la menor atención a su razonamiento. Se habían limitado a atribuirle motivos corruptos y habían adaptado los hechos a su indignación. Habían dicho que no debía indultar a un fugitivo, ignorando a todos los que habían eludido el servicio militar y se habían acogido a la amnistía de Carter. Habían dicho que no debía indultar un caso abierto, olvidándose del indulto preventivo de Ford a Nixon por el Watergate, entre otros. Habían dicho que Rich era un delincuente, como lo eran casi todos los demás solicitantes. Habían dicho que Clinton tenía un conflicto de intereses porque la ex esposa de Rich había hecho una donación para su biblioteca. Dios mío, gritó, Bush padre indultó a Caspar Weinberger y otros antes de que las investigaciones sobre el asunto Irán-contra pudieran llegar hasta él mismo, y nadie había armado jaleo. Ahora, afirmaban que Clinton no había seguido los precedentes establecidos de examen de los casos, cuando la realidad era que el indulto dependía exclusivamente del presidente, era la potestad más arbitraria de la Constitución, sin controles ni equilibrios. Sin embargo, esto había desatado unas pasiones tristemente ausentes cuando se trataba de los procesos fundamentales de Gobierno, en los que la información pública podía cambiar por completo las cosas.

Se había provocado una estampida descontrolada, aseguró, y los demócratas se habían sumado a ella. Sin poder hacer nada desde Chappaqua, Clinton envió una carta privada a su ex secretario de Comercio, Bill Daley, de Chicago, en la que le había reprendido por hacer declaraciones públicas de que el presidente había vendido el indulto a Rich. «Sabes que soy incapaz de eso», había escrito. A Clinton nunca le había importado el dinero, y en ese momento tenía menos problemas de ese tipo que nunca. Era una calumnia suponer que iba a volverse delincuente cuando estaba viviendo en un escaparate, con Hillary en el Senado; qué vergüenza que Daley hubiera contribuido a la mentira.

En vista de esos problemas, ¿se arrepentía de la última frase de su discurso de despedida a la nación, en la que afirmaba que abandonaba el cargo sintiéndose más idealista que nunca? Contestó sin dudar. «Desde luego que no. Todavía lo pienso.» Ése era un juicio sobre el país en su conjunto. No había más que ver los síntomas. Seis semanas de calumnias implacables no habían conseguido disminuir más que muy ligeramente su aprobación entre los ciudadanos. La gente seguía reaccionando a lo que de verdad importaba. Los ciudadanos sabían proponer por su cuenta alternativas responsables al cinismo y el miedo. En ese sentido, era más optimista que al asumir la presidencia. Los votantes podían abordar situaciones que parecían desesperadas y llevar a cabo tareas muy difíciles.

Era tarde. Estaba tomándose un té caliente para cuidarse el resfriado, y continuamos hasta el final. El asesinato del presidente Laurent Kabila a manos de sus guardaespaldas en el Congo había ocurrido tan cerca del traspaso de poderes que la información del presidente era incompleta. ¿Había leído *El fantasma del rey Leopoldo*, de Adam Hochschild?, me preguntó. Su relato, apasionante, le hacía preguntarse a uno cómo era posible reparar los daños causados por Leopoldo II de Bélgica hacía tanto tiempo en esa región de África.

Sí, se habían producido muchas peleas internas provocadas por su discurso de despedida. Los asesores le habían presionado para que, en vez de tres recomendaciones de despedida, hiciera sólo una. Habían señalado que las amonestaciones más memorables eran siempre únicas, como la advertencia de Eisenhower sobre el complejo militar e industrial, pero Clinton había insistido en que serían tres. Las tenía muy claras, y tenían casi la misma importancia en la causa de la libertad. El discurso fue muy breve. Primero, seguid pagando la deuda nacional, por disciplina y para quedaros aliviados. Segundo, mantened la intervención en el mundo, en defensa de la paz y la prosperidad. Tercero, buscad la unión más perfecta posible entre razas y culturas.

El último día, fue a la Casa Blanca Robert Ray, el fiscal especial del caso Whitewater. El presidente dijo que le había recibido en la Sala de los Mapas, en el piso de abajo, y que le había escuchado sin decir una palabra, según las instrucciones de David Kendall. Ray le había parecido menos desagradable que su predecesor, Ken Starr, pero desde luego tenía ganas de decir alguna cosa antes de que se fuera Clinton. El presidente también quería dar por terminadas las cosas. Ray propuso unas sanciones en nombre de la Asociación de la Abogacía de Arkansas, cuya junta disciplinaria quería que Clinton aceptara la suspensión de su permiso para ejercer durante cinco años. En relación con el caso Whitewater, después de más de siete años, Ray no había presentado más cargos, ni exigido más confesiones, ni sacado más conclusiones adversas, ni alegado más falsos testimonios de Clinton, que habían constituido toda la base para el *impeachment*. El presidente reconoció que le había irritado que ningún medio de comunicación importante se hubiera hecho eco de este resultado tan llamativo, pero se había alegrado de firmar el acuerdo final de Ray.

Pese a mis esfuerzos, no logré sacarle gran cosa sobre el día de la toma de posesión del cargo. Dijo que Gore estaba hundido, por supuesto, y que los Bush habían sido muy educados. Cuando le insistí un poco, añadió que al presidente electo Bush le había molestado ver a manifestantes durante el trayecto en limusina hasta Capitol Hill. No conseguí interesar a Clinton en ninguna otra cuestión hasta que le pregunté si esperaba hablar en la Universidad de Oxford en mayo. Sí, especialmente porque era posible que Chelsea fuera en otoño a hacer un posgrado, lo cual le recordó que su hija había sido una de los doce alumnos de Stanford recomendados para tener una beca Rhodes. Las consecuencias de ello se lo habían hecho pasar muy mal a Hillary y a él. La alegría que habían sentido se había visto aguada cuando Chelsea les comunicó, de forma escueta pero firme, que no pensaba solicitar la beca. Se quedaron asombrados y preocupados hasta que pudieron hablar con ella en persona. ¿Pasaba algo? No. ¿Tenía miedo de que no se la dieran? No. ¿Tenía miedo de que se dijera que se la habían dado por sus padres? No. ¿Quería ir a Oxford? Sí. Entonces, ¿por qué no quería pedir la beca? Contestó que la beca Rhodes había cambiado la vida de su padre para siempre e, indirectamente, la de toda la familia, pero que ella ya había vivido en la Casa Blanca y había recorrido el mundo. Prefería dejar esa oportunidad a otra persona. Sus padres se sintieron conmovidos, aunque apenados. «Había subestimado a mi hija», dijo el presidente.

Dimos un gran salto para pasar de ahí a Ariel Sharon, pero el presidente también le había subestimado a él. Israel era el único sitio, dijo, en el que un político importante podía provocar disturbios en medio de unas negociaciones de paz, desatar cuatro meses de violencia y muerte, debilitar a su propio Gobierno y acabar consiguiendo que los votantes eligieran al que había comenzado todos los problemas. Clinton había llamado a Sharon para felicitarle por su victoria. Contó que el primer ministro israelí había respondido que era consciente de las diferencias que habían tenido a lo largo de los años, pero que ningún otro dirigente estadounidense se había involucrado de forma tan completa en los detalles de la seguridad de Israel, cosa que agradecía, y que, por tanto, quería pedir consejo a Clinton sobre qué hacer ahora con los palestinos.

No había mucho que decir. Sharon ya sabía que Clinton estaba enojado con Arafat. Podía decirle que nunca iba a conseguir un acuerdo mejor que el que había rechazado, pero Sharon no quería ni volver a mencionar esos términos. Lo mejor que podía recomendar Clinton era que Sharon pensara en un acuerdo parcial, experimental, para ver si los beneficios de tener instituciones estatales podían incrementarse bajo el fuego cruzado de la política palestina.

La llamada a Sharon había sido para guardar las formas. Clinton no dejaba de pensar en el primer ministro derrotado, Ehud Barak. Era un buen hombre, que todavía podía ser histórico o trágico para Oriente Próximo. El presidente seguía dolido por todas las ideas reprimidas y acumuladas desde el último y angustioso fracaso de diciembre. Pensaba que Barak había jugado mal sus cartas. Era imposible saberlo con certeza, dadas las claves y las restricciones en las tres partes. No obstante, las últimas condiciones presentadas por Clinton deberían haber hecho que Barak dijera que no. Eran demasiado duras para Israel. Iban demasiado lejos en el tema de los territorios y Jerusalén. Entonces, tal vez, Arafat habría podido admitido las condiciones que hubiera rechazado Israel. Y Barak habría podido cambiar de opinión y habría cerrado el trato. Un cambio de opinión que le habría dejado al descubierto en su país como alguien que se andaba con evasivas, además de otras cosas. Y quizá los votantes israelíes habrían rechazado el tratado de paz y a Barak para elegir a Sharon. Pero qué campaña habría sido. No se había producido nunca una campaña que sopesara las posibles repercusiones de una verdadera paz.

Barak se había apresurado demasiado a decir que sí. No tenía nada más que ofrecer, y el instinto de Arafat, cuando le ofrecían el 100 %, era pedir el 120 %. Si no, temía quedar en ridículo o algo peor entre los árabes, como alguien que admitía a última hora la postura israelí. Había que tener cuidado de un exilado sin Estado e inseguro. El presidente dijo que ésa era la enseñanza que seguía reconcomiéndole. En todas sus piruetas, deberían haber dado con una fórmula para dejar que el jefe de un Estado funcional hiciera la última concesión, o por lo menos que lo pareciera. No dejaba de pensar en Barak.

Hillary llamó desde su casa nueva en Washington. Clinton mencionó la sesión de preparación con el senador Dodd pero no la escaramuza por los despachos. Hablaron del fin de semana y de si podían dormir en el Waldorf. Al parecer, había una información en el *Times* sobre su hermano Hugh Rodham.

Subimos al despachito de Hillary. El presidente metió las cintas de esa noche en dos grandes cajas, con todas las demás. Le recomendé que las guardara en una caja fuerte, para prevenir robos o incendios. Tal como me había pedido, le di un disquete de ordenador y copias impresas de las cronologías diarias que había reunido para nuestras sesiones. Dijo que le vendrían bien para sus memorias. Que era increíble la cantidad de ofertas que tenía. Me enseñó una carta de un negro especializado en memorias que, casualmente, vivía en Chappaqua. Clinton no se había aclarado todavía sobre la estructura, los correctores, los negros ni los documentalistas. Le aconsejé que primero consiguiera a los documentalistas. Podían reunir los expedientes de la presidencia que fuera a necesitar mientras supervisaban la transcripción de las cintas, que era una tarea enorme. Además, me preguntó sobre su biblioteca. Le dije que Bruce Lindsey había reunido a los historiadores de Arkansas y Virginia, que eran excelentes en distintos aspectos. En mi opinión, iban a cooperar. Bien, dijo. Ojalá estuvieran ya haciendo sus grabaciones. En Arkansas, los más viejos, conocedores de historias maravillosas, estaban muriéndose. Deberían entrevistar primero a los miembros del Gobierno de más edad, como Lloyd Bentsen.

De los personajes extranjeros, quizá podía conseguirles rápido acceso a Helmut Kohl, Kim Dae-Jung y Nelson Mandela.

Por la mañana, la cocina estaba en ebullición. Habían llegado varios colaboradores con el borrador del discurso que iba a pronunciar en Atlantic City, y una pequeña caravana de coches aguardaba en la entrada. El presidente, vestido para aparecer en público, engulló un puñado de vitaminas que le había preparado Óscar Flores en una servilleta. Dijo que no se encontraba bien ya desde antes de las primeras llamadas. Sobre el mostrador había cuatro o cinco periódicos, todos con titulares sobre una cumbre en la Casa Blanca. El presidente surcoreano, Kim Dae-Jung, estaba en estado de shock, dijo Clinton. Bush le estaba tratando como un neófito y un entrometido. No se había limitado a rechazar las peticiones de Kim de que el siguiente acuerdo sacara a Corea del Norte de su espinoso aislamiento. Había rechazado toda la premisa de las negociaciones maratonianas. Le había dicho a Kim que no era posible confiar en Corea del Norte. Era una dictadura primitiva. Quizá no nos habían traicionado todavía, pero cualquier acuerdo pendiente acabaría no teniendo ningún valor. Había que ser firmes con esa gente.

Clinton dijo que la cosa era mucho peor de lo que se esperaba. Junto a la propuesta de un inmenso recorte fiscal, el presidente Bush ya había desdeñado dos de los tres deseos finales de Clinton para su país. Le hice una pregunta capciosa. ¿Pensaba que el nuevo presidente no quería más que distinguirse de la política exterior de Clinton? ¿O era Bush tan malo como para hundir todo el programa relacionado con Corea sólo para justificar el sistema de defensa antimisiles que había propugnado durante la campaña? El presidente meneó lentamente la cabeza. «Me parece que es así de malo», dijo. Y luego matizó su respuesta. No estaba seguro de lo del sistema antimisiles. Pero sí de que Bush prefería hacer un llamamiento para enfrentarse a un villano. A Bush le resultaba incómodo gobernar de forma investigadora, creativa e institucional. Quería identificar a los malos y ordenar su ataque. «No hay muchos lugares en el mundo en los que ese tipo de liderazgo vaya a funcionar —dijo—, ni siquiera Irak, donde sé que quiere ocuparse de Saddam Hussein.»

Iba a llegar con retraso al avión. Sus ayudantes le empujaron hacia la puerta.

Casi tres años más tarde, el presidente volvió a invitarme a Chappaqua para una misión confidencial. Me encerré a evaluar las primeras setecientas páginas de su manuscrito, y pasé toda la noche leyéndolas, en un mundo que había cambiado. Una insurgencia incandescente mantenía atrapados a 120.000 soldados estadounidenses en Irak después de la victoriosa invasión. El dictador derrocado, Saddam Hussein, se encaminaba hacia el patíbulo después de haber sido capturado recientemente en una «madriguera», y los atentados terroristas de septiembre de 2001 habían sacudido incluso mis reuniones con documentalistas e historiadores presidenciales. Bush había revocado la Ley de Archivos Presidenciales de 1978 y había declarado que sus disposiciones sobre la revelación de secretos era una violación de sus poderes intrínsecos como comandante en jefe. A partir de ese momento, por decreto, no podía hacerse público ningún documento presidencial de ninguna época sin su consentimiento explícito. Los historiadores se quejaban de la indiferencia respecto a las cuestiones constitucionales. ¿No le preocupaba al Tribunal Supremo que Bush hubiera usurpado su papel? ¿Se había dado cuenta el Congreso de que había revocado una ley por decreto? ¿Qué podíamos hacer?

En Chappaqua, mucho después de la medianoche, cuando llegué al final de la página 700, Clinton estaba terminando la campaña presidencial de 1992. Todavía no había empezado a contar la vida en la Casa Blanca. ¿Qué pasaba? Muy nervioso, casi no pude dormir, pero el presidente estaba levantado antes que yo, al amanecer. Le solté mi resumen. Todo lo que había leído sobre sus primeros años era cautivador. Había encontrado claramente su voz. Había mucha sabiduría y mucho humor, sin ningún momento excesivamente pesado. Había escrito algunas notas con sugerencias y preguntas, pero, hasta el momento, estaba muy logrado. ¿Dónde estaba el resto?

Estaba trabajando en el siguiente capítulo. Se me cayó el alma a los pies. «Señor presidente, han anunciado su libro para el día del padre, en junio. Estamos a finales de febrero. No puede escribir sobre toda su presidencia en un mes o dos. Es imposible.» Pues lo iba a intentar. Había estado toda la noche en el granero, escribiendo, y pensaba volver después de una siesta. Le miré sin dar crédito a lo que oía. Parecía hablar en serio. Yo sólo veía dos opciones racionales. Podía pedir más tiempo o podía dividir su libro en dos volúmenes.

Dijo que el editor no le iba a dejar. Tenía que cumplir un plazo, y, si no, le demandarían. No, no lo harán, respondí. Pueden ganar más dinero con dos libros. Y, si le demandaban, que se fueran a la mierda. Él era presidente de Estados Unidos. Podía decir lo que quisiera y que los que se ocupaban del negocio se adaptaran. Apresurarse con unas memorias que eran de importancia mundial era una locura. Era un desperdicio. Seguí así, hablando entre arrebatos de desesperación.

Clinton me miró fijamente e hice una pausa. «¿Estás dispuesto a decirle todo eso a Hillary?», preguntó. A pesar de mi estado, me reí. Por supuesto. Iba a llegar a casa enseguida. Tal vez para tranquilizarme, me llevó hasta el granero, donde un agotado secretario, Justin Cooper, estaba pasando al ordenador el borrador que había escrito Clinton durante la noche en un cuaderno. Las transcripciones de nuestras entrevistas de la Casa Blanca llenaban un estante entero, en volúmenes cuidadosamente encuadernados. Dijo que eran maravillosas. Yo contemplé, anonadado, el espacio que ocupaban; era la primera vez que las veía. Para cumplir su objetivo, Clinton necesitaba digerir y escribir alrededor de seis meses por semana.

Esa idea me impresionó. Clinton parecía empeñado en llevar a cabo una tarea abrumadora. Estaba misteriosamente resignado. ¿Debía ponérselo más difícil? Repasamos su manuscrito para darnos un respiro, e hicimos pocos cambios. Extrañamente, adopté una actitud más cuidadosa con él. Sería maravilloso, le propuse, que fuera capaz de mantener esa calidad de reflexión y observación a lo largo de los años de la Casa Blanca. Cuando volvía en tren a casa, simpaticé con él pero me sentí frustrado. Esas cintas estaban llenas de oportunidades perdidas, pero ¿para quién?

En julio, el presidente me invitó a celebrar la publicación de su libro en su casa de Washington. Le encontré a solas en el comedor, firmando ejemplares de *Mi vida* en la mesa. Me pidió que me sentara y me habló con severidad. «Tengo algo para ti —dijo—, y, como no lo aceptes, herirás verdaderamente mis sentimientos.» Me dio un sobre con un cheque por 50.000 dólares. Me quedé sin habla. Clinton siguió hablando sin parar. «Estoy dando gratificaciones a todos los que participaron en el libro, y el libro no habría existido sin ti. No conseguí que fueras mi negro. Has rechazado dinero, pero quiero que aceptes esto. Soy la misma persona que era cuando tú y yo fuimos juntos a Texas y ninguno de los dos tenía donde caerse muerto. Y tú has dedicado todo este tiempo a escribir sobre Martin Luther King, y a veces me gustaría haber hecho eso mismo. Pero tú todavía sigues sin tener donde caerte muerto. Yo nunca había tenido dinero, y ahora sí lo tengo, y, francamente, lo único para lo que lo quiero es para compartirlo con quienes son mis amigos y se dedican a hacer cosas que valen la pena.»

Le respondí que me sentía abrumado. Mi única duda era que me había sumergido en ese proyecto como una cuestión de servicio público, lo había mantenido en secreto y había querido comportarme como un amigo con un presidente. El dinero lo necesitaba, muchas gracias, pero hacía que el regalo que le había llevado pareciera una porquería.

Cogió el CD que le daba. «¿Qué es?», preguntó. Era una recopilación que le había hecho de dos cantantes que me gustaban, Eva Cassidy y Keb' Mo', con una carátula que rezaba «Ingeniero de sonido: Franklin», porque yo no sabía grabar un disco. Clinton sonrió. Dijo que quería darle a Franklin un *putter*.

Luego volvió a ponerse serio. Dijo que sabía que yo quería escribir sobre nuestras sesiones, aprovechando mis recuerdos y mis notas. Confiaba en que un día lo hiciera. Pero ya habían pasado tres años y medio. Nunca había habido ningún pago previsto, dijo, y esa gratificación no influiría en la integridad de ninguna cosa que escribiera.

Ese momento quedó suspendido en el aire. Había vivido la política. Su relación con la historia dependía de lo que escribiéramos los demás.

EPÍLOGO

Este libro está a medio camino entre la política, el periodismo y la historia. Consiste en su mayoría en paráfrasis de las cosas que decía el presidente Clinton mientras reflexionaba sobre innumerables temas, a partir de los recuerdos que yo dictaba mientras volvía en coche a Baltimore. Las citas textuales indican certeza en mis notas sobre expresiones del presidente que me llamaron la atención en cada una de las sesiones. Equivalen más o menos a las citas que puede utilizar un periodista en un reportaje escrito tras una entrevista. No he podido comprobar la exactitud de esas citas, por supuesto, porque Bill Clinton es el único que está en posesión de las cintas y transcripciones de nuestras entrevistas. Cuando decida ponerlas a disposición de los investigadores, me acercaré lleno de curiosidad sobre mi precisión, puesto que me siento responsable de ofrecer un documento fiel.

En el último capítulo, cuento que Clinton me confesó, en tono apasionado, que a veces le habría gustado dedicarse a un trabajo como el mío, escribir libros. Por supuesto, era pura retórica. Le encanta la política y poca gente hay tan apropiada como él para esa profesión. Sin embargo, creo que su comentario fue sincero. Clinton ama la historia. Inició nuestro proyecto con una visión de futuro asombrosa, antes de asumir el poder. Soportó dificultades para reunir un documento que quedara para la posteridad, y a menudo hablamos de incorporar los resultados a su autobiografía. Es más, había estado tan deseoso de someterse al juicio impreso que su cambio de actitud repentino me desconcertó en Chappaqua. Me pareció increíble que pretendiera narrar ocho años de presidencia en sólo tres meses. Lo vi extrañamente pasivo ante mis argumentos de que ese apresuramiento no iba a hacer justicia ni a su talento ni a sus preparativos.

Hasta meses después no se me ocurrió que el presidente Clinton quizá se había contenido de forma deliberada, se había concedido justo el tiempo suficiente para recorrer a toda prisa un pasado en la Casa Blanca que todavía consumía su actividad mental. Si entraba en la refriega de las interpretaciones, volvería a librar todas sus batallas en un terreno diferente y adverso. Él había cambiado ya de vida. Yo no comprendí del todo sus motivos. Nunca dijo que había decidido confiar los secretos y las connotaciones de sus cintas a otros, a mí entre ellos, pero tal vez ése era el sentido de los raros e incómodos silencios durante nuestra discusión.

Yo quería introducir esas cintas en el debate público por unas razones especiales, y le recordé muchas veces, cuando estábamos en la Casa Blanca, por qué habíamos emprendido caminos distintos después de la campaña presidencial de 1972. Después de nuestro despertar juvenil en los años sesenta, la política electoral me desilusionó. El país se sumió en las recriminaciones durante los muchos años a propósito de la guerra de Vietnam, hasta que, con todos los temas importantes que estaban en juego, nuestro candidato cayó derrotado mientras nosotros teníamos que hacer de árbitros en pequeñas disputas entre políticos de Texas. Yo abandoné el trabajo político para dedicarme al periodismo, porque me pareció que podía encontrar más integridad y más posibilidades en la palabra escrita. No me extrañó que Clinton recordara no sólo mis viejos pronunciamientos, sino también su defensa de la política: «Si quieres resolver los mayores problemas del mundo, tienes que empezar con las peleas sobre quién va primero en la caravana de vehículos». Dijo que uno debía tener un propósito lo suficientemente firme como para trabajar con la naturaleza humana, no alrededor de ella. En Texas, pensé que estaba racionalizando su ambición de presentarse como candidato al Congreso. En la Casa Blanca, para mi consternación, siempre le encontré a él más sincero e idealista que a mis colegas de la prensa.

¿Quién tenía unas posturas mezquinas e interesadas? Hay mucho material para responder esa pregunta en estas páginas, pero éste no es el lugar para explicar ni resolver el abismo entre el presidente Clinton y la cultura política de sus ocho años. Me permitiré, en cambio, una nota para el futuro. El paisaje de la información ha cambiado desde que él dejó el cargo. Casi con toda seguridad, el público de los medios electrónicos va a ir fragmentándose a medida que se multiplique, y los periódicos, disminuidos, van a desaparecer cada vez en mayor número. Con la evolución de las fuentes de noticias, cada persona se enfrenta a un reto mayor a la hora de adquirir información fiable para manejarse como es debido en el mundo. El libre Gobierno ha sido siempre una prueba para la educación de la población desde el principio, considerado imposible durante muchos siglos, y la economía política se ha vuelto mucho más complicada desde que los padres fundadores diseñaron nuestro experimento. Tanto los estudiosos como la población en general se enfrentan a numerosos y difíciles interrogantes sobre temas cívicos. Las normas democráticas no pueden darse por supuestas. Los eslóganes fáciles de la política de consumo no dan la talla, y el peso que supone ejercer una buena ciudadanía va a aumentar. En este contexto, la historia de Estados Unidos es una base fundamental.

Las cintas de Clinton son un documento que todavía no puede medirse, como las grabaciones telefónicas de sus predecesores durante la Guerra Fría que aún están haciéndose públicas. A los estudiosos y especialistas futuros les resultará útil —a menudo esencial— conocer las palabras exactas del presidente sobre muchos detalles que quedaron fuera de mis resúmenes dictados. Este libro es el avance de una visión de cerca. Su formato es distinto al de un libro de historia, que pretende ofrecer una narración atractiva y un juicio equilibrado basándose en pruebas extraídas de fuentes variadas y exhaustivas. Yo no he intentado evaluar la versión de Clinton sobre unos acontecimientos complejos, y este relato de un testigo presencial me convierte en parte de unas memorias, no de un libro de historia, alguien que recogió testimonios de un protagonista fundamental en la política estadounidense: Bill Clinton. Sus palabras tienen la ventaja de la intimidad, la inmediatez y el control, pero no la perspectiva a posteriori. Son reveladoras pero no concluyentes. Si alteran las percepciones de Clinton o su presidencia, un buen debate entre ciudadanos puede reparar los errores e incluso deshacer mitos duraderos.

AGRADECIMIENTOS

Comencé con un cubo lleno de microcasetes, cada una con una etiqueta en la que ponía «Contactos Clinton», numeradas y almacenadas en una caja fuerte en nuestro banco de Baltimore. Estas cintas dictadas habían surgido de un respeto instintivo por las memorias presidenciales de primera mano, que tenía muy arraigado tras décadas de investigación sobre presidentes de los años cincuenta y sesenta. Las primeras cintas describían mi reencuentro con el presidente electo Clinton en 1992, pero las demás contenían, en su mayoría, las notas dictadas después de las setenta y nueve sesiones de historia oral grabada durante la presidencia de Clinton, de 1993 a 2001.

Cada una de esas sesiones empezaba con una invitación telefónica de Nancy Hernreich, directora de operaciones del Despacho Oval, o de su secretaria, Kelly Crawford, a la que sucedieron Rebecca Cameron y Mary Morrison. Las cuatro me dieron instrucciones sobre los procedimientos de seguridad para entrar en la residencia de la Casa Blanca, que podían ser desconcertantes. Con el tiempo, el eficaz servicio de Nancy al presidente Clinton me pareció un auténtico escudo que protegía las entrevistas confidenciales. Estoy agradecido asimismo a los empleados de la residencia —sobre todo los ujieres, porteros y mayordomos— que nos atendían durante nuestras reuniones cuando se lo pedía el presidente. Nombro a muchos en el texto, pero doy las gracias a otros que trabajaron de forma anónima.

Cuando el presidente Clinton dejó el cargo, los documentalistas de la Universidad de Carolina del Norte en Chapel Hill hicieron una copia de mis envejecidas casetes en discos digitales para proteger y conservar el contenido. Steve Weiss y Abbey Thompson hicieron magníficamente ese trabajo. Tim West, director de la Colección Histórica Sureña en la biblioteca Wilson de la Universidad, supervisó también la recepción y la tramitación de los documentos reunidos desde 1982 para mi trilogía sobre los derechos civiles. Esa colección se puso disposición de los investigadores en 2006. De mutuo acuerdo, a partir de enero de 2010, la Colección Histórica Sureña de Chapel Hill pone también a disposición del público las fuentes utilizadas para *Las cintas de Clinton*. Entre ellas están mis cintas dictadas con sus transcripciones, memorándums, carpetas, recortes y otros documentos relacionados. Estoy en deuda con Tim West, su equipo y la dirección de mi alma máter por garantizar el acceso a estos materiales.

En 2006, la editora Alice Mayhew me ayudó a convertir mi experiencia con el presidente Clinton en el diseño conceptual de un libro. Desde hace ya más de treinta años, mis esfuerzos literarios han empezado y terminado siempre con Alice. Es una leyenda por derecho propio entre los editores de libros de ensayo y, si se la presiona, no niega que tuvo algo que ver con mi única obra de ficción, en 1981. Siempre la querré como amiga y como sostén profesional.

Mi agente literaria, Liz Darhansoff, soportó muchas crisis con su aplomo habitual, pero, por una vez, no tuvo que negociar una prolongación del contrato. Me gusta aparecer con una gorra de su club de golf de Maine en una de las fotografías. Su socio, Chuck Verrill, nos ayudó a firmar un nuevo contrato con Alice y los principales directivos de Simon & Schuster, Carolyn Reidy y David Rosenthal. Hemos colaborado en otras ocasiones. Valoro sus opiniones y me esfuerzo para justificar su confianza.

Una vez comenzado, este libro dependió enormemente de Martha Healy, que transcribió las voluminosas cintas dictadas. Nos conocimos hace años, en el Proyecto de Grabaciones Presidenciales de la Universidad de Virginia, y me había transcrito muchas de las conversaciones telefónicas del presidente Lyndon Johnson para las investigaciones relacionadas con mi libro *At Canaan's Edge*. Devota aficionada a las grabaciones presidenciales, Martha volvió a demostrar que era un torbellino de alegría con sus auriculares, su pedal y su teclado, e hizo que mis cintas sobre Clinton pudieran servir para algo sobre el papel.

En esta era informática, el apoyo técnico ha dependido en gran parte de Dan Hartman y de su equipo en el Discount Computer Service de Baltimore. Para comprobar las referencias del presidente Clinton a declaraciones y acontecimientos públicos, he recurrido a la página web del Proyecto sobre la Presidencia Americana de la Universidad de California en Santa Barbara,

<www.presidency.ucsb.edu>, una valiosa herramienta pública creada por John Woolley y Gerhard Peters. A medida que avanzaba el manuscrito, me ayudaron amablemente con las identificaciones y las ilustraciones las siguientes personas de la Biblioteca y la Fundación Clinton de Little Rock: Racheal Carter, John Keller, Bruce Lindsey y Stephanie Streett.

Alice Mayhew guió el libro hasta el final en Simon & Schuster. Agradezco a su colega Roger Labrie su elegante productividad bajo presión. Dos profesionales entregados, Fred Chase y Jonathan Evans, se pusieron literalmente en marcha para pulir mi lenguaje en estas páginas, y les agradezco que convirtieran el trabajo en una relación de amistad. Doy las gracias, en general, a numerosos empleados y contratistas anónimos del mundo editorial que ayudaron a hacer realidad este libro, pero quiero dejar constancia de las aportaciones de varios de ellos a los que he acabado conociendo: Marcella Berger, Joshua Cohen, Marie Florio, Douglas Johnson, Irene Kheradi, Victoria Meyer, Julia Prosser, Elisa Rivlin, Jackie Seow, Elisha Shokoff, Gypsy da Silva, Karen Thompson y Alexis Welby.

Dos amigas de Baltimore, Lisa Moore y Mary Jane Williams, se ofrecieron a leer el manuscrito en busca de fallos. Me hicieron muchas advertencias muy útiles, a pesar de los plazos que se nos echaban encima, y estoy en deuda con ellas por haberlos solucionado.

En Washington, el ex subsecretario de Estado Strobe Talbott se leyó las pruebas terminadas. Sujeto a confidencialidad y en unas circunstancias personales de lo más difícil, Strobe evaluó los posibles peligros de todo tipo, desde peligros de Estado hasta errores que pudieran arruinar la relación entre dos amigos de toda la vida, Bill Clinton y yo. Su misión era advertirme sobre minas ocultas, pero además propuso muchas otras ideas para mejorar el libro. Le estoy muy agradecido. Dadas nuestras respectivas funciones y relaciones, el tópico del autor sobre su responsabilidad se aplica doblemente en este caso. Strobe merece el crédito, pero los errores e incorrecciones son exclusivamente míos.

Mientras el presidente Clinton ocupaba su cargo, el secreto necesario para hacer las grabaciones afectó a mi familia más cercana. Con frecuencia me llamaban casi sin previo aviso. Nuestros hijos, Macy y Franklin, me vieron esforzarme para ser discreto ante amigos y vecinos sin contar mentiras. Les doy las gracias por su comprensión y su amor. A Christy, que además tuvo que soportar posteriormente el tormento de estar a mi lado mientras escribía con arreglo a un calendario muy estricto, le doy las gracias públicamente además de tener en cuenta todo lo que nos une.

Por último, quiero dar las gracias a los tres Clinton. Cuando la Casa Blanca era su hogar, me trataron como a alguien de la familia. Ahora, después de varios años, dejo entrever aquí escenas de su vida familiar como parte indispensable de un retrato exacto de la presidencia. El equipo del presidente está formado por personas reales. Mi objetivo ha sido retratar a un presidente de Estados Unidos con sinceridad y con todos sus matices. Confío en que este punto de vista mejore la apreciación pública por la rica historia de nuestra política, porque eso será muy útil para el país. El presidente Clinton, desde luego, así lo creía. Su visión de futuro puso en marcha este proyecto, y lo sostuvo por encima de numerosas circunstancias. Siempre le estaré agradecido por dejarme ayudar.

Baltimore
Junio de 2009

ÍNDICE ONOMÁSTICO